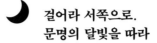 걸어라 서쪽으로.
문명의 달빛을 따라

유라시아 견문 3
리스본에서 블라디보스토크까지

초판 1쇄 발행 2019년 1월 10일
초판 4쇄 발행 2020년 8월 25일

지은이　　이병한
펴낸이　　이영선
책임편집　김선정

편집　　　김선정 김문정 김종훈 이민재 김영아 김연수 이현정 차소영
디자인　　김회량 이보아
독자본부　김일신 김진규 정혜영 박정래 손미경 김동욱

펴낸곳 서해문집 | 출판등록 1989년 3월 16일(제406-2005-000047호)
주소 경기도 파주시 광인사길 217(파주출판도시)
전화 (031)955-7470 | 팩스 (031)955-7469
홈페이지 www.booksea.co.kr | 이메일 shmj21@hanmail.net

ⓒ 이병한, 2019
ISBN　978-89-7483-971-0　04910
ISBN　978-89-7483-808-9　(세트)

이 도서의 국립중앙도서관 출판예정도서목록(CIP)은 서지정보유통지원시스템
홈페이지(http://seoji.nl.go.kr)와 국가자료공동목록시스템(http://www.nl.go.kr/
kolisnet)에서 이용하실 수 있습니다.(CIP제어번호: CIP2018040589)

• 이 도서는 2017년도 정부(교육부)의 재원으로 한국연구재단의 지원을 받아 수행된 연구
사업입니다. (NRF-2017S1A6A3A02079082)
• 이 도서는 아모레퍼시픽재단의 저술 지원을 받아 집필되었습니다.

유라시아
견문

리스본에서
블라디보스토크까지

이병한 지음

3

서해문집

근대의 세계는 곧 탐험, 기행 그리고 여행의 세계였다. 주로 유럽에서 신대륙과 아프리카로 그리고 아시아와 남태평양으로 움직였던 역사다. 이 세계에 또 하나의 지각변동이 일어나고 있는 지금 이 순간, 그 변동의 주요 공간인 유라시아를 이번에는 반대로 동에서 서로 움직이면서 그 순간의 세계사를 기록한 놀라운 보고서가 여기 있다. 걸으면서 배우고, 배우기 위하여 머물며 책을 읽고 사물과 사건과 사람들을 관찰하는, 시간 이동이 아니라 공간 이동을 통한 역사 알기다. 현대인의 권리 중 하나인 이동의 권리를 매개로 지금 우리가 살고 있는 이 순간의 세계와 그 역사성을 탐구하는 이 책은, 훌륭한 역사학도는 시간 여행뿐만 아니라 공간 여행도 꼼꼼하게 잘할 수 있다는 것을 여실히 보여준다.

_ **권헌익**(케임브리지대학교 석좌교수)

최근 우리가 목도하고 있는 전 세계적인 변화 중 하나는 유라시아 대륙이 통합되어 함께 발전해 나가기 시작했다는 것이다. 우리는 새로운 시대를 향한 감각을 깨워야 한다. 한반도를 넘어 중국, 동남아시아, 인도, 중동, 유럽을 아우르는 무한한 가능성을 맞이하며 지금까지 걸어온 길보다 더 먼 길을 바라보아야 할 때다. 이 책은 거스를 수 없는 시대의 조류 속을 독자와 함께 걷는다. 유라시아를 관통하는 거대한 변화의 흐름 속에서 길을 잃지 않도록 돕는 훌륭한 이정표일 뿐 아니라, 나아가 직접 그 길을 연결하는 꿈을 꾸고 기꺼이 도전할 수 있게 하는 귀중한 통찰이다.

_ 서경배(아모레퍼시픽 회장)

이병한은 길을 만드는 사람이다. 외양부터 페르시아풍 이국적 풍모였다. 그가 보내주는 유라시아의 하늘과 땅, 호수와 강, 그리고 사람들의 이야기가 재미있었다. 《코란》의 한 구절이 생각난다. 《코란》을 읽는 것은 새벽잠보다 더 달콤하다. 《유라시아 견문》을 읽는 것은 새벽잠만큼이나 로맨틱하다.

예로부터 여행은 사람을 위대하게 만들었다. 이븐 바투타도, 이븐 할둔도, 사마천도 모두 여행자였다. 역사와 철학을 터득하고, 인간이 어떻게 살아야 하는지, 국가의 흥망성쇠의 이치를 발견했다. 해군 지도 제작 아르바이트를 하던 다윈도 그것에서 진화론의 원천을 발견했다. 이병한 또한 묵직하게 발견했을 것이다. 유럽과 아시아와 아메리카가 만나는 동북아에서 새로운 문명을 시작하는 길을.《유라시아 견문》을 통해 많은 사람을 만나시기 바란다.《유라시아 견문》을 통해 많은 생각을 나누시길 바란다. 그 만남을 통하여 우리는 우리가 어디로 가야 하는지를 알게 될 것이다. 이 책이 유라시아 시대를 여는 선구적 저서로 오래 기억될 것이라 믿는다.

_ **이광재**(여시재 원장)

견문이란 무엇인가. '미래를 회상하는 것'이다. 체험을 붙들어 지혜를 이룩하고, 통찰을 빌미삼아 경험을 앞으로 데려가는 일이다.《유라시아 견문》은 어쩌면 '조롱'의 대상이 될 것이다. 서구 중심의 좁은 세계사에 갇힌 많은 이들이 이 책을 희롱하는 것으로 역사적 임무를 다할 것이다. 하지만 이해되지 못하는 생각만이 비로소 숭배의 자격을 얻는다. 첫 책이 나오는 날부터 나는 이 책들의 친구 philoi였다. 저자와 만난 적은 한 차례도 없지만, 대학 때 화두 삼아 고민했던 푸코의 '자기 기르기修己, culture de soi'에 대한 공부 이후, '한 사람 혁명'과 '근대 체제 비판'이 어깨를 겯으면서 미래를 지어가는 장면을 상상하지 않은 적이 없었다. 이병한의 책과 함께 우리는 비로소 '새로운 세계사'가 생겨나는 장엄한 현장을 한국어로 호흡할 수 있게 되었다. 이 '기쁜 소식'을 모두에게 전하고 싶다.

_ **장은수**(출판평론가)

2018년 한반도의 판이 바뀌었다. 남북이 선도하면 동북아시아가 변화하고 온 세상이 뒤바뀐다. 한반도는 비로소 대륙과의 연결망을 회복하여 유라시아와 태평양을 잇는 허브 국가로 탈바꿈할 것이다. 여기 유라시아의 지각변동을 앞서 관찰하고 담대한 여정을 마치고 돌아온 이가 있다. 21세기에 태어나 평화와 번영의 동북아 시대를 살아갈 새 천년의 신청년들에게 일독을 권한다.

_ **정세현**(전 통일부 장관)

그는 연암 박지원처럼 생각하고 유발 하라리처럼 쓴다. 암울한 시대에는 역사나 우화로, 여행으로 둘러가는 이야기가 낫다. 그가 《유라시아 견문》 마지막 권을 마무리했다는 소식을 전해왔다. 마침 헤이그의 이준 열사 기념관에서 101년 전 고종의 특사 3인이 '대포가 유일한 법이고 강대국은 어떤 이유로도 처벌받지 않는가?'를 따져 묻는 문서를 읽은 날이었다. 그 후 백 년, 후예들은 식민지 콤플렉스에 시달려왔다. '근대 계몽주의는 유라시아의 합작품'이라는 문장을 읽으며 그 콤플렉스에서 벗어난 새 세대의 출현을 감지한다. 반갑다.

_ **조한혜정**(문화인류학자, 연세대학교 명예교수)

나는 이병한 교수를 제도권의 잣대로 어떤 사람이라고 규정 짓기가 매우 곤란함을 느끼고 있었다. 그의 글을 인터넷 매체에서 더러 읽을 때에는 새로운 관점과 예리한 논평에 매료되었고 재간 있는 저널리스트라는 인상을 받았다. 그가 삼 년 동안 수백여 도시를 직접 답사하고 공부하며 보여주는 세계관과 문명관은 여행 르포르타주 형식이지만 그 깊이와 통찰력이 만만치 않아 보여서, 새삼 무릎을 치게 되는 대목이 수두룩하다. 한반도를 중심으로 하여 바야흐로 열리게 될 유라시아 대륙의 재발견과 동북아시아 평화의 실현을 위해서도 그의 글을 눈여겨보아야 할 것이다. 《유라시아 견문》은 광범위한 독서와 직접 발로 뛰어다닌 실천이 합쳐진 대작이면서, 《열하일기》나 이븐 바투타의 여행기를 연상시키는 현실 인식과 창조적 상상력으로 가득한, 바로 지금의 문명 박물지이기도 하다.

_ **황석영**(소설가)

다른 백 년,
다시 개벽

이다지도 글이 써지지 않을지 몰랐다. 늦겨울 마침표를 찍지 못한 머리말의
문장을 한여름이 다 지나도록 붙들고 앉았다. 벚꽃이 다 흩날려버릴 무렵부터
당혹감이 밀려왔다. 이른 아침 아무리 에스프레소를 들이켜도 단어가 떠오르지
않는다. 재차 견문의 감각을 복원하고자 땡볕을 걷고 또 걸어도 문장이
돋아나지 않는다. 묵은 글을 다시 읽고 지난 사진을 들추어도 좀처럼 영감이
솟아나지 않는다. 열흘이 멀다 하고 한 편씩 글을 토해내었던 지난 천 일이
아득하다 못해 까마득하다.

다시는 돌아가기 힘든 나날이지 싶다. 고도의 각성 상태를 오래 지속했다.
오로지 견문에만 몰입하고 몰두하여 몰아지경에 빠져들었다. 내가 글을
쓰기보다는 홀린 듯 글이 나를 통해 흘러나왔다. 환국還國을 기하여 뚝-
하고 단절된 것이다. 낯선 풍경과 설익은 언어가 부여하는 창조적 긴장감이
휘발되어버렸다. 다음 도시를 준비하고 다른 국가를 예비하며 팽팽하게 부풀어
올랐던 지적 촉수 또한 바싹 말라 쪼그라들었다. 익숙하고 친숙한 내 나라
내 고장, 생활인의 감각에 젖어들었다.

억지를 부리지 않기로 한다. 어깨에 힘을 빼기로 한다. 대단원의 막을 내린다는

강박을 떨쳐버렸다. 대미를 장식한다는 부담도 덜어내었다. 담담하고
담백해지려 한다. 출사표로서 서문을 꾸리고자 했다. '왜 개벽파인가?' 나의
사상적 정체성을 커밍아웃하고 시대정신을 설파하는 야심찬 글을 꾸미고자
했다. 3년의 총결산, 정수를 낳고자 했다. 설익은 것이었을 테다. 덜 여문
것이었을 터이다. 서두르지 말기로 한다. 쥐어짜내지 않으려 한다. 무르익을
때까지 가만히 묵혀두기로 한다. 그저 지나간 시간으로 가벼웁게 놓아주기로
한다. 비로소 마음이 가뿐하고 사뿐하다. 홀연하게 홀가분하게 천 일 견문을
흘려보낸다.

지난 늦겨울까지 썼던 서문 또한 덜지도 보태지도 않기로 했다. 책의 말미에
완결되지 않은 채로 고스란히 드러내기로 한다. 미진한 대로 차차 채워 나갈
것이다. 미완인 채로 차곡차곡 쌓아 나갈 것이다. 왜 개벽파인가를 강변하지
않고도, 책의 내용을 차근차근 곱씹다 보면 자연스레 우러나와 수긍해주기를
바란다. 아무래도 '개벽파 선언'에 값하는 내용은 다음 작업에 해당할 것이다.
마무리에 어울리지 않는 새 이야기를 풀어내려다 보니 엉거주춤 스텝이 꼬인
것이다. 실마리는 잡히지 않고 실타래만 얽혀버렸다. 지나온 3년과 다가올
30년이 교차하고 교착했던 것이다. 이행과 적응에만 꼬박 6개월을 소요한
셈이다. 이제야 비로소 귀향을 완수한 것 같다. 육신과 정신 사이, 시차가
해소되었다.

나 못지않게 힘들었을 분이 김선정 선생이다. 계절이 두 번 바뀌도록 달랑 서문
한 편을 기다리셨다. 묵묵하셨지만, 막막하고 망망하셨을 것이다.

안 그래도 괴로웠을 분이다. 3년 동안 근 2,000쪽에 육박하는 책을 온전히
혼자 감당하셨다. 10권으로 쪼갤 수도 있는 분량을 끌어안고 끙끙, 분투하셨다.
모름지기 글을 쓰는 이는 필자로되, 책을 만드는 이는 편집자다. 세 권의 책이
이토록 번듯하게 묶여 나온 것은 오롯이 편집자의 공이라고 하겠다. 《유라시아
견문》은 저자와 편집자의 앙상블, 두 사람의 합작품임을 알아주시면 좋겠다.

1,000일 가운데 900일은 홀로 다녔다. 마지막 100일은 둘이 다녔다.
바이칼 호수에서 첫 편지를 주고받았다. 글을 나눌수록 뜻이 통했다.
블라디보스토크에서 첫 눈을 맞추었다. 말을 섞을수록 마음이 녹았다. 연해주
지나 북해도 니세코에서 첫눈을 맞았다. 동해 건너 동북 3성, 두만강과
백두산 너머 북조선도 함께 눈에 담았다. 황해 지나 인천으로 돌아오는
비행기, 옆자리에 나란히 앉았다. 일사천리, 새 인생을 함께 꾸리기로 했다.
견문의 끝자락에서 새 인연을 만나 다른 미래가 시작된 것이다. 개화파에서
개벽파로의 회심, 인생의 후반전을 동행키로 한다.
《유라시아 견문》3권을 반려 최유진崔裕眞 님께 드린다. 못 다 쓴 서문의
허허로운 여백을 차근차근 함께 채워 나가고 싶다.

2018년 8월 24일
가을바람이 불어오는 요동반도의 끝,
다롄에서

리스본.

극서의 도시 리스본, 변방과 첨단

포르투갈 '최후의 십자군',
대항해 시대를 열다

시나몬, 설탕, 커피… '세계의 맛'

땅끝 마을이다. 유라시아의 극서極西이다. 오래, 세계사의 변방이었다.
13세기 유라시아를 대일통한 몽골세계제국의 영향도 미미했다. 동아프
리카의 기린이 베이징으로 이동하는 몽골식 세계화에 한참이나 동떨어
져 있었다. 유럽 중에서도 주변이었다. 그나마 동지중해는 활달했다. 서
아시아와 밀접했다. 베네치아와 제노바는 동방무역으로 번영했다. 카이
로와 알렉산드리아, 다마스쿠스와 긴밀했다. 하지만 지중해의 서북, 리
스본은 한적했다. 적막하고 적조한 깡촌이었다.

유라시아의 변방이자 지중해의 변두리였지만, 대서양과 면하고 있었
다. '다른 세계사'로 뻗어 나가는 첨단이 될 수 있었다. 인도양으로 우회
하는 항해로도 리스본에서 출발했다. 15세기 지중해는 여전히 이슬람
의 호수였다. 1453년 콘스탄티노플 함락이 상징적이다. 비잔티움제국

지중해와 대서양이 합류하는, 리스본 교외의 벨렝 지구.

(동로마제국)의 수도가 무슬림의 손에 넘어갔다. 오스만제국의 수도 이스탄불이 되었다. 이슬람 제국 이스탄불의 선진 문물이 이탈리아 도시국가의 르네상스를 촉진했다. 이베리아반도에서 인도로, 중국으로, 아시아로 가기 위해서는 아프리카로 남하하지 않을 수 없었다. 희망봉을 돌아서야 겨우 인도양에 진입할 수 있었다. 그러다 바람을 잘못 타서 대서양을 지나게 된다. 얼떨결에, 엉겁결에 아프리카 맞은편 아메리카에 당도했다. 대서양(신新해양)과 인도양(구舊해양), 유라시아(구대륙)와 아메리

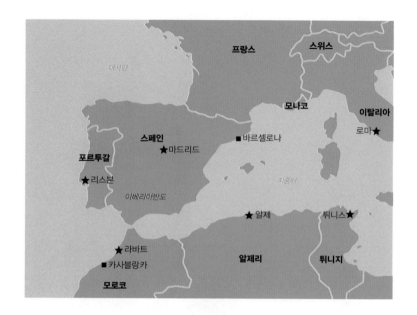

카(신대륙)를 잇는 선봉대가 된 것이다. 리스본이 지구사의 전위가 되는 혁신 도시로 탈바꿈하는 순간이었다.

지구촌 곳곳에 흔적을 남겼다. 세계지도를 펼치면 포르투갈식 지명이 여럿이다. 남아메리카의 최대 국가 브라질은 포르투갈어를 쓰는 나라가 되었다. 대만의 별칭은 여전히 '포르모사'Formosa*다. 같은 이름의 도시가 아르헨티나에도 있다. 극동의 섬나라 일본의 나가사키에 조총과 야소교耶蘇教('예수교'의 음역)를 전파해준 것도 포르투갈이었다. 포르투갈의 식민지 마카오가 중국에 반환된 것은 1999년의 일이다. 밀레니엄 직전까지 장장 500년의 영화를 누렸던 유럽 해양제국의 원조였던 것이다.

---

* 포르투갈어로 '아름다운'이라는 뜻. 16세기에 처음 대만을 방문한 포르투갈인들이 '아름다운 섬'이라고 지칭한 데서 유래했다.

그 상징적인 인물로 바스쿠 다가마를 꼽을 수 있겠다. 리스본 교외의 벨렝에 그의 무덤이 자리한다. 지중해와 대서양이 합류하는 곳이다. 전망 좋은 카페와 레스토랑이 즐비하다. 특히 에그타르트의 원조라는 '파스테이스 드 벨렝'Pastéis de Belém이 유명하다. 달콤한 타르트와 시나몬 롤에 에스프레소 커피를 곁들인 리스본의 대표 메뉴를 자랑한다. 커피는 아라비아에서 전파된 것이다. 시나몬은 스리랑카에서 건너온 것이다. 설탕은 말라카에서 전해졌다. 인도양과 접속함으로써 유라시아 극서 변두리 사람들의 후각과 미각이 살아났다. 세계를 달리 바라보는 시각도 일깨웠다. 더 많은 향신료와 더 맛있는 식도락과 더 큰 이윤에 대한 욕망이 모험과 탐험을 촉발한 것이다. 그 탁 트인 망망대해를 내다보며, 시나몬 롤 한 입을 베어 물었다. 특유의 계피향이 코끝을 자극한다. 달달한 설탕이 혀끝에서 녹아내린다. 땅끝 사람들을 감탄시켰던 인도양의 풍미다. '세계의 맛'이다. 세계사를 전환시킨 제국의 감각이다.

최초의 지구제국

어느 나라 사람입니까?

포르투갈에서 왔습니다.

인도인은 고개를 갸웃하며 눈을 끔뻑거렸다. 금시초문, 여태 들어보지 못한 나라다. 유독 턱수염이 더부룩하고 머리칼은 붉은빛이 돌았다. 하지만 개의치 않았다. 괘념치 않았다. 워낙 많은 이들이 고아Goa를 찾았다. 이방인들의 출몰이 원체 잦은 곳이었다. 아라비아인들도, 아프리카인들도, 아시아인들도 익숙하던 바다. 모로코에서 왔다는 이븐 바투타는 인도에서 행정관까지 역임했다. 중국에서 왔다는 정화는 붓다와 시바와 알라를 모시는 비석을 세워주었다. 그중의 하나, 신출내기려니 했다. 제국의 교체는 대저 내륙에서 불어왔다. 유목민과 정주민 간 길항이 유라시아사를 추동했다. 바다는 권력 쟁투보다는 교역과 교류의 장소였다.

질문했던 인도인도, 대답했던 유럽인도 아랍어로 소통했다. 통역을 맡은 이는 북아프리카의 오래된 항구 도시 튀니스 출신의 무슬림이었다. 아랍어가 인도양 세계의 보편어, 국제어였던 것이다. 고아의 주민에게 포르투갈은 낯선 이름이었지만, 포르투갈 사람들은 그러하지 않았다. 인도를 잘 알고 있었다. 아니, 인도를 찾아서 먼 길을 떠나온 것이었다. 부의 원천, 세계의 중심이었다. 중심은 주변을 몰랐지만, 변방은 중심을 향하고 있었다. 인도를 향하여, 아시아를 향하여 바람을 뚫고 파도를 넘어 기어이 고아까지 당도한 것이다. 리스본에서 장장 10개월이 걸렸다. 1498년의 일이다.

수많은 바닷사람들이 인도양 세계의 교역망에 적응해갔다. 하지만 포르투갈인들은 달랐다. 인도양을 대서양과 결합시켰다. 인도양과 태평양도 연결했다. 바스쿠 다가마와는 다른 방향으로 아메리카에 이른 이가 콜럼버스다. 제노바 출신인 콜럼버스 역시도 포르투갈 해양 공동체의 일원으로 접수할 수 있을 것이다. 실제로 리스본에서 살기도 했다. 그가 결혼한 이도 포르투산투섬의 주지사 딸이었다. 그 집안이 축적해둔 항해 지식과 항해술을 습득할 수 있었다. 1518년 최초로 지구를 일주한 마젤란도 포르투갈 사람이었다.

이로써 리스본은 지구촌의 허브가 된다. 아시아와 아메리카, 아프리카를 연결시켰다. 에티오피아의 고산과 아마존의 정글이 접속되었다. 중국의 비단과 인도의 허브를 유럽에 전파하고, 교황에게는 코끼리를 선사했다. 아프리카에서 노획한 노예를 아메리카에 팔았고, 그 노예들이 탄광에서 채굴한 은을 아시아에 널리 유통시켰다. 아시아의 상품이 리스본을 거쳐 유럽으로 확산되었고, 아메리카의 은이 리스본을 통하

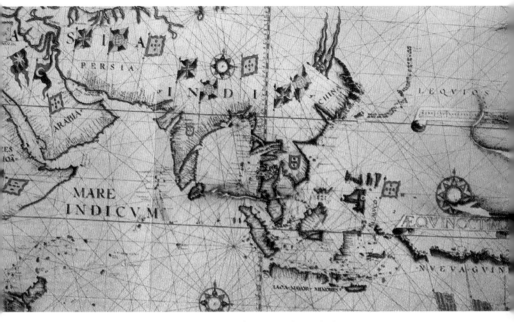

1552년 포르투갈에서 출간된《아시아》Da Ásia에 삽입된 인도양 지도.

여 아시아로 확대되었다. 중국의 차茶가 인도에서는 짜이चाय로, 아랍에
서는 샤이شاي로, 유럽에서는 티Tea가 되어갔다. 몽골이 대륙을 평정했다
면, 포르투갈은 바다를 섭렵한 것이다. 여태껏 세계사를 이끌었던 육상
제국과는 성격을 달리하는 최초의 해양제국이 발진했다.

　고아에 인도국Estado da Índia을 세운 것이 1505년이다. 해양제국 식
민지 경영의 전범이 되었다. 고아를 점령함으로써 아프리카와 아라비
아, 페르시아를 잇는 서인도양의 상업망을 장악할 수 있었다. 동인도양
은 벵골만이다. 말라카와 스리랑카 너머 중화 세계까지 연결되었다. 마
카오에 도달한 것이 1514년이고, 나가사키까지 이른 것이 1543년이다.
반세기 후, 임진왜란(1592)이 일어난다. 조총으로 열도를 통일한 도쿠가

와 신新정권이 반도와 대륙 진출까지 도모한 것이다. 야소교 선교사로 부터 중국과 인도, 아랍에 이르는 인도양 세계의 고급 정보를 입수할 수 있었다. 하지만 때가 너무 일렀다. 명-청 교체를 통하여 중화 세계는 복원되었다. 중화 세계의 붕괴는 청일전쟁(1894), 300년 이후의 사태였다.

인도에서도 무굴제국은 건재했다. 고아는 델리에 견주자면 변방이었다. 스페인과 네덜란드를 거쳐 영국에 이르러서야 인도를 완전 정복할 수 있었다. 세포이 항쟁과 아편전쟁, 메이지유신까지 3세기의 세월이 더 소요된 것이다. 그럼에도 'Estado da Índia'가 '서세동점'의 시발이었다는 의의만은 변함이 없을 것이다. 상업과 해군을 결합시켰다. 비교우위에 따른 시장 경쟁이 아니라, 군사적 우위에 바탕하여 시장을 조작했다. 스리랑카의 시나몬도, 말라카의 후추도 시장가보다 저렴하게 구매해서 유럽에 독점적으로 공급했다. 인도양 세계의 몬순 바람을 타고 작동하던 '자연무역'을 대신하여 '자유무역'을 입안한 것이다. 포르투갈을 모방한 네덜란드 역시 동인도회사를 발족하고 '항해의 자유'Mare Liberum를 표방했다. 게임의 룰을 바꿈으로써 무슬림을 배제한 배타적 연결망을 창출한 것이다. 자유무역이 자연무역을 대체함으로써 홍해와 페르시아만은 활기를 잃어갔다. 인도양 연결망이 달라지면서 지중해의 세력 균형도, 유라비아(유럽과 아랍)의 역관계도 달라지기 시작했다.

권력과 지식은 불가분이다. 포르투갈에서 《아시아》Da Ásia가 출간된 것이 1552년이다. 100여 년 포르투갈이 축적한 아시아에 대한 지식과 정보를 망라한 백과사전 격이었다. 포르투갈은 물론이요, 유럽 전체의 개항과 개국을 촉발한 획기적인 저서였다. 네덜란드도, 프랑스도, 영국도 쇄국 상태를 거두고 경쟁적으로 아시아로 축을 옮겼다(pivot to Asia). 아시아에 대한 관심과 학습이 유럽의 근대화를 추동한 것이다. 유럽의 개화사상, 계몽주의가 출발했다. 당시 포르투갈은 인구 100만에도 미치지 못한 소국이었다. 중국의 대도시 난징南京이나 항저우杭州보다도 규모가 작은 나라였다. 고작 170명, 바스쿠 다가마 일행이 리스본을 떠났던 그 소박한 출항이 세계사를 바꾼 것이다. 꼬리가 몸통을 크게 흔들었다.

최후의 십자군

역사의 역설은 리스본의 개항과 유럽의 개국을 이끌었던 그 선발대가 정작 개화파는 아니었다는 점이다. 오히려 반대였다. 척사파였다. 유럽에 불고 있는 르네상스의 바람을 거부하는 반동파였다.

1516년 레오나르도 다빈치가 프랑스로 이사한다. 64세, 만년이었다. 그림 석 점을 가지고 간다. 두 작품은 종교화였고, 다른 하나는 초상화였다. 훗날 〈모나리자〉로 널리 알려지게 되는 바로 그 그림이다. 다빈치는 이탈리아의 활기찬 도시국가에서 태어났다. 동방무역으로 아시아의 신식 문물을 일찍이 접할 수 있었다. 사상적 혁신과 예술적 창조의 영감이 되었다. 그의 프랑스행은 르네상스의 북진을 의미했다. 프랑스의 왕족과 귀족들도 앞 다투어 이탈리아의 그림과 조각, 서적을 구입했다. 다빈치의 대표작 〈최후의 만찬〉 또한 파리로 공수할 계획까지 세웠다.

이탈리아와 접촉이 빈번해지면서, 르네상스의 허브가 이스탄불이라는 점도 알게 되었다. '오스만제국 견문단'을 파견한다. 사절단을 통하여 칼리프 술레이만에게 조공도 바쳤다. 프랑스와의 연합을 요청한 것이다. 하지만 술탄은 거절한다. 지중해 르네상스 세계의 유일 패권국으로 하위 동맹국을 거느릴 필요가 없었다. 영국의 엘리자베스 1세도 사절단을 이스탄불에 보냈다. 당시 영국은 종교개혁의 와중이었다. 오스만제국과 연합함으로써 가톨릭 교황에 맞서고자 했다. 칼리프로서는 납득하기 힘든 처사였다. 유대교도, 천주교도, 이슬람교도 모두가 아브라 •29

함에서 비롯한 형제 종교다. 종교개혁이 종교전쟁으로 비화하는 신/구교 간 다툼이 낯설었다. 다종교가 공존하는 오스만제국의 내실을 더욱 다질 것을 다짐했다. 술레이만 개인적으로는 신교에 호감을 가졌다고 한다. 우상 숭배를 배척하고 책의 힘(=이성)을 믿는다는 점에서, 프로테스탄트가 이슬람에 더 가깝다고 여긴 것이다.

이 종교개혁과 르네상스와는 전혀 딴판이 벌어지고 있던 곳이 이베리아반도였다. 유럽의 십자군 원정이 예외적으로 성공한 장소였다. 다마스쿠스 정복은 실패했지만, 리스본만은 수복할 수 있었다. 지중해 문명권의 중심 지역은 죄다 상실했지만, 극서의 일각만이라도 취한 것이다. 유난하고 유별난 곳이었다. 1453년 무슬림의 콘스탄티노플 함락은 복수심을 더욱 부추기는 사태였다. '제2의 로마'마저 상실한 것이다. 하늘이 무너지는 충격 속에서, 괴담이 파다하게 퍼져갔다. 이슬람 문명권 너머 동양에 사제왕 요한네스*가 다스리는 오래된 기독교 왕국이 존재한다는 전설이다. 짐작건대 네스토리우스파** 기독교에 호의적이었던 몽골제국의 일화가 와전된 것이 아닌가 싶다. 그 동양의 기독교 왕국과 연합함으로써 인도양을 장악한 이슬람 제국을 물리치고 예루살렘을 탈환하겠다는 몽상을 꾸었다. '최후의 심판'을 기다리는 중세인의 마음으로 필사적으로 인도양을 건넌 것이다. 이슬람이 전수해준 계몽주의를

---

* 아시아 및 아프리카 등 동방에 거대한 기독교 왕국을 건설했다고 알려진 중세기 전설 속의 인물. 당시 유럽은 막강한 이슬람 세력에 의해 군사적, 정치적 위협을 받는 처지였기 때문에 그들 너머에 존재하는 기독교 왕국에 대한 전설은 유럽인에게 희망을 주는 하나의 아이콘이었다.

** 5세기경 비잔티움제국의 콘스탄티노플 대주교인 네스토리우스가 창시한 기독교의 한 종파. 그리스도의 신성(神性)과 인성(人性)의 불일치를 주장하여 이단시되었으나 교리는 페르시아를 거쳐 인도와 중국에까지 퍼졌다.

거부하고 고대의 기독교 왕국을 찾아 나선 척사파들이 대항해 시대를 열어젖힌 것이다. 고로 대항해 시대는 중세와의 단절이 아니었다. 중세의 지속이자 세계적 확산이었다. 복고주의자들이 최첨단이 된 것이다. 그들이 낯선 땅 고아를 '동양의 로마'라고 불렀던 까닭이다.

　바스쿠 다가마도 다르지 않았다. 아니, 그야말로 4세기를 이어온 십자군의 적통, '최후의 십자군'임을 자처했다. 고아의 힌두 왕에게 선물한 것도 십자가와 성경이었다. 호의로 그치지 않았다. 개종을 (강)권했다. 기독교 왕국을 발견하지 못했다면, 그곳에 기독교 왕국을 세우고자 했다. 그의 소속이 바로 '산티아고 기사단'이었다. 1498년 이전 이베리아반도에서 일어난 전사前史가 1498년 이후 아시아, 아프리카, 아메리카가 유럽과 조우하며 경험하는 세계사의 전조가 된 것이다. 스페인 산티아고로 가는 까닭이다.

산티아고 대성당.

산티아고 순례길을 알리는 표지석.

붉은 산티아고, 구세계와 신세계

'무슬림 킬러'의 길을 따라,
천 년 전쟁의 순례길

순례와 학살

걷는다. 또 걷는다. 하릴없이, 하염없이, 걷고 또 걸어 한 달을 꼬박 채운다. 프랑스 남부에서 스페인 서부까지, 800킬로미터 여정이다. 뱀마냥 꼬불꼬불 난 길을, 꼬물꼬물 행렬이 개미처럼 잇는다. 그 유명한 산티아고 순례다. 언감생심, 합류하지는 못했다. 견문은 한가를 허락하지 않는다. 마음가짐부터 다르다. 가는 곳마다 노트북을 켜고 온갖 신문을 살핀 후, 킨들로 독서하며 심화 학습을 거친다. 새 말도 바지런히 익혀야 한다. 늘 정보의 포화 상태로 지낸다. 갈 곳과 말 곳을 가르고, 쓸 것과 뺄 것을 가리는 일도 여간 골칫거리가 아니다. 그나마 매일 요가 수련으로 지친 뇌를 씻어내는 정화의 시간을 갖는다. 그 덜어내고 비워내는 시간을 하루 종일, 한 달 내내 만끽하는 것이 순례이다.

그래서 철두철미 반反근대적이다. 비생산적이며 탈소비적인 '중세적 시간'De-Modern Time을 음미한다. 굳이 가톨릭 신자가 아니어도 산티아고를 찾는 까닭이다. 아파도 청춘이라며 재촉하고 채근하는 '피로 사회'로부터 필사적으로 탈주하여 비근대적인 시간을 확보하려는 이들이 갈수록 많아지고 있는 것이다. 근대의 속도에 맞서서 자아를 치유하고 자존을 지키는 묵상의 시간, 신독愼獨의 시간, 침묵의 시간을 획득하려는 것이다. 너무나 많은 사람들이 너무도 많은 말을 (내)뱉어내는 SNS 시대, 멈추고 닥치고 끊어야 비로소 보이는 것들이 있다. 중세적 시간이 늘어날수록, 중세와 근대가 공진화할수록, 삶의 질도 높아진다. 사서 고생을 마다치 않는 연유다. 가격으로 환산되지 않는 가치를 추구한다.

산티아고가 유네스코 세계문화유산으로 등록된 것은 1985년이다. 유럽의 문화수도로 선정된 것은 2000년이었다. 베네딕트 교황이 몸소 방문한 것은 2010년이다. 갈수록 핫 플레이스가 되었다. 탈세속화, 재再영성화의 트렌드와도 부합한다. 관련된 책과 영화, 다큐도 여럿이다. 관광상품을 넘어서 영성산업에 이르렀다. 하루짜리 단기 코스마저 등장했다. 도착 지점인 산티아고 대성당에서 기념사진만 찍고 돌아가는 얄팍한 유커들도 눈에 띈다. 비행기를 타고 먼 길을 날아와서 '중세'를 소비하고 있음을 온라인으로 과시하는 포스트모던한 풍경이다.

그만큼 유서가 깊다. 천 년이나 묵은 순례길이다. 9세기부터 시작되었다. 그러나 샛길이었다. 당시 서유라시아(=유라비아)의 모든 길은 아라비아의 바그다드로 통했다. 영성의 중심 또한 메카였다. 남유럽부터 북아프리카까지 메카로 향하는 순례자들이 꼬리를 물었다. 예루살렘마저도 무슬림의 땅이 되었다. 북서유럽 기독교인들은 가고 싶어도 갈 수 없는 곳이 되었다. 답답한 현실을 타개하는 방편으로 전설에 의탁했다. 예수의 제자 야고보가 산티아고까지 전도를 왔다고 한다. 역사적으로 증명되지는 않았으되, 유라비아의 서북으로 쪼그라든 로마 가톨릭 세계의 신도들로서는 탈출구가 되어주었다. 11세기가 되면 범유럽적 순례길이 만들어진다. 많은 길이 은총의 땅, 산티아고로 통했다.

역사적으로 고증 가능한 사실은 산티아고의 행적이다. 순례길 곳곳에 그의 동상이 세워져 있다. 스페인 교회마다 그의 초상화를 만날 수도 있다. 그의 조각상을 배경으로 셀카와 단체사진을 찍는 사람들도 많다. 사연이 구구한 사람이다. 평판이 크게 갈리는 인물이다. 'Santiago Peregrino'(순례자 산티아고)라고 추앙받는 반면으로, 'Santiago Matamoros'라는 별칭을 가지고 있다. 'Matamoros'란 '무어인들의 살인자'라는 뜻이다. 무어인은 왕년의 무슬림을 가리킨다. 무슬림 킬러였다는 말이다. 학살의 추억이 어른거린다. 실제로 그는 순례길을 걷지 않았다. 달렸다. 백마를 타고 질풍처럼 달렸다. 한 손에는 말고삐를, 다른 손에는 칼을 쥐었다. 그 칼을 휘둘러 터번을 두른 검은 피부의 목을 사정없이 베었다. 십자군의 선봉대였던 것이다.

즉 천 년 전 이 길은 평온하지도, 한적하지도 않았다. 적개심과 복수심으로 불타올랐다. 산티아고가 가는 곳마다 붉은 피로 땅을 적셨다.

검은 마리아, 서양西洋과 서구西歐

북아프리카의 무슬림이 남유럽으로 북상한 것은 711년이었다. '이베리아의 봄'을 일구었다. 유대교, 기독교, 이슬람교가 공존하는 평화와 번영의 시대를 열었다. 로마제국 붕괴 이래 다시금 문명의 전성기를 구가한 것이다. 지중해의 동남부 이슬람권에서 향유하던 르네상스를 더불어 만끽했다. 약 천 년간 스페인 서남부의 안달루시아는 '이슬람적 유럽'으로 화려하고 화사했다.

안달루시아에서 무슬림 축출이 본격화한 것은 1492년이다. '문명의

검은 피부의 성모 마리아상(몬세라트 수도원).

충돌', 십자군 원정이 이제야 성공했다. 하지만 기독교의 재정복, 국토 회복운동(레콩키스타)은 적절치 못한 진술이다. 복합계가 단순계로 재편되었다고 보는 편이 더 합당하다. 다종교의 공존을 허용하는 다문화 사회에서 이단 심문과 마녀사냥의 삭풍이 몰아치는 전체주의 사회로 변질된 것이다. 과연 무슬림만 추방된 것이 아니었다. 개종을 거부하는 유대교도들도 재차 디아스포라가 되었다. 이베리아반도를 떠나 르네상스가 지속되는 지중해의 동쪽으로, 이탈리아와 이스탄불로 피난 갔다. 고로 중세에서 근대로 이행한 것도 아니었다. '이슬람적 유럽'이 꽃 피었던 초기 근대가 말소되고, 기독교가 유일사상으로 군림하는 암흑기가 도래한 것이다.

이베리아 재수복 이후 역사는 다시 쓰였다. 승자가 역사를 고쳐 썼다. 유럽과 아랍을 날카롭게 가르기 시작했다. 지중해를 내해內海 삼아 남유럽과 서아시아와 북아프리카가 공진화했던 '유라비아'를 방기했다. 유일체제만큼이나 공간 감각이 협량해진 것이다. 즉 이슬람을 축출함으로써 서구west를 적출해낸 것이다. 지엽과 말단이었던 극서far west의 기독교 세계를 '대문자' 서구West로 표상하기 시작했다. 그럼으로써 근동near East과 중동middle East, 극동far East이라는 극단적인 동/서 분류법도 등장할 수 있었다. 향후 500년을 지속하는 고약한 프레임이다.

그러나 극서와 근동과 중동은 무 자르듯 가를 수 있는 공간이 아니었다. 지중해와 아라비아해를 공유하는, 유라시아의 서쪽 바다[西洋]로 아울러야 마땅한 곳이었다. 유대교와 기독교, 이슬람교가 서양의 3대 사상이라면, 벵골만의 동편, 즉 유라시아의 동쪽 바다[東洋]에서는 유·불·선이 그 역할을 수행했다. 서양이 일신교의 바다였다면, 동양은 무신교의 바다였던 것이다. 그 가운데 남양南洋은 다신교 힌두교가 번성했다. 극서(서유럽)와 극동(동북아)의 조우는 최신의 사태이지만, 서양과 동양은 남양을 통하여 오래도록 연결되어 있었다. 서구사와 서양사를 혼동해서는 심히 곤란하다.

유럽이 유라비아의 일원이었음은, 서구가 서양의 일부였음은 이베리아반도 곳곳에서 확인할 수 있다. 스페인이 자랑하는 알람브라 궁전도 이슬람 건축이다. 인도의 타지마할과 더불어 세계에서 가장 아름다운 건축물로 손꼽힌다. 바르셀로나의 몬세라트 수도원에서는 검은 피부의 마리아도 만날 수 있다. 산티아고의 인종 청소에도 불구하고, 성모 마리아상만은 처분할 수 없었던 모양이다. 붉은 이베리아의 검은 마리아가 이 땅의 역사를 증언하고 있는 것이다. 유라비아의 감각으로, 유라시아의 시각으로 서구사를 다시 써야 할 때가 된 것 같다. 변방사를 보편사로 추켰던 '가짜 사관'Fake History을 거두고, 서양사와 유라비아사의 지평으로 서구사를 재조망해야 할 것이다. 유럽을 지방화하고 비정상을 정상화하는, 적폐 청산의 일환이다.

산티아고 기사단의 후예들

산티아고 기사단의 맹활약은 이베리아 탈환으로 그치지 않았다. 떠나는 무슬림에게도 자비를 베풀지 않았다. 도망치는 자들을 따라가 지브롤터 해협을 건넜다. 북아프리카의 꽃이라고 불리던 모로코의 세우타 항을 점령한다. 군사적 요새이자, 지중해-인도양 무역의 거점에 십자가를 꽂은 것이다. 이곳을 장악함으로써 동방무역의 이윤을 이베리아로 이전시킬 수 있었다.

콜럼버스 또한 산티아고의 후예였다. 마르코 폴로의 《동방견문록》을 들고 인도양으로 향하면서 동양의 기독교 왕국을 발견할 것임을 다짐했다. 동방무역으로 얻는 수익 또한 예루살렘 정복에 바치겠노라 결심했다. 십자군 정신과 기사적 심성으로 충만했던 것이다. 하지만 1506년 숨을 거둘 때까지 기독교 왕국을 발견하지 못했다. 예루살렘 또한 탈환하지 못했다. 그가 믿어 의심치 않은 바대로 메시아가 왕림하지도 않았다.

그럼에도 세계는 크게 달라졌다. 아니, 그가 세계를 크게 바꾸었다. 본인이 메시아 격이었다. 신대륙을 '발견'하고, 신세계가 개창되었다. 아메리카 대륙이 몽땅 이베리아반도처럼 되어가는 또 다른 창세기가 시작되었다. 원주민들의 잉카 문명은 삽시간에 몰락했다. 유라시아의 극서에서 전래된 총, 균, 쇠 앞에서 속수무책이었다. 그들의 물질문명과 정신문명에 면역력이 전혀 없었던 것이다. '충격과 공포' 속에서 반도가 대륙 전체로 이식될 수 있었다. 비잔티움제국의 몰락으로 궁지에 몰렸던 기독교 세계가 극적으로 회생한 것이다. 기적이 아닐 수 없었다.

신의 가호와 주의 은총도 잇따랐다. 잉카제국에는 황금 탄광이 넉넉했다. 세우타 항을 통하여 아프리카 노예를 공급함으로써 금과 은을 채굴했다. 스페인의 황금시대가 열린 것이다. 유라시아의 극서 지방 국가가 일약 유럽의 패자로 등극했다. 대서양을 잇는 유럽-아메리카의 신세계 연결망으로, 인도양에서 전개되는 유럽-아시아의 구세계 역관계를 역전시킨 것이다. 태평양 건너 필리핀의 식민화가 대표적이다. 일개 국왕의 이름(펠리페)이 한 나라의 국호가 되었다. 그 필리핀에도 산티아고라는 작은 도시가 자리한다. 안데스산맥에 자리한 칠레의 수도 이름 또한 산티아고이다. 십자군의 흔적이 지구촌 곳곳에 남아 있는 것이다. 대항해 시대도, 신대륙의 발견도 이베리아의 확산, 중세의 확대라고 보이는 까닭이다. 심지어 멕시코에는 '무어인들의 살인자', 즉 마타모로스 Matamoros라는 음침한 이름의 도시도 있다.

순례길 곳곳에서 만날 수 있는 산티아고 동상들. 그는 순례자인가, 학살자인가(산티아고 대성당).

천 년 전쟁, 신세계와 구세계

2004년 3월 11일, 아침 출근길. 스페인 수도 마드리드의 4개 지하철역에서 10개의 폭탄이 동시에 터졌다. 일시에 200명 가까운 목숨을 앗았다. 9·11 이후 테러가 대서양 건너 유럽까지 상륙했음을 알리는 사태였다. 범인들은 뻔뻔하고 공연했다. '십자군에 대한 보복'이라는 성명을 발표했다. 비단 '테러와의 전쟁'을 십자군에 빗대었던 부시 대통령을 겨냥한 것만은 아니었다. 산티아고 기사단 이래 십자군의 이슬람 정복에 대한 반격이 시작되었음을 알리는 새 천년의 선전포고였다. 과연 그로부터 십수 년째 유럽은 테러로 몸살을 앓고 있다. 아랍권 매체에서도 지속적으로 '십자군'الصليبيون이라는 단어를 만날 수 있다. 아버지 부시부터 클린턴, 아들 부시, 오바마 그리고 트럼프까지 미국의 다섯 대통령이 연달아 이라크를 폭격하고 있다는 기사에 '십자군'이라는 수사가 부가되는 식이다. 천 년의 전쟁이 여전히 멈추지 않고 있음을 상기시키는 것이다.

다만 이름은 달라졌다. 천주교는 민주교가 되었고, 십자군은 민주군(나토NATO)이 되었다. 천주화는 문명화-근대화에 이어 민주화로 변경되었다. 구미의 신세계 연합군이 구세계를 향하여 체제 전환을 윽박지르는 십자군 전쟁이 나토군의 공습으로 진화한 것이다. 좀처럼 더불어 살아가는 지혜를 터득하지 못했음에는 변화가 없다. 식민지 경영이라는 배타적 지배가 아니고서는 다른 종교, 다른 문명, 다른 이념과 공존하는 법을 알지 못한다. 종교개혁 500년, 계몽주의 250년을 지나서도 변방의 편협함과 경직성을 떨쳐내지 못한 것이다. 아니, 종교개혁과 정치혁명을 거치며 도그마는 더욱 강화되었다. 유일신앙이 유일체제로 진화했다. 무교도의 공산주의에 이어, 이교도의 이슬람주의와도 적대하는 것이다. 교조적 민주주의, 자유주의 근본주의로 세계를 석권하려고 한다.

그러나 지구촌은 갈수록 왕년의 이베리아, 중세의 안달루시아처럼 되고 있다. 다종교, 다인종, 다민족이 한 지붕 아래 이웃으로 살아간다. 산뜻한 리스본 거리를 모로코 이주자들이 채우고 있고, 바르셀로나와 마드리드의 화려한 번화가에도 시리아와 리비아 난민들로 가득하다. 런던과 파리, 로마와 베를린에도 모스크가 속속 세워지고 있다. '아랍의 봄'이 아랍의 유럽화를 촉발한 것이 아니었다. 오히려 유럽의 아랍화, 아랍과 유럽의 재융합을 촉진하고 있다. 이베리아에서부터 삭제해갔던 유라비아가 도저하게 귀환하고 있는 것(=진眞세계화)이다.

당장은 극우의 반발이 격심하다. 인민주의populism와 민족주의nation-alism가 기승을 부린다. 유목주의nomadism*는 강단 좌파, 책상물림의 흰소리에 그쳤다. 유럽 견문 3개월이 유독 스산했던 것은 비단 계절이 겨울이었기 때문만은 아닐 것이다. 불안과 불만의 정서가 만연하다. 분노가 유럽을 잠식하고 있다. 그러나 다시금 이슬람 혐오증은 과녁을 빗나간 화살이다. 옛 천년의 반복이고, 새 천년의 반동이다. 신세계의 기적을 선사해줄 신대륙은 더 이상 존재하지 않는다. 지구촌 전체가 구대륙처럼, 구세계처럼 되어간다. 남 탓보다는 내 탓이 현명할 것이다. 자만보다는 자성이 지혜로울 것이다. 학살자의 오만과 편견을 거두고, 순례자의 겸허와 겸손으로 숙고하고 성찰할 때다.

순례자의 마음으로 향한 곳은 포르투갈령 아조레스섬이다. 구세계와 신세계가 교차하는 대서양의 한복판에 자리한다. 민주교(EU)와 민주군(나토)의 모순이 집약되어 있는 장소이기도 하다. 그곳에서 이베리아의 20세기, 굴곡진 현대사를 복기해본다.

———— * 프랑스 철학자 질 들뢰즈와 펠릭스 가타리의《천 개의 고원, 자본주의와 정신분열증》(1980)에서 비롯한 말이다. 특정한 곳에 고정되지 않고 새로운 공간을 찾아가는 유목민의 삶의 방식에 비유한 철학적 용어로, 포스트모더니즘의 유행과 함께 널리 회자된 개념이다.

리스본의 유럽화, 이베리아의 20세기

천 년 중세를 지운
'서구'의 탄생

역풍: '더러운 전쟁'에서 '1974 리스본의 봄'으로

1999년 12월 20일, 포르투갈의 마지막 식민지였던 마카오가 중국에 반환된다. 442년 만이었다. 17세기에는 명과 청이 교체되었다. 20세기에는 중화인민공화국이 중화민국을 대체했다. 중원의 주인이 네 번이나 바뀌는 동안, 마카오는 포르투갈의 땅을 지속했던 것이다. 일국의 마지막 식민지가 사라진 것으로 그치지 않았다. 2년 전 1997년에는 홍콩 또한 영국에서 중국으로 반환되었다. 홍콩과 마카오에 오성홍기가 나부낌으로써, 유럽의 아시아 지배, 서세동점의 시대가 저물었음을 상징적으로 알렸던 것이다. 그렇게 20세기의 마지막 성탄절이 지나고, 새 천년의 첫 춘절이 밝아왔다.

모든 식민지가 마카오마냥 순탄하게 이양되지는 않았다. 마카오와 긴밀하게 연결되어 있던 고아는 무력 충돌 끝에 인도군이 탈환했다. 1961

년 12월 20일이다. 신사적인 품격과 언행으로 명성이 자자하던 네루 총리마저 무력행사를 불사했던 것이다. 그만큼 포르투갈은 식민지에서 고분고분 물러나지 않았다. 남아시아에서만도 아니다. 인도양 건너 아프리카에서는 사정이 더욱 고약했다. 1975년 앙골라와 모잠비크가 독립하기 전까지 '더러운 전쟁'을 지속했다. 물론 포르투갈만 비난할 수는 없겠다. 악명 높기로야 프랑스가 으뜸이다. 동남아의 베트남과 북아프리카의 알제리에서 잔혹한 전쟁을 동시에 수행했다. 호찌민과 프란츠 파농의 결사항전 끝에 프랑스를 몰아낸 것이다. 그러나 그것으로 다가 아니었다. 인도차이나에는 곧 미국이 등장했고, 중동에서는 이스라엘이 그 역할을 수행했다. 서세동점, 제국주의 적폐 청산은 지난한 과업이었다.

개입의 명분이 없지는 않았다. 냉전을 구실로 삼았다. 혹은 동서냉전을 핑계로 남북 지배를 지속하고자 했다. 물론 소련과 중국이 경쟁적으로 매력 공세를 펼치고 있었음도 사실이다. 사회주의 국제주의와 제3세계주의를 내세워 아시아, 아프리카의 신생 국가들에게 영향을 미치려 들었다. 포르투갈은 1949년 이래 줄곧 북대서양조약기구(나토)의 일원이었다. 멀리로는 동티모르부터 가까이로는 앙골라까지, 반공주의 임무를 성실히 수행했다.

그렇다고 당시 포르투갈이 자유민주주의 국가였던 것도 아니다. 1933년 이후 줄곧 독재정권이었다. 포르투갈이 유별난 것도 아니었다. 나토 가입국인 터키도, 스페인도, 그리스도 죄다 반공주의를 국시로 삼는 파쇼 국가들이었다. 즉 민주주의가 파시즘에 승리했다는 제2차 세계대전의 주류 서사 또한 일면적이다. '서구사'의 감각이지, '서양사'는 아니다. 지중해와 아라비아해를 잇는 서양 국가의 태반이 제1세계보다는 제3세계 국가에 더 흡사했다.

포르투갈이 아프리카와 아시아의 식민지에서 수행하는 '더러운 전쟁'에 진절머리를 내기 시작한 것은 청년 장교들이었다. 끓어오르는 독립 요구를 힘으로 묵살하는 일에 더 이상 피를 흘리는 것이 유익하지도, 유망해 보이지도 않았다. 소장파들이 구국의 일념으로 반란을 기획한다. 1974년 4월 25일, 행동을 개시한다. 황혼부터 새벽까지, 정권을 접수했다. 무혈혁명에 가까웠던 이날을 역사는 '4·25 혁명'이라고 기록한다. '카네이션 혁명', '리스본의 봄'이라고도 한다. 적도 이남의 식민지에서 불어온 역풍이 식민본국의 혁명을 촉발한 것이다. 그렇게 '서양'의 민주화가 비로소 시작되었다.

냉풍: 태평양에는 하와이, 대서양에는 아조레스

군사독재의 적폐도 철폐되기 시작했다. 검열이 폐지되고, 망명했던 좌파 지도자들이 속속 귀국했다. 1년의 정권 이양기가 지나면 청년 장교들과 좌파 세력이 연합하는 진보정권의 창출이 유력했다. 그러나 포르투갈의 위치가 '내재적 발전'을 허락지 않았다. 유럽의 장래와 냉전의 향방에 관건적인 장소였다. 시점 또한 중차대했다. 1974년이면 베트남전쟁에서 미국의 패배가 확실해지던 무렵이다. 1년 후, 남베트남은 물론 캄보디아와 라오스까지 인도차이나 전체가 적화된다. 동남아에 이어 남유럽까지 도미노 현상이 일어날 수 있었다. 스페인과 그리스, 이탈리아 등 남유럽 국가들마저 소련으로 기운다면, 극서를 제외한 유라시아 전체가 붉은 대륙이 되는 것이다. 닉슨 대통령의 탄핵 정국으로 뒤숭숭하던 워싱턴에 비상경보 벨이 울렸다.

재차 전면에 등장한 인물이 반공의 책사, 닉슨의 안보보좌관 키신저다. 1972년 중국과 화해함으로써 소련을 봉쇄하는 작전을 세웠던 그에게도 포르투갈의 혁명은 당혹스러운 일이었다. 재차 지구본을 돌리며 세계지도를 다시 그릴 궁리를 짰다. 남유럽의 급변 사태에 남아메리카를 참고하기로 했다. 전례가 없지 않았다. 칠레에서 사회주의자 아옌데가 집권한 것이 1970년이다. 남아메리카의 도미노를 방지하기 위해 중앙정보국(CIA) 개입으로 정권을 전복시킨 것이 1973년이다. 이제 리스본에서도 칠레의 산티아고를 반복코자 했다. 그러나 만류하는 참모들이 많았다. 남아메리카와는 달리 남유럽은 소련과 너무 가까웠다. 자칫 체제 전환을 노린 개입이 전면적 충돌을 야기할지 몰랐다. 무엇보다 포르투갈인 사이에서 독재정권을 암묵적으로 지원했던 미국에 대한 여론이 좋지 않았다. 결국 프로젝트는 실행되지 못하고 기밀 서류로만 남게 된다.

그 키신저의 기획안에 흥미로운 내용이 많다. 만약 포르투갈이 공산국가가 된다면 아조레스를 분리독립시켜야 한다는 구상도 있다. 포르투갈은 잃더라도 아조레스만은 사수코자 한 것이다. 그만큼 사활적이었다. 미군기지가 자리했기 때문이다. 1974년 4월 25일 혁명 당일에도 미국 대사는 리스본에 없었다. 아조레스 기지를 순시하고 있었다. 1973년 10월, 이스라엘-아랍 전쟁에서 이스라엘을 지원하는 전략 폭격기가 출격한 곳이 바로 아조레스였다. 유럽만이 아니라 중동을 관할하는 대서양의 핵심 근거지였던 것이다. 미국이 유럽과 아랍을, 유라비아를, 서유라시아를 지배하는 교두보였던 것이다. 태평양에 하와이가 있다면, 대서양에는 아조레스가 있었다. 그 아조레스를 확보하기 위해서라도 리스본의 내정에 깊이 개입해야 했다. 플랜 B는 서유럽에 견주어 경제수준이 한참이나 떨어졌던 포르투갈을 유럽경제공동체(EEC)의 일원으로 편입시키는 것이었다. '서양의 서구화', 포르투갈을 서구로 감싸 안음으로써, 동구로 기우는 일을 차단코자 한 것이다.

작전은 대성공이었다. 성공의 열매 또한 달콤했다. 1982년 영국과 아르헨티나 간 포클랜드섬을 둘러싼 분쟁이 일어났을 때도 아조레스 기지를 유용하게 활용했다. 1991년 걸프전에서도 아조레스 기지를 마음껏 사용하며 후세인을 쿠웨이트에서 몰아내었다. 1995년 발칸반도에서 일어난 유고 내전에도 깊이 개입할 수 있었다. 2003년 이라크전쟁에서도 재차 폭격의 전초기지로 이용되었다. 당시 부시 대통령과 영국의 블레어 총리가 만나서 이라크 공습을 결정한 장소가 바로 아조레스였다. 그들과 어깨를 나란히 하며 기자회견에 나선 이가 포르투갈의 총리 바호주였다. 미국과 영국에 포르투갈이 합작하여 이라크전쟁이 일어난 것이다.

바호주는 백악관에도 초청받아 지극한 환대를 누렸다. 부시 대통령 부부는 물론이요, 딕 체니, 도널드 럼스펠드, 콘돌리자 라이스 등 네오콘의 수뇌부와 만찬을 즐겼다. 기지 제공에서 나아가 포르투갈군 파병까지 결정했다. 이라크에 대량살상무기가 있다는 '가짜 뉴스'에서 비롯한 전쟁 범죄에 직접 가담한 꼴이다. 그 대가로 바호주는 2004년 포르투갈 총리에서 유럽연합(EU) 집행위원장으로 전격 승진한다. 극서의 포르투갈 총리가 EU의 수장에 오른 것이다. 2006년에는 극동의 한 외교부 장관도 유엔 사무총장에 당선되었다. 공히 이라크전쟁에 부역한 공로를 인정받은 것이다.

열풍: 유럽화로 내달려 '서구'의 일원으로

구질서의 타파보다 신질서의 수립이 더 어렵다. 재건은 혁명보다 더 난망한 과제다. 수성이 창업보다 더 힘들다. 반세기 독재 이후 신체제의 비전이 뚜렷하지 않았다. 민주화 세력도 정작 국가를 어떻게 운영할지에 대한 명료한 상이 없었다. 포르투갈은 '1974년 체제', 민주화 이후의 민주주의에 직면하게 된다. 서서히 개발독재 국가가 시장만능 국가가 되어갔다.

아조레스섬.

바스쿠 다가마 다리.

4·25 다리.

1977년 3월 28일, 유럽경제공동체(EEC) 가입을 신청한다. 남쪽을 거두고 북방 외교를 펼쳤다. 식민지를 상실한 포르투갈의 새 길을 유럽에서 구한 것이다. 아프리카와 아시아의 식민지를 거느리던 제국에서 유럽의 변방으로 소속을 변경했다. 점점 더 서구 국가들과 국제기구의 입김이 드세졌다. 그쪽에서 요구하는 개혁 프로그램을 실행해야 했다. 서유럽은 이미 1950~60년대 복지국가의 전성기를 지나고 있었다. 복지국가의 위기를 타개하는 처방책, 신자유주의가 굴기했다. 1979년 영국에서 '철의 여인' 대처 정권이 탄생한다. 1980년 미국에서도 레이건이 당선되었다. 영미식 세계화와 유럽 통합 프로젝트가 동시에 진행된 것이다. 대처는 포르투갈의 유럽 편입에 호의적이었다. 비단 그녀의 신혼여행지가 리스본이었다는 사감 때문만은 아니었을 것이다. 대영제국에서 영국으로 쪼그라든 처지였다. 이베리아와 그리스를 포함한 대유럽으로 경제 영토를 넓히고자 했다.

포르투갈의 사회당 정권도 대세를 거스르기 힘들었다. '대안은 없다'(TINA: There Is No Alternative)고 했다. 권력은 시장으로 넘어갔다. 좌측 깜빡이를 켜고 우회전을 했다. 그 오른편, 유럽으로 가는 길이 포르투갈을 선진화하고 현대화시킬 것이라고 다독였다. 포르투갈의 오른쪽에는 스페인이 있다. 1986년 1월 1일, 양국의 국경 표지가 바뀐다. 파란색 바탕에 노란색 별들이 원을 이루는 유럽공동체(EC) 표지가 세워졌다. 노랑 풍선과 파랑 풍선이 하늘로 떠올랐다. 차가운 겨울바람을 따라 풍선이 떨어진 땅은 더 이상 포르투갈만이 아니었다. 그날부로 '유럽의 땅'이 된 것이다. 고위관료들은 안도감에 흡족했다. 4·25 혁명 이래 마침내 국가의 목표를 달성한 것이다. 극서의 포르투갈이 서구의 일원이 된 것이다. 역사도 그들의 판단이 옳았음을 증명하는 듯했다. 3년 후 베를린 장벽이 무너진다. 냉전체제가 극적으로 종식되었다. 동유럽도 남유럽을 따라 서유럽화, 서구화의 길(=역사의 종언)에 들어섰다.

리스본이 유럽의 문화수도로 선정된 것은 1994년이다. 국력을 총동원하여 새 단장에 나섰다. 오늘날 알록달록한 리스본의 색감은 이때 만들어진 것이라고 한다. 진취적이고 역동적인 현대 도시의 이미지를 고취했다. 과거 식민지 제국의 영화를 회고하기보다는 미래를 향해 달리는 혁신 도시로 탈바꿈한 것이다. 극서의 잿빛 도시에서 핫하고 힙한 글로벌 도시로 재탄생했다. 1998년에는 엑스포도 개최한다. 지하철 신노선 구축을 비롯하여 교통망의 현대화가 대대적으로 이루어졌다. 엑스포가 열렸던 장소의 역 이름은 '오리엔트'라고 지었다. 유럽의 부상이 바로 이곳 리스본에서 시작되었음을 환기했다. 타구스강을 잇는 다리의 이름은 '바스쿠 다가마'라고 붙였다. 그가 출항했던 바다에도 다리를 놓고, '4·25 다리'라고 불렀다. 동양에서 서구로, 독재에서 민주로, 전통에서 현대로. 오리엔트 역과 바스쿠 다가마 다리, 4·25 다리… 리스본은 의미가 풍부한 도시가 되었다.

엑스포의 테마도 리스본과 어울렸다. 〈대양: 미래를 향한 유산〉The Oceans: A Heritage for the Future이었다. 연중 방문객이 천만을 돌파했다. 포르투갈 전체 인구에 육박하는 숫자다. 카페와 식당의 종업원들도 영어와 프랑스어에 스페인어까지 유창하게 구사하게 되었다. 리스본이 세계도시의 하나로 인정받는 순간이었다. 바르셀로나와 마드리드에 버금가는 이베리아의 대표 도시로 등극한 것이다. 엑스포 열기가 한풀 꺾인 겨울에는 북유럽에서 반가운 소식이 들려왔다. 스웨덴 한림원에서 주제 사라마구에게 노벨문학상을 안긴 것이다. 실제로 그의 작품을 읽은 포르투갈인들은 극히 드물었다. 그가 공산당원이라는 사실을 아는 이는 더욱 적었다. 아무렴 상관할 바 아니었다. 이데올로기의 시대는 진즉에 끝난 것이다.

오리엔트 역.

그 쾌거 속에서 1999년 1월 1일, 유로화가 도입된다. 전면 사용까지 3년의 유예 기간이 있었다. 하지만 그해 1월부터 포르투갈 화폐였던 이스쿠두escudo는 거의 사용되지 않았다. 20세기의 마지막 성탄절 선물은 죄다 유로화로 지불되었다. 정치, 경제, 사회, 문화 전 분야에서 유럽 열기, 유럽 열풍이 정점을 찍으면서 새 천년, 신세기를 맞이한 것이다. 저 멀리 남중국해, 마카오의 상실을 크게 애감해하지 않았다.

삭풍: 새 천년, 축구선수와 농부는 '딴 나라'에 산다

유럽화와 세계화의 성취를 상징하는 인물이 루이스 피구였다. 1990년대 말부터 스페인 축구 리그를 평정한다. 1997년부터 FC 바르셀로나에서 뛰면서 팀을 리그 정상에 올렸다. 2000년 그는 엄청난 논란을 야기하며 라이벌 팀 레알 마드리드로 이적한다. 그리고 마드리드를 우승으로 이끌며 '올해의 유럽 축구선수상'인 발롱도르Ballon d'or를 차지한다. 바로 그해부터 그의 통장에는 천문학적인 금액의 유로화가 입금되기 시작했다. 2001년에는 국제축구연맹(FIFA) 선정 올해의 선수가 되었다.

반면으로 그의 고향 마을 농부들의 삶은 강퍅해졌다. 유럽의 다국적 식품 기업들의 진출로 시장이 잠식당했다. 피구가 바르셀로나의 유니폼을 입었던 1997년부터 이미 언론에서는 '두 국가' 현상을 지적하는 기사들이 나오기 시작했다. 리스본처럼 유럽화한 글로벌 도시와 포르투갈적인 지방 간 양극화가 심해지고 있다는 것이다. 몇몇 도시만 21세기로 진입하고 나머지 지방들은 20세기에 남아 있는, '비동시성의 동시성'*이

---

* 독일의 철학자 에른스트 블로흐가 1930년대의 독일 사회를 규정하면서 사용한 용어로서, 다른 시대에 존재하는 사회적 요소들이 같은 시대에 공존하는 현상을 가리킨다.

뚜렷해졌다. 글로벌과 로컬 간 '격차 사회'가 불거진 것이다. 그러나 그 불만을 달래는 것은 재차 화려하고 성대한 국제대회였다. 2004년 유로 축구대회를 개최한다. 6월과 7월, 축구 열기에 휩싸였다. 개최국이 개막 전에서 패배하는 위기에도 기어이 결승전까지 올라갔다. 하지만 끝내 결승전에서 지면서 준우승에 그친다. 루이스 피구의 전성기도 지나갔다. 포르투갈도 내리막길이었다.

구조적 병폐가 심했다. 1998 엑스포도, 2004 유로 축구대회도 유럽의 자금으로 치른 것이다. 빚잔치였다. 유럽이 기침하면 포르투갈은 감기에 걸릴 정도가 되었다. '종속 문화'라는 말도 등장했다. 유럽의 개입 없이는 포르투갈이 홀로 설 수 없는 지경에 이르렀음을 비판하는 개념이다. 게다가 EU의 향로 또한 위태로웠다. 2005년 프랑스와 네덜란드에서 EU 헌법이 부결된다. 부랴부랴 대체 입법으로 고안한 것이 '리스본 조약'*이다. 위기에 빠진 EU의 구원투수로 리스본의 이름을 역사에 새긴 것이다. 그러나 명예인 동시에 멍에가 되었다. 갈수록 포르투갈의 인재들이 리스본을 떠나 EU 본부가 있는 브뤼셀이나 파리, 런던, 베를린에서 일하는 경우가 많아졌다. 금수저와 흙수저는 말 그대로 '딴 나라'에서 살았다.

정치에 대한 불신과 무관심도 심해졌다. 1999년 총선은 61퍼센트 투

---

* 오랫동안 유럽의 경제 및 정치 통합을 추구해왔던 EU는 헌법적 내용의 조약이 필요하다는 공감대를 형성하고, 2004년 6월 브뤼셀에서 열린 EU 정상회담에서 '유럽헌법조약'에 대해 합의했다. 이후 각 회원국의 국내 비준 절차를 진행했으나, 2005년 프랑스와 네덜란드의 국민투표에서 비준이 부결되면서 무산되었다. 이에 2007년 12월 리스본에서 열린 EU 정상회담에서, 유럽헌법조약 규정 중 EU에 초국가적 지위를 부여하기 위하여 국기와 국가(國歌), 공휴일 등을 제정하기로 한 규정 등을 삭제하고 다른 조항들을 개정하여 새롭게 합의한 것이 '리스본 조약'이다. 이후 27개 모든 회원국의 비준을 거쳐 2009년 12월 1일부터 발효됐다.

표율로 역대 최저치를 기록했다. 21세기 첫 선거였던 2001년 대통령 선거는 50퍼센트에 그쳤다. 좌/우 간 경계도 흐려졌다. 정당 간 교체가 있을 뿐, 실생활은 크게 달라지는 바 없었다. 게다가 그들이 선출하는 리스본의 대표자들보다는 입김이 미치지 않는 브뤼셀의 유로파 관료들의 영향이 더 강한 것 같았다. 슬금슬금 유럽 회의론이 피어났다.

결정타는 2008년이다. 세계 금융위기가 터졌다. 포르투갈은 2010년부터 파장이 본격화되었다. 신용카드도, 마이너스 통장도 한도를 다했다. 인위적으로 부양되었던 부동산 시장은 급격히 얼어붙었다. 자칫 국가 파산으로 이어질 수 있었다. 결국 2011년 구제금융을 신청한다. 유럽중앙은행(ECB)과 국제통화기금(IMF)이 제시하는 혹독한 구조조정과 긴축 정책이 실시되었다. 구제금융에서 벗어난 것은 2014년 5월 17일이다. 그리스처럼 국가부도와 같은 최악의 사태만은 면했다고 안도하고 자위하기는 힘들었다. 자괴감이 만연했다. 이러려고 EU에 가입했던가? 결사적으로, 필사적으로 서구의 일원이 되려고 했건만, 돌아온 것은 개돼지(PIGS: Portugal, Italy, Greece, Spain)의 수모였다. 게으르고 무능한 남유럽 국가들이 EU 전체에 부담을 주고 있다는 질책과 핀잔이 빗발쳤다. 2014년 4월 25일, 리스본은 적막했다. '4·25 혁명' 40주년은 빛이 바랬다.

여전히 유럽화/현대화가 모자란 것인가? 아니면 유럽화 자체가 문제였던 것인가? 갈수록 후자 쪽으로 여론이 기울고 있다. 그리스처럼 거리의 폭력으로 분출되지는 않았다. 다만 별반 차이 없는 기성의 중도좌파나 중도우파 정당이 아니라, 극좌파와 극우파가 동시에 약진하고 있다. 극좌와 극우가 합작하여 1974년 혁명 이전, 살라자르의 망령도 소환하고 있다. 그는 비록 독재자였을망정 포르투갈의 독립과 자주와 주체를 고수했다는 것이다. 유럽화 이전의 느긋했던 삶Slow Life을 향수하는 이들도 늘어나고 있다. 세계화의 속도에 맞추어 부단히 변화했건만, 포르투갈이 달리는 것보다 더 빠른 속도로 유럽은 질주했던 것이다. 피로와 과로가 누적되었다. 이제 1974년 당시의 혁명가를 부르며 탈세계화, 탈유럽화, 탈유로화를 외친다. 고립주의와 보호주의의 물결이 리스본을 집어삼킨다. 탈서구, 탈진실 시대, 포르투갈은 항로를 잃은 듯하다. 새로운 대항해의 돌파구를 열어내지 못하고 있다.

돌풍: 1755 '쇼크 독트린' 이후

유럽에서는 라이언에어Ryan Air를 애용했다. 벵골만의 에어아시아, 아라비아해의 에어아라비아에 견줄 수 있는 아일랜드의 저가항공사다. 지중해 너머 대서양까지 닿는다. 하지만 저렴한 만큼이나 비행기 또한 작은 편이다. 이베리아반도를 이륙하여 대서양으로 진입하면서 기체가 심하게 흔들렸다. 돌풍이 잦다고 한다. 한참 진땀을 뺀 끝에야 겨우 아조레스에 도착할 수 있었다. 날씨 변덕이 심한 곳이다. 맑은 하늘에 바닷가에 나가노라면 거친 파도가 일고 비가 쏟아졌다. 숙소로 철수할라치면 다시 눈부신 햇살이 물을 갈랐다. 기상용 인공위성이 개발되기 전까지, 이곳 아조레스에서 수집된 기상 정보가 유럽 일기예보의 근간이 되었다고 한다.

1755년 11월 1일, 기상 역사상 가장 돌발적인 사태가 일어난다. 대지진이 일어났다. 쓰나미까지 덮쳤다. 특히 대서양에 면하고 있는 리스본의 피해가 극심했다. 그래서 '리스본 대지진'으로 기억된다. 건물의 8할이 무너질 만큼 초토화되었다. 이전의 흔적이 순식간에 사라졌다. 17~18세기 리스본은 황금색으로 빛났다. 식민지 브라질에서 어마어마한 양의 금이 리스본으로 유입되었다. 거개를 종교 건축물 짓기에 할애

했다. 로마에 버금가는 가톨릭의 중심으로 리스본을 만들겠다는 종교심의 발로였다. 20만 군인보다 20만 성직자들에게 더 많은 자원을 할당했다. 종교개혁 이후에도 남유럽에서 가톨릭의 위세는 여전했던 것이다. 황금 궁전과 황금 성당으로 리스본은 찬란했다.

하필이면 지진과 쓰나미가 일어난 날이 만성절All Saint's day이었다. 모든 성인들을 기리는 축제날에 전대미문의 재앙을 경험한 것이다. 외형적인 도시 파괴로만 그치지 않았다. 정신적 충격이 이만저만이 아니었다. 기성의 사상과 관념마저 허물어졌다. 정치·사회적 격변을 야기한 것이다. 종전과는 전혀 다른 신도시를 재건키로 한다. 신심이 아니라 이성과 합리로 중무장한 계몽주의 계획도시를 건설코자 했다. 20년에 걸친 대사업을 통하여 개조된 리스본은 더 이상 영성으로 충만한 중세 도시가 아니었다. 전통과 완전히 단절된 근대 도시로 탈바꿈했다. 신앙revelation에서 이성reason으로, 종교에서 철학으로, 신학에서 과학으로. 두 손 모아 기도하던 손을 잘라내었다.

다시금 리스본은 유럽의 전위가 되었다. 대지진이 일어나고 30년이 흘러 프랑스에서도 대혁명(1789)이 일어난다. 앙시앵레짐의 적폐인 귀족과 성직자들에 맞서 합리주의와 세속주의, 계몽주의에 투철한 자본가들이 궐기한 것이다. 돌아보면 최초의 '재난 자본주의'가 가동된 것이라고 할 수 있다. 자유와 평등과 형제애라는 (구)자유주의를 '쇼크 독트린'으로 주입했다. 19세기, 마침내 유럽에서 학교가 교회를 대체하고, 이념이 신앙을 누르기 시작한다. 하여 중세에서 근대로의 이행 또한 생산력과 생산관계의 모순 관계를 통하여 과학적으로 설명될 수 있는 것이 아니었다. 돌발적이고 돌출적으로 '대문자' 근대Modern가 격발된 것이었다.

그래서 중세의 속성을 고스란히 간직했다. 절대주의가 계몽주의로 이행한 것이 아니다. 계몽주의를 종교처럼 절대화하는 계몽절대주의가 되었다. 성聖과 속俗의 공진화를 꾀하기보다는 속이 성을 억압하기 시작했다. 마녀사냥을 거꾸로 세운 것이다. 세속화를 곧 근대화인 양 등치시켰다. 모든 공적 영역에서 종교를, 전통을 배제해갔다. 구교에서 신교로, 신교에서 계몽(교)로 이행하는 진보적인 역사관도 확립시켰다. 그리고 천 년 중세를 암흑기로 지우고 그리스 문명을 서구 문명의 기원으로 삼는 '서구사'의 기본 틀도 완성시켰다. 공히 가짜 역사Fake History이고, 가짜 근대Fake Modern라고 생각한다. 아테네에서도, 바티칸에서도 지난 백 년간 주입된 '서구사'가 가공할 프로파간다였음을 확인할 수 있었다.

탈진실 시대, 탈서구 시대. 역사적 팩트를 체크하고 대안적 진실을 찾기 위해 먼저 방문한 곳은 바티칸이다. 마침 '로마 조약'* 60주년을 기념하는 정상회담이 열리고 있었다. 프란치스코 교황이 유럽의 정치 지도자들을 야단치는 모습이 몹시 인상적이었다. 목하 유럽에서 가장 신망이 두터운 지도자는 더 이상 세속 정치인들이 아니다. 기성의 좌/우파 정당들에 대한 신뢰는 국가를 가리지 않고 바닥에 떨어졌다. 지긋지긋한 20세기형 진보/보수 정치에 대한 환멸과 '새 정치'에 대한 갈애야말로 전 지구적인 '뉴노멀'New Normal이다. 그 신상태와 신시대에서 단연 돋보이는 인물이 프란치스코 교황이다. 그가 가는 곳마다 영성에 목마른 현대인들의 경건한 발걸음이 끊이지 않는다. 알파고가 이세돌 기사를 이긴 4차 산업혁명 시대, 구원과 구도는 더욱 갈급한 숙제가 되었다. 민주民主와 천주天主 사이, 감수성이 달라진 것이다. 성과 속의 역관계가 역전되기 시작한 것이다. 이베리아에서 이탈리아로 향했다. 역사의 되감기가 한창인 바티칸에 당도했다.

---

* 1957년 프랑스, 독일, 이탈리아 및 베네룩스 3국이 로마에서 유럽경제공동체(EEC)를 설립하기 위하여 체결한 조약.

004

바티칸, 개벽의 아이콘

'개벽 교황' 프란치스코,
성/속을 아우르는 대연정을 펼치다

남과 북: 제3세계 교황의 탄생

2013년 3월 13일. 저녁 8시가 지나고 어둠이 내려깔렸다. 촉촉한 봄비도 보슬보슬 뿌렸다. 하지만 누구 하나 자리를 뜨지 않았다. 성베드로 광장은 수많은 신도들과 취재진으로 가득했다. 마침내 커튼이 걷히고 새 교황이 자태를 드러냈다. 일제히 카메라 플래시가 폭죽처럼 터졌다. 동영상을 촬영하는 휴대전화들이 별빛처럼 반짝였다.

"좋은 저녁입니다."

교황의 일성이었다. 수줍은 미소를 머금고 담백하게 첫인사를 건넨 교황은 정중한 몸짓으로 절을 하며 자리를 비웠다. 고요한 밤이었다. 거룩한 밤이었다.

같은 시각 지구 반대편, 아르헨티나의 수도 부에노스아이레스는 축제의 도가니가 되었다. 3월 12일 오후 4시, 거리로 사람들이 쏟아져 나 •59

왔다. 1978년 마라도나의 맹활약으로 월드컵 우승을 차지한 이래 가장 많은 인파였다. 프란치스코 교황은 2천 년 교회 역사상 최초의 제3세계 출신 교황이다. 아르헨티나가 모국이다. 유럽에서는 낯선 교황이었지만, 남미에서는 친숙한 인물이었다. 그를 너무도 잘 알고 있었다. 메시의 환상적인 플레이를 보며 하루의 스트레스를 풀었다면, 프란치스코의 말씀으로 영혼을 위로받았다. 메시가 세속의 영웅이었다면, 프란치스코는 영성의 귀감이었다.

내 이웃 같은 친근한 교황이기도 했다. 주말 미사, 성당에 가야만 볼 수 있는 어려운 분이 아니었다. 부에노스아이레스 곳곳에서 그를 만날 수 있었다. 주교와 대주교, 추기경까지 올라서도 수행비서나 운전기사도 없이, 버스와 지하철을 타고 두 발로 걸어다니며 교도소를 찾고 양로원과 고아원을 방문하여 가난한 이들을 보살폈다. 책상 앞 행정가이기보다는 겸손하고 검소한 현장파였던 것이다. 응당 서면 보고보다 대면 보고를 선호했다. 얼굴을 맞대고 눈빛을 교환하며 인간적 친밀함과 온기를 나누는 목회자임을 지속했다. 이제 그가 나고 자란 생가부터 수학했던 학교들과 성직자로 봉직했던 교회들까지 부에노스아이레스를 대표하는 시티투어 상품이 되었다. 유럽에서 남미로 거꾸로 순례 여행을 간다. 평생 그의 머리를 다듬어주던 이발사도, 신문을 전해주던 배달원도 덩달아 유명인사가 되었다. 낙수 효과가 매우 크다.

그는 역사상 최초의 예수회 출신 교황이기도 하다. 한때 자신의 이름 뒤에 항상 SJ(Society of Jesus)를 덧붙였을 만큼 예수회 정체성이 강하다. 아르헨티나에서 예수회는 십자군의 반대편에 서 있었다. 이베리아에서 무슬림을 추방한 십자군이 아니었다. 스페인 식민 통치에 맞서서 원주민을 보호하는 역할을 했다. 교회의 보편적 가르침과 현지 문화의 조화를 꾀했다. 진리의 보편성과 살림살이의 다양성을 융합하고자 했다. 스

바티칸의 성베드로 광장.

페인으로부터 아르헨티나의 독립을 주도한 이들도 예수회 출신이 많았다. 그래서 절대주의 군주가 교회와 교황으로부터의 독립, 즉 주권을 강조하면서 예수회를 탄압했던 것이다. 고로 아르헨티나에서의 예수회 추방(1767)은 미국의 독립전쟁의 도화선이 된 보스턴 차 사건(1773)에 견줄 수 있는 사건이었다. 아르헨티나 독립(1816)과 예수회는 불가분이다.

스무 살이 되던 1956년 3월, 프란치스코는 예수회에 입회한다. 일생일대의 결단이었다. 부모님의 소망을 거스른 선택이었다. 신학교에 진학하여 성직자가 되겠다는 폭탄선언에 어머니는 억장이 무너지고, 아버지는 무릎이 꺾였다. 이민자 집안이었다. 아메리칸 드림, 아르헨티나 드림을 품고 대서양을 건넜다. 밤낮을 가리지 않고 일을 하고 돈을 모았다. 아들은 총명했다. 전공으로 선택한 화학에서도 발군의 실력을 자랑했다. 의대 진학을 의심치 않았다. 버젓하게 의사가 되어 중산층에 진입하는 날이 머지않았다고 여겼다. 허나 자식 이기는 부모 드문 법이다. 아들이 안락한 가족의 둥지를 떠나 고행 길에 들어선 날, 두 사람은 눈물을 쏟았다. 그 아들이 57년이 지나 교황이 되리라고는 상상할 수 없었을 것이다. '영혼을 치유하는 의사가 되겠습니다.' '낮은 곳으로 임하겠습니다.' '예수처럼 가난한 이들과 함께하겠습니다.' 아들은 약속을 지켰다. 두 분도 하늘에서 기뻐하실 것이다.

어머니와 아버지는 집을 비우는 시간이 많았다. 그들을 대신한 것은 할머니와 할아버지였다. 유년기의 상당 시간을 조부모와 보냈다. 할아버지의 무릎 위에 걸터앉아서, 할머니의 배를 베고 누워서 옛날이야기를 즐겨 들었다. 아버지와 여섯 형제를 데리고 이탈리아에서 아르헨티나로 건너올 때의 일도 생생하게 전해졌다. 하마터면 대서양에서 수장될 뻔했다. 1927년 10월 침몰한 여객선 표를 구했던 것이다. 천만다행 할아버지, 할머니가 운영하던 커피숍이 제때 팔리지 않았다고 한다. 다른 이에게 표를 넘긴 덕분에 살아남을 수 있었던 것이다. 그들이 부에노스아이레스에 도착한 것은 1928년 1월이다. 당시 아르헨티나는 북미의 캐나다 못지않은 세계 8대 경제대국이었다. 부푼 꿈을 안고 신세계에 당도했을 것이다. 그러나 세상만사 뜻대로 되지 않는 법이다. 이듬해 뉴욕에서 세계공황이 격발된다. 곧 유럽에서는 세계대전도 발발했다. 공황과 전쟁은 수출산업으로 성장하던 아르헨티나에 직격탄이었다. 당시의 고생담은 할아버지의 단골 레퍼토리가 되었다. 손자의 귀에 딱지가 앉도록 구구절절 읊조렸다.

할머니는 떠나왔던 이탈리아와 유럽 이야기를 자주 들려주었다. 1920년대, 무솔리니의 파시즘이 한창 기승을 부렸다. 할머니는 국가로부터 교회의 독립을 수호하기 위해 행동했던 독실한 신자였다. 이주를 결심한 결정적 계기이기도 했다. 신앙을 대신하여 이념(자유주의, 공산주의, 전체주의)이 휩쓸고 있는 유럽을 떠나기로 한 것이다. 두 분은 그들이 경험한 제1차 세계대전 이야기도 전해주었다. 교과서에 실린 표준적 역사가 아니었다. 몸으로 직접 겪어낸 살아 있는 이야기, 산 역사였다. 좌/우파 이데올로기로 해석되지 않는 삶의 실감을 전수해준 것이다. 노인들과의 밥상머리 대화는 소년의 인격 형성에 지대한 영향을 미쳤다. 그들과 함께한 유년 시절을 축복으로 회고한다.

교황이 되고 난 이후의 행보도 유년기의 경험과 밀접하다. 가장 먼저 달려간 곳도 이탈리아 남부의 람페두사섬이었다. 북아프리카에서 지중해를 건너 유럽으로 향하던 난민들의 비극이 서린 장소다. 뱃길에서 죽어간 이들을 위해 눈물을 흘리고 기도를 올렸다. 반反이민, 반反난민 정서를 선거에 동원하는 유럽의 정치인과 관료들도 모른 척할 수가 없었다. EU 차원에서 긴급 구조에 투입될 배와 헬리콥터를 대폭 확충하는 실효를 거두었다. 언론에서 더욱 주목한 것은 자본주의와 신자유주의에 대한 교황의 맹렬한 비판이다. 경제학 교과서의 낙수 효과는 '가짜 이론'Fake Theory이라고 성토했다. 대공황 시절 조부모들이 겪었던 고통에, 국가 파산 위기를 거듭했던 아르헨티나의 신자유주의 시절도 생생했다. 고용 없는 성장으로 인간의 비극을 양산하는 경제체제의 선진화를 비판했다. 이민/난민과 자본주의, 현대 사회의 가장 첨예한 문제를 제기하면서 교황 직을 시작한 것이다. 가장 인간적이고 이웃 같은 교황은 가장 급진적이고 혁명적인 교황이기도 했다.

그의 파격 행보는 교황으로서 맞이한 첫 부활절에 정점에 달했다. 세르비아 출신 소녀의 발을 씻겨준 것이다. 교황이 여성의 발을 닦아준 것은 처음이라고 한다. 무슬림의 발 앞에 무릎을 꿇은 것 역시도 처음이었다. 유럽에서는 파격이었으나, 남미에서는 낯설지 않은 풍경이었다. 그는 이미 아르헨티나에서 종교 간 대화의 전범을 확립했던 바다. 부에노스아이레스에는 모스크가 겨우 셋에 불과했지만, 프란치스코는 무슬림들과 돈독했다. 특히 시리아 출신의 울라마(이슬람 율법학자)인 오마르 아부드와 긴밀했다. 아르헨티나에서《코란》을 스페인어로 처음 번역한 이가 그의 할아버지였다.《코란》도 읽고 이슬람 사상사도 공부했던 프란치스코는 2004년 주교로서 처음으로 모스크를 방문했다. 지금 이 글을 쓰고 있는 동안에도 이집트를 방문하여 알-아즈하르대학에서 설교를 하고 있는 교황의 행보가 전혀 어색하지 않은 것이다. 알-아즈하르는 이집트의 탈기독교화, 이슬람화를 상징하는 장소다. 이슬람 세계의 수많은 울라마들이 여기서 공부했다. 그곳에서도 조금의 거리낌도 없이 기독교와 이슬람의 공존을 설파하며 기꺼이 무슬림 지도자들과 포옹을 나눈 것이다.

반면으로 폴란드 출신의 유대인 랍비인 아브라함 사코르카와도 절친이었다. 그와 나눈 대화를 책으로 발간하고 TV에서 대담을 하기도

했다. 랍비에게 가톨릭 대학의 명예박사 학위를 수여한 것도 최초였을 것이다. 유유상종, 셋이서 함께 만나는 날도 드물지 않았다. 도란도란 할랄 음식과 코셔* 음식을 나누어 먹으며 만찬을 즐겼다. 유대교, 기독교, 이슬람교가 갈등을 그치지 않는 유라비아와는 전혀 다른 모습을 아르헨티나에서부터 일군 것이다.

최초의 남반구 출신, 최초의 예수회 출신 교황 아래서 바티칸은 목하 개혁으로 분주하다. 중앙집권적 군주제에 가까웠던 조직을 공화정에 가깝게 구조조정하고 있다. 각 대륙별, 국가별 추기경과 대주교에게 권한을 대폭 이양하는 분권과 자치의 실험이 진행 중이다. 바티칸의 명령을 하달하는 일방향이 아니라 쌍방향적 소통을 제도화하고 있다. 대륙별 추기경Cardinal 8명으로 구성된 민주적인 집단회도 만들었다. 인도와 독일, 콩고와 미국, 온두라스와 호주 등 출신 국적도 다양하다. 온두라스 추기경이 의장을 맡은 이 기구를 흔히 'C8'이라고 한다. 선진국 클럽 'G8'과는 전혀 다른 구성이 돋보인다. 이 자리에서도 교황은 말하기보다는 경청하는 쪽이라고 한다. 일종의 집단지도체제형 협치 모델을 구축하고 있는 것이다. 바티칸의 탈이탈리아화, 탈서구화라고도 하겠다. 비서구적 세계화의 개창이라는 세계사의 흐름과도 합치하는 바다. 교회에서 가장 현저했던 서구와 비서구, 중심과 주변의 '기울어진 운동장', 적폐를 청산하고 있다.

이미 기층의 변화가 현저하다. 1910년 가톨릭 신자의 70퍼센트가 북반구에 살았다. 대부분 유럽인이었다. 백 년이 흐른 2010년, 정반대가 되었다. 남반구에 신도의 7할이 살아간다. 북반구는 3할에 그친다. 전

---

* 코셔(Kosher)는 '정직한, 합법적인, 정결한'의 뜻으로, 전통적인 유대교 율법에 따라 식재료를 선택하고 조리한 음식을 일컫는다.

세계 신도의 4할이 남아메리카에서 살고 있다. 세계 최대의 가톨릭 국가는 브라질이며, 가톨릭 세계의 제1언어는 라틴어도 이탈리아어도 아닌 스페인어다. 그것도 스페인 본토 발음보다는 라틴아메리카의 히스패닉 스페인어가 주류다. 앞으로 이 추세는 더해질 것이다. 남미 가톨릭 신자의 7할이 25세 이하이기 때문이다. 이 또한 북반구와는 전혀 다른 현상이다. 젊은 사람일수록 교회와 척을 지고 있는 유럽과는 달리, 남미에서는 청년 신자들이 갈수록 늘어나고 있다. 고로 장차 남반구가 영성 세계를 주도할 것임에 틀림없다. 가톨릭의 미래 또한 유럽의 외부에 달려 있다. 탈세속화, 재영성화의 새 바람이 남쪽에서부터 불어오는 것이다. 2천 년 교회사에서 전례가 없는 남과 북의 대반전이다.

성과 속: 성전聖戰도 아니고 마케팅도 아니며
프로파간다도 아닌 '제3의 길'

교황에 빨갱이 딱지를 붙이는 네거티브 색깔론이 없지 않다. 근거 없는 흑색선전이고 가짜 뉴스다. 비록 청년 시절부터 좌파 잡지의 구독자였다 하더라도, 단 한순간도 마르크스주의에는 기울지 않았다. 사회주의 간행물을 읽으며 이성을 벼리되, 영성의 갈고 닦음을 방기하지 않았다. 독서하는 시간만큼, 기도하고 명상하는 묵상의 시간을 확보했다. 영성을 갈고 닦아 신성에 이르는, 인성을 절차탁마하여 천성을 밝히는 사도로서의 임무를 방기하지 않은 것이다. 그래서 자본주의에 비판적인 만큼이나 공산주의에도 냉담했다. 공히 일방적인 세속화의 그릇된 결과라고 여겼다. 신학교 시절 박사 논문에 해당하는 글의 주제부터 그러했다. '역사의 종언'이 아니라 '근대의 종언'을 예언했다. 세속주의에 지친, 세속화에 찌든 현대 사회를 구원해야 한다고 주장했다. 그 절박함만큼이나 관료화된 교회, 관성적인 성직자를 꾸짖었다. 세속 문화 탓만 하고 교회 자체를 성찰하지 않는 나태함을 나무랐다. 예수 그리스도의 사랑을 실천하지 않고 복음을 전파하는 사업을 방기한 교회야말로 병통이라고 질타했다. 모름지기 교회는 인민과 동고동락해야 한다. 성직자는 정의를 구현하는 사제단이어야 한다. 그는 오늘날의 교회를 '야전 병원'에 빗대었다. 만인이 만인과 경쟁하는 전쟁 같은 삶을 살아가는 이들의 상처를 어루만지고 치유해주어야 한다. 고로 교회의 가장 시급한 임무 또한 심판이 아니라 힐링이다. 곁에 있어주어야 하고, 곁을 주어야 한다.

교황으로 발표한 첫 공식 문헌도 〈복음의 기쁨〉Evangelii Gaudium이었다. 성인과 성현의 옛 말씀을 상기시켰다. 전범은 역시 예수회다. 전도는 십자군의 성전도 아니고, 자본주의의 마케팅도 아니며, 공산주의의 프로파간다도 아니다. 개종시키는 것이 아니라, 용서하고 사랑하는 것이다. 그래서 난민 10명이 지중해를 건너다 죽었다는 뉴스에는 심드렁하면서도 주가가 10포인트 떨어졌다는 소식에는 흠칫하는 현대인의 멘탈 붕괴 상태를 치료해야 한다.

그는 자유주의도, 사회주의도 엘리트 프로젝트라고 여겼다. 한쪽은 '깨어 있는 시민'을 양성하고, 다른 쪽은 '각성된 노동계급'을 배양코자 한다. 어느 쪽도 민초들의 삶에 면면히 계승되고 있는 오래된 지혜를 신뢰하지 않는다. 유물론에 바탕하고 있음도 공통적이다. 하지만 만물이 영물임을 망각한 유물론은 '가짜 과학'Fake Science일 뿐이다. 그래서 인간을 물질적으로만 이해한다. 하부구조가 상부구조를 결정하고 무의식이 의식을 규정한다고 착각한다. 그래서 영적인 충만, 도덕적 욕구 충족에는 하등의 관심이 없다. 수양과 수련도 등한시한다. 먼저 빵을 더 키울 것인가, 적은 빵일망정 나눌 것인가 갑론을박만 할 뿐, 공히 사람들을 개돼지 취급하기는 매한가지다. 빵으로, 밥으로 유혹하면서 표를 매

바티칸 박물관의 영성 계단.

수하는 것이 오늘날의 선거판, 정당정치의 민낯이다.

자연스레 계몽주의에도 거리를 두었다. 이성의 빛을 맹목하는 것 Enlightenment이야말로 인간에게 일어날 수 있는 가장 큰 비극이라 했다. 마치 사피엔스가 지구의 주인이고 지상의 주권자인 양 착각하게 만들기 때문이다. 결코 그러하지 않다. 인간은 신의 피조물일 뿐이다. 결단코 주권자가 될 수 없다. 그 커다란 착각으로부터 인간은 자연으로부터 분리되어 나왔다. 자연을 타자로 관찰하는 이성이 득세하고, 천인합일을 추구하던 영성은 축소되고 말았다. 고로 자유주의도, 사회주의도 호모 사피엔스의 본성을 거스른다. 한쪽은 원자화된 개인으로 사회를 파편화하고, 다른 한쪽은 균질한 계급으로 역사와 전통을 말소한다. 그래서 공산주의 국가는 우울이 창궐하고, 자본주의 국가는 불안이 만연하다. 어느 쪽도 행복하지가 않다. 교회를 떠난 현대인이 도달한 곳은 결국 정신병원과 심리 치료이다.

이와 같은 교황의 독특한 현대사회론도 아르헨티나의 경험에서 도출된 것이다. 좌충우돌, 좌고우면했던 지난 백 년이다. 성과 속이 치열하게 경쟁했던 백 년이기도 하다. 19세기 말부터 국가와 교회의 경합이 본격화되었다. 자유주의 엘리트들은 유럽을 모델로 삼은 세속화를 열망했다. 응당 예수회에 기반을 둔 교회를 경쟁자로 여겼다. 일체의 교육을 국가가 담당하는 개혁안을 입법화한다. 공교육에서 교회를 전면 배제한 것이다. 경건한 신자가 아니라 계몽된 국민을 양성코자 했다. 이를 수천 년 미신에 대한 과학의 승리라고 규정했다.

도취감은 오래가지 않았다. 대공황으로 말미암아 (구)자유주의 세력은 몰락한다. 재차 교회는 목소리를 높였다. 1930년대에 자유주의를 비판하고 대안적 진실을 설파하며 '가톨릭의 봄'을 구가한다. 교회가 발행하는 신문과 잡지, 라디오 방송이 약진했다. 자본주의를 비판하는 동시에 사회주의에도 저항했다. 종교를 민중의 아편이라 여기는 무신론 국가는 더욱 끔찍한 사태였다. 이념이 아니라 복음을 전파했다. 프란치스코는 바로 그 시절, 1936년에 태어났다.

세속주의의 견지에서 교회의 재림은 역사의 반동이 아닐 수 없었다. 늘 세속화의 최후 보루는 군부였다. 1955년과 1976년 두 차례의 군사 쿠데타를 통하여 교회를 제압하고 재차 우파 정권을 수립한다. 교회의 빈자리, 우익 군사정부에 맞서 궐기한 것은 좌익 게릴라였다. 좌/우 간 격렬한 대립과 분쟁으로 아르헨티나의 국력은 급속도로 소진되었다. 1970년대 예수회마저도 좌/우로 분열된다. 카스트로와 체 게바라의 쿠바 혁명* 성공에 고무된 성직자들이 적지 않았다. 해방신학을 제창하는 진보파와 공산주의를 적대하는 보수파 사이에서 예수회의 근간이 흔들렸다. 프란치스코는 어느 쪽으로도 기울지 않았다. 군사독재에 협력하는 보수파를 옹호할 수는 없었지만, 그렇다고 쿠바식 무장혁명을 주장하는 급진파와도 함께할 수 없었다.

미래의 교황은 제3의 길을 궁리했다. 성과 속의 공진화를 꾀했다. 전례가 없지 않았다. 그의 사춘기 시절, 아르헨티나에서는 페론 대통령이 절정의 인기를 구가했다. 근사한 외모에 여배우 에비타(에바 페론)를 부인으로 두고 있어서만은 아니었다. '페론주의'라는 독특하고 독창적인 실험이 한창이었다. 대공황의 폐해를 절감한 페론은 자본주의에 비판적이었다. 국가의 시장 개입을 수긍했다. 그러나 국가만 개입하는 것에도 거리를 두었다. 여기서 교회의 역할을 강조했다. 사회의 도덕적 각성과 영성의 고무를 위하여 교회의 분투를 격려했다. 국가를 통하여 시장만능주의를 견제하는 것처럼, 교회를 통하여 국가만능주의를 교정코자 한 것이다. 그래야 선전과 선동으로 복음과 은총을 소거해버린 소련과 동구의 오류를 복제하지 않을 수 있었다.

예수회도 호응했다. 페론과 더불어 자본주의와 공산주의 사이에서 새 길을 내고자 했다. 서구를 모방하지도, 동구를 답습하지도 않으면서 아르헨티나의 역사와 문화와 전통에 바탕한 정부를 수립하고자 했다. 교회의 교리를 국가의 정책으로 입안함으로써, 복지국가와 복음국가의 공진화를 도모한 것이다. 하여 페론주의를 아르헨티나판 뉴딜 정책으로 빗대는 것은 미진하고 미흡한 비유다. 대규모 공공 지출과 재분배 정책만큼이나 도덕적이고 영성적인 가치의 영도 기관으로 교회를 강조했기 때문이다. 고아원, 탁아소, 양로원이 늘어나는 만큼이나 교회와 신학

* 쿠바에서 카스트로 주도하에 1953년부터 시작된 반독재운동이 1959년 1월 1일, 바티스타 정권을 축출하고 신정부 수립으로 발전한 혁명. 이후 사회주의 혁명으로 이행하여 1961년 4월 16일, 카스트로가 혁명의 사회주의적 성격을 선언함으로써 쿠바는 사회주의 국가가 되었다.

교도 불어났다. 자본을 인간화하고 노동을 신성화하자는 페론의 사자후 또한 교리에서 비롯한 것이었다. 실제로 그는 예수회 신부를 정책 자문으로 삼기도 했다. 이 성/속 합작의 실험이 군사쿠데타로 좌초되면서, 군부와 게릴라 간의 좌/우 투쟁이 격화되었던 것이다.

역사의 무대 밖으로 밀려난 교회에서 프란치스코는 와신상담을 도모했다. 페론의 '가지 못한 길'을 경장하고 갱신했다. 주교가 되면서 신학교의 커리큘럼을 바꾼다. 유럽 고전 중심의 교육에서 탈피하여 아르헨티나의 문학과 남미의 역사를 가르쳤다. 자연스레 가톨릭과 히스패닉 전통의 결합을 강조했다. 영판 새것만은 아니었다고 하겠다. 본디 예수의 길을 따르는 것이었고, 초기 예수회의 정신을 복원하는 것이었다. 좌/우에 휘둘리지 않고, 근본으로 회귀하고 원천으로 진입했던 것이다. 특별히 강조한 것은 '인민'El Pueblo이라는 개념이다. 자유주의적 시민도, 사회주의적 계급도 아닌 아르헨티나의 역사와 문화의 산물로서 인민을 옹호했다. 이들은 계몽되어야 할 무지한 사람들이 아니라, 오래된 지혜와 전통을 간직한 역사의 주체이자 정의와 평화의 담지자였다.

새 천년 21세기, 대주교와 추기경이 되어서는 '아르헨티나 대화'Dialogo Argentino를 주도한다. 세속의 정치 지도자와 종교 지도자 간 끝장토론을 이끌었다. 2001년 국가 파산으로 망가진 나라를 성과 속의 합작으로 되살리기 시작했다. 교회가 최선두에 섰지만, 교회만도 아니었다. 민간의 연결망을 복원하고 이웃애를 발휘하면서 상부상조 정신을 북돋았다. 국가가 무너진 자리에서 민간의 활력이 되살아난 것이다. '아르헨티나 대화'가 진행되는 동안 자그마치 2천여 개의 비정부기구(NGO)가 발족했다. 민간의 자율성을 발휘하여 교통, 식량, 보육, 의료 등 기초 서비스 문제를 해결했다. 정치인이 아니었기에 선거에 연연하지 않고 장기적인 계획을 수립할 수도 있었다. 정당 간 경쟁과 이익집단의

로비로 물들어버린 근대 정치와는 다른 새 정치를 선보인 것이다. 동시대의 카리스마적 지도자 차베스에 의탁하여 국민의 국가 의존을 심화시켰던 베네수엘라와도 다른 모델이었다.

성/속을 아우르는 대연정의 지도자로서 프란치스코는 국가와 국민, 조국을 구별했다. 국가는 지리적인 것이다. 국민은 제도적인 것이다. 조국은 역사적이고 문화적인 것이다. 국경은 언제든 바뀔 수 있고, 이민국가의 국민 또한 거듭 달라질 수 있다. 하지만 조국은 근원적인 존재이다. 세대와 세대를 이어, 역사를 통하여 전수되는 것이다. 그래서 문명에 바탕을 둔다. 아르헨티나는 기독교 문명에 뿌리를 내리고 있다. 하여 기독교의 갱신 없이, 교회의 회생 없이 새 정치도, 새 국가도 가능하지 않다. 여론조사로도 입증이 되었다. 세속 기구인 입법부와 사법부에 대한 신뢰도는 바닥을 긴다. 아르헨티나에서 가장 신뢰받고 있는 기관은 단연 교회다. 가톨릭 신자라는 정체성의 비중은 갈수록 높아져 90퍼센트까지 이르렀다. 공적 서비스와 영적 서비스를 동시에 제공하는 교회의 개혁에 큰 성공을 거둔 것이다. 시민의 공화국과 성자의 공화국의 상호 진화, 성과 속의 일대 반전으로 다른 백 년의 물꼬를 튼 것이다.

고와 금: 바티칸에는 '열린 영성'의 올리브 나무가 자라고 있다

부에노스아이레스의 추기경이 바티칸의 교황이 됨으로써 '아르헨티나 대화'는 세계화되고 있다. 종교 간 대화, 문명 간 대화를 주도한다. 500년간 서먹했던 프로테스탄트 신교와의 화해를 이끌고 있다. 2014년 6월 24일, 개신교 지도자들을 바티칸에 초청하여 환담을 나누었다. 신부와 목사가, 신교와 구교가 함께 기도를 올렸다. 교리로 다투지 않고, 개종을 강요하지 않으면서, 영성을 공유하고 공감했다. 내가 좋은 것을 남에게 권하기보다는, 내가 꺼리는 것을 남에게 행하지 않는 황금률을 실천한 것이다. 마르틴 루터의 95개조 반박문이 발표(1517)된 지 꼬박 500년이 되는 올해(2017) 10월 31일에는 신교와 구교가 함께 종교개혁의 의미를 음미하는 기념비적 풍경을 바티칸에서 목도하게 될 것이다.

500년 신/구교가 서방 교회의 분열이라면, 1,000년 전에는 동/서 교회가 갈라졌다. 1054년 서방의 가톨릭과 동방의 정교가 분화된다. 비잔티움제국의 콘스탄티노플은 '제2의 로마'를 자처했다. 1453년 비잔티움제국이 몰락하고 오스만제국으로 대체되면서는 모스크바가 '제3의 로마'를 자임했다. 러시아제국을 비잔티움제국의 계승자로서 자리매김하면서 러시아정교를 유일하게 올바른 기독교라고 주장했던 것이다. 서구와 동구, 20세기 냉전의 뿌리에 저 멀리 천 년 동/서 교회의 분단이 자리했던 셈이다. 그리하여 러시아정교의 총주교 키릴과 가톨릭의 교황 프란치스코가 손을 맞잡은 2016년 2월 12일 또한 획기적인 순간이었다. 천 년 만의 재회를 통하여 기독교 세계의 공존체제 수립을 다짐했던 것이다. 장소 또한 의미심장했다. 쿠바의 수도 아바나였다. 가톨릭 신자가 많은 곳이다. 소련/러시아와 긴밀한 곳이기도 하다. 그곳에서 신냉전 운운하는 세속의 갈등을 치유하는 돌파구를, 영성의 지도자들이 먼저 마련한 것이다.

두 사람은 예수의 사도로서 경쟁자가 아니라 형제임을 선언했다. 유럽이 좌/우 이념으로 갈등하거나 민족주의/국가주의로 갈라설 것이 아니라, 기독교 문명의 뿌리에 충실함으로써 대통합을 이루어야 한다는 데도 공감을 나누었다. 20세기 서구와 동구가 공유했던 전투적 세속주의에 대한 비판으로 대동단결을 이룬 것이다. 새것에 열광하는 아방가르드 엘리트가 주도했던 민족주의, 자유주의, 사회주의에 휩쓸릴 것이 아니라, 전통을 고수하고 존중하는 인민이 주역이 되어 교회를 교회답게, 나라를 나라답게, 유럽을 유럽답게 만들자고 선언했다. 예수의 삶을 실천하는 것, 근본으로 돌아가는 것, 뿌리로 내려가는 것이야말로 진정한 혁명이자 개벽이기 때문이다.

교황의 대연정과 대탕평은 사회주의로 획일화하는 소비에트연방(SU)을 극복하고, 자유주의로 통일하는 유럽연합(EU)도 초극한다. 만국과 만국이 국익을 다투는 '국제정치'가 아니라, 문명과 문명이 대화하며 영성을 고조시키는 '세계정치'의 지평을 선보인다. 프랑스 혁명 이래 성/속을 나누고 좌/우를 가르고 여/야를 다투었던 '경제적 이성'에 기초해 있지 않기 때문이다. 원수마저 이웃처럼 사랑하라 하셨던 '정치적 영성'에 바탕하여 좌/우의 대연정, 성/속의 대협치를 구현함으로써, 종파로 신도를 가르고 정파로 인민을 분열시켰던 유럽의 고질병을 치유하고자 한다. 부에노스아이레스에는 천주교와 개신교, 무슬림과 유대교도들이 함께 심은 올리브 나무가 자라나고 있다. 구동존이求同存異와 화이부동和而不同, 크레올Creole*화/혼종화와 융복합의 톨레랑스를 상징하는 새 천년의 기표이다.

동과 서: 바티칸과 베이징의 밀레니엄적 만남

바티칸에서는 산타마르타 게스트하우스에 묵었다. 교황의 인기에 숙소 또한 만원이었다. 마닐라에서 순례 온 신도들과 상하이에서 여행 온 유커들과 한 방에서 지냈다. 종종 교황이 게스트하우스를 방문한다는 소문이 돌았다. 엘리베이터를 함께 탔다는 일화가 전설처럼 전해진다. 아

---

* 본래 유럽인의 자손으로 식민지 지역에서 태어난 사람을 부르는 말이었으나, 오늘날에는 흔히 유럽계와 현지인의 혼혈을 부르는 말로 쓰인다.

쉽게도 내가 머물렀던 이틀간 그런 기적은 일어나지 않았다. 뜻밖에도 교황을 목도한 건 떠나는 마지막 날, 점심시간이었다. 숙소 식당에 깜짝 출몰하신 것이다. 가끔 점심을 드시러 이곳으로 나오신다고 한다. 그래서 교황 자리를 따로 마련해놓았지만, 항상 남들과 똑같이 식판을 들고 줄을 선다고도 했다. 특권의식일랑 요만큼도 없는 서민적인 교황이다. 그로 인해 단순함과 소박함이 밀라노의 최신 패션 트렌드가 되었다는 잡지 기사도 읽었다. 그와 한 테이블에 앉는 은총을 누리게 된 관광객들은 함박웃음이 떠나지 않았다. 말을 섞고, 악수를 나누고, 포옹하고 키스하고 사진 찍기에 여념이 없었다. 나도 모르게 슬그머니 시샘이 솟을 정도였다. 교황도 마냥 즐거운 얼굴이었다. 천진난만한 장난꾸러기, 여든의 나이를 무색케 하는 베이비 페이스였다.

교황은 취임 1년 만에 미국, 중국, 러시아의 최고 지도자와 함께 세계에서 가장 영향력 있는 인물로 등극했다. 《타임》지도 '올해의 인물'로 그를 선정하여 표지를 하사했다. 하버드대학의 비즈니스 스쿨은 애플의 스티브 잡스에 견주어 그의 리더십을 연구하는 강의를 개설했다고 한다. 죽어가는 조직에 새 숨결을 불어넣은 혁신적 CEO로서 주목하는 것이다. 로마 가톨릭이라는 고색창연한 조직을 가장 핫한 곳으로 리re브랜딩하는 데 성공했기 때문이다. 글쎄, 이러한 세간의 평가에 얼마나 달가워하실지는 모르겠다. 나라면 서구판 반전시대의 리더이자 개벽의 아이콘이라고 불러드릴 것이다.

바티칸에서 '개벽 교황'이 등극한 다음날, 베이징에서는 시진핑이 국가주석으로 취임했다. 2013년 3월 14일이다. 기별을 먼저 보낸 쪽은 교황이었다. 교황이 축전을 보내자 신임 주석은 화답했다. 이듬해 춘절에는 모든 중국 인민을 향하여 교황이 새해 인사를 건네기도 했다. 교황이 음력설을 기념한 것 또한 역사상 최초였을 것이다. 신/구 교회의 화해,

동/서 교회의 화합만큼이나 중국과의 재회에도 공을 들이고 있는 것이다. 중국은 늘 위대함의 기준이었고 위대한 국가를 넘어 위대한 문명과 지혜의 보고라는 찬사를 아끼지 않는다. 중국 위협론과 중국 붕괴론에는 아랑곳없이, 중국의 굴기가 세계의 평화와 문명 간 대화의 기회를 열어주고 있다고 한껏 치켜세웠다. 2014년 8월 한국 방문길에 중국 영공을 통과하면서도 시진핑 주석과 중국 인민에 대한 축복의 메시지를 잊지 않았다. 냉전의 최전선에서 소련 해체에 일조했던 왕년의 바티칸과는 전혀 다른 모습이 아닐 수 없다. 세속의 자유주의 근본주의자, 교조적 민주주의자들이 여전히 '중공'과 적대하는 반면으로, 열린 영성으로 고양된 교회가 더욱 적극적으로 새 천년의 동/서 관계를 예비하고 있는 것이다.

14억 세계 최대의 세속국가 수장과 13억 세계 최대의 영성집단 영수가 만나는 세기의 만남, 아니 '밀레니엄적 만남'은 2021년이 유력하게 점쳐진다. 바티칸과 베이징의 관계가 끊어진 해가 1951년이다. 한국전쟁의 한복판, 바티칸이 대만으로 피신한 중화민국을 승인했던 것이다. 냉전의 소산으로 베이징과 로마가 멀어졌던 것이다. 단교 70년이 되는 2021년 양자가 회동하기 위한 물밑 작업이 한창이다. 공교롭게도 2021년은 중국공산당 창당 100주년이 되는 해이기도 하다. 천주교 교황과의 악수는 중국공산당이 협량한 20세기형 공산주의로부터 탈피했음을 확인시키는 자리가 되기도 할 것이다. 공히 중화 문명의 부흥과 기독교 문명의 부흥을 추구한다는 점에서 바티칸과 베이징은 의기투합할 수 있다. '신형 성/속 관계', '신형 동/서 관계'의 초석을 닦는 '다른 천 년'의 이정표가 될 듯하다.

이 밀레니엄적 만남을 준비하며 프란치스코 교황이 거듭 상기시키고 있는 인물이 한 명 있다. 바로 예수회의 먼 선배인 마테오 리치

(1552~1610)다. 마테오 리치의 삶을 통하여 중국에 대한 존경심을 키웠다고 한다. 중의학에도 호의적이다. 2004년 추기경 시절부터 장쑤성江蘇省 출신 이민자의 후손으로부터 물리치료를 받았다. 그의 아버지는 도교의 도사였다고 한다. 공산당 정권을 피해 아르헨티나까지 피신한 것이다. 남아메리카까지 이주하여 전통의 가르침을 고수했던 것이다. 추기경은 도사가 지어주는 한약을 달여 먹으며 양약을 끊었다고 한다. 외부에서 투입하는 약물에 의존하지 않고 내 몸의 기운, 근기根氣를 되살리는 방법을 배우고 익힌 것이다. 영혼을 달래는 치료사와 몸을 다스리는 한의사의 대화는 종종 중국의 '道'(도)와 유럽의 'God'(신)에 대한 토론으로도 이어졌다고 한다. 400여 년 전 마테오 리치가 도모했던 동/서 문명 간 대화를 남미에서 이어갔던 셈이다.

바티칸을 떠나 로마 시내로 돌아와 비로소《천주실의》天主實義*를 펼쳐 들었다. 서방의 선교사와 동방의 선비들이 머리를 맞대고 앉아 천주와 천하의 대연정을 궁리하던 17세기 초엽의 베이징을 떠올렸다. '기억의 궁전'**에 대한 상상이 모락모락 피어오르는 로마는 마침 휴일이었다. 춘절 축제로 공항부터 광장까지 온통 붉게 물들었다. 백화점에서는 '福'(복) 자가 새겨진 빨간 봉투를 상품권으로 나누어주었다. 마테오 리치로서는 상상도 할 수 없었을 21세기 신시대의 신천지다. 그가 첫발을 내디뎠던 동/서 간 대화가 500년이 지나서야 마침내 무르익을 것도 같다. 서양에서 온 큰 선비[西士], 마테오 리치의 삶을 추념해본다.

---

* 1603년 마테오 리치가 중국에서 저술한 교리서. 중국의 학자를 대상으로, 서양 교주와의 문답 형식으로 가톨릭교 신학을 서술했다.
** 미국 예일대학교의 저명한 중국사학자인 조너선 D. 스펜스의 저서《마테오 리치, 기억의 궁전》(1983)이라는 제목에서 차용한 표현이다.

005

가톨릭의 갱신, 천주와 천하

'서양에서 온 선비' 마테오 리치,
중화제국의 기독교화를 꿈꾸다

서양의 선비, 동양의 바울

성탄절을 예루살렘에서, 춘절을 로마에서 맞았다. 예루살렘은 뜨악했다. 크리스마스 트리를 철거하라는 랍비들의 시위에 눈살을 찌푸렸다. 엄연히 유대교, 기독교, 이슬람이 공히 섬기는 일지삼교의 성소다. 오로지 제 것인 양 구는 태도가 마땅치 않았다. 예수가 이 땅에 임하신 날을 축복하지 않는 예루살렘의 연말은 어쩐지 쓸쓸하고 쌀쌀한 느낌이었다. 반해 로마는 넉넉했다. 음력 1월 1일, 도시가 온통 붉게 피어올랐다. 백화점은 '福' 자가 새겨진 빨간 봉투를 선물한다. '새해 복 많이 받으세요.' 새봄을 새해의 출발로 삼는 동방의 습관을 즐기는 것이다. 광장에서는 부채춤과 태극권 공연도 펼쳐졌다. 공자학원에서 실력을 갈고 닦은 로마 시민들이라고 한다. 동방은 성탄절을 기념하며 한 해를 마감하고, 서방은 춘절을 통하여 두 번째 새해를 맞이한다. 새 천년 신시대의 새 물결, 동서 회통의 진풍경이다.

하루아침에 이루어진 것만은 아니다. 자그마치 반천 년에 달하는 대
大사역의 소산이다. 올해(2017)가 종교개혁 500주년. 팔팔한 신교의 도
전에 구교로 전락한 가톨릭은 절치부심했다. 그래서 발족한 것이 예수
회다. 쇠락하는 가톨릭의 갱신과 경장을 도모했다. 신/구 교회가 분열하
고 있는 기독교 세계 너머, 유럽 밖으로 눈을 돌렸다. 유라시아의 극서
에 한정되었던 기독교가 더 큰 세계와 만나기로 작심한 것이다. 다른 문
명권으로의 진출, 해외 선교에 나섰다.

마침 포르투갈이 인도양 무역 네트워크를 구축해가던 무렵이었다.
더 정확히는 유럽과 아프리카, 아시아를 촘촘히 엮어낸 무슬림의 상업
망에 참여한 것이다. 응당 물류는 문류도 수반한다. 100년 전 이븐 바투
타의 여행이 그러했다. 모로코에서 아라비아와 페르시아를 지나 인도까
지, 모스크 네트워크를 활용하여 이동하면서 숙식도 해결할 수 있었다.
곳곳에서 울라마를 만나 철학을 논의하고, 타지에서 관료로 일하기도
했다. 후발단체 예수회는 그런 문류망이 구비되어 있지 않았다. 동방무
역망을 따라 동방선교로를 개척해야 했다. 설탕과 커피와 시나몬이 전
해지던 길을 따라서 예수 그리스도의 복음이 전파되기 시작한 것이다.

대표적인 인물이 마테오 리치다. 1552년 10월, 이탈리아 마체라타에
서 태어났다. 이미 르네상스의 혜택을 입었다. 지중해의 선진 문명 이슬
람으로부터 그리스 사상을 전수받은 것이다. 인문주의와 자연철학으로
단련이 되었다. 참된 신앙과 참된 지성은 둘이 아니요 하나라고 했다.
중국 선교에 앞서 선행학습을 했던 셈이다. 중국은 지구 반대편 신대륙
에 비할 바가 아니었다. 총, 균, 쇠를 앞세워 일방으로 기독교 문명을 이
식할 수 없었다. 이미 인문주의에 바탕한 고도의 관료제 국가를 경영하
고 있었기 때문이다. 세계의 중심, 문명의 정수라는 자부심도 단단했다.

로마의 춘절.

중국에 맞춤한 눈높이 선교가 필요했다. 선교사들부터 먼저 중국 문화에 적응키로 한다.

주요 타깃으로 삼은 대상은 사대부 계층이다. 강남에서 강북으로, 주변에서 중심으로, 마침내 베이징까지 입성하면서, 학자 관료들이야말로 정치, 사회, 문화 전반을 관장하는 중추임을 확인했다. 합리성으로 중무장한 그들에게 신앙부터 들이밀다가는 거부감을 보일 여지가 컸다. 예수 천국, 불신 지옥이라며 겁박하거나 윽박지르지 않았다. 도리어 가급적 외래 종교의 티를 내지 않으려 했다. 선교사의 태를 지우고 서양에서 온 선비처럼 보이고자 노력한 것이다. 한문을 습득하여 사서삼경을 읽으며 중국의 철학과 문화를 배우고 익혔다. 명나라 학자들이 입는 비단 장의를 걸치고 높다란 모자까지 썼다. 그럴수록 가톨릭은 유교와도 부합하는 천주교로 재구성되어갔다. 기독교의 눈으로 중국 경전을 읽는 과정은 곧 기독교에 중국의 옷을 입히는 작업이기도 했던 것이다. 고로 개종한 사대부들 또한 천주교를, 유교를 대체하는 영판 새것으로만 간주하지 않았다. 마치 주희가 불교(와 이슬람)를 소화하여 신유학을 확립했던 것처럼, '혁신 유교', '개신 유학'으로 천주교를 접근한 것이다. 그래서 혹자는 '유교적 기독교'라는 명명도 붙인다.

동쪽 선비들을 혹하게 하는 데는 서교西教보다 서학西學이 요긴했다. 천문학과 수학 등 자연과학을 마중물 삼아 천주교로 안내했다.《곤여만국전도》坤輿萬國全圖*와《기하원본》幾何原本** 등 과학에 대한 사대부들의

---

* 1602년 마테오 리치가 중국에서 제작하여 출판한 세계지도. 중국의 지도를 중앙에 두고 지명을 한문으로 번역하여 만든 것이다. 우리나라에도 조선 선조 36년(1603)에 전래되었다.

** 1605년 마테오 리치가 유클리드의《기하학 원론》(전15권)의 전반부 6권을 한문으로 번역한 책. '기하'(幾何)라는 용어를 처음으로 쓴 책이다.

지적 호기심을 자극하고 충족시킴으로써 그 기저에 깔린 기독교의 신에 대한 호감을 끌어올린 것이다. 유교를 보완하고 완미하게 만드는 방편으로 기독교를 제시한 것이라고 하겠다. 당대 유럽에서 재평가되고 있는 헬레니즘 시대의 스토아 철학과 유교를 견주기도 했다. 로마의 키케로가 쓴《우정론》을 전범으로 삼아 마테오 리치는《교우론》이라는 한문 저서도 집필한다. 대표작은 역시 1603년 완성된 《천주실의》일 것이다. 고대 유교 경전과 기독교의 상통성, '상제'上帝를 강조함으로써 중국 철학의 유신론을 확립했다. 고로 천주와 천하 또한 물과 기름이 아니었다. 천하와 천주의 대연정, 동과 서의 통섭을 도모했다.

로마 광장의 카페에서 카푸치노를 마시며《천주실의》를 회감하노라니, 400년 전 자금성에서 보이차를 마시고 있었을 마테오 리치에 대한 상상이 무럭무럭 피어오른다. '기억의 궁전'의 문을 열고 중화 문명의 핵심에 들어가는 순간, 그의 심장은 터질 듯 쿵쾅거렸을 것이다. 세계에서 가장 오래되고 가장 큰 나라를 천주교로 개종시키는 대사역에 가슴이 벅차올랐을 것이다. 중국은 유럽의 일부를 신교에 내어준 것과는 비교가 안 될 만큼 압도적인 규모였다. 중국을 얻으면 천하를 취하는 것과 다를 바 없었다. 사도 바울의 전도를 훌쩍 능가하는 대성취라 할 만하다. 실제로 마테오 리치는 바울을 참조했던 것도 같다. 초기 교회가 유대 민족의 협소한 울타리를 넘어 그리스-로마 세계로 뻗어 나가던 때를 반추한 것이다. 그리스-로마 문명에 견주어 유대 문화는 보잘것이 없었다. 민족문화와 제국문명 간 수준 차가 현저했다. 바울의 혁신은 기독교의 본질을 과감히 유대 문화에서 떼어내어 보편 문명 속에 녹여낸 것에 있었다. 적응주의 노선으로 '로마제국의 기독교화'라는 쾌거를 일구어낸 것이다.

'서양에서 온 선비' 마테오 리치는 이제 '동양의 바울'이 되고자 했다.

유럽의 기독교를 고스란히 복제하는 것이 아니라, 중화 문명의 지평에서 녹여내고자 했다. 타고난 지성과 매력적인 성품에 불굴의 의지까지 보태어 '중화제국의 기독교화'에 일생을 헌신한 것이다. 토착 문명을 일소하고 유럽 문명을 이식하여 구세계를 연장시켰던 신대륙과 달리, 마테오 리치야말로 천하와 천주가 합류하는 지상천국, 하늘의 영광이 땅에서도 이루어지는 신천지를 건설코자 했던 것(Mission)이다.

가톨릭 계몽주의: 교회를 교회답게, 나라를 나라답게

중국의 예수회만 유별났던 것은 아니다. 인도에서는 힌두 문명에 적응코자 했다. 싯다르타도, 마호메트도 다신교의 일부로 수용하는 특유의 힌두 문명에 그리스도 또한 녹여내려고 했다. 브라만처럼 이마에 붉은 점을 찍고《베다》를 공부하는 선교사들이 있었다. 누구는 신약 성서를 '잃어버린 베다'에 빗대기도 했다. 고아Goa에서는 현지인 출신 성직자도 배출되었다. 교회의 토착화가 일찍이 가동된 것이다. 그래서 인도에서의 유럽 지배, 백인 통치에 대한 최초의 저항 또한 교회에서 시작되었다. 1787년 포르투갈 식민정부의 백인 우월주의, 힌두교 탄압에 맞서 고아 봉기가 일어난다. 예수회 교회가 정의사회 구현의 맨 앞자리에 선 것이다. 동시대 미국의 독립혁명에 못지않았다. 식민정부에 항의하며 인종 간 평등과 현지인의 자치를 요구했다. 즉 고아의 신자들은 기독교를 외래 종교로 인식하지 않았다. 세속에서의 정치적 요구가 신앙과 양립 불가능한 것이라고도 여기지 않았다. 포르투갈 정부가 고아에서 쫓겨난 20세기 후반까지 단 한 명의 인도인도 관료로 채용하지 않았던 점과 극명하게 대비되는 지점이다. 예수회가 운영하는 '계몽 교회'가 근대 국가보다 훨씬 더 '선진적'이었던 것이다.

20세기에 주입된 신/구 관념으로 신교와 구교의 이미지가 재단된 바 없지 않다. 구교는 덜 합리적이고 비이성적이라는 편견이 적지 않다. 그래서 종교개혁의 충격을 수용하여 자기 쇄신을 게을리하지 않았던 구교의 진화 과정을 간과하거나 과소평가한다. 스피노자와 마르크스의 유물론이나 데카르트의 회의론은 끝내 수용하지 않았지만 예수회 선교사의 다수는 경험주의에 활짝 열려 있는 과학자이기도 했다. 천연두 예방접종을 비롯하여 물리학과 생물학, 천문학, 의학 등을 아메리카와 아시아로 전수해준 이들이 바로 그들이었다.

더불어 구교를 타박하고 적대하는 신교에 견주어, 신교에 대한 톨레랑스를 발휘해온 것도 구교 쪽이었다. 기독교 세계가 신/구로 갈라지는 것을 근심하고 우려하고 대처하고자 했던 쪽도 구교였다. 신교는 적폐 청산을 외치며 구교를 배제하고 배척했지만, 구교는 누습 타파를 통한 대통합과 대연정을 꾀했던 것이다. 그래야 종교개혁이 종교전쟁으로 비화하는 대참사를 피할 수 있었다. 하지만 유럽사는 결국 그러한 방향으로 흐르지 못했다. 종파 간 참혹한 전쟁 끝에 우리가 알고 있는 근대적 국제질서, 베스트팔렌 조약(1648)이 맺어진다. 신교와 구교가 모자이크처럼 뒤섞여 있던 유럽을 딱딱하고 단단한 국경으로 갈라버린 것이다. 이제 한 국가에서 살아가는 국민은 하나의 신앙을 믿으라 했다. 구교 국가에서는 신교 탄압이, 신교 국가에서는 구교 박해가 자행되었다. 민족주의의 발흥, 근대 국가는 태생부터 내전 상태를 내장하고 있던 것이다.

고/금을 신/구로 갈라치는 개신교의 심리 구조는 프랑스 혁명 이래 '계몽교'로 계승되었다. 혁명은 곧장 공포통치로 이어졌다. 앙시앵레짐의 부역자로 지목된 이들은 가차 없이 처단되었다. 한 해에만 12만 명이 처형된 1797년을 근대적 제노사이드가 벌어진 원년이라고 할 수 있을 것이다. 진보와 혁명의 깃발 아래 계몽교도들이 마녀사냥을 진화시

컸다. 때를 맞춤하여 자연과학도 발전함으로써 인종주의, 백인 우월주의를 생물학적으로, 인류학적으로 뒷받침하는 '유사 과학'Fake Science도 창궐했다. 제국주의와 식민주의에 가장 열광했던 이들 또한 좌/우를 막론하고 사회진화론을 섬겼던 계몽교도들이다. 그래서 거침없이 '문명화' 사업에 나설 수 있었던 것이다. 역설적으로, 혁명열로 들끓는 '계몽빠'들이야말로 자성과 자정 능력을 상실했다는 점에서 십자군의 심리를 빼다 박은 것이다.

계몽교도들이 득세하는 혁명 정국에서 프랑스를 떠난 일군의 성직자들이 이른 곳이 남미 카리브해 연안의 아이티였다. 프랑스의 탈기독교화, 세속화, 혁명화에 자발적 망명을 선택했다. 식민지로 이주하여 교회를 교회답게, 나라를 나라답게 만들겠다는 못 다 이룬 포부를 실천한다. 계몽주의=인종주의가 과학의 이름으로 관철되는 유럽과 달리, 흑인노예 해방을 가장 먼저 달성한 곳도 아이티였다. 아시아와 아프리카, 아메리카에서 호환마마보다 무서운 것이 유럽인, 백인이었음을 성찰하고 성토한 것 또한 아이티의 가톨릭 신도들이었다. 미국에서 흑인민권운동이 일어난 것도, 프랑스가 식민지 알제리를 피로 물들인 채 떠난 것도 1960년대였음을 상기해본다면, 20세기 후반의 탈식민주의를 150여 년 전에 선취했던 것이다.

그리하여 최근 '가톨릭 계몽주의'라는 명명도 등장했다. 계몽교도들이 계몽을 독점했던 근현대사를 새로이 써내려고 한다. 뉴라이트, 뉴레프트도 아니다. 구좌파와 구우파는 물론이요, 신좌파와 신우파도 소홀히 했던 성과 속의 관계를 재조명한다. 중국에서, 인도에서, 아메리카에서 면면하게 전개되었던 가톨릭 계몽주의의 역사를 복구해내고 있는 것이다. 그래야 진보를 맹신하며 계몽교 물신주의에 빠져 있는 유사 역사학의 '가짜 역사'Fake History를 극복할 수 있기 때문이다. 가령 프랑스

인권선언(1789)이 여성과 노동자, 유색인종을 배제한 미완의 것이었던 반면에, 예수회 선교사들이야말로 성서가 가르치는 인류 평등에 바탕하여 흑인 노예와 원주민을 보호했음을 환기하는 식이다. 나아가 '과학적 사회주의자'들처럼 유물론에 기초하여 평등을 주장하는 것도 아니다. 동물, 식물, 광물 그리고 사물에 이르기까지 만물에 신성이 깃들어 있다는 영물론(=생태주의)에 기초한다. 계몽교도들이 노예 무역(=자유시장)을 옹호하고 인종의 위계(=진보사관)를 합리화하는 헛계몽Fake Enlightenment을 역설하는 동안, 신의 창조물로서 모든 인간은 피부 색깔에 상관없이 평등하다는 참계몽을 토로했던 것이다.

교회의 기득권 세력과 전투적 계몽교도 사이에서 중용을 취하고자 했던 '가톨릭 계몽주의'는 목하 개창되고 있는 비서구적 세계화 혹은 지구적 근대화에도 부합하는 '대안적 역사'로서 유력한 위상을 갖는다. 이성과 영성의 공진화, 전통과 근대의 상호 진화, 유럽과 비유럽의 상호 대화에 정과 성을 기울였던 노력에 합당한 평가를 부여하는 것이다. 그들은 프랑스 혁명의 구호, 자유와 평등과 우애가 예수의 정신과 별개라고 여기지 않았다. 예수가 실천한 용서와 사랑이야말로 자유와 평등과 우애의 근간이라고 역설했다. 즉 혁명을 통하여 영성을 더욱 고양하고자 했다. 프랑스 혁명을 성과 속이 갈라서는 분기점이 아니라, 속된 성을 회개Re-volution하고 성스러운 속을 회복Re-storation하는 계기로 삼았던 것이다. 교회다운 교회와 나라다운 나라는 별개의 과제가 아니었다.

그러나 이들마저도 자코뱅으로 상징되는 급진적 혁명파에 의해 기요틴에서 목이 잘려나간다. 혁명의 이름으로, 계몽의 이름으로, 진보의 이름으로 '가톨릭 계몽주의'를 척살한 19세기의 맹목은, 이후 지구 도처로 확산되는 인종 학살과 전통 말살의 전주곡이었다. 원수를 이웃처럼 사랑하기는커녕 나와 다른 남을 척결하고 궤멸시키려는 날카롭고 뾰족한 마음, '영성 없는 이성'과 '사랑 없는 정의'가 근대인의 정신을 잠식해 갔다.

서학, 북학, 동학

마테오 리치는 끝내 고향으로 돌아가지 못했다. 바티칸으로 돌아가 교황을 알현하여 동방 선교의 성과를 보고하지도 못했다. 로마의 교황보다는 베이징의 천자와 보낸 시간이 더 길었다. 베이징에 자리한 그의 묘에는 라틴어와 한문이 동시에 새겨져 있다. 중국식 이름은 리마두利瑪竇, 호는 서해西海였다. 서쪽 바다에서 온 사도 리치가 동쪽 땅에 뼈를 묻은 것이다.

그가 자금성에 머물던 시점은 난세였다. 조선에서 전쟁(임진왜란)이 한참이었다. 일본의 침략에 중국까지 참전하는 국제전으로 비화했다. 조선과 명의 연합군이 일본을 물리쳤으나, 명이 입은 내상은 크고도 깊었다. 망국의 조짐이 스멀스멀 퍼져갔다. 그의 절친이었던 서광계徐光啓는 명나라 말기의 아노미 상태를 타개하는 방편으로 천주교 보급을 궁리했다. 예수회 천문학자를 조정의 관료로 등용하는 개혁개방 정책도 시행했다. 그럼에도 만리장성을 넘어 파죽지세로 남하하는 만주족을 당해낼 재간이 없었다. 북을 내주고 남으로 밀려난 명나라 조정이 황실 가족까지 세례를 받는 파격을 연출했으나, 대세를 되돌리기에는 때가 너무 늦었다. 청이 명을 제압하고 중원의 패자로 등극함으로써, '중화제국의 기독교화'도 물거품이 되었다.

그러나 만주족 치하에서도 천주교는 후퇴하지만은 않았다. 계몽 군주 강희제의 60년 치세(1662~1723) 동안 예수회는 재차 봄날을 구가한다. 강희제 본인부터가 라틴어 습득에 열성이고 열심이었다. 수학과 과

마테오 리치 초상화.

학에도 조예가 깊었다. 대청제국 아래서 거의 모든 성省에 교회가 세워진다. 건륭제 역시 계몽 군주였다. 1773년부터 1782년 사이, 동방의 백과사전 《사고전서》四庫全書를 편찬하는 대규모 출판 사업을 펼친다. 여기에 마테오 리치의 책들도 몇몇 포함이 되었다.

《사고전서》 편찬이 시작된 바로 그해, 유럽의 절대군주들은 예수회를 해산시킨다. 절대국가들 간 이 전투구로 유럽 전역은 재차 전장이 되었다. 나폴레옹전쟁이 지나서야 예수회는 재건될 수 있었다. 그러나 반세기 사이 세상은 크게 달라졌다. 300년 줄기찬 전쟁 끝에 유럽의 군사력은 비약적으로 발전했다. 아편전쟁(1840~1842)이 상징적이다. 대청제국이 대영제국에 패배하는 세계사적 사건이 일어난다. 제2차 아편전쟁(1856~1860)에서는 베이징 교외의 이궁離宮인 원명원圓明園이 초토화되고 자금성마저 불에 탄다. 동과 서의 역관계가 극적으로 역전된 것이다. 아편 무역도 자유시장 원리라며 윽박질렀다. 선교사들의 태도 또한 선배들과는 판이하게 달라졌다. 불평등조약에 은근슬쩍 기대었다. 왕년의 존중과 배려는 찾아보기 힘들었다. 중국 문화도 미신으로 폄하하고 무시했다. 고압적인 선교 과정에서 빚어지는 갈등을 대화로 해결하기보다는 군인들의 완력에 의탁하기 일쑤였다.

가는 말이 고와야 오는 말도 고운 법이다. 중국의 반응도 달라졌다. 서구 열강의 대리인이자 제국주의의 주구로 선교사들을 표상하기 시

마테오 리치 묘.

베이징 지하철 역사의 마테오 리치 기념 조형물.

작했다. 기독교에 대한 거부감이 커지고 반발심도 깊어졌다. 청나라 말기 관료들은 명나라 말기 관료들과 달리 기독교에 부정적이었다. 유사 기독교를 표방하는 태평'천국'운동(1851)까지 일어난 마당에 더더욱 적대적이었다. 민간에서는 음침한 소문도 퍼져갔다. 선교사들이 세례를 주고 개종을 시킨 뒤 아이들을 죽여서 약으로 쓴다는 괴담이 확산되었다. 누적된 불만은 기어이 의화단義和團운동으로 폭발한다. 1899년 공자의 고향이 자리한 산둥성山東省에서 반기독교 운동이 터져 나온 것이다. 반외세, 반제국주의, 반기독교를 외쳤다. 삽시간에 베이징까지 접수하여 선교사들의 무덤을 파헤쳐 시신을 불태우고 재를 뿌렸다. 이에 8개국 연합군은 재차 무력으로 응징했으니, 문명 간 대화는 온데간데없이 적대와 충돌로 20세기가 열렸던 것이다. 그 내우외환 끝에 대청제국은 1911년 신해혁명으로 무너진다. 공교롭게도 바로 그해 마테오 리치의 원본 서적들이 이탈리아에서 처음으로 출간되었다. 그러나 리비아를 침공하며 제국주의 기세가 최고조에 이른 로마에서도 주목하는 이는 극히 드물었다. 약육강식의 논리가 판을 치는 20세기, 중국에서도 유럽에서도 마테오 리치는 잊힌 인물인 듯했다.

1949년 성립한 중화인민공화국에서도 선교사들은 곤경을 면치 못했다. 중국 인민에 복무하기보다는 로마 교황에 충성하는 이들이라며, 강제 노동과 사상 개조가 빈번했다. 홍위병이 준동한 문화대혁명(1966~1976) 시절에도 교회는 홍역을 치러야 했다. 그럼에도 마테오 리치의 묘지만은 저우언라이의 각별한 배려 덕에 화를 면할 수 있었다. 애당초 그의 묘지 근처에 중국공산당 당교黨校를 만들었던 복심이 있었던 것이다. 장차 백 년을 내다보고 당교와 교회의 회합을 예비하고자 했다. 그 뜻을 잘 알고 있는 당교의 선생들이 간곡히 호소하고 만류한 끝에 그의 묘지만은 무사할 수 있었다. 훼손하지 않되, 땅속에 묻어두는 선으로 그쳤다. 문화대혁명의 폭풍이 지나고 나서야 본래의 모습 그대로 땅 위로 올라온 것이다.

저우언라이의 백 년 예감에 화답이라도 하듯 새 천년, 제3세계 출신 프란치스코 교황은 마테오 리치를 거듭 환기하고 있다. 400년 전에는 도저히 가능할 것 같지 않았던, 바티칸의 수장과 베이징의 정상이 만나는 날이 머지않은 것도 같다. 조짐은 마테오 리치 사후 400주년이던 2010년부터 여실했다. 동과 서 양쪽에서 공히 그를 높이 기렸다. 그의 고향 마체라타에도 리치연구소Ricci Institute가 세워졌다. 이탈리아와 중국, 유럽과 중국, 유럽과 아시아, 동/서 유라시아의 만남을 연구하는 신생 연구기관이다.

베이징에서도 그의 비석은 말끔하게 재단장되었다. 동/서의 균형이 극적으로 붕괴한 아편전쟁 이후의 예외 상태, 그 비정상이 (재)정상화로 돌아서고 있는 시점이다. 자연스레 동과 서가 선의로 대화하고 호의로 대면했던 '초기 근대'의 마테오 리치가 주목받고 있다. 그가 17세기에 뿌려둔 '관시'關係의 맹아가 21세기가 되어서야 비로소 꽃을 피우고 열매를 맺을 것만 같다. 고/금 합작과 성/속 융합과 동/서 회통의 선구자로서 그를 기념하게 되는 것이다. 다시 베이징에 가는 날에는 나도 그의 무덤을 찾아서, 성부와 성자와 성신의 이름으로 십자가를 긋고 큰절을 두 번 올리고 싶다.

나보다 훨씬 이른 시기에 마테오 리치의 무덤 앞에서 절을 드린 조선 선비들이 있었다. 담헌 홍대용을 비롯한 이른바 '북학파'다. 연행燕行으로 중국을 방문하는 기회가 생길 때마다 서학 서적을 맹렬하게 수집하고 학습했다. 연암 박지원의《열하일기》(1780)에도《천주실의》를 읽은 흔적이 여러 곳 등장한다. 서학 공부에 몰입하다가 서교에도 입신했던 다산 정약용도 빼놓을 수 없겠다. 즉 유라시아의 동쪽 끝 조선에서도 서학은 19세기 이후에나 밀려온 낯선 학문이 아니었다. 17세기 이래 이미 서학과 유학의 대화가 깊이 이루어지고 있던 것이다. 그 200년의 소화 가 있었기에 19세기 말 천하대란 속에 솟아난 동학에서는 '시천주'侍天 主*라는 신조어까지 고안해낼 수 있었던 것이다. 고로 동학 또한 서학의 반대말만은 아니라고 하겠다. 서학과 유학의 상호 진화 끝에 탄생한 개 신 유교, 민주 유교, 민중 유교로서 동학이 발화되었던 것이다.

서학과 동학이 상부상조하는 아름다운 풍경을 동아시아로만 한정할 수도 없겠다. 성호 이익부터 다산 정약용까지 열렬하게 서학을 학습하 던 바로 그 시기에, 유라시아의 극서 지방에서는 중국학 열풍이 굉장했 기 때문이다. 예수회 선교사들의 기독교 소개 이상으로 동방의 사서삼 경이 유럽으로 전수되었던 것이다. 라이프니츠부터 칸트를 지나 헤겔에 이르기까지, 그들의 계몽철학 곳곳에 '중국의 충격'이 아로새겨져 있다. 공자를 모셔야 나라가 산다고 했다. '고대 중국의 발견'이 극서 유라시 아의 사상계를 진동시켰던 또 다른 계몽 서사를 살펴본다. 이성과 계몽 의 나라, 독일로 간다.

---

* '내 몸에 한울님을 모셨다'라는 뜻으로, 한울님은 항상 마음속에 있다고 믿는 일.

006

계몽의 변증법, 사서삼경의 유럽화

'중국의 충격', 칸트의 '비판'은
《중용》의 주석서였다

17~18세기 유럽의 중국 열풍,
"기독교 없이도 문명국가가 가능해?"

동쪽의 선비들이 서쪽의 과학에 매혹되었다면, 서방의 문인들이 찬탄해 마지않은 것은 동방의 인문주의였다. 기독교에 의탁하지 않고도 고도의 문명국가를 이룬 나라가 있었다. 유럽의 몇 배에 달하는 영토와 인구를 효율적으로 다스리는 이념과 제도를 훌륭하게 구비하고 있었다. 게다가 물질적으로도 더 풍요로운 삶을 영위하기까지 했다.

기독교 신도들에게는 당혹스러운 사태였다. 유일사상 체제를 동요시 키는 기폭제가 될 수 있었다. 설상가상으로 그 중국 문명의 성취가 최신 의 것도 아니라고 했다. 성서가 쓰인 시점보다 훨씬 더 오래전에 문명국 가의 꼴을 갖추었던 것이다. 창세기의 천지창조론을 부정하는 각종 기 록이 산더미처럼 쌓여 있었다. 성경을 만고불변의 진리라고 믿었던 신앙에 금이 가지 않을 수 없었다. 이는 지중해를 맞대고 한 뿌리에서 갈라져 나온 이슬람 문명과는 차원을 달리하는 충격이었다. 청천벽력, 오늘날까지 지속되고 있는 '중국 위협론'의 기원이다.

백가쟁명, 백화제방이 펼쳐졌다. 17~18세기 유럽의 걸출한 사상가들이 친중파와 반중파로 나뉘어 공론장을 달구었다. 위정척사파도 있었다. 유교는 사교邪教이고, 신이 없는 중국은 사탄의 나라라고 했다. 절대자 없이도 윤리적인 인간과 도덕적인 사회가 가능하다는 사실을 도저히 인정할 수 없었다. 기독교 문명과 중국 문명의 상통성에 주목하는 중간파도 있었다. 중국인도 노아의 자손이며, 유교 경전을 면밀하게 살펴보면 하느님을 발견할 수 있다고 주장했다. 동방의 하느님[天]이 서방의 하느님(God)에 다름 아니라는 것이다.

위정척사파와 서도동기西道東器론이 공히 기독교 내부의 입장 차이라면, 아예 기독교 밖으로 튀어나간 급진파도 있었다. 서구의 개화파다. 이들은 유교 문명이 기독교 문명보다 더 앞선 것이라고 여겼다. 절대자에 순종하지 않고도 고도의 문명을 구가해온 중국이 더 진보한 형태의 통치라고 접수했다. 신을 믿지 않더라도 도덕적 인간과 훌륭한 시민이 될 수 있다는 사실로부터 사회과학도 출현할 수 있었다. 최초의 경제학자 프랑수아 케네(1694~1774)는 '유럽의 공자'라고 불렸다. 즉 급진개화파는 중국을 모델로 삼아 유럽을 개혁하고자 했다. 전면적인 중국화, 전반동화全般東化를 외친 것이다.

그 '탈구입중'脫歐入中의 기수로 볼테르(1694~1778)를 꼽을 수 있다. 종교에 구애받지 않고 세속정부를 운영하는 중국의 정치야말로 장차 유럽이 가야 할 길이라고 했다. 그래야 구교 국가와 신교 국가로 아옹다옹하는 유럽의 고질병도 고칠 수 있다. 철두철미 계몽주의로써 천하국가를 모방해야만 유럽 통합이 가능하다고 여긴 것이다. 그럴수록 예수회 선교사들이 번역한 중국 관련 서적들을 탐하듯 읽어제꼈다. 그리고 보니 그리스의 현자들도 중국의 성현들처럼 기독교와는 하등 관련이 없는 사람들이었다. 소크라테스와 세네카의 반열에 공자와 맹자를 추켜올린 것이다. 중국 같은, 조선 같은, 월남 같은 나라를 만들자! "나는 당신이 말하는 것에 동의하지 않는다. 그러나 나는 당신이 당신의 의견을 말할 권리를 위해서는 죽도록 싸울 것이다." 볼테르의 이 유명한 언설 또한 서방의 제자백가 출현을 호소하는 절절한 발화였던 것이다.

공맹과 계몽, '탈-종교'개혁

17~18세기 중국학 열풍이 처음은 아니었다. 13세기 마르코 폴로의 《동방견문록》을 통하여 호기심이 바짝 달아오른 적도 있었다. 그러나 이번에는 진국을 맛보는 차례였다. 한문을 습득하여 사서삼경을 독파한 마테오 리치가 상징적이다. 중국 문명의 정수를 익힌 예수회 선교사들이 속속 유교 경전을 라틴어로 번역한 것이다. 그리고 구텐베르크 인쇄술의 발전에 힘입어 유럽의 개별 국가 언어로도 번역되어갔다. 즉 서구의 성경을 자국어로 읽는 종교개혁만 있던 것이 아니다. 동방의 성경도 동시에 읽어 나가는 '탈-종교'개혁도 있었다.

　《대학》이 처음 번역된 것은 1592년이다. 핵심 개념인 '명덕'明德을 'Humanae Instituionis Ratio'라고 풀었다. '인간 교육의 원리'쯤으로 옮길 수 있겠다. 리理는 ratio(이성)로, 성性은 natura(자연, 본성)로, 덕德은 virtus(덕)로 옮기면서 성리학의 세계에 입문한 셈이다. 그 합리주의의 초석을 닦은 공자에 대한 책도 발간되었다. 벨기에의 예수회 선교사인 쿠플레의 저서 《중국의 철학자, 공자》가 출판된 것이 1687년이다. 입문 단계를 지나 심화 과정에 이르렀음을 보여준다. 명나라 만력제 시대의

1687년 출간된 쿠플레의 저서 《중국의 철학자, 공자》.

재상 장거정張居正의 《사서직해》四書直解(1573)에 근거한 책이기 때문이다. 《사서직해》는 주자학의 개념과 체계를 계승하면서도 송宋-원元-명明에 이르는 500년의 절차탁마를 거쳐 독자적인 관점을 덧붙인 개신 유학서였다. 그 최신 이론이 극동에서 극서까지 옮아가는 데 100년이 소요된 것이다. 선교사가 불철주야로 옮겨 썼던 《사서직해》 필사본은 오늘날 파리 국가도서관에 소장되어 있다.

《중국의 철학자, 공자》가 지식인의 필독서로 꼽히면서, 중국학 번역서에 대한 수요도 크게 늘어났다. 그중에서도 1711년 프라하에서 출간된, 선교사 노엘의 《중화제국의 육고전六古典》Sinensis Imperii Libri Classici Sex이 유명하다. 가장 큰 특징을 꼽으라면 주자의 주석에 충실했다는 점이다. 주희가 세운 신유학의 체계, 즉《논어》,《맹자》,《중용》,《대학》이 비로소 제대로 소개된 것이다. 무엇보다《맹자》의 번역이 눈에 띈다. 혁명을 설파하는 불온서적이었다. 왕보다 인민이 위에 있다는 주권재민主權在民설을 설파했다. 군주가 천명을 방기하고 민생을 보살피지 않으면 그 작자를 방벌하고 추방해야 한다는 서릿발 같은 기상을 처음으로 접한 것이다. 나아가 성선설을 통하여 원죄론의 속박에서 벗어날 수도 있었다. 인의예지仁義禮智의 존중으로부터 인권과 민권에 눈을 뜬 것이다. 교황과 군주에서 벗어나 '새 정치'를 궁리하던 유럽의 개화파에게 참신하고 청신한 가르침이었다.

전위에 선 이는 라이프니츠(1646~1716)다. 송명의 '이학'理學(성리학)으로부터 유럽의 '이성'Reason을 도출해냈다. 남다름이라면《중국의 철학자, 공자》에 소개된《주역》의 괘에 각별한 관심을 기울였다는 점이다. 복희씨의 음과 양으로 전개되는 태극 세계가 신통하고 방통하다고 여겼다. 이로부터 고안해낸 것이 2진법이다. 극동의 음과 양이 극서의 0과 1로 진화한 것이다. 2진법이란 현재 컴퓨터 기술의 근간이 되는 기초 이론이다. 동방 고전《주역》과 21세기 인터넷 사이가 그리 멀지 않은 것이다. 이처럼 다른 문화와 철학의 융합을 골똘하게 궁리한 끝에 라이프니츠는 '단자monad론'이라는 독자적인 세계주의 사상을 확립한다. 다만 중국 경전을 직접 인용하며 논의를 전개한 경우는 드물다. 하더라도 표절로 깎아내릴 것까지는 없겠다. 주체적 포섭, 창조적 융합으로 평가해주고 싶다. 말년에 집필한 마지막 저서가《중국자연신학론》Discours sur la théologie naturelle des Chinois(1716)이었음이 많은 것을 시사해준다. 그가 평생에 걸쳐 수집한 중국 도서 60여 권은 독일 라이프니츠-하노버대학의 도서관에 소장되어 있다. 번역되는 족족 죄다 모았지 싶다.

라이프니츠를 계승한 이로는 크리스티안 볼프Christian Wolff가 있다.

독일의 초기 계몽주의를 대표하는 인물이다. 다른 문명을 이해하고자 하는 개방적 태도를 이어받았다. 1679년생, 소싯적부터 마을에서 신교 (루터교)와 구교가 다투는 모습을 보며 자랐다. 30년 종교전쟁의 후과로 적대적인 환경 속에서 생활한 것이다. 양자가 불화를 그치고 조화를 이루는 보편이론으로 수학 연구에 매진했다. 그러다 2진법과 음양론이 상통하는 라이프니츠를 접하며 중국 사상에 입문한다. 그 또한 《중화제국의 육고전》을 비롯하여 구할 수 있는 모든 중국 관련 서적을 독파했다.

1721년 볼프는 당시 독일 최대 규모를 자랑하던 할레대학교의 학장 임기를 마치고 기념강연을 연다. 총장을 비롯해 1천 명 관중 앞에서 사상적 커밍아웃을 했다. 공자가 예수 그리스도를 능가하는 인물이라고 평가한 것이다. 인류의 죄를 대신하여 십자가에 못 박힌 예수보다, 인민의 복지를 현실에서 실현하기 위하여 천하를 주유하며 사상을 확립한 공자를 더 높이 친 것이다. 계몽주의의 정수로서, 합리주의의 지존으로서 공자를 추킨 것이다. 강연장은 곧장 아수라장이 되었다. 구교도, 신교도 이구동성으로 볼프를 맹비난했다. 도저히 수긍할 수 없는 망발이고 막말이었다. 파장과 파문은 대학 밖까지 미쳤다. 프로이센 국왕에까지 일러바친 것이다. 군주 또한 격노했다. 공맹은 자신의 목을 겨누는 비수가 될 수 있는 불온사상이었다. 국기 문란에 국가보안법이 가동되었다. 교수형에 처하든가 나라 밖으로 쫓아내라고 명령했다. 상아탑도 사상의 자유를 보장해주지 못한 것이다. 볼프는 결국 망명객이 된다.

그래도 지구는 돈다. 계몽의 출발은 공맹이다. 고독하지만은 않았다. 유럽의 신청년들이 볼프에 열광한 것이다. 우상에 맞서 이성을 세운 '시대의 은사'로 모셨다. 중세에서 근대로 이행하는 '전환시대의 논리'를 선사해준 것이다. 그가 할레대학에서 쫓겨났다는 소식에 러시아제국의 표트르 대제까지 솔깃했다. 상트페테르부르크 왕립아카데미의 부총장으로 모시겠다는 파격적 제안을 한다. 하지만 볼프는 칩거를 선택했다. 천생 학자, 글로써 저서로써 승부를 보고자 했다. 고별 강연이 된 〈중국인의 실천철학〉 초고에 4배 분량의 주석을 덧붙인 《중국 실천철학 강연》을 출간한다. 오로지 자연법, 이성의 힘으로 도덕국가를 확립할 수 있음을 논증해 보이려 했다. 그것도 고대 그리스처럼 도시국가 수준이 아니라 제국적 지평에서도 가능함을 중국이 보여준다고 역설한 것이다.

"고대 중국의 황제는 나라를 잘 통치해야 했기에 그에 앞서 자신의 가정을 잘 다스리고자 했다. 가정을 잘 다스리기 위해서는 그에 앞서 자신의 몸을 잘 단련해야 했다. 자신을 몸을 잘 단련하기 위해서는 자신의 감각부터 연구해야 했다. 감각을 연구하기 위해서는 올바른 태도부터 갖추어야 했다. 올바른 태도를 갖추기 위해서는 지력부터 완성해야 했다."

《중국 실천철학 강연》의 한 대목이다. 눈치 빠른 이들은 단박에 《대학》의 8조목을 차용한 것임을 알아차릴 수 있을 것이다. 수신제가치국평천하修身齊家治國平天下의 이상론과 격물치지格物致知의 방법론이 독일어로 번안된 것이다.

볼프를 '시대의 은사'로 모셨던 제자 가운데 빌핑어Georg Bernhard Bilfinger가 있다. 수학자이자 철학자였고 또 정치가였다. 독일 철학사의 '라이프니츠-볼프 철학'이라는 학술용어를 처음 고안해낸 사람이기도 하다. 친중파를 독일 계몽주의의 적자로 확립하는 데 결정적으로 기여한 장본인이다. 그 빌핑어를 청년 시절부터 열독한 인물이 바로 칸트 (1724~1804)다. 일생토록 고향 쾨니히스베르크(오늘날 러시아의 칼리닌그라드)를 떠나지 않았던 칸트였지만, 그의 정신세계만은 극동까지 활짝 열려 있었다. 라이프니츠가 《주역》에 빠져들었다면, 청년 칸트를 매혹한 것은 《중용》이었다. 빌핑어가 1724년 간행한 《고대 중국인의 도덕과 정치》에서《중용》을 처음 접했다. 특히《중용》의 6장, 순임금의 지혜에 탄복했다.

> 공자 말씀하시되, 순임금은 매우 지혜롭도다. 순임금은 다른 사람들에게 묻기를 좋아하고, 다른 사람들이 하는 아주 일상적인 말도 그냥 넘기지 않고 잘 생각해본다. 그는 다른 사람들의 나쁜 점은 묻어주고, 좋은 점은 드러내주었다. 그리고 양극단을 파악하여 그 가운데를 취하여 백성을 다스리는 데 사용했다. 이러한 점이 순임금다운 점이다.
> 子曰: 舜其大知也與! 舜好問而好察邇言, 隱惡而揚善. 執其兩端, 用其中於民, 其斯以爲舜乎!

'執其兩端 用其中'(집기양단 용기중)! 청년 칸트는 눈이 번쩍 뜨였다. 전통 논리학의 배중률排中律을 돌파할 수 있는 새 길이 보이는 듯했다. 배중률은 참과 거짓 사이에 제3의 영역은 없다는 원칙이다. 시시비비를 명백하게 가리도록 시비를 거는 논리다. 따라서 완전한 참도, 완전한 그릇도 아닌 중간 영역이 부재하다. '기우뚱한 균형', 그 중간 항을 개척하는 것이 칸트의 평생 과제였다. 선악 논리, 흑백 논리에서 벗어나 진리의 정도 여부를 따지는 발상의 전환을 이룬 것이다. 그래서 완성한 저술이 바로 그 유명한 '비판' 3부작이다.《순수이성 비판》(1781),《실천이성 비판》(1788),《판단력 비판》(1790). 이 세 저작은《중용》의 독일어 해설서이자 최신판 주석서이기도 했던 셈이다. 실제로 이성, 실천, 판단, 비판 등 기본 개념에서부터 성리학 냄새가 물씬하다. 칸트의 '비판'은 '비난'이 아니다. 일방에서 타방으로의 공격을 뜻하지 않는다. 양자의 중간에서 서로 대립하는 양자를 공평하게 음미하는 것이다. 남에게 들이대는 바로 그 잣대로 나 자신을 돌아보는 것이 '비판'이다. 너의 일리―理와

나의 일리─理 사이에 합리合理를 찾는 것이다. '비판' 3부작은 공히 공평무사와 공명정대로 일관되었다.

《중용》과 조우함으로써 아리스토텔레스도 더욱 두텁게 읽을 수 있었다. 용기는 무모와 비겁의 중간이다. 무모는 과다한 것이며 비겁은 과소한 것이니 어느 쪽도 덕이라고 할 수 없다. 어느 쪽에 치우쳐도, 치우친 것은 결국 모자람만 못한 법이다. 즉 덕이란 양자 사이의 균형을 취하는 데 있다. 그 중간 또한 항상 똑같은 것이 아니다. 역동적인 균형, 중용을 취해야 한다. 고로 중용은 기계적이고 평균적이지 않다. 창조적이고 예술적이다. 비판이 곧 중용이고, 중용이 곧 비판이다. 비판적 중용, 중용적 비판이라고 하겠다. 즉 이율배반의 논리를 넘어서 진리의 법정을 세우고자 했던 칸트의 필사적 노력은《중용》의 근대화에 다름 아니었던 것이다. 고로 칸트 또한 동시대 연암과 다산과 그리 멀지 않은 서양의 군자, 서사西士로서 대접해야 마땅하다.

중용의 사상가, 칸트(칼리닌그라드).

크리스티안 볼프

칸트를 이은 거물은 헤겔(1770~1831)이다. "이성적인 것은 곧 현실적인 것이요[理卽性], 현실적인 것은 곧 이성적인 것이다[性卽理]"라는《법철학》의 서문부터가 성리학의 변주였음이 확연하다. 즉 유럽의 계몽주의 또한 자가발전, 내재적으로 발전했던 것이 아니다. 동/서 문물 교류, 융복합과 통섭의 소산이었다. 마치 뉴턴이 이슬람 문명이라는 거인의 어깨 위에 올라가 근대 과학의 법칙을 세운 것처럼, 칸트와 헤겔은 중화 문명이라는 거인의 어깨 위에 올라서서 근대 철학의 원칙을 이룬 것이다. 유라비아와 유라시아가 서로 배우고 가르치는 교학상장敎學相長의 빛나는 결정체였다.

근대 계몽주의는 유라시아의 합작품이다

역사는 승자가 쓴다. 한때의 국지적인 승자가 사피엔스의 세계사를 온통 고쳐 썼다. 아편전쟁 이후의 사태다. 공자 열풍은 까마득하게 잊혔다. '서구의 충격'이 '중국의 충격'을 지워버렸다. 우물 밖으로 나온 개구리도 올챙이 적 생각을 못하는 모양이다. 중국이 아니라 그리스에서만 서구 근대의 기원을 구하는 대서사가 확립되었다. 고대-중세-근대라는 진보사관도 정립되었다. 실증사학을 표방한 독일의 랑케(1795~1886)를 근대 역사학의 아버지라고 불렀다. 그 후예인 막스 베버와 칼 마르크스는 좌/우로 갈라졌으되 동방 문명을 높게 치지 않았다는 점에서는 크게 다르지 않았다. 자본주의도, 민주주의도, 사회주의도 출현할 수 없는 동양은 역사가 정체된 곳이었다.

　세월은 흘러가도 산천은 안다. 산 자의 몫은 먼저 간 자를 올바르게 기리는 것, '역사 바로 세우기'다. 이제는 말할 수 있다. '서양사'(더 정확하게는 '서구사') 자체가 가짜 역사Fake History다. 그 대타항으로 세워진 동양사 또한 거짓말이다. 르네상스부터가 지중해 건너 서아시아의 충격으로부터 비롯한 것이다. 이슬람이 그리스 고전을 유럽에 전수해주었다. 유럽과 아라비아의 공진화, 유라비아의 합작품(Made in Eurabia)이었다. 계몽주의 또한 인도양 건너 동아시아의 충격에서 말미암은 것이다. 선교사들의 중국 고전 번역으로 탈주술화와 합리화, 이른바 '근대화'에 진입하게 된 것이다. 즉 유럽과 아시아의 공진화, 유라시아의 합작품(Made in Eurasia)이었다. 고로 자폐사관에 갇혀 있는 유럽사는 물론이요, 자학사관과 자만사관을 오갔던 아시아사 또한 전면적으로 수정되어야 한다. 서양철학과 동양철학, 동양사와 서양사를 가르고 담을 높게 쌓아둔 분과학문 자체가 '거짓 지식'을 구조적으로 생산한다. 그래서 중세 말의 교회인 양, 조선 말의 서원인 양, 대학의 위기가 운운되는 것이다.

탈서구Post-West, 탈진실Post-Truth 시대. 이제야 서세동점의 초입기, 메이지유신을 주도하며 서구 문물 번역에 앞장섰던 이들의 거개가 유학자였다는 사실이 이해가 된다. 이성, 양심, 지각, 형이상形而上, 형이하形而下 등이 대저 유교 경전에서 비롯한 개념들이었다. 중국에서 변법자강變法自彊운동*을 펼치며 계몽사상을 전파했던 학자들 역시도 서구의 과학Science을 '격치'格致라고 번역했던 바다. '격물치지'에서 따온 말이다. 경전을 소리 내어 읽으며 몸으로 각인시켰던 그들 또한 어쩐지 기시감이 없지 않았을 것이다. 어디선가 이미 읽었던 것 같은 느낌, 영어와 독일어와 프랑스어로 적힌 문장이 왠지 익숙한 느낌. 착각이 아니었던 것이다. 착시가 아니었다. 유라시아 극동의 학문이 극서로 이동하여 숙성한 뒤 재가공되어 되돌아온 것이었다. 즉 19~20세기 동아시아의 서구 번역은 재번역이자 이중번역이었다. 중역重譯의 사상이었다.

---

* 청나라 말기에 캉유웨이(康有爲), 량치차오(梁啓超) 등의 혁신파가 내세웠던 개혁운동. 시대에 맞지 않는 법과 제도를 고쳐 스스로 강하게 한다는 뜻으로, 정치체제와 교육제도를 통한 부국강병을 목표로 두었다.

2017년 유럽을 견문하노라니, 재차 중국이 유럽의 사상적 과제로 부상하고 있음을 실감한다. 주요 도시와 대학마다 공자학원이 들어서고, 자유주의/민주주의 없이도 초강대국의 지위로 올라선 중국에 대한 논쟁이 다시금 치열하다. '기독교 없이도 문명국가가 가능하단 말인가?'에서 '서구화=근대화=민주화 없이도 강대국이 될 수 있다는 말인가?'로 달라졌을 뿐이다. 중국을 방편으로 삼아 유럽의 장래를 논구하는 17~18세기의 풍경이 재연되고 있는 것이다. 속세의 자유주의 근본주의자들이 반중파로 결집해 있다면, 바티칸의 교황이 친중파의 최전선에서 있음이 역설적인 변화라고 하겠다. 천주교는 진화했건만, 계몽교는 도리어 정체되었다.

꼬박 100년 전 《서구의 몰락》(1918)을 펴낸 이가 문명사학자 슈펭글러였다. 유럽의 도시와 도시를 잇는 기차에서 틈틈이 읽어 나가고 있다. 2018년에 읽어야 훨씬 실감에 와닿는 SF 역사서, 아니 예언서다. 그러나 서구의 몰락 다음이 동양의 시대라는 자기최면은 극구 피해야 할 것이다. '동인가? 서인가?'라는 구획 자체가 진부하고 식상한 것이다. 양극단을 배제하고 중용을 취하라 일컬었던 칸트의 '비판' 정신을 다시금 깊이 되새긴다. 한 손에는 자사子思의 《중용》을 들고, 다른 한 손에는 칸트의 '비판'들을 쥔 채 동서고금을 횡단하고 주유하는 탈주의 모험을 감행해야 하겠다.

정녕 우리가 알고 있는 과거는 한 줌이다. 고로 과거는 박제된 화석이나 유물이 아니다. 항상 팔팔하게, 펄떡거리며 살아 숨 쉬며 진화한다. 그래서 오늘이 바뀌면 당장 과거사부터 달라지는 것이다. 미래만큼이나 역사 또한 거듭 재창조되는 미지의 세계인 것이다. 다른 백 년 또한 다른 천 년사의 서술에서 출발할 것이다. 하기에 역사에 종언이 있을 리 만무하다. 20세기형 자유민주주의 또한 인류의 마지막 제도일 리가 없다. 도리어 끝물에 들어선 것 같다. 또 한 번의 '앙시앵레짐'이 붕괴하고 있는 모습을 파리에서 지켜보았다. 구舊민주주의의 아성, 프랑스의 장미 대선 현장으로 간다.

007

앙시앵레짐의 수도, 파리

21세기는 프랑스에
전혀 호의적이지 않다

내부자들, 강남좌파 대통령 만들기

2017년 5월, 나보다 겨우 한 살 많은 친구가 프랑스의 대통령이 되었다. 제5공화국의 8번째 대통령이다. 40대도 못 자라 30대 기수란다. 싱싱한 영건이고, 새파란 샛별이다. 부러우면 지는 것이라는데 연애담과 결혼담마저 훈훈하다. 입에 올리고 카메라에 담기 좋다. 과연 대선 출마를 알리는 첫 출현부터 남달랐다. 홀로그램을 활용하여 환영인 양 등장했다. 그래서 비주류인 듯 아웃사이더로 착각하기 쉽다. 새 물결을 몰고 올 새 정치가 시작이라도 된 듯 환각을 일으킨다.

거짓말이다. 새 얼굴이 새 정치를 담보하지 못한다. 정교하게 다듬어진 신상품이다. 선거 시장에 맞춤하여 내놓은 내부자들의 기획물이다. 기시감도 없지 않다. 세기말 영국의 토니 블레어를 연상시킨다. 신노동당을 기치로 신자유주의의 기수가 되었던 젊고 매력적인 40대 정치인이었다. 마크롱이 빈사지경의 사회당을 박차고 나와 꾸린 새 모임이 '전진'En Marche이었다. 올해 초만 해도 아무도 없고 아무런 정책도 없는 깡통 정당이었다. 그 빈자리를 채운 이가 자크 아탈리다. 사회주의자에서 신자유주의자로 전향한 원로 지식인이다. 이 파릇파릇한 친구가 그 지긋(지긋)하신 분을 멘토로 모신 것이다. 비록 나이는 어릴지언정 생각은 고리타분한 애늙은이다. 새 천년하고도 17년째, '제3의 길'은 구태의연을 넘어 고색창연한 감마저 든다.

그럼에도 바람몰이에 성공할 수 있었던 것은 주류 언론들의 전폭적인 지지 덕이 컸다. 국민전선Front National의 마린 르펜을 주저앉히기 위하여 총력전을 펼쳤다. 노회한 프레임도 주입되었다. 르펜은 반세계화, 반EU, 반신자유주의의 선봉장이었다. 그녀는 내부자와 외부자, 기득권과 소외권, 승자와 패자, 체제와 인민, 금수저와 흙수저의 구도로 선거에 임했다. 이에 맞서 주류 언론은 공화국의 수호와 반대의 대결로 판을 몰았다. 르펜을 공화국의 가치를 부정하는 반체제 극우 인사로 낙인찍은 것이다. 딸의 사상에 아버지(장-마리 르펜)의 이념을 들이대는 연좌제도 노골적이었다. 진보 언론과 보수 언론이 합작하는 '왕따의 정치학'이 가동된 것이다.

하더라도 낡은 사회당을 늙은 공화당으로 대체하는 정권 교체의 가능성은 도무지 희박했다. 유권자들이 양당 정치에 신물을 낸 지 이미 오래다. 원체 올드보이들이 오래도록 해먹었다. 사회당의 미테랑은 첫 장관 역임부터 대통령까지 34년을 우려먹었다. 그를 대신한 우파 정치인 시라크도 처음으로 총리가 되었던 것이 1970년대였다. 올랑드 또한 1981년부터 정치권에 몸담은 인물이다. 20세기 후반 국가 요직을 두루 경험했던 이들이 21세기에도 건재했던 것이다. 프랑스 정계는 정치계급들의 귀족원 같은 곳이었다. 고인 물은 썩었다.

이게 나라냐? 이것이 공화국이란 말인가? 자괴감에 빠진 인민들은

2017년 5월, 프랑스 제5공화국의 8번째
대통령이 탄생한 날의 거리 풍경.

응당 정권 교체 너머 체제 교체, 시대 교체를 원했다. 그렇다면 판을 통째로 갈고, 말을 바꾸어야 했다. 말을 바꾸어 탄 것이 아니다. 내부자들이 상황에 즉하여 판을 바꾼 것이다. 적임자로 낙점된 이가 마크롱이다. 옛 술을 새 병에 담아 근사하게 포장했다. 마크롱도 '밤의 대통령'들의 교시에 화답하여 '공화전진당'이라고 당명을 수정했다. '진보하는 공화당'의 출현에 기존의 진보/보수 구도는 교란되었다. 사회당 우파도, 공화당 좌파도 우왕좌왕했다. 판이 흔들리자 주류 언론들은 쐐기를 박았다. 르펜을 트럼프에 빗대고 푸틴과 연결하는 선전선동에 박차를 가했다. 미국 문화를 깔보고 러시아의 선거 개입을 우려하는 프랑스인의 심리를 교묘하게 파고든 것이다.

즉 국회의원 하나 없는 '전진'이라고 하여 혈혈단신은 아니었던 것이다. 12척의 배만 남은 백척간두의 모험도 아니었다. 음과 양으로 프랑스 지배층의 지원과 성원을 등에 업었다. 가까이로는 유럽의 기득권을 상징하는 브뤼셀의 후원이 있었고, 멀리로는 구미적 세계화를 고수하는 세력들과 거미줄처럼 연결되어 있었다. 그들이 브렉시트 이후 EU의 향배를 쥐고 있는 프랑스 대선에 사활을 걸고 임했던 것이다. 과연 출신 성분이 중요하다. 걸어왔던 꽃길이 됨됨이를 보여준다. 로스차일드의 은행가로 활약했다. 유럽 금융자본주의의 아성 같은 곳이다. 여기서 프랑스 주류 중의 주류인 생시몽 재단과 테라노바 연구소와 긴밀한 관계를 맺는다. 프랑스-미국 재단의 청년 지도자로 활동한 적도 있다.

그랬던 그를 정계로 전격 발탁한 이가 올랑드 전 대통령이다. 비서실 근무에서 재정부 장관까지 고속으로 승진하며 벼락처럼 출세했다. 헌데 사회당 정부의 인기 하락을 불러온 '고용 개혁' 정책이 바로 마크롱의 작품이다. 프랑스의 경쟁력 제고를 위해서는 외국인 투자가 활발해야 한다, 고용은 유연해지고 임금은 삭감되어야 한다, 저임금 노동자의 이민과 이주가 더 많이 필요하다, 고로 프랑스의 국경을 활짝 여는 세계화는 지속되어야 한다, 여기에 거듭 어깃장을 놓는 강성 귀족노조의 타성은 타파되어야 한다…. 노동조합을 필두로 전통적인 사회당 지지자들이 정권에 등을 돌리게 만든 장본인이었던 것이다. 그랬던 그가 백마 탄 왕자처럼, 나폴레옹의 귀환처럼 화려하게 권좌에 복귀한 것이다.

과연 역대 최악의 지지율(5퍼센트)을 기록하며 엘리제궁을 떠나는 올랑드의 표정도 썩 나쁘지 않았다. 바로 자신이 마크롱을 선발했던 선견지명을 흐뭇해하는 듯했다. 사회당 정권의 젊은 피가 간판을 세탁하여 후임자가 되었으니 '정권 연장'이라고 볼 여지마저 있다. 다시 말해 앞으로 5년, 지난 5년과 별반 달라지지 않을 것이다. 프랑스 공장들은 점점 더 많이 문을 닫고 폴란드 등 동유럽으로 이전할 것이다. 북아프리카와 중동의 옛 식민지 이주자들이 저임금 노동 시장을 잠식해갈 것이다. 가진 자들은 더 많이 가질 것이며, 못 가진 자들은 더욱 못 가지게 될 것이다. 전진을 하면 할수록 제자리로 돌아오는 도돌이표가 반복된다. 출로 없는 회전문이 빙글빙글 계속 돌아간다. 이미 사망 선고를 받은 구체제가 인공호흡기를 달고 생명을 연장하는 '뉴노멀' 상태가 지속된다. 신성新星 마크롱은 권력이 시장으로 넘어갔음을 자인하고 좌측 깜빡이를 켠 채 우회전하는 '구시대의 막내'이다.

가짜 민주주의: "이것이 공화국이란 말인가?"

프랑스가 정치 선진국인 양 착각하는 경우가 많다. 커녕 프랑스 대혁명 이래 위태로운 세월이 오래 지속되었다. 19세기 100년간 무려 아홉 차례나 체제가 무너졌다. 세 번은 민중 봉기, 민란이었다. 다음 세 번은 군대 봉기, 쿠데타였다. 다른 세 번은 외세 침략, 전쟁이었다. 혁명 이후 내우외환이 그치지 않았다. 공화국이 온전하게 작동한 것은 20세기, 그것도 제2차 세계대전 이후다. 그런데 그 제5공화국마저도 100년이 못 되어 크게 동요하고 있는 것이다. 결선투표 구도가 의미심장하다. 공화당과 사회당이 공히 진출하지 못했다. 20세기형 좌/우 정당정치의 종언을 상징한다. 대서양 건너 미국에서 공화당과 민주당을 차례차례 침몰시켰던 트럼프의 당선과 크게 다르지 않다. 정녕 구舊민주주의는 도처에서 탄핵되고 있다. 그러니 프랑스 대선으로 브렉시트 이래 민주주의의 오작동이 멈추었다는 아전인수, 곡학아세는 그쳐야 할 것이다.

20세기형 진보를 담보했던 사회당은 급사했다. 《21세기 자본》으로 명성을 쌓은 피케티가 구원투수로 가담했건만, 한 자릿수 지지율 폭락을 막아내지 못했다. 20세기의 보수를 담지했던 공화당은 혼수상태다. '공화전진당'의 출현으로 위상은 더욱 애매해졌다. 결선투표의 최종 결과인 66 : 34도 곧이곧대로 해석해서는 곤란하다. 마크롱이 받은 표는 2,000만이다. 2등은 르펜이 아니라 기권자였다. 자그마치 1,600만에 달한다. 투표장까지 부러 나가서 무효표를 행사한 유권자들이 유난히 많았다. 그만큼 가짜 민주주의Fake Democracy에 대한 반감이 극에 달한 것이다. 마크롱이 받은 표는 실제 유권자의 4할에 그친다. 6 : 4의 비율로 현재의 정치질서를 부정하는 층이 높았던 것이다. 제5공화국에 대한 탄핵 표심이 극우파와 극좌파, 기권파로 갈렸을 뿐이다.

앙시앵레짐을 수호하는 입장에서 최악의 사태는 극우와 극좌가 결선에서 맞붙는 것이었다. EU로서도 프랑스마저 EU에서 탈퇴하는 프렉시트는 악몽 같은 시나리오였다. 좌/우 인민주의(포퓰리즘)를 폄하하는 프로파간다가 유럽 전역에서 울려 퍼졌다. 본디 인민주의란 농민, 장인, 소상인들이 당당하게 제 몫을 누리고 존중을 받는 세상을 지향한다. 그래서 마르크스도, 엥겔스도 우호적이었던 개념이다. 68혁명 무렵에도 인민주의를 부정하지 않았다. 지금처럼 파시즘과 직결시키는 프레임이 작동한 것은 역시나 1980년대 이후다. 신자유주의가 획책하는 '1984' 체제가 만들어지면서 들어선 변종 논리다. '대안은 없다'를 주술처럼 읊조리는 빅브라더의 세련된 마술이다. 그 '자유주의 근본주의'자들이 교묘하게 선거의 방향을 뒤틀어버린다. 마치 이민 문제가 가장 화급한 과제인 것처럼 몰아간다. 그리하여 내부자들이 공모하는 현 체제(Deep State)에 대한 인민의 깊은 불만과 분노를 외면하는 것이다.

20세기 지성의 상징이었던 〈르몽드〉도 좀체 예전 같지가 않다. 이빨 빠진 호랑이, 대자본이 인수하여 입김을 행사한 지 오래다. 마크롱의 홀로그램을 제작한 곳이 〈르몽드〉의 계열사였음을 확인한다면 정언 유착, 어용 언론의 혐의마저 없지 않다. 사르트르가 필치를 날렸던 〈리베라시옹〉의 명성도 꺾인 지 한참이다. 2005년 이 신문사의 지분을 대거 사들인 것이 하필이면 로스차일드 쪽이었음도 공교롭다. 그래서 마크롱이 장관으로 발탁되었을 때, '금융의 모차르트'라는 최고의 헌사를 아끼지 않았던 것이다. 무덤 속 사르트르가 들으면 통곡할 노릇이다.

'공화전진당'이라는 당명이 무색하게 프랑스공화국의 집합적 정체성은 갈수록 옅어지고 있다. 시민Citizen과 인민People 간 격차가 현저하다. 유로파와 토착파 간 분열의 골이 깊다. 중산층은 유럽 시민으로서 특권을 향유하고 만끽한다. 시골이나 공업지대는 일생 가본 적이 없어도, 런던과 베를린과 로마와 브뤼셀은 제 집처럼 드나든다. 재력과 학력을 겸비한 세계시민들, 프랑스판 '강남좌파'들이 공론장을 장악하여 계몽주의적 훈계를 늘어놓는 것이다. 도리어 결선에서도 르펜에 표를 던진 1,100만의 표심을 깊이 음미해야 한다. 이들이 파시스트이고 인종주의자인가? 더러 그런 이들도 있을 것이다. 교육을 덜 받고, 자유주의적 감수성이 부족할 수도 있다. 그러나 1,000만이 넘는 이들이 요구하고 있는 것은 단순하고도 명백하다. 공화당 아래서도, 사회당 아래서도 지속되고 있는 불평등의 시정이다. 바보야, 문제는 불평등이야! 껍데기만 남은 공화국의 핵심 가치를 실현해달라는 것이다. 그런데도 반체제 극우파라는 딱지만 남발하는 것이다. 이참에도 외면한다면 5년 후 2022년에는 정말로 사달이 날 수도 있다. 21세기, 국민전선처럼 당세를 꾸준하게 확장해온 정당은 극히 드물다.

이렇게만 쓰고 말면 마치 내가 르펜을 지지하는 것처럼 비칠 수도 있겠다. 오해를 덜고자 보태면, 내 눈에 든 사람은 단연 '불굴의 프랑스'La France insoumise, 멜랑숑이다. 막판 대약진했다. 두 번의 TV 토론회, 유일한 승자라 할 만하다. 보통사람들이 기성 정치에 품고 있는 회의를 빼어난 유머감각에 실어서 적확하게 포착했다. 르펜보다 한 수 위라고 여긴 것은 신자유주의적 세계화에 보호주의적 민족주의를 맞세우지 않았다는 점이다. '다른 세계화'의 출로를 제시했다. 다른 네 후보가 'EU냐, 반EU냐'를 놓고 설전을 벌일 때, 그만이 유럽의 지평을 넘어서는 발상을 제출했다. 중국의 신新실크로드 프로젝트에 참여하고, 러시아의 유라시아경제연합(EEU)에 동참하고, 구식민지였던 아프리카의 공동 개발에도 앞장서며, 향후 세계질서를 주도할 브릭스(BRICS)와도 돈독해져야 한다고 했다. 프렉시트와 나토 탈퇴를 천명하되, 그 이후의 청사진도 아울러 밝힌 것이다. 소심한 민족주의로의 후퇴보다야 유라비아로, 유라시아로 포부를 넓혀가는 멜랑숑에 호감을 느낀 것이다. 장차 신세계화, 진세계화에 합류하는 유럽의 동반자가 될 수도 있지 않을까? 부디 무르익기를 고대한다. 과연 그가 새 시대의 맏형이 될 수 있을지, 2022년이 기대되는 까닭이다.

파리의 우울

이번 프랑스 대선은 국가비상 상태에서 열렸다. 한창 TV 토론 와중에 파리에서 테러가 일어났다. 당일 투표도 삼엄한 경비 속에서 진행되었다. 비단 그 사건만을 지칭하지 않는다. 2015년 이래 프랑스는 상시적인 테러 공포 속에서 살아간다. 파리는 아프가니스탄의 카불만큼이나 테러가 빈번한 도시가 되었다. 하수상한 세월이, 안녕하지 못한 시국이 2년째 이어지고 있는 것이다. 파리는 여전히 압도적인 아름다움을 발산하는 매력적인 도시이지만, 불안이 낭만을 잠식해가고 있음도 부정할 수 없는 사실이라고 하겠다. 21세기는 프랑스에 전혀 호의적이지가 않다.

프랑스가 비상사태라는 점은 각종 지표에서도 드러난다. 당장 행복 지수가 크게 떨어졌다. 20세기 말에 견주면 20퍼센트나 하강했다. 더 이상 일상을 향유(Joie de vivre)하는 행복의 나라가 아니다. 희희낙락, 화기애애하지 않다. 활기는 떨어지고 생기는 옅어졌다. 세계의 중심이라는 자부심, 모더니티의 수도라는 자긍심은 약해졌다. 반면으로 신경안정제를 가장 많이 소비하는 나라 중 하나가 되었다. 2013년 갤럽 조사에서는 세계에서 가장 우울한 사람들로 프랑스인이 꼽혔을 정도다. 자살률이 영국이나 스페인에 견주어 두 배나 높다고 한다.

'저녁이 있는 삶', 프렌치 라이프스타일도 옛말이다. 와인이나 샴페인을 마시며 밤새 노닥거렸던 여유로운 생활도 찾아보기 힘들다. 일을 마치면 곧장 집으로 돌아가기 급급하다. 와인 소비는 급감했고, 문을 닫는 카페는 늘어났으며, 갓 구워낸 바게트 대신에 식빵을 찾는 소비자가 불어났다. 저성장 국면을 지나 성장 없는 사회로 진입하면서 실업률은 항상적으로 10퍼센트를 오르내린다. 공장이 떠난 교외에서는 40퍼센트에 육박하는 곳도 있다. 소득이 없으니 허리띠를 졸라매고 지갑을 닫는 것이다. 정작 파리에서 우아한 프렌치 라이프스타일을 즐기는 이들은 비행기를 타고 유람하러 온 아시아의 관광객들처럼 보인다. '19세기의 파리지앵'을 흉내 내며 셀카 찍기에 여념이 없다. 프랑스산 명품 시장이 유지되는 것도 동쪽의 큰손 덕분일 것이다.

민생의 곤란은 도시의 얼굴도 바꾸고 있다. 향긋한 크루아상을 구워 내던 골목 상권 동네 빵집들이 줄줄이 문을 닫는다. 2000년 이래 1만 6천 점이 폐업했다. 반면으로 그토록 업신여겼던 미국산 패스트푸드의 상징, 맥도날드는 1만 3천 점이 늘어났다. 세계 정상을 자부하던 프랑스 요리마저 예전만 못한 것이다. 비용 절감을 위해서 공장에서 생산된 식자재를 사용하다 보니 아무래도 감칠맛이 떨어진다. 세금은 높고 노동법은 경직되어서 레스토랑 경영하기가 어렵다는 푸념도 들었다. 기본 비용에서 영국이나 독일에 견주어 두 배 이상이 든다는 것이다. 프렌치 셰프의 6할이 프랑스 밖에서 일하고 싶어 한다는 믿거나말거나 통신도 귀동냥할 수 있었다.

프랑스어의 위상도 낮아지고 있다. 국제 외교 무대의 보편어였고 세련된 지성인의 상징어였던 화려했던 시절이 저물고 있다. 2014년 EU 의장이 된 폴란드의 도날트 투스크가 상징적이다. 프랑스어를 말하지 못하는 EU의 첫 번째 수장이었다. 브뤼셀에서 그와 회동하는 프랑스 대표단은 꼬박꼬박 영어로 말하지 않을 수 없었다. 여전히 유엔 상임이사국이자 G7의 일원이며 유럽에서 둘째가는 경제대국이지만, 세계에서의 비중은 갈수록 떨어지고 있는 것이다. 점점 내리막을 걷다가 2030년이면 10위권 밖으로 밀려날 전망이다. 그 자리를 인도네시아, 이란, 터키 등 이슬람 대국들이 차지할 공산이 크다. 쇠락하는 프랑스어보다는 이슬람 문명의 보편어인 아랍어가 세계어로서의 위상을 (다시) 누릴 날이 머지않았다.

그래서 장래에 대한 전망 또한 대체로 어둡다. 2013년 〈르몽드〉 여론조사를 보면, 국민의 75퍼센트가 프랑스에서 민주주의가 작동하지 않는다고 답했다. 62퍼센트가 (그들이 뽑았을) 정치인들을 신뢰하지 않는다고 응답했다. 사르코지와 올랑드를 겪으면서 대통령에 대한 불신은 바닥을 쳤다. 2014년 사회통계에서는 1980년대 이후 태어난 30대의 삶의 수준이 한 세대 전에 견주어 17퍼센트 떨어졌다는 결과가 나왔다. 그 30대 가운데, 자식의 미래가 본인보다 더 나을 것이라고 응답한 경우는 9퍼센트에 불과하다. 과연 2000년 이후 나라 밖에서 직장을 구한 이들의 숫자는 160만까지 치솟았다. 고학력자, 특히 박사 학위 소지자 가운데 4분의 1이 프랑스를 떠났다. 능력이 된다면, 조건이 갖추어진다면 헬프랑스를 등지는 탈프랑스 행렬이 이어지고 있는 것이다. 배낭여행으로 처음 파리를 구경하며 감탄을 그치지 못했던 것이 세기말 1999년 여름이다. 18년 사이 격세지감이 어마어마하다. 우뚝 솟은 저 에펠탑이 피라미드라도 되는 양 19세기의 유물처럼 어릿해 보인다.

'샤를리' 히스테리: 에마뉘엘 토드와의 인터뷰

프랑스의 비상시국을 촉발한 계기는 2015년 1월 시사 풍자지 《샤를리 에브도》Charlie Hebdo 테러 사건이었다. 무함마드를 조롱하는 만평 등에 대한 보복으로 두 명의 테러리스트가 《샤를리 에브도》 사무실에 침입, 총기를 난사하여 편집장을 포함한 직원 10명과 경찰 2명이 사망한 사건이다. 테러 이후 전국에서 400만이 뛰쳐나와 "나는 샤를리다"Je suis Charlie를 외쳤던 가두행진이 기억에 생생하다. 이 '공화주의의 행진'에 호응하여 SNS도 온통 삼색기로 물들었다. 전폭적으로 지지하기에는 어딘가 석연치 않던 차, 눈을 찌르는 글 한 편을 접했다. 일본의 학술 월

에마뉘엘 토드.

간지 《현대사상》에 실린, 프랑스 역사학자 에마뉘엘 토드의 논설이다.
샤를리 행진을 거대한 위선이라고 비판하며 프랑스풍 집단 히스테리라
고 힐난했다. 차마 그런 견해를 국내에서는 표명할 수 없을 만큼 프랑스
는 전체주의 사회로 변질되고 있다는 음울한 전망까지 보태었다. 계층/
계급이나 젠더/성별보다는 종교와 인구를 주요 변수로 삼아 프랑스 사
회를 분석하는 시각도 흥미로웠다. 무엇보다 샤를리 사태를 성과 속의
균형이 붕괴한 상태에서 일어난 공화국의 위기라고 접근하는 대목이
신선했다. 남아시아와 서아시아를 거치며 '탈세속화, 재영성화'라는 메
가트렌드를 두 눈으로 확인해왔던 바다. 좌/우에 성/속의 구도를 보태
어 현대 정치를 독해하는 방법을 연마해가고 있던 차였다. 과연 세속주
의의 보루, 유럽에서도 통할 수 있을 것인가. 파리에 가면 그의 말을 직
접 청해 듣고 싶었다.

이병한　　최근 3년간 프랑스보다는 일본에서 더 자주 글을 발표하고 계십니다. 저서도 여러 권 출판되었더군요. 특별한 계기가 있었는지요?

토드　　2015년 샤를리 사태 당시, 〈일본경제신문〉의 파리 특파원이 기고문을 청탁해왔습니다. 좌/우파 언론을 막론하고 일방적인 언설만 유통되던 상황에서 다른 견해를 듣고 싶었던 모양이에요. 저도 답답함을 느끼던 차, 반가운 마음으로 응하게 되었지요. 그러면서 예기치 않게 일본의 언론계와 출판계와 밀접해지게 되었습니다.

이　　샤를리 행진을 '집단 히스테리'라고 혹평하셨습니다. 테러를 단죄하고 대처하는 것과 《샤를리 에브도》를 옹호하는 것은 하등의 관련이 없다고요?

토　　당시처럼 수백만이 거리로 쏟아져 나온 것은 프랑스 현대사에서 유례가 없는 일입니다. 68혁명 때도 그 정도는 아니었어요. 68혁명은 학생들과 급진 세력이 주도한 운동이었죠. 오히려 여론의 다수는 그들에 비판적이었습니다. 하지만 이번에는 공화국을 수호한다는 명목으로 좌/우를 가리지 않고 의기투합했어요. 그러면서 "내가 샤를리다", "나도 샤를리다"라며, 무함마드를 풍자했던 주간지와 자신을 동일시했죠. 정부 보조금에 기대어 근근이 유지되고 있던 조그마한 언론사가 일순 성역의 대상이 된 것입니다. 순식간에 언론의 자유, 비판의 자유, 풍자의 자유를 상징하는 기관처럼 되었지요. 《샤를리 에브도》 희생자에 대한 묵념이 전국의 모든 학교에서 동시에 1분간 진행되었습니다. 이를 거부하는 것은 테러에 대한 암묵적인 지지처럼 보일 수 있었죠. 나아가 프랑스 국민 공동체에 대한 거부 의사로 간주되었습니다. 저는 모골이 송연했어요. '나는 샤를리다'와 '나는 프랑스인이다'가 등치된 것입니다. 프랑스인이라면 응당《샤를리 에브도》를 지지해야 한다는 이상한 등식이 생겨났습니다.

　무슬림은 이미 프랑스 국민의 1할을 차지하고 있습니다. 500만을 훌쩍 넘어섰어요. 전국 평균이 그러할 뿐, 생드니처럼 인구의 4할을 차지하는 곳도 있습니다. 대개 도심 외곽과 공단지대, 농촌에 밀집되어 있죠. 자연스레 무슬림 학생들이 현지 학교에 다니고 있을 것입니다. 그들도 프랑스인이고자 한다면 무함마드를 모독하고 능욕할 수 있는 자유를 허용해야 함을 국민의 의무로서 강제받은 것입니다. 프랑스공화국의 시민이라면 특정 종교의 성인聖人을 욕되게 할 권리를 가질 뿐 아니라, 의무로 삼아야 한다는 식이죠. 중세의 이단 심판과 흡사한 풍경이었고, 비시 정부* 아래 파시즘과 유사한 모습이었죠.

　그런 기세에 힘입어 다시 문을 연《샤를리 에브도》는 그 다음호 표지에서 무함마드의 얼굴을 남성의 성기처럼 길쭉하게 묘사했습니다. 머리에는 콘돔을 끼운 양 흐릿한 녹색 터번을 두르고 있었죠. 이는 19세기 제국주의의 문명화 사업이 절정을 구가할 때나 볼 수 있었던 퇴행적인 모습입니다. 탈식민주의의 세례를 입었던 20세기 후반에는 차마 그럴 수가 없었어요. 저는 페니스 형상을 한 무함마드의 이미지를 표지로 삼는 시사주간지를 성역화한다는 것은 프랑스 현대사의 일대 전환점을 암시하는 것이라고 생각합니다. 성상 애호적이든 성상 파괴적이든, 이는 종교가 위기에 처했을 때 일어나는 현상이거든요.

---

*　제2차 세계대전 중 1940년 6월 프랑스가 독일에 항복한 후, 파리 남쪽의 비시를 수도로 하여 세운 친독(親獨) 파시스트 정권.

이 공화국의 위기가 아니라 종교의 위기라는 말씀이신가요?

토 양자가 동시에 분출하고 있는 것입니다. 아니, 두 현상은 긴밀하게 연동되어 있습니다. 지방에서는 가톨릭이 사라지고, 중심에서는 세속정부가 오작동함으로써 사회의 해체 현상이 심화되고 있습니다. 수세에 처한 가톨릭의 위기에 공화국의 위기가 배가되고 있는 것입니다.

세속주의laïcité의 본뜻은 특정 종교의 지배 없이 모든 신앙의 자유를 보장한다는 데 있습니다. 그런데 그것이 교조화되면서 이슬람을 배척하는 도구가 되고 있어요. 교육 현장에서 세속주의를 강제하는 것은 무슬림의 정체성을 침해하는 것입니다. 정체성에 반대할 수는 없는 노릇 아닙니까? 도대체 어떤 공화국이 수백만이 거리로 나와서 특정 종교를 모욕하는 풍자만화를 옹호하며 소수자의 종교를 탄압할 수 있을까요? 경제적, 사회적 약자를 문화적, 종교적으로도 박해하는 반동적 행위입니다. 프랑스는 부지불식간 자기반성 능력을 잃어버린 사회, 비공화주의적 공화국이 되고 만 것입니다.

새삼스레 환기하자면, 드레퓌스 사건과 정교분리법 시행(1905) 직후의 제3공화국은 복합적인 문화를 구가했습니다. 중심부/도시의 부르주아 문화와 주변부/지방의 가톨릭 문화가 공존했습니다. 새 문화와 옛 문화 간의 긴장 관계가 6:4 또는 7:3의 균형을 이루며 지속되었던 것입니다. 성적으로 자유분방한 파리지앵과 독실하고 경건한 가톨릭 신자 사이에 공존체제가 가동되었죠. 이런 복합문화적 우주가 작동함으로써 유대교와 개신교, 무슬림 같은 소수자들도 자유롭게 살아갈 수 있었던 것입니다. 프랑스가 '프랑스'였던 저력이 바로 여기에 있습니다. 자유, 평등, 우애라는 3원칙 아래 아나키스트도, 가톨릭교도도, 공산주의자도 공화국의 시민으로서 공존할 수 있었던 것입니다. 그래서 경직되지도 경박하지도 않은, 우아한 사회였습니다.

그 균형이 깨지기 시작한 것이 68혁명 이후입니다. 그 후세대는 좌/우에 상관없이 세속화 근본주의로 치달았어요. 프랑스 문명의 뿌리인 가톨릭마저 조롱하고 비아냥거립니다. 노트르담 성당에서도 무덤덤할 뿐입니다. 영성이 고양되지가 않아요. 불과 100년 사이 유럽 중에서도 가장 비종교적인 사회가 되었을 만큼 엄청난 변화를 겪은 것입니다. 그러나 젊은/어린 문명은 오래된/늙은 문명에 견주어 경향적으로 다양성을 허용하지 못하는 경우가 많습니다. 안정된 사회에서 한층 관용적인 태도가 지배적입니다. 불안정한 사회에서 도리어 획일화, 동질화가 심해집니다. 유럽의 파시즘과 나치즘, 소련의 공산주의와 중국의 문화대혁명을 떠올려보십시오. 단기간에 엄청난 정치적, 사회적 변용에 성공하면 특정한 인간 유형에 대한 집중과 편향이 깊어집니다. 저는 20세기 초반 좌/우 전체주의의 출발이 러시아와 이탈리아였다는 점도 탈종교화, 세속화와 무관하지 않다고 생각합니다. 가톨릭을 버린 로마와 정교를 떠난 모스크바를 오늘의 파리가 답습하고 있는 것입니다.

이 프랑스에서 가톨릭의 비중이 현저에게 줄어든 것과 프랑스의 비공화주의적 성격이 강화되는 것이 무관하지 않다는 말씀이신가요?

토 샤를리 행진은 철저하게 시민계급이 주도한 집회입니다. 도시적이고 세속적이며 글로벌한 중산층이 주역이 된 시위였습니다. 그간 프랑스의 톨레랑스를 상징했던 노동자 파업이나 농민 시위와는 성격을 전혀 달리하는 것이었어요. 계급은 부차적이었죠. 좀처럼 정치적 의사를 표시하지 않았던 이들이 주인공이 된 것입니다. 그래서 지방의 노동자들도, 교외의 청년들도 소외되었습니다. 세계화의 수혜를 입은 상층 10퍼센트가 과잉 대표되었습니다. 이들은 기본적으로 자유주의자라기보다는 에고이스트들이에요. 그래서 다른 목소리에 귀를 기울이지 않고 고압적인 태도를 취합니다. 관용적이기보다는 독선적이지요. 다시 말해 평등의 원칙을 저버렸습니다. 그래서 계몽주의보다는 왕년의 가톨릭 상층부의 행태에 더욱 가깝습니다.

역사적으로 정치적 지각변동은 좌든 우든 중산층의 견해가 달라진 결과로 일어납니다. 마르크스는 프티부르주아를 가벼이 취급했지만, 정작 실제 역사에서는 프롤레타리아가 아니라 프티부르주아의 선택이 결정적이었어요. 프랑스 혁명도 그러하고, 파시즘과 나치즘도 마찬가지입니다. 공산주의는 또 어떻습니까. 볼셰비키야말로 프티부르주아 출신의 인텔리겐치아가 창설한 조직이지 않았습니까.

이 2000년대 초에 '20 : 80 사회'라는 담론이 한창 유행했습니다. 2008년 이후에는 '99% 운동'이 일어났죠. 20 : 80이 아니라 1 : 99의 격차 사회를 반영한 것입니다. 그런데 저는 양자 사이에 좀 더 세심한 분별이 있어야 한다고 봅니다. 1 : 11 : 88이라고 할까요? 공론장을 장악하고 있는 11퍼센트의 '자유주의 근본주의' 세력이 88퍼센트가 아니라 1퍼센트와 연합하는 과두지배체제가 형성되어 있다고 봅니다. 그들이 말을 하고 글을 쓰는 권력을 행사하며 공론장을 장악하고 있는 것이죠. 말씀을 듣고 있자니 '샤를리 히스테리' 또한 과녁을 비켜난 화살, 11퍼센트의 민낯처럼 보이는군요.

토 파리와 니스 등 프랑스에서 끊이지 않고 있는 테러의 범인들은 중동에서 건너온 이민자들이 아닙니다. 프랑스에서 나고 자란, 프랑스가 키워낸 '프랑스인'들입니다. 이들이 갈수록 프랑스로부터 멀어지고 소외감을 느끼고 있어요. 프랑스 국민으로서 소속감을 느끼지 못하고 만족감을 누리지 못하고 있는 것입니다. 19세기의 사상가 르낭은 함께 살아가는 인민들의 '매일 매일의 국민투표'가 공화국이라고 정의했습니다. 그 공화국으로부터 프랑스는 점점 더 멀어지고 있는 것입니다. 내가 살아가고 있는 장소와 유리되고 격리되어 있다는 불안한 정체성을 이슬람에 귀의함으로써 치유하고 있는 것이죠. 왜 IS에 투신하는 의용군 가운데 유독 프랑스 출신의 비율이 높은가를 따져 물어야 합니다. 즉 이슬람의 확산은 지엽말단의 증상이고, 프랑스 공화정의 오작동이야말로 화근인 것입니다.

세속화 지상주의자들의 기대와는 달리 프랑스 내에서 무슬림의 비중은 갈수록 늘어날 것입니다. 르펜의 주장처럼 이민을 규제해도 대세는 달라지지 않습니다. 프랑스인 가운데 무슬림의 출산율이 훨씬 높기 때문입니다. 즉 프랑스의 장래는 실재했던 공화국의 과거, 복합문화적 우주를 회복할 수 있느냐에 달려 있습니다. 100년 전 가톨릭에 허용했던 수준으로 이슬람에 톨레랑스를 베풀 수 있어야 합니다. 이슬람을 적극적으로 통합하면 할수록, 포용하면 하는 만큼 공화국 문화가 전복되는 것이 아니라 더욱 강화되는 것입니다. 종교를 배타하는 세속주의자들의 획일적인 사회가 아니라, 가톨릭도 이슬람도 유대교도 더불어 살아가는 지구시와 지구촌을 이루는 것, 그편이 프랑스를 다시 위대하게 만드는Make France Great Again 첩경이라고 생각합니다.

상대적으로 조명을 덜 받고 있지만 유대인들도 프랑스를 떠나고 있어요. 북아프리카의 프랑스 식민지 출신이었던 유대인들이 속속 이스라엘로 향하고 있습니다. 역사적으로 유대인의 인구 이동은 미래를 예지하는 풍향계 역할을 했습니다. IS의 지하드에 가담하기 위하여 시리아로 떠나는 무슬림 이상으로, 이스라엘로 이주하고 있는 유대교도 프랑스인들을 주목해야 할 것입니다. 왜 그들마저 프랑스를 등지고 있는가? 제가 거듭하여 공화정의 위기야말로 사태의 근간이라고 주장하는 까닭입니다.

이 이념보다는 종교에 기초하여 현대 사회를 분석해야 한다는 발상은 어떻게 시작되었는지요?

토 2014년에 《프랑스의 자살》Le Suicide français이라는 자극적인 제목을 단 책이 베스트셀러가 되었습니다. 세계화, EU, 이민, 페미니즘, 이슬람 등 온갖 잘못된 원인 진단을 내리고 있지만 증상 파악만은 틀리지 않았다고 생각해요. 그만큼 프랑스는 심각한 위기에 봉착해 있습니다. 저는 그 책을 차마 다 읽지 못하고 중간에 놓았어요. 그러면서 문득 떠오른 것이, 100년 전 종교사회학자였던 에밀 뒤르켐의 《자살론》(1897)이었습니다. 19세기 말 프랑스를 진단한 책이죠. 모든 견고한 것은 녹아내리고 있다며 마르크스가 종교를 민중의 아편으로 취급하고 있을 때, 뒤르켐은 도리어 종교를 깊이 숙고했습니다. 왜 고등교육이 보급되고 고도성장이 이루어지는데도 자살하는 이들은 도리어 늘어나고 있는가를 심도 있게 천착했습니다. 근대 사회에 만연한 의미의 상실, 내가 이 땅에 존재하는 의의의 부재를 예민하게 포착한 것이죠. 세계를 해석하는 것이 아니라 세계를 바꾸는 것이 중요하다고 외쳤던 전투적 계몽주의자들과 달리, 뒤르켐은 해석의 지평을 상실한 현대 사회가 '죽음에 이르는 병'을 낳고 있다고 파악한 것입니다. 자유주의와 사회주의 등 최신의 이념들이, 종교가 제공해주었던 삶의 의미를 대체해주지 못한다는 것이죠. 그래서 그 신/구 사이의 방황 상태를 '아노미'라는 개념으로 짚어내었던 것입니다. 도덕적 진공 상태, 영성의 공백 상태를 말합니다. 뒤르켐의《자살론》을 다시 한 번 읽어보시기 바랍니다. 프랑스를 위시로 근대 문명의 임계를 예견하는 고전에 값하는 명저입니다.

리셋 민주주의: 샹젤리제와 광화문 사이에서

샹젤리제 거리를 가득 메운 지지자들 사이로 젊은 대통령 마크롱이 등장했다. 나는 당선 연설을 뒤로하고 급히 기차역으로 향했다. 새 보금자리로 꾸린 모스크바로 돌아가는 길이었다. 파리에서 모스크바까지, 이틀이 조금 모자라는 거리다. 도착하자 5월 9일, 이번에는 극동의 광화문에서 새 대통령이 모습을 드러냈다. 홀가분한 마음으로 저녁 산책에 나서니, 불꽃놀이가 모스크바의 밤을 수놓는다. 5월 9일은 마침 러시아의 최대 국경일, 승전절이기도 했던 것이다. 나로서는 한국의 대통령 당선자를 축하하는 축포처럼 보였다.

자연스레 두 나라의 대선을 견주어보게 된다. 프랑스보다 한국의 대선이 훨씬 근사해 보였음은 비단 팔이 안으로 굽어서만은 아닐 것이다. 2016~2017년, 새 정치를 선보인 쪽은 서구가 아니라 동방이었다. 모자라는 지배자를 끌어내리고 번듯한 지도자로 고쳐 세우기까지 철두철미 민간이 주도했다. 촛불이 앞에서 이끌고 정당은 뒤에서 따라가는 기특한 모양새가 수개월째 이어졌다. 80퍼센트의 견고한 집합의지=일반의지 속에서 20세기를 옥죄었던 좌와 우의 다툼은 부차적인 것이었다. 이로움[利]을 좇기보다는 의로움[義]을 추구하라 하셨던 맹자의 오래된 가르침의 현현인 듯 보였다. 여/야의 대결보다는 공公과 사私의 대결, 사사로움/상스러움[俗]과 성스러움[聖]의 길항처럼 보인 것이다. 지난겨울 이래 활활 타올랐던 촛불을 통하여 '다른 민주', '개신 민주'의 맹아를 보았노라 하면 현장감이 떨어지는 외부 관찰자의 오판일 것인가.

다만 좀체 만족스럽지 못한 것은 '대안 민주'(Reset Democracy)를 구현한 촛불혁명에도 불구하고 그 현상을 좇아가는 언설만은 지지부진하다는 점이다. 서구형 민주에 고착된 이들이 쌍팔년도 민주화 담론에서 홀홀 벗어나지 못하고 있다. 말이 몸을 따라가지 못하는 지체 현상이 눈에 밟힌다. 하기에 새 생각을 촉발하고 새 언어를 장착할 수 있는 제3의 자극이 요긴하다. 마침 극서의 프랑스, 극동의 한국과 더불어 중동에서도 선거가 있었다. 유라시아의 한복판에 자리한 이란에서도 대선이 열린 것이다. 나는 촛불혁명에 올바른 이름을 붙여주기 위해서라도 구민주의 아성 파리보다는, 30년이 넘도록 신민주(=이슬람 공화정)를 실험하고 있는 테헤란을 살피는 것이 이롭다고 여긴다.

내가 유별난 것만도 아니다. 나보다 훨씬 이른 시점에 이란 혁명으로부터 '새 정치'의 영감을 얻은 철학자가 있었다. 20세기 후반 프랑스 지성을 대표하는 이름, 미셸 푸코(1926~1984)다. 68혁명의 좌절을 겪으며 서구형 민주에 낙심했던 그가 말년을 활달하게 보낼 수 있었던 것도 테헤란 거리에서 이란의 이슬람 혁명을 직접 목도했기 때문이다. 테헤란대학교의 남문으로 쭉 들어서 있는 헌책방 거리에서 페르시아어로 기록된 푸코의《이란혁명론》을 접한 것이 꼬박 1년 전이다. 그 후 줄곧 그 책에서 제기되었던 '정치적 영성'을 방편으로 삼아 새 정치를 궁리해오고 있다. 이제야 그 신통방통했던 푸코와 호메이니의 심오한 앙상블을 풀어놓는다. 한 손에는 촛불을 들고, 다른 한 손에는 푸코를 쥔 채, 테헤란으로 잠시 우회한다.

테헤란, 열린 역사와 그 적들

한 손에는 촛불, 한 손에는 푸코

프레임과 패러다임, 푸코의 재발견

2017년 5월, 이란 대선에서 하산 로하니가 재선에 성공했다. 57퍼센트 득표율, 무난한 승리였다. 대략 2,000만 표를 획득했으니 1,860만 표를 얻은 지난 선거보다 성적이 좋아진 편이다. 청년들의 지지 덕이 컸다. 이란도 무척 젊은 나라다. 18세부터 29세까지 유권자 비율이 30퍼센트에 이른다. 이 풋풋한 새 천년의 주역들이 로하니의 최대 텃밭이었던 것이다. 그들이 엄지 척, 기호 1번을 선택했다. 기뻐하고 있을 테헤란대학 친구들의 미소가 떠오른다.

　못마땅한 것은 서구의 언론 보도다. 대개 보수/혁신 대결로 접근한다. 로하니를 개혁파로, 라이시를 보수파로 분류한다. 수사는 더더욱 엉뚱하다. 로하니를 '중국풍 경제적 자유주의자'로, 라이시를 '러시아식 정치적 권위주의자'로 묘사하는 〈뉴욕 타임스〉 기사에 실소가 터졌다. 으레 따라붙는 신정神政, Theocracy이라는 규정에는 나도 모르게 미간이 찌푸려진다. 전혀 사실이 아니다. 여/야를 막론하고 수긍하는 '이슬람공화국'이라는 국명과 헌정을 통으로 묵살하는 독법이다. 이슬람 문명의 정치학을 하나도 모르고 내뱉는 흰소리다. 기실 보/혁을 가르는 잣대 또한 지극히 편파적이다. 서구에 유화적이면 개혁파라 부르고, 적대적이면 보수파란다. 제 눈에 안경이고, 제 논에 물대기다. 문제는 그런 편향적 시각(Fake News)이 영어 공론장의 영향력에 힘입어 한국에서도 무비판적으로 통용된다는 점이다.

테헤란에서 '현지 스승'으로 모셨던 이로 무함마드 마란디 선생이 있다. 테헤란대학에서 세계학World Studies 연구소를 이끌고 있는 분이다. 정치 논평은 물론 문화 비평도 수려하여, 그의 토막글로 독해 공부를 하곤 했다. 그의 지론에 따르자면 서방과의 관계는 국면적인 정세일 뿐이다. 1979년 이슬람 혁명 이래 40년간 체제 전환을 획책하는 구미의 노림수가 전혀 먹혀들지 않았다. 경제제재든 해제든 이란의 입장에서 보면 유별난 획기로 삼기가 힘들다는 것이다. 응당 서방에 대한 태도로 보/혁을 구분 짓지도 않는다. 여/야를 망라한 대세는 유라시아의 대통합 물결에 이란을 조응시키는 것이다. 신실크로드의 한 축으로 나라를 재정립하는 것이 이란의 '개혁개방'이자 '뉴노멀'이다. 이 대사업 '리셋 이란'에 여/야, 보/혁은 따로 없다.

낡은 프레임을 깨기 위해서는 패러다임을 바꾸어야 한다. 그런데 예기치 않은 곳에서 뜻밖의 돌파구를 마주쳤다. 테헤란대학 남문으로 길게 뻗어 있는 헌책방 거리를 자주 쏘다녔다. 사르트르와 카뮈를 페르시아어 공론장에 소개했던 잘랄 아흐마드부터 이란 독자의 탈식민주의 이론을 확립한 알리 샤리아티까지 1950~70년대 이란 사상계의 흔적을 되짚어보던 차였다. 역사에 불현듯은 없는 법이다. 1979년 이란 혁명의 기저를 이룬 전사前史를 살폈던 것이다. 그러던 어느 날, 민머리에 뿔테 안경을 쓴 익숙한 얼굴이 표지를 장식하고 있는 책 한 권이 눈에 박힌다. 어라, 이 사람은? 단박에 미셸 푸코임을 알아챘다.

나로서는 감회가 새로운 인물이다. 세기말, 인문학부는 온통 푸코 열풍이었다. 훈육, 규율, 신체정치, 생체권력 같은 말들이 한창 유행했다. 나도 재빨리 대세에 편승했다. 새내기 겨울방학, 난생 처음 영어로 완독한 첫 책이 《푸코 리더》The Foucault Reader였다. 한지에 먹물 스미듯 흡수했다. 문장 하나하나가 진리의 말씀인 양 쏙쏙 박혔다. 푸코빠가 되어 입으로 폼을 잡던 덕후 시절이다. 그러나 오래가지는 못했다. 군에서 제대하고 복학하니 이제는 너도나도 들뢰즈를 운운했다. 나도 덩달아 유목과 탈주와 탈영토화를 읊조렸다. 그렇게 한철, 달뜬 열광은 시나브로 식어갔다. 이후 동아시아에 매진하면서 멀어져갔던 그를 유라시아로 선회하면서 재회한 것이다.

그런데 책의 제목이 영 낯설다. 엉성한 페르시아어 실력이었을망정 제목 정도는 분간할 수 있었다. 《이란혁명론》(부제: '정치적 영성'에 관하여)이란다. 눈대중으로 일별하니 1978년부터 3년간 집중적으로 이란 혁명에 대해 썼던 글을 모아서 번역한 것이다. 푸코가 이란에도, 이슬람에도 관심이 있었단 말인가? 프랑스의 식민지였던 알제리와 베트남의 민족해방전쟁에 깊이 개입했던 바는 알고 있었다. 일본에 다녀와서 집필한 선불교에 대한 저서(《On Zen Buddhism》)도 익숙하던 바다. 그런데 이란/이슬람은 금시초문이다. 곧장 웨이신微信(wechat) 앱을 열고 마란디 선생에게 질문을 날렸다. 3초 만에 돌아온 메시지는 "100% must read!" 주저 없이 구입했다. 15,000리알, 500원 남짓이다. 50,000리알을 지불하고 거스름돈은 챙기지 않았다. 인간의 거래에 신의 거래를 아우르는 이슬람 경제식 셈법이다.

1998년 초판으로 나온 책이었다. 푸코가 이란에 대해 첫 글을 쓴 1978년 이래 20주년을 기념한 것이란다. 더욱이 우연인 듯 인연 같았다. 영한 전자사전을 끼고 《푸코 리더》를 더듬더듬 읽기 시작한 해가 바로 1998년이었다. 응답하라, 1998. 이번에는 페르시아어-영어 구글 번역에 힘입어 푸코를 새롭게 읽어갈 차례였다.

푸코의 오리엔트: 정치적 영성

68혁명(의 좌절) 이래 유럽의 변혁 가능성에 낙담한 푸코는 아카데미보다는 저널리즘으로 기운다. 문헌 연구보다는 현장 천착을 별렀다. 책상맡에서 가만히 생각하는 철학과 교수가 아니었다. 시대의 한복판에서, 격동의 역사 속에서 사유가 촉발되고 철학이 격발되는 사상가였다. 그러나 프랑스에서는 지면을 제공해주겠다는 언론을 구하지 못한다. 결국 이탈리아의 《코리에레델라세라》Corriere Della Sera에서 고정 코너를 맡는다. 처음에는 미국에서 새 바람을 일으키고 있는 카터 대통령을 취재할 계획도 있었다고 한다. 그러나 훨씬 더 강력한 기운이 이란에서 솟구치고 있었다. 이란의 근대화=서구화를 선도하던 샤에 대한 저항이 들불처럼 일어나고 있었다. 우연인 듯 운명처럼, 푸코도 이란에 빠져든다. 이란 혁명을 현장에서 직접 관찰하기로 결정하고, 이슬람 문명과 페르시아제국에 대한 집중적인 학습에 들어갔다. 당시 그의 독서 목록 가운데는 알리 샤리아티의 저작도 있었다. 나도 짬짬이 읽어가던 차, 더더욱 반가웠다.

푸코가 처음 테헤란에 닿은 것은 1978년 늦여름이다. 이후 파리와 테헤란을 오가며 이란 혁명에 대해 철학적 논평을 가미한 칼럼을 쓴다. 파리 교외에서 망명생활을 하고 있는 호메이니를 직접 만나기도 했고,

이란공화국의 초대 대통령이 되는 경제학자 아볼 하산 바니사드르와도 대화를 나누었다. 테헤란은 상상 그 이상이었다. 헬기에서 기관총을 난사했던 '검은 금요일', 국가권력의 야만적인 폭압에도 이란 국민은 공포에 짓눌리지 않았다. 진리와 함께하고 있다는 용기로 충만한 100만 인파의 행진이 멈추지 않았다. 남녀노소를 불문하고, 좌/우와 성/속을 망라한 만인만색의 봉기에 푸코는 압도당한다. 그러고는 "일반의지를 보았노라"라고 썼다. 일반의지는 더 이상 사회과학의 이론적인 도구, 개념적인 방편에 그치지 않았다. 테헤란에서 일반의지General Will(=天命)는 현실태로 등장했던 것이다. 그 일반의지=주권은 1979년 2월 호메이니의 귀국까지, 장장 6개월을 쉼 없이 타올랐다.

관건은 구체제 타도 이후였다. 오월동주吳越同舟, 우파는 샤의 독재를 타도하고 자유민주주의로 이행해야 한다고 여겼다. 좌파는 부르주아 독재에서 프롤레타리아 독재로 가야 한다고 주장했다. 이슬람 유일체제를 옹호하는 근본주의자들도 있었다. 반세기가 넘도록 누적된 적폐의 청산에는 의기투합했으되, 향후의 청사진만은 제각기 달랐던 것이다. 이란 혁명이 정파와 종파 간 이해관계로 분열하지 않고 이슬람 공화정으로 귀착될 수 있었던 것 역시도 견고한 일반의지의 힘 때문이었다. 좌/우 및 종교의 극단을 배제한 80퍼센트의 일반의지가 '이란이슬람공화국'의 사회계약과 역사계약을 견인한 것이다. 그래서 이슬람 근본주의도 아니요 좌/우 근본주의도 아닌, 성/속 합작의 독자적이고 독창적이며 독보적인 체제를 일구게 된다.

그래서 이란 혁명은 단순한 독재 타도에 그치지 않았다. 경제성장 이후의 민주화 요구도 아니었다. 산업화와 민주화라는 근대화의 상투적인 단계론이 통용되지 않는다. 서구가 주조해낸 진보적인 역사, 계몽 서사로는 수렴이 되지 않는 것이다. 우리는 정권을 바꾸어야 한다, 샤를 몰 ·131

테헤란에서의 푸코.

아내야 한다. 부패한 관료를 척결해야 한다. 경제와 외교 정책을 수정해야 한다. 나라 전체를 바꾸어야 한다. 적폐를 청산해야 한다. 그러나 동시에 우리 자신을 변혁해야 한다. 누습을 타파해야 한다. 우리의 존재를, 우리의 존재 방식을, 우리와 타자의 관계 양식을, 우리와 사물의 관계 맺기를, 우리와 만물의 관계 짓기를, 우리와 영원의 관계를, 우리와 신의 관계를 변혁해야 한다. 그것이 진짜 혁명이다. 세계는 나와 남으로 구성된다. 남만 바꾸고 내가 바뀌지 않으면 세상은 달라지지 않는다. 반역이나 반란(Fake Revolution)에 그칠 뿐이다. 얼굴만 달리한 채 앙시앵레짐이 반복되는 것이다. 푸코는 테헤란에서 프랑스 혁명과 러시아 혁명과는 성격을 전혀 달리하는 '혁명적 혁명'을 목도하고 있다고 생각했다. 좌/우 혁명의 고정관념을 깨부수는 '창조적 혁명', 진정한 '문화대혁명'이었다. 나는 불처럼 뜨겁게 달아오르는 그의 문장에 녹색 밑줄을 치고, '계몽 이후의 개벽'이라고 말을 보태었다.

　나와 남을 더불어 바꾸는 이 창조적 혁명 속에서 이슬람의 역할이 결정적이었다. 이란인의 영혼에 이슬람이 각인되어 있기 때문이다. 이란의 역사가 이슬람에 토대해 있기 때문이다. 시간은 앞으로 흘러가는 것이 아니다. 아래로 쌓여서 공간을 이룬다. 그렇게 축적된 시공간의 지층이 바로 역사다. 그래서 혁명 또한 역사와 무연할 수가 없다. 아니, 긴박되어 있다. 이란의 혁명은 응당 이란의 역사와 긴밀하다. 시아파 이슬람의 역사로부터 혁명의 영감을 얻는다. 그래서 계급적, 지역적, 성별적 이로움을 다투었던 좌/우 혁명이 아니었던 것이다. 혁명의 주체 또한 자유주의를 추동하는 '깨어 있는 시민'이나 공산주의를 영도하는 '각성된 노동자'가 아니었다. 물론 그들도 있었다. 그러나 일부였을 뿐이다. 일반의지를 구현하는 부분의지였을 따름이다. 그리하여 이미 결정되어 있는 미래를 향해서 기성품 혁명을 답습하는 '역사의 노예'가 아니라, 창조적 역사의 주인이 될 수 있었다. 즉 이란의 혁명은 주체성 혁명이었다. 이슬람에 기반한 주체사상의 발현이었다. 푸코는 이를 '정치적 영성'이라고 명명했다. 동/서 유럽의 경제적 이성도 아니요, 오리엔트의 비이성도 아닌 '정치적 영성'이 이란의 역사를 추동하는 원동력이었다.

1978년은 에드워드 사이드의 《오리엔탈리즘》이 출간된 해이기도 하다. 내 보건대 푸코의 오리엔트론이 훨씬 더 급진적이며 전복적이다. 사이드가 여전히 서구의 담론 분석에 그쳤다면, 푸코의 이란론은 서구를 역사의 생산자로, 비서구를 역사의 소비자로 간주하는 주/객 관계 자체를 허물어뜨렸기 때문이다. 교조적 민주주의, 자유주의 근본주의, 전투적 계몽주의에서 벗어나 있었기에 가능했을 것이다. '진보'라는 프레임을 벗어던짐으로써 패러다임 전환을 이룬 것이다. 일체의 선입견과 편견 없이, 지금 무엇이 일어나고 있는 것인가를 직시할 수 있었던 것이다. 이미 정립된 가치관, 세계관, 역사관으로 생동하는 현재를 가두지 않는 저널리즘의 정수를 구현한 것이다. 철학자-언론인이 선보인 르포 ·133

르타주의 백미라고 하겠다. 나는 18년 만에 다시 만난 푸코에 훨씬 더 깊이 매료되었다. 두 번째 사랑이 더욱 곡진했다. '선각자'라 아껴 불러도 조금도 지나치지 않을 성싶다.

푸코의 르포르타주: 계몽이란 무엇인가

하지만 동시대 푸코는 조롱거리가 된다. 비아냥대는 이들이 무척 많았다. '좌파 오리엔탈리스트'라는 딱지가 붙었다. 전근대적인 이슬람주의를 옹호하는 포스트모더니스트라며 지탄을 받았다. 전례가 없지 않았다. 마오쩌둥의 문화대혁명에서 68혁명의 영감을 얻은 '살롱 좌파'들이 프랑스에 유독 많았다. 덩샤오핑이 등장하며 개혁개방이 본격화하면서 비서구 사회주의에 열광했던 과거에 환멸을 품고 회개하는 풍조가 만연하던 무렵이다. 중국마저도 자본주의 세계체제에 편입하는 마당에 대처의 '대안은 없다'(TINA)는 주장이 현실감을 더했다. 바로 그 시점에 한사코 이란 혁명을 편드는 푸코가 시대착오적이라고 여긴 것이다. 마오쩌둥을 호메이니로 대체한 것에 불과하다고 보았다. 푸코 본인도 자신을 향하는 곱지 못한 시선을 잘 알고 있었다. 1979년 5월 11일 〈르몽드〉 1면에 실린 칼럼이 재미나다. "지금 이 글을 읽고 있는 내 친구들, 프랑스의 세련된 지성들은 나를 비웃고 있을 것이다"라고 썼다. 그러고는 한마디 더 보태었다. "하지만 나는 안다. 틀린 것은 내가 아니라 바로 당신이라는 것을."

그만큼 자신이 넘쳤다. 책상물림, 탁상공론이 아니었기 때문이다. 현장에서 길어 올린 말이고, 실감에서 우러나온 글이었다. 그래서 말년에 제출한 저서가 《계몽이란 무엇인가?》(1984)이다. 칸트의 동명의 저서를 오마주한 것임에 분명하다. 혹자는 이란 혁명 옹호를 철회하고 자유주의로 귀의했음을 확인하는 전향서마냥 간주한다. 다시금 명백한 오독이다. 3년의 르포르타주를 더욱 발전시켜 더욱 단단한 철학으로 다져낸 책이다. 도리어 푸코는 칸트가 정의했던 '계몽'의 본질을 이란 혁명을 통해서 보았노라고 말했다. 칸트 가라사대, 인간이 자기 스스로 만든 철창으로부터 벗어나는 것이 계몽이다. 자기 속박, 자기 주박에서 깨어나는 것이 계몽이다. 칸트 시절에는 탈-신학이 곧 계몽이었다. 그래서 중국 고전에 감화 받아 신학 이후의 철학을 입안했다. 그러나 칸트의 후예들은 스스로 계몽주의의 감옥에 갇히고 말았다. 한때 계몽을 촉발했던 이성과 합리성이 딱딱하게 굳어버려 도그마가 된 것이다. 계몽을 또 하나의 교조로 삼는 계몽교가 들어선 것이다. 푸코는 이란 혁명을 목도함으로써 계몽을 재고하는 메타-계몽, 계몽적 계몽에 입문한 것이다.

푸코가 계몽교도들이 섬기는 신으로 지목한 것이 바로 '대문자' 역사 History였다. 역사가 신을, 사학이 신학을 대체했다. 신학적 목적론이 역사적 목적론으로 세속화되었다. 무차별적으로 살포되는 '진보'라는 관념이 역사의 다양한 가능성을 차단해버렸다. 그들이 맹종하는 역사의 귀착점을 향해 경쟁하는 좌/우파는 공히 '열린 역사의 적'이라고 했다. 그 '닫힌 역사'의 주박에 파열음을 내는 대大장관을 테헤란에서 목도했던 것이다. 즉 푸코가 이란 혁명에 공감했던 것은 전근대 세계에 대한 낭만적이고 목가적인 판타지 때문이 아니었다. '대문자' 역사 밖에서 주체적인 인간들이 만들어가는 창조적 역사에 감화되었던 것이다. 그곳에서 서구의 시간관은 산산이 부서져 나갔다. 역사를 만들어가면서 역사에서 자유로워지는 해방적 주체를 만난 것이다. 결정론에서 벗어난 자유인들을 접견한 것이다. 이란은 유럽의 모습으로 식민화된 과거(중세 봉건)에서도 해방되었고, 유럽의 형상으로 식민화된 미래(민주주의, 공산주의)에서도 해방되었다. 죽은 역사(Fake History)가 아니라 살아 숨 쉬는, 살아

넘치는, 살아 움직이는 역사가 부활한 것이다. '열린 역사'는 미래를 알 수가 없다. 역사는 불확실하고, 불확정적이며, 비결정적이다. 그래서 아름답다. 예술적이다. 경이롭다. 결말을 말하는, 종언을 논하는 이들은 죄다《1984》의 빅브라더, 사기꾼이고 사이비似而非다.

'열린 역사'로 말미암아 비로소 윤리적인 주체도 가능했다. 미지의 미래에 기투企投하고 역사를 창조하는 윤리학이 성립할 수 있었다. 테헤란 이후 푸코는 더 이상 '권력의 이론가'가 아니었다. 판옵티콘*의 전지전능한 권력에 굴복하지 않았다. 통치성에서 주체성의 이론가로 전변한다. 1980년대 콜레주드프랑스에서의 강연도, UC버클리에서의 강의도 주체론에 관한 것이었다. '정치적 영성'에 고무되어, 역사를 창조해가는 윤리적 주체 탐구에 매진한 것이다. '대문자' 역사 속에서 부속품으로 전락한 근대인이 아니라, 자기를 변혁하는 주체, 자기 창조적인 주체를 깊이 탐구한 것이다. 그 소산이 바로《성의 역사》의 마지막 3권, '자기 수양'이다. 그의 입론 속에서 고대 그리스인들은 이성적인 인간이 아니라 수양하는 인간으로 재탄생했다.

안타까운 것은 이란 혁명 이후 촉발된 '다른 역사' 쓰기 작업이 채 만개하기도 전에 숨을 거두었다는 점이다. 충분한 의견 개진을 하지도 못한 채 푸코의 이슬람 담론은 중단되었고, 9·11 이후 '테러와의 전쟁' 속에서 다시금 확인사살, 부관참시 당하는 감시와 처벌을 면치 못했다.

---

* 'pan(모두)+opticon(보다)'의 합성어로, 1791년 영국의 철학자 제러미 벤담이 죄수를 효과적으로 감시할 목적으로 고안한 원형 감옥. 중앙의 원형 공간에 높은 감시탑을 세우고, 감시탑 바깥의 원 둘레를 따라 죄수들의 방을 만들도록 설계되었다. 1975년 푸코가《감시와 처벌》이라는 저서에서 근대의 '권력'을 사유하는 데 이 용어를 사용하면서 새로운 주목을 받기 시작했다.

임을 향한 행진

2017년 5월 트럼프가 중동을 순회하고 떠나자마자 걸프만 위기가 초래되었다. 느닷없이 사우디아라비아를 위시한 걸프협력기구(GCC) 국가들이 카타르를 이슬람 극단주의의 온상으로 지목하며 단교를 선포하더니, 이란에서마저 테러가 발생했다. 이란의 국회의사당과 호메이니의 영묘까지 목표로 삼았으니 이슬람 공화국에 대한 정면 도전인 셈이다. 그런데 다시금 아귀가 맞지 않는 프레임이 설파된다. 수니파와 시아파의 갈등이란다. 시아파의 종가 이란과 수니파의 수장 사우디아라비아의 패권 경쟁이 불거지고 있다는 것이다. 과연 뭐 눈에는 뭐만 보이는 모양이다. 아랍 세계의 길항을 유럽의 종교전쟁에 빗대어 파악하는 것이다.

얼토당토않은 낭설이다. 순도 높은 가짜 뉴스다. 걸프협력기구는 태생부터 이란 혁명의 후폭풍이었다. 혁명 이전에도, 이후에도 이란이 시아파 국가라는 점에는 변화가 없다. 변곡점이 된 것은 이슬람 공화국이 건설되었다는 점이다. 혁명 이전 이란 또한 왕정국가였다. 계몽 군주 샤가 미국의 속국으로 '페르시아만의 헌병' 노릇을 했다. 이를 인민이 뒤집어엎은 것이다. 이슬람의 천명을 수행하는 역성혁명이었던 것이다. 이슬람을 일국의 체제 수호 이데올로기로 강등시켰던 걸프만의 왕정국가들은 위협을 느끼지 않을 수 없었다. 이슬람에 바탕한 현대적인 공화정이 가능하다는 모델의 제시는 전 지구의 무슬림 공동체(움마)에 호소력 넘치는 대안이었기 때문이다. 서둘러 왕정국가 연합을 형성하고 미국의 군사력에 의탁하여 이란 혁명 봉쇄에 나섰던 까닭이다. 즉 걸프 연안 갈등의 핵심은 이슬람적 공화정의 확산이냐, 비이슬람적 왕정의 고수냐이지 수니파 대 시아파의 경합이 아니다. 종파 대결이 아니라 체제 경쟁이다.

헌데 테러에도 불구하고 이란은 좀체 조급하지가 않다. 미국처럼, 프랑스처럼 '테러와의 전쟁' 운운하며 노발대발하지 않는다. 차분하게 대처하고 침착하게 대응한다. 역사가 그들의 편이라는 자신감이 넘쳐나기 때문이다. 이슬람의 근대화라는 전범을 세웠다는 자존감이 너끈하기 때문이다. 새 천년 들어 터키도 탈서구화와 이슬람적 근대화라는 궤도로 진입했다. 이집트를 비롯한 아랍 세계의 반체제 세력의 근간도 무슬림 형제단이 상징하듯 이슬람적 근대화를 추구하는 집단이다. 1979년 이란 혁명이 '다른 역사'를 촉발하고 있음을 자부하고 있는 것이다. 탈서구, 탈석유 시대, 전전긍긍하고 있는 사우디아라비아와는 전혀 다른 모습이다.

이란은 재차 유럽과 아랍에만 고착되어 있지 않다. 페르시아의 후예답게 시야가 넓고 깊고 멀다. 유라시아의 대세와 조응하고 있다는 확신이 뚜렷하다. 저 멀리 동쪽에서는 중화 문명의 중흥이 울려 퍼진다. 바다 건너 인도에서는 힌두 국가 만들기가 한창이다. 북방에서는 동방정교에 바탕한 러시아의 재기가 뚜렷하다. 터키마저 유럽/나토에서 선회하여 유라시아/상하이협력기구(SCO)로 합류하고 있다. 이 모든 추세의 출발에 1979년 테헤란이 있었다는 긍지가 옹골차다. 지난 100년을 군림하던 '가짜 역사'를 타개하고 새 천년을 주름잡는 '다른 역사'(Reset History)가 바로 이란에서 시작했다고 자부하는 것이다. 그 '다른 역사'의 태동기를 명민한 지성으로 지켜보며 '정치적 영성', '창조적 역사', '윤리적 주체' 등으로 개념화했던 지식인이 바로 미셸 푸코였다.

18년 만에 재차 푸코빠가 되어 아랍 세계를 주유하던 차, 광화문에서 촛불이 타오르기 시작했다. 〈알-자지라〉 특파원이 보도하는 서울의 모습이 동학의 횃불인 양, 동방의 등불인 듯 뿌듯했던 시간이다. 푸코가 테헤란에서 보았노라 했던 일반의지=천명이 저런 모습이지 않았을까 하는 생각도 일었다. 이로움을 따지기보다는 의로움을 앞세우는, 욕

심을 채우기보다는 양심을 만족시키는 '정치적 영성'의 발현. 나는 시종
일관 푸코의 독법을 빌려 촛불을 관찰했다. 그래서 촛불 이후가 다시금
못마땅하다. 진부한 말들이 차고 넘친다. 87년 체제의 86세대가 88년
도 민주화 담론을 우려먹는다. 전혀 불온하지도, 창조적이지도 않은 말
과 글이 촛불을 낚아채고 전유해가는 것이다. 그리하여 시대 교체를 요
구했던 촛불을 고작 정권 교체의 방편으로 복무시키고 마는 것이다. 적
폐까지는 아니더라도 적체되고 지체되어 있다는 느낌을 쉬이 지우기가
힘들다. '다른 역사', '다른 민주화 서사'를 써야 한다는 조바심이 좀처럼
가시지 않는다.

　1979년 이란 혁명을 관찰하기 위하여 이슬람 문명사와 페르시아제
국사를 공부했던 푸코의 방법은 유력한 참조점이 되어준다. 2017년 촛
불혁명 또한 장기 지속적인 동방의 민주화로 접근해야 할 것이다. 동학
운동부터 3·1 운동을 지나 4·19와 5·18, 6월 항쟁과 촛불혁명까지 줄
기차게 이어졌던 한국의 민주화 서사에 합당한 이름을 붙여주어야 할
것이다. 서구의 '대문자' 역사에 억지로 끼워 맞추지 않는 정명正名이 요
청되는 것이다. '님의 침묵'이 '임을 위한 행진'으로 진화해갔던 지난
100년사의 척추를 올바로 세워내는 일이기도 할 것이다. 우리를 정의
로운 공적 주체이자 역사의 창조자로 고무하는 임의 뿌리를 밝혀내야
한다.

　아무리 곰곰 생각을 굴려보아도 서구화=민주화는 도무지 정답이 아
닌 것 같다. 베이징부터 델리와 테헤란, 이스탄불을 지나 바티칸과 모
스크바까지, 유라시아 인구의 8할이 집합적으로 경험하고 있는 비서구
적 근대화, 탈서구적 세계화에 조응하는 어떤 것이라고 여긴다. 다만 그
'대안적 진실'에 대한 상은 여전히 또렷하게 잡히지 않는다. 혹시 독립
운동과 복국운동과 중흥운동의 근거지였던 만주와 연해주로 동진하면

서 영감이 솟아날 수도 있지 않을까 기대하는 와중이다. 1,000일 계획의 '유라시아 견문', 남은 250여 일 동안 촛불의 이름을 제대로 붙여주는 네이밍naming과 브랜딩branding을 나름의 숙제로 삼으려고 한다. 탈진실 시대, 자존감 수업과 자기 주도 학습이 더없이 절실한 시점이다.

푸코와 테헤란과 촛불을 아우르니 너무나도 진지해져버렸다. 조금 가벼워지기로 한다. 유럽 중에서도 가장 마음에 들었던 도시는 암스테르담이었다. 너무나도 좋아서 예정보다 사흘을 더 눌러앉았다. 그 사흘 가운데 3할, 만 하루를 꼬박 자전거를 타고 누볐다. 신나게, 신바람 나게 내달렸던 '자전거의 천국', 암스테르담으로 간다.

009

암스테르담, 프리섹스와 토털 사커

'사회적 자유'의 나라 네덜란드, '세계화의 덫'에 걸리다

자유와 자연, 암스텔강의 댐

망망대지다. 망망대해에 이르기까지 평평한 땅이 널리 펼쳐진다. 본디 있던 땅이 아니다. 사람이 만든 땅이다. 물과 사투를 벌였다. 자연과 싸워서 이겨낸 자유의 땅이다. 간척지가 국토의 3분의 1을 이룬다. 영토의 4분의 1은 해수면보다 낮다. 하느님은 이 세계를 창조하셨고, 인간은 이 나라를 만들어내었다. 국명조차 '낮은 땅', 네덜란드다. 나라 이름이 자연을 반영하고 있다면, 도시의 이름은 역사를 반추한다. 암스테르담의 의미는 '암스텔Amstel강의 댐dam'이다. 자연과 자유의 공진화가 암스테르담 공동체를 일구었다.

구글 맵을 열어서 유럽의 자연지리를 살핀다. 알프스산의 눈이 녹아 내려 라인강을 따라 흐른다. 스위스의 빙하가 독일의 평야를 적시고 프랑스 북부에서 방향을 틀어 벨기에의 숲을 지나 북해로 흘러 나가는 삼각주 지역이 네덜란드다. 구렁이처럼 휘어지고 굽이치는 북유럽 주요 강들의 하류가 모이는 곳이다. 게다가 비는 잦고, 바람은 세차고, 조류는 거세다. 땅과 바다의 경계가 자주 변했다. 바다는 밀물과 썰물로, 강은 홍수로 지형을 거듭 다시 그렸다. 주거지를 다시 만들고 집을 또다시 지어야 하는 불안하고 불편한 곳이었다. 제방을 쌓고 둑을 지어야 근근이 유지되는 공학 도시였다. 암스테르담은 로마와 아테네, 런던과 파리에 견주면 새파란 '신도시'다.

최고 고도 322미터. 네덜란드에는 산이라 부를 만한 지형이 거의 없다. 뒷동산, 언덕 정도다. 그래서 하늘을 올려다보지도 않는다. 멀리 내다본다. 고층 건물조차 찾아보기 힘들다. 스카이라인의 맵시가 빼어나다. 마천루의 방해 없이 확 트인 지평선의 진수를 만끽할 수 있다. 땅과 하늘이 만나는 끝자락에는 북해에서 불어오는 편서풍을 따라 율동하는 뭉게구름이 낮게 걸려 있다. 서쪽 하늘을 오렌지색으로 물들이는 노을을 바라보노라면 유라시아의 서쪽 끝에 서 있음을 실감한다. 별이 뜨고 달이 차오르기까지 차마 눈을 거두기가 힘들다.

치수治水가 곧 치국治國이었으므로 민족문화 또한 독특하다. 물과의 끝없는 다툼이 고유한 협동 문화를 낳았다. 생존하기 위해서는, 땅을 밟고 살아가기 위해서는 공공선을 위하여 협력하지 않을 수 없었다. 나의 둑에 틈이 생기면 삽시간에 남의 둑까지 허물어진다. 너나없이 힘을 모으지 않으면 공멸하고 전멸한다. 만인의 협동에 나의 이해와 생명이 달려 있었다. 그래서 자유주의와 사회주의가 절묘한 균형을 이룬다. 개인주의와 집합주의가 오묘하게 동반 성장한다. 전원 수비 전원 공격, 오렌지 군단의 '토털 사커'는 축구 전술이기보다는 이 나라의 전통문화다.

애당초 땅을 개척해 나간 역사였기에 봉건제의 기반이 취약했다. 대대손손 귀족이 토지를 소유하고 장원을 보유했던 여느 나라들과는 지층이 달랐다. 토지를 개간한 농민이 주체이고 주인이었다. 토지의 절반 이상을 농민이 소유하는 자영농 중심의 소농 사회였다. 그래서 유럽의 봉건제와도 다를뿐더러, 미국의 땅 따먹기식 카우보이 소유제와도 결을 달리했다. 이곳에서 이기와 이타는 배타적이지 않았다. 독립적이되 협력적인 자리이타自利利他가 자연스러운 토속문화였다.

하부구조가 달랐기에 상부구조도 판이했다. 교황과 군주의 권위가 깊이 침투하기 힘들었다. 로마와 파리, 런던이 자랑하는 웅장한 건축물도 낯선 곳이다. 압도적인 권력을 과시하지 않는 것이다. 에펠탑이나 빅벤, 엠파이어스테이트 빌딩 같은 장대함을 추구하지도 않는다. 아기자기하고, 오밀조밀하며, 올망졸망하다. 운하를 따라 들어선 수십, 수백의 일반 주택들은 검소하고 평범한 소박미를 선사한다. 우리말로 어떤 표현이 딱 적절할지 모르겠다. 나는 연신 '차밍charming하다~'고 여겼다. 톱 다운에 익숙한 권위주의적 프랑스와도 다르며, 오합지졸 개인주의가 만연한 미국과도 다르다. 작은 집단들의 협력이 빚어내는 수준 높은 개인주의, '사회적 자유주의'가 도시의 DNA로 각인되어 있다. 그래서《한스 브링커》Hans Brinker 이야기는 네덜란드에 좀체 어울리지 않는다. 손가락으로 무너지는 제방을 막아 도시를 구했다는 영웅담은 도통 암스테르담답지가 않다. 과연 네덜란드에서 만들어진 이야기가 아니었다. 출처는 미국이다. 19세기 미국에서 창작된 영웅주의 서사다. 네덜란드계 미국인 동화작가 메리 M. 도지의 작품으로, 배경만 암스테르담에서 따왔을 뿐 아메리칸 아담을 투영한 슈퍼맨의 원조 격이다.

이곳은 로마와 파리, 런던의 유행과도 동떨어져 있다. 옷차림이 단정하고 소박하다. 금수저를 선망하지도 않는다. 갑부를 미심쩍어한다. 지나치게 성공하는 것 또한 추구하지 않는다. 높게 솟은 나무일수록 잦은 바람에 시달리게 마련이라고 여긴다. 연봉보다는 여가 시간을 더 따진

다. 집 평수를 넓히고 자동차 배기량을 늘리기보다는 취미 생활에 더 가치를 둔다. 영국보다는 행복하고 프랑스보다는 효율적이며, 미국보다는 관용적이고 노르웨이보다는 세계적이며, 벨기에보다는 현대적이고 독일보다는 재미있는 나라라는 생각이 들었다. 매력적이고, 매혹적이다. 내 마음에 쏘옥 들었다. 여기서 살면 좋겠다, 살아보고 싶다는 마음이 강하게 일어났다.

조금 더 깊이 들여다볼 수 있었던 것에는 숙박 요인도 한몫했다. 처음으로 숙박 공유 사이트인 에어비앤비airbnb를 활용해보았다. 남 집에서 며칠 지내보는 것이다. 기왕 그렇다면 집을 빌리기보다는 방 한 칸만 구하기로 했다. 거실을 공유하면서 그들의 일상 속으로 들어가보는 것이다. 내가 머문 집은 엄마, 아빠, 딸 세 명의 단란한 가족이었다. 장성한 아들은 베를린에서 일을 하여 방이 하나 비었다고 한다. 그런데 자전거가 무려 6대. 출퇴근, 등하교용 자전거와 주말에 바람 쐬러 나가는 사이클용이 별도로 구비되어 있었다. 자전거가 일상의 교통수단이자 일상에서 탈출하는 레저의 수단이기도 했던 것이다. 그 가족이 유별난 것만도 아니었다. 80만이 살아가는 암스테르담에 자전거가 200만 대란다. 거개가 굴곡이 없는 평지다. 남녀노소 부담 없이 자전거를 타기 쉽다. 이 나라 특유의 평등의식과도 무관치 않아 보인다. 자동차로 신분과 재력을 으스대지 않는다. 암스테르담 시장도 자전거로 출퇴근한다. 자연스레 자전거의 꼴 또한 용도별로 다양하게 진화했다. 장바구니를 부착하고 아이 두셋도 거뜬히 태우고 다닐 수 있는 독특한 모양새도 눈에 많이 띈다. 응당 자전거 전용 도로와 전용 신호등도 훌륭하게 갖추어져 있다. 자동차보다 자전거를 우선하는 교통 체계다. 네덜란드 전역으로는 총거리 29,000킬로미터에 달하는 사이클 로드도 만들어졌다. 자동차의 훼방 없이, 사고의 염려 없이 나라 구석구석을 자전거로 살펴볼 수 있다. 하루 6유로만 지불하면 지하철과 기차의 자전거 지정석도 온종일 이용할 수 있다.

나로서는 이 자전거 천국을 마다할 이유가 없었다. 아니, 유혹을 뿌리칠 수가 없었다. 거제도에 살던 유년 시절부터 자전거를 타고 집과 학교를 오고 갔다. 바다를 가르고 산을 넘어서 논과 밭의 색감이 계절마다 달라지는 풍경을 눈에 담으며 소년기를 지냈다. 자전거 타기를 좋아한다. 자전거 타기 좋은 도시를 사랑한다. 사랑에 빠지고 말았다. 사랑의 정의는 사람마다 다르겠지만, 내게는 '시간을 내어주는 것'이다. 내 시간을 아끼지 않고, 혹은 아깝더라도 덜어주고 나누어주는 것이다. 암스테르담에 사흘을 더 머물기로 했다. 풍차와 운하와 튤립이 어우러지는 그림 같은 풍경 속으로 하나의 선을 그으며 미끄러져 들어갔다.

공유 사회, 행복은 자전거를 타고 온다

나는 주인아저씨의 훌륭한 자전거를 빌려 타고 다녔지만, 구태여 그럴

필요도 없었다. 세계에서 가장 발달한 자전거 공유 시스템을 자랑하는 도시가 암스테르담이기 때문이다. 다시금 개인적 자유주의와는 다른 사회적 자유주의가 돋보인다. 모두가 자동차를 소유하는 사회가 아니라, 누구도 자전거를 소유하지 않아도 되는 '공유 사회'를 지향한다.

68혁명의 소산이다. 네덜란드에서는 프로보스Provos 운동이 유명했다. 네덜란드어 'provoceren'에서 따온 말이다. '봉기하라', '저항하라'는 뜻으로, 영어의 'provoke'에 해당한다. 아나키스트 조직이었다. 조직이라는 말이 적당할지 모르겠다. 아나키스트 네트워크, 다중多衆이었다. 이들의 프로젝트 가운데 하나가 바로 '하얀 자전거 기획'이었다. 암스테르담의 모든 자동차 운전을 정지시키고자 했다. 자전거 공유 도시로 탈바꿈하자고 했다. 자동차 소유에서 자전거의 공유로. 소유만능주의의 자본주의도 아니요, 무소유가 국가만능주의로 귀착한 공산주의도 아니었다. 1965년 7월, 단 세 명에서 시작했다. 하얀색으로 칠한 자전거 세대를 거리에 방치해두고 누구나 사용할 수 있도록 했다. 경찰은 '공공질서 훼방'이라며 즉각 철거했다. 그래서 더욱 유명세를 탔다. 더 많은 시민이 더 많은 자전거에 하얀색을 칠하여 기증했다. 하얀 자전거로 암스테르담을 점령하자! 시작은 미미했으되 끝은 창대했다. 21세기 선진도시일수록 자동차보다 자전거를 우대한다. 그 세계적 추세의 원조가 1960년대의 암스테르담이다.

100년을 앞서간 문화 실험에 당대의 히피들은 깊이 호응했다. 프롤레타리아트가 아니라 프로보타리아트provotariat가 시대의 전위였다. 반문화counter-culture가 곧 지배 문화이자 주류 문화인 암스테르담으로 반체제 청춘들이 몰려들었다. 히피들의 성지이자 아지트가 된 것이다. 동시대의 아이콘 존 레넌과 오노 요코도 지나치지 않았다. 그들이 'Bed-In' 퍼포먼스를 펼친 곳이 바로 암스테르담의 힐튼 호텔 스위트룸이다.

전쟁을 할 시간에 사랑을 해라! 존과 오노가 베트남전쟁에 반대한다며 침대에서 격렬한 섹스를 나누고 있을 때, 그들에게도 하얀 자전거를 선물한 것이 프로보스 일당이다. 롤스로이스를 몰고 다니며 반전평화 섹스를 하면서 언론플레이를 하는 슈퍼스타들에게도 일침을 가한 것이다.

그렇게 도전적인 반면으로 한없이 너그러운 곳이 또 네덜란드다. '정치적 올바름'을 앞세우며 날카롭지도, 쩨쩨하지도 않다. 나는 프랑스가 과연 톨레랑스의 나라인지 심히 의문스러웠다. 이슬람, 더 아프게 찌르면 그들의 식민지 출신자들을 대하는 태도가 완고하고 교조적이다. 톨레랑스에서도 네덜란드가 더 나아 보인다. 그들의 용어를 빌리면 '헤도헌'gedogen이다. 가장 유명한 것이 마리화나 등 마약이다. 오해와는 달리 네덜란드에서도 합법은 아니다. 그렇다고 딱히 불법도 아니다. '비합법의 용인' 정도로 풀어볼 수 있겠다. 커피는 카페에서 마시고, 커피숍에서는 마리화나를 흡입한다. 마리화나 피우는 것을 과음하는 것 정도로 여긴다. 남에게 피해를 주지 않는다는 점에서 과음보다 더 낫다고도 할 수 있다. 합법은 아니되 철창에도 가두지 않는, 딱 '주차 위반' 정도 수위다.

마약에 대한 관대한 역사는 제법 오래다. 17세기부터 아편 무역으로 번영했다. 일본이 네덜란드의 식민지였던 인도네시아를 점령하기 전까지 아편 생산과 판매를 국가가 독점함으로써 막대한 수익을 거두었다. 마약을 뜻하는 'drug'라는 단어부터가 네덜란드어인 'droge waere'(말린 것, 乾物)에서 왔다는 설이 유력하다. 동인도회사가 사고파는 수많은 상품 가운데 하나로 아편을 간주해왔던 것이다. 즉 무역도시, 상도商都 특유의 실용주의에서 톨레랑스가 비롯한 것이다. 정치적으로 올바른 다문화주의적 접근이 아니라, 차이에서 이문이 남는다는, 다름에서 이득이 생긴다는 실리적인 태도에서 기인한 것이다.

암스테르담 운하.

마약 못지않게 유명한 것은 섹스다. 직장인들이 사무실에서 마리화나를 피우고, 점심시간에 사창가를 다녀온다는 설이 널리 퍼져 있다. 일본에서는 섹스돌을 '더치 와이프'라고 부를 정도다. 굳이 어두침침한 곳으로 찾아들 것도 없다. 내가 지내던 집에서 멀지 않은 곳에 자리했다. 자연스레 산책길에 지나치게 된다. 홍등과 붉은 커튼으로 치장한 내부가 유리창 너머 보인다. 침대에 걸터앉아 스마트폰에 빠져 있는 여성들의 모습도 쉬이 볼 수 있다. 광고판마저 있었다. 가명인지 실명인지 알수 없으나 그 여성의 이름과 제공 가능한 서비스를 표기해두었다. 마사지, 영어 가능, S&M, 항문성교 등 다양하다. 하지만 누구 하나 사시 눈으로 꼬아보지 않는다. 이곳에서는 엄연한 직장인이기 때문이다. 노동조합에도 가입되어 있다. 노조 가입률이 90퍼센트에 달한다. 한국이라면 민주노총에 해당할 전국에서 가장 큰 단위의 노동단체에도 포함되어 있었다.

섹스를 대하는 태도 역시도 실용적이고 실무적이다. 섹스는 비밀스러운 것이 아니다. 정상적인 것이다. 다만 건강과 직결되는 것이다. 그래서 마음껏 즐기되, 반드시 건강을 지켜야 한다. 중학교에서부터 남녀가리지 않고 철저하게 가르친다. 여학생들은 피임약을 복용하고, 남학생들은 콘돔을 사용토록 한다. 그래서 네덜란드는 가장 낮은 10대 임신율과 가장 낮은 낙태율을 기록하고 있다. 영화 등급 산정에서도 너그럽다. 온갖 변태적이고 외설적인 내용이 담겼더라도 10대도 능히 볼 수있다. 어차피 어둠의 경로로 다 본다는 것을 알고 있다. 도리어 엄격하게 규제하는 것은 폭력물이다. 섹스는 누구나 하는 것이지만, 폭력은 누구도 휘두르면 안 되는 것이기 때문이다. 싸우고 찌르고 죽이는 영화는 무방비로 노출하면서 사랑하는 모습을 금지하는 것은 역설이고 모순이라고 여긴다. 그래서 네덜란드는 유럽 가운데서도 살인이 가장 적고 이

혼도 적으며 혼외 자식도 드문 바른생활 나라가 되었다.

섹스에 대한 열린 태도는 집 안에서도 확인할 수 있었다. 내가 머무는 동안 딸은 계속 뾰로통했다. 통금 시각이 너무 이르다며 아빠에게 투정을 부리고 투쟁을 벌였다. 아빠는 새벽 2시까지는 들어오라고 했다. 최종 협상 결과는 4시로 낙착되었다. 나로서는 새벽 4시가 과연 통금이라고 할 수 있는 것인지 몹시 의아했으나, 딸은 몹시 고무되었다. 더 오랜 밤을 남자친구와 보낼 수 있다는 사실에 본 둥 만 둥하던 나에게까지 상냥한 친절을 베풀었다. 마지막 날에는 미루었던 수다가 폭발한다. 얼떨결에 옆집 커플 소식도 접할 수 있었다. 대부분이 작은 아파트에서 산다. 집은 좁고, 벽은 얇다. 이웃집 소리가 죄다 들린다. 요리하는 소리, 화장실 물 내려가는 소리, 섹스 소리까지 적나라하다. 연말까지만 해도 하루에도 서너 차례 사랑을 나누었던 옆집 커플이 요즘에는 무척 뜸하단다. 일주일에 두세 차례? 머지않아 둘이 헤어져서 이사 갈 것 같다는 나름의 전망을 내리는 것이다. 나는 2002년 7월 한일 월드컵이 한창일 때 태어났다는 이 열다섯 살짜리의 남녀관계론에 고개를 주억거리며 수긍해주었다.

낯선 이들과의 솔직한 대화 또한 그 집안이 남달라서가 아니다. 암스테르담 사람들의 일반적인 모습이다. 호기심 넘치고 발랄하다. 식당에서도 모르는 이와 한자리에 앉는 것을 꺼려하지 않는다. 도리어 새 친구를 사귀고 새 이야기를 접할 수 있는 흥미로운 기회로 여긴다. 생일 또한 친구끼리 보내는 날이 아니다. 친구의 친구의 친구까지 더불어 만나는 날이다. 카페에서도 옹기종기 앉는 것을 비좁거나 불편하게 여기지 않는다. '코지'cozy하다고 말한다. 나도 아담한 것까지는 알겠는데 좀체 아늑하지는 않았다. 작은 장소를 공유하며 복닥복닥, 북적북적 살아가는 것에 익숙한 모양이다. 하긴 산이 없는 나라이니 숨을 데가 없었을

'자전거의 천국'답게 자전거를 타고 근무하는 암스테르담의 경찰.

평일의 한적한 홍등가.

것이다. 숨길 것 또한 없었던 모양이다. 솔직함과 정직함이 천성이 된 듯하다. 체면을 차리고 예의를 갖추지 않는다. 영국풍 격식과 프랑스식 예절은 거추장스러울 뿐이다.

이 나라에도 내성적인 사람이 있을까 싶을 정도로 담소를 나누고 수다 떨기를 좋아한다. 탁음이 강한 네덜란드어 특유의 발성 때문인지 시끄럽기조차 하다. 자칫 무례함과 무신경함으로 비칠 수도 있었다. 말수가 적은 데다가 책을 읽고 글을 써야 하는 나로서는 적잖이 곤란했다. 혼자서 골똘히 생각에 빠졌다가 간간이 글을 끄적거리는 이방인을 좀체 가만히 두지 않는 것이다. 첫 이틀간 파상적인 질문 공세에 시달리다 피곤해진 나는 결국 테이블 자리를 포기했다. 사흘째부터는 카페 스헬테마Café Scheltema의 명당자리, 창가 탁자를 필사적으로 사수했다. 그곳에 진지를 차리고 암스테르담의 철학자 스피노자를 읽어가고, 동인도회사의 역사를 복기했다.

그러나 암스테르담은 고독을 하루 이상 허용치 않는 도시다. "네덜란드 정치에 관심 있어요?" 다음날 오후, 한창 진행 중이던 네덜란드 총선에 대한 여러 나라 신문을 읽어가던 와중이었다. 내 노트북 화면까지 넘겨다보고 참견하는 것이다. 도무지 프라이버시 개념이 없다는 말인가? 불끈 짜증이 솟았지만, 곧장 누그러졌다. 화사한 미소를 담고 있는 어여쁜 아가씨다. 생김새가 독특했다. 금발머리에 까만 눈동자를 가졌다. 어머니가 인도네시아 화교였다고 한다. 화교 탄압이 극성이었던 1960년대에 자카르타에서 암스테르담으로 이주했다는 것이다. 나는 냉큼 노트북을 닫고 노트를 펼쳤다. 한때 논문으로 써볼 생각까지 했던 '9·30 사건'*, 인도네시아가 비동맹운동의 주역에서 이탈하여 반공국가가 되어가는 쿠데타를 겪은 사람의 딸이 내 눈앞에 있었던 것이다. 순간 연재의 한 꼭지로 삼을 수도 있겠다는 생각도 스쳤으니, 직업병이 발동한 셈이다.

장소를 아이리시 펍으로 바꾸어서 하이네켄을 들이켰다. 어쩜 네덜란드는 맥주까지 내가 가장 좋아하는 하이네켄의 나라다. 하이네켄에 히딩크와 박지성, 그리고 싸이의 〈강남 스타일〉과 빅뱅의 GD까지 보태면 극서 유럽과 극동 아시아는 금세 하나의 유라시아가 된다. 게다가 둘 다 '과거사'에 천착했다. 나는 인도네시아 화교가 네덜란드까지 옮아 오는 중국-동남아-서유럽 스케일의 이주사가 퍽이나 흥미로웠고, 그녀는 2년 전에 헤어졌다는 일본인 남자친구를 거듭 추억했다. 역시나 그녀 또한 과도하게 솔직하다. 구태여 옛 남자의 성적 취향까지 알려준다. 유독 복숭아뼈에 키스를 퍼부었던 6번째 애인이 몹시 그립단다. 정말로 못 말리는 암스테르담 사람들이다. 터벅터벅 집으로 돌아오는 길, 돌연 스피노자의 사생활이 몹시 궁금해졌다.

역주행, 세계화의 덫

회고담은 다음날에도 이어졌다. 실연의 상처를 달래기 위해 발리에서 한 달을 지냈단다. 묵은해를 보내고 새해 새 출발을 태평양에서 맞았다고 한다. 내가 감탄한 것은 발리의 이별 여행이 아니라, 그 한 달간 '실업 상태'로 등록되어 월급의 4분의 3을 국가에서 지급받았다는 사실이었다. 암스테르담으로 돌아와 새 직장을 구할 때까지 그만큼의 돈이 매달 꼬박꼬박 나왔다고 한다. 이 나라는 휴가 보조금, 육아 보조금, 실업

---

* 1965년 9월 30일 인도네시아의 공산주의자들이 주도한 쿠데타 모의와 그에 맞서 자행된 정부군의 좌파 세력 진압 사태 및 화교 학살 전반을 일컫는다. 인도네시아 내정에 그치지 않고 미국, 중국, 소련 등도 결부된 냉전사의 최전선이었다.

보조금에서도 단연 앞서가는 복지 천국이기도 했던 것이다. 실직한 남자들이 사창가에 드나드는 비용도 보장이 된다는 얘기에 입이 다물어지지 않았다. 직장 생활도 퍽이나 다르다. 평균 주당 근무 시간이 27시간이란다. 주 5일 근무로 치면 하루 대여섯 시간이다. 주 5일 근무도 드물다. 주 4일이 일반적이다. 한 주라고 해봐야 고작 7일, 5일을 사무실에 나가는 것을 납득하기 힘들다고 했다. 그렇게 일하면 취미 생활은 언제 해? 취미 생활은 휴가나 주말에 몰아서 하는 게 아니다. 오후에 하는 것이다. 오전에는 동료들과 일을 하고, 오후에는 여가 시간을 보내고, 저녁에는 가족과 이웃과 정을 나눈다. 워라밸, '일과 생활의 조화'라는 현대인의 상투적이지만 절실한 강박에 시달릴 이유가 전혀 없다.

물론 대가를 지불한다. 공짜 밥은 없는 법이다. 그만큼의 비용이 따른다. 소득의 50퍼센트를 세금으로 내야 한다. 월급의 절반이 날아간 액수가 통장에 찍힌다. 여기에 기꺼이 합의할 수 있었던 것에도 협동에 익숙했던 네덜란드 고유의 기질이 한몫했을 듯하다. 물과의 투쟁 속에서 일부의 이탈이 공멸을 초래할 수 있다. 작은 이익을 다투기보다는 대의를 따른다. 대의를 중시하기에 소수자에 대한 감수성도 무척이나 예민하다. 동성 결혼 합법화와 존엄사 인정까지 항상 맨 앞에서 달렸다. 1970년대 비서구권 이주자들의 언어와 습속을 폭넓게 배려해주는 환대의 문화도 돋보였다. 다문화주의 실천에서도 빼어난 나라였다.

문제는 '1989년 체제'다. 베를린 장벽이 무너지고 동유럽 사회주의 국가들이 사라지면서 영미식 세계화 바람이 거세게 불어닥쳤다. 체제 경쟁은 끝났다. 자본주의가 천하를 통일했다. 동아시아의 개발독재 정권들이 속속 무너져간 '1987년 체제'가 동아시아 분업형 신자유주의로 수렴되어갔던 것처럼, 동/서 유럽이 하나가 된 EU 또한 신자유주의로 대일통을 이룬 것이다. 그리고 그 새 자유주의가 옛 자유주의의 성취를

야금야금 갉아먹었다. 가족이 주말마다 교외로 떠나는 것은 단지 레저 생활을 즐기기 위해서가 아니었다. 금요일 밤부터 암스테르담은 외국인들이 점령하는 홍청망청 유흥 도시로 변모한다. 마약과 섹스에 관대한 문화를 한껏 즐기려는 광란의 불금이 펼쳐진다. 국경이 사라진 EU 시대, 영국에서, 이탈리아에서, 독일에서, 체코에서, 핀란드에서, 차를 몰고 기차를 타고 저가항공을 이용해서 암스테르담으로 집결하는 것이다. 기억하지도 못할 하루 이틀 밤을 최대한 즐기기 위해서 네덜란드를 선택하는 것이다. 연간 500만 명이 '커피숍'을 찾는다고 하고, 150만 명이 사창가로 달려간다고 한다. 어느새 마약산업과 섹스산업의 허브가 되어 버린 것이다. 사흘을 더 머물지 않았더라면 이 '동물의 왕국'의 진풍경을 보지 못하고 떠났을 뻔했다.

수요가 있으면 공급이 따르는 것이 시장경제의 원리다. 마약 암시장이 번성하고 있으며 성범죄율도 높아지고 있다. 노동허가증이나 비자 없이도 성매매산업에 종사할 수 있는 동유럽 출신 여성들도 급격하게 늘어나고 있다. 역설적인 것은 그들의 노동권을 '국법'으로는 보장할 수가 없다는 점이다. 모범적인 국내법과 미비한 국제법 사이에서 인권 사각지대가 커지고 있는 것이다. 납치와 강간 등 부작용마저 불거진다. 프리섹스의 유명세가 오명으로 얼룩지고 있다. 20세기 후반 구축해두었던 일국 단위의 복지 모델이 EU 통합과 더불어 크게 흔들리고 있는 것이다. 가히 '세계화의 덫'이다.

그리하여 탈자유주의 정책이 새 천년의 흐름이 되고 있다. 마약 거래 단속을 위하여 남부 국경 감시를 강화하고 있다. '커피숍' 단속이 빈번해지고 폐쇄 조치도 잦아지고 있다. 사창가 규제 또한 심화되고 있다. "여성의 몸은 여성의 것이다. 자신의 몸으로 노동할 권리가 있다. 국가는 간섭하지 말라"고 했던 진보정당과 페미니즘 단체의 당당한 목소리가 갈수록 주눅이 들어간다. 이미 매춘업 종사자의 최소 연령을 21세로 높였으며, 이제는 사창가에 드나드는 다국적 고객의 정보를 국가가 수집하고 관리하여 여성들을 보호해야 하는 것 아니냐는 논쟁마저 일어나고 있었다. 지난 15년 동안 음주 가능 연령은 높아지고 이민법은 더욱 강화되는 등 전반적인 사회 보수화의 움직임이 역력한 것이다.

복지국가 또한 후퇴하고 있다. 2013년 말 국왕 빌럼 알렉산더르의 국회 연설이 유명하다. 상징적 지위에 그쳤던 왕이 국회에서 연설한 것은 제2차 세계대전 이후 처음이었다고 한다. 여기서 네덜란드형 복지국가가 더 이상 지탱되기 힘듦을 선언했다. 세계화와 고령화를 주요 원인으로 꼽았다. 시대의 변화에 발맞추어 노동 시장을 유연화하고 공공복지 정책을 수정해야 한다고 국민에게 호소했다. GDP(국내총생산)의 절반을 정부가 담당하는 구조를 조정하여 복지국가를 완화하는 개혁에 박차를 가하고 있다. 이제 이주자들은 반드시 네덜란드어를 일정 수준 이상 습득해야 복지 제공의 혜택을 누릴 수 있다. 노인과 장애인 또한 일정한 시간의 사회봉사 활동을 이수해야만 기존의 국가 서비스가 유지된다. 당연히 불만과 불평이 속출하고 있다. 총선을 전후하여 무슬림 이주를 거부하고 EU에서 탈퇴함으로써 우리의 네덜란드를 되찾자(Neder-land Weer Van Ons)고 목소리를 높였던 극우 정치인 헤이르트 빌더르스가 정국을 주도했던 까닭이다. 네덜란드판 뉴라이트, 네오콘이라고 하겠다. 명백한 역주행(U-turn)이다.

그럼에도 네덜란드 국민은 영국의 브렉시트와 같은 파행을 선택하지는 않았다. 프랑스처럼 아무것도 바꾸지 않기 위해서 모든 것을 바꾸어버린 '루이 마크롱 1세'의 등극과 같은 기만극이 일어나지도 않았다. 마크롱보다도 더 젊은 30대 초반의 청년 정치인 예시 클라버르가 이끄는 녹색좌파당이 선전했다. 너무 많은 정당이 난립하여 총선 이후 넉 달이 지나도록 연정을 형성하지 못하는 난맥상도 연출하고 있지만, 그래도 불안과 냉소와 회의의 기운이 자욱한 서유럽보다는 낫다는 인상이다.

하더라도 20세기 후반의 절정기를 반복할 수는 없을 것이다. 아무래도 21세기의 네덜란드인들은 아버지보다는 조금 덜 자유롭고 조금은 더 비자유주의적인 사회에서 살아갈 공산이 높다. 그들의 할머니보다는 더 적은 국가 보조의 혜택을 입고 살게 될 여지가 많다. 그만큼 더 절제하고 조금은 더 보수적인 문화로 이행(U-turn)할 가능성이 크다. 자유와 관용은 어디까지 허용될 수 있는가. 또 어디서부터 질서와 위계에 방점이 찍혀야 하는가. 백가쟁명, 백화제방이 펼쳐지지 않을 수 없다. 어떤 체제와 이념과 사상도 영구불변할 수는 없을 것이다. 자유주의 또한 성쇠의 굴레를 벗어나지 못할 듯하다.

그럼에도 불구하고 암스테르담은 21세기에도 여전히 세계에서 가장 관용적이며 국제적이고 개방적인 도시일 것임에 틀림이 없다. 하루 이틀의 소산이 아니기 때문이다. 17세기 이래 400년, '민족문화'이자 '도시문화'로서 군건한 뿌리를 내렸다. 군세어라, 네덜란드! 그 '거대한 뿌리'에 동인도회사가 자리한다. 신세계화와 진세계화의 물결이 수반할 조화 사회와 조화 세계로의 이행 또한 17세기 '초기 근대'에서 단서를 발견할 수 있을지 모르겠다(U-turn). 동양으로, 아시아로 동인도회사의 첫 배가 출항했던 또 하나의 무역도시, 로테르담으로 이동한다.

010

로테르담, 서세동점의 끝

아시아로의 회귀,
'축의 이동' 2.0

동인도회사, '축의 이동' 1.0

엄마도 그녀처럼 혼혈이었다. 할아버지가 광둥 출신의 화교이고, 할머니
는 자바 토박이였다. 네덜란드 식민정부와 협조하여 이득을 챙겼던 화
교들은 인도네시아에서 두 번째 지배층으로 군림했다. 외부 지배자와
토착인들을 매개하는 역할을 수행했다. 독립 이후 그들에 대한 시선이
고왔을 리가 없다. 반감이 절정에 달했던 1960년대, 자카르타에서 암스
테르담으로 이주한 것이다. 엄마는 이곳에서 네덜란드 남자를 만나 결
혼했으니, 그야말로 다국적 가족이다. 아빠에게는 네덜란드어를 배우고,
엄마에게는 인도네시아어를 익혔다. 상하이 어학연수를 다녀온 후로는
할아버지와 중국어로 얘기할 만큼도 되었다. 대학생 시절에는 중국인
관광객을 상대로 암스테르담을 소개하는 여행 가이드도 뛰었다고 한다.

전문가에게 하루를 의뢰했다. 암스테르담의 아시아를 맛보고 싶다고 •159

로테르담 항구.

했다. 주저 없이 향한 곳은 미덕가美德街. 일종의 차이나타운 격이다. 중화요릿집부터 식료품 가게, 한약방에 불교 사원까지 갖추었다. 태국과 일본, 말레이시아 식당도 나란히 자리한다. '동방잡화행'이라는 상점에 들어가니 일본의 조미료부터 한국의 초코파이까지 다양하다. 중국 식당에서는 Nasi Goreng(볶음밥), Bami Goreng(볶음국수) 등 인도네시아 음식도 내놓는다. '리틀 차이나'보다는 '리틀 아시아' 혹은 '리틀 동인도'라고 불러야 제격인 곳이다. 우리가 점심을 때운 곳은 '出島'라는 간판을 달고 있었다. 그녀는 거듭 '추다오'라고 중국어로 읽었지만, 아무래도 '데지마'라고 일본식 훈독을 해야 옳았을 것이다. 나는 이미 데지마를 가본 적이 있다. 나가사키에 조성된 인공 섬이다. 그곳에 '홍모紅毛인'* 들이 살아가는 네덜란드 상관商館이 있었다. 일본과 네덜란드를 잇는 무역 거점이었다. 일본이 중국을 거치지 않고 유럽을 직통하며 확립된 난학蘭學** 또한 그곳에서 기원했다. 그래서 일본어에도 네덜란드어의 흔적이 제법 남아 있다. 컵, 고뿌(コップ)는 'kop'에서 왔다. 맥주, 비-루(ビール)는 'bier'에서 왔다. 유리, 가라스(ガラス)는 'glas'에서 따온 것이다. 부러 아는 체하지는 않았다. 옛 애인의 추억을 다시금 소환하여 긁어 부스럼을 만들 것은 없는 일이었다.

자연스레 인도네시아를 견문하던 2년 전이 떠올랐다. 자카르타는 바타비아로 불렸던 식민지 시절의 거리명을 죄다 지웠다. 저명한 울라마들의 이름을 딴 곳이 많다. 비동맹운동의 동반자였던 아시아, 아프리카 주요 도시의 이름도 눈에 많이 띈다. 식민의 흔적이라면, 아랍어 발음을

---

*   머리털이 붉은 사람이라는 뜻으로, 서양 사람을 이르던 말이다.
**   일본의 에도 시대에 주로 네덜란드를 통해 일본에 전해진 서구의 근대 학문을 가리키는 용어로, 네덜란드를 지칭하는 '화란'(和蘭)에서 파생한 말이다.

알파벳으로 표기하는 '현대 인도네시아어' 그 자체다. 반면 암스테르담
에는 제국의 흔적이 거리 이름으로 많이 남아 있다. 자바 거리, 수마트
라 거리, 바타비아 거리, 보르네오 거리 등 여럿이다. 북해를 접한 이곳
에서 적도 이남 인도태평양의 지명을 접하니 퍽이나 이국적인 느낌이
다. '데지마'에서 후식 삼아 주문한 것도 '자바 커피'였다. 데지마와 자바
사이, 아시아의 바다를 깊이 음미한 셈이다.

400년을 거슬러 오른다. 유럽의 서북 변경이자 저지대였기에 농사짓
기에는 적합지 않은 땅이었다. 어업과 해운업 등 바다로 진출했다. 그중
일부는 리스본의 후추와 향신료 등 동방무역의 물품을 떼어다가 발트
해 연안 북유럽에 팔아서 짭짤한 이득을 취했다. 그러나 종교개혁의 후
폭풍이 중계무역에도 영향을 미쳤다. 특히 가톨릭의 수호자를 자처했던
스페인과의 전쟁이 결정적이다. 신교와 구교의 다툼으로 이베리아반도
에 대한 접근이 차단당한 것이다. 수를 찾아야 했다. 자고로, 궁하면 통
하는 법이다. 직접 동방무역에 뛰어들기로 결정한다. 그래서 등장한 것
이 바로 동인도회사다. 1602년 암스테르담에서 발족했고, 1603년 12월
18일 처음 출항했다. 세계사를 바꾸는 18척의 뱃고동 소리가 로테르담
에 울려 퍼졌다.

동인도회사는 당대의 벤처 기업이자 스타트업 회사였다. 삽시간에
굴지의 글로벌 기업, 다국적 회사로 성장했다. 회사의 마크가 새겨진
독자적인 화폐를 발행하여 '17세기의 달러'로 유통시켰을 만큼 준準국
가적 실체로 행동했다. 요새를 건설하고, 총독을 임명하고, 병사를 고
용하고, 현지의 지배자와 조약을 맺을 권리 등을 독점적으로 행사했다.
종합상사에 조선업, 해운업까지 겸장했으니 문어발 대기업이었다고도
하겠다. 17세기 VOC(Vereenigde Oost-Indische Compagnie: '연합동인도회사'
라는 뜻) 로고는 20세기의 맥도날드나 21세기의 애플 로고에 견줄 만한

것이었다.

처음부터 성공을 장담할 수는 없었다. 북해에서 아프리카 남단의 희망봉을 돌아 인도양으로 진출했다가 유럽으로 되돌아오는 여정은 험난했다. 고수익을 기대하는 장기 투자가 필요했다. 위험을 분담하고 비용을 나누어 부담하는 금융 혁신이 이루어졌다. 한 차례 항해를 마친 후에 곧바로 이익을 배당하거나 투자금을 회수하지 않기로 한 것이다. 10년간 유지되며 종잣돈 노릇을 톡톡히 했다. 그래도 기꺼이 감내할 만한 것이었다. 이윤율이 무려 400퍼센트에 육박했기 때문이다. 그래서 생겨난 것이 주식시장이다. 동인도에서의 성공은 서인도까지 전파되었다. 1621년 서인도회사도 세운다. 아시아가 아니라 아메리카로 향했다. 북아메리카의 허드슨 강변을 개척한 뉴암스테르담에도 주식시장을 세웠다. 훗날 영국이 이곳을 차지하면서 이름만 바뀌었다. 뉴암스테르담이 뉴욕이되었다. 지금도 흔적은 남아 있다. 할렘, 브루클린, 브로드웨이도 네덜란드어 지명에서 따온 것이다. 즉 오늘날 뉴욕이 상징하는 금융자본주의 또한 그 원조를 찾자면 네덜란드다.

바스쿠 다가마 이래 1799년까지 1만 척이 넘는 배가 유럽에서 아시아로 향했다. 네덜란드의 동인도회사만 따지면 200년간 1,722척으로 4,721회 항해했다. 그중 1,470척을 회사 소유 조선소에서 직접 건조했다. 나머지 300여 척은 구입하거나 임차했던 것으로 보인다. 자연스레 지도 제작이나 항해술도 발달했다. 영어에도 흔적을 남겨두었다. yacht(요트), schooner(스쿠너 범선), jib(삼각돛), skipper(선장), bow(활), boom(쾅), cruise(순항), deck(갑판), wreck(난파), blunderbuss(나팔총)가 모두 네덜란드어에서 기원한 어휘들이다. 거리를 측정하는 단위 kilometers(킬로미터) 역시 마찬가지다.

17세기의 '아마존'이자 '알리바바'로서 동인도회사는 어마어마한 아

동인도회사 '바타비아' 함선의 재현물.

시아의 상품들을 네덜란드로 운송했다. 향신료와
면직물, 도자기 등 200년간 총 250만 톤에 이
를 것으로 추정된다. 그중에는 식물과 동물도
있었다. 생태계 수준에서도 유라시아적 교류를
수반한 것이다. 가장 유명한 것이 튤립이다. 그
선명한 색감과 단아함으로 북유럽인들의 마음

'17세기의 달러'였던
동인도회사 화폐.

을 사로잡은 꽃이다. 네덜란드를 상징하는 튤립 또한 토종
꽃이 아닌 것이다. 무굴제국의 북부, 오늘날 카슈미르 지대에서 종자를
수입했다. 튀르크족이 많이 사는 고산지대에 피어나는 들꽃이었다. 생
김새가 꼭 그들이 머리에 두르는 터번 같았다. 터번의 페르시아어가 '둘
반드'ﺪﻨﺑﻟﻮﺩ이다. 네덜란드어로는 툴프Tulp로 옮겼고, 영어로 튤립Tulip이
된 것이다. 중국산 차의 인기도 못지않았다. 추운 겨울을 따뜻하게 날
수 있었을 뿐 아니라 만병통치약이라는 과장 광고 탓에 날개 돋친 듯
팔려나갔다.

동인도회사는 아시아와 유럽 간 원거리 무역만 했던 것도 아니다. 아
시아 역내 무역에도 깊이 참여했다. 인도네시아의 설탕을 페르시아에
팔았고, 인도의 옷감을 아랍에 수출했으며, 일본의 은을 캐서 중국에
지불했다. 자연스레 아시아 전역에 대한 지식과 정보를 축적하지 않을
수 없었다. 회사 내부에 별도의 연구소를 두었다. 그 싱크탱크의 본부가
오늘날 암스테르담대학 건물이 되었다. 이웃 도시의 레이던대학 또한
유럽의 아시아학을 선도하는 세계적 대학으로 우뚝하다. 공히 '축의 이
동(Pivot to Asia) 1.0', 17세기의 소산이라고 하겠다.

17세기의 초상, 유럽의 개혁개방

17세기 로테르담과 암스테르담은 유럽의 개혁개방을 선도하는 경제특구이자 혁신 도시였다. 항구는 유럽과 아시아를 잇는 선박들로 분주했으며, 시장에는 이국적인 향신료와 목재, 과일과 야채로 가득했다. 호기심 많은 사람들이 점점 더 많이 북유럽으로 이주했다. 거리에서는 독일어, 영어, 프랑스어, 스페인어, 폴란드어에 터키어까지 들려왔다. 세계의 만물이 집약되고 유럽의 만인이 집결하는 허브였다. 자연스레 세계를 새롭게 인식하는 지평이 넓어졌다. 툴프 박사가 유명하다. 의학자이자 과학자이고 동물학자였다. 저서도 여럿 남겼다. 그의 책 속에는 동인도회사를 통해 건너온 '괴물'을 실제 크기로 그린 해부도도 부기되어 있다. 자바의 오랑우탄을 정밀하게 관찰한 것이다. 해부학의 으뜸가는 권위자였던 그는 때때로 공개 강연을 통해 해부 실습을 선보이곤 했다.

그 〈툴프 박사의 해부학 강의〉를 그림으로 그린 이가 렘브란트다. 네덜란드 하면 반고흐가 먼저 떠오를지도 모르겠으나, 17세기에 흠뻑 빠진 나로서는 '세기의 초상'을 그려낸 렘브란트를 첫손에 꼽는다. '시민 회화'라고 할 만한 독특한 미학을 완성했다. 사실성에 기초한 풍경화, 동식물을 소재로 한 정물화, 생활 현장을 취재한 풍속화, 작품을 의뢰한 고객을 상대하는 초상화 등 '네덜란드풍' 그림을 선도한 것이다. 15세기 이탈리아의 르네상스 회화와 19세기 프랑스의 인상파 회화 사이에 네덜란드의 시민 회화가 자리해도 어색하지 않을 것 같다.

대표작은 역시 〈야경〉夜警이다. 가로 437센티미터, 세로 363센티미터의 대작이다. 프랑스에 루브르가 있다면, 네덜란드에는 '국립박물관' Rijksmuseum이 있다. 일만 점의 미술 작품을 자랑하는 곳이다. 런던의 내셔널갤러리, 내셔널아카이브, 역사박물관을 하나로 모아둔 것 같다. 네덜란드 문화의 총본산이라고 하겠다. 그중에서도 '명예화랑'gallery of honour에 위치한 작품이 바로 〈야경〉이다. 대리석 기둥과 황금 조각 사이로 널찍한 고딕풍 전시실을 홀로 차지하고 있다. 높다란 유리 천장에는 초록 잎과 붉은 별이 그려져 있다. 그림 앞으로 다가가노라니 마치 무릎이라도 꿇고 기도를 올려야 할 듯한 숭고미마저 자아낸다. 미술관에 있다기보다는 성당에라도 들어선 것 같다. 유명세를 차치하자면, 내게 더 깊은 인상을 남긴 쪽은 스무 점이 넘게 그린 렘브란트의 자화상들이었다. 천사와 악마 사이를 오고 가는 인간의 복잡한 심리를 그려냈다. 내면의 풍경을 화폭에 담아 자연스러운 감정을 표출했다. 인간의 마음에, 사람의 감정에 오롯이 집중했던 것이다.

렘브란트의 화풍을 철학으로 정립한 이는 데카르트다. "Cogito ergo sum"(나는 생각한다. 고로 나는 존재한다)을 확립한 곳도 암스테르담이었다. 사상의 자유, 표현의 자유가 덜하던 시기, 데카르트는 유럽 각지를 편력한다. 자신의 철학을 지지해줄 후원자를 찾아다녔다. 교회에서도 벗어나고 대학에도 소속되지 않은 채 독립 사상가이자 저술가로 활동한 것이다. 마침내 보금자리로 삼은 곳이 네덜란드였다. 1628년부터 진지를 꾸리고 저작 활동에 전념한다. 1637년 레이던에서 3천 부를 찍은 책이 바로 《방법서설》이다. 차마 실명을 밝히지는 못했다. 당시에는 네덜란드인이 쓴 책으로 알려졌다. 이어 1641년에는 《성찰》도 출간한다.

철학에 데카르트가 있다면, 과학에서는 갈릴레이가 있었다. 이단으로 심판받아 교황청의 비난을 사고 있을 때, 그의 저작 《천문대화》(1632)를 출간해준 곳도 레이던이었다. 책의 초고를 쓰면서 '그래도 지구는 돈다'는 신념을 저버리지 않을 수 있었다. 철학과 과학 사이, 사회과학도 기지개를 켰다. 마흔을 넘긴 홉스는 1629년 영국을 떠나 10년 동안 유럽 전역을 여행한다. 각지의 사상가들을 만나 대화하고 토론하며 이론을 다졌다. 네덜란드에 이른 것은 1634년이다. 여기서 《철학원론》을 간

네덜란드 국립박물관(암스테르담).

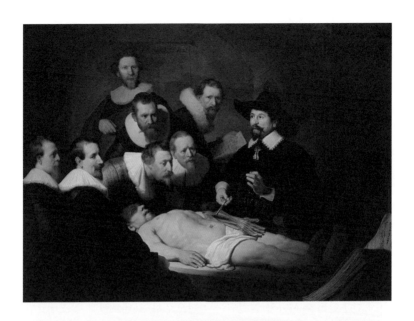

렘브란트의 〈툴프 박사의 해부학 강의〉(1632)와 〈자화상〉(1660).

행했다. 《시민론》의 프랑스어판 또한 암스테르담에서 출간되었다. 그 유명한 《리바이어던》은 1651년에 출판되었다.

볼테르는 평생에 걸쳐 일곱 차례 네덜란드를 방문했다. 로크 역시도 한철 암스테르담에서 지낸 바가 있다. 자유의 공기와 저렴한 책 가격을 상찬해 마지않았다. 바티칸의 교황에게서도, 파리와 런던의 절대군주로부터도 자유로운 사상의 해방구이자, 예술의 전당이며, 과학의 메카였던 것이다. 자연스레 유럽에서 가장 진보적인 출판사 40여 개가 밀집한 출판단지는 17세기의 반反문화를 실험하는 전위이기도 했다. 당대의 이단아이자 미래의 선각자였던 지식인과 예술인들이 모여들었던 까닭이다. 네덜란드를 다녀온 대니얼 디포는 《로빈슨 크루소》(1719)를 탈고했다. 훗날 근대적 개인의 원형을 보여주었다고 평가받는 작품이다. 유럽의 주변부이되 아시아와 연결되는 첨단으로서, 로테르담과 암스테르담은 창조 도시, 창의 도시의 전범이었던 것이다.

바로 그런 환경 속에서 스피노자가 나고 자랐다. 일찍이 레이던대학에서 청강하며 데카르트 철학의 세례를 입었다. 훗날 스피노자 특유의 범신론과, 신학과 절연한 정치학이 여기서부터 비롯한 것이다. 24세가 되던 해, 모태신앙이었던 유대교와 관계를 끊는다. 자유의지로 생을 결단하고 다시 태어난 것이다. 대대손손 이어지던 유대인 단체에서는 파문을 선고당한다. 고독하게 렌즈를 세공하며 사색하고 집필하면서 나머지 인생을 보냈다. 렌즈를 닦으며 생계를 해결하면서 사유의 날을 벼렸던 스피노자의 모습이 퍽이나 상징적이다. 망원경의 도입과 현미경의 개발과도 무연치 않은 자태다. 우주 천체부터 미생물 세포까지 세계를 전혀 다른 시각으로 관찰하기 시작하던 시대의 풍경이 담겨 있는 것이다. 스피노자는 그 새 시대의 혁명 사상을 담금질하는 근대 철학의 기수로 내연內燃했다.

또 다른 바다, 아이스 실크로드가 열리다

로테르담시가 매년 주최하는 학술회의의 올해(2017) 주제가 '바다와 철도가 만나다'Ocean meets Rail였다. 로테르담의 연결망이 새로이 재구성되고 있다. 더 이상 항만을 통해서만 아시아와 만나지 않는다. 내륙을 통해서도 아시아와 만나는 길이 열렸다. 2015년 7월, 중국의 쿤밍에서 출발한 열차가 로테르담 역까지 다다랐다. 80개의 컨테이너 박스를 옮기는 데 15일이 소요되었다. 인도양 바닷길에 비해 20일이나 빠른 것이었다. 자연스레 여러 나라의 국경을 통과해왔다. 러시아와 카자흐스탄, 벨라루스와 폴란드 등 유라시아의 중앙부를 관통했다. 바다를 통해 아시아와 접속했던 17세기 이래, '축의 이동(Pivot to Asia) 2.0' 시대가 개막한 것이다. 육로와 해로가 합류하여 신실크로드가 업그레이드된다. 철도로 아시아와 이어진다고 하여 항구 도시의 위상이 위축될 것 같지도 않다. '대항해 시대'에 버금갈 만한 또 다른 바다가 열리고 있기 때문이다. 북쪽 바다, 북해가 주목받고 있다. 북극 항로가 각광받고 있다. 극서 항구 로테르담과 극동 항구 블라디보스토크를 불과 열흘 만에 주파할 수 있는 아이스 실크로드Ice Silk road, '얼음길'이 열리고 있다.

로테르담 거리는 암스테르담과도 또 달랐다. 무엇보다 이슬람풍이 완연하다. 네덜란드에 터키계가 40만, 모로코계가 35만이라고 하는데, 상당수가 로테르담에 밀집해 사는 모양이다. 토박이 네덜란드인과 떠돌이 이주자의 비율이 5 : 5를 이루고 있다. 내국인과 외국인을 무 자르듯 가르기가 힘들 정도다. 그래서 오래 살았던 이들을 아우토흐톤autochtoon이라 부르고, 신참자들은 알로흐톤allochtoon이라 칭한다. 내/외가 아니라 신/구로 사람을 분류하는 것이다. 먼저 온 사람과 늦게 온 사람 사이에 나와 남의 구별은 부질없는 짓이다. 국민국가 이후를 주도할 글로벌 도시의 미래상을 예감케 하는 대목이다.

중국 쿤밍까지 연결되는 로테르담 철도역.

유럽 최대의 물동량을 자랑하는 로테르담 항구. 머지않아 북극 항로와도 이어질 것이다.

터키어는 물론이요 아랍어 간판도 즐비해서 반가운 마음이 일었다. 유럽의 서북단에서 구경하는 모스크와 바자르는 그 맛이 또 색다르다. 곳곳에서 케밥 냄새가 솔솔 풍겨온다. 삼시세끼를 할랄 식당을 돌아다니며 아침에는 아랍식 샌드위치를, 점심에는 수리남의 로티(빵)를, 저녁에는 모로코의 타진(고기야채 찜)을 즐길 수도 있었다. 카페에서는 터키식 커피에 달달한 바클라바(견과류를 넣은 터키식 파이)를 곁들였으니 하루 사이에 16억 이슬람 세계를 순례한 셈이다. 과연 히잡을 두른 여성도 많고, 장거리 전화카드를 파는 상점도 여럿이다. 여행사 유리창에는 모로코의 카사블랑카와 터키의 아나톨리아를 오고 가는 저가항공권 광고가 가득하다. 아파트에도 유독 위성방송 안테나가 많이 달려 있다. 지역 신문 광고란에는 여성 전용 피트니스도 있었으며, 돼지고기를 팔지 않는 할랄 슈퍼마켓도 등장했다고 한다. 로테르담에는 네덜란드 최대 규모를 자랑하는 이슬람 대학도 자리한다. 과연 시장 또한 모로코 출신의 아흐메드 아부탈레브이다. 2009년에 당선되어 지금껏 오래 시정을 이끌고 있다. 그가 소속된 노동당이 이번 2017 총선에서 제1당이 되었다면 총리가 되었을지도 모른다고 한다. 유럽 최초의 무슬림 총리가 네덜란드에서 등극하는 역사적인 순간이 그리 멀지 않은 것도 같다. 'Pivot to Asia 2.0' 시대의 상징적 풍경이 될 것이다.

현미경을 대신하여 망원경으로 렌즈를 바꾸어 17세기의 초상을 다시 살펴본다. 1년째 내 노트북 바탕화면을 차지하고 있는 17세기 유라시아 전도에 로테르담과 카사블랑카, 자카르타를 포개어본다. 17세기의 전위로서 네덜란드를 꼽는 것도 치우친 독법이다. 자본주의 세계체제의 패권국으로 네덜란드를 뽑는 것도 과장된 시각이다. 바다와 더불어 내지를, 해양만큼이나 대륙을 겹쳐서 사고해야 할 것이다. 17세기는 오스만제국의 최전성기였다. 이스탄불부터 카사블랑카까지 지중해는 여전히 '이슬람의 호수'였다. 오스만제국의 동쪽으로는 사파비제국과 무굴제국도 건재했으니, 유라시아의 남부는 온통 이슬람 제국 천하였다. 북쪽으로 눈길을 돌리면 러시아의 굴기가 확연하다. 유럽이 신/구교 간 30년 전쟁으로 분열하고 있을 때, 전통적인 슬라브 세계에 튀르크어와 몽골어를 사용하는 유목민들까지 아울러 우랄산맥까지 동진해온 것이 동방정교의 보루 러시아제국이었다. 또 유라시아 최동단에서는 만주/연해주의 여진족이 일어나 중원을 삼키고 중앙아시아까지 진출한 것이 또 17세기다. 이들 유라시아형 제국들의 위용에 견준다면 네덜란드의 부상, 동인도회사의 약진은 차라리 소박하고 부차적인 것으로 보일 정도다. 그래서 영토를 지배했던 것이 아니라 국지局地에 거점을 차리고 장사만 할 수 있었을 것이다. 혹은 무역만이라도 할 수 있도록 허락을 받았던 것이다. 오스만제국부터 대청제국에 이르기까지 공히 사람을 내국인/외국인으로 가르지 않는 복합국가였기 때문이다. 홍모인을 '늦게 온 사람', 알로흐톤으로 수용해준 것이다.

돌아보면 17세기는 한층 균형 잡힌 다문명 세계가 작동하고 있던 시절이다. 유럽이 아시아를 압도했던 19세기 이후와는 판이했던 구세계였다. 채 2천만이 되지 못하는 소국 네덜란드가 2억 5천만의 대국 인도네시아를 지배할 수 있었던 예외적 시절이 다시금 도래할 것 같지는 않다. 적어도 21세기, '다른 백 년' 중에는 상상하기 힘든 일이다. 'Pivot to Asia 2.0' 시대. 아시아와 어떻게 다시 만날 것인가, 얼마나 다르게 만날 것인가가 유럽의 집합적 화두가 되지 않을 수 없다. 아메리카와 멀어지면 질수록, 대서양이 적조해지면 질수록, 아시아와의 다른 백 년이 유럽의 향방을 가늠하게 할 것이다. 마침내 지난 200년의 묵은 적폐, '서세동점'을 청산할 시점에 다다른 것이다. 때를 맞춤하여 올해 아시아 연구소를 재개장한다는 레이던대학의 안목이 돋보이는 지점이다. 20세기형 유럽학과 아시아학의 분단체제를 허물고 21세기형 유라시아학으로 합류하는 극서 지방의 허브로 진화할 수 있기를 힘껏 양껏 응원한다.

　로테르담 역을 유유하게 빠져나온 유로스타가 남쪽으로 향하면서 속도를 바짝 올리기 시작했다. 목적지는 유럽의 수도, 브뤼셀. 마침내 EU의 심장부로 진입하는 것이다. 창밖으로 네덜란드의 마지막 풍경을 눈에 담으며 천천히 목을 축인 것은 더 이상 하이네켄이 아니었다. 부드럽고 감미로운 맥주 호가든의 나라, 벨기에로 이동한다.

브뤼셀.

유럽의 수도, 브뤼셀
유럽의회와 아세안 사이,
다문화 사회와 다문명 세계

암흑의 핵심: 벨기에의 개선문, 천만 개의 까만 팔뚝

아는 만큼 보인다고 한다. 모르는 게 약일 수도 있다. 선입견이 무섭다. 편견이 무겁다. 색다름을 새로움으로 수용하지 못하는 고정관념이 고약한 장애물이 된다. 낯선 것을 익숙한 틀로써 변형하여 재단하기 일쑤다. 20대의 세계관으로 반세기 여생을 나는 사람들이 적지 않다. 글줄이나 읽었다는 이들일수록 그러하기 십상이다. 단단하기보다는 딱딱하다. 그렇게 아재가 되고 꼰대가 되어간다. 살아가기에는 편할 것이다. 그 편리함을 신념이나 신조로 근사하게 포장할 수도 있다. 그렇게 살고 싶지는 않다. 최대한 선입견을 버리려고 애쓴다. 머리를 말랑말랑한 상태로 유지하기 위해 노력한다. 천진한 눈으로 천 일 견문을 이어가려고 했다. 그 훈련이 통 안 통하는 곳이 브뤼셀이었다.

아는 게 병이다. '나는 네가 지난 세기에 한 일을 알고 있다.' 아는 만큼 여행의 경로도 달라졌다. 가장 먼저 향한 곳은 테르뷔렌이다. 브뤼셀 중심가에서 동남쪽으로 뻗은 스와뉴 숲에 자리한다. 구태여 시내에서 15킬로미터 정도 떨어진 곳부터 찾은 것이다. 몽고메리 역에서 44번 트램을 타면 된다. 목적지가 종점인지라 신경을 곤두세우지 않아도 되었다. 느긋하게 창밖을 감상할 수 있었다. 광대한 녹지 사이로 여러 나라 깃발이 보인다. 각국 대사관이 밀집한 외교가와 고급스런 주택지도 지나간다. 과연 유럽의 수도다운 풍경이다. 트램역에 내려서도 곧장 공원이 펼쳐진다. 아름드리 수목에 곳곳에 조형된 연못들도 어여쁘다. 일요일 점심, 가족끼리 친구끼리 연인끼리 오순도순하다. 저 멀리 눈에 드는 코끼리 동상마저 살아 걸어다닐 것마냥 생기가 넘친다. 마침내 왕립중앙아프리카박물관에 당도한 것이다.

5년 전이다. 박사 논문을 쓰면서 '아시아-아프리카 작가회의'를 추적했다. 베이징과 자카르타와 델리와 콜롬보와 카이로와 모스크바에서 발간된 자료들을 모으고 읽어갔다. 1960년대 중-소 논쟁의 한복판. 아시아와 아프리카의 작가들도 친소파와 친중파로 나뉘어 다투었다. 유'이'唯二하게 이구동성을 이룬 주제가 있었으니, 첫째가 미국과 베트남전쟁이요, 둘째가 벨기에와 콩고 내란이었다. 베트남에서의 미국만큼이나 콩고에서의 벨기에 또한 악명이 높았던 것이다. 그 상징으로서 자주 거론되던 장소가 바로 이 박물관이었다. 사료로써, 문자로써만 접했던 장소를 드디어 두 눈에 담게 된 것이다. 기어이 오고야 말았다.

레오폴드 2세와 직결된다. 1865년부터 1905년까지 재위했다. 그가 콩고에서 수집한 컬렉션을 소장하고 있는 곳이 바로 이 박물관이다. 건축가 샤를 지로에 명하여 루이 16세 양식의 궁전처럼 지었다. 1897년 브뤼셀에서 열린 콩고 박람회의 성과를 후세에 남기기 위해서였다. 내부로 들어서니 높은 돔 천장에서 환한 빛이 쏟아져 내린다. 그 아래 야

생캉트네르 개선문.

생동물 표본을 비롯하여 고무, 커피, 코코아 등 식물 자료도 풍부하다. 코발트, 망간, 우라늄, 아연, 다이아몬드 등 광물자원 샘플도 다채롭다. 민속 공예품과 토속 악기, 전통의상 등도 전시되어 있다. 연중 다양한 특별전과 특강이 열린다고 한다. 벨기에는 물론 유럽에서, 아니 세계에서도 손꼽히는 아프리카 연구소가 되었다. 나는 심사가 뒤틀리기 시작했다.

　벨기에는 소국일뿐더러 신생 국가다. 겨우 19세기에 등장한(1830) 새파란 나라다. 이 작은 나라의 일개 국왕이 본국의 80배에 달하는 콩고를 '사유지'로 확보했다. 유럽의 후발국가로서 아시아에서의 식민지 획득은 힘들었다고 한다. 최후까지 남은 미답지가 아프리카의 콩고강 일대였다. 1876년 아프리카협회를 설립하고, 1882년에는 (동인도회사를 모방한) 콩고회사를 출범시킨다. 그러나 이미 회사 운영을 대신하여 식민지 통치로 전환되던 제국주의 시절이다. 콩고회사 또한 곧장 식민지

통치 기구로 변질된다. 콩고의 위치가 절묘하다. 아프리카의 한복판에 자리한다. 서쪽에서는 프랑스가, 동쪽에서는 영국이 강세였다. 중간 중간 독일과 이탈리아, 포르투갈의 식민지들도 있었다. 이들 가운데 어느한 나라가 콩고를 차지하면 아프리카에서의 세력 균형이 무너질 수 있었다. 그럴 바에야 소국의 왕에게 이 땅을 맡기는 편이 낫다는 담합에이른다. 레오폴드 2세의 '사유지'로 합의함으로써 완충지대를 설정한것이다. 그래서 탄생한 것이 1885년 '콩고자유국'이다.

자유국이라는 이름이 무색하게 유럽의 식민 통치 가운데서도 가장잔혹한 장소였다. 혹은 개인 재산이었으므로 더더욱 자유롭게 착취가자행되었다. 자동차 발명으로 타이어 수요가 폭발하던 무렵이다. 천연고무 가격이 폭등한다. 국왕의 사고私庫 속으로 막대한 돈이 쏟아져 들어왔다. 졸부는 좀체 어질기가 힘들다. 벼락부자의 채찍질이 더욱 거칠어졌다. 중노동에 항의하는 이들은 오른쪽 팔을 베어버렸다. 그 형벌로희생된 숫자가 '천만'을 헤아렸다. 처음에는 내 눈을 의심했다. 표기가잘못된 것인가, 동그라미를 그리고 물음표를 달았다. 그런데 카이로에서 나온 문서에서도, 타슈켄트에서 작성된 문헌에서도 '천만'이라는 숫자를 확인할 수 있었다. 17세기의 균형이 붕괴해버린 19세기의 초상이었다. 몸뚱에서 떨어져 나와 뒹구는 천만의 까만 팔뚝이 벨기에에 대한선입견으로 각인되었던 것이다. 100년이 더 지난 오늘날 벨기에 인구가 천만이다. 착잡하기보다는 참담하다. 그 '문명화 사업'의 본질을 일찍이 꿰뚫어 본 예외적인 사람도 있었다. 조지프 콘래드의 《암흑의 핵심》(1899)이 바로 벨기에의 콩고 수탈을 배경으로 쓴 소설이다. 이 작품을 모티브로 삼아 베트남으로 무대를 옮겨 제작된 영화가 프랜시스 포드 코폴라 감독의 〈지옥의 묵시록〉이다.

샤를 지로는 세기의 건축가였던 모양이다. 브뤼셀이 자랑하는 생캉트네르 개선문 또한 그의 작품이다. 가까이 다가갈수록 그 거대함에 압도된다. 파리의 개선문보다 더 크지 않을까 싶다. 벨기에 건국 50주년을 기념하여 1880년 만국박람회를 위해 건설된 것이다. 그런데 규모가 너무 커서 최종 완성된 것은 1904년이라고 한다. 양 날개로는 왕립미술역사박물관과 왕립군사박물관이 들어섰다. 천만의 팔뚝을 잘라내며 축적한 거대한 부가 이곳 브뤼셀에서 찬란한 건축물로 승화한 셈이다. 식민지 경영은 너무나도 달콤했던 모양이다. 1960년 콩고가 독립한 이후에도 그 중독된 맛을 포기하려 들지 않았다. 광산 지역만 분리독립시키는 교묘한 방안을 획책했다. 무기와 자금을 지원하여 지방 세력의 무장 투쟁을 독려했다. 피비린내 진동하는 콩고 내란이 시작된 것이다. 베트남 전쟁과는 달리 널리 알려지지 않았다. 그러나 1960~70년대 인도차이나의 밀림에 못지않은 '지옥의 묵시록'이 펼쳐졌던 장소가 아프리카의 콩고다.

생캉트네르 광장에도 사람들이 가득했다. 따뜻한 봄 햇살에 싱그러운 녹음. 음침한 제국주의 시대와 콩고 내란의 그림자는 말끔하게 소거되었다. 과거를 기억하지 않는 자에게는 망각이라는 축복이 수여된다. 역시 아는 게 병이다. 아는 만큼 보이는 법, 나는 좀처럼 즐겁지가 않았다. 즐길 수가 없었다. 이 예쁘장한 중세풍 도시가 되레 야속하고 얄미웠다. 빅토르 위고가 '위대한 광장'이라고 찬탄해 마지않았다는 그랑플라스Grand Place의 회화적 아름다움 앞에서도 어쩐지 배알이 더욱 꼬이는 것만 같았다. 바삭함과 촉촉함이 환상적인 궁합을 이룬 벨기에 와플마저도 마냥 달콤하지만은 않았다. 차라리 독주가 당겼다.

'아세안'의 기적

빨빨거리고 돌아다니지 않는다. 관광명소를 즐겨 찾지도 않는다. 점과 점 사이, 선 잇기를 좋아한다. 명소와 명소 사이, 도시의 공기를 들이킨다. 하늘과 태양과 구름을 나침반 삼아 무작정 걷는 쪽이다. 카메라도 잘 챙기지 않는다. 카메라를 메는 순간 렌즈가 주인이 된다. 정작 나는 목줄 찬 안내견이 된 기분이다. 카메라는 어디까지나 '업무용' 장비일 뿐이다. 발길 닿는 대로 하염없이 걷다가 마음에 드는 카페가 보이면 진지를 차리고 책 읽는 것을 더 좋아한다. 그곳에서 사람들 구경하는 것이, 사피엔스를 관찰하는 것이 훨씬 더 재미나다.

이튿날 진을 친 곳은 룩셈부르크 광장이다. 맞은편으로 유럽의회(EP) 건물이 내다보이는 명당자리다. 지붕을 반원형 돔으로 처리했다. EU를 상징하는 파란색 유리창이 돋보인다. 햇볕을 받아 푸른빛을 반사한다. 의회 내부를 구경할 수도 있었다. 그런데 줄을 서서 기다리고 싶지가 않았다. 킨들을 열어 EU에 대해 슬라보이 지제크가 쓴 《유럽은 무엇을 원하는가?》What Does Europe Want?를 읽는 쪽이 내 스타일이다. 그런데 다른 책 한 권이 다운로드된다. 《아세안의 기적》The ASEAN Miracle. 싱가포르 대학의 키쇼어 선생이 선물로 보내오신 것이다. 벌써 2년 전이다. 싱가포르 건국(1965) 50주년을 기하여 뵈었다. 당시 '아세안'(동남아시아국가연합)에 대한 책을 준비하고 있노라는 얘기를 들었다. 2017년 8월이 아세안 창립 50주년이 되는 해이기 때문이다. 그새 2년이 훌쩍 흐른 것이다.

2017년 아세안은 노벨평화상을 노리고 있다.* EU는 2012년 노벨평화상을 수상한 이후 5년 사이 무척 머쓱하고 민망해졌다. 영국은 이미

---

* 2017년 노벨평화상은 '핵무기폐지국제운동'(ICAN)이라는 NGO가 수상했다.

EU와의 결별을 선택했고, 각 나라에서 선거가 열릴 때마다 또 다른 이탈국이 생길까봐 브뤼셀은 전전긍긍한다. 극우파만 준동하고 있는 것도 아니다. 지제크 같은 동유럽의 급진좌파 지식인들도, 소련의 위성국에서 벗어났더니 서유럽의 내부 식민지가 되었다며 EU 해체를 목청껏 외쳐댄다. 좌/우 양쪽에서 비판의 표적이 되었다. 동네북으로 전락한 것이다. 그에 비하자면 아세안의 성취가 훨씬 값지다며 세계의 관심을 환기하고 촉구하는 것이 《아세안의 기적》의 취지였다. 서문에 이어 본문까지 내처 읽게 된 것은 '다문명 세계'라는 접근 때문이었다. EU의 다문화 사회가 문명 간 공존의 방법을 마련하지 못했다면, 아세안이야말로 여러 문명을 아우르는 독보적인 국제기구라고 자부하는 것이다. 다문화 사회와 다문명 세계라? 색다른 접근이다. 새로운 발상이다. 뇌가 말캉말캉해진다. 미끼에 혹 낚였다. EU 본부를 앞에다 두고 아세안 책을 읽느라 꼬박 한나절을 보냈다.

유라시아의 극서에 자리한 유럽과 달리 동남아시아는 2천 년이 넘도록 유라시아 문명의 교차로였다. 크게 네 번의 물결로 가름해볼 수 있다. 인도의 물결, 중국의 물결, 이슬람의 물결, 유럽의 물결이다. 마지막을 제외하고는 비교적 순탄하고 평화로운 물결이었다. 그래서 동남아시아는 지구상에서 문화적, 종교적, 언어적, 민족적 다양성에서 단연 으뜸인 곳이 되었다. 2억 5천만 무슬림에, 1억 4천만 불교도에, 1억 3천만 기독교인에, 7천만 힌두교도가 더불어 살아가는 풍요로운 땅이다. 세속적 관점에서도 다양한 체제가 공존한다. 왕국과 공화국이 있는가 하면, 공산당이 다스리는 사회주의 국가도 여전하다. 인류의 축약도이자, 압축된 지구인 것이다. 지구촌의 표본이라고 할 수 있다. 이 다문명 세계, 다체제 지역이 문명의 충돌 없이, 이념과 체제의 갈등 없이 평화롭게 공존할 수 있음을 인류에게 증명해 보였다는 것이다. 과대평가의 혐의가

유럽의회.

없지 않지만, 아랍과 유럽의 형편에 견주면 나은 편이라고 하겠다.

아세안 출범 당시만 해도 전망은 무척 어두웠다. 1967년, 동남아시아는 세계의 화약고였다. '아시아의 발칸'이라고도 불리었다. 베트남전쟁은 최고조로 격화되었다. 라오스와 캄보디아까지 깊숙이 휘말려들었다. 태국과 필리핀의 미군기지는 풀가동되었다. 말레이시아에서 갓 분리독립한 싱가포르는 존속을 장담하기 어려운 형편이었다. 양대 이슬람 국가인 인도네시아와 말레이시아 또한 영토 분쟁으로 전쟁 직전까지 치달았다. 내륙부도, 해양부도 온통 전운에 휩싸였던 시점에 아세안이 출발했던 것이다. 돌아보니 주역들의 면모가 참으로 흥미롭다. 태국의 타낫 코만ถนัด คอมันตร์은 프랑스에서 교육받았다. 와인을 사랑하고 유럽 문학에도 조예가 깊었다고 한다. 그럼에도 독실한 불교 신자였다. 철저한 반식민주의자이기도 했다. 나르시소 라모스Narciso Ramos는 필리핀에서 태어났다. 미국의 역사에 정통한 기독교도였다. 그리스도의 이름으로, 미국 독립 아버지들의 이념으로 필리핀 독립운동에 헌신했다. 아담 말릭Adam Malik은 인도네시아 수마트라에서 태어난 무슬림이다. 네덜란드어에 능하고 영어도 구사했다고 한다. 수카르노와 더불어 반식민주의 운동을 주도했던 인물이다. 압둘 라작Abdul Razzk은 말레이시아에서 태어나 런던에서 교육을 받았다. 그곳에서 리콴유를 만나고 영국에 맞선 반식민주의 운동에 동참한다. 라자라트남சி@ராசத்தினம்은 스리랑카의 타밀계 힌두 집안에서 태어났다. 싱가포르로 이주한 후에 반식민주의 운동에 가담한다. 불교도 태국인, 기독교도 필리핀인, 두 명의 무슬림, 그리고 싱가포르의 힌두교도까지. 이들이 모여서 아세안 선언에 조인했던 것이다. 단순한 국가 간 회합이 아니었다. 출발부터 문명 간 연합체였다. '역사적 동남아'에 정치적 형식을 부여하여 현대적으로 업그레이드한 것이다.

아- 장탄식이 새어나왔다. 깨달음은 항상 늦다. 1967년 8월의 방콕이 얼마나 위대한 순간이었나를 이제야 알아챘다. 동남아를 누비고 다녔던 2년 전만 해도 눈에 들지 않던 대목이다. 인류의 미래를 앞서 제시했다. 21세기의 선취라고 할 만하다. 상상력을 가동해본다. 기독교도인 트럼프(미국)와 유교 좌파인 시진핑(중국)과 정교 신자인 푸틴(러시아)과 무슬림인 하메네이(이란)와 힌두교도인 모디(인도)가 한자리에 모여서 세계 평화, 태평천하를 다짐하는 근사한 조합을 공상해본다. 흔하디흔한 국가 간 회담(United Nations)이 아니다. 문명 간 연합(United Civilizations)이다. 기가 막히는 장면이다. 기똥찬 장관이다. 유튜브에서 아세안의 공식 노래, "We dare to dream, We care to share. Together for ASEAN."(우리는 감히 꿈을 꾸고, 함께 나누고자 합니다. 아세안을 위해, 함께)을 노래하는 〈아세안의 길〉The ASEAN Way을 찾아 들었다. 소름이 돋는다. 등잔 밑이 어둡다. 유·불·도에 기독교와 이슬람까지 혼합한 베트남의 민간 종교 까오

다이교의 사원도 다시 챙겨 보았다.

50년 만에 세계에서 가장 불안했던 지역을 가장 안정적인 지역으로 탈바꿈시킨 아세안은 향후 50년의 장래도 다짐하고 있다. 첫째는 아래로, 민간으로의 하방이다. 둘째는 아세안 모델의 수평적 확산이다. 민간이 주도하는 기구로 진화함으로써 각국의 정권 교체에 따라 갈팡질팡하는 20세기형 국제기구의 한계를 혁파해갈 것이라고 한다. 국제國際기구에서 민제民際기구로 조직 성격을 전환해간다는 것이다. 올림픽과 월드컵을 아세안 도시 연합으로 공동 주최하는 획기적 방안도 추진하고 있다. 아세안 모델을 세계화하는 작업에도 심혈을 기울인다. 21세기의 'CIA', 즉 중국China, 인도India, 미국America의 패권 경쟁을 억제하는 창조적 역할을 자임한다. 인도양과 태평양의 평화를 견인하는 주역이 되겠다는 것이다. 21세 전반기의 G2인 미국과 중국, 21세기 후반기의 G2인 중국과 인도가 천하삼분지계의 중지를 모을 수 있는 방편으로 아세안을 활용하라는 것이다. 2067년을 내다보는 담대한 구상이다. 아세안 100주년을 준비하는 원대한 목표다.

감탄을 연발하다 문득 고개를 들자 EU 의회가 달리 보인다. 인도네시아를 지배했던 네덜란드 깃발이 나부낀다. 베트남과 라오스, 캄보디아를 통치했던 프랑스의 깃발도 펄럭인다. 국왕 펠리페 2세의 이름으로 필리핀의 국명에까지 흔적을 남긴 스페인의 깃발도 눈에 든다. 그런데 말레이시아부터 미얀마까지 다스렸던 영국의 깃발은 그새 사라졌다. 브뤼셀의 고위관료들은 영국과의 이혼 소송으로 골머리를 썩고 있다. 정중앙에 자리한 파란색 EU 깃발이 옹색하다. EU는 '다문명 세계'에 값하는 조직인가? 기독교 일색일뿐더러 '자유주의 근본주의'로 획일화된 기구가 아닌가? 냉전의 주박으로부터 얼마나 벗어난 모임인가? 그제야 건물 주변을 에워싸고 있는 무장 인력들이 도드라져 보인다. 경찰만이 아니

나토 본부.

라 특공대까지 투입되어 경비가 삼엄하다. 벌써 EU 의회를 겨냥한 테러
가 두 차례나 일어났다. 좌파도 불만이요, 우파도 불평이며, 무슬림들은
불안해하고 불편해하는 기구다. 유럽과 아랍, 기독교와 이슬람의 평화
공존은 난망해 보일뿐더러, 유럽의 동부와 서부 사이에 패인 골도 무척
깊다. 어느 쪽이 신세계화와 진세계화에 부합하는 미래형 혁신체인가?
혹 EU가 아세안을 견문하고, 그 노하우를 한 수 배우고 익힐 때가 온 것
은 아닐까? 일방적인 학습에서 교학상장, 상호 진화로. 아세안의 노벨평
화상을 축원하는 답신 메일을 보내고 나서야 자리에서 일어났다.

'1989년 체제' 이후, '다른 유럽'을 위하여

눈썹이 꿈틀 솟는다. 나토 본부를 지켜보고 있자니 심란하다. 마음이 어
지럽다. 2년간 삭혀온 불만이 터질 것만 같다. 명색이 유라시아 견문이

오리엔트 익스프레스.

건만, 가보지 못한 곳이 많다. 아프가니스탄의 카불에서는 혜초의《왕오천축국전》을 회고해보고 싶었다. 천 년 전 아랍 문명의 절정을 구현했던 이라크의 바그다드도 눈에 담지 못했다. 기독교가 탄생한 시리아 땅도 밟아볼 수 없었다. '이슬람 사회주의'를 구축했다는 리비아의 살림살이도 관찰하지 못했다. 이 곳곳에 구멍이 뚫린 공백 지대가 대개 나토군의 폭탄이 투하되었던 장소다. 아프가니스탄부터 리비아까지, 남아시아부터 북아프리카까지 '민주화'라는 이름의 무질서를 양산하는 전위부대였던 것이다. 더불어 살아가는 지혜를 발휘하지 못하고, 나의 이념과 체제와 가치관을 기어코 남에게도 주입하겠다는 십자군의 못된 습성을 나토군이 계승하고 있는 것 같다.

나토는 명백하게 냉전기의 산물이다. 그런데 냉전 종식 한 세대가 흐르도록 해체되지 않았다. 도리어 몸집을 불리고 근육을 키웠다. 동유럽의 위성국들과, 소련에서 분리독립한 신생 국가들까지 거느리는 비대한 조직이 되었다. 군산복합체의 총화로 진화한 것이다. 그러나 그 오월동 주도 변곡점에 이른 듯하다. 2016년 나토 창설 60주년을 지나 올해 61번째 회합에서 미국과 유럽의 갈등이 노골적으로 표출되었다. 유럽의 좌장인 메르켈 독일 총리가 트럼프에 대한 불편한 기색을 조금도 숨기지 않았다. 포스트-아메리카 세계의 도래를, 유럽의 독자 노선을 공공연하게 천명한 것이다. 대서양 사이로 구미歐美가 멀어진다. 영국의 이탈로 흔들리는 EU에 이어 나토마저도 미국과 독일의 갈등으로 내연한다. 나토 최강 부대의 하나였던 터키마저 멀어지고 있음을 고려한다면, 파죽지세로 동진하던 지난 30년의 기세가 크게 한풀 꺾인 것이다. EU도 나토도 결정적인 전환기다.

브뤼셀에서 정작 EU와 나토를 깊이 천착하지 않았다. 뜬금없이 아세안을 더 자세히 살폈다. 엉뚱하달 수도 있겠다. 퉁치고 넘어가지는 않을 것이다. EU의 속성과 나토의 실체를 살피는 데도 동유럽이 훨씬 요긴하다. 1989년 공산주의 정권들이 도미노처럼 쓰러져간 이후, EU에 포함되고 나토에 편입되어갔던 지난 30년을 복기하는 편이 더욱 이롭다. 그중에서도 요체는 발칸반도다. 제1차 세계대전으로 20세기를 열고 유고 내전으로 20세기를 마감한 '암흑의 핵심'이었다. 탈냉전 이후 나토군의 첫 공습이 단행된 곳도 발칸이었다. 발칸을 '자유민주 세계'로 평정한 이후에 남아시아부터 북아프리카까지 종횡무진 활약한 것이다. 고로 1989년 '역사의 종언'에 임하여 서구화의 막차에 올라탄 발칸의 경험을 반추하는 편이 EU와 나토로 상징되는 구세계화의 적폐를 밝히는 데도 유용할 것이다. 이미 경제적 복속과 군사적 종속으로 점철된 '민주화 이후의 민주주의'에 대한 성찰이 무르익고 있었다. '1989년 체제'에 대한 자성과 비판으로 '다른 유럽', '다른 백 년'에 대한 담론이 분출하고 있었다.

서구와 러시아 사이 발칸이 자리한다. 유럽과 아랍 사이 발칸이 위치한다. 지난 백 년에는 사회주의와 자유주의가 교착하고, 지난 천 년에는 기독교와 정교, 이슬람이 교차했던 곳이다. 비잔티움제국과 오스만제국, 소비에트연방(SU)과 유럽연합(EU)까지. 서유라시아 천 년의 제국사가 응축된 장소가 바로 발칸이기도 하다. 다시 기차를 타고 동쪽으로 이동한다. 유럽 내부의 다문명 세계, 발칸행 오리엔트 익스프레스에 올랐다.

사라예보.

012

보스니아 사라예보, 백 년의 대란

500년 다문명 세계의 축복이
20세기의 저주가 되다

유럽의 화약고, 발칸의 예루살렘

'접경의 긴 터널을 빠져나오자 설국이었다.' 겨우내 채 녹지 않은 하얀 눈이 산골짜기를 덮었다. 산꽃과 들꽃이 만발한다는 4월이 되려면 열흘은 더 지나야 했다. 유독 많은 터널을 지나야 당도하는 곳이 보스니아*의 수도 사라예보다. 발칸반도에 역삼각 꼴로 위치한 보스니아는 국토의 거개가 산지다. 사라예보 또한 사방이 산으로 둘러싸인 분지에 자리한다. 지형 탓에 아침마다 안개가 낮게 깔린다. 동쪽 산 너머 해가 떠오르면서 옅은 연무도 차츰 걷혀간다. 안개가 사라지며 눈에 드는 도시의 정경은 '경치를 본다'보다는 '역사를 읽는다' 쪽에 더 가깝다.

---

* 정식 명칭은 '보스니아-헤르체고비나'이다. 1946년 북부의 보스니아와 남부의 헤르체고비나 지방이 합쳐 유고슬라비아 사회주의연방공화국의 일원이 되었다.

동에서 서로 걸어야 제맛이다. 사라예보의 시가 또한 세월에 따라 서편으로 길쭉하게 확산되어갔기 때문이다. 적색 벽돌로 쌓아올린 구시가는 오스만풍이 완연하다. '작은 이스탄불'인 양 모스크의 첨탑과 가톨릭의 종루와 정교의 돔이 옹기종기 솟아 있다. 라틴 다리를 지나서는 오스트리아의 빈을 옮겨다둔 것 같다. 크림색 벽으로 세워진 중후한 서양풍 건축물이 즐비하다. 더 서쪽으로 내디디면 15층 안팎의 아파트 단지가 펼쳐진다. 유고슬라비아 사회주의연방공화국(1945~1992), 사회주의 시대의 산물이다. 미니멀리즘이라고 우기기에는 너무나 투박하다. 최서단에 닿으면 투명한 유리창이 아침 햇살을 반사하고 있는 포스트모던 빌딩들이 우뚝하다. 흡사 상하이나 뭄바이, 두바이에 있다 해도 어색하지 않은 거리다. 서쪽으로 갈수록 다양성은 줄어들고 신성함은 감소한다. 15세기부터 21세기까지, 600년 역사 기행을 하는 데 서너 시간이면 족하다.

돌아오는 길에는 트램을 탔다. 1885년 유럽에서 첫 번째, 세계에서는 샌프란시스코 다음으로 두 번째 깔렸다는 유명한 트램이다. 역사적 위상만큼이나 도로 한복판을 가르며 도시를 달린다. 이 산골 벽촌이 도시로 탈바꿈하기 시작한 것은 15세기다. 공식적으로는 1461년에 사라예보가 세워졌다고 한다. 오스만제국의 산물이다. '발칸'이라는 지명부터가 터키어로 '산악'을 일컫는다. '사라예보'는 '집' 또는 '성'이라는 뜻이다. 이스탄불과 발칸을 잇는 허브로 사라예보를 삼았다. 발칸에서 가장 큰 바자르가 사라예보에 들어섰고, 발칸에서 가장 많은 모스크가 세워진 곳도 사라예보였다. 17세기에 인구 10만을 돌파한다. 이웃 도시 베오그라드(세르비아의 수도)나 자그레브(크로아티아의 수도)가 19세기까지 겨우 1만을 넘는 소도시였음에 견준다면, 사라예보의 위상은 독보적이었다. '팍스 오스마니카'의 선물이었다.

칼리프의 치세 속에서 자연스레 이슬람으로 개종하는 이들이 많아졌다. 5세기부터 발칸으로 유입되었던 슬라브 민족은 크게 둘로 갈렸다. 가톨릭을 신앙하는 크로아티아인과 정교를 믿는 세르비아인이다. 그로부터 천 년이 흐른 15세기 이후로는 '슬라브계 무슬림'도 생겨났다. 특히 상인과 수공업자들이 많았다고 한다. 직종상 도회적이고 세계적인 이슬람이 취향에 맞아떨어진 것이다. 그럼에도 아웅다웅하지는 않았다. 무슬림, 가톨릭, 정교가 더불어 살아가는 공존체제를 이루었다. 지금도 구시가 한복판에 자리한 공중우물과 공중목욕탕이, 다문화주의의 전당이자 다문명 세계의 정수였던 사라예보의 영화를 간직하고 있다. 그래서 십자군전쟁 이래 이베리아반도에서 쫓겨난 유대인들이 새 보금자리로 삼은 곳도 발칸반도였다.

숯불에 익힌 양꼬치에는 칭다오 맥주가 제격이건만, 테이블 맞은편에 앉은 노교수는 가루가 텁텁한 터키식 커피를 고수했다. 아랍에서 유럽으로 이동하니 나도 금주령이 해제되어 살판이 났었는데, 발칸으로 남하하니 다시 술을 마시지 않는 사람들이 적지 않다. 돼지고기를 꺼리는 이들마저 있으니, 유럽보다는 아랍에 더 가까운 느낌이다. 머무는 내내 육즙이 풍부한 양고기를 실컷 즐겼다. 그는 사라예보를 '유럽의 예루살렘', '발칸의 예루살렘'이라고 부르더라는 나의 전언에도 딱히 수긍하지 않았다. 더 오랜 세월을 '북방의 다마스쿠스'라고 불렸다며 수정해준다. 과연 사라예보대학에서 발칸사를 가르치는 역사학자답다. 3대를 잇는 역사가이기도 했다. 아버지도, 할아버지도 역사학자였다. 게다가 3대가 줄곧 같은 집에서 살았다. 그래서 그의 서재에는 할아버지가 모은 책부터 차곡차곡 쌓여 있다고 한다. 견문 3년차, 읽은 책을 미련 없이 버리는 습관을 들여왔다. 여러 나라 여러 도시, 여러 숙소와 카페에 읽은 책들을 남겨두고 왔다. 책 욕심도 물욕인바, 욕심 하나를 덜어내었다며

사라예보의 구시가.

자위하고 자족하던 바였다. 그러나 욕심을 다스리는 것은 평생의 수련이고, 욕심에 무너지는 것은 한순간인 모양이다. 3대가 100년이 넘도록 모아왔다는 장서를 떠올리니, 3년간 버렸던 책들이 심히 아까워졌다. 어느 곳에 어떤 책을 두고 왔는지 꼼꼼하고 쫀쫀하게 떠올랐다.

성성한 백발에 회색 눈빛이 유독 지적으로 보였던 그는 낮은 목소리로 담담하고 담백하게 사라예보의 500년을 복기해주었다. 격동의 현대사를 풀어 나가면서도 어조의 변화조차 거의 없었다. 비단 외국어(영어)로 말해서만은 아닐 것이다. 타고난 잔잔한 성품에 역사학자로 훈련된 사후적 기질도 보태어졌을 것이다.

"옛날 옛적, 사라예보 사람들은 '너는 누구인가?'라고 묻지 않았습니다. '너는 어떤 사람인가?'라고 물었죠. 됨됨이, 사람됨을 중시했지, 귀속 여부를 따지지 않았습니다. 한 가족, 친족에도 여러 민족이 뒤섞이는 경우가 다반사였어요. 다들 한 마을 이웃사촌인데 남녀가 눈이 맞고 몸을 섞는 데 출신 여부를 따지지 않았죠. 말부터 차이가 거의 없었습니다. 무슬림도, 가톨릭도, 정교도 입말은 거의 동일했어요. 어미에서 약간의 차이가 있을 뿐, 사투리 정도였습니다. 생물학적으로 인종적 차이도 없습니다. 그래서 얼굴만 봐서는 구별 지을 수도 없죠. 크로아티아인, 세르비아인, 보스니아인 같은 개념은 존재하지 않았어요. 좋은 사람과 덜 좋은 사람, 양심적인 인간과 욕심 많은 인간이 있었을 뿐입니다."

즉 발칸이 '발칸화'된 것은 극히 최근이다. 지리적인 명사가 지정학적 개념으로 전변한 것이다. 19세기 후반부터 동아시아의 천하대란 못지않은 발칸 대란이 백 년이 넘도록 지속된다. 오스만제국이 쇠락하면서, 발칸이 '유럽의 화약고'로 전락한 것이다. 그중에서도 보스니아는 화약고의 총성이 가장 먼저 울리고 가장 격하게 격발된 곳이었다. 500년 다문명 세계의 축복이 20세기의 저주가 되었다.

잃어버린 20세기, 전 지구적 내전

오스만제국의 틈을 먼저 파고든 것은 러시아였다. 러시아제국이 발칸으로 남하했다. 명분도 그럴싸했다. 무슬림 제국 아래의 정교도를 보호하겠다고 했다. 서유럽 열강들의 입장에서 오스만제국을 지중해에서 밀어내는 것은 반가운 일이었다. 반면으로 또 다른 '동양적 전제국가' 러시아의 진출 또한 억제되어야 했다. 이른바 '동방 문제'*의 출현이다. 1878년 베를린 회의에서 이른 담합이 합스부르크제국(오스트리아-헝가리)의 강화였다. 발칸에서 가톨릭 제국의 영향력을 확산시킴으로써 이슬람 제국과 정교 제국을 견제하고자 한 것이다. 합스부르크는 어부지리로 보스니아를 얻게 된다. 고로 19세기 말 보스니아의 지위는 이중적이었다. 명목상으로는 오스만제국 아래 있지만, 실질적으로는 합스부르크의 지배가 미쳤다. 청나라와 메이지일본 사이, 조선 말의 '자주속국'과 비슷한 상태였다.

식민지가 공식화된 것은 조선보다 2년이 빨랐다. 1908년 보스니아는 합스부르크에 병합된다. '식민지 근대화'의 쇼윈도가 되었다. 오스만적 초기 근대를 지우고 유럽적 근대를 삽입했다. 이스탄불을 동경하던 구시가를 대신하여 빈을 선망하는 신시가를 건설했다. 네오고딕 스타일과 로마네스크 양식의 건축물들이 이때 들어선다. 문자 또한 키릴 문자에서 로마 알파벳으로 전환되었다.

그러나 마음을 얻지는 못했다. 힘만으로는 권력이 (오래) 작동하지 못한다. 뜻이 통해야 한다. 죽이 맞아야 한다. 보스니아 사람들은 오스만도 합스부르크도 아닌 독립국가를 염원했다. 흥미로운 사실은 당시만

---

* 제1차 세계대전 이후, 옛 오스만제국의 영역을 어떻게 재설정할 것인가를 두고 벌어진 국제적 경합. 오늘날 중동 사태의 뿌리가 되었다.

해도 여전히 세르비아인, 보스니아인, 크로아티아인으로 갈라지지 않았다는 점이다. 발칸에 사는 슬라브인들을 최대한으로 규합하는 남슬라브인의 나라, 즉 '유고슬라비아'*를 지향했다. 북방에 슬라브 대국 러시아가 있다면, 남쪽에는 유고슬라비아를 세울 만하다. 19세기 베트남이 남쪽의 중화제국, '대남제국'을 자칭했던 것과도 유사한 발상이다. 이들이 합스부르크의 황태자 암살을 모의했다. 1914년 6월 마지막 주, 식민지 근대화의 상징이 된 기차를 타고 빈에서 사라예보로 시찰을 나온 황태자 부부를 겨냥한 것이다. 오픈카에 올라 퍼레이드를 펼칠 때를 노렸다. 라틴 다리에서 '청년보스니아' 소속 세르비아 청년이 쏜 총탄이 황태자 부부를 쓰러뜨렸다. 마침 두 사람의 결혼기념일이기도 했다. 부인의 뱃속에는 다음 대를 이어갈 태아도 있었다. 합스부르크의 생명줄을 끊어버린 것이다. 제1차 세계대전이 발발한 순간이기도 했다. 암살의 배후로 이웃 나라 세르비아를 지목했고, 막후 실세로는 러시아를 겨냥했다.

제1차 세계대전의 의의를 꼽자면 여럿일 것이지만, 나는 '제국의 해체'를 으뜸으로 꼽는다. 합스부르크제국이 무너졌다. 러시아제국도 사라졌다. 오스만제국도 해체된다. 독일제국도 붕괴하고 바이마르 공화정이 시작된다. 레닌과 윌슨이 경쟁적으로 '민족자결'을 강조했다. 민족주의, 국민국가가 시대정신이 된 것이다. 그러나 다시금 다문명 세계 발칸에서 '민족자결'의 범위는 애매했다. 결국 들어선 것이 유고슬라비아 왕국이다. 일종의 소제국이었다. 이를 좌파적으로 계승, 발전시킨 것이 유고슬라비아 사회주의연방공화국, 즉 유고연방이다. 그러나 백 년에 미치지 못하는 소제국의 실험은 끝내 실패로 귀결되고 만다. 1990년대에

---

* '유고'는 슬라브어로 '남쪽'이라는 뜻, '슬라비아'는 '슬라브의 땅'이라는 뜻이다.

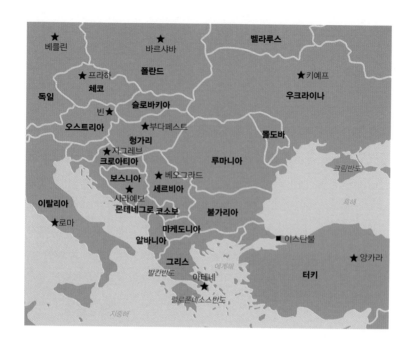

유고연방 또한 해체되었다. 뒤늦게 분 '민족자결'의 바람은 더욱 거세었다. 후폭풍만큼이나 더더욱 거칠었다. 서로가 서로를 향하여 '민족 정화'의 피바람을 일으키는 극단적인 내전이 연발했다. 사실상 발칸반도의 동족상잔이었다.

1992년 3월 1일. '20세기가 시작된 거리' 라틴 다리에서 또 다른 총성이 울렸다. 보스니아의 독립 여부를 묻는 주민투표가 실시되는 날이었다. 한 세르비아 커플이 결혼식을 올린다. 세르비아 국기를 휘날리며 카퍼레이드도 펼쳤다. 보스니아인의 심기를 거스르는 도발적인 행동처럼 보였다. 결혼식 참가자들을 향해 무차별 난사한다. 신랑의 아버지가 총탄을 맞고 즉사했다. 세르비아계가 다수인 유고연방군은 세르비아인 보호를 구실로 사라예보로 진격했다. 산으로 둘러싸인 분지가 멍에

합스부르크 시절에 세워진 예술 아카데미.

제1차 세계대전이 시작된 라틴 다리.

가 되었다. 유고연방군이 산 위에서 사라예보를 포위했다. 발전소와 저수지, 공항 등 전략 거점들도 봉쇄했다. 1996년 2월까지 대치 상태가 지속되었다. 살고자 했던 사라예보 시민들은 땅 아래로 터널을 뚫었다. 맨손으로 땅굴을 팠다. 허리를 굽혀야 겨우 통과할 수 있는 1미터 남짓한 높이다. 여기에 레일까지 깔았다. 이 생명선을 따라서 식자재와 의료품, 무기가 보급되면서 장장 1,425일을 버텨낼 수 있었다.

포위된 보스니아를 방문한 용감한 지식인들도 있었다. '뉴욕의 지성' 수전 손택이 유명하다. 1993년 봄부터 여름까지 머물렀다. 사뮈엘 베케트의 《고도를 기다리며》를 연출하고 공연했다. 발군의 글 솜씨로 사라예보의 비극성을 국제사회에 환기하는 역할도 했다. "전쟁으로 20세기를 시작한 사라예보는 또 다른 전쟁으로 세기를 마감하는 도시가 되었다"고 했다. 세계대전부터 유고 내전까지, 가히 '잃어버린 백 년'이었다. 그러나 20여 년 만에 다시 읽어보는 수전 손택의 보스니아론은 충분치 못하다는 인상이다. 명저 《타인의 고통》 또한 절반의 진실에 그친다. 피상적인 인도주의적 감수성에 머물고 있다. 발칸의 고유한 역사성을 깊이 천착하지 않는다. 내전의 표층만 맴돌고 말았다.

이 보스니아 내전*이 유독 격렬했던 것은 역설적으로 사라예보가 다문명 세계의 정수였기 때문이다. 1990년 당시에도 4 : 3 : 2의 황금비율을 지속했다. 무슬림이 4할, 정교가 3할, 가톨릭이 2할을 차지했다. 나머지 1할은 유대인이나 집시, 공산주의자였다. 끝끝내 자신을 '유고슬라비아인'이라고 주장하는 이들도 있었다. 사회주의 정권이 '봉건의 산물'인 종교를 지우려고 했으나, 종내 지워지지는 않았다. 이념보다 종교가, 이

---

* 유고 내전은 유고연방이 해체되어가는 장기적인 과정이고, 보스니아 내전은 보스니아가 독립되어가는 국지적인 과정이다.

성보다 영성이 훨씬 더 뿌리가 깊었다. '민주화' 물결을 타고 더욱 거세게 부흥하였다.

여기에 '민주주의'의 일환으로 선거가 실시되면서 갈등은 삽시간에 악화된다. 유고공산당을 대신하여 민족주의 정당들이 대약진했다. 무슬림의 '민주행동당', 세르비아인의 '민주당', 크로아티아인의 '민주동맹'이 각개 약진했다. 최대한의 표를 얻기 위하여 저마다 최강도의 민족주의를 동원했다. 무슬림 '민주행동당'이 주도하여 보스니아 분리독립 투표를 강행하자, 세르비아 '민주당' 역시 주민투표를 실시하여 유고연방 잔류를 선택했다. 저마다 '민주적인 정당성'을 주장한 것이다. 제각기 선거를 방편으로 정당성을 옹호했으니, 민주주의 제도로는 갈등이 봉합되지 않았다. 결국 말이 통하지 않으니 힘으로 해결하게 되었다. 보스니아도, 세르비아도, 크로아티아도, 유고연방 전체가 내전으로 빨려들어간 이유다. 고로 동서냉전의 종식 또한 사회주의에서 자본주의로, 공산주의에서 민주주의로의 이행이 아니었다. 오히려 동서냉전 아래 유고슬라비아의 우산 속에서 봉합되고 있던 1940년대의 발칸 내전이 재점화한 것이다.

돌아보면 1990년대의 발칸이 예외 상태였던 것도 아닌 것 같다. 오히려 전주곡이었다. 작년 하반기에 내가 둘러보았던 곳, 중동과 북아프리카의 21세기를 앞서 경험한 것이다. 아프가니스탄도, 이라크도, 시리아도, 예멘도, 리비아도 온통 내전 상태다. '아랍의 봄' 또한 '걸프만 냉전'으로 귀결되고 있다. 즉 탈냉전이 자유민주주의로 수렴된다는 '역사의 종언'은 한 움큼도 들어맞지 않는다. 도리어 전 지구적인 내전 상태가 더 어울리는 말인 듯하다. 테러와 난민과 내란은 이제 발칸과 아랍을 지나 서유럽까지 당도했다. 2017년의 런던과 파리와 브뤼셀이 20세기 말의 사라예보와 베오그라드와 자그레브와 그리 멀지 않은 것이다. 유

1984년 사라예보 동계 올림픽 개막식.

럽과 아랍을 통으로 접근하는 '유라비아적 시각'의 연마가 다시금 절실한 까닭이다. 고로 발칸은 20세기가 시작되고 20세기가 마무리된 곳만으로 그치지 않는다. 21세기가 가장 먼저 출발한 곳이기도 하다.

'사라예보의 아이들'

20세기가 온통 암흑기만은 아니었다. 하얗게 빛나던 때도 있었다. 1984년 동계 올림픽이 열린 곳이 바로 사라예보다. 유고슬라비아 사회주의 연방공화국이 절정을 구가했다. 국내적으로는 다민족 국가의 성취를 자부했고, 국제적으로는 비동맹 외교의 성과를 자랑했다. 1980년 모스크바 하계 올림픽은 반쪽짜리 대회였다. 1979년 소련의 아프가니스탄 침공을 비판하며 '자유 진영'이 불참했다. 1984년 LA 하계 올림픽 또한 절름발이였다. 1983년 미국의 그레나다 침공을 빌미로 '공산 진영'이 불참으로 응수해주었다. 사회주의 국가이면서도 소련을 모시지 않고 비동맹운동의 좌장 노릇을 하던 유고연방에서 열리는 올림픽은 동/서 대립을 넘어서는 꼴을 취했다. 당시 유고연방의 수도 베오그라드가 아니라 사라예보를 개최지로 삼은 것에도 대통령 티토의 각별한 배려가 있었다. 베오그라드에는 아무래도 세르비아인들이 많았다. 사라예보야말로 유고연방이 성취한 '다문명 세계의 근대화'를 자랑할 만한 장소였다. 제1차 세계대전이 일어났던 바로 그곳에서 세계 평화를 염원하는 계기를 만들어낼 수도 있었다. 다만 하늘이 무심했다. 그해 따라 유난히 눈이 내리지 않아서 주최측이 노심초사했다고 한다. 걱정이 태산이었건만, 개막 전날 마법처럼 함박눈이 쏟아졌다. 하루 사이 사라예보는 설국으로 변했다. 하얀 설경 속에서 발칸의 다채로운 전통무용을 선보이며 올림픽 개막식이 열린 것이다. 런던부터 모스크바까지 동/서를 가리지 않고 방문객이 줄을 이었다. 1984년 이후 사라예보는 전성기를 누린다. 불과 8년 후에 내전이 격발되리라고는 누구도 예상치 못했을 것이다.

내전은 노교수의 아들도 앗아갔다. 4대째 역사학자로서 가업을 이어갈 후손이 사라졌다. 딸은 책과 펜 대신에 카메라를 들었다. 영화감독이 되었다. 이름이 아이다 베기츠Aida Begić다. 그녀가 각본을 쓰고 연출한 작품이 〈사라예보의 아이들〉이다. 2012년 아카데미영화제 외국어영화상에도 출품했다. 1976년생, 사라예보 올림픽을 생생하게 기억하고 있었다. 오빠와 손잡고 구경했던 봅슬레이 경기장을 회상한 데뷔 작품이 2008년작 〈눈〉이다. 두 편의 영화보다 더 인상적인 것은 그녀의 옷차림이었다. 히잡을 둘렀다. 20대를 통하여 보스니아 내전을 겪으며 이슬람으로 귀의했다고 한다. 국가와 민족을 넘어서는 정체성으로 무슬림이 되었다는 것이다. '사회주의 모던 걸'로서 10대 시절을 보냈던 소녀가 30대에 들어서 자각적으로 무슬림이 된 것이다. 새 천년 보스니아의 가장 큰 변화이기도 할 것이다. 그러고 보니 포스트모던 건물들이 솟아난 '뉴 사라예보'에도 합스부르크 시절과 유고연방 시절의 구역에는 보이지 않던 모스크들이 곳곳에 자리한다. 쇼핑몰 내부에서도 하루 다섯 차례 아잔 소리가 울려 퍼진다. 근사한 레스토랑에서도 술을 팔지 않는 곳이 많다. '뉴 사라예보'는 어쩐지 20세기보다는, 터키식 모자를 쓰고 있는 사진 속 증조할아버지가 살았던 옛 사라예보를 닮았다. 동에서 서로 질주하다가, 서쪽의 끝에서 동으로 재귀(Re-Turn)하고 있는 것 같았다.

"나는 유럽인입니다. 동시에 무슬림입니다. 보스니아는 유럽의 모퉁이 발칸에 자리하면서, 200만 무슬림이 대대손손 살았던 땅이기도 합니다." 보스니아 국민이자 EU 시민이며 또 알라의 신자로서 살아갈 것이라고 한다. 그녀의 12살 딸과 8살 아들, 내전이 종식되고 태어난 '사라예보의 아이들'이 가야 할 길인 듯도 하다. 과연 EU와 이슬람의 융합이 가능할 것인가. EU의 수도 브뤼셀이 오스만의 수도 이스탄불과 같은 톨레랑스를 구현할 수 있을 것인가. 오스만은 다문명 세계를 일구었기에 600년 장수 제국이 될 수 있었다. 이에 실패한다면 EU는 60년도 가지 못해 단명할 것이다. '너는 어디 사람인가?'가 아니라 '너는 어떤 사람인가?'를 묻는 세계가 되돌아올 수 있을까. 사라예보는 유럽의 변경이지만, 미래의 첨단이 될지도 모른다. 2014년에는 '유럽의 문화 수도'로 선정되었고, 2019년 유럽 청년올림픽도 준비하고 있었다.

EU에 앞서 반세기를 지속하지 못하고 사라진 '실패한 소제국'으로 유고슬라비아 사회주의연방공화국이 있다. '제국에서 국민국가로'가 유일무이한 근대화 경로가 아니다. 제국의 근대화도 있었다. 오스만제국이 사라진 발칸에 솟아난 압축 제국이 바로 유고슬라비아였다. 20세기형 제국의 실험장이었다고도 하겠다. 유고연방의 수도에서 세르비아의 수도로 강등된 베오그라드로 이동한다.

013

세르비아 베오그라드, 제국의 추억
청년의 새 정치,
"나토는 가고, 티토는 오라!"

호텔 '모스크바', 정교의 기억

아침 8시면 호텔 모스크바로 향했다. 1층 카페가 문을 여는 시각이다. 12시까지 꼬박 네 시간을 보냈다. 두어 시간은 내 글을 쓰고, 두어 시간은 남 글을 읽었다. 아메리카노와 터키식 커피를 번갈아 마시며 두 시간씩 버틴 셈이다. 4성급 호텔이다. 숙박료가 만만치 않아 이틀만 묵고, 사흘째부터는 카페만 찾았다. 유서가 깊은 호텔이다. 1906년에 문을 열었으니 백 년을 넘는다. 그저 오래된 곳이기만 하다면 매일같이 찾지는 않았을 것이다. 머물렀던 사람들이 남다르다. 아인슈타인부터 막심 고리키, 히치콕과 로만 폴란스키까지 면면이 굉장하다. 카다피와 인디라 간디, 아라파트와 닉슨도 방문했다. 전시실의 방문객 사진 보는 재미가 쏠쏠했다.

나에게 각별했던 인물은 트로츠키와 존 리드다. 새파란 시절, 열독했

베오그라드의 다뉴브강.

던 저자들이다. 제1차 세계대전 전후, 두 사람 모두 이곳에 머물렀다. 당시 트로츠키는 우크라이나 최대 일간지의 특파원 신분이었다. 호텔 모스크바에서 두 차례 발칸전쟁*을 목도하고 보도했다. 당시 베오그라드의 유일한 고급 호텔인 데다, 위치 또한 탁월하다. 발칸대로를 따라 길을 건너면 칼레메그단 숲이 지척이다. 독일 평원에서 흑해까지 흘러가는 다뉴브강과 발칸의 사바강이 합류하는 명당자리를 차지했다. 나는 이른 아침에는 공원을 산보했고, 저녁에는 야경이 아름다운 강가를 산책했다. 곳곳에서 로마제국부터 비잔티움제국, 오스만제국의 흔적을 간취할 수 있다. 18~19세기 이 강과 숲을 경계로 동과 서가 나뉘었다고도 할 수 있다. 합스부르크제국이 끝나는 곳이자, 오스만제국이 시작되는 곳이다. 허나 트로츠키는 이 장소 특유의 변경邊境성에는 크게 주목하지 않은 것 같다. 그의 신경은 온통 당대에 쏠려 있었다. 급박한 정세 변화에 몰두했다. 전쟁과 혁명은 불가분이다. 언론인에서 정치인으로 변신하여 러시아 혁명에 투신한다. 1940년 망명지 멕시코에서 스탈린이 보낸 자객에 암살되기까지 파란만장한 삶을 살았다.

존 리드가 호텔 모스크바를 방문한 것은 트로츠키가 떠나고 난 1915년이다. 대서양 건너 미국 출신의 젊은 언론인이었다. 하버드대학 재학 시절부터 필치로 이름을 날렸다. 수영도 잘하고 시도 쓰고 곡도 붙이는 다재다능한 팔방미인이었다고 한다. 정치적으로는 사회주의를 신념으로 삼았다. 데스크에서의 정보 수집보다는 르포르타주에 강한 현장파

---

* 1912년과 1913년, 두 차례에 걸쳐 발칸반도에서 일어난 전쟁. 제1차는 발칸 동맹국들(불가리아, 세르비아, 그리스, 몬테네그로)과 오스만제국 사이에 벌어진 전쟁이고, 제2차는 오스만제국으로부터 되찾은 땅의 분할을 둘러싸고 동맹국 가운데 하나인 불가리아와 다른 세 나라 사이에 일어난 전쟁이다.

였다. 저널리스트로서 가장 먼저 달려간 곳이 멕시코다. 1913년 멕시코 혁명 보도로 명성을 쌓는다. 제1차 세계대전이 발발하자 유럽으로 장소를 옮겼다. 유럽에서도 파리나 런던에만 머물지 않았다. 전시 보도 통제로 갑갑증을 참지 못하고 발칸으로 떠난다. 1915년 1년을 꼬박 동유럽을 유랑한다. 그래서 발간한 책이 《동유럽 전쟁》The War in the Eastern Europe이다. 킨들 버전으로 99센트, 채 1달러도 되지 않는 가격이다. 그러나 알토란이다. 99달러를 지불해도 아깝지 않은 책이다. 1916년에 나왔건만 100년 후의 발칸과 동유럽을 돌아다니며 나침반으로 삼기에도 모자람이 없었다. 도처에서, 그는 이곳에서 무슨 기록을 남겼던가 거듭 챙겨 살펴 읽었다.

존 리드는 동유럽 너머 모스크바까지 다다른다. 1917년 러시아 혁명을 현장에서 직접 관찰하고 쓴 책이 바로 그 유명한 《세계를 뒤흔든 열흘》Ten Days That Shook the World이다. 레닌도 만나고 트로츠키와도 조우한다. '호텔 모스크바'에 대한 추억을 나누었을지도 모르겠다. 통탄스러운 것은, 1920년 서른넷에 숨을 거두었다는 점이다. 병사라고는 하는데, 아무래도 멕시코부터 러시아까지 무리한 여정과 맹렬한 집필로 몸이 크게 상한 모양이다. 그가 세계 대공황과 히틀러와 스탈린의 등장과 제2차 세계대전과 냉전을 지켜보며 산출했을 주옥같은 책들을 상상하노라니 마음이 쓰라리다. 안타까운 재주다. 아메리카에서 태어나 모스크바에 묻힌 그의 묘소를 찾아 절을 올렸다.

1906년 베오그라드에 들어선 호텔 이름이 '모스크바'였다는 점부터 의미심장하다. '호텔 이스탄불'도 아니고 '호텔 빈'도 아니다. 세르비아 민족주의가 고양되고 있었다. 오스만제국과는 멀어지고 있었고, 합스부르크제국과는 갈등하고 있었다. 베오그라드가 지향한 것은 정교 대국 러시아제국이다. 이슬람 제국과 가톨릭 제국과 정교 제국이 발칸에서 경합하고 있던 것이다. 헌데 트로츠키의 기고문에는 이런 정황이 거의 드러나지 않는다. 계급, 국가, 민족 등 사회과학적 접근이 다분하다. 유물론자 특유의 과학적이고 객관적인 분석이라 하겠다. 하건만 100년 만에 다시 읽노라니 겉핥기에 그쳤다는 인상을 지울 수가 없다. 강천과 산하가 말소되어 있다. '장소의 혼'이 거세되어 있다.

존 리드의 저서가 빼어난 것은 역사와 종교, 나아가 신화까지 아울러 고려하고 있기 때문이다. 자본주의, 사회주의, 민족주의, 제국주의만으로는 20세기 전반기 서유라시아의 천하대란을 온전히 담아내지 못한다. 그는 발칸전쟁과 제1차 세계대전 속에서도 1,500년 전 동/서 교회의 분열을 착목했다. 바티칸을 우주의 배꼽으로 삼는 서유럽과 콘스탄티노플을 '제2의 로마'로 여기는 정교의 분화가 발칸의 20세기를 날카롭게 가르고 있었다. 보스니아까지가 서로마의 영역이었고, 세르비아부터는 동로마의 강역이었다. 서유럽의 500년 된 신/구교 분열보다 더욱 깊은 것이 1,500년 전 동/서 교회의 분화이다. 라틴어와 가톨릭이 서구의 고갱이라면, 그리스어와 정교는 동구의 정수다. 장차 베오그라드는 '제3의 로마', 모스크바에 근접할 것이다. 향후 발칸에 등장하는 유고슬라비아 왕국과 유고슬라비아 공화국의 행보까지 꿰뚫어 보았던 것이다. 아니, 유고연방 붕괴 이후 가톨릭 국가와 이슬람 국가와 정교 국가들이 제각기 '민족주의'로 찢어지는 1990년대의 핵분열까지 꿰차고 있었다. 짜릿한 지성이다. 사이다 같은 직관이다.

호텔 모스크바.

베오그라드에 있는 세계 최대의 정교 성당.

최후의 유고인, 티토를 그리다

두어 달 발칸 견문의 거점으로 베오그라드를 삼은 것은 세르비아의 수도라서가 아니다. 유고슬라비아, 즉 유고연방의 수도였다. 티토가 머물렀던 곳이다. 1961년 비동맹회의가 처음 열렸던 곳이기도 하다. 석·박사 논문의 영감을 반둥 회의에서 구했던 나로서는 베오그라드 또한 각별한 관심이 쏠렸다. 애틋한 애정이 솟아나는 곳이다. 태국의 고산 마을에서 견문을 시작한 초장부터, 냉전을 거스르며 독자 노선을 개척했던 티토에 대한 헌사를 한 꼭지 꼭 쓰리라 다짐하고 있었다. 20세기의 거인 가운데 유독 덜 알려져 있음이 안타까웠다. 유고연방의 해체와 함께 티토 또한 망각되고 있음이 아쉬웠다.

그런데 현지에서는 달랐다. 뜻하지 않게 머무는 동안 세르비아 대선이 한창이었다. 대통령에 당선된 이보다 더 눈에 띈 것은 20대의 무소속 청년 후보였다. 유고연방이 해체되는 1990년대에 태어난 친구다. 헌데도 보수/진보 양당제를 돌파하는 '새 정치'의 방편으로 유고슬라비아와 티토를 환기하는 것이다. '신新유고주의'를 주창하고, '네오-티토주의'를 표방했다. "나토NATO는 가고, 티토TITO는 오라!"는 구호 또한 참신했다. 최종 결과는 10퍼센트에 조금 못 미치는 득표율로 3위에 그쳤다. 그러나 낙담할 이유가 전혀 없어 보인다. 아직 서른도 안 된 새싹이다. 20대 기수였다. 어떻게 성장할지, 어디까지 다다를지 주목하지 않을 수 없겠다.

세르비아만도 아니었다. 주변 나라와 이웃 도시까지 티토는 이미 잘 팔리고 있었다. 어르신들은 티토와 보냈던 유고연방 시절을

"티토 만세"를 외치는 담장의 낙서들이 골목 곳곳에서 눈에 띈다.

황금시절로 회상한다. 투박했지만 정직하고 정감이 넘쳤던 시대다. 유고연방이 붕괴하면서 잘난 사람들만 더 잘나가는 '격차 사회'가 도래하고 말았다. 모자라는 사람이 여유로운 사람에게 기대는 것을 나무라고 타박한다. 잘난 사람이 못난 사람을 감싸는 것을 미덕이라 여기지도 않는다. 이웃은 더 이상 동무가 아니었고, 동료들 또한 더는 동지가 아니었다. 삭막하고 각박해졌다. 더 바빠지고, 더욱 불안해졌다. 티토 시절에는 인간미가 넘쳤고, 스트레스는 덜했다. 그래서 흠마저 감싼다. 가난한 농민 출신에서 세계적인 지도자의 반열에 오른 티토는 다른 한편으로 쾌락을 탐하는 인간이기도 했다. 새 옷 사기를 좋아하고, 사생활도 복잡했다. 혼외 자식도 여럿이다. 그런데도 밉상이 아닌 모양이다. 반듯하게 본받을 귀감은 아니지만, 사랑스럽고 매력적인 인물로 기억된다. 폼생폼사, 로맨티스트였다.

더 흥미로운 것은 티토의 사후에 태어난 1980년 이후 세대도 그에게 호감을 느낀다는 것이다. 2008년 세계 금융위기가 기폭제가 되었다. '1989년 체제'의 시대정신, 자유화-민주화-유럽화-세계화에 대한 회의감이 퍼져갔다. 이러려고 유고연방을 해체시켰던가, 자괴감이 번져갔다. 노동자 집회에서도, 학생 시위에서도 티토의 사진과 옛 유고연방의 깃발이 나부끼기 시작했다. '최후의 발칸인', '진정한 발칸인'으로 티토를 기렸다. 티토의 초상화가 그려진 티셔츠를 입고, 그의 고향인 (크로아티아의) 쿰로베츠부터 빨치산 투쟁의 근거지였던 (보스니아의) 비하치를 거쳐 유고연방의 수도였던 베오그라드까지 순례하는 '레드 투어'가 유행한다. 여행의 경로가 보여주는 것처럼 발칸의 신청년들은 지도상에서 사라진 '유고슬라비아'를 복기하고 있다. 슬로베니아, 크로아티아, 세르비아, 보스니아, 마케도니아, 몬테네그로, 코소보 등으로 갈라진 국민국가의 경계를 넘어서 왕년의 티토처럼 회합하고 연대하고 있는 것이다.

이 독특한 사회 현상에 시장 또한 기민하게 반응했다. 크로아티아의 수도 자그레브에 본부를 두고 있는 한 생수 회사는 'Titov Izvor'('티토의 샘'이란 뜻)를 출시하여 대박을 쳤다고 한다. 어른들은 어르신대로 청량감을 만끽하고, 청년들은 청년대로 갈증을 해소한다. 티토의 생일날에는 옛 유고연방 주요 도시의 클럽마다 '티토 페스티벌'도 열린다고 했다. 유고연방 시절의 복고풍 음악을 들으며 춤추고 노래하고 마시는 축제날이 된 것이다. 클럽들이 모여 있는 자그레브의 뒷골목 담벼락에는 "We want TITO, not the EU"(우리는 EU가 아니라 티토를 원한다)라는 그래피티도 그려져 있었다. 자본주의 체제의 피곤함과 신자유주의 시대의 고단함이 거듭 티토와 유고슬라비아를 환기하고 있는 것이다.

과연 유고연방 시절이 황금기였던가? 사료를 들이밀며 꼬치꼬치 따지다가는 아재 취급 받기 십상이다. 19세기형 역사학의 과학성과 객관성을 맹종하는 꼰대로 전락한다. 과거는 해석의 전장이다. 오늘을 살아가는 사람들이 다시 쓰는 창작물이다. 내일을 사는 이들은 오늘과는 전혀 다른 과거사를 창조해낼 것이다. 고로 티토/유고슬라비아 열풍이 과거 회귀나 반동을 뜻하지도 않는다. 도리어 도래할 미래에 미리 건네는 인사로 접수해야 한다. "Tito is Alive"라는 머그잔 로고를 있는 그대로 받아들일 필요가 있다. 20세기에 결박된 인물이 아니다. 현재에 속하면서 미래를 함께 만들어간다. 혼자 추억하면 노스탤지어이지만, 다 함께 추모하면 유토피아의 원동력이 된다. 고로 역사는 인과 법칙을 따지는 과학을 초월한다. 주관적이며 예술적이고 창조적이다. 더 나은 체제를 갈망하고, 더 좋은 지도자를 갈급하며, 더 따뜻한 사회를 갈애하는 미래의 반전을 예비한다. 과연 널리 환기되고 있는 티토의 이미지 또한 대통령 시절이 아니었다. 빨치산의 대장이었던 1940년대 초반의 티토다. '발칸의 체 게바라', '유고슬라비아의 체', 전설의 영웅을 호명하고 있는 것이다.

1940년대 발칸의 대장정, 사회주의 유고연방의 탄생

나로서는 체보다는 마오가 연상된다. 티토는 1892년, 마오쩌둥보다 한해 먼저 태어나서 1980년, 4년 더 살다 죽었다. 동세대인이다. 더욱이 경험마저 흡사했다. 빨치산 항쟁의 근거지였던 비하치에서 연상되는 곳 또한 동시대 동아시아의 해방구 옌안이었다. 중국공산당이 소련을 추종하는 지식인 정당으로서 도시 봉기에 거듭 실패하다 대장정을 통하여 대중정당으로 거듭났던 것처럼, 유고공산당 또한 발칸의 산악지대를 전전하며 토착화되어갔다. 자그레브대학이나 베오그라드대학 등 발칸의 명문대학 출신 엘리트 당원들은 책 읽고 논쟁하는 데 능한 '입'진보가 많았다. 런던과 파리의 좌파 지식인들과 세계관을 공유했지, 발칸의 농민들과는 딴 세상 사람들이었다. 민중의 거개는 프롤레타리아 혁명에 하품을 하고, 계급투쟁에 딴청을 피웠다. 국왕에 충성하고 교회에서 회개하며 가족의 안전과 농토의 보위를 으뜸으로 쳤다. 전쟁과 혁명의 동시 수행을 위해서는 '인민 속으로', 군중 노선이 절실했다. 중국공산당이 농민과 결합하면서 마오쩌둥이 리더십을 발휘한 것처럼, 발칸적 공산당으로 전변하면서 티토가 부상했던 것이다. 변방에서 중원으로, 농촌이 도시를 포위하는 전략 또한 빼닮았다. 발칸의 험준한 산세가 게릴라의 자연 요새가 되어준 반면으로, 8월에도 고산병과 추위로 고생하는 이들이 많았다고 한다. 어둠이 내리깔리면 으르렁거리는 늑대와 사투를 벌여야 했다.

중일전쟁(1937~1945) 속에서 국공내전이 전개된 것처럼, 독소전쟁 (1941~1945) 속에서는 발칸 내전이 진행되었다. 히틀러의 독일과 스탈린

티토의 생가(크로아티아).

빨치산 시절의 티토(1943).

의 소련이 서유라시아의 패권을 다투는 육박전을 벌이고 있을 때, 발칸반도에서는 통합파와 독립파 간 내전이 치열했다. 독일의 힘에 기대어 대大크로아티아를 만들고자 하는 세력도 있었고, 소련의 지원 아래 대大세르비아를 이루고자 하는 진영도 있었다. 티토는 끝내 유고슬라비아, 남슬라브인의 대일통을 추구하는 통합파의 좌장이었다. 통합파 간에도 경쟁이 있었으니, 우파는 연합국에 의존하여 유고슬라비아 왕국의 존속을 추구했고, 좌파는 왕정에서 공화정으로의 혁명을 추진했다.

난마처럼 전선이 얽힌 어지러운 시대, 난세가 영웅을 낳는다. 독소전쟁과 발칸 내전의 이중 전쟁 속에서 티토는 독보적인 지도력을 발휘한다. 독일에 맞서 스스로 싸워 이겼다. 사라예보도, 베오그라드도, 자그레브도 자력으로 해방시켰다. 그래서 소련의 입김이 미치지 못했다. 유고슬라비아는 폴란드, 헝가리, 체코 등 동유럽 위성국들과 위상을 전혀 달리했다. 소련이 이식한 속국이 아니었다. 자력갱생에 성공한 토착파 공산당이었다. 그래서 서방과 소련에도 맞짱을 뜰 수 있었다. 영국과 미국이 원한 것은 왕정파들과의 연합정권이었다. 유고슬라비아의 국왕을 통하여 티토를 견제하고자 했다. 단박에 제안을 걷어찬 티토는 1945년 유고슬라비아 사회주의연방공화국이라는 사회주의 국가를 건설한다. 나아가 그리스 내전까지 개입하고자 했다. 여차하면 발칸반도 전체의 연방을 추진할 기세였다. 화들짝 놀란 것은 스탈린이다. 그리스 내전에 미국이 깊숙이 관여하고 있었기 때문이다. 여차하면 미국과의 전면전이 불가피하다며 티토에게 어깃장을 놓았다. 1944년 10월 모스크바에서 스탈린과 처칠이 나눈 대화를 보면, 발칸을 자잘한 소국들로 나누는 방안에 이미 합의했던 바다. 그래서 서구와 동구의 완충지대로 발칸반도를 삼으려 했다. 북중국의 베이징은 마오쩌둥이, 남중국의 난징은 장제스가 다스리는 중국의 남북 분단을 획책했던 것과도 유사한 발상이다.

남/북 베트남, 남한/북조선의 분단과도 무연치 않을 것이다.

마오쩌둥이 중국의 분단을 거부하고 창장 이하로 남진해갔던 것처럼, 티토는 영·미와 소련의 뜻을 거스르며 유고슬라비아 통합을 견지했다. 건국에서부터 이미 비동맹 노선의 맹아가 역력했던 것이다. 도둑처럼 온 해방이 아니었으므로, 내정에서도 소련과 다른 길을 걷는다. 노동자 자주관리 사회주의라는 독특한 실험을 전개한다. 나토에 편입되지 않을뿐더러, 소련이 주축이 된 바르샤바조약기구(WTO)에도 조인하지 않음으로써 군사적 주권을 확보했다. 군사주권이 체제의 유연성도 보장했다. 시장이냐 국가냐, 자본주의냐 사회주의냐, 강박적인 이분법에서 탈피했다. '사회주의 시장경제'의 원조가 바로 유고슬라비아다. 중국의 개혁개방, 소련의 페레스트로이카, 베트남의 도이모이보다 훨씬 일렀다. 그리하여 유고슬라비아는 냉전기 사회주의 국가들 가운데 가장 자유로운 국가였다. 1950~80년대 세계에서 가장 성장률이 높은 나라 중 하나이기도 했다. 1950년대 폴란드와 헝가리가 소련에 반기를 들었을 때, 1960년대 체코에서 반소련 봉기가 일어났을 때에도 티토와 유고슬라비아를 모델로 삼았다. 한때는 이탈리아와 오스트리아의 좌파 정당들도 유고슬라비아 노선을 진지하게 학습했다. 야심차게 이집트-시리아-이라크의 아랍연합공화국을 추진했던 이집트의 나세르에게도, 베트남-라오스-캄보디아의 인도차이나연방을 구상하던 베트남공산당에게도 유고슬라비아는 영감을 선사해주었다. 반면으로 소련에는 눈엣가시가 아닐 수 없었다. 동유럽과 아랍과 동아시아 사회주의 국가들의 유고화/티토화에 노심초사했다. 1960년대 중-소 논쟁을 벌이며 제 갈 길을 갔던 마오쩌둥을 가리켜 '아시아의 티토'라고 칭했던 연유다.

1980년 티토의 장례식장 풍경이 인상적이다. 동서냉전을 넘어섰다. 영국에서는 대처가 참석했고, 소련에서는 브레즈네프가 방문했다. 제1

호찌민과 티토(가운데).

나세르와 티토(왼쪽).

세계와 제2세계는 물론 제3세계 지도자까지 그의 죽음 앞에 고개를 숙이고 애도를 표했다. 재임 기간 동안 142번의 해외 순방으로 62개국을 방문했던 지구촌 외교의 결실이었다. '최후의 발칸인', '마지막 유고슬라비아인'의 최후는 화려했다.

유고의 자화상: '7-6-5-4-3-2-1'

티토의 나라, 유고슬라비아를 카운트다운 식으로 설명하는 방법이 있다. 끼워 맞추기의 혐의가 없지 않지만 제법 그럴듯한 구석도 있다. '7-6-5-4-3-2-1', 유고슬라비아의 자화상이라고도 하겠다.

7은 7개의 국경을 뜻한다. 서북에서 시계 방향으로 이탈리아, 오스트리아, 헝가리, 루마니아, 불가리아, 그리스, 알바니아와 국경을 접했다. 이탈리아, 오스트리아, 그리스는 자유주의 진영이었다. 헝가리, 루마니아, 불가리아, 알바니아는 사회주의 진영에 속했다. 동/서 이념 대립의 한복판에 유고슬라비아가 자리했다. 흥미로운 점은 오스트리아도, 헝가리도, 알바니아도, 불가리아도 유고슬라비아를 자국의 영토라고 주장했다는 점이다. 합스부르크제국(오스트리아, 헝가리), 오스만제국(알바니아, 불가리아)의 유산이라 하겠다. 유고슬라비아를 발칸반도의 기층에 깔린 다문명 세계에 근대적인 정치 형식을 부여한 '소제국'으로 접근해야 합당한 까닭이다.

6은 6개의 공화국을 말한다. 북쪽부터 슬로베니아, 크로아티아, 보스니아, 세르비아, 몬테네그로, 마케도니아의 6개 공화국으로 구성되었다. 보스니아만이 특정 민족의 이름을 따지 않았다. 무슬림 4할, 정교의 세르비아인 3할, 가톨릭의 크로아티아인 2할로 황금비율을 이루었기 때문이다.

5는 5개의 민족을 뜻한다. 슬로베니아, 크로아티아, 세르비아, 몬테네그로, 마케도니아의 '오족공화'五族共和를 이루었다. 무슬림이 빠졌으니 어폐가 없지는 않으나, 민족/국가로 사람을 가르지 않았던 이슬람 문명의 고유함을 반영한 것이라고 너그럽게 봐줄 수도 있겠다.

4는 4개의 언어다. 슬로베니아어, 크로아티아어, 세르비아어, 마케도니아어로 나누었다. 언어 또한 칼처럼 나누기가 쉽지 않다. 크로아티아어와 세르비아어는 문자가 다를 뿐이다. 입말은 거의 같다. 그래서 '세르보-크로아티아어'라는 명칭마저 있다. 러시아어를 익힌 나로서는 문자를 공유하는 세르비아어도 띄엄띄엄 읽을 수 있었다. 그래서 크로아티아어는 로마 알파벳으로 표기한 러시아어 같다는 인상마저 들었다. '슬라브 세계'라고 통 크게 퉁칠 수도 있다.

3은 세 개의 종교다. 슬로베니아와 크로아티아는 로마 가톨릭에 속한다. 세르비아, 몬테네그로, 마케도니아는 동방정교에 속한다. 그리고 오스만제국 아래서 개종한 이슬람교도들도 많았다.

2는 두 개의 문자다. 키릴 문자와 로마 문자가 유고슬라비아 시절 두루 통용되었다.

마지막 1은 하나의 국가다. 이 다문명 세계를 현실적으로 통합하기 위한 방책으로 유고공산당 1당 지배를 확립했다. 사실상 이 '1'을 강조하기 위해서 2부터 7까지 말을 만들어내었다고도 할 수 있다. 그리고 '1당 1국'의 정점에는 제1인자, 티토가 자리한다. 티토의 카리스마로 복합문명 세계를 하나의 연방국가로 아울렀던 것이다. '술탄과 차르와 황제의 근대화'였다고 한다면 지나친 표현일까? 시장 기제를 도입하여 경제 성장을 도모했던 티토였지만, 유독 '민주주의'에는 호의적이지 않았다. 공식적으로는 노동계급의 적인 부르주아의 힘이 너무 세다고 말했지만, 실질적으로는 각 공화국의 민족주의 대두를 우려했던 것이다. 대大세르비아주의와 대⁂크로아티아주의와 몸소 부딪쳐 싸웠던 내전을 통하여 터득한 냉철한 현실 인식이기도 했다. 자신의 역사적 책무, 건국기의 지도자임을 자각하고 있던 것이다. 나라를 새로이 세우는 와중에 수성기의 온정주의를 발휘하거나 전성기의 탕평책을 구사하면 국가의 기틀이 흔들리기 십상이다. '유고슬라비아인'이라는 소제국의 세계인을 양성하기 위해서 전권을 행사했던 것이다. 나는 그의 판단이 크게 틀렸다고 생각하지 않는다. 정책에 만병통치, 만사형통은 없다. 그때그때 적절한 방책을 구사해야 한다.

사달은 그 정점에 서 있던 1인자가 사라지고 나서 났다. 티토에 필적할 후계자가 없었다. 거인이 물러나자, 소인들의 시대가 열렸다. 초인이 사라지자, 범인들이 다투었다. 유고슬라비아의 대의에 헌신하기보다는 각 공화국의 이익을 따지는 민족주의자들이 출현했다. 먼저 치고 나간 것은 슬로베니아와 크로아티아다. 1974년 개헌을 십분 활용했다. 분권화와 시장화의 흐름에 재빠르게 편승했다. 이탈리아와 오스트리아와 가까웠던 탓에 경제적으로 번영할 수 있었다. 제조업부터 농업까지 활기를 띠었고, 국경 개방으로 관광산업도 활황이었다. 점점 더 자신들이 '서방'에 속한다고 여겼다. 발칸 국가가 아니라 서구 국가라고 인식했다. 프랑스인이 알제리인을 보듯이, 독일인이 터키인을 보듯이, 영국인이 이집트인을 보듯이 보스니아와 마케도니아 사람들을 낮추어 보았다. 자기네들의 부를 동쪽의 못사는 공화국들에 나누어주는 것에 박탈감을 느꼈다. 유고슬라비아에서 이탈하고 싶어 하는 '크렉시트', '슬로벡시트' 기운이 지펴졌다.

연방 내의 동/서, 남/북 간 격차를 조율하며 불평을 다스려갔던 세르비아에서도 티토가 죽고 나자 불만이 터져 나왔다. 엄연히 베오그라드가 연방의 수도인데도 자그레브나 류블랴나(슬로베니아의 수도)보다 발전하지 못했음에 입이 삐죽 튀어나왔다. 유고공산당, 유고연방군 등 행정도시, 관료도시에 충실하면서 물질적인 번영이 뒤처졌다는 것이다. 못난 이들과 몹쓸 이들은 크로아티아 아버지에 슬로베니아 어머니를 둔 티토의 혈통 때문이라며 음모론을 퍼뜨렸다. 교묘하게 세르비아의 발전을 억압했다는 것이다. 각 공화국마다 감히 티토 앞에서는 할 수 없었던 말들이 분출하고 회자되기 시작했다. 저마다 의로움을 감수하기보다는 이로움을 앞세웠다.

1980년대 자유화와 민주화 조치는 불에 기름을 끼얹는 격이었다. 집단지도체제로 전환했다. 6개 공화국, 2개 자치주(보이보디나, 코소보) 대표 1명씩, 총 8인의 간부회가 1년 교대로 국가원수를 맡는 형태를 고안했다. 특정 개인에게 권력을 집중시키지 않는 '민주적인' 제도다. 그러나 도리어 독이 되었다. 전국선거가 실시되자 1년짜리 국가원수들이 제각기 공화국의 맹주를 자처하는 지역 할거 정당이 약진했다. 유세 기간 지역감정을 부추기는 프로파간다와 흑색선전이 판을 쳤다. 티토가 극구 봉합하고자 했던 민족주의 바람이 사후 10년 만에 부활한 것이다. 하여 1991년 이후 발칸의 비극은 1941년 발칸 내전을 반복하는 것이었다. 50년 만에 재개된 내전의 정황은 판이하게 달라졌다. 이번에는 통합파가 아니라 분리파가 승리해갔다. 그런데 유고슬라비아의 숨통을 끊고 재등장한 세력들의 면모가 간단치 않다. 크로아티아에서 정권을 접수한 이들은 나치독일에 편승하여 괴뢰 정권을 만들었던 극우파의 후예들이었다. 사회주의에서 (자유)민주주의로의 이행이라는 껍데기 서사로는 잘 짚이지 않는 대목이다. 1990년대 유고 내전의 본질을 직시하기 위해서라도 1940년대의 발칸을 복기해야 한다. 발칸의 홀로코스트, 유고의 킬링필드가 펼쳐졌던 자그레브로 이동한다. 놀랍게도 20세기 전반에도 '종교전쟁'이 자행되고 있었다.

자그레브

014

크로아티아 자그레브,
종교전쟁 2.0

발칸의 홀로코스트, 유고의 킬링필드

국시는 가톨릭, 국책은 개종: "정교 세르비아인을 박멸하라"

독일은 동진하고, 소련은 남하했다. 나치의 동쪽에, 적군赤軍의 남부에 유고슬라비아가 자리했다. 독소전쟁 이면으로 발칸 내전도 격발된다. 1941년 4월 '우스타샤'Ustaša가 주도하는 '크로아티아 독립국'이 선포된다. '우스타샤'는 '봉기'를 뜻한다. 나치독일에 호응한 파시스트 정부다. 크로아티아는 제1차 세계대전 이후 발칸에 들어선 유고슬라비아 왕국이 마음에 들지 않았다. 국왕도 세르비아인이고 수도도 베오그라드였다. 세르비아 주도성이 현저했다. 크로아티아인과 세르비아인은 생물학적으로 차이가 없다. 동족이다. 하지만 인문학적으로 갈라진다. 종교가 달랐다. 가톨릭을 신앙하는 자신들이야말로 남슬라브인의 맹주임을 자처했다. 유고슬라비아 왕국 내 연방제와 분권 자치를 요구하며 최대한의 자율성을 도모했다. 호시탐탐 와중에 천금 같은 기회가 열린 것이다.

히틀러와 합작함으로써 기왕의 유고슬라비아를 해체하고 대大크로아티아를 구현할 수 있었다. 괴뢰 국가 크로아티아가 수립한 정책은 경악스러웠다. 자국 내 200만 정교 세르비아인 가운데 3분의 1은 개종시키고, 3분의 1은 추방하며, 3분의 1은 학살키로 한다. 유대인 학살을 솔선수범했던 독일마저 질겁했을 정도다. 유고슬라비아의 킬링필드가 펼쳐진다. 난징 대학살을 능가하는 발칸 대학살이었다.

크로아티아의 수도 자그레브에는 발칸에서 가장 큰 가톨릭 성당이 자리한다. 1937년 대주교가 된 이가 스테피나츠다. 1941년 당시에는 추기경이었다. 그 또한 독일의 발칸 진출에, 크로아티아 독립국 탄생에 전율했다. 로마 가톨릭이 크로아티아에 들어선 지 1,300주년에 일어난 기념비적 사건이라 했다. 실상은 좀 다르다. 9세기부터 이미 바티칸과 발칸 사이 관계가 있었다. 하지만 유사 역사학 신봉자에게 문헌적 진실은 중요하지가 않다. 과거의 영광을 상기시키고 미래의 희망을 투사하는 것이 더 긴요한 과제다. 몸소 파시스트 정부의 수장을 찾아가 협력 의사를 밝힌다. 주님의 은총으로 충만한 크로아티아를 만들자고 했다. 히틀러를 신뢰한 것도, 나치즘을 신봉한 것도 아니다. 도리어 이교도라고 여겼다. 자유주의, 전체주의, 공산주의 죄다 헛되고 삿된 미망이라고 여겼다. 망상에서 벗어난 신의 나라, 신국神國을 건설코자 했다.

그중에서도 공산주의에 가장 적대적이었다. 종교를 배타했기 때문만도 아니다. 공산주의의 배후에 정교가 있다고 여겼다. 러시아정교와 세르비아정교가 공산주의와 결합하여 가톨릭과 항쟁하고 있다고 생각했다. 역시나 사실 여부는 부차적이다. 그렇게 인식했음이 관건적이다. 하여 우스타샤가 세르비아정교도를 절벽으로 밀어 떨어뜨리고 있을 때, 히틀러의 전차부대가 레닌그라드(상트페테르부르크)와 모스크바로 진격하고 있을 때, 유럽 곳곳에서 유대인을 학살하는 강제수용소가 지어지고

자그레브 대성당.

나치 및 괴뢰 정권과 협력하는 스테피나츠 추기경(오른쪽 끝).

있을 때, 스테피나츠는 모든 문명 세계가 이교도의 위협에 맞서 싸우고 있다고 목 놓아 설교했다. 십자군의 그림자가 여실하다.

그가 발칸의 홀로코스트를 직시한 것은 1943년에 이르러서다. 2년 간 전개된 사태의 본질을 뒤늦게 깨달았다. 우스타샤 정부를 공개적으로 비판한다. 이로써 공산주의와도 적대하고, 파시스트들도 미워하는 인물이 되었다. 격화되는 독소전쟁과 발칸 내전 속에서 서서히 고립되어간다. 그럼에도 바티칸으로 망명하지는 않았다. 궁여지책을 구했다. 우스타샤와 최소한의 관계를 확보함으로써, 최대한의 인명을 구하는 길을 택했다. 전쟁이 막바지에 달할수록 그의 명성은 도리어 높아갔다. 유대인도, 세르비아인도 그를 신망했다. 발칸의 지옥에서 의탁할 수 있는 유'이'한 보호자였기 때문이다. 또 다른 무리는 발칸의 체, 티토가 은거하고 있는 보스니아의 산골로 향했다.

발칸 내전의 진상을 찬찬히 살피노라면 '발칸의 홀로코스트'라는 비유를 곧이곧대로 쓰기가 꺼려진다. 독가스 살포를 비롯해 근대적 기술을 활용한 살육이 아니었다. 총도 아니고 칼과 도끼가 더 많이 사용되었다. 요구한 것 또한 공산주의니 민주주의니 하는 이념 전향이 아니다. 단연 개종이었다. 총검을 앞에 두고 강제 개종이 자행되었다. 거부하는 이들은 정교 성당에 밀어 넣고 불을 질러 태워버렸다. 성직자들이 깔끔하게 면도하는 가톨릭과 달리, 정교 신부들은 턱수염을 길게 기른다. 그 남다름조차 견딜 수가 없었던 모양이다. 혐오스런 수염을 베어버리고 눈은 뽑아버리고 코와 귀는 잘라버렸다. 가톨릭이 국시國是이고 개종이 곧 국책이었다. 하여 근대화가 곧 세속화라는 공식 또한 도그마에 그친다. 실사구시에 어긋난다. 발칸이 경험한 제2차 세계대전은 자유주의나 전체주의, 공산주의 간 전쟁이 아니었다. 명명백백 종교전쟁이었다. 동/서 교회 간 지하드(성전聖戰)가 처절했다.

강제 개종을 당하는 세르비아 정교도들.

　매우 독특한 현상은 정교 세르비아인의 박멸을 위하여 무슬림을 동
원했다는 점이다. 기왕의 종교전쟁, 십자군과는 다른 양상이다. 크로아
티아는 가톨릭과 이슬람에 속해 있다고 했다. 가톨릭과 이슬람의 위대
한 역사가 크로아티아 독립국으로 합류한다는 것이다. 로마와 메카를
한편으로 세우고, 콘스탄티노플(제2로마)과 모스크바(제3로마)를 배격한
것이다. 그래서 세르비아 베오그라드의 정교 성당을 파괴하는 반면으
로, 자그레브에는 새 모스크를 지어주었다. 정권이 준비한 300만의 탄
알은 오로지 세르비아인과 유대인과 집시를 향했다. 무슬림보다 정교도
에 더 적대적인 것은, 역설적으로 그들이 크로아티아인과 한 민족이었
기 때문이다. 한 뿌리이건만 혼이 비정상이었다. 비정상을 정상화하기
위하여 동족상잔도 마다치 않은 것이다.
　나아가 1054년 동/서 교회 분열 이후 유럽의 갈등을 치유할 수 있는
천 년 만의 기회가 도래한 것이라고 여겼다. 비잔티움제국과 오스만제

국으로 오염된 유럽을 말끔한 정토淨土로 회복하고자 했다. 간절히 바라면 온 우주가 돕는다. 히틀러의 유럽 통일전쟁 또한 새로운 천년 왕국의 대사역이 출발하는 기회로 접수했다. 히틀러는 무장이다. 장수가 유럽을 통합하면, 그 새 유럽에 영혼을 불어넣는 작업은 본인들이 담당할 것이다. 유럽사 특유의 종교전쟁이라는 맥락을 떼어놓고는, 열전과 냉전으로 점철된 20세기 유럽사 또한 온전히 파악할 수가 없다. 근대화=세속화라는 교조적 프레임 또한 폐기처분할 때가 되었다. 종교사 없는 근대사, 문명사 없는 현대사는 가짜 역사학Fake History이다. 객관적이지도, 과학적이지도 않다.

두 번째 독립전쟁과 '반공 민주'의 귀환

학살이 학살을 낳는다. 세르비아인들도 가만히 당하고 있지만은 않았다. 크로아티아인들을 학살하고, 그들에 부역하는 무슬림들도 학살했다. 상호 학살이 심화될수록 역설적으로 유고슬라비아의 구심력은 더욱 커져갔다. 극우파 괴뢰 정권의 만행이 티토의 빨치산 투쟁에 득이 되었다. 발칸의 아우슈비츠에서 탈출한 사람들이 속속 보스니아로 집결한 것이다. 사회주의의 우산 아래 종교전쟁을 그친 해방구였다. 우스타샤에 맞서 가장 치열하게 항쟁하는 티토에 대한 신망도 덩달아 높아갔다. 민족과 종교로 사람을 나누지 않는 연방주의를 깃발로 세워 자그레브와 사라예보, 베오그라드를 해방시킨다. 크로아티아 독립국의 대학살 정책이, 역설적으로 그들이 가장 원하지 않던 두 가지 결과를 초래한 것이다. 1945년, 왕정을 대신하여 공산주의 정부가 탄생했다. 그리고 독립국가가 아닌 연방제 국가가 되었다. 유고공산당 아래 발칸은 유고슬라비아 사회주의연방공화국으로 재통합되었다. 티토는 집권 40여 년간

1945년 9월, 자그레브 해방 기념 행사. 가톨릭과 정교 대표와 유고공산당이 함께 무대에 오르면서 '제국'을 연출한다.

일관되게 형제애와 통합을 강조했다. 다원일체, 대일통을 고수했다.

갈등이 완전히 봉합된 것은 아니다. 1972년 대숙청이 감행된다. 겉보기에는 공산당 내 보수/혁신 갈등이었다. 서구에 유화적이고 시장 친화적인 개혁파 대 사회주의를 고수하는 보수파의 길항으로 접근한다. 실상은 독립파의 재등장에 더 가깝다. 크로아티아공화국 대표들이 통화주권과 군대 보유를 요청했다. 총과 돈은 국가의 근간이고 혈액이다. 티토는 발끈했다. 1941년의 비극을 되풀이하는 것이라며 역정을 내었다. 유고연방이 약화되면 재차 외세가 개입한다. 발칸을 자잘한 소국들로 나누어 분할지배할 것이다. 우스타샤가 일소된 것도 아님을 잘 알고 있었다. 해외로 망명하여 '반공 전사'로 신분을 세탁했다. 천주교도가 민

스테피나츠 동상(자그레브).

스테피나츠 묘소(자그레브 대성당).

주교도가 된 것이다. 스페인과 아르헨티나 등 반공 군사독재 국가를 주무대로 유고연방 해체운동과 크로아티아 해방운동을 벌였다. 그들을 지원했던 이로는 프랑스 국민전선의 태두 (아버지)르펜도 있었다. CIA의 자금에 힘입어 테러도 병행했다. 세계 곳곳의 유고슬라비아 대사관을 겨냥하여 폭탄을 던졌다. 유고슬라비아 국적기를 납치하는 초유의 사태도 벌어졌고, 내부까지 침투하여 극장과 철도역에도 테러를 가했다.

1980년 티토가 사망하면서 유고공산당의 구심력은 크게 약화된다. 설상가상으로 1989년 베를린 장벽이 무너진다. 반세기 만에 독일과 소련 간 역전이 일어난다. 동독과 서독은 하나가 되었고, 소련은 조각조각 해체되었다. 크로아티아는 끝끝내 정의의 시간이 도래했다고 여겼다. 가장 먼저 독립을 선포하며 유고연방에서 이탈한다. 세르비아는 오리엔트다. 유고슬라비아는 제3세계다. 우리는 본디 서방에, 제1세계에 속한다. 마침내 동양적 전제로부터 탈출하여 서유럽으로 돌아간다고 했다. 해외에서 '반공 전사'로 활동했던 우스타샤 인사들도 속속 본토로 복귀했다. 타지를 전전하며 '독립운동'에 헌신했던 그들이 정권을 접수한다. 크로아티아 독립국 수립 50년 만에 재차 분리독립에 성공한 것이다. 공교롭게도 두 번째 크로아티아 독립국을 가장 먼저 승인한 국가 역시 통일독일이었다. 소련보다 독일의 재기가 유고슬라비아의 장래에 더 위협이 될 것이라던 티토의 노파심이 들어맞은 셈이다. 소비에트연방과 유고연방에서 떨어져 나온 독립국가들이 속속 EU로 편입되어갔다. 비동맹 노선을 살처분한 나토는 더욱 확장되어갔다.

두 번째 독립전쟁에서 승리한 크로아티아에서는 과거사 청산이 부각되었다. 단연 논쟁의 중심은 스테피나츠 추기경이다. 유고연방 시절 그는 독일에 협력한 범죄자로 취급받았다. 1946년 전범재판에 회부된다. 나치에 부역한 성직자이자 괴뢰 정부에 협력한 반역자라는 주홍글씨가 박혔다. 불명예를 떠안고 1960년 숨을 거둔다. 명예가 복권되었다. 크로아티아 민족주의의 열사로 대접받는다. 지금도 그의 묘지를 오가는 사람들은 무릎을 꿇고 손으로 십자가를 그으며 기도를 올린다. 반공주의에 투철함으로써 친親나치 이력은 소거된 것이다. 착잡한 마음이 일었다. 노트를 꺼내 몇몇 생각을 적어 내려가던 차, 기도를 마친 할머니가 내 옆자리에 앉는다. 기자냐고 묻기에, 그렇다고 했다. 기다렸다는 듯 말을 쏟아내신다. 제대로 통하지는 않았다. 내가 확실하게 알아들을 수 있는 단어는 '헤로이'хероj였다. 영어 히어로hero와 러시아어 게로이 герой의 중간쯤 되는 발음이다. 내가 알아듣지 못한 말의 취지는 '그는 범죄자가 아니다'였을지도 모르겠다. 찜찜하다. 석연치가 않다. 영웅이라 하기에는 너무 늦게, 너무 적게 기여했다. 크로아티아만큼 과거사 청산이 착종적인 곳도 드물다. 크로아티아만의 문제는 아닐 것이다. 1989년 체제의 대서사, '반공 민주'의 모순이다.

세 번째 유고, 대크로아티아주의와 대세르비아주의의 격돌

1991년 소련이 해체된다. 사회주의 모국이 사라졌다. 발칸에 세워진 유고슬라비아 사회주의연방공화국도 변화가 불가피했다. 이미 크로아티아와 슬로베니아는 떨어져 나갔다. 그럼에도 유고연방을 사수했다. 삭제한 것은 '사회주의'뿐이었다. 1992년의 유고연방을 '신新유고연방'이라고 한다. '제3의 유고'라고도 부른다. 유고슬라비아 왕국과 유고슬라비아 사회주의연방공화국에 이은 세 번째 유고였다. 하지만 세르비아 중심성이 훨씬 심화되었다. 대크로아티아주의에 맞불을 놓는 대세르비아주의가 분출했다. 크로아티아에서 스테파나츠를 추키고 있을 때, 세르비아에서는 두샨 대왕을 고취시켰다. 14세기 세르비아제국의 전성기를 이끈 차르다. 북으로는 크로아티아를 정복하고, 서로는 아드리아해에 닿았으며, 남으로는 에게해에 이르고, 동으로는 콘스탄티노플 앞마당까지 진출한 영웅이다. 보스니아, 몬테네그로, 알바니아, 마케도니아, 그리스는 물론 불가리아와 헝가리 일대까지 아우르는 대제국을 건설했다. 세르비아인들은 그가 1355년 갑작스레 사망하지 않았더라면 콘스탄티노플까지 정복하여 비잔티움제국의 황제로 등극했을 것이라고 믿는다. 티토 시절에는 차마 그를 칭송하지 못했다. 사회주의 계몽주의 아래 봉건의 상징이나 반동적 민족주의 혹은 제국주의의 화신으로 취급했기 때문이다.

'우리는 서방이며 제1세계이고, 세르비아는 동방이며 제3세계'라는 크로아티아에 맞서, 유럽사의 전개 또한 세르비아 중심으로 재인식했다. 신민족주의 서사에서 세르비아인은 유럽 문명을 구제한 수호신으로 등극한다. 비잔티움제국을 잇는 후계자 자리를 두고 세르비아는 튀르크와 경쟁했다. 왕년의 몽골처럼 튀르크 또한 유라시아 초원길을 따라 파죽지세로 유럽까지 진출했다. 세르비아가 홀로 맞서 싸움으로써 오스만제국의 서진을 발칸에서 멈추어 세울 수 있었다는 것이다. 세르비아가 아니었다면 유럽 전체가 오스만제국의 치하에 떨어졌을 것이라고 한다. 즉 이탈리아의 르네상스부터 프랑스의 계몽주의까지, 서유럽의 근대 또한 세르비아인의 피와 뼈 위에서 세워졌다는 것이다. 피해망상과 자부심이 기묘하게 뒤섞인 서사다. 그래서 세르비아에서 1989년은 전혀 다른 의미로 다가왔다. 베를린 장벽이 무너지고 동서냉전이 끝난 해가 아니다. 그보다 더 중요한 것은, 1389년으로부터 600주년이 되는 해였다. 1389년 6월 28일은 최후까지 튀르크에 맞서 싸웠던 세르비아의 용장 라자르가 장렬하게 전사한 날이다.

1989년 6월 28일, 차르 라자르가 패배한 장소를 찾은 이가 세르비아

차르 두샨의 동상(왼쪽)과
차르 라자르 초상화.

대통령으로 막 당선된 밀로셰비치다. 바로 그곳에서 세르비아인들은 다
시는 패배하지 않을 것임을 다짐했다. 대제국 오스만 시대와 소제국 유
고슬라비아 시대를 지나 정교 대국을 만드는 것이 세르비아인의 사명
이고 책무라고 선포했다. 다가올 다당제 시대를 예비하는 정치 선언이
기도 했다. 지역감정을 자극하고 민족의식을 고양했다. 민주주의와 민
족주의와 반공주의가 삼위일체로 공진화했다. '유고슬라비아'에 대한
세르비아인의 저항이 시작된 것이다. 세르비아공화국 내 집과 학교, 상
점에서 티토의 상징물을 떼어냈다. 티토가 주창한 '유고슬라비아인'은
다수민족인 세르비아인을 억압하는 개념이다. 소수민족을 지나치게 대
접했다. 특히 크로아티아인과 알바니아인에게 과분하게 관대했다. 대크

로아티아주의의 원흉 스테피나츠 추기경을 처형하지 않았다. 장례식도 허용해주고 자그레브에 무덤까지 만들어준 것이 티토였다. 무슬림에게 는 코소보 자치주도 선사했다. 세르비아공화국 안에 별도의 자치주까지 마련해준 것이다. 왜 이 신성한 세르비아인의 땅에 이주한 지 300년밖 에 안 되는 무슬림 소수자들의 구역을 따로 허용한다는 말인가? 오스만 제국의 무슬림보다 훨씬 이전에 이 땅은 본디 세르비아의 민족영웅 라 자르가 돌아가신 곳이다. 신성한 고토를 회복해야 한다. 가톨릭과 정교 에 이어 정교와 이슬람도 분열해간 것이다. 먼저 온 사람과 나중에 온 사람이 이웃에서 원수로 척을 졌다.

유고슬라비아의 운명은 사회주의를 신봉했던 이데올로그들에게는 충격이었겠으나, 발칸사에 정통한 이들에게는 느닷없는 사태가 아니었 다. 백 년짜리 이념보다 천 년 문명이 훨씬 뿌리가 깊다. 다문명 세계를 아우르는 제국의 재건에 실패한다면 핵분열을 면하기 힘들다. 삼세 번 유고로 이어진 '제국의 근대화' 실험이 최종적으로 파산한 장소가 코소 보였다. 유고연방을 역사에서 삭제하고 지도에서 도려내는 나토의 공습 이 처음으로 단행된 곳 또한 코소보였다. 아프가니스탄에서 리비아까지 체제 전환을 앞세우며 '인도주의적 개입주의'를 밀어붙이는 나토의 원 형이 드러난 곳 역시도 코소보였다. 고로 코소보는 20세기가 마감된 곳 이자, 21세기가 시작된 곳이기도 했다. 세기말, 밀레니엄의 폭탄이 쏟아 졌던 1999년의 코소보로 간다.

015

코소보, 21세기의 신탁통치

밀레니엄의 폭탄,
나토는 왜 유고를 공습했나

험로: 1999년 유고로 가는 길

가는 길이 험했다. 이르지 못할 뻔했다. 단숨에 국경을 넘지 못했다. 아
니 '국경'이라는 합의조차 없었다. 코소보는 2008년 독립을 선언했다.
세르비아는 인정하지 않았다. 여전히 세르비아공화국 내 자치주라고 주
장한다. 국제적으로도 편이 갈린다. 110여 개 국가는 코소보공화국을
승인했다. 90여 개국은 인정하지 않았다. 베오그라드에서 프리슈티나
(코소보의 수도)로 가려던 나의 여정에도 차질이 생겼다. 세르비아를 나갈
수는 있으나, 코소보에 들어갈 수가 없었다. 베오그라드를 진지로 삼은
지 50여 일이 흐른 뒤였다. 그곳에서 뭐하느냐는 낯선 질문이 날아온다.
코소보에서는 왜 오려는 것이냐고 따지듯 추궁한다. 퉁명스런 말투부터
불길하던 차, 입국 불가 판정을 내린다. 황망했다. 유럽의 도시와 도시

코소보 제2의 도시, 프리즈렌. 세르비아제국 시절의
수도이자 오스만제국기 코소보의 문화 중심지였다.

가운데 이동하기 가장 불편한 곳이었다. 불편함을 넘어 불안감도 일었다. 버스 창가 너머로 내전의 상처가 여전하다. 곳곳에 무너져 내린 건물들이 폐허를 이룬다. 무릅쓰고 장장 7시간을 달려온 곳이다. 다시 덜컹거리는 비포장도로를 달려 돌아갈 생각에 까마득해졌다.

궁하면 통한다. 궁리하면 터득한다. 현지 사부로 모시는 베오그라드 대학 역사학과 교수에게 급히 사정을 전했다. 아직도 발칸에서는 유고망Yugo-network이 작동한다. 특히 유고연방의 수도였던 베오그라드는 발칸 각지의 지식인들이 집결하는 곳이었다. 제각기 독립국가로 분화하면서 직장도 나라별로 갈라졌다. 하더라도 기왕의 친구들까지 잃어버리지는 않았다. 도리어 더욱 애틋하고 각별한 우정이 흐른다. 발칸의 주요 도시를 방문할 때마다 그 인연의 덕을 톡톡히 입었다. 이번에도 현명한 조언을 주신다. 마케도니아로 우회해보란다. 세르비아 국경에서 마케도니아의 수도 스코페로, 스코페에서 북부의 국경 도시로, 그곳에서 다시 코소보로. 국제 버스와 국내 버스를 연달아 갈아탔다. 과연 통했다. 몸은 고달팠지만 길은 이어졌다. 마케도니아에서 코소보로 진입하는 데는 별다른 장애가 없었다. 꼬치꼬치 캐묻지 않는다. 코리아의 북이냐 남이냐만 확인했다. 유고슬라비아는 북조선과 돈독했다. 티토 박물관에는 김일성과 찍은 사진도 있다. 유고연방에서 가장 늦게 벗어난 코소보가 북조선을 달가워할 리 없을 듯하다. 다행히 나는 남한 출신이다. 한국은 코소보 독립을 가장 먼저 승인한 나라 가운데 하나였다. 미국의 동맹국들부터 코소보를 인정했다고 한다. "굿 코리아!"라고 환대한다. 마침내 입국 도장이 찍혔다. 베오그라드에서 프리슈티나까지 직선 거리로 250킬로미터, 나흘이 걸렸다.

에둘러서라도 기어코 코소보에 닿고 싶었던 것은 책 한 권이 결정적이다. 페터 한트케의 《공습 하의 유고슬라비아》(2009)를 탐독했다. 독일

(어) 현대문학사에서, 유럽 문화계에서 가장 중요한 작가 중 한 명으로 평가받는다. 빔 벤더스가 연출하여 칸에서 감독상까지 받은 〈베를린 천사의 시〉의 각본을 쓰기도 했다. 한국어로 번역된 소설도 꽤 되고, 〈관객모독〉이라는 연극도 유명하다. 그런데 작품과는 별개로 세기말 논쟁의 한복판에 섰다. 1999년 나토의 유고 공습에 반대한 거의 유일한 지식인이었다. 반대만 한 것이 아니다. 독일과 유럽과 미국의 위선을 신랄하게 고발했다. 유고슬라비아는 유럽을 나치에서 구해내고, 소련에서 지켜낸 나라다. 전체주의와 공산주의로부터 인류의 존엄을 지켜낸 나라다. 그 유고를 산산이 박살내는 데 서방이 앞장서고 있다고 성토했다. 주류 언론들의 선전선동에도 가열찬 비판을 가했다. 밀로셰비치를 히틀러에 빗대며 '발칸의 도살자'라고 낙인찍는 이들에게는 펜을 분지르고 입을 다물라고 험한 말을 내뱉었다. 1999년 유고 붕괴에 일조하거나 방조했던 자들이, 2003년 이라크전쟁에는 반대한다며 반전평화운동에 나서는 모순과 도착에도 힐난을 가했다. 밀로셰비치는 엄연히 세르비아 대선을 통해 선출된 합법적이고 정통성 있는 지도자였다. 그런데도 독재자 사담 후세인만큼의 동정도 얻지 못했다. 일방적인 모함이었다. 한 놈만 팬 것이다. 한 사람을 악마로 만듦으로써 '일국에 대한 만국의 전쟁'을 허용하고 말았다고 했다.

한트케는 네덜란드 헤이그에서 열린 전범재판에 참석하여 밀로셰비치의 법정 진술을 방청했을 뿐 아니라, 재판 기간 도중인 2006년에 그가 사망하자 장례식에서 헌사까지 했다. "모든 피고인은 아름답다" 했던 카프카를 인용하며 당대의 부조리를 까발렸다. 본디 정치적인 발언이 잦은 작가가 아니다. 너도나도 혁명을 부르짖던 1968년에는 침묵을 고수하며 작품에 전념했다. 모두가 외면하거나 곡해하는 1999년에는 홀로 분투하며 목청을 높인 것이다. 탓에 본인 또한 험한 꼴을 면치 못한다. '세르비아의 대리인', '살인마의 주구'라는 딱지가 붙었다. 영국의 〈가디언〉과 독일의 〈슈피겔〉과 프랑스의 〈르몽드〉가 이구동성으로 그를 공격했다. 유고 폭격하듯 한트케를 향해 집중 포화를 쏟아냈다. 친구였던 권터 그라스도, 빔 벤더스도, 수전 손택도 등을 돌렸다. 그간의 작품에 대한 평가마저 훼손당했다. 독일에서 가장 권위 있는 문학상이라는 게오르크 뷔히너 상을 반납했다. 유력하게 점쳐지던 노벨문학상 또한 감감무소식이 되었다. 고립무원, 베를린의 천사처럼 고독했다. 그러나 고고하고 꼿꼿했다. 꼿꼿한 자세를 거두지 않았다.

요 몇 년 헤이그 재판 결과가 속속 나오고 있다. 기소되었던 밀로셰비치 측근들이 무혐의 처분을 받고 있다. 그들이 코소보에서 자행된 세르비아인의 알바니아인 학살을 지시했거나 공모했다는 증거가 없다는 것이다. 그런데 거의 보도되지 않는다. 뉴스가 되지 않고 있다. 검색되는 것은 대저 왕년의 '가짜 뉴스'들이다. 1999년의 대서특필에 견주자면, 정정 보도는 한 줌에 그친다. 당시 밀로셰비치는 이렇게 말했었다. "이 재판은 냉전에서 승리한 쪽이 패배한 쪽을 일방적으로 단죄하는 부당한 폭거다. 나는 발칸의 평화를 제창했을 뿐이다. 유고를 고수하는 것이야말로 발칸의 평화책이기 때문이다. 이 법정 전체가 발칸의 비극을 세르비아인에게 전가함으로써 책임을 회피하려는 서방의 날조된 기획물이다. 나토 공습을 정당화하기 위한 정치적인 쇼다." 하지만 누구도 귀 기울이지 않았다. 메시지보다 메신저가 더 중요하다. 주홍글씨가 박힌 메신저의 발언은 수신자에게 가닿지 못했다.

헷갈렸다. 궁금증이 솟았다. 어느 쪽이 진실인가. 흑백으로 가름하기는 힘들 것이다. 양쪽 공히 100퍼센트의 진실이 아니라면, 흑과 백의 비율이 관건이다. 얼마만큼의 농담濃淡이라야 회색 진실에 근접할 것인가. 기필코 현장을 밟고 싶었다. "유고 공습의 본질을 직시하지 못함으로써 탈냉전이 지구 내전Global Civil War으로 전락하는 것을 막지 못한 것이 유럽 지성의 책임이다"라고 일갈했던 한트케의 발언 또한 검증해보고 싶었다. 15년 전, 사람들은 그가 틀렸다고 했다. 하지만 그는 그때도 옳았고, 지금은 더더욱 옳다.

발칸의 해체, 유고 지우기

예술가의 직관을 뒷받침하는 문헌 자료가 나왔다. '위키리크스'를 통해서다. 유고 공습을 전후로 한 문건들이 대량 공개된 것이다. 1999년 나토의 공습이 단행된 것은 3월이다. 78일에 걸쳐 일방적인 폭격이 가해졌다. 바르샤바조약기구는 1991년에 이미 해체된 이후였다. 미국 일극 체제가 확립된 직후였다. G2였던 소련은 G8을 구걸하는 러시아로 강등되었다. 술에 취해 비틀거리는 옐친 아래 서방의 비위 맞추기에 급급했다. 나토를 견제할 수 있는 세력이 없었다. 신新유고, '제3의 유고'의 수도 베오그라드는 초토화되었다. 민간인 희생자가 속출했다. 화학무기도 대량 투하되었다. 독성 물질이 완전히 제거되는 데 100년이 걸린다고 한다. 그러나 밀로셰비치의 '민족 정화'를 중지시키기 위한 '인도적 개입'이라고 했다. 불가피한 선택, '정의로운 전쟁'이라고 했다.

복선이 있었다. 그해 1월부터 평화 교섭이 진행되었다. 미국, 영국, 독일, 프랑스, 러시아 등이 합의하여 조인만 남겨둔 상태였다. 최종 국면에서 돌발 변수가 일어난다. 미국이 제출한 부속 문서가 세르비아를 혼란에 빠뜨린다. 내용인즉, 나토군이 유고 전역에서 군사훈련을 할 수 있는 자유를 허가하라는 것이었다. 군대 주둔과 치외법권도 요구했다. 밀로셰비치는 거부했다. 사실상 유고의 속국화를 의미하는 조항이었기 때문이다. 그러자 기다렸다는 듯 공습이 개시된 것이다. 무차별 폭격으

코소보의 수도, 프리슈티나 시청 앞. 코소보, 알바니아, 미국, EU, 나토의 깃발이 나란히
게양되어 있다.

로 세르비아는 결국 무릎을 꿇었다. 코소보를 방기한다. 혹은 헌납한다.

나토군이 무력으로 떼어낸 코소보는 유엔이 관할하는 신탁통치에
들어갔다. 2008년까지 코소보는 유엔과 EU, 나토가 지배하는 땅이었
다. 이 작은 나라를 네 개 권역으로 나누었다. 중앙부에는 영국군이, 북
동부에는 프랑스군이, 서남부에는 독일군이, 동부에는 미군이 머물렀
다. 티토가 동/서 양 진영 모두에 허락하지 않았던 외국 군대가 일시에
발칸으로 몰려든 것이다. 이로써 유고는 완벽한 해체 단계에 이른다. 유
고연방을 구성하던 6개 공화국은 물론 자치주까지 독립국으로 쪼개져
나간 것이다. 20세기 100년을 통으로 볼 필요도 있겠다. 발칸의 오스만
제국을 해체하고자 했던 줄기찬 시도가 마침내 마침표를 찍은 셈이다.
이스탄불과 모스크바의 영향에서 완전히 벗어난 발칸 또한 비로소 서
방의 지배 하에 들어갔다. 발칸의 문명화, 서구화, 민주화를 일단락 지

은 것이다.

　나토 치하 코소보에서는 또 다른 '민족 정화'가 진행되었다. 이번에
는 나토의 보호 아래 코소보로 복귀한 알바니아인들이 세르비아인들
을 윽박질렀다. 기세가 등등해진 이들에게 용서란 없었다. 자비를 베풀
기보다는 복수를 택했다. 당한 만큼 되갚아주고, 당한 이상으로 되돌려
주었다. 베오그라드에는 지금도 '1,300인회'라고 하는 단체가 존재한다.
1999년 정전 이후 코소보에서 실종된 세르비아인 가족들이 만든 모임
이다. 그만큼 폭행과 납치, 강간과 학살 등으로 행방이 묘연해진 사람들
이 숱하다. 마케도니아에서 코소보로 넘어왔던 국경 마을에서도 역逆민
족차별의 흔적을 목도할 수 있었다. 세르비아인 난민촌이었다. 그들 역
시도 알바니아인의 등쌀에 못 이겨 평생을 살아왔던 코소보를 등졌다
고 한다. 나토군 주둔 아래 세르비아인들의 삶은 형무소의 수인囚人 같
았다. 마을의 공공장소를 알바니아인들이 독점한 것이다. 장을 보러 가
거나 학교와 직장에 오고 가다가 억류당하고 얻어맞기 일쑤였다. 최대
한 외출을 삼가면서 집에 갇혀 살아야 했다. 사는 게 사는 게 아니었다.
억한 심정에 억장이 무너졌다. 그래서 국경을 넘은 것이다. 본디 자유롭
게 왕래하던 곳이다. 마케도니아도 유고연방의 일부였다. 10년 새 이웃
도시가 타국이 된 것이다. 그곳에서도 이방인이기는 매한가지였다. 마
케도니아어에 능하지 못하여 주변인으로, 소수자로 살아간다. 코소보
종전 이후 벌어진 이 역차별의 실태는 거의 알려지지 않았다. 뉴스가 뉴
스를 덮는다. 뉴스로 뉴스를 가린다. 2001년 9·11 테러를 계기로 발칸
은 미디어의 관심사에서 멀어졌다. 카메라와 마이크는 온통 뉴욕으로,
아프가니스탄으로 향했다. 보도되지 않는 사실은, 검색되지 않은 진실
은 존재하지 않는다. TV 화면으로 포착되지 않는 세르비아인의 고통은
더욱 신산스러운 것이었다.

유엔의 신탁통치에서 벗어나 코소보가 독립한 것은 2008년 2월 17일이다. 냉정하게 말하자면, 사정은 독립 이전과 크게 달라지지 않았다. '국제사회'의 인큐베이터에서 자라난 소국이다. 자생력이 극히 미약하다. EU, 나토, 세계은행, IMF, 미국 대사관, 각종 인권단체들이 전후 복구사업의 주역이었다. 미군부대는 끝내 알 박기에 성공했다. 군사적 종속 아래 정치적 주권 발현은 힘들었다. 경제 구조 또한 취약하기 그지없다. 민간 경제는 기지에 의존한다. 나라 살림은 외국 원조에 의지한다. 설상가상으로 독립 원년에 세계 금융위기까지 일어났다. 가뜩이나 발칸에서 가장 가난하던 코소보는 지금까지 타격이 심대하다. 실업률이 40~50퍼센트를 오르내린다. 세계화의 덫, 지구화의 민낯을 적나라하게 보여주는 곳이다. 2008년의 환호와 열광은 흔적도 없이 사라졌다. 정치하는 놈들은 죄다 사기꾼이고 매국노라는 원성이 자자하다. 이 꼴을 보자고 독립했던 것인가, 자괴감이 만연하다.

1999년부터 2008년까지를 제대로 평가하기 위해서는 1989년부터 1999년까지를 겹쳐 보아야 한다. 실제로 세르비아의 탄압이 가혹했다. 유고슬라비아 시절 티토가 허가해주었던 코소보의 자치 권한을 대폭 축소했다. 슬로베니아, 크로아티아가 분리독립해가면서 세르비아의 억압이 드세진 것이다. 소제국의 포용성과 유연성이 사라졌다. 코소보의 알바니아인들이 이웃 나라 알바니아와 결합하는 악몽의 시나리오에 신경을 곤두세웠다. 알바니아인들이 셋 이상 무리지어 걷는 것조차 금지했다고 한다. 명백한 인종차별, 발칸의 아파르트헤이트였다.

그리하여 본디 코소보에서 전개된 알바니아인들의 투쟁은 민족 간 평등성을 회복하는 것이었다. 유고슬라비아에서 누렸던 합당한 대우를 복구해달라는 것이었다. 독립을 요구하거나, 알바니아와의 통일을 주장한 사람은 극히 드물었다. 오히려 유고다운 유고, 연방다운 연방, 나라다운 나라를 요구했다. 티토가 건설했던 유고를 지속하라는 편에 더 가까웠던 것이다. 티토야말로 대세르비아주의에 맞서 싸웠던 인물이었기 때문이다. 티토가 빨치산 투쟁하듯, 해방과 평등과 자유와 존엄의 이름으로 세르비아 패권주의에 저항한 것이다. 일부는 한걸음 더 나아갔다. 유고만으로도 모자란다고 했다. 이참에 발칸 전체를 연방국가로 만들고자 했던 티토의 못 다 이룬 꿈을 완성하자고 했다.

그런데 그들의 주장이 코소보 밖에서는 곡해되고 굴절되었다. 이른바 서방의 '비판적 지식인'들이 제 입맛대로, 제 눈의 안경으로 가공하고 변형했다. 자유주의 근본주의, 교조적 민주주의, 인권만능주의의 시각에서 코소보를 접근한 것이다. 그리하여 나토의 유고 공습마저 승인하는 자충수를 두고 말았다. '유고다운 유고'의 요청에 '유고의 해체'로 응답한 꼴이다. 악의가 있었다고 여기지 않는다. 선의였을 것이다. 다만 어설픈 얼치기였다. 잘 알지도 못하면서, 바람잡이 노릇을 하고 말았다. 선무당이 사람 잡는다. 도둑처럼 찾아온 해방은 도둑맞은 해방으로 귀결되었다.

'NEW BORN', 신생과 환생

먼 길을 에둘러 왔건만, 정작 볼품이 없는 도시였다. 새파란 신도시다. 볼거리가 드물다. 볼 만하다는 곳도 좀체 주변과 어울리지 않았다. 아름다움의 비결은 조화로움에 있건만, 생뚱맞은 장소에 휑하고 들어선 신축 건물이 많다. 독특한 외관의 국립도서관에서 구경한 코소보 역사 전시실은 더욱 생경했다. 코소보가 세르비아의 성지였다는 사실을 싹둑 잘라내었다. 오스만제국의 영광도 대폭 축소하였다. 유고슬라비아 시절은 색깔론으로 덧칠되었다. 엉성하게 세워낸 국사國史가 앙상하다 못해

옥상에 '자유의 여신상'이 있는 호텔 빅토리.

빌 클린턴 거리.

코소보의 국립도서관.

'NEW BORN' 기념비.

초라하다. 발칸이라는 장소성이 거세된 무중력 도시 같았다. 옛 흔적이 고스란히 남아 있는 코소보의 제2도시 프리즈렌에 견주자면 도통 정이 가지 않았다.

더욱 뜨악해지고 만 것은 산책길에 마주한 빌 클린턴 동상이다. 옆으로 클린턴 거리도 조성되어 있었다. 'NEW BORN'이라고 알파벳으로 들어선 기념비의 뒷면은 코소보를 승인한 100여 개 국가의 국기들로 빼곡했다. 근방에는 '호텔 빅토리'도 있었다. 독립 이후 들어선 10년이 채 안 되는 신식 호텔이다. 옥상에다가 '자유의 여신상'을 세워두었다. 기발하기보다는 기가 막혔다. 베오그라드의 100년 묵은 '호텔 모스크바'와 극명하게 대비되는 건물이다. 겨우 250킬로미터이건만, 전혀 딴 세상이다. 말 그대로 새로이 태어난 신세계다.

클린턴은 1999년 당시 유고 공습을 결정한 장본인이다. 코소보에 독립국가를 하사해주신 주인공이다. 유고에서 격절된, 발칸에서 탈구된 코소보의 신생(new born)을 허여한 조물주다. 그래서 무슬림이 9할을 넘는 나라인데도 유독 미국과 EU와 돈독한 예외적인 국가를 주조해내었다. 냉전기의 적폐인 나토를 청산하기는커녕 동방 확대 정책을 추진함으로써 냉전적 세계관을 더욱 팽창시킨 원조이기도 하다. 그가 발칸에서 발판을 닦음으로써 후임자 부시는 아프가니스탄과 이라크를 초토화시킬 수 있었다. 발칸에서 클린턴과 합작했던 영국의 토니 블레어는 아프가니스탄과 이라크에서도 부시와 협조했다. 클린턴의 부인 힐러리는 훗날 국무장관이 되어 시리아와 리비아까지 폭격했다. 밀로셰비치의 황천길을 사담 후세인과 카다피가 따라갔던 것이다. 발칸의 남단 코소보의 위치가 절묘하다. 북아프리카로, 중동으로, 중앙아시아로 나토군이 출항하는 전초기지 역할에 최적이다. 하여 냉전은 종식된 것이 아니었다. 후기 냉전으로 이행했던 것이다. 유고연방을 지우고 소비에트연방을 지우면서 자유주의-자본주의로 지구를 석권하는 냉전적 세계관을 지속했던 것이다.

그러나 코소보 또한 '민주화 이후의 민주주의'에 고뇌한다. 코소보가 직면하고 있는 위기의 거개가 실은 1999년 이후 '인도주의적 개입'의 산물이다. 2008년 독립 이래, 민주화 이후 코소보 사회는 질적으로 더 나빠졌다. 외삽된 민주주의가 내발적 민주화를 꺾어버렸다. 발칸의 발칙한 지성 슬라보이 지제크의 발랄한 수사를 흉내 내어 말하자면 '디카페인 독립 선언'이었던 셈이다. 카페인 없는 커피처럼 허울뿐인 독립이었다. 자생력이 전혀 없는 속국을 심어두어 요긴하게 활용하는 꼴이다. 하여 여/야 간 정권이 교체된들 '차이 없는 반복'을 변주할 뿐이다. 권력은 시민에게 있지 않다. 워싱턴과 브뤼셀에서 코소보의 운명을 원격 조정한다.

'유고 공습'의 본질이 무엇이었던가. 애초 질문에 답이 담겨 있었다. 세르비아는 방편이었을 뿐이다. 밀로셰비치는 수단이었을 뿐이다. 목적은 '유고'에 있었다. 서구식 자본주의도 아니요, 소련식 국가사회주의도 아닌 제3의 실험을 추진했던 유고를 지워버리려고 했다. 서구에도, 동구에도 기울지 않는 비동맹 노선을 추구했던 유고의 유산을 묻어버리려고 했다. '다른 근대화'의 맹아를 뽑아버리고자 했던 것이다. '다른 백년'의 불씨를 밟아버리고자 했던 것이다. 한트케가 읊조리던 문장이 다시 떠오른다. "나는 옛 유고를 사랑한다"고 했다. 다문명 세계 발칸에 어울리는 정치적 형식으로 근대화를 도모했던 옛 유고와 작별하지 않은 것이다.

2017년. 그 꺼진 불이 되살아나고 있다. 죽은 불씨를 되살려내고 있다. 탈脫유고화 30년, 1989년 체제의 험로를 거슬러 재再유고화의 바람이 분다. 신생을 대체하는 재생과 환생의 물결이다. 각별한 것은 티토가 사망한 이후 1980년대에 태어난 팔팔한 신세대가 주역이라는 점이다. 그중 한 명을 만났다. 지난 3년간 주로 대가들을 찾아다녔다. 나보다 어린 지식인을 만난 것은 이번이 처음이다. 그러나 이미 발칸에서, 유럽에서 셀럽으로 통하는 친구다. '유고의 샛별', 신성(Re-Born)이다. 두 달여, 발칸에서 가장 뇌가 섹시한 남자와 나누었던 온/오프라인 대화를 소개한다.

016

2025 다른 발칸, 다른 유럽

발칸의 개신 좌파,
스레츠코 호르바트와의 대화

'오다기리 조르바'

올리버 스톤 감독은 그를 가리켜 '크로아티아의 카리스마 넘치는 철학자'라고 했다. 틀린 말은 아니다. 하지만 충분치 못한 진술이다. 팔색조매력을 다 담아내지 못한다. 보충 설명이 필요하다. 출신지가 크로아티아인 것은 맞다. 그런데 태어났을 무렵에는 유고연방이었다. 1983년생이다. 티토가 사망한 지 3년 후였다. 크로아티아는 유고에서 멀어지고있었다. 아버지는 아예 유고를 등진다. 독일, 당시의 서독으로 망명했다.유년기를 뮌헨에서 보낸다. 흥미로운 점은 유고연방에서 독립한 1991년에 크로아티아로 돌아왔다는 것이다. 통일된 독일을 떠나서, 분열하는 발칸으로 귀환한 셈이다. 통일독일은 유럽 통합의 엔진이었다. 서독이 동독을 흡수하고, 서유럽은 동유럽을 통합해갔다. 발칸 역시 다르지 않았다. 유고의 노동자 관리형 사회주의 모델이 해체되고 신자유주의 구조조정이 단행되었다. 당시 사회과학에서는 '이행'transition이라고 표현했다. 자유주의-자본주의로의 '정상화' 과정을 학문적으로 정립한 '이행학'도 유행했다. 그 '이행'의 과정을 10대와 20대에 걸쳐 목도한 것이다. 그리고 번민하고 회의했다. '역사의 종언'에 이의를 걸기 시작한다. 20대 중반부터 저항과 전복의 선봉장이 되었다. 거리에서, 매체에서 독보적인 활약을 보인다. 독일에서 출간한 저서의 제목도《'역사의 종언' 이후》(2013)다. 1917년의 (구)좌파와 1968년의 신좌파와 일선을 긋는 21세기의 개신改新 좌파가 등장한 것이다. 다뉴브강의 뒷물이 앞물을 밀어낸다. 새 물결을 일으키는 마중물이다.

다뉴브는 독일 평야에서 흑해까지 흐른다. 그의 활동 반경 또한 크로아티아에 한정되지 않는다. 발칸을 남북으로 누빈다. 유럽을 동서로 횡단한다. 바다 건너 아메리카까지 넘나든다. 코즈모폴리턴이다. 유랑자다. '그리스인 조르바'가 떠올랐다. 발칸의 최남단에 자리한 나라가 그리스다. 조르바는 희랍인이자 발칸인이었다. 세계주의 감수성이 물씬한 자유인이다. 그의 책에서 인용하는 스콜라 철학자의 문장이 있다. "고향을 감미롭게 생각하는 사람은 아직 허약한 미숙아다. 모든 곳을 고향이라고 느끼는 사람은 상당한 힘을 갖춘 사람이다. 그러나 전 세계를 낯설게 여기는 사람들이야말로 완벽한 인간이다." 참 근사한 말이라고 여겼다. 한철 미니홈피의 문구로 삼아 허세를 부렸다. 지금은 조금 다르다. 시간-공간-인간이 튼튼하게 결합하여 뿌리를 깊이 내리는 재再고향화를 지향한다. 이 문구가 새삼 떠오른 것은, 이 친구가 사는 꼴이 딱 그러하기 때문이다. 전 세계를 고향처럼 주유한다. 동에 번쩍, 서에 반짝, 유목민이다.

만나기 전부터 이미 많은 대화를 나누었다. 〈가디언〉과 〈알-자지라〉 등에 실리는 칼럼부터 단행본 서적까지 두루 읽어왔다. 처음에는 이메일로 필담을 주고받았고, 내가 베오그라드에 정착하면서는 텔레그램으로 문자도 즐겼다. 온라인 문답으로만 글 한 꼭지를 구성해도 충분할 만큼 텍스트는 쌓였다. 녹취를 푸는 수고를 덜어도 되고, 녹음을 풀면서 발음도 엉성하고 문법도 엉망인 나의 외국어에 손발이 오그라드는 민망함을 감수하지 않아도 된다. 그래도 보고 싶었다. 기특한 녀석이다. 철학자라는데 책상 앞에 가만히 앉아 있는 쪽이 아니다. 분주하게 행사를 만들고 새 프로젝트를 추진하며 사방으로 뛰어다니고 팔방으로 날아다닌다. 그를 통하여 슬라보이 지제크와 노엄 촘스키와 올리버 스톤과 줄리언 어산지와 알렉시스 치프라스가 한자리에 모였다. 이 대가들 앞에서도 쫄지 않는다. 호연지기가 차고 넘친다. 계급장 떼고 논쟁한다. 자기 검열 없이 소신껏 주장한다. 세계사회포럼(WSF)의 사회자였고, 발칸 축제의 연출가였으며, 범유럽 차원의 대안적 정당을 표방하는 정치 운동의 청년 기수이기도 하다. 기획력이 탁월하다. 네트워킹의 허브다. 촉매자이자 코디네이터다. 피처링에 뛰어나고 콜라주도 발군이다. 육성을 듣고 싶었다. 몸짓을 보고 싶었다.

직접 얼굴을 마주한 것은 두 번이다. 2017년 3월 초와 4월 말. 처음은 자그레브였고, 다음은 아테네였다. 두 번 모두 오밤중이었다. 장소는 클럽이었다. 밤 문화를 사랑하는 클러버clubber이기도 했다. 나보다 다섯 살 아래, 기운이 팔팔한 모양이다. 그가 아니었다면 밤 10시면 침대에 등을 붙이는 바른 생활만 하다가 발칸을 떠났을 것이다. 나이트 라이프를 즐기지 않는다. 시끄러운 음악은 질색이고, 새벽의 고요함을 편애한다. 노래방, 비디오방부터 클럽까지 밀폐된 공간도 싫어한다. 확 트인, 뻥 뚫린 곳을 사랑한다. 그런데 두 번 모두 밤 10시에 클럽으로 호출하는 것이다. 티토 시대의 밤 문화를 보여주겠다는 꼬드김이 없었다면 망설였을 것이다. 과연 스타일도 근사하다. 세련되었다. 미끈하고 쌔끈하다. 훤칠한 키에 팔다리도 쭉쭉 뻗었다. 자연스럽게 기른 턱수염에 헐렁한 티셔츠를 걸치고 회색 스키니진 위에는 빈티지 워커를 신었다. 다리를 꼬면 살짝 드러나는 체크무늬 빨간 양말도 범상치 않다. 재킷은 팔꿈치 언저리까지 걷어 올린다. 호리호리한 몸매에 딱 어울리는 옷맵시다. 스타일리스트, 패셔니스타다. 눈빛도 그윽하여 언뜻 일본의 배우 오다기리 조를 연상시켰다. 조르바와 오다기리, 나는 그를 '오다기리 조르바'라고 부른다. 발칸 출신으로 지제크 이후 가장 잘나가는 좌파 지식인, 스레츠코 호르바트Srećko Horvat이다.

크로아티아발 '전복하라!'

<u>이병한</u>   2008년부터 시작해볼까요? 자그레브에서 '전복하라!'(Subversive Festival)를 기획합니다. 신국제주의, 신세계주의를 표방하는 축제죠. 발칸에서 사회주의가 퇴락한 이후, 다시 말해 유고연방이 해체된 이후 진보정치의 귀환을 알리는 행사였습니다. 돌아보면 시점이 절묘합니다. 마침 뉴욕발 세계 금융위기가 일어난 해였습니다.

<u>스레츠코</u>   애초의 취지는 68혁명 40주년을 기념하자는 것이었습니다. 그래서 5월에 개최한 것이고요. 처음에는 영화제로만 구상했어요. 장 뤼크 고다르를 비롯해 '누벨바그 회고전'을 준비했습니다. 그러다가 기념강연을 부탁하기 위해 지제크, 라클라우, 샹탈 무폐 등과 의견을 주고받으며 판이 커지게 되었죠. 영화 이외 다른 분야의 비중이 점점 커지게 되면서 2011년부터는 영화제라는 꼬리표를 떼어냈습니다.

<u>이</u>   그동안 참가자 면면이 실로 화려합니다. 데이비드 하비, 지그문트 바우만, 사스키아 사센, 타리크 알리가 초빙되었습니다. 올리버 스

스레츠코 호르바트.

톤과 알렉시스 치프라스, 알레이다 게바라(체 게바라의 딸)까지 참여
했고요. 그리스 재정부 장관이었던 야니스 바루파키스와 위키리크
스 창립자 줄리언 어산지도 함께했죠. 굉장한 기획력과 섭외력이
아닐 수 없습니다. 그런데 2008년에 겨우 스물다섯 살이었잖아요?
어떻게 이런 거물들을 한자리에 모을 생각을 했는지 신통하더군요.

스 객기 아닐까요? 치기? (웃음) 일단 질러보자, 남는 게 시간이었어요.
하루에도 수십 통씩 이메일을 보냈죠. 수신했는지 살펴보고, 확인
했는데도 답장이 없으면 다시 보내고, 또다시 보내고…. 그게 전부
입니다. 방구석에서 노트북 하나 들고 계속 메일을 돌렸어요. 아무
래도 '1968'을 환기시킨 게 주효했지 싶어요. 대부분 68세대라고
할 수 있는 분들이니까요. 본인들의 뜨거웠던 청춘에 대한 회감과
68혁명 이후 유럽과 미국의 현재에 대한 비감悲感이 마음을 움직이
게 한 것 같습니다.

이 2008년 축제가 성황리에 막을 내리고 연례행사로 정착을 하게 됩니다. 발칸의 5월을 대표하는 문화 이벤트가 된 것이죠. 그리고 이 축제를 성공시킴으로써 '스레츠코'라는 신예가 혜성처럼 등장했다고 할 수도 있겠습니다. 급이 달라졌다고 할까요?

스 시운이 좋았습니다. 세계 금융위기가 터지면서 20세기 사회주의 실험에 대한 비판적 환기에 호응하는 사람들이 많아졌어요. 2009년은 또 중화인민공화국 60주년이 되던 해더군요. 그래서 '중국 혁명'을 테마로 삼았죠. 2010년에는 한걸음 더 나아가 '20세기의 사회주의'를 주제로 했고요. 1960~70년대 유고슬라비아 및 동유럽, 중국과 제3세계 영화들을 다시 보는 회고전도 큰 인기를 모았습니다. 크로아티아는 분리독립 이후 유고슬라비아 지우기에 급급했죠. 이 축제를 기폭제로 '유고슬라비아 추억하기'가 유행이 되었다고 할수 있습니다. 2010년부터 자그레브의 클럽들에서도 유고슬라비아시절 음악들이 흘러나오기 시작했어요. 지금 우리가 있는 이곳이 원조입니다. 2011년에는 '아랍의 봄'을 주제로, 2012년에는 '유럽의 미래'를 주제로 행사를 기획했습니다.

이 학생운동도 활발해졌죠? 이 클럽이 학생운동가들의 메카라고도 하고요.

스 2009년입니다. 대학의 기업화, 학문의 상업화, 고등교육의 시장화에 맞서 학생들의 저항이 시작되었습니다. 자그레브대학 철학과는 한 달이 넘도록 학생들이 학장실을 점거하고 농성을 벌였죠. 가을학기가 시작되자마자 다시 2주가 넘도록 점령했고요. 그러자 크로아티아 전국 대학 20여 곳에서 동시에 점거운동에 돌입합니다. 학생이 대학 운영의 주체가 되는 실험이 시작된 것이죠. 여기에 고무되어서 슬로베니아, 세르비아, 보스니아, 몬테네그로에서도 대학

점거운동이 일어났어요. 범발칸적 사회운동으로 확산된 것입니다. 그리고 점차 대학 당국에 대한 저항에서 국가 정책 전반에 대한 저항으로 심화되었지요. 저도 동참했었습니다.

이 참여만 한 게 아니지 않나요? 주모자셨던데요?

스 점거운동은 후발주자였고요. 제가 주도했던 것은 평의회Plenem를 연 것입니다. 거의 매일 열었죠. 'Plenem' 또한 유고슬라비아 시대의 용어예요. 사업장 단위마다, 주거지 단위마다 토론 공동체가 있었습니다. 당이 명령하면 국민이 지시를 이행하는 것이 아니라, 당과 기층 사이의 상시적인 협의체가 가동되었죠. 이 유고슬라비아의 실험을 되살려보고 싶었어요. 그래서 평의회는 단지 학생회의만이 아니었어요. 각 대학이 자리하고 있는 마을의 주민들, 시민들도 참여시켰죠. 고등교육기관과 주민자치를 결합하고 싶었습니다. 저녁마다 자그레브 대학생과 시민들이 1,000명 가까이 참석하며 성황을 이루었습니다. 대학의 미래, 도시의 미래, 국가의 미래를 논의하는 광장이 만들어진 것입니다.

이 학생들이 민중을 의식화시키는 20세기형 '노-학 연대'가 아니라, 학생과 주민들이 협력하는 일종의 '시민의회'를 만들었다고 봅니다. 대의제 민주주의, 정당정치 이후의 '새 정치' 실험이라고도 할 수 있고요. 한국에서도 작년 겨울부터 촛불혁명이 타오르면서 잠시 시민의회 담론이 솟았다가 금방 사그라들었습니다. 개인적으로 가장 안타까운 지점이에요. 시민의회를 만들어 개헌을 논의하는 숙의 민주주의 실험이 제도화되었다면 참 흥미로웠을 텐데, 결국 정권 교체만으로 마감되고 말았죠. 그 어마어마했던 사회적 동력이 아무런 제도적 결실 없이 낙착되었다는 점은 두고두고 아쉽습니다. 구세력은 척결했으나 구체제는 여전한 찜찜함이 남아요.

지제크, 치프라스, 올리버 스톤. 2013년 자그레브에서 열린 '전복하라!' 축제에서.

　각별한 것은 크로아티아에서의 실험이 발칸으로 확산되는 것에
그친 것이 아니라는 점이죠. 발칸에서 아메리카로 수출됩니다. 그
게 바로 2011년 '점령하라!'Occupy 운동이죠. 전복에서 점령으로,
'99% 운동'으로 진화한 것입니다. 뉴욕의 주코티 공원에서 펼쳐졌
던 '총회'General Assembly의 원조가 자그레브의 평의회였습니다. 물
론 여기서도 주동자셨고요. 자그레브대학을 점거했던 '듣보잡' 학
생이 월스트리트를 점령하러 대서양을 건넌 것입니다. 발칸의 청년
지식인이 세계적인 스타(?)로 발돋움하게 되죠. 동부에서 맹활약하
고 계셨을 때, 저는 서부에 있었어요. LA에 있는 뱅크오브아메리카
본부를 점거하는 시위에 참여했던 기억이 납니다. 그때 스레츠코라
는 이름을 처음 접했습니다. 이 사람 '물건이다'라고 느낀 것은 본
인이 주도했던 월가점령운동을 일방으로 낭만화하지 않는 점이었
어요. 도리어 비판적으로 성찰합니다. 물론 당시에는 이렇게 어린

친구인지 몰랐습니다만. (웃음)

스 규모의 문제가 있습니다. 자그레브에서는 직접민주주의가 제법 그
럴듯하게 작동했어요. 대의민주주의의 한계를 보완하는 역할도 톡
톡히 했죠. 그런데 주코티 공원에서 제가 경험한 것은 직접민주의
강점이 직접민주의 가장 큰 약점이 될 수도 있다는 역설이었습니
다. 매우 다양한 주제의 토론회가 매일같이 열렸죠. 저도 사회자로,
발표자로, 토론자로 참가한 모임이 여럿입니다. 그런데 의미 없는,
전혀 생산적이지 않은 무수한 토론회가 두 시간이고 세 시간이고
지루하게 이어지는 경우가 많았어요. 만인이 만사를 토론하는 것만
큼 비효율적인 회합이 없다는 생각이 절실하게 들었습니다. 모든
사람이 동등하게 경제 문제를 토론할 만큼 실력을 갖춘 것이 아니
었습니다. 모든 이들이 법률에 관해 토의할 만큼 공부가 되어 있지
도 않았고요. 중구난방과 횡설수설이 오고 가다가 오리무중으로 빠
지고 허무하게 끝난 경우가 허다했습니다. 점령 이후의 출로도 만
들어내지 못했죠. 뉴욕 시민들의 짜증은 점점 치솟고 있었고, 뉴욕
시 경찰의 포위망은 점점 더 좁혀져 오는데도 평등한 참여라는 대
원칙을 고수하며 공회전만 하다가 지리멸렬하게 해산되고 말았습
니다.

이 월가점령운동을 전폭 지지했던 가야트리 스피박Gayatri Spivak과 완
전히 의견이 갈라진 지점이었죠? 스피박은 대가 중의 대가로 대접
받는 분인데, 한마디도 밀리지 않고 대꾸하더군요. 그 패기에 반했
습니다.

스 스피박은 '총회' 고유의 수평성을 고수하고 그 성격을 끝까지 잃지
말아야 한다고 강조했습니다. 보스턴에 계시다가 가끔 구경하러 오
시니까 그렇게 말씀하시는 거예요. 외부자라서 당사자의 실감이 없

었던 것입니다. 그래서 현실 정치에 대한 참여에도 굉장히 비판적이셨죠. 월가점령운동의 순수성이 사라지고 말 것이라고 경고했습니다. 반면에 경제학자 리처드 울프Richard Wolff는 정반대로 주장했어요. 현실 정치에 진입하지 않으면 월가점령운동은 아무런 성과도 남기지 못하고 사라질 것이라고 경고했습니다. 저는 울프 쪽 의견에 기울어졌습니다. 미국의 법률을 뜯어고치지 않고서는 월가 개혁이 될 리가 없으니까요. 그런데도 스피박은 오합지졸의 날것의 현실을 거듭 외면했어. 결국 월가점령운동은 2012년 미국 대선 국면에서 아무런 역할도 하지 못합니다. 오바마를 어떻게 상대할 것인가? 비판적 지지를 할 것이냐? 지지한다면 어떤 조건을 내세울 것인가? 아니면 아예 새로운 대안 정당을 건설할 것이냐? 제대로 논의도 못하고 내부 분열로 와해되고 말았습니다. 단숨에 타올랐던 열기만큼이나 순식간에 꺼져버렸죠. 허무하더군요.

이 월가점령운동은 일종의 미국판 적폐 청산 시도였던 것 같아요. 1945년 이후의 미국, 그리고 그 미국이 만든 세계에 대한 총체적 성찰을 촉발하는 계기가 될 수 있었습니다. 그러나 이 또한 실질적인 제도적 성취를 이루지 못한 채 대선 국면으로 빠져들고 맙니다. 저도 미국에서 2012년 대선을 지켜보았는데, 과연 선거가 민주주의의 꽃인지 민주주의의 무덤인지 헷갈리더군요. 2011년의 그 엄청난 열기가 2012년 대선에 들어가면서 감쪽같이 사라집니다. 오로지 기득권 양당의 경선과 본선을 향한 경마장식 중계보도만 나오죠. 그리고 경선과 본선 모두 '쇼'라는 느낌이 강했습니다. 스포츠 경기 보듯, 예능 토크쇼 보듯 대선 토론회를 시청합니다. 결국 카메라 앞에서의 연출에 더 빼어난 오바마의 '극장정치'가 재가동되었고요. 그 반동으로 4년 후에는 트럼프라는 더 뛰어난 연극적 인물이 백악관에 입성하죠. 일찍이 토크빌이《미국의 민주주의》(1835)에서 우려했던 정치문화의 수준 저하를 확인한 셈입니다. 월가점령운동 실패 이후 유럽으로 돌아와서는 훨씬 더 현실 정치에 가깝게 다가간 것 같던데요?

스 수평성과 수직성의 결합을 궁리했습니다. 평의회와 총회와는 별개의 실무 그룹을 만들기 시작했어요. 전문가들로 구성된 모임이죠. 그들이 먼저 문제를 명료하게 정리하고, 각자의 입장에서 나름의 해결책을 제시하도록 합니다. 그리고 그렇게 걸러진 안을 가지고 전체 회의에서 토론에 부칩니다. 이는 전문가 독재와는 별개의 기제입니다. 저마다 전문 분야가 다르니까요. 사안에 따라 전문가 모임의 구성원이 달라지기 때문에, 위계적이지도 않죠. 입체적인 평등이며, 유기적인 조직이고, 유연하게 운영합니다.

이 실제로 적용해본 사례가 있습니까?

스 2013년부터 '전복하라!'에 시도해보았습니다. 그 연장선에서 그리스의 대안 정당인 시리자ΣYPIZA를 초청했고 지원하는 모임도 만들었죠. 시리자를 그리스의 집권당으로 만들고 유럽을 변혁해가는 실험에 깊숙이 개입했습니다. 축제의 테마 또한 '민주주의라는 유토피아'로 뽑았고요. 유럽 전체가 이미 금융위기의 직격탄으로 붕괴하고 있던 시점이었어요. 대안적 민주주의를 숙고하는 장으로 삼으려고 했죠.

이 성공하지 못한 것 같던데요?

스 내부에서 의견이 갈렸어요. 문화 축제의 본래 모습을 고수하자는 의견이 더 많았습니다. 특히 특정 정당과 당수를 섭외한 것에 반발이 매우 컸어요. 결국 제가 떠나야 했습니다. 2013년을 끝으로 기획과 연출에서 손을 떼게 됩니다.

이 그래도 족적은 남기고 떠나셨더군요. 영화제에 경쟁 부문을 도입했습니다. 이름도 재밌던데요. 'Wild Dreamer'상? 첫 수상자가 올리버 스톤 감독이었습니다.

스 수상작은 10시간짜리 10부작 대작 〈알려지지 않은 미국의 역사〉(2012)였습니다. 월가점령운동에서 영감을 얻어 만든 작품이라고 해요. 그러나 올리버 스톤의 평생의 노력에 헌정하는 공로상에 더 가까웠죠.

이 그 후 올리버 스톤은 연달아 다큐멘터리를 만들고 있습니다. 〈스노든〉(2016)에 이어 〈푸틴 인터뷰〉(2017)까지 작업했죠. 요즘 지난 미국 대선에서 트럼프가 당선된 것이 러시아의 개입 탓인 것마냥 몰아가는 보도가 홍수를 이루는데요. 두 작품을 보고 나면 누가 정보를 조작하고 여론을 호도하며 타국의 선거에 개입해왔는지 '대안적 진실'에 근접할 수 있죠. 본인과도 관련이 있습니까?

스 제가 다큐멘터리 작업에 직접 참여하지는 않았고요. 하지만 의견 교환은 수시로 하죠. 섭외를 도와준 경우도 있고요.

이 '전복하라!'에서 떠나면서 TV 교양 프로그램을 맡기로 했었죠?

스 범발칸주의를 표방하는 방송이었습니다. 이 역시 '전복하라!'의 한 섹션으로 2012년에 도입한 '발칸 포럼'을 호의적으로 지켜본 방송 관계자의 제안에서 출발했어요. 발칸의 옛 사회주의 10개국, 슬로베니아, 크로아티아, 보스니아, 세르비아, 마케도니아, 알바니아, 불가리아, 루마니아, 몬테네그로, 그리고 헝가리까지. 1989년 이후 이들 국가들이 개별적으로 경험했던 '이행'을 총체적으로 회고하고 성찰하며 미래를 개척해보자는 취지였습니다. 여기에 그리스의 정당 시리자까지 참여시켰던 거라서, 한때 티토가 꿈꾸었던 '발칸 연방'Balkan Federation의 전원이 자그레브에 집결한 셈이었어요. 이 모습을 흥미롭게 보았는지 기획 당시에는 저에게 사회자 자격과 섭외 권한까지 부여한다고 했죠. 그런데 결국 프로그램 자체가 불발되고 말았어요. 범발칸주의가 신유고주의를 연상시켰기 때문이라고 하더군요. 크로아티아에서 '유고'는 공산주의 부활로 연상되기도 하니까요. 반공 정서를 자극한 것입니다. 정부의 입김이 미쳤다고 생각해요. 당시 크로아티아 정부는 EU 가입에 전력투구했으니까요. EU 진입(2013년 7월 1일)을 목전에 둔 마당에 '유고'를 환기하는 TV 프로그램의 등장이 탐탁지 않았겠죠.

이행과 역행:
유고인에서 유럽인으로, 유고 내전에서 유럽 내전으로

이 2012년《먼슬리 리뷰》Monthly Review에 발표한 논문을 몹시 인상적으로 읽었습니다. 1989년 이후 '이행'의 결과를 '발칸의 사막화'에 빗대었죠. 한국에도《민주화 이후의 민주주의》(최장집, 2005)라는 책이 있는데요. "나는 민주화 이후 한국 사회가 질적으로 나빠졌다고 본다"라는 도발적인 문장으로 시작하는 책이죠. 근래에는 '헬조선'이라는 말도 한창 유행했고요. '헬조선'과 '발칸 사막', 문제의식이 통하는 바가 있습니다. 저로서는 처음으로 군사독재 이후 동아시아의 1987년 체제와, 공산독재 이후 동유럽의 1989년 체제를 비교해서 생각해보게 된 계기였죠.

스 정치적으로는 자유민주주의, 경제적으로는 신자유주의, 군사적으로는 나토 주둔, 외교적으로는 EU 가입. 유고연방 해체 이래 발칸의 총체적 경험입니다. EU는 동유럽 '이행'의 외부자가 아니었어요. 주체였죠. 서유럽이 동유럽을 교육하고 훈육하고 규율해갔습 • 265

니다. 때로는 벌을 주고 때로는 상을 주면서 감독하고 관리했습니다. 그 험난한 과정을 모두 이수하고 수료하면 'EU 가입'이라는 졸업식이 열리는 것입니다. 끝끝내 너희도 '유럽'(WEST)이 되었노라 선별하고 인증해주는 것이죠. '역사의 종착지'에 마침내 도달하였노라, 선발하여 승인해주었습니다. 따라서 서유럽과 동유럽 사이에 대화와 협상은 없었습니다. 일방적인 이식이 있었을 뿐이죠. 사실상 서유럽의 신식민주의 프로젝트였어요. 그 과정에서 가장 비참한 경험을 한 곳이 발칸입니다. 서방과 소련 사이에서 독자 노선을 고취했던 유고슬라비아의 유산이 완전히 부정됩니다. 자본주의 세계체제의 반半주변부로 편입되면서 저임금 노동력을 제공하는 기지가 되어버렸죠. 사회주의 시절에 양성된 고급 노동자들을 저렴하게 활용하게 되면서 중심부의 이윤 축적에 일조한 것입니다. 즉 '이행'이야말로 발칸 국가들을 '약한 국가', '실패 국가'로 만들었음에도, '이행학'을 표방하는 사회과학자들은 거듭 오진하고 오판했어요. 자유주의-자본주의 이외의 대안은 없다고 했기에 모든 나라에 동일한 진단과 처방을 내린 것입니다. 마치 1970년대 남아메리카를 신식민화하면서 미국의 신자유주의가 가동되었던 것처럼, 1990년대 이후 유럽의 신자유주의는 동유럽을 내부 식민지로 편입시키면서 작동한 것입니다.

이 그 시점이 참 묘하죠. 1997년 홍콩이 영국에서 중국으로 반환됩니다. 1999년에는 마카오가 포르투갈에서 중국으로 반환되고요. 저는 이 두 이벤트를 유럽과 아시아 간 대분기가 정상화되어가는 대반전의 상징으로 접수했는데, 바로 그 시기에 유럽 내부에서는 중심-주변 관계가 복제되고 있었던 것입니다. 아시아에서 마지막 식민지를 상실한 서유럽이 옛 사회주의 국가들을 내부화함으로써 성장을 지속했다고 할 수 있습니다. 20세기 후반 탈식민 물결 속에서 폐기되었던 서구의 '문명화 사업'이 뒤늦게 재가동되었다고 할까요.

스 담론적으로도 유사한 지점이 있습니다. 20년이 지나고 30년이 다 되어가도 여전히 '이행'이 완료되지 않았다고 해요. 미흡하다고, 불충분하다고 하지요. 그래서 브뤼셀에서 동유럽 각 나라들의 '이행' 지표를 만들어서 사사건건 개입하고 간섭합니다. 마치 19세기 이래 비서구를 향하여, '서구화'가 미진하고 '문명화'가 부족하고 '근대화'가 덜 되었으며 '민주화'가 충분치 않다고 말하는 것과 유사한 논법입니다. 발칸은 서구의 '최후의 식민지'이자 '최신의 식민지'였던 셈입니다. 동유럽 편입이 없었다면 EU는 북미와 동아시아와 경합하는 자본주의 세계체제 경쟁에서 후순위로 밀려났을지도 몰라요.

이 유럽 내부의 제3세계, 라고도 하겠습니다.

스 실제로 제3세계형 부패도 심화되었지요. '유고인'이면 누구나 누리던 무상교육과 무료 의료의 혜택이 순식간에 사라졌습니다. 기본권이 박탈되었죠. 모든 것이 돈을 주고 구매해야 하는 상품과 서비스가 되었어요. 참으로 역설적인 것은, 그 '이행' 과정에서 최대의 수혜를 입은 집단이 옛 공산당 세력이라는 것입니다. 유고연방 아래서 '불법적으로' 부를 축적했던 부패한 공산당 간부들과 관료들이 자본주의로 이행하면서 '민주주의의 주역'으로 변신합니다. 그래서 '합법적으로' 부를 축적할 수 있는 법과 제도를 이식하죠. 공공재를 유지하자고 해도, 부의 재분배 정책을 건의해도 모르쇠입니다. 공산주의 시절로 돌아가자는 거냐? 전가의 보도처럼 휘두르죠. 즉 옛 유고연방의 고위간부들이 신유럽의 지배계급으로 변신한 것입니다. 유고연방의 지배층들이 가장 먼저 유고를 배신했습니다. 유고연방 시절이라면 국가 반역죄로 다스렸을 '국유자산 매각' 또한 '민영화'와 '구조조정'이라며 프레임을 전환해서 성공한 비즈니스맨으로 각광받게 되거든요. 그들만이 '유고인'에서 '유럽인'으로의 '이행'에 성공한 것입니다.

이　역설적인 것은 유고연방 해체와 유럽 통합의 물결이 2008년을 기점으로 유럽 내전으로 역전된 것처럼 보인다는 점입니다. 유고 내전에서 유럽 내전으로의 '역행'이라고 할까요? 유고연방의 공화국들이 분리독립해가려던 것처럼, 지금은 선거 때마다 EU 탈퇴가 화두가 되고 있습니다. 현재의 유럽을 '영구 내전'Permanent Civil War이라는 개념으로 포착하셨죠? 탁견입니다.

스　유럽 전역에서 EU는 붕괴하고 있습니다. 각 나라마다 난민과 테러로 신음하고 있어요. 갈수록 유럽 시가에는 경찰이 아니라 군대가 투입되고 있지요. 군사력이 상시적으로 가동되지 않으면 체제가 유지되지 않는 무장 도시가 되어가고 있는 것입니다. '영구 내전'은 이미 유럽의 신상태, 뉴노멀이에요. 국가 간 전쟁이 없다고 해서 평시가 아닙니다. 유럽을 누비고 다니는 상층 계급과, 국가와 지역에 고착된 하층 계급 간의 항상적인 내전이 전개되고 있습니다. 특단의 대책이 없다면 EU의 해체는 필연이라고 생각한 것이 2014년이었어요. 공교롭게도 2015년부터 파리와 브뤼셀 등 유럽 주요 도시에서 테러가 빈발하죠. 2016년에는 기어코 브렉시트까지 발생하고요. 저는 2010년대의 EU를 1980년대의 소련 및 동유럽에 빗대어 보아야 하지 않나 생각하기도 해요. 소비에트연방에 이어 EU도 해체되고 있는 것 아닌가? 소련은 70년 지속했습니다. EU는 아직 30년도 되지 않았습니다.

이　매우 흥미로운 독법입니다. 탈냉전이 아니라 '영구 내전'이라는 관점은 프란치스코 교황의 시각과도 통하는 것 같습니다. 그분은 이미 '제3차 세계대전'이 진행 중이라고 말씀하시죠. 1989년 체제가 극적으로 종언을 고하고 있는 셈입니다. '역사의 종언'의 종언이죠. 그러나 다른 한편으로 저는 비로소 '열린 역사'가 시작되었다고 생각해요. '이행'이라고 하는 목적론적 역사 서사에서 해방되고 있는 것이죠. 다른 역사의 돌파구가 마침내 열린다고 할까요. 역시 가장 앞장서서 '열린 역사'의 출로를 탐색하고 있는 당사자이십니다. (웃음)

스 저는 2015년 1월, 그리스에서 시리자가 승리한 것이 '다른 역사'를 열어가는 획기적인 사건이라고 보았습니다. 저 또한 석 달 내내 그리스 전국을 누비며 시리자 지원 연설을 하며 선거를 도왔죠. 발칸의 대반전이 시작되는 출발점이었습니다. 그러나 시리자가 표방했던 대안적 체제는 만들어지지 못했어요. 이전 정부보다 더 가혹한 구조조정안을 승인하고 맙니다. 권력은 시장에 있더군요. 주권은 아테네가 아니라 브뤼셀에 있었고요. 그들이 그리스의 숨통을 쥐고 정책을 좌지우지합니다. 외부 세력의 압력에 굴복한 것이죠. EU의 속성을 절감하게 된 계기였습니다. 민주적으로 선출된 정부 또한 정작 지지자들의 의사와 희망과는 다른 방향으로 정책을 추진할 수밖에 없는 구조적인 한계가 여실했습니다. 즉 대의민주주의는 이미 지구촌 어느 나라에서도 작동하지 않는 신기루입니다. 일국 사회주의가 실패한 것처럼, 일국 민주주의 또한 성공할 수가 없습니다. 브렉시트는 그 절망감의 표출이라고 보아야 합니다.

이 그래서 이제는 국제주의 정치운동을 하시는 거죠? 그간의 진화 과정이 참으로 흥미로워요. 자그레브대학과 월스트리트를 점령하는 거리 정치에서 그리스의 신생 좌파 정당을 지원하는 현실 정치로, 그리고 그 현실 정치의 좌초 속에서 일국 정치를 거두고 국제정치로 투신하고 있는 것입니다. 그 첫 산물이 'DiEM 2025'(The Democracy in Europe Movement 2025)죠? 그리스의 재정부 장관이었던 야니스 바루파키스와 공동 발기인입니다.

새로운 국제주의, 'DiEM 2025'

스 2015년 EU와 IMF가 요구하는 구조조정안을 받아들였을 때, 그리스 친구들이 치프라스 총리와 시리자를 배신자로 비난하는 모습에 가슴이 아팠습니다. 불과 몇 달 전까지 그렇게 뜨겁게 하나가 되어 다른 세상을 만들어보자고 했던 동지들이 싸늘하게 등을 돌렸습니다. 물론 외압에 굴복하고 만 치프라스와 시리자에도 책임이 있습니다. 그러나 제가 보기에는 구조적인 한계가 너무 뚜렷했어요. 그리스를 빚더미에 앉혀놓고 옭아매고 있는 초국적 세력의 힘이 너무나 강했습니다. 시리자와 연대할 수 있는 또 다른 초국적 세력의 기반이 부재하다는 사실을 통감했던 것이죠. 일국 사회주의는 20세기만큼이나 21세기에도 필패합니다. 그런데도 일국의 신생 진보정당이 좌초했다고 하여, 그 지지자들은 너무도 성급하게 원론에 입각하여 가혹한 비판을 가했어요. 그들의 낭만적 환상을 현실 정치에 투사해서 실상을 왜곡한다는 생각까지 들었습니다. '점령하라!' 운동, '아랍의 봄', 시리자에 대한 이른바 진보 논객들의 논설을 다시 검색해보세요. 얼마나 쉽게 뜨거워졌다가, 언제 그랬냐는 듯 냉정하게 돌아섭니다. 발터 베냐민이 꼬집었던 '좌파 멜랑콜리'에 젖어드는 것이죠. 견고한 현실 정치에 부딪혀서 망가지고 멍들어가는 동료들을 감싸 안아주기는커녕 더 아프게, 더 매섭게 질타합니다. 그리스는 현 자본주의 세계체제를 구성하는 200여 개 국가 가운데 일국일 뿐이에요. 그중에서도 사이즈가 크지 않은 소국입니다. 이 소국의 정권을 접수했다고 해서 자본주의 세계체제의 모순이 일소될 수는 없는 것이죠. 스페인에서 좌파 정당 포데모스가 집권해도, 영국에서 제러미 코빈의 노동당이 집권해도 사정은 크게 다르지 않을 거라고 봅니다.

그렇다고 EU와 결별하는 브렉시트 같은 역방향의 '쇼크 독트린' 또한 해법은 아닐 것이고요. 그리스에서도 플랜 B로 그렉시트, 즉 EU 탈퇴와 유로존 이탈을 진지하게 궁리했어요. 그러나 저는 회의적입니다. 유고를 보십시오. 유고연방은 경제도 튼튼했고, 강력한 군대를 보유하고 있었으며, 비동맹 외교라는 소프트파워도 갖추고 있던 나라였습니다. 그런 나라도 자본주의 세계체제가 석권하는 세계화 물결에 휩쓸려버리고 말았거든요. EU 밖에서도, 유로존 외부에서도 자본주의는 여전히 작동하고 있습니다. 그래서 다른 국제주의로, 새로운 국제주의로 물꼬를 터야 합니다.

이 'DiEM 2025'의 공동 창립자가 옛 유고연방 태생 청년 활동가와 그리스의 재정부 장관 출신이라는 점은 상징하는 바가 큽니다. 올 하반기로 예정된 야니스 바루파키스의 신간(《Adults in the Room: My Battle with the European and American Deep Establishment》, 2017)은 제가 가장 손꼽아 기다리는 책이기도 한데요. EU와 IMF, 유럽중앙은행과 그리스 사이의 협상 과정을 날것으로 폭로하는 내용이죠. 독일이나 프랑스 등 기성의 강대국이 아니라 주변으로부터, 소국에서부터 유럽을 재구성한다고 할까요? 신발칸주의와도 무관치 않겠죠?

스 유럽과 아랍 사이에 발칸이 자리합니다. 아랍의 난민들이 유럽으로 가는 길에 발칸이 있습니다. 서유럽이 '민주화'를 명분으로 아랍에 전쟁을 수출하면(=나토군이 개입하면), 아랍에서 서유럽으로 난민

'DiEM 2025' 출범식, 그리스 재정부 장관 출신의 야니스 바루파키스와 함께.

을 수입하는 구도예요. 그 '난민길'이 발칸 루트인 것입니다. 대개 지중해에서 배를 타고 건너와 육지에서 기차로 갈아탑니다. 터키와 그리스, 마케도니아, 불가리아, 세르비아, 크로아티아, 슬로베니아, 헝가리, 오스트리아, 최종적으로는 독일까지 이르는 것이죠. 2015 년 한 해만 발칸 루트에서 실종된 어린이가 만 명을 넘는다고 해요. 어디서, 어떻게 사라졌는지조차 알 수가 없습니다. 굶어죽었을 수 도 있고, 사창가로 팔려갔을 수도 있고, 장기 판매용으로 죽임을 당 했을 수도 있겠죠. 그들이 죽음의 발칸 루트를 따라 자그레브에 도 착하면 저도 봉사활동에 나가요. 시장에 가서 제 호주머니가 허락 하는 만큼의 음식 보따리를 싸들고 가죠. 그들에게 희망을, 사람의 온기를 전해주고 싶기 때문입니다. 그리고 나토의 동방 확대를 저 지시키지 못한 원죄를 회개하는 의례이기도 하고요. 나토의 폭격 이 가장 먼저 이루어진 곳이 바로 이곳 발칸이었으니까요. 그러나 불행히도 그것만으로는 난민 위기를 해결할 수가 없습니다. 벼룩의 간을 빼먹는 악독한 이들마저 있어요. 오스트리아 국경까지 차로 태워준다고 하면서 30분 거리를 빙빙 돌고 돌아서 난민들의 쌈짓돈을 갈취해가는 택시 기사들도 있거든요. 이 또한 일국 단위에서 해결이 불가능합니다. 국경 통제를 강화한다고 해서, 난민 유입을 막는다고 해서 아랍의 전쟁이 그치는 게 아니니까요. 아랍의 열전과 유럽의 내전을 동시에 해결할 수 있는 새로운 국제주의가 필요한 또 다른 이유입니다. 난민 위기를 초래하는 지구적 우파Global Right와 난민 위기를 국경 봉쇄로 봉합하려는 일국적 우파National Right에 동시에 저항할 수 있는, 지구적 좌파Global Left를 기획해야 합니다.

이 범발칸주의, 신발칸주의가 그 초석이다?

스 2011년 크로아티아에서는 석 달이 넘도록 저녁마다 시민들이 행진했습니다. 현존 체제와 기성 정치 모두를 비판하는 운동이었죠. 2012년과 2013년에는 슬로베니아에서 총봉기가 일어났어요. 우파 정권을 붕괴시키는 소기의 성과도 거두었습니다. 2013년에는 불가리아에서도 대규모 시위가 일어납니다. 몇 주에 걸쳐 부패한 정치 계급과 언론기업들을 성토했습니다. 루마니아에서는 2010년 이후로 상시적으로 시위가 진행 중입니다. 민영화와 구조조정에 반대하는 운동이죠. 2014년에는 보스니아에서도 총파업이 일어났어요.

이 지금 나열하신 사례가 다 본인이 참여한 것이죠? 국경을 넘나드는 전문 시위꾼이십니다. (웃음)

스 공통점이 있습니다. 유고연방 시절의 '공공재'를 수호하는 투쟁이에요. 공유지였던 공원과 공유 자원이었던 강과 산, 공유재였던 전기와 철도 등 기간산업을 보호하기 위한 것입니다. 제가 거드는 것은 각지에서 평의회를 만드는 사업입니다. 시민의회를 가동하는 것이죠. 여기서 논의하고 제기된 의제를 지방자치단체가 수용하는 쾌거도 몇 차례 거두었습니다. 2014년 보스니아의 사례가 가장 감격적이었어요. 유고연방 해체 이후 가장 탈정치적이었던 보스니아에서 정치의 재활성화에 성공한 것입니다. 보스니아의 변화에 범발칸적 연대성이 발휘된 것 또한 의미심장하고요. 민족주의를 동원하여 각국을 통치했던 엘리트들에 도전하고 있는 것입니다. 개별 국가들로 한정되지 않는 새로운 정치 공간을 만들어가고 있는 것입니다. 브뤼셀에서 내리꽂는 정책이 아니라, 새로운 공론장을 창출하고 있는 것이죠. 기성의 언론이나 정당, 노동조합, 시민단체와도 다릅니다. 그래서 정당과 노조와 NGO를 압박해가면서 대의정치를 교정해갑니다. 시위Protests와 시민의회Plenums와 정당Parties 간 역동적 관계를 만들어가는 것이죠. 비제도적인 운동정치와 제도권 정당정치 사이에 중간 제도로서 시민의회가 창조적 역할을 수행하는 것입니다.

이 'DiEM 2025'의 목표는요?

스 다른 민주주의, 다른 국제주의를 통하여 다른 유럽을 만들어내는 것입니다. 제가 신국제주의를 표방할 때 명백하게 '유고슬라비아의 후예'로서 발언하는 것입니다. 유고의 실험을 폐기하는 것이 아니라, 목전의 EU 위기를 타개하기 위한 창조적 수단으로 더욱 심화시키고 전 유럽적 지평으로 확산시켜보는 것이라 할까요? 2015년이 유고연방 출범 70주년이 되는 해였어요. 동시에 유고연방이 해체된 지 25년이 되는 시점이기도 했죠. 1945년 제2차 세계대전이 끝난 원점(Year Zero)에서 탄생했던 유고로부터 현재의 유럽을 재인식하자는 것입니다.

이 2015년은 제가 유라시아 견문을 시작한 해이기도 합니다. 반둥 회의 60주년을 기념한다는 속뜻도 있었고요. 티토는 반둥 회의에 참석한 유일한 유럽 정상이었죠. 인도의 네루와 이집트의 나세르와 중국의 저우언라이와 인도네시아의 수카르노와 뜻을 모은 유일한 유럽인, '유고인'이었죠. 그런 점에서 유고는 서구는 물론 소련과도 확실히 달랐던 것 같아요. '다른 유럽'과 '다른 아시아'가 새롭게 재회하는 유라시아의 회동이 언제나 가능할지 궁금해집니다. 그런 '다른 역사'의 장이 열리기 위해서라도 'DiEM 2025'가 꼭 성공했으면 하고 바라고요.

스 정당 없는 운동은 무력합니다. 운동 없는 정당은 실패를 반복합니다. 운동하는 정당으로, 국제주의적 정당으로 만들어가려고 합니다. 2019년 유럽의회 선거에도 직접 뛰어보려고 해요. 각개 사안에서 그리스의 시리자나 폴란드의 라젬Razem, 덴마크의 대안당Alternative 등과 협력하는 한편으로 유럽 최초의 범유럽적 정당이 되어볼 생각도 가지고 있습니다.

이 자그레브, 뉴욕, 아테네에 이어 이제는 브뤼셀을 점령하러 가시는 거군요. (웃음) 2025년이 기대됩니다. 혹시 크로아티아 대선에 나가보실 생각은 없으세요? 지제크가 슬로베니아 대선에 출마한 것이 1990년이었죠. 너무 이른 시기였던 것 같고요. 올해 세르비아 대선에서 신유고주의를 표방하는 20대 후보가 출마한 점이 무척 신선하던데, 때가 오고 있는 것 같지 않습니까?

스 베오그라드에 가면 항상 만나는 친구이고 동지죠. 저도 지원 유세하러 두 번 갔습니다.

이 2025년이면 그 친구는 30대, 본인은 40대가 되나요? 유고 내부의 앙숙이었던 크로아티아의 40대 기수와 세르비아의 30대 신성이 합심해서 21세기 유고를 출범시키고, 그 동력으로 EU를 개조하는 2025 운동까지도 완수하는, 그래서 '유럽인민공화국'을 만들어내는 꿈도 꾸어볼 만한데요? '유로피안 드림 2.0'이라고 할까요?

스 2025년에 꼭 다시 만나죠. 그때는 클럽으로 불러내지 않겠습니다.

(웃음)

리셋 유라시아

마지막으로 문자를 주고받은 것은 2017년 7월 8일이다. 나는 당시 러시아 극동의 캄차카반도를 지나 사할린에 있었다. 언제 발칸반도에 있었던가 까무룩해질 만큼 시베리아를 횡단하여 극동에 다다랐던 무렵이다. 그 친구는 독일 함부르크였다. G20 반대 집회에 참여했다고 한다. 현장 사진 몇몇도 보내주었다. 'DiEM 2025' 깃발도 나부낀다. 여전히 동분서주 왕성하다. 열정적이고 정력적이다.

베오그라드에 머물며 발칸의 최신 동향을 살피면서 너무 모르던 일들이 많아서 짐짓 놀랐다. 나름 국제 소식에 밝은 편이라고 여겼다. 한때 월간지의 국제면을 기획하면서 외국 신문 읽는 것이 습관이 되었다. 읽어낼 수 있는 외국어가 점점 늘어나면서 정보 소스의 폭은 더욱 넓어졌다. 매일 두어 시간 이 나라 저 나라 언론을 서핑하며 스크랩하는 것이 주요 일과다. 그런데 유독 발칸은 사각이었다. 대단히 흥미로운 실험이 전개 중임에도 거의 알려지지 않았다. 한국의 진보 진영에서 솔깃할 만한 움직임도 많건만 좀체 깜깜이다. 아마도 영미권 주류 언론에 거의 소개가 되지 않기 때문일 것이다. 한국의 공론장에서 유통되는 외신이라는 것이 영미권 기사의 번역 수준을 벗어나지 못하기 때문이다.

돌연 기괴하다는 생각이 들었다. 한국은 세계 10대 경제국이자 무역

대국이라고 한다. 세계와 교류하면서 이만큼 성장한 것이다. 나 역시 그 혜택을 한껏 누린다. 한국 여권만큼 여행하기 좋은 경우도 드물다. 무비자 협정이 적용되는 나라가 아주 많다. 그런데 물류 일방적이다. 문류文流는 형편없다. 물자만 오고 갈 뿐, 사상은 나누지 않는다. 베오그라드에서 한국 화장품을 살 수는 있어도, 자그레브의 청년 정치 실험은 서울에 가닿지 못한다. 그래서 정보 생산과 유통에서 속국적 상황을 면치 못하는 것이다. 아직도 독일과 프랑스, 영국 중심으로 유럽을 파악하는 것부터가 후졌다. 19세기 말 유길준의《서유견문》을 답습하는 수준에 그친다. 그것도 사건과 사고 따라가기에 급급할 뿐, 맥을 잡고 졸가리를 세우지 못한다. 아는 게 힘이라고 했다. 스마트파워라고 한다. 정보와 지식 생산에서 독립할 수 있어야 한다. 세계를 독자적인 눈으로 읽는 주견을 세워야 한다. 언론의 자성을 촉구하는 것으로 그칠 일이 아닐 듯싶다. 국책 사업, 국가적 과제다.

2017년 발칸 견문에서 단연 부러웠던 대목은 신세대의 등장이다. 시대 교체와 세대 교체가 긴밀하게 연동되고 있다. '1989년 체제'의 주역들, 동유럽 사회주의를 허물고 '민주화'를 이끈 세대가 물러나고 있다. 지난 25년의 '이행'에 문제의식을 품고 있는 다음 세대가 전면에 등장하고 있다. 그들이 기성의 '민주주의'에 이의를 제기하면서 '새 정치'를 실험하고 있는 것이다. 발칸에서 두어 달, 한국을 멀리 지켜보며 다소 의아스럽기도 했다. 촛불혁명이라는 유례없는 사건을 경험했음에도 불구하고, 촛불세대의 등장은 요원하다. 촛불 이후의 주인공은 어쩐지 '그때 그 사람들'이다. '1987년 체제'의 주역들, 역전의 용사들이 속속 권좌에 복귀하고 있다. 공론장에서도 1990년대의 논객들이 제2의 전성기를 구가한다. 1980년대산 사회과학과 1990년대풍 감수성으로 무장한 이들이 2017년을 접수하고 점령하고 있는 것이다. 저 기라성 같은 선배들조차도 '낡았다! 늙었다!' 하면서 도전하는 차세대의 패기가 아쉽다. 발칸에서 만난 여러 지식인들 가운데 스레츠코를 단독 꼭지로 삼기로 최종 결정한 까닭이기도 하다.

물론 마냥 잘 통하지만은 않았다. 아마도 5년 전 미국에서 만났으면 궁합이 더 잘 맞았을 것이다. 그 사이 나는 '진보'에 대한 강박을 덜어낸 편이다. 전통문명이나 종교에 훨씬 더 너그러워졌다. 얼핏 5년 전의 나를 보는 듯한 기시감도 일었다. 체제론은 빼어난데, 문명론은 부박하다. 논리는 아쌀한데, 가슴을 울리지는 않는다. 이성은 촉발하는데, 영성을 고무하지는 못한다. 1989년 이후의 '이행'사 또한 20세기 100년사, 나아가 유럽 문명 1,000년사에 포개어 사고하지 못한다. 나는 발칸의 분열에도, 유럽의 균열에도 천 년 전 동/서 교회의 분리가, 반천 년 전 신/구 교회의 분화가, 유럽과 아랍, 유라비아의 모순에도 1,500년 전 기독교와 이슬람의 분열이 영향을 미치고 있다고 생각한다. 이런 방향으로 질문을 던지면 대답이 영 시원치 않았다. 오히려 생뚱맞다는 표정이었다. 2025년의 다른 발칸, 다른 유럽을 전망하고 준비하기 위해서도 유럽사 재인식은 불가결한 과제라고 생각하는데, 그 친구는 크게 수긍하지 않는 듯한 눈치였다. 타박할 것은 없겠다. 5년을 더 기다려보는 편이 현명할 것이다.

발칸을 떠나기 전, 선배 노릇 좀 했다. 훈장짓에 훈수질을 아끼지 않았다. 신발칸주의, 신유럽주의, 신국제주의에 정작 알맹이가 부실하거나 실체가 없는 것 같다며, 동아시아의 '천하'天下나 이슬람의 '움마'ﺍﻷ라는 관념을 공부해볼 것을 권했다. 대안적 EU를 구상하는 데 뜻밖의 영감을 선사해줄 수도 있다며, 책도 몇 권 추천해주었다. 지구 우파를 지구 좌파로 교체하는 것은 어디까지나 좌/우 전환에 그친다. 그보다 더 심원한 수준에서 동/서 사이에, 고/금 사이에 대반전을 도모하기를 권장하는 것이다. 그래야 내가 한국에 돌아가면 연대 사업도 함께 펼쳐 나갈 수 있지 않을까 해서. 그런데 석 달이 되도록 별말이 없는 걸 보면 흥미가 솟지 않는 모양이다. 원체 바쁘신 몸이라-

티토가 유고연방의 수장에 오른 것은 1945년, 53살 때다. 스레츠코 는 올해 '겨우' 34살이다. 20년을 내다보는 긴 호흡의 절차탁마를 당부 했다. 나로서는 내심 2025년도 너무 이르다고, 조급하다고 여긴다. 부디 농익기를, 무르익었으면 좋겠다. 2035년과 2045년에 이 친구가 도달해 있을 경지를 지켜보는 것도 큰 낙이 될 듯하다. 짧게는 동유럽의 1989 년 체제와 동아시아의 1987년 체제를 '더불어' 극복해가는 데, 길게는 19세기 유럽과 아시아의 대분기 이래 200년의 기울어진 운동장을 시정 하고 유라시아의 대통합을 일구는 데까지. '유로피안 드림 2.0'과 '아시 아몽'을 합류시킴으로써 '멋진 신세계'에서 '더 멋진 구세계의 환생'으 로 이행하는 '리셋 유라시아'Reset Eurasia를, 대서양과 태평양에서 유라 시아로의 대반전을 함께 작당하고 모의하고 싶다.

싱싱한 영건에서 채워지지 않는 갈증은 노인의 지혜에서 구했다. 폴 란드의 철학자(士)이자 정치인(大夫)을 만났다. 유럽의 사대부 격이다. 사 회주의/공산주의 시절과 자유주의/자본주의 시대를 30년씩 두루 겪어 낸 60년 관록이 빛나는 성찰로 결실을 맺은 어르신이다. 새 정치, 청년 정치만 감싸고도는 것도 편향이다. 원로의 말씀을 청해 들었다. 이어서 소개한다.

017

정치개혁과 종교개혁은 하나다

폴란드 사상가,
리샤르트 레구트코와의 대화

바르샤바의 사대부

그는 1949년생이다. 폴란드 사람이다. 공산주의 국가에서 태어났다. 그 공산국가가 무너진 것이 마흔 살 무렵(1989)이다. 돌연한 사태가 아니었다. 당사자였다. 청년 시절부터 반체제운동에 가담했다. 공산 치하 최초의 자율적 민간 기구인 자유연대노조와 긴밀하다. 1983년 노벨평화상을 수상한 바웬사가 폴란드의 정치적 지도자였다면, 리샤르트 레구트코Ryszard Legutko는 사상적 지도자였다. 계절마다 자유연대노조의 지하잡지 《방주》Arka를 발간했다. 기획자이자 편집자로서 폴란드 민주화운동에 이바지한 것이다. 그가 논점을 잡고 논쟁을 주도하며 이론을 가다듬었다. 민주화 이후에는 정치사상 연구소를 창립한다. 연구와 교육, 출판 활동에 진력했다. 천성이 학인이다. 공부하는 사람이다. 굳이 전공을 꼽자면 고대 희랍철학이다. 그중에서도 정치철학을 깊이 공부했다. 그

리샤르트 레구트코.

리스 사상 전문가로서 폴란드에서 첫손에 꼽힌다. 플라톤을 폴란드어
로 번역한 장본인이며, 소크라테스에 대한 책도 여럿 썼다. 강단의 교
수로만 그치지도 않았다. 현실에도 깊이 참여했다. 폴리스에 진출한다.
폴란드 상원의원이 된 것이 2005년이다. 대변인을 맡아 글을 쓰고 말
을 했다. 2007년에는 교육부 장관도 된다. 나라의 백년대계를 책임졌
다. 폴란드에만 머물지도 않았다. 현직 유럽의회 의원이다. 지금은 바르
샤바보다는 브뤼셀에 머무는 기간이 더 길다. 내가 만나뵌 것도 브뤼셀
에서였다.

　직책이 달라져도 천성이 변하지는 않는다. 정치로 바쁜 와중에도 학
문을 병행했다. 세상을 다스리면서 공부를 지속하는 사대부, 경세가다.
본인이 주도적으로 참여했던 폴란드(와 동유럽)의 '민주화 이후의 민주
주의'를 탐구했다. 궁리와 성찰 끝에 뜻밖의 결론에 다다른다. 40년 살았
던 공산주의 사회와 30년 경험한 자유민주주의 사회가 크게 다르지 않

다는 것이다. 아니, 놀랍도록 유사하다고 했다. 현상적인 차원의 얘기가 아니다. 공산당 간부들과 그 체제에 부역했던 이들이 민주화 이후 신흥 지배층으로 이행한 것은 동유럽의 일반적인 현상이었다. 혹자는 공산국가 시절의 행정 경험 탓이라고 했다. 체제가 달라져도 경력은 여전하다는 것이다. 혹은 공산 시절에 축적해둔 자원이 선거에서 유리하게 작동한다고 했다. 왕년의 명성으로 표를 끌어모을 수 있었다. 유덕한 사람보다는 유능한 사람이, 유능한 사람보다는 유명한 사람이 더 유리했다. 옛 공산당원들이 자유민주주의자 혹은 사회민주주의자로 변신하여 기성의 지위를 유지한 것이다. 체제는 변했으되, 지배층은 변하지 않았다.

그는 조금 더 깊이 파고든다. 철학적으로, 사상적으로도 유사하다는 것이다. 공산주의와 자유민주주의가 한 뿌리를 공유한다고 했다. 쌍생아이고 쌍둥이라는 것이다. 양자 모두 유토피아를 지향한다. '역사의 종언'을 향해 거침없이 진군한다. 각자의 체제가 전 세계를 석권하는 영구혁명을 염원한다. 더불어 영구불멸, 영생을 소망한다. 그래서 공히 사회 전 영역으로 깊숙이 침투해 들어간다. 국가부터 가족까지, 정부부터 민간까지, 대/소, 상/하, 공/사를 가르지 않고 속속들이 파고든다. 총체적인 이데올로기다. 그만큼이나 전투적이다. 어떠한 타협도, 절충도 허락하지 않는다. 이단과 이반을 허용하지 않는다. 그래서 공산주의도, 자유민주주의도 전체주의적이다. 열린 사회가 아니라 닫힌 사회, 꽉 막힌 사회가 되어간다.

폴란드는 동유럽의 대국이다. 인구가 4천만을 헤아린다. 오랫동안 체제 '이행'의 모범 사례로 간주되었다. 이행학의 교본이 폴란드였다. 그런데 그는 폴란드가 공산국가에서 민주국가로 이행한 것이 아니라고 말한다. 좌파 전체주의에서 우파 전체주의로 이행했다는 것이다. 도발적인 주장이다. 파격적인 견해다. 나는 몹시 솔깃했다. 자유주의만큼 근본주의적 속성이 강한 이념이 없다는 의심을 키워가고 있었다. 갈수록 민주주의가 교조화되고 있다는 혐의가 깊어지고 있었다. 언젠가부터 '자유주의 근본주의', '교조적 민주주의'라는 말도 사용하게 되었다. 그러나 따옴표를 붙이지 않고는 쉬이 내뱉기 힘든 말이었다. 매번 쓸까 말까, 지울까 말까 한참을 고민한다. 어디까지나 견문 중에 길어 올린 직감이고 직관이었을 따름이다. 그런데 이분은 경험적으로 진술하고 있는 것이다. 긴히 말씀을 청해 듣지 않을 수 없었다. 정치인으로서의 경륜과 학자로서의 통찰을 통째로 빌리고 싶었다.

반공주의와 반-반공주의

이병한　1989년 전후의 폴란드 및 동유럽을 성찰하면서 매우 독특한 표현을 사용하십니다. 반공주의와 반-반공주의Anti-Anticommunism죠. 개념 풀이부터 시작해볼까요?

레구트코　1970년대에 처음으로 서유럽을 방문할 수 있었습니다. 공산국가 폴란드를 벗어나서 서구 사회를 관찰할 수 있었죠. 저는 당시 폴란드 정권에 몹시 비판적인 '반공주의자'였어요. 그때로서는 실현 가능한 최선으로서 서구를 모델로 삼았죠. 그런데 정작 서구에서 만난 친구들은 반공주의에 호의적이지 않더군요. 당연히 공산주의에 적대적일 것이라는 제 예상이 어긋났습니다. 도리어 공산주의에 유화적이고 동정적이었어요. 비판적인 지식인일수록 더욱 그러했습니다. '반-반공주의'라는 말은 그때 처음 떠오른 발상입니다. 반공주의에 반대하며, 자신의 폭넓은 식견과 유연한 태도를 자부하는 사람들. 그래서 그들은 소련이나 동유럽에도 그다지 적대적이지 않았어요. 도리어 반공주의 정책을 구사하는 자신들의 정권에 더 비판적이었죠. 그래서 1956년 헝가리와 폴란드, 1968년 체코에서 일어난 반反소련 봉기에도 딱히 우호적이지 않았습니다. 소련의 동유럽 관리를 암묵적으로 인정했다고 할까요? 동유럽의 '민주화' 움직임이 냉전의 안정성을 동요시킨다고도 여겼지요. 혹은 동유럽에서 마저 '우파 정권'이 들어서는 것을 오히려 걱정하는 듯 보였습니다. 물론 어디까지나 인상 비평에 그쳤죠. 반-반공주의에 대해 더욱 깊이 사고하게 된 것은 역시나 1989년 이후입니다.

이 1989년 동유럽 민주화의 수혜를 입은 세력이 반공주의자가 아니라 반-반공주의자였다는 주장이 흥미롭습니다.

레 1980년대 서유럽에서는 나토가 주도하는 핵발전소 건설이나 미사일 배치에 반대하여 수십만의 시위대가 거리로 쏟아져 나오곤 했습니다. 그러나 1989년 소련의 패권에 저항하며 일어난 동구 혁명에는 꽤나 소극적이었어요. 서구의 평화 활동가나 생태주의자들, 진보적 단체들이 거의 동참하지 않았죠. 내 일이 아니라 남 일처럼 여겼습니다. 그래서 서구는 동구의 혁명을 미디어를 통해 간접적으로만 경험합니다. TV 화면을 통해 지켜본 것이죠. 심지어 서베를린 사람들도 그러했어요. 동베를린 사람들이 담장을 허물고 있는 모습을 소파에서 시청했습니다. 장벽 건너편에서 환호하며 동구 혁명에 동참한 이들은 극히 소수였습니다. 1989년 헝가리에서 공산주의 정권이 전복되고 있을 때에도 불과 한 시간 거리에 있는 오스트리아의 수도 빈에서 환영하는 인파는 무척 드물었습니다. 오히려 우려와 불안이 주조였다고 할까요? 다시 말해 한쪽만의 일방적인 혁명이었던 것입니다. 동/서 냉전이었는데, 동쪽만 '탈냉전'으로 진입한 것입니다.

이 서쪽은 탈냉전한 것이 아니다? 혹은 냉전적 세계관을 지속한 것이다?

레　동유럽 사람들도 곧 체감하게 됩니다. 1990년부터 서유럽 여행 붐이 일거든요. 그런데 막상 서구에 가면 반응이 석연치 않았어요. 냉대까지는 아니더라도 뜨뜻미지근한 반응이었죠. 남루한 행색의 동구 여행객들을 바라보는 그들의 시선이 결코 따뜻하지 않았습니다. 서구의 부를 앗아가는 기생적 존재들, 혹은 노동 시장의 잠재적 경쟁자라고나 할까요?

이　1990년대 폴란드 문화사를 다룬 책을 보니까 폴란드인의 이미지가 지극히 남성적이더군요. 배관공과 수리공? 서유럽 관광객을 유치하기 위한 안내 포스터도 '섹시한 배관공'이 주인공이었습니다. 근육질의 노동자 이미지로 국가를 선전한 것이죠. 서구의 여리여리한 교양인 남성과 대비되는 우락부락한 폴란드 남성상이랄까. 매우 독특한 젠더 정치학이 동/서 유럽에서 가동되었구나 싶었습니다.

레　1989년 동구 혁명으로 폴란드는 자유민주주의 체제로 이행합니다. 그러면서 반-반공주의자들이 권력을 장악해가게 되죠. 기왕의 공산주의자들이 서유럽의 반-반공주의자들과 협력하여 동유럽의 반공주의자들을 제어해갑니다. 저와 같은 반공주의자들은 자유민주주의로의 이행에 장애물로 간주되었어요. 왕년의 공산주의자들이 기왕의 경력과 이력을 파쇄하고 새로운 정치경제적 현실에 재빠르게 적응해갑니다. 전직 공산주의자들이 가장 열렬한 현직 자유민주주의자들로 탈바꿈하죠. 구체제의 공범자들이 신체제의 선봉대이자 파수꾼이 되어간 것입니다. '만국의 노동자여 단결하라!'가 1면에 박혀 있던 신문이 하루아침에 자유민주주의 이데올로기를 전파하는 신문으로 변모하더군요. 옛 공산당 세력이 주도하는 유사-부르주아 혁명이 일어났다고 할까요? 1917년(러시아 혁명)의 별이 지고, 1789년(프랑스 혁명)의 별이 뜬 것입니다. 그 과정을 지켜보면서 서구의 자유민주주의와 동구의 공산주의는 본디 공유하는 바가 많았던 것이 아닐까 하는 생각을 본격적으로 하게 되었습니다. 애초에 닮은 구석이 많았기 때문에 그들이 '이행'의 최후 승자가 되지 않았을까 하는.

이 서구의 반-반공주의자와 동구의 (구)공산주의자 간에 '대연정'이 이루어지면서 유럽이 통합되어간 셈이네요. 역사관부터 흡사하다고 하셨죠?

렌 자유민주주의와 공산주의 모두 더 나은 미래를 위하여 현실을 변화시킨다는 목표를 공유합니다. 이른바 근대화 프로젝트죠. 세상을 있는 그대로 놔두어서는 안 된다는 신념을 공유합니다. 현존하는 세계를 변혁해야 한다는 신념으로 가득하죠. 낡은 것은 새것으로 교체해야 한다는 신념으로 끓어오릅니다. 이른바 진보사관이죠. 역사는 진보한다, 더 나아진다, 그 증거가 바로 공산주의다, 혹은 자유민주주의다, 나아가 진보하지 못하는 국가나 문명까지도 진보시켜주어야 한다는 사명감으로 불타오릅니다. 왜? 역사의 법칙을 발견했다고 자부하기 때문이죠. 마르크스의 장례식에서 엥겔스가 했던 추도사가 상징적이에요. "다윈이 자연의 법칙을 발견했다면, 마르크스는 역사의 법칙을 발견했다"고 기념해요. 마치 자연선택의 진화론처럼 역사는 자본주의에서 공산주의로 이행할 수밖에 없다, 그래서 그 법칙의 이름으로 폭력혁명을 용인했던 것입니다. 미래로 가는 시간을 단축해주는 선의에 터했으니까요. 공산주의자들이 지배계급에 대한 피지배계급의 투쟁으로 역사가 진보한다고 말하는 만큼이나, 자유민주주의자들은 권위에 대한 자유의 투쟁으로 역사는 진보한다고 말합니다. 군주와 귀족과 교회와 투쟁하는 또 다른 진보서사를 확립하죠.

이 진보적 역사관은 특정한 인간관으로 귀결된다고 하셨습니다.

레 근대인, 근대적 정신의 핵심은 인간의 자각적 활동으로 더 좋은 세상을 성취할 수 있다는 것이죠. 자기 확신, 신념에 가득 찬 인간형입니다. '나는 공산주의자다'가 만병통치였던 체제에서, '나는 민주주의자다'가 만사형통인 체제로 이행한 것입니다. 흥미로운 역설은, 공산주의도 자유주의도 인간의 삶에서 정치의 역할을 감소시키겠다고 약속한다는 점입니다. 《독일 이데올로기》에서 마르크스가 그리는 미래의 삶을 상기해보십시오. 아침에 사냥하고, 점심에 낚시하고, 저녁에 문학 비평을 하는, 정치로부터 해방된 인간이 묘사됩니다. 레닌은 《국가와 혁명》에서 더욱 직접적으로 국가 철폐를 주창하죠. 최소한의 행정만 남는, 정치 없는 사회를 유토피아로 제시해요. 그래서 공산주의가 무르익으면 최소 수준의 행정만 남아서, 식모도 할 수 있는 일이 될 것이라고 전망했습니다. 그런데 자유민주주의도 흡사합니다. 탈정치화된 사회, 오롯이 시장 기제로 작동하는 사회를 이상향으로 제시하죠.

그러나 역사적으로 실재했던 것은 만사의 정치화, 만인의 정치인화였어요. 공산당은 사생활까지 사사건건 관할했습니다. 영혼까지 규율했다고 할 수 있습니다. 모든 이의 머릿속까지 개입하여 종교를 지우고 과학(이라는 이데올로기)을 심었습니다. '개인적인 것이 정치적인 것이다'라고 했던 자유주의의 발화도 정반대의 결과를 초래합니다. 얼핏 개개인의 주체성을 극대화한 표현처럼 들리지만, 그 결과는 사적인 부분까지 정치가 깊이 개입하는 것으로 귀착되죠. 국가가, 법원이 사생활 전반을 관장하게 됩니다. 인간의 가장 내밀한 영역인 침대 속 성관계까지 어느새 법률의 대상이 되었습니다. 양쪽 모두 국가권력이 갈수록 비대하게 팽창하는 것입니다. 반면으로 개인은 더더욱 위축되어가죠. 전례가 없는 수준에서 전면적으로 인간의 삶을 정치화한 것입니다. 감시 사회, 통제 사회, 사생활과 사영역이 사라져갑니다.

이 인간 삶의 전면적 정치화는 전체주의로 이어집니다. 통상 공산주의, 자유민주주의, 전체주의를 분리해서 접근하는데, 공산주의도 자유민주주의도 전체주의적 속성이 다분하다고 주장하시죠.

레 공산주의 체제에서 살아가는 것이 어떠한 것이었는지 저는 여전히 기억에 생생해요. 어떻게 사고할지, 어떻게 행동할지, 어떻게 판단할지, 무엇을 희망할지, 말하고 글을 쓸 때는 어떤 단어를 사용할지 그 모든 것이 사전에 정답으로 주어져 있습니다. '정치적 올바름'으로 만사를 통제하는 사회죠. 그리고 공산주의적 올바름에 입각한 이상적인 인간형으로 만인을 개조하려고 합니다. 이에 어긋나는 사람들에 대해서는 '계급의 적'이니 '부르주아 속성'이니 하면서 딱지를 붙이고 혐오를 부추기죠. 그런데 자유민주주의 사회도 놀랍도록 비슷합니다. 대화와 관용, 다양성 등을 상투적으로 말하지만, 자유민주주의만큼 전투적이고 비타협적이고 적대적인 사회가 없어요. 비자유주의적 요소들을 자신들을 위협하는 적으로 간주할 뿐 아니라, 인간성에 위배되는 것으로 확대 해석합니다. 또 다른 방향에서 정치적 올바름에 강박되어 있는 사회죠. 그리하여 정작 개개인의 개성을 말소해버리고 마는 것이에요. 모두가 비슷한 생각을 하게 만들고, 비슷한 관점을 가지게 만들고, 비슷한 행동을 하도록 만들며, 비슷한 언어를 쓰도록 만듭니다. 개성 없는 개인들을 양산하는 것이죠. 군중 사회, 대중 사회가 되어갑니다. 당장 SNS에 접속해보십시오. 얼마나 많은 사람들이 얼마나 빠른 속도로, 얼마나 획일적인 생각과 언어들에 물들어가는지. 그리고 다른 생각과 다른 언어, 다른 감수성에 대해서 얼마나 적대적인 혐오감을 표출하는지.

이 그래서 양쪽 모두 유일사상, 유일체제라고 말씀하십니다.

레 각자 대안은 없다고 말한다는 것도 공통점이죠. 공산주의 체제에서, 자유민주주의 체제에서 가능한 변화란 더 안 좋아지는 것을 의미합니다. 각 체제를 수호하는 사람들의 시각에서는 역사의 퇴보이자 퇴행일 뿐이죠. 공산주의 시절, 공산주의가 무너지면 사회는 계급 착취로 얼룩지고 자본주의와 제국주의와 파시즘이 판을 치는 생지옥으로 전락할 것이라고 생각했습니다. 자유민주주의는 어떤가요? 자유민주주의 체제가 몰락하면 권위주의와 파시즘과 신정神政 정치의 나락으로 떨어질 것이라고 위협하죠. 양쪽 모두 겁박하고 협박합니다. 그래서 대안적 해결책을 찾는 것을 금지하고 봉쇄해버려요. 이치에 맞지도 않을뿐더러 성찰의 가치조차 없는 것처럼 치부하죠. 공산주의 체제에서 공산주의에 도전하는 사람(반공주의자)과 민주주의 체제에서 민주주의에 회의하는 사람(반민주주의자)은 인류의 역사와 성취에 대한 모욕이라고 간주합니다. 그래서 점점 더 많은 자유민주주의자들의 마음이 왕년의 공산주의자들처럼 딱딱하게 굳어갑니다. 어떠한 다른 담론도, 체제도 가능하지 않다며 현재를 고수하는 수구파로 전락해가는 것이죠. 지금 서구의 사회과학 담론을 보세요. 대단히 한정된 언어들을 수십 년째 반복하고 있을 뿐입니다. 새 말이 등장하지 않아요. 아니, 새 말이 허용되지 않아요. 철두철미한 검열 체계가 작동하고 있는 것입니다. 구사할 수 있는 말, 상상할 수 있는 범위가 철저하게 한정되어 있는 것입니다. 공산주의 시절이 그랬습니다. 제가 지식인으로서 사용할 수 있는 어휘가 당의 지침으로 지극히 제한되어 있었죠. 그런데 자유민주주의로 이행한 지금도 크게 다르지 않습니다. 공산주의 문헌의 '프롤레타리아트'를 '페미니스트'로만 고치면 어지간한 문맥이 대략은 통할 정도로 천편일률적입니다.

이 매우 흥미로운 관찰입니다. 저도 언젠가부터 '교조적 민주주의'라는 말을 쓰게 되었는데요. 더 배우려고 하지 않으면서 가르치려고만 드는 이들 같아서였습니다. 자족적인, 자만하는, 나아가 자폐적인? 자칭 진보적인 사람들이 진화론적 발상에서 가장 거리가 먼 것이 아닐까. 환경의 변화에 따라 부단하게 적응해가는 것이 진화라는데, 정작 진보를 맹목하는 이들이 진화를 거부하고 고착되어 있는 것 아닐까.

렌 공산주의 시절 가장 유쾌하지 못한 기분이, 리얼리티 속에서 살아가는 것이 아니라는 느낌입니다. 가상 속에서 살아간다, 거짓 세계 속에서 연극하며 살아간다, 말과 실제가 일치하지 않는 것이죠. 프로파간다와 현실 간의 낙차와 괴리를 매일같이 실감하게 됩니다. 현실을 곡해하는 환영 속에서 살아가는 기분이란 몹시 불쾌한 것이에요. 그래서 1989년 공산주의 체제가 무너짐으로써 우리는 비로소 현실 세계 속으로 진입한다고 하는 쾌감이 있었죠. 공산당과 선전기구들의 '가짜 뉴스'에서 해방된 '탈진실Post-Truth 시대'로 이행했다고 생각했습니다. 객관적인 진실로 세워진 진짜 세계로 이행한다고요. 언론의 자유가 넘치고 표현의 자유를 누리며 객관적 정보가 넘쳐나는 리얼한 세계. 그러나 자유민주주의 체제는 또 다른 의미에서 '가짜 뉴스'가 범람하는 곳이더군요. 새로운 이데올로기가 실생활을 장악해갔습니다. 높은 기대가 낙담으로 암전하기까지 긴 시간이 소요되지 않았습니다.

이 재밌는 발상입니다. 1989년 동구가 '탈진실 시대'로 먼저 진입하고, 2016년 서구도 또 다른 '탈진실 시대'로 진입했다고 볼 수도 있을까요? 동구가 서구화되고 있는 것이 아니라, 서구가 동구의 길을 따라가고 있는 것처럼도 보이는군요. 소비에트연방의 해체 (1991)에 이어 브렉시트 등 EU의 좌초를 목도하고 있기도 하고요. 사회주의의 좌절에 이어 자유주의도 쇠락해가고 있는지 모르겠습니다. 20세기를 규정했던 좌/우라는 잣대가 과연 얼마나 더 유효한 것인가 되물어보게도 되고요. 자연스럽게 유럽의회 경험을 청해 듣고 싶습니다.

레 공산주의와 자유민주주의가 크게 다르지 않다는 진단에 확증을 갖게 된 것이 EU 활동을 통해서입니다. 만약 유럽의회가 자유민주주의가 도달한 현시점 최고의 기구라고 한다면, 자유민주주의는 바람직한 이념도 아니고 아름다운 체제도 아닙니다. 불행히도, 그리고 매우 불쾌하게도 공산주의와 너무너무 닮아 있습니다. EU와의 첫 대면부터 숨 막히는 정치적 독점을 느낄 수 있었어요. 수십 개 국가의 대표자들이 모인 회합인데도 모두가 동일한 언어와 논리를 구사하고 있습니다. 공산주의 시절처럼요. 모두가 현실 세계의 오작동에도 불구하고 이데올로기적으로 가상현실을 창조하고 있음을 발견할 수 있어요. 공산주의 시대처럼요. 모든 이단자와 반역자에 대한 타협 없는 적개심과 적대성도 목도할 수 있습니다. 공산주의 시절에도 그랬어요. 간혹 유럽의회 회의실을 관조적으로 바라보곤 합니다. 그러다 문득 아, 왕년의 모스크바가 이랬겠구나! 싶어져요. 비록 지금 몇몇 시행착오가 있지만, 몇몇 나라에서 오작동이 발생하고 있지만, 결국은 그 모든 난관을 극복하고 종국에는 해피엔딩으로 귀착될 것이다, 하고 맹종한다는 점에서 브뤼셀 관료들과 모스크바의 옛 관리들은 놀라우리만치 흡사한 것 같습니다. 물론 건물 밖 복도에서, 또 사석에서 만나면 회의감과 불안감도 표출합니다. 하지만 정작 회의장 안에 들어가면 모두 정색하고 EU에 대한 신념을 충성 맹세하죠. 스스로 언어와 생각을 검열하는 것입니다. EU 도처에서 위기의 징후가 수시로 드러나는데도, 곳곳에서 모순이 표출하고 있는데도, 역사는 우리 편이라며 외면하고 있는 모습도 옛 공산국가들과 너무나도 닮았어요.

이 비유적으로 EU에도 '페레스트로이카'가 필요하고, '개혁개방'이나 '도이모이'가 단행되어야 할지도 모르겠습니다.

레 글쎄요. 그런 반체제적 발상이 통용될지 모르겠습니다. EU는 가능한 모든 수단을 다하여 민주주의적 가능성을 최소화한 기구입니다. 권력의 전이를 보증하는 기제가 없고, 유권자들의 의사가 EU의 정책에 영향을 미치는 제도적 방법도 없습니다. 제가 몸담고 있는 유럽의회가 EU 정부를 구성하는 것도 아닙니다. 아마 유럽의회는 세계에서 유일하게 야당이 없는 의회일 것이에요. 선거에서 누가 이기든, 유럽의회의 주요 의사결정은 기존과 다를 바 없는 지배 카르텔에서 하는 것입니다. 어차피 유럽정부European Commission는 유권자의 결정으로 만들어지는 것이 아니에요. 유권자의 의사로부터 독립해 있는 과두체제죠. 선출되지 않은 사람들이 주요 기능을 수행한다는 점에서도 왕년의 소비에트연방과 무척 유사합니다.

즉 EU는 민주주의와는 전혀 거리가 먼 기구입니다. 비민주적 제도라기보다는 초민주적인Hyper-Democratic 조직입니다. 유럽 전체를 자유민주주의로 전환시키는 사명을 가진, 나아가 전 세계를 자유민주주의로 전환시키는 의무를 가진 초민주적 기구죠. 그래서 유럽 주요 국가들의 주요 정치인들도 전혀 민주적으로 작동하지 않는 EU에 대해서만은 문제 제기를 하지 않는 것이에요. 초민주적인 기구의 사명에 수긍하고 맙니다. 왕년의 소련공산당처럼 '영구혁명'을 수행하는 초역사적Hyper-Historic 조직으로 간주하는 것입니다. 그래서 EU 헌법이 몇몇 국가에서 부결되어도 리스본 조약으로 땜질 처방하고 기왕의 프로젝트를 재추진하는 것이죠. 일부 국가의 반론과 반기에도 아랑곳없이 진보를 향해 질주하는 것입니다. 프랑스 대선에 깊숙이 개입하고, 헝가리와 이탈리아와 그리스의 내정에도 간섭하면서요. 이제는 일부 국가에서 국민의 선택이 아니라 브뤼셀의 압력에 따라 정권이 교체되는 사례까지 나오게 되었습니다. 소련 시절 브레즈네프의 '제한주권론'*을 떠올리지 않을 수 없어요. '프라하의 봄'을 진압했던 소련처럼, '아테네의 봄', '마드리드의 봄', '로마의 봄', '바르샤바의 봄'을 EU가 억제하고 있는 것입니다.

이 동유럽 국가들이 '제한주권'에 반기를 들고 사회주의 진영에서 이탈하여 소련에서 독립해간 것처럼, EU에서도 벗어날 수 있다는 말씀이신가요?

레 이미 영국이 이탈하지 않았습니까? 어떤 임계점을 지나면 '분리독립'의 도미노가 일어날지도 모릅니다. 1989년도 한순간 와르르 일어난 일이에요. 그러나 적어도 제가 생각할 수 있는 미래에는 힘들지 않을까 싶어요. 수많은 단점과 한계에도 불구하고, 현재 유럽에서 EU를 대체하는 그랜드디자인은 존재하지 않습니다. 진단만 있고 처방전은 없는 상태입니다.

---

* 사회주의 진영 전체의 이익을 위해서는 개별 국가의 주권은 제한될 수 있다는 논리.

'1980'과 '1989',
'이행'을 넘어 '역사적 귀향' 운동으로

이   1989년과 1980년의 차이를 강조하십니다. 자유연대노조가 출범했던 1980년 원년과 1989년 '이행' 간에 아득한 거리가 있다고 말씀하시죠. 한국에도 '1987년 체제'라는 말이 있는데요. 그 원점이 되었던 1980년 광주항쟁과 견주어보면 1987년 이후의 문제점이 드러나기도 하거든요. 폴란드의 1980년, 민주화의 기원이 궁금해집니다.

레   제가 가장 창조적으로 사고하고 가장 자유롭게 상상했던 시절은 1989년 이후가 아니라 '이행' 직전, 즉 공산주의 말기였습니다. 1980년이 기폭제였죠. 제가 발간을 맡았던 잡지를 비롯하여 다양한 무크지가 발행되면서 백화제방, 백가쟁명이 펼쳐졌습니다. '논쟁의 시대'였다고 할까요. 검열 체제를 내파하는 사상 해방의 절정기였습니다. 자유연대노조부터가 공산 치하에서 설립된 최초의 자율적 민간 기구였죠. 그러나 이를 그저 하나의 노동조합으로만 치부해서는 곤란합니다. 노조는 맞아요. 그렇다고 임금 협상만을 위한 조직은 아니었어요. 부의 재분배만 요청한 것이 아닙니다. 그런 면모는 차라리 부차적이지요. 요체는 인간적인 요구에 있었습니다. 인간의 존엄성을 수호해달라는 준엄한 목소리였습니다. 창조적인 문화를 갈구하는 절실한 외침이었습니다. 진리를 추구했던 것입니다. 더불어 폴란드의 오랜 유산이자 전통문명인 가톨릭의 복원을 요구했습니다. 그러했기에 자유연대노조가 폭넓은 사회적 동의를 구하고 전폭적인 지지를 받을 수 있었던 것입니다. 마르크스주의에 기반한 계급운동을 펼친 것이 전혀 아니에요. 또한 자유주의에 의탁한 시민운동을 전개한 것도 아닙니다. 폴란드의 민중과 역사와 재결합하는 토착화운동이었습니다.

이   그래서 지하잡지의 제호가《방주》였군요. 성서에서 차용해온 것입니다. 그렇다면 폴란드 민주화를 '역사적 귀향' 운동으로 이해해볼 수도 있겠습니다. 근대를 '고향 상실의 시대'라고 말한 이는 하이데거입니다.

레   토착화에 성공함으로써 비로소 폴란드공산당도 무너뜨릴 수 있었던 것입니다. 소련이 이식한 외래 정부, 괴뢰 국가였으니까요. 나아가 '악의 제국' 소련도 붕괴시킬 수 있었습니다. 소련의 해체를 사회주의에서 자유주의로, 공산주의에서 자본주의로의 '이행'이라고 여기는 것도 지극히 외부적이고 표피적인 시각이에요. 미국과 서구 사람들의 일방적인 독법입니다. 당사자로서 말하자면 폴란드인에게, 또 동유럽인에게 가장 소중했던 경험은 모두가 인간적인 존재로서 영성적인 자각을 이루었던 것입니다. 진리의 이름으로, 신의 이름으로, 존엄의 이름으로, 문명의 이름으로 '과학적 사회주의'라는 독재와 독단을 해체한 것입니다. 우상 숭배를 타개한 것이죠. 근대의 이데올로기에 맞서서 역사와 종교와 문명과 전통을 수호해낸 것입니다. 즉 폴란드의 '민주화'라는 것은 공산주의라는 단일 이념의 독점을 허물어뜨리면서 폴란드의 전통을 복원해가는 과정과 불가분으로 연결되어 있었습니다. 옛 사회의 다양성을 복구해가는 과정과 밀착되어 있었어요. 공산주의 단일 원리가 전 사회를 지배하는 전체주의 사회에서 각 사회의 자율성을 회복해가는 복구 과정과 긴밀하게 연동되었던 것입니다. 그래서 민주화운동이 종교운동과 분리되지 않았던 것이죠. 정치개혁과 종교개혁은 둘이 아니라 하나였습니다.

이   대단히 중요한 말씀입니다. 좌에서 우로의 방향 선회가 아니라 좌/

우가 공유하는, 성/속의 분리와 고/금의 분단을 극복해가는 과정이 폴란드의 민주화였다? 성/속 합작운동, 고/금 합작운동이라고 표현할 수도 있겠습니다.

레 공산주의 붕괴를 이끈 사람들의 구호가 독재 타도, 직선제 쟁취가 아니었어요. 다당제와 선거가 근본 목표가 아니었습니다. 심층적인 차원에서, 근원적인 지평에서 인간성의 회복을 갈망했던 것입니다. 그리고 그 정수는 저의 모국 폴란드에서는 가톨릭이 되지 않을 수 없었고요. 공산주의라는 '프롤레타리아트의 아편'에서 벗어날 수 있었던 것도 영적 갈망, 종교적 심성에 있었습니다. '공산주의적 인간'이라는 레디메이드 인생을 연기하는 것이 아니라, 더 나은 인간이 되고 싶다는 끓어오르는 충동이 폭발적으로 분출했던 것이죠.

이 '타는 목마름'입니다. 최근 한국에서 4·19 혁명을 '군자들의 행진'으로 조망하는 신간이 나왔다는 소식을 전해 들었습니다만, 폴란드의 민주화를 '성자들의 행진'으로 빗댈 수 있을지도 모르겠네요. 저로서는 무척 흥미로운 시각입니다.

레 자유연대노조 운동에도 종교적 각성이 깊이 각인되어 있었습니다. 전통에 대한 향수, 조국에 대한 사랑, 애국심이라기보다는 애향심에 더 가까운 근원적인 것에 대한 한없는 그리움, 뿌리에 대한 애착심. 그 거대한 뿌리로부터 솟구쳐 올라온 것이 '민주주의'입니다. 서구화를 추구한 게 아니에요. 물론 그 일부로서 자유주의자도 있고, 서구파 지식인들도 있었죠. 그러나 그들이 결코 다수는 아니었습니다. 그랬다면 1989년처럼 거국적인 반체제운동으로 확산될 수 없었을 것입니다. 기층 민중의 전통과 가톨릭의 유산과 결합함으로써 구체제를 붕괴시킬 수 있었습니다.

이 인상적인 논평입니다. 그런데 폴란드나 동유럽에 '1989 세대'라는

자유연대노조 출범 30주년 기념 포스터. 가톨릭 사제가 전면에 그려져 있다.

말이 없지 않습니까? 서구의 68세대, 한국의 86세대처럼 세대론과 체제론은 긴밀하게 연동되기 마련인데, 왜 유독 동유럽에서는 89세대라는 말이 없을까요?

레 1989년 '이행'의 주역들이 1980년의 주체가 아니었으니까요. 폴란드 민주화를 통하여 폴란드인들이 승리한 것이 아닙니다. 서구인들이 승리했어요. 혹은 서구파가 승자가 되었습니다. 구체제는 우리 스스로 무너뜨렸는데, 정작 신체제는 우리 손으로 만들지 못하더군요. 저항의 주체는 동유럽이었는데, 그 결실은 서유럽이 따갔습니다. 거리에서 들판에서 맨몸으로 싸운 것은 우리인데, 소파에서 살롱에서 관망하던 저들이 주인공이 되어버렸어요. 냉전에서 자신들이 승리한 것이라며, 그들의 체제를 동유럽으로 확산하고 이식해버렸죠. 나토는 동진하고, EU는 팽창했습니다. 가장 창조적이어야 했을 시기에 가장 순종적으로 변하고 말았습니다.

1940년과 1990년, 반세기를 두고 운명이 묘하게 반복된 것입니다. 나치독일에 저항했던 것이 꼭 공산주의를 지향했던 것만은 아니었거든요. 그런데 나치를 동유럽에서 몰아내고 났더니, 소련이 자신들이 승리한 것이라며 점령군이 되어서 소비에트 체제를 이식해버렸습니다. 나치독일의 괴뢰국을 소련의 위성국으로 바꾸어버린 거예요. 1980년대 동유럽 민주화를 강 건너 불구경하던 서구 또한 자신들이 해방자라며 이제는 EU의 속국처럼 만들어버린 것입니다. 진보의 전위가 SU(Soviet Union)에서 EU(European Union)로 바뀌었을 뿐이에요. 사회주의 진영에서 후발주자였던 폴란드는 자본주의 진영에서도 후발국가 취급을 받게 되죠. 모스크바를 대신하여 브뤼셀의 명령을 따르고 지시를 이행해야 했습니다. 제도, 교육, 법, 언론, 언어 모든 것이 이번에는 서쪽에서 수입되었습니다.

그러면서 애당초 1980년의 정신은 휘발해버리고 맙니다. 1989년 정치적 승리가 눈앞에 다가왔을 때부터 위험 징후는 역력했습니다. 승리 이후의 권력을 노리는 이들이 돌출하기 시작했어요. 혁명의 달성이 목전에 다다를수록, 혁명의 동력을 분출시켰던 영성적 자각과 도덕적 고무가 약해져갔습니다. 양심보다는 욕심이 고개를 쳐들기 시작한 것입니다. 권력 정치가 삽시간에 퍼져갑니다. 원대한 이상이 사라지고, 현실적인 기술 정치가 횡행합니다. 그 새로운 게임의 법칙 안에서 최종적으로 승리한 것이 왕년의 공산주의자들이었죠. 그들이 과거에 모스크바에 굴종했던 것처럼, 이번에는 브뤼셀 앞에서 머리를 조아리며 작은 권력을 누리는 데 안주했던 것입니다.

현재 유럽의 통합역사 교과서를 보면 어처구니없는 서술이 너무 많아요. 특히 탈냉전 부분의 서술은 저로서는 거의 동의하기가 힘듭니다. 동유럽의 민주화운동을 마치 EU 지향인 것처럼 서술해놓았거든요. 1980년대 당시에 EU는 존재하지조차 않았어요. EU가 지고의 선인 것마냥 목적론적으로 서술한 것이 현재의 유럽 통합역사 교과서예요. EU의 프로파간다로서 '역사 다시 쓰기'를 활용하는 것입니다. 현재 동유럽의 청소년은 그 교과서를 읽으며 자라나고 있습니다. 제가 청소년 시절에 나치독일에 대한 저항이 곧 소련과 사회주의 지향이었다고 서술한 공산당 역사 교과서로 공부했던 것과 비슷한 모습이죠.

이 재차《1984》가 연상되지 않을 수 없네요. 현재를 지배하는 자가 과거를 지배하고, 과거를 지배하는 자가 미래를 지배한다고 했습니다. 새삼 조지 오웰의 예언이 섬뜩하게 느껴지기도 합니다. 불과 5년 차, '1989'라고나 할까요? EU도, 세계도 '1989'에 갇혀 있는지 모르겠습니다. 현재를 지배하고 있는 이들이 만들어낸 '가짜 역사'를 주입하면서 말이죠. 새삼 '다른 미래'를 열어가기 위해서는 '다른 역사'부터 써야 한다는 생각을 더욱 굳히게도 되고요. 혹시 선생님이 유럽 역사 교과서를 새로이 쓰신다면 동유럽 민주화를 어떻게 기술하고 싶으신지요?

레 성과 속의 갈등을 주선율로 부각시킬 것입니다. 공산주의자들은 본능적으로 알고 있었어요. 그들의 최대의 적이 부르주아 계급이 아니라 성당과 가톨릭이라는 것을요. 정당과 성당, 공산당과 교회, 성과 속의 대결이었던 것입니다. 영성을 이성으로, 신앙을 과학으로, 종교를 이념으로 대체하기 위해 총력전을 펼친 것이 공산주의 시절이었습니다. 비종교적인 사회, 과학적인 사회를 만들기 위해서 종교적 열정을 발휘하여 성전을 수행했던 것입니다. 그러나 결국 우리 폴란드인은 혼과 넋을 공산주의에 내다팔지 않았습니다. 숨어서 몰래몰래 그리스도의 사도로 살아갔던 것입니다. 공산당원들은 성당을 처분하고 트랙터 보관소로 사용했지만, 우리는 그 트랙터 사이에서도 기도를 올리고 신과 조우했어요. 공산주의자들은 기도하는 시간을 한낱 가치 없는 시간이라고 여겼죠. 그들에게 가치는 오로지 노동에 의해서만 생산되는 것이니까요. 그러나 결코 그러하지 않습니다. 유물론적 가치론은 몰가치적 발상입니다. 기도하고 묵상하는 시간 또한 인간이 인간으로 살아가기 위하여 반드시 필요한 부가가치를 창출합니다. 민주화와 근대화를 세속화와 등치시킬 수 없는 것이에요.

이 폴란드 및 동유럽의 민주화와 '가톨릭의 근대화'를 아울러 생각해볼 수도 있겠습니다. 올해 바티칸을 견문하면서 읽은 책으로 《가톨릭 계몽주의》(Ulrich L. Lehner, 2016)가 있습니다. 퍽 감동적으로 읽었는데요. 가톨릭 계몽주의의 마지막 챕터로 폴란드 민주화를 넣어도 되겠다는 생각이 얼핏 드는군요. 가톨릭 계몽주의의 단절된 전통을 되살려 가톨릭 민주주의로 이행했다?

레 불행히도 그렇게 되지 못했습니다. 공산주의에서 자유민주주의로 이행했으니까요. 세속화 세력이 연달아 권력을 차지했던 것입니다. 어제의 공산주의자들이 오늘의 민주주의자가 되어서 재집권한 것입니다. 그리고 '종교의 자유'라는 이름으로 종교를 정치로부터 배제해갑니다. 폴란드 민중을 배제한 채로 중산층 지식인 중심의 자유민주주의로 이행한 것이죠. 고로 폴란드 민주화의 실상은 서구화였던 것입니다.

이 민주화와 서구화는 다른 것이다? 1989년 이후 동구의 실상과 본질이 민주화보다는 서구화였다면, 그 서구화의 소산은 무엇입니까?

레 폴란드에 가시면 대도시만 돌지 마시고 지방과 농촌을 방문해보길 권합니다. 몇몇 도시에 으리으리한 쇼핑센터가 들어서고 화려한 광고판이 도시 야경을 수놓고 있는 것이 우리가 원했던 바가 아닙니다. 교통 체증이 늘어나고 밤늦게까지 레스토랑과 바에서 음악 소리가 크게 들려오는 것을 바랐던 바도 아닙니다. 매우 기괴한 격차 사회가 도래하고 말았어요. 일부 도시는 서구화되어서 여기가 폴란드인지 영국인지 프랑스인지 점차 구별이 안 될 정도로 닮아버렸습니다. 반면 지방으로 가면 사회주의 시절의 공단이 폐허처럼 남아 있어요. 공공주택들도 폐가처럼 되어버렸고요. 마을 인구는 줄고 노령화도 심각하죠. 청년들은 도시로, 기왕이면 서유럽의 도시로 이주하고 있습니다. 농촌에는 노인뿐이고 지방 산업은 공동화되었죠. 양극화가 극심합니다. 2008년 세계 금융위기 이후 상황은 더욱 악화되었습니다. 2009년 옛 동지들과 바르샤바에서 모인 적이 있습니다. 1989년 20주년을 기념하는 자리였죠. 그때 새파랬던 청년들이 이제는 중년이 되었습니다. 당시의 환희와 열광은 사라진 지 오래입니다. 희미해진 기억이에요. 미래에 대한 자신감은 도리어 줄어들었습니다. 어디서부터 무엇이 잘못되었던 것인가, 회한과 비애가 심했죠.

이 어디서부터 무엇이 잘못된 것일까요? 나름의 대답이 있으신지요?

레 만시지탄을 금할 수 없는데, 일방적인 탈냉전이 결정적이었습니다. 서구는 동구의 실패로부터 아무것도 배우지 못했어요. 동유럽의 민주화 혁명으로부터 서유럽은 무엇을 배울 것인가, 하는 발상이 애당초 부재했습니다. 동/서 유럽은 통합된 것이 아닙니다. 동유럽이 서유럽에 흡수되고 병합된 것입니다. 거듭 말하지만, 동유럽 민주화는 단지 직선제를 요구한 것이 아닙니다. 사회주의의 약속을 실천하지 못한 공산당 정권에 맞서 봉기한 것이죠. 교육과 의료와 복지 등 사회주의가 약속했던 이상을 제대로 실현해달라는 것이었습 •301

니다. 그 이상을 공산당이 충족시키지 못한다면 체제를 변화시켜서라도 실천해보겠다는 뜻이었습니다. 그런데 2008년 세계 금융위기 이후 저는 1988년이 반복되고 있는 듯한 기시감마저 느껴요. 현재의 남유럽 상황이 당시의 동유럽과 몹시 흡사합니다. 당시의 동유럽 못지않은 경제위기가 이제는 유럽 전체를 휩쓸고 있는 것이죠. 공산주의가 왜 무너졌는가에 대한 깊은 천착이 없었기 때문에, 그 맞은편에 있던 자유민주주의 사회도 더 이상 진화하지 못했던 것입니다. 그래서 체제의 실패가 더더욱 가속화되고 말았던 것입니다. 동서냉전과 체제 경쟁이 상호 진화를 촉발한 것이 아니라 상호 퇴행으로 귀결되고 말았던 것이죠. 한쪽의 조기 퇴장으로 다른 쪽의 성숙도 이끌어내지 못한 것입니다. 오히려 역효과를 내고 말았죠. 서구에서 일정한 성과를 이끌었던 사회민주주의마저도 후퇴하게 됩니다. 서구의 노동당과 사회당, 사민당이 줄줄이 '제3의 길'이라는 깃발 아래 우경화되죠. 동유럽의 '이행'과 서유럽의 우경화가 동시에 전개된 것입니다. 유럽 전체가, 세계 전체가 우경화되었다고 할 수 있습니다. 그런데 그 우경화를 '민주화'니 '자유화'니 선전했던 것입니다. 사회주의권이 사라짐으로써 서유럽의 복지국가도 쇠락하고, 미국의 민주당도 신자유주의 일방으로 기울어졌던 것입니다. 그 결과가 현재 유럽의 모습이죠. 이대로라면 민주화 혁명 30주년을 맞이하는 2019년은 더욱 우울해질 것 같아요. 1989년 자유민주주의 체제로 이행하면서 1980년의 해방과 창조와 영감이 죄다 소진되고 말았습니다.

'근대인', 당신들의 천국

이 희랍철학 전공자이십니다. 고대인의 삶에 애정이 깊으시더군요. 반면으로 근대인의 존재 양식에 대해서는 무척 회의적이시고요.

레 기존의 모든 구습과 구속에서 벗어난 인간으로 상정되는 것이 근대인(Homo Novus)입니다. '개인'individual이라는 말, '독립'independence 이라는 단어가 그런 의미를 함축하죠. 불교식으로 표현하면 '유아독존'唯我獨尊인가요? 그런 점에서 근대인의 정신은 사춘기의 정념과 흡사합니다. 내가 이 세상의 주인공이라는 '중2병' 같은 마음. 내가 이 세상을 내 뜻대로 바꿀 수 있을 것이라는 객기와 치기. 이 세상에 내가 존재하는 이유를, 내가 나기 전부터 존재했던 세계를 바꾸어내는 것에 있는 것처럼 생각하지요. 엄청난 변화와 변혁의 열망으로 가득 차 있습니다. 부모에게 반항하고 선생에게 도전하면서 자기만의 별세상을 지어갑니다. 본인이 유한한 존재이고 이 세계가 무한하다는 점을 자각하지 못합니다. 그 나이 특유의 혈기 탓에 강고하고 비타협적이며 또 자기 충족적이에요. 그만큼 무책임하다고도 하겠습니다. 그 자기만의 세계에서 점차 빠져나오면서 성숙한 인간, 성인이 되어갑니다. 그때 '사회'가 역할을 하는 것입니다. 다양한 관계 속에서 역할 놀이를 수행하면서 어른이 되어갑니다. 개인은 없다, 독립이라는 것도 없다, 만인과 만사가 얽혀 있다, 그러면서 책임감과 도덕성이 배양되는 것입니다. '연기'緣起라고 하던가요? 원인과 결과의 인연과 업보 속에 한 매듭으로서 겨우 내가 존재할 뿐임을 배워갑니다.

공산주의 인간형, 자유민주주의 인간형이 꼭 사춘기의 심성과 빼다 박았어요. 용감무쌍하지만 단순하고 빈약합니다. 낙관적이고 긍정적인 미래에 쉽게 자극되고, 혁명을 찬미합니다. 과학혁명, 정치혁명, 경제혁명, 의식혁명, 신세계를 건설하고자 합니다. 프롤레타리아트가, 노동계급이 공산주의에 열광한 게 전혀 아닙니다. 10대 학생들이, 20대 청년들이 열광했습니다. 자기 객관화가 모자라고 과대망상에 빠져 있는 근대인들이 20세기의 주인공이었습니다. 그래서 본인들은 기존의 모든 종교와 전통과 도덕으로부터 탈피했다고 자부했어요. 기성의 모든 구속으로부터 자유로워졌노라 자만했죠. 그러나 전혀 그렇지 않습니다. 공산주의자들은 공산주의에 완전히 갇혀서 살았습니다. 자유민주주의자들 또한 자유민주주의에 갇혀서 살아갑니다. 자기 충족적인 세계 안에서, 자기가 만들어 놓은 허상과 환상 속에서 자족적으로 사는 것입니다.

이 문득 한국의 '당신들의 천국'이라는 소설 제목이 떠오르는군요.

렌 이 자기기만적 체제가 작동하기 위해 필요한 것이 전통의 박멸, 기억의 소멸이에요. 공산주의에 도전할 수 있는 모든 원천을 제거하고 박탈하는 것입니다. 완전무결한 새 인간, 신인류를 창조해내려고 하죠. 《1984》나 《멋진 신세계》에 등장하는 기억의 말소와 조작이 현실에서 실천되었던 것입니다. 그런데 1989년 자유민주주의 체제로 이행하면서도 동일한 기억 날조 작업이 단행되더군요. 양쪽 모두 기억에 대한, 전통에 대한 십자군 전쟁을 수행합니다. 그리고 이 전쟁 능력에서 자유민주주의가 더 유능하고 우월해 보여요. 윤리, 가족, 교회, 학교, 대학, 공동체, 마을, 문화, 감수성, 욕망까지도 온통 자유민주주의에 맞게 길들이려고 합니다. 자유민주주의 원리에 어긋나고 위배되는 모든 사회조직과 인간은 배제되고 배타되고 척결되고, 이들을 교정하려고 듭니다. 자유민주주의 사회에 토론과 논쟁이 활발하다는 말은 말짱 허언입니다. 공산주의 시절 폴란드에서도 학교와 직장에서 토론과 논쟁은 빈번하게 이루어졌습니다. 다만 모두가 앵무새처럼 똑같은 말만 반복했지요.

이 흔히 공동체로부터 자립한 개인이 바로 서야 개성이 발현된다고 말합니다. 그런데 선생님은 다양한 공동체로 말미암아 비로소 개성이 생겨난다고 말씀하시죠. 공동체가 무너짐으로써 개성 없는 개인이 양산되고 있다고 하시고요.

레 자유민주주의자도, 공산주의자도 그들이 시대착오적이라고 여기는 모든 공동체의 파괴에 앞장섰습니다. 진보에 대한 장애물을 제거하고 개조하려고 했죠. 농촌, 가족, 교회, 학교 등 기존 공동체들의 해체 없이는 그들의 유토피아를 건설할 수 없다고 여겼습니다. 새 마을 만들기, 신여성, 새 가족, 새 학교. 공산주의자들만큼 가부장제와 봉건제 타도에 열성이었던 사람들이 없었어요. 그래서 전통적 가족을 표적으로 삼았죠. 가족관계를 해체하고 공산주의적 가족을 만들려고 했습니다. 남편으로서, 아내로서, 부모로서 하던 역할을 차례차례 박탈하고 소거해갑니다. 각자가 수행했던 역할을 당과 국가가 대리 수행하면서 '봉건 가족'을 척결했던 것이죠. 자유민주주의자 역시도 가족의 원리에 적대적입니다. 전통적 도덕과 문화적 권위주의의 보루라고 간주하니까요.

마을 또한 마찬가지죠. 마을 공동체는 전통의 근거지이자 저수지입니다. 그런데 농촌과 농민에 대한 마르크스의 혐오를 떠올려보십시오. 완고하고 편협한 보수주의로 낙인찍습니다. 공산국가 폴란드에서 일어난 가장 큰 변화 또한 마을의 해체일 것입니다. 농촌이 붕괴하고 공동체가 와해되었습니다. 마을에서 작동하던 오래된 생활세계가 무너지면서 국가의 관변 조직들이 기층으로 침투해 들어가죠. 더불어 도시와 공장에서의 노동자 문화도 체계적으로 파괴되어갔어요. 오로지 진보적 역사의 임무를 수행하는 프롤레타리아 문화로 개조하려고 했던 것입니다. 농촌에서도, 도시에서도, 개별 가족에서도 오로지 '공산주의적 인간'만 남았던 것입니다. 저는 지옥이 있다면 이런 모습일 것이라고 생각합니다. 나와 내 아내와 내 이웃과 내 동료가 똑같이 사고하고 똑같이 행동하고 똑같이 살아가는 모습이요. 그런 진공 속 존재를 이상적인 인간형으로 그렸기 때문에 "만국의 노동자여, 단결하라"는 발화가 가능했을지 몰라요. 공산주의자들이 말하는 노동자란 만국의 고유성, 독자성, 전통성이 상실된 '신인류'였으니까요. 즉 공산주의의 '프롤레타리아트'라든가 자유민주주의의 '세계시민'이라는 개념은 실재하는 공동체와 동떨어진 극단적인 추상체입니다. 뿌리가 뽑혀버린 인조인간이지, 개별적 땅에 발을 딛고 살아가는 민중이나 민초가 아닙니다.

　개성적인 개인이란, 여러 공동체에서 다양한 역할을 수행하면서 총체적인 인격으로서 발현되는 것입니다. 가족에서 작동하는 사랑의 원리가 다르고, 친구 간의 우정의 원리가 다르고, 종교 생활을 하면서 경험하는 진리의 원리가 또 다르고, 직장에서 작동하는 교환과 계약의 원리가 또 달라야 합니다. 그 다채로운 역할 놀이 속에서 복합적인 인격과 인성이 만들어져가는 거예요. 그런데 그 모든 공동체와 조직을 공산주의나 자유민주주의 같은 단일 이념으로 획일화해버리면 인조인간들만 배출되는 것입니다. 오늘날 자유민주주의 사회에서 대화가 있습니까? 대화라는 것은 서로 간에 생각이 다를 때, 말이 통하지 않을 때 비로소 시작되는 것입니다. 각자의 개성이 충돌할 때 대화가 출발하는 것입니다. 그래야 상호 존중이라는 미덕도 습득되는 것입니다. 그러나 공산주의 사회에서도, 자유민주주의 사회에서도 토론은 없어요. 동어반복이 있을 뿐이죠. 애당초 다름을 용인하지 않기 때문입니다. 협동 또한 차이에서 발생하는 것입니다. 다름과 다름이 조화로움에 도달하는 것이 협력입니다. 그러나 공산주의도, 자유민주주의도 그 체제 내에서 다름을 지워내버리는 전체주의라는 점에서 협동과 협력이 존재하지 않아요.

이는 왜 자유민주주의 국가들이 가장 전투적인 '전쟁국가'인가와도 직결되죠. 나와 다른 남을 견뎌내지 못하는 것입니다. 나와 다른 남을 보면서 나를 성찰하지 못하는 것입니다. 나와 다른 남을 나처럼 만들려고 하기 때문입니다. 스스로 얼마나 완고하고 비타협적인가를 전혀 자각하지 못해요. 그러면서 관용이니 다문화주의니, 말만 번지르르합니다. 지금 유럽의 현실을 보십시오. 다름과 차이를 조금도 견뎌내지 못하고 있지 않습니까. 비유럽적인 요소, 비근대적인 요소를 조금도 용인해내지 못합니다.

공산주의적 인간이 부박했던 것 또한 다양한 정체성을 획일화해버렸기 때문입니다. 인간적 경험의 다양성을 축소해버렸어요. 인간은 여러 형태의 공동체에서 맺는 복수의 관계에 따라 다양한 역할을 수행합니다. 아들일 때, 손자일 때, 삼촌일 때, 동료일 때, 상사일 때, 부하일 때, 애인일 때, 부부일 때, 풍부한 역할 놀이를 하면서 경험의 양과 질이 높아지고 성숙해가는 것이거든요. 그런데 공산 체제 아래서는 오로지 공산주의적 아버지와 공산주의적 동지와 공산주의적 동료만 있어요. 척박한 인간 경험과 부박한 삶의 경험이 체제가 주조해낸 인조인간으로, 사회공학으로 빚어낸 부자연스러운 인간으로 전락시키는 것입니다. 미국이 소련을 침공해서 체제를 전환시킨 게 아닙니다. 지레 무너진 것이에요. 자연스럽지 못한 사회, 인공적인 유토피아였기 때문입니다.

그런데 갈수록 자유민주주의 체제도 비슷해져가요. 심히 우려스럽습니다. 요즘 나오는 신문이나 잡지, 학술지를 보십시오. 창발적인 에너지가 이미 고갈되었습니다. 이미 완성품 공식에 대입하여 말하고 글 쓰는 방법을 훈련한 것입니다. 기자들의 기사도, 학자들의 논문도 점점 차이가 없어져갑니다. 지배체제에 순응하고 부역하는 어용만 있어요. 마치 공산주의 시절의 지식인들처럼 말이죠. 자유민주주의 아래 지식인의 처세술은 단순합니다. 대중에 묻혀 가는 것입니다. 독자적 사상을 연마해가는 것이 아니라, 통용되는 상식적 견해를 대리 진술해주는 것입니다. 정형화된, 표준화된 의견을 되풀이하는 것이죠. 1960~70년대 동유럽 지식인들의 비극이 서유럽에서 복제되고 있습니다.

이 선생님을 보수주의자conservatives라고 평해도 되겠습니까?

레 신전통주의자Neo-Traditionalist라고 해주시죠.

이 그런 면모 때문에 논란의 대상이 되기도 하시더군요. 폴란드나 EU 차원에서 진보적인 교육단체나 여성단체 등에서 비판의 표적이 되시던데요. 가령 가족이나 학교의 '민주화'에 반대하신다고?

레 저는 집집마다 교육 방침이 다르고 저마다 독특한 가풍을 유지하는 것이 바람직하다고 생각합니다. 그게 사회적 다양성이 지속할 수 있는 가장 기본적인 원천이라고 여겨요. 공산주의도, 자유민주주의도 어떠한 표준적이고 획일적인 가족상이 있습니다. 그걸 강제해요. 저는 부모가 부모로서의 권위와 권한을 행사하지 않는 것이 '민주화'라고 생각하지 않습니다. 무책임하다고 보지요. 부모와 자식이 평등한 존재라고도 생각하지 않아요. 부모-자식 관계가 교환과 거래와 협상처럼 되어서야 쓰겠습니까? 회사에서 계약하듯이, 의회에서 법률 만들듯이. 생물학적 유착을 거세하고 사회적 관계로만 남기는 것이 '진보'입니까? 말랑말랑하고 울퉁불퉁한 관계도 남아 있어야 합니다. 흔히 왕년의 대가족 제도는 무슨 전제주의인 것처럼 비유를 하죠. 그래서 20세기 핵가족화의 결과는 무엇인가요? 평균화와 획일화입니다. 그걸 자꾸 '민주화'라고 잘못 말해요. 그 민주화된 가족에서 아이들의 경험 세계가 점점 더 일천해지고 있음을 직시하려 하지 않습니다. 엄마 아빠는 물론이요, 할아버지 할머니, 증조할아버지 증조할머니, 삼촌과 고모와 이모 등 두루두루 사람을 만나는 유년기의 경험이야말로 다양성의 축복입니다. 그 다채로운 인간관계 속에서 감성이 풍부한 인격체가 만들어지는 것이에요. 핵가족 아래서 자라나는 아이들의 경험 폭을 보십시오. 세계관이 협소해지고 감수성이 메마르는 것이 지극히 당연한 현상입니다.

학교도 마찬가지입니다. 어설픈 민주화와 자유화로 말미암아 사제 관계가 증발해버리고 있습니다. 개별 교육 현장에서의 다채로운 사제 관계가 해체되고, 국가가 직접 교육에 개입해 들어갑니다. 선생teacher이 스승mentor이 되지 못하도록 만듭니다. 사제 관계의 다양성이 말소되면서 교육을 통한 창조성 역시도 사라져버리죠. 학교에서도 똑같이 인조인간들을 양성해내는 것이에요. 어떤 학교를 나와도 엇비슷한 수준의 평균적인 인간만 양산하는 것입니다. 그 교육의 꼭대기에 있는 대학도 갈수록 퇴행하고 있습니다. 요즘 나오는 논문들을 보십시오. 초록이 동색입니다. 모름지기 대학이라는 곳은 괴짜들이 넘쳐나야 하는 곳입니다. 비정상성과 예외성을 허용해주어야 하는 곳이 아카데미입니다. 괴팍한 전설적 교수들이 마음껏 학생들을 가르칠 수 있는 전면적 자유를 허가해주어야 하는 곳입니다. 그래야 창조적이고 독보적인 교육이 가능하고, 독창적인 학생들이 자라날 수 있어요. 그런데 갈수록 교육 과정, 학사 행정, 학점 부여까지 규제합니다. 평균적 인간들만 길러내는 것입니다. 비범한, 평범하지 않은 사람들도 수용할 수 있는 곳이 대학이어야 하건만, 아카데미조차도 '민주화'되어버린 것이죠. 그런데 이런 모습 또한 역설적으로, 제가 폴란드에서 다녔던 공산주의 시절의 대학과 너무나도 유사해요. 교수 개개인의 독창성과 개성이 조금도 용납되지 않았습니다. 당의 논리에 충실한 교육만이 진행되었죠.

궁극적으로 정치 또한 이러한 평균화의 함정을 피해가지 못하죠. 자유민주주의 아래 다당제라고 하지만 점점 더 다양한 성격을 잃어가고 있습니다. 정당마다 비슷비슷하게 수렴되어가요. 극단적인 중도주의로 획일화되어갑니다. 차이가 없기에 이미지 정치, 광고로 승부하는 것이고요. 의회는 비슷비슷한 사람들이 장악하는 다수자 전제로 귀결되고 마는 것입니다.

이 매우 흥미로운 관점인 동시에 매우 논쟁적인 견해입니다. 유럽의회에서도 유럽인의 인격적 수준이 점점 더 떨어지고 있다고 발언하셔서 또 논란이 되셨죠? 인권 옹호보다 우선되어야 할 것은 인격 함양이라고도 하셨습니다. 자유주의 교육은 철저하게 실패했다고도 하셨고요. 일국의 교육부 수장까지 역임하셨던 인물의 발언이라 더더욱 화제가 되었던 것 같은데요. 해명 겸 보충 설명을 듣고 싶습니다.

레 자유주의를 대표하는 사상가인 존 스튜어트 밀이 그의 저서 《자유론》에서 사용한 재미난 비유가 있죠. '배고픈 소크라테스'와 '배부른 돼지'입니다. 그가 이런 수사를 구사한 것에는 자고로 인간이라면 배부른 돼지를 선택하지는 않을 것이라는 믿음이 전제되어 있었기 때문입니다. 소크라테스의 삶이 고귀하다는 묵시적 합의가 여전히 가동되던 고전적 세계의 지식인이었던 거예요. 그러나 자유주의가 유럽의 지배 사상으로 등극한 이후 100년이 지나면서 이런 전망은 실패한 것으로 드러나고 있습니다. 종교의 요청과 고전적 윤리의 요구로부터 자유로워진 근대인들은 더 높은 인격적 상태에 도달하는 힘겹고도 고통스런 수련의 과정을 방기하고 있습니다. 실용성과 유용성, 편리함과 안락함을 추구합니다. 그리고 '자유'라는 이름으로 합리화하죠. 가족이, 교회가, 공동체가, 전통이 부과해왔던 모든 구속과 의무로부터 자유로워졌다고 말합니다. 그리고 '평등'이라고도 해요. 고귀한 인간과 그러지 못한 인간을 평등하게 대접하는 것을 마땅한 것이라고 간주합니다. 더 높은 인간적 경지를 향하여 절차탁마하는 인간도, 어제와 다를 바 없는 오늘을 반복하는 인간도 동등하게 대우해야 한다고 말해요. 그것을 '인권 존중'이라고 포장하지요. 그래서 소크라테스형 인간은 졸지에 엘리트주의로, 권위주의로 치부됩니다. 심지어 민주주의적 심성에 위배된다고 비판받습니다. 어느새 배부른 돼지가 배고픈 소크라테스의 강력한 도전자 지위까지 올라선 것입니다. 아니, 이미 이겨버린 것 같아요. 이 평균화 과정을 '민주화'인 양 호도하는 것입니다. 실로 '보통사람'들이 승리한 시대죠.

1948년 공표된 '유엔 인권선언'이 그 상징적인 사례입니다. 선천적으로 인간은 존엄하다, 그리하여 후천적인 노력을 방기해버린 공식 문헌입니다. 사람다운 사람을 만든다, 인간부터 되어라, 하는 오랜 가르침이 한순간에 무용해져버렸어요. 그런 가르침을 설파하던 종교 교육과 전통 교육이 무력해져버렸습니다. 위엄과 존엄은 성취하는 것이 아니라, 타고난 것이 되어버렸죠. 의무는 없고 권리만 주어진 것입니다. 인권 헌장은 인간에게 그 어떠한 도덕적 의무도 부과하지 않은 그야말로 기괴한 문서입니다. 《성서》를 보십시오. 혹은 《코란》을 읽어보세요. 불경도 다르지 않을 것이라고 생각합니다. 유교 경전도 마찬가지라고 여겨요. 하나같이 인권이 아니라 인성 도야, 인격 함양을 먼저 강조하고 있습니다. 더 높은 덕성을 쌓고 더 도덕적으로 살아야 한다는 인간적 분발심을 고취하는 가르침부터 담고 있습니다. 우리 인간의 삶이 하느님의 뜻에 더욱 더 가깝게 닿고자 했던 수백, 수천 년의 노력을 일순에 기각해버린 것입니다. 배부른 돼지와 배고픈 소크라테스가 평등한 존재로 대우받는 세상에서 어떻게 살아야 할 것인가, 어떤 삶이 좋은 삶인가 하는 질문은 개개인의 독립적 판단에 맡겨지게 됩니다. 그리고 그 판단은 이미 존엄한 개인들이 내린 것이기 때문에 마땅히 동등하게 존중받아야 한다고 간주됩니다. 저는 이런 근대적 인권 담론에 전혀 동의할 수가 없습니다. 이러한 도착적 인권 담론이 민주주의 사회의 질적 저하를 초래하기 때문입니다. 누구도 더 이상 개개인이 추구하는 욕망을 원리적으로 부정하지 못합니다. 내가 어떠한 욕망을 추구하더라도 나의 존엄이 훼손되지 않기 때문입니다. 그야말로 '신인류'가 등장한 것입니다. 그리고 그 신인류가 원하는 지도자의 선택 기준도 딱 그만큼으로 타락해가고 있습니다. 잘살게 해달라, 더 잘살게 해달라, 그 잘사는 삶의 기준이 겨우 물질적인 욕망 충족이죠. 인류가 최고 지도자에게 이런 욕망을 노골적으로 요청한 것은 극히 예외적인 최신의 현상입니다. 고대의 정치도, 중세의 정치도 그러하지 않았어요.

이 고대 희랍철학 전공자라는 면이 이런 데서 잘 드러나는 것 같습니다. 행복과 쾌락도 엄밀하게 분리하시죠? '행복한 고대인의 평정'과 '불행한 근대인의 쾌락'이라는 표현도 사용하시더군요.

레 고전적 윤리학에서 행복은 총체적인 삶과 결부되어 있었습니다. 순간순간 찰나의 기쁨이 행복이 아닙니다. 잠시의 일시적인 쾌락을 행복이라고 간주하지 않았습니다. 행복을 추구한다는 것은 전체적인 삶을 기획하고 연출하고 실행하며 음미하는 것입니다. 그래서 필히 도덕성의 추구를 견지하게 되어 있습니다. 조화와 중용, 수련과 수양으로써 행복은 연마해가는 것이었습니다. 그러나 쾌락을 행복의 중심에 두면서 인간 본성에 대한 왜곡된 이미지가 만연하게 됩니다. 더 이상 총체적 삶의 견지에서 행복을 사고하지 않아요. 쾌락과 쾌락이 누적된다고 해서 행복한 삶이 영위되는 게 아니에요. 인간을 '개인'으로 분리해낸 것처럼, 행복 또한 '쾌락'으로 분리해낸 것입니다. 유쾌와 불쾌는 단속적인 것에 불과할 뿐이에요. 행복과 불행은 지속적인 것입니다. 유쾌와 불쾌를 조율하고 중화함으로써 행복의 경지에 이르고, 이 행복한 상태를 지속하는 방법을 연마해야 하는 것입니다. 유쾌는 플러스(+)이고 불쾌는 마이너스(-)여서 양쪽을 합한 총량이 행복인 것도 아닙니다. 우리가 경험하는 것은 순간과 순간일 뿐이지만, 그 순간과 순간의 산술적 합이 곧 인생은 아닌 것과 마찬가지입니다. 순간과 순간을 일생으로 꿰어내는 통합성이 핵심이죠. 그러하기에 더더욱 '행복의 기술'을 습득하고 훈련하는 것을 강조했던 것입니다.

68혁명은 또 다른 의미에서 성性 혁명이기도 했습니다. 그러나 이 성 혁명은 인간을 개인으로 축소시킨 자유민주주의가 도달한 가장 단속적인 쾌락 추구로 그치고 말았습니다. 고대의 현자들이 쾌락의 절제로부터 행복을 추구했던 삶의 지혜를 폄하해버립니다. 그리고 여기에는 명백하게 1960년대 이래 부상하고 있던 소비자본주의와의 결탁이 작동합니다. 절제가 최대의 적이 되죠. 소비와 낭비, 탐닉과 중독이 미덕이 됩니다. 더 많은 쾌락과 더 새로운 쾌락을 추구하는 것이 행복인 것마냥 도착이 일어납니다. 자유연애는 여성

해방이 아니라, 사랑을 영혼이 없는 기술로 전락시켰습니다. 차별 없는, 지배 없는 관계를 추구했던 성 혁명은 인간을 섹스하는 기계로 타락시켰습니다. 쾌락을 추구하면 할수록 행복과 멀어지고 있는 인조인간을 대량으로 양산하고 있는 것입니다. 제가 극단적으로 말하고 있는 걸까요? 동시대 문학과 최신 영화에서 그려지는 현대인의 자화상을 보십시오. 성적으로 해방되고 전통의 속박으로부터 자유롭게 되었으되, 더더욱 우울해지고 무감각해진 공허한 인간들이 주인공 자리를 꿰차고 있습니다.

이 1960년대부터 이미 스노비즘, 즉 속물주의라는 말도 있었죠. 그런데 유독 선생님 발언이 논쟁거리가 되는 것은, 그러한 현상을 공산주의와 민주주의, 자유주의와 결부해 설명하기 때문인 듯 보입니다. 근대인은 죄다 '하류 인간'인 듯 묘사하신다고 할까요? 제가 오독한 것입니까?

레 인간적인 욕망의 수준이 대폭 떨어졌음이 사실입니다. 원대한 목표, 위대한 이상을 추구하던 고대적 인간으로부터 완전히 멀어졌습니다. 중세적 인간 또한 훌륭한 면모가 여전했습니다. 그런데 오늘날의 인간은 그저 소소하고 사소한 것을 추구합니다. 시시한 삶을 옹호합니다. 의미 없는 삶이 만연합니다. 자유와 평등이라는 인간 해방이 야기한 거대한 역설입니다. 모두가 위대한 인간, 훌륭한 사람이 되는 것을 추구하는 것이 아니라, 자유와 평등과 민주와 공산의 이름으로 사소하고 시시해져가요. '인간다움의 최소주의'로 뒷걸음친 것입니다. 인간으로서 성취할 수 있는 가장 낮은 것들에만 연연합니다. 너무 이상이 높다, 비실용적이다, 불필요하다 등등 구실은 많죠. 도리어 그런 인간다움의 길을 우습게 여기기까지 하죠. 오늘날 일국의 최고 지도자로 등극하는 사람들의 수준과 질을 보십시오. 평균주의가 횡행합니다. 나와 비슷한 사람을 좋아해요. 성인을 속인으로, 속인을 속물로, 속물을 동물로 점점 더 하향평준화시키고 있는 것입니다. 교회에서 회개하는 시간은 무가치하지만, 헬스클럽에서 성적 매력을 가꾸는 것은 가치 있는 시간이 되어버렸죠. 저속화와 통속화에 브레이크가 없습니다.

<u>이</u> 그래서 재차 종교의 귀환을 주장하시나요? 1980년대 자유연대노조의 원천에도 가톨릭이 있었다고 말씀하셨습니다.

<u>레</u> 종교는 사적이고 정치는 공적이라는 허위적인 이분법을 버려야 한다는 뜻입니다. 종교적 삶과 정치적 삶이 분리될 수 있습니까? 좋은 신자가 되겠다는 마음과 좋은 유권자가 되겠다는 다짐이 따로 갈 수가 있나요? 종교가 사라진 일주일을 되돌아보십시오. 일요일은 더 이상 주일이 아니라 휴일이 되었습니다. 경건한 마음으로 예수의 말씀을 되새기는 날이 아니라, 세속적인 욕망을 최고조로 발산하는 날이 되었습니다. 교회보다는 쇼핑몰로 달려가는 사람들이 더 많아졌죠. 금요일은 또 어떻습니까? 밤새 흥청망청 떠들고 마시는 날이 되었습니다. 수요일은 더 이상 기념되지도 않습니다. 수요일의 본디 의미를 기억하는 이들이 몇이나 될까요? 매요일에는 종교적 각성을 요청하는 의미가 담겨 있던 거예요. 매일 매일 인간의 욕심에 휘둘리고 살아가는 사람들에게 신의 말씀을 전하는 장치로서 요일이 기능했던 것입니다. 그런데 근대화와 세속화가 진행되면서 요일은 그저 일하는 날과 쉬는 날로, 노동하는 날과 소비하는 날로 분화된 것입니다. 예수 그리스도가 태어난 날 풍경이 어떻습니까? 인류의 영원한 성인이 탄생하신 그날이 한 해 중 소비자본주의가 절정에 이르는 날로 변질되고 말았습니다. 크리스마스 이브의 풍경이 지난 백 년 사이에 얼마나 달라졌는가 돌아보면 참으로 기이할 정

도죠. 브뤼셀에서 성탄절을 보내다가 보면 공산주의자들이 원했던 사회의 모습이 마침내 자유민주주의에서 완성되었구나 하는 착각이 들 때가 있어요. 철저하게 유물론적인 세상, 비종교적인 사회, 비영성적인 삶이 영위되고 있으니까요. 공산국가 폴란드의 추악함이 채 가시기도 전에 새로운 조악함이 덕지덕지 덧붙어버린 꼴입니다.

이
렌 굉장히 설득력 있는 말씀 같다가도 선뜻 동의하기도 망설여집니다. 인간 본성에 대한 깊은 성찰과 숙고가 절실합니다. 그 숙고의 지혜가 농축된 유산이 바로 종교이고요. 공산주의와 자유민주주의 100년, 현 체제에 부역하는 어용들은 미신이다, 퇴행적이다, 시대착오다, 하고 말하겠지만 정체된 것은 바로 그들이에요. 150년 전 자유주의로부터 한 발짝도 나아가지 못하고 있는 것입니다. 막다른 곳에 이르러서야 새로운 출로가 열립니다. 근대인이 '생각하는 인간'이었다면, 중세인은 '기도하는 인간'이었습니다. 고대인은 '수련하는 인간'이었고요. 수련하는 인간과 기도하는 인간과 재회하고 해후해야 합니다. 그래야 근대인의 탈출구가 열립니다. 수련과 기도와 생각(비판)이 조화를 이루는 인간이 미래형 인간이고, 미지의 인간일 것입니다.

이 고대인과 근대인의 만남이기도 하겠고요, 이성적 인간과 영성적 인간의 (재)결합이기도 하겠군요. 수련하는 인간과 기도하는 인간과 생각하는 인간을 분별하는 것이 아니라 통합적으로 사고하는 방식은 정치를 논의하는 데서도 이어지는 것 같았습니다. 플라톤의 《공화국》에 대한 선생님의 독해가 몹시 흥미롭더군요. 흔히 민주정을 공화정과 등치시키고는 하는데, 민주정 독점 체제는 공화정의 원리에 위배된다고 말씀하시죠? 군주정, 귀족정, 민주정의 성격이 조화를 이루는 것이야말로 공화주의적이라고 주장하십니다.

"나는 공화주의자입니다"

레 토크빌의《미국의 민주주의》를 다시 읽어보십시오. 그는 민주주의의 미래에 대하여 부정적인 전망으로 책을 마쳤습니다. 해결책이라기보다는 문제를 일으키는 체제가 되기 십상이라고 보았죠. 민주주의의 끝에서 새로운 전체주의를 보았기 때문입니다. 기왕의 전제정치와는 전혀 다른, 눈에 보이지 않지만 그래서 더더욱 위험한 전제주의despotism를 간파했습니다. 사람들의 정신을 노예화하는 자발적 전체주의죠.

　그런데 토크빌의 통찰도 그다지 새로울 것이 없어요. 고대 희랍 철학에서 이미 논구되고 논파되었던 주제입니다. 민주주의가 가장 덜 나쁜 정치제도라는 처칠의 평가 또한 몰역사적인 판단입니다. 전혀 그러하지 않아요. 민주주의보다 더 나은 체제는 이미 오래전에 발명되었습니다. 최상의 정치체제를 구현하고자 했던 그리스와 로마에서 이미 도출되었던 것이에요. 플라톤 후기에서부터 그 맹아를 드러내어 아리스토텔레스에 의해 더욱 발전했습니다. 그들은 크게 세 가지 형태로 정치체제를 나누었죠. 1인 통치의 군주정, 소수 통치의 귀족정, 다수 통치의 민주정입니다. 그리고 지금처럼 민주정을 일방으로 긍정만 한 것이 아니라, 각 정치체제의 장단점을 골고루 살펴보았습니다. 민주만능주의에 빠져들지 않고, 정확하게 관찰하고 정치적 실험과 결과에 바탕하여 숙고했습니다. 그러하지 않을 수 없는 명백한 이유가 있었죠. 소크라테스가 왜 독배를 들이켜야 했습니까? 민주주의가 최고의 현인을 죽음으로 몰고 간 어처구니없는 사태를 직접 목도했기 때문입니다. 그래서 민주정을 무턱대고 찬미하지 않은 것만큼이나, 군주정 또한 무조건 나쁜 것이라고 하지 않았어요. 선험적으로 재단하는 것이 아니라 경험적으로 판단 •317

했습니다. 군주정의 장점은 무엇일까요? 의사결정 과정을 단순하고 신속하게 만드는 것입니다. 그리고 일관성과 지속성에서도 유리한 측면을 가지고 있습니다. 그러나 전제와 독재의 위험성도 내장하고 있죠. 귀족정에도 장점이 있습니다. 충분히 교육받고 숙련된 엘리트의 통치가 이루어질 수 있습니다. 반면에 소수가 다수의 이익을 가로챌 수 있는 약점도 가지고 있죠. 민주정의 장점은 그 대표성과 대의성에 있습니다. 그러나 무질서와 분파주의가 만연하기 쉽다는 치명적인 단점도 가지고 있습니다.

그래서 그리스와 로마의 현자들이 내린 결론이 무엇이었을까요? '민주주의 만세!'가 아니었습니다. 세 가지 정치체제를 융합한 혼합정을 만들자는 것이었습니다. 오늘날 흔히 사용하고 있는 '그리스 민주주의'라는 말 자체가 '그리스 신화'입니다. 그리스는 민주주의 국가가 아니었습니다. 공화정이었죠. 군주정의 속성과 귀족정의 특징과 민주정의 성격이 상호 견제와 균형을 이루는 시스템을 마련했던 것입니다. 그래서 각 체제의 장점을 발현시키고 단점은 서로 중화해가는 방법을 궁리했던 것입니다. 오늘날 우리도 민주주의적 대의기구를 지속해가면서도 동시에 고도의 엘리트주의를 제도화한 기구도 병존시킬 수 있습니다. 그리고 이 조합의 형태 또한 단일해야 할 이유가 없어요. 각 나라의 문화와 역사와 환경에 따라서 여러 가지 형태의 혼합정이 가능합니다. 다양한 모습의 하이브리드 정치 실험이 가능한 것이죠. 그 천차만별로 다채로운 혼합정의 세계가 바로 공화주의입니다. 로마의 키케로가 말한 'Res Publica'*의 본뜻

---

* 'Res(복수의)+Publica(공공의)' 두 단어가 합해져 현재의 'republic'(공화국)이 되었다.

이기도 하고요. 서구 문명의 장구한 공화주의 전통 또한 여기서부터 비롯한 것입니다. 즉 공화정은 결코 민주정의 독점 체제가 아닙니다. 공화정은 민주주의를 견제할 수 있는 또 다른 정치적 제도를 아울러 가지고 있어야 구현되는 것입니다. 프랑스 혁명과 러시아 혁명을 거치면서 공화주의의 참뜻을 잃어버린 것입니다. 고작 군주정의 반대말이 공화정인 것처럼 축소되었어요. 고대 그리스와 로마인들은 전혀 그렇게 말하지 않았습니다. 저는 공산주의자도 아니고 자유민주주의자도 아닙니다. 공화주의자입니다. '전통적인 공화주의자'Traditional Republican로서 과거에는 공산주의에 저항했고, 지금은 자유민주주의에 회의하는 것입니다.

이 흥미롭습니다. 그렇다면 공화주의에 대한 왜곡된 이해는 왜 일어난 것이라고 보시나요?

레 냉전의 효과죠. 공산주의의 대척점으로 자유민주주의를 우상화하면서 복합정체, 즉 공화정마저도 비민주적인 것으로 간주하게 된 것입니다. 혼합정의 창조성을 가로막고 민주정 일극체제로 달려간 것입니다. 그리고 이런 민주주의와 공화주의에 대한 일천한 이해가 일상적인 담론은 물론이요, 사회과학에까지도 영향을 미치게 됩니다. 오늘날 'Res Publica'는 그저 정부의 한 형태로만 이해되고 있어요. 왕이 없는 국가가 곧 공화국인 것처럼 말합니다. 고전 공부를 제대로 하지 않기 때문에 발생하는 도착입니다. 근본을 천착하지 않기 때문에, 말단의 오류가 거듭되고 있는 것입니다.

　　냉전기를 거치며 서구의 정치인들도 공화주의보다는 민주주의라는 말을 더 선호하게 되었죠. 민주라는 말과 자유, 개방, 다양성 등이 결합되어갑니다. 공화는 조금 더 무겁고 권위적인 느낌을 주죠. 그러나 이 또한 본말이 뒤집힌 이해입니다. 공화정이야말로 개 •319

방적이고 다양한 것입니다. 민주정 독재가 아니라, 비민주정도 아우르는 폭넓은 개념이기 때문입니다. 민주주의 국가에 다양성이 어디 있습니까? 귀족정과 군주정이 구현했던 가치관과 세계관을 조금도 용인하지 않습니다. 공적 생활에는 다양한 층위가 있고 그 단위마다 필요한 조직의 속성과 논리가 다름에도, 만사를 민주주의 단일 원리로 처리해야 한다고 착각하는 것입니다. 그래서 다양성을 옹호한다고 말하면서 정작 정반대의 결과로 이 세계를 획일화, 균일화, 단일화하고 있는 것입니다. 그리고 그 놀라운 획일성을 '진보'라고 합리화하지요. 전제주의를 전제주의로 극복할 수 있습니까? 공산주의의 위기를 공산주의로 해소할 수 있습니까? 민주주의의 오작동을 민주주의로 해결할 수가 있나요? 30년 전 공산주의자들의 자가당착과 조금도 다르지 않습니다.

'자유'라는 관념 하나만 보더라도 민주주의의 독점물이 아닙니다. 공화주의는 물론이요 보수주의, 낭만주의, 나아가 기독교까지도 부단하게 '자유'를 추구해왔습니다. 그리고 수많은 빛나는 성취를 일구어왔습니다. 자유주의가 추구해온 '자유'는 여럿 중의 하나일 뿐이에요. 그리고 가장 중요한 조류였다고 단정적으로 말하기도 어려워요. 고대 그리스 철학의 '자유'와, 기독교 사상의 '자유'와, 스콜라주의와 여타 정치철학의 '자유' 없이 서구 문명의 '자유'를 온전히 설명할 수가 없는 것입니다. 그런데 제가 이런 식으로 의견을 개진하면 '민주주의의 적'이라도 되는 양 비판(난)을 퍼붓습니다. 아량을 베풀기보다는 철저한 굴복을 요구하지요. 고대 그리스 사상에서, 중세의 기독교 신학으로부터 더 나은 사회를 만들기 위한 단서를 구할 수 있다고 해도 시큰둥할 뿐입니다. 종교는 종교, 정치는 정치라는 낡은 이분법만 반복하죠.

저는 그들이야말로 서구 문명의 전통과 정통에서 벗어난 이단이 아닐까 하는 생각마저 듭니다. 유럽에서 기독교는 그저 여러 종교 가운데 하나로 그치는 게 아니에요. 서구의 정체성, 서구적 영혼의 근본이고 근원입니다. 고대부터 현대까지 전수되는 지속성과 역사성의 원천이에요. 기독교를 거부함으로써 혹은 주변화함으로써 서구는 문화의 불모지가 되고 있는 것입니다. 동구는 동구대로, 서구는 서구대로 하나의 이데올로기가 득세하고 독점하는 전체주의 사회로 변질되고 말았던 것입니다. 2017년은 러시아 혁명 100주년이자 종교개혁 500주년이 되는 해이기도 합니다. 개혁Reformation과 혁명Revolution과 더불어 계시Revelation를 재발견해야 할 때가 왔습니다. 영성의 근대화, 근대적 영성의 재발명이 절실합니다. 근대인의 심성에 영혼을 불어넣어주어야 합니다. 새로운 영적 각성이 필요한 시대입니다. 그것이 공산주의 40년, 자유민주주의 30년을 경험한 제가 지난 20세기를 회고하며 내린 결론이라고 할 수 있습니다.

이 소크라테스와 플라톤으로 시작해서 사도 바울이 되어 말씀을 마치신 것 같습니다. 이성을 촉발하고 영성을 고무하는 특별한 인터뷰였습니다. 깊이 감사드립니다.

의로운 사람들의 '방주', 타는 목마름으로

말을 섞고 눈빛을 나누었던 것은 세 시간 정도였다. 지난 3년, 많은 사람과 여러 장소가 떠올랐다. 인권보다 인성이 우선해야 한다는 교육론과 군주정/귀족정/민주정을 아우르는 혼합정이야말로 공화주의에 합당하다는 정치론은 중국에서 뵈었던 민간 유학자 장칭을 떠올리게 한다. 그 또한 천부인권을 거부했던 바, 인간의 권리만을 보장하는 대의민주주의에 심각한 우려를 표했다. 천지인天地人, 하늘과 땅과 사람의 목소리를 골고루 반영하는 삼원제를 대안으로 제안했다. 그래야 현재의 인류만이 아니라 과거의 선조와 미래의 후세, 나아가 인간만이 아닌 만물의 목소리를 정치에 반영할 수 있다고도 했다. 올해(2017)로 독립 70주년을 맞이한 인도의 기억도 되살아났다. 지난 8월 15일 모디 총리는 "인도가 원하는 것은 근대화이지, 서구화가 아니다"라는 멘트를 트위트로 날렸다. 간디와 네루가 주도했던 국민회의의 '영국형 민주국가'가 아니라 '인도형 힌두 국가' 만들기에 더욱 박차를 가하겠다는 다짐이다. 올 8월을 기점으로 대영제국이 남기고 간 콜카타의 빅토리아 기념관은 식민지 박물관으로 재탄생했다. 탈세속화와 탈서구화가 병진하고 있는 것이다. 인도네시아의 이슬람 민주주의부터 이란의 이슬람 공화정까지, 이슬람 문명의 모험도 거듭 연상되었다. 레구트코 선생이 절절하게 희구하는 고/금 합작과 성/속 합작을 이미 앞장서 실천하고 있는 전위국가들인지도 모른다.

돌아보니 올해 유럽도 크게 다르지 않았다. 모더니티의 수도 파리에서 만났던 한 지식인은 목하 프랑스와 유럽의 대혼란을 '세속화의 위기'로 진단했다. 1917년 러시아 혁명의 수도 모스크바에서도 흡사한 조류를 목도한다. 러시아 체류 다섯 달째, 나는 푸틴 집권 이후 새 천년 러시아의 변화를 '탈세속화'로 정리해가고 있는 중이다. 혁명국가, 공산국가의 최전선에 섰던 소련에서 탈피하여 정교 대국으로 귀환/귀향하고 있는 것이다. 이 흐름은 비단 러시아만으로 그치지도 않는다. 소련에 포함되어 있던 발트해와 흑해 연안 소국들부터 중앙아시아의 이슬람 국가들을 지나 북극해의 마을 공동체에 이르기까지, 탈세속화의 물결은 도저하게 진행 중이었다. 이 거대한 반전의 흐름, 메가트렌드[大勢]를 착목하지 않는 국제정치 분석은 죄다 맹탕이고 허탕이라고 여긴다.

나아가 한국의 민주화 대서사 또한 새롭게 고쳐 써야 한다는 영감도 촉발했다. 1987년을 토막 내서 '민주화'라고 언명하는 것은 1987년 이후 '이행'을 주도했던 특정 세력과 세대의 정파적 이익에 복무하고 마는 시대 구분법 같다. 1980년을 원점으로 삼는 것 또한 시야가 좁다. 100년 이상 사고의 축을 대폭 확장할 필요가 크다. 1894년 동학운동부터 2016년 촛불항쟁까지를 일이관지하는 민주주의 대서사를 확립해야 할 것이다. 다시금 성과 속의 공진화, 성/속 합작이라는 관점은 유력한 대안을 제시한다. 인터뷰를 마치고 기념 선물로 받은 《방주》의 창간호가 오묘했다. 노아의 방주로부터 자유연대노조가 출발했음이, '의로운 사람' 노아의 환기로부터 폴란드 민주화운동이 시작되었음이 의미심장하다. 폴란드 천 년 문명의 터전이었던 가톨릭과 20세기 후반의 '민주화'가 전혀 무관하지 않았던 것이다. 아니, 깊숙이 연결되고 긴밀하게 연동되고 있었다. 거대한 뿌리에서 타고 오른 찬란한 불꽃이었다.

한국의 민주화라고 다를쏘냐. 1,500년 불교와 1,000년 유교와 200년 기독교와 결부된 '장기적 민주화'라는 시점을 벼리어가려 한다. 좀 더 과감하게 말해 '축의 시대' 이래 민주화에 대한 충동은 항상적으로 일어나고 있었다. 19세기 이래 국지의 경험을 민주화의 전부인 양 삼아서는 심히 곤란할 것이다. 서구화가 곧 근대화가 아니었던 것처럼, 민주화 또한 서구화로 등치시킬 수 없기 때문이다. 서구화로부터 민주화를 구출하기. 단수의 민주주의를 복수로 민주화시키기. 불교의 보살 되기와 유교의 군자 되기와 기독교의 성자 되기와 결합한 민주시민의 존재론을 탐구하기. 그래야 오늘날 가난하고 척박하고 빈곤해져버린 민주주의 담론을 더욱 풍성하고 풍요롭게 가꾸어가는 데도 일조할 수 있을 것이다. 1894년 횃불부터 2016년 촛불까지, 그 줄기차게 타오르는 갈증에 대한 올바른 이름[正名]을 지어주고 싶다. 천 일 견문을 매듭짓는 무렵까지는 내 나름의 관점을 제출할 수 있었으면 좋겠다.

그런 점에서 동유럽의 '이행' 이후는 여전히 흥미롭다. 폴란드 이웃에는 헝가리가 자리한다. 역시 한때는 '이행'의 모범으로 간주되었던 나라다. 그러나 목하 '탈-이행'의 몸부림이 가열차다. '자유민주주의'에 심각한 이의를 제기하고 있다. 자유주의와 민주주의의 급진적 결별을 꾀한다. '비자유주의적 민주주의'라는 신조어가 가장 먼저 등장한 나라가 헝가리다. 갈수록 EU와 불화가 깊어진다. 연신 브뤼셀과 거친 언사를 주고받는다. 1989년과는 정반대로 재차 러시아와 유라시아로 방향을 되돌리려는 움직임마저 있다. 대체 헝가리에서는 무슨 일이 있었던 것일까. 또 어디로 나아가고 있는 것인가. 주시하지 않을 수 없었다. 부다페스트로 간다.

부다페스트.

018

부다페스트, 비자유주의적 민주주의?

헝가리의 '이행' 이후,
"자유민주주의는 실패했다"

'부다'와 '페스트'

헝가리의 수도 부다페스트에도 다뉴브가 흐른다. 유럽을 꿰는 강이다. 유럽사를 관통하는 장강長江이다. 헝가리에서는 '부다'와 '페스트'를 가른다. 강서江西가 부다Buda이고, 페스트Pest는 강동江東이다. 두 마을이 합심하여 하나의 도시가 되었다. 합수와 합류가 부다페스트의 기저를 이룬다. 서편에서, 동녘에서, 밀물과 썰물이 오고 갔다. 우랄산맥 동편의 슬라브인들이 이곳으로 이주한 것이 9세기, 천 년을 넘는다. '부다'는 슬라브어의 '보다'вода, '물'에서 유래했다. '페스트'에는 서쪽, 로마제국의 흔적이 남아 있다. 프톨레마이오스가 이 마을을 '펫시온'Πέσσιον('숲'이라는 뜻)이라고 불렀다고 한다. 슬라브의 서진을 가속시킨 것은 몽골세계 제국이다. 헝가리는 유라시아 대제국의 서쪽 가장자리에 놓였다. 그 제국망網을 타고 이주에 박차를 가한 것이다. 동유럽과 발칸 일대가 남슬라브의 땅(=유고슬라비아)이 된 것에도 몽골의 기여가 다대하다.

몽골 이후 서유라시아에서 굴기한 제국은 오스만과 러시아다. 오스만제국의 입김이 먼저 미쳤다. 150년 가까이 오스만제국의 강역이 된다. 로마를 잇는 서방의 물결도 만만치 않았다. 합스부르크제국이 떨쳐 일어났다. 한때는 오스트리아-헝가리 제국이라고도 불렸다. 부다페스트는 빈에 버금가는 제국의 제2도시로 성장한다. 빈이 서경西京이었다면, 부다페스트는 동경東京이었다. 제1차 세계대전, 두 제국이 몰락한다. 오스만제국도, 합스부르크제국도 역사 속으로 사라졌다. 그러나 제국의 와해 속에 솟아난 헝가리공화국은 오래가지 못했다. 동쪽에서 새로운 대제국이 일어섰다. 러시아가 더욱 커져 소비에트연방, 소련이 된 것이다. 독일과의 쟁패 끝에 소련이 승리한다. 1949년 헝가리에도 인민공화국이 들어섰다. 하지만 소련의 위성국을 면치는 못했다. 몽골-오스만-합스부르크-소련으로 이어지는 숱한 제국의 변천사 끝에 마침내 독립을 달성한 것이 1991년이다.

제국의 변주는 부다와 페스트에 풍성한 유산을 남겨두었다. 부다페스트는 유럽에서도 가장 아름다운 도시로 손꼽힌다. 다뉴브강을 끼고 있는 중심가는 그 자체로 세계문화유산에 선정되었다. 아름답기가 세계 두 번째라며 한껏 치켜올린 여행지도 있고, 세계에서 일곱 번째로 살기 좋은 도시라며 후하게 평가한 경제지도 있다. 과연 유람하기에도 제격이다. 미술관도, 박물관도 가히 훌륭하다. 명멸했던 제국들의 유산을 조각으로, 그림으로, 건축으로 확인할 수 있다. 도서관도 모자람이 없다. 르네상스의 영향을 깊이 받은 곳이다. 페스트에 헝가리 최초의 대학이 세워진 것은 1367년이며, 부다에 두 번째 대학이 설립된 것은 1395년이다. 처음으로 인쇄본 책이 발간된 것은 1473년이라고 한다. 동방의 인쇄술이 서구까지 가닿은 중간 지점이었다. 고로 15세기 부다페스트

550년 역사의 터키식 목욕탕.

도서관은 유럽에서 바티칸 다음가는 규모를 자랑했다. 역사와 철학, 과학 등 다방면의 진귀한 자료를 두 눈에 가득 담을 수 있었다.

눈만 즐거운 도시도 아니다. 몸을 노곤노곤 풀기에도 안성맞춤이다. '스파의 도시'로 유명하다. 로마에서 기원을 구하기도 하지만, 아무래도 오스만제국의 영향이 결정적인 것 같다. 도시 곳곳에 공중목욕탕을 세웠다. 터키식 사우나가 널리 보급되었다. 20세기에는 도시 관광의 방편으로 온천욕을 크게 선전했다. 치료를 위하여, 휴식을 취하고자 서구인과 동구인들이 부다페스트로 몰려들었다. 음식 문화 또한 빠뜨릴 수 없겠다. 헝가리 역사의 풀코스, 종합선물세트를 제공한다. 아시아에서 건너온 식자재에 유럽의 요리법을 접목했다. 유라시아의 용광로가 식판 위에서 펼쳐진다. 페르시아풍, 아랍풍, 터키풍 음식에 이탈리아와 프랑스, 그리스의 풍미를 곁들인다. 그리스 샐러드에 아라비안 커피, 터키

디저트를 조합한 런치 세트는 오감을 만족시키는 근사한 한 끼였다. 한 입, 한 모금, 지긋하게 느긋하게 천 년사를 음미했다.

하건만 최근 언론에서 접하는 부다페스트 소식은 좀체 아름답지가 못하다. 아우성이 요란하다. 혼란과 논란의 도가니처럼 보인다. '권위주의'로 퇴행하고 있다고 한다. '극우'와 '포퓰리즘'이라는 말도 심심찮게 들려온다. 간혹 '독재'라는 극언마저 불거진다. 체제 이행의 모범으로 간주되었던 헝가리가 후퇴하고 있다며 경고음이 맹렬하게 울려 퍼지는 것이다. 구미의 고급 신문을 읽는 교양인일수록 헝가리의 현재에 눈살을 찌푸리고 쓴웃음을 짓기 십상이다. 내부에서 맞장구치는 이들도 있다. 좌파 정당과 진보적인 NGO들이 브뤼셀(과 베를린)에 구조 요청 신호를 보낸다. EU와 미국에 '내정 간섭'을 요구한다. 현 집권당 및 정부의 역주행에 브레이크를 걸어달라는 것이다.

내 보기에는 엄살이나 호들갑이다. 헝가리는 여전히 민주 헌정 아래 작동한다. 한 유력한 정치인과 그의 정당이 압도적인 지지를 받은 것 또한 민심의 반영이다. 외부의 잣대로 재단하기보다는 내재적인 관점으로 접근해야 한다. 핵심은 역시 빅토르 오르반Viktor Orbán 총리다. 2010년 이래 유럽에서 가장 논쟁적인 정치인이다. 헝가리 일국을 넘어 2017년 유럽을 짚기에도 요긴한 인물이다. 도발적인 화제를 제기하고, 촉발적인 화두를 제시한다. 그가 처음 역사에 등장한 것은 1989년이다. 1963년생, 26살 때였다. 헝가리판 586세대다. 민주화운동의 주역이자 학생운동의 지도자였다. 1989년 체제의 장본인이라 하겠다. 헌데 그 자신이 헝가리사의 물줄기를 되돌리고(되살리고) 있다. 적지 않은 외부인들은 역행이라고 비난한다. 역주행이라며 근심하고 회의한다. 나는 마냥 수긍하지만은 않는다. 더 깊이, 깊숙하게 들여다보고자 했다. 표류에 휩쓸리기보다는 저변에서 맥맥이 흐르는 복류를 주시해보았다.

빅토르 오르반, 이행과 탈이행

1989년 6월 16일, 영웅 광장Hősök tere에서 영웅이 탄생한다. 수많은 군중을 앞에 두고 패기 넘치는 젊은 연사가 무대에 섰다. 핏대 높여 외친 것은 크게 둘이다. 안으로는 직선제를, 밖으로는 헝가리에 주둔하는 소련군의 철수를 주장했다. 선거 도입과 외세 축출, 헝가리 민주화의 분수령이 되었다. 그가 대중에게 상기시킨 것은 1956년이다. 일찍이 모스크바에 맞서 선생님과 선배들이 봉기하셨다. 소련군의 탱크 아래 3천 명이 희생되는 빛고을[光州]이 연출되었다. 그는 1956년 헝가리 혁명을 '독립전쟁'이라고 명명했다. 바르샤바조약기구 탈퇴, 소련군 철수, 헝가리의 중립국화를 요구했던 조숙한 탈냉전의 몸부림이라고 했다. 과연 다른 미래는 다른 역사로부터 비롯한다. 과거사를 고쳐 씀으로써, 이름을 달리 붙여줌으로써, 헝가리의 출로가 열리게 된다. 1990년 직선제 실시로 공산당 독재가 막을 내렸다. 1991년 소련은 붕괴했다. 격정으로 토해내었던 사자후가 불현듯 현실이 된 것이다.

소싯적부터 리더십이 출중했다. 10대 중반, 헝가리 공산주의 청년단의 대표를 맡는다. 공산주의 엘리트 소년이 '전향'하게 된 것은 군 복무경험이 결정적이다. 군 장교 시절 헝가리의 실상을 절감한다. 전시작전권은 물론이요 평시작전권도 없었다. 헝가리인민공화국은 소련에 휘둘릴 수밖에 없는 근대적인 속국이었다. 대학원으로 복귀한 그는 폴란드의 자유연대노조를 연구하여 석사 논문을 제출한다. 사회과학자로 경력을 쌓으며《세기말》Századvég이라는 잡지도 편집했다. 결국 본인이 주도하는 신생 정치단체를 만들기로 한다. 그것이 바로 피데스Fidesz(Fiatal Demokratak Szovetsege)다. '청년민주연합'쯤으로 옮길 수 있겠다. 학생운동의 선봉대이자 민주화운동의 전위였다. 민주화 이후에는 정당으로 발전한다. 당수로서 정권을 접수한 것이 1998년이다. 불과 35세, 최연소 총리였다. 반공주의자로서 그는 자유주의에 기울었다. 좌에서 우로 방향을 튼 '뉴라이트'였다고도 할 수 있다. 전심전력으로 탈공산화/탈소련화, 서구화/유럽화를 추구했다. 집권 이듬해인 1999년 나토에 가입한다. 왕년의 사회주의 형제국이었던 유고슬라비아 공습에도 가담했다. 헝가리는 2003년 이라크전쟁에도 개입한다. 2004년에는 EU에도 가입하여 숙원을 이루었다. SU(Soviet Union)의 그늘에서 벗어난 지 13년 만에 당국가Party-State에서 시장국가Market-State로의 이행을 완수했다.

그러나 헝가리에서도 '이행'의 주역은 반공주의자보다는 '반-반공주의자'였다. 왕년의 공산주의자들이 사민주의자로 변신하여 서유럽의 '제3의 길'과 보조를 맞춘다. 2002년과 2006년 총선에서 연달아 중도좌파 정당이 승리했다. 오르반은 만 8년을 오롯이 야당 지도자로 보내야 했다. 절치부심, 와신상담, 환골탈태에 성공한다. 다시금 사상적 전환을 감행했다. 자유주의에서 멀어지고 보수주의/민족주의에 가까워졌다. 집권 사회당을 왕년의 공산당에 빗대었다. 모스크바에 굴종했던 공산주의자들이 이제는 브뤼셀(과 베를린)에 굴복하고 있다고 했다. 때마침 EU의 내부자들과 결탁한 사회당 간부와 고위관료들의 비리가 속속 탄로가 났다. 세 살 버릇 여든 간다. 제 버릇 남 못 준다. 소련에 붙어먹었던 이들이 재빨리 말을 갈아타고 EU에 빌어먹으며 승승장구했던 것이다. 오르반은 자유주의자와 사회주의자를 쌍으로 겨냥해 비난을 퍼부었다. 민족 정서가 부족한 이들, 국익을 배신하는 매국노라고 성토했다. 사회주의 국제주의부터 자유주의 국제주의까지, 세계화론자들은 언제라도 자신의 신념(과 이익)을 위하여 나라를 팔아먹을 수 있다며 거세게 쏘아붙이고 거칠게 몰아붙였다.

결정타는 역시 2008년 세계 금융위기다. 유로화 위기가 삽시간에 EU 전체로 확산되었다. 서구화/유럽화가 '진보'였던가, 회의감이 퍼지

영웅 광장.

2013년 국회의사당 광장에서 펼쳐진 오르반의 대중 연설.

피데스 당사.

고 자괴감이 일었다. 오르반이 환기한 것은 다시금 1956년이다. 헝가리 혁명, '독립전쟁'의 주역들이 외쳤던 것은 동구화만큼이나 서구화도 아니었다. 중립화, 동/서 간의 중용을 취하여 중심을 다잡고자 했다. 1989년 모스크바에 맞서 일어난 기개를 발휘하여 2009년에는 브뤼셀에 도전하는 기상을 선보였다. 1956년의 적자이자 적통임을 자임하는 오르반의 결기에 다시금 헝가리 민중은 환호하고 열광했다. 공산주의도, 자유주의도 도시 중산층 엘리트의 이념이고 사상이고 문화일 뿐이라고 했다. 빅토르 오르반이야말로 '헝가리의 아들'이라고 했다. 2010년 피데스는 의석 수 3분의 2를 넘는 지지로 총선에서 압승한다. 오르반은 8년 만에 총리직에 복귀했다. 화려한 귀환이었다.

집권 2기, 정책과 노선은 판이하게 달라졌다. 자신이 '구시대의 막내'였음을 자인하고 새 시대의 물꼬를 튼다. '이행'Transition에서 '탈-이행'Post-Transition으로 결자해지를 단행한다. 지난 '이행'을 '절반의 민주주의'라고 일컬었다. '잃어버린 체제 전환'이라고도 했다. 옛 공산당 적폐들이 자유화/민주화에 편승하여 권좌 복귀를 이루었기 때문이다. 한층 과감한 적폐 청산에 돌입했다. 자신이 도입했던 기왕의 자유화, 탈규제화, 민영화 정책을 되돌리기 시작한다. 경제주권을 부쩍 강조했다. IMF와 EU, 다국적기업 등 글로벌 자본주의의 횡포에 저항하는 '자유의 전사'로 자신을 표상/포장한다. 브뤼셀과 부다페스트의 관계 또한 재정립하고 있다. 정치주권을 옹호한다. 외자 제공을 빌미로 내정에 간섭하지 말 것을 요구했다. EU의 지원은 철저하게 헝가리의 실정에 맞게 이루어져야 한다는 것이다. 나아가 유럽화/세계화 일방의 전략도 수정하고 있다. 민족과 국가의 자율성을 더 강조한다. 2010년 유럽의회 논쟁이 상징적이다. 브뤼셀과 부다페스트가 정면으로 충돌했다. 브뤼셀은 회원국이라면 마땅히 EU의 기준을 준수하라고 강변했고, 오르반은 헝가리에는 그 나름의 사정이 있다며 항변했다. 브뤼셀의 유로파 엘리트가 아닌 자신이야말로 민중과 더불어 함께하는 '민주주의자'라고 역설했다. 바로 그 자리에서 오늘의 브뤼셀을 어제의 모스크바에 견줌으로써 유럽 전체에 충격을 가한 것이다. 구미의 주류 언론이 오르반과 헝가리에 융단폭격을 가하기 시작한 것도 이 무렵이다. 소비에트연방의 이단아였던 오르반이 EU의 반항아로 취급받게 된 것이다.

자고로 지도자는 성과로, 결과로 평가받는다. 점점 헝가리의 지표가 좋아지고 있다. 금융위기로 바닥을 쳤던 경기가 되살아나고 있다. 가계와 기업, 국가 모두 회복 조짐이 뚜렷하다. 성장률은 오르고 실업률은 떨어졌다. 국가 부채는 줄어들었다. 외부의 비난이 쏟아지는 와중에도, S&P 같은 신용평가기관은 헝가리 등급을 두 단계나 높였다. 1989년 이래 장래 전망 또한 가장 좋다고 한다. 민심도 다르지 않다. 나라의 상황이 호전되고 있음을 피부로 느낀다. 2014년 총선에서도 또다시 3분의 2를 넘는 절대다수 의석을 차지했다. 즉 오르반이 독재자인 것이 아니다. 유권자가 독점적 권력을 허여하고 있는 것이다. '오르반, 하고 싶은 것 다 해.' 누구도 그의 민주적 정통성을 부정할 수가 없다. 하여 2017년 현재 빅토르 오르반은 (독일의 메르켈과 더불어) 유럽에서 가장 중요한 정치인이다. 존재감 없는 영국 총리나 허수아비 프랑스 대통령과는 급이 전혀 다르다.

열린 사회 vs 열린 역사

격이 다른 정치가라는 점은 그가 고유한 개념과 사상을 발신하는 주창자라는 점에서도 드러난다. 다시금 브뤼셀에서의 설전이 유명하다. 자유민주주의는 실패했음을, 공개적으로 선언했다. '이행' 20년, 헝가리에 좋은 정부도, 효율적인 정치도 선사하지 못했다고 했다. 비단 동구만도 아니다. 이제는 서구에서도 자유민주주의는 늙고 낡은 구체제가 되었다고 했다. 유권자의 의사/의지와는 유리된 과두체제로 변질되었다는 것이다. 그러면서 제기한 것이 '비자유주의적 민주주의'Illiberal Democracy다. 자유주의와 민주주의를 결별시킨 것이다. 헝가리는 비자유주의 국가Illiberal State라고도 했다. 기성품 민주주의를 답습하기보다는 '다른 민주주의'를 추구하겠다는 것이다. 나는 이 용어가 평생 그의 목을 옥죌 것이라고 생각한다. 그에 대한 역사적 평가도 여기에 따라 달라질 것이다. '비민주주의적 자유주의'라고만 했다면 나도 열 번이고 백 번이고 공감했을 것이다. 하지만 '비자유주의적 민주주의'는 무척이나 논쟁적인 화법이다. 쉬이 편들기가 힘들어진다.

2010년 총선 승리 직후의 의회 개원 연설도 참조해볼 만하다. 베를린 장벽 붕괴 25주년을 기념했던 대중 연설도 참고가 된다. 원자론적 '개인'이라는 개념을 부정했다. 개인과 개인의 사회계약으로 국가가 성립되는 것이 아니라고 했다. 사람은 나는 순간부터 이미 공동체의 일원이다. 부모, 형제자매와 연결되고 이웃과 이어진다. 가족과 이웃, 마을과 교회가 정체성의 근간이다. 공산주의형 계급도 아니요, 시장주의형 시민도 아니다. 그 훨씬 이전에 먼저 '헝가리인'부터 된다는 것이다. 따라서 헝가리인은 '헝가리인'으로서 도덕적 각성부터 해야 한다. 자유를 통으로 부정하는 것도 아니다. 자유주의의 그 자유가 아닐 뿐이다. '비민주주의적 자유주의'(=신자유주의)가 강제하는 획일주의/균일주의/평균주의에 맞서서 민족과 전통을 수호하는 '자유의 전사'를 자임한다. 자유주의의 자유는 자유에 대한 여러 관점 가운데 하나에 그칠 뿐이라는 것이다. 자유를 자유주의로부터 자유롭게 만들고 있다. 자유를 자유주의로부터 해방시키고 있다. '가짜 자유'Fake Freedom를 성토하고 '대안적 자유'를 역설한다. 그 대안적 자유의 보루로서 정치/경제적 주권과 문화적 정체성을 옹호하는 것이다. 브뤼셀이 '보편'을 주장한다면, 부다페스트는 '정통'을 사수한다. 보편과 정통이 치열하게 길항하고 있다.

오르반이 정통으로서 내세우는 것은 기독교다. 그 자신 칼뱅주의에 투철한 신교도다. 기독교가 없으면 오늘의 헝가리도 없다고 말한다. 고로 헝가리의 개혁과 개헌과 개벽은 기독교의 혁신과 재건과 불가분이라고 한다. 정치개혁과 종교개혁이 공진화해야 한다는 것이다. 즉 헝가리도, 유럽도 EU의 엘리트들이 주장하듯 18세기 계몽주의로부터 말미암아 생겨난 것이 아니라는 주장이다. 겨우 200년에 젖줄을 대고 있는 자유주의/사회주의의 얕은 역사와 작별하겠다는 것이다. 올해는 2017년이고, 내년은 2018년이다. 예수가 태어난 해로부터 2,017년이 흘렀고, 2,018년째를 맞이하는 것이다. 2050년, 2500년이 되어도 다르지 않다. 유럽과 예수는 좀처럼 분리될 수가 없다. 오르반은 그 2,000년의 유산 속에서 헝가리의 재생과 부활을 도모하는 것이다. 단순한 역사 인식으로 그치지 않는다. 곧바로 현실 정치로 번안되고 있다. 그와 함께 피데스를 출범시켰던 자유주의/사회주의 동지들은 당을 떠난 지 오래다. 현재 피데스와 연정을 구성하고 있는 정당은 기독교민주당이다. 기독교 정신(古/聖)과 민주주의(今/俗)가 결합하고 있는 것이다. 고/금 합작, 성/속 합작으로 자유주의/사회주의를 밀어내고 있는 것이다.

오르반은 기독교에 바탕한 민족 정서가 중요할 뿐만 아니라 바람직한 것이라고도 말한다. 헝가리의 전통을 간직한 가족과 마을과 교회가 헝가리의 미래를 선도할 것이라고도 한다. 브뤼셀의 유로파 엘리트들과는 첨예하게 갈라지는 지점이다. 하더라도 헝가리의 감정과 사상을 '비유럽적'이라고 단죄하는 것에는 동의할 수 없다고도 한다. 헝가리의 노선이 EU 안에서 소수파일 수는 있다. 그런데 그 소수자/소국의 권리도 인정하고 보호해주는 것이야말로 '유럽적 가치'가 아니냐고 항변한다. 사상의 이질성, 감수성의 다양성, 정체성의 복수성을 옹호하는 헝가리와, 그것을 수용하지 못하겠다는 EU 사이에서 어느 쪽이 더 '유럽적'이냐고 되묻는 것이다. 헝가리인들은 브뤼셀에서 당당하게 대꾸하는 자국 총리의 사이다 발언에 청량감을 만끽한다. 반면으로 구미의 주요 언론은 거칠다 못해 조악한 논평을 내놓는다. 여전히 공산주의의 잔재가 남아 있다는 뾰족한 독설에서부터 '동양적 전제주의'라는 시대착오적 유산까지 들먹인다. 나아가 어리석은 헝가리 사람들에 대한 폄하와 혐오마저 노골적으로 표출한다.

오르반은 1989년 체제의 주역 가운데 유일하게 현역으로 살아남은 이다. 폴란드에서도, 체코에서도, 루마니아에서도 당시의 기수들은 사라진 지 오래다. 이미 역사책의 인물이 되어버렸다. 오로지 오르반만이 정치적 생명력을 유지하고 있다. 이유는 간단하다. 부단하게 진화하고 있기 때문이다. 1989년의 시대정신, 자유화 및 민주화에 고착되거나 안주하고 있지 않은 것이다. 자신과의 싸움에서 이겨내고 있다. 자신의 과거를 스스로 넘어서고 있다. 미국식 경제와 유럽식 정치를 헝가리에 이식하는 '이행'이 헝가리 지도자의 사명이라고 더 이상 생각하지 않는다. 헝가리에는 고유의 가치와 문화와 전통이 있으며, 이를 수호하고 더욱 발전시키는 것이 헝가리 정치인의 역할이라고 피력한다. 그 또한 일종의 '귀향운동'에 동참하고 있는 것이다.

그리고 이 개인적 진화 과정이 시대적 전환과도 딱 들어맞았다. 1945년 확립된 세계질서가 동요하고 있다. 자유주의와 민주주의의 유기적 결합이 해체되어가고 있다. 선두주자였던 미국과 서유럽에서마저 자유주의도 위기이고, 민주주의도 위기이다. 다른 정치에 대한 갈증이, 새 정치에 대한 타는 목마름이 전 지구를 석권한다. 오르반은 그 나름으로 해답을 제출한 인물이다. 정답이라고는 할 수 없겠다. 하지만 오답이라고 단정 지을 수도 없다. 무엇보다 헝가리인들이 깊이 호응하고 있다. 2018년 총선에도 그를 견제할 세력이 도무지 보이지 않는다.

내부에 적수가 부재하자, 외부에서 딴죽을 건다. 대표적인 인물이 '헤지펀드의 대부' 조지 소로스다. 소로스는 헝가리 출신의 유대인 자본가다. 사사건건 오르반과 적대하고 있다. 질긴 인연이다. 악연이 되고 말았다. 다시 1989년, 오르반은 옥스퍼드대학에서 공부했다. 그의 학자금을 대주었던 사람이 바로 조지 소로스다. 소로스재단의 장학금으로 유학할 수 있었던 것이다. 그곳에서 배운 자유주의에 입각하여 1989년 체제의 청년 지도자로 부상할 수 있었던 것이다. 유학을 마치고 귀국한 1990년부터 국회의원도 될 수 있었다. 27세 최연소 의원 오르반은 명백하게 '소로스 키드'였다. 무릇 공짜 돈은 없는 법이다. 2000년대 초반까지 오르반은 소로스 노선에 충실했다. '자유'와 '민주'와 '인권'으로 작동하는 열린 사회를 헝가리에 심고자 했다. 조국 헝가리를 '동유럽의 아메리카', '작은 미국'으로 만들고 싶어 했던 소로스의 뜻을 충실하게 실행했던 것이다. 하건만 2010년부터 방향을 틀어 궤도를 급수정한 것이다. 소로스로서는 열불이 터질 만하다. 투자했던 돈이 아까울 법도 하다. 배신당했다고 여길 수도 있겠다.

내가 부다페스트를 여행했던 지난 4월, 오르반과 소로스의 다툼은 정점을 찍고 있었다. 부다페스트에는 중부유럽대학Central European University이 자리한다. 1991년에 들어섰다. 소로스가 모국에 세운, 대학원 중심의 명문 대학이다. 동유럽 체제 '이행'을 선도하는 엘리트를 배양하는 고등교육기관이다. 사회과학, 법학, 공공정책, 경영학 등을 영어로 가르친다. 교수부터 교재까지 대개 미국에서 공급받는다. 자유화와 민주화를 전파하는 '열린 사회'의 산파 같은 곳이다. 오르반을 잇는 또 다른

조지 소로스가 세운 중부유럽대학.

'소로스 키드'들을 배출하는 인재 양성소였던 것이다.

　오르반이 그 중부유럽대학을 폐쇄하려 들었다. 헝가리 교육부의 관할 밖에서 대학을 운영해왔던 특권을 박탈하려고 했다. 조지 소로스를 '헝가리의 적'이라고 명시하기까지 했다. 시내 도처에 소로스를 비판하는 정부 선전물이 가득했다. TV에서도 소로스를 까는 광고가 방영되었다. 문구가 제법 인상적이다. "소로스가 최후의 웃음을 짓게 만들어서는 결코 안 된다." 구미 언론에서는 양자의 다툼을 '열린 사회'Open Society와 '닫힌 국가'Closed State의 대결로 묘사한다. 그런 구석이 없지 않다. 그러나 그게 또 전부는 아니다. 말을 조금 바꿀 수도 있다. '글로벌 헝가리'와 '토착적 헝가리'의 대결이기도 하다. 나아가 '열린 사회'와 '열린 역사'Open History의 길항이기도 하다. 소로스는 여전히 자유민주주의가 역사의 종착점이라고 생각한다. 다문명 세계의 가능성을 좀처럼 인정하지 않는다. 헝가리를 미국 같은 나라로 만들고자 하는 그의 선의를 통으로 부정하지는 않겠다. 다만 그의 무지가 공포스럽다. 무지를 자각하지 못하는 그 신념이 개탄스럽다. 미국이라는 신세계 건설은 원주민 문명을 사그리 밀어버린 진공 상태에서나 가능했던 것이다. 구대륙, 구세계에서는 좀체 가능하지가 않다. 나에게 내기를 걸라면, 오르반을 택하겠다. 시간은, 역사는, 21세기는 왠지 오르반 편일 것 같다.

역류逆流와 복류伏流

부다페스트에도 서풍이 잦아들고 동풍이 불어온다. 26세 오르반이 외쳤던 "유럽으로 돌아가자!"Back to Europe는 옛말이 되었다. 도리어 EU는 위기의 진앙지다. 설상가상으로 영국까지 떨어져 나갔다. 더 이상 서방을 편애하지 않는다. 눈먼 사랑, 외사랑을 그친 것이다. 47세의 오르반이 총리에 복귀하면서 내뱉은 일성이 '동방 개방'Opening to the East이다. 동풍의 결이 여럿이다. 가까이로는 동유럽의 재통합을 꾀한다. 소련과 유고연방과 체코슬로바키아가 죄다 해체되었다. 소국들로 분할되면서 EU의 입김에 속수무책이 되고 말았다. 헝가리는 영국처럼 EU 탈퇴를 추구하지는 않는다. 대신 EU 내 소국 연합을 실현함으로써 브뤼셀에 일방으로 끌려 다니지 않는 협상력을 키우려고 한다. 동유럽 국가의 협동으로 EU의 '내부 민주화'를 이끌겠다는 것이다. 기왕의 V4*(헝가리, 폴란드, 체코, 슬로바키아)를 돈독히 다지면서 중부유럽 이니셔티브를 발휘하고 있다. 나아가 EU와 러시아의 갈등을 중재하고 서유라시아의 대동단결을 촉진하는 가교 역할을 자임한다. 서구와 러시아 사이, '유럽반도'

---

* 중부유럽 4개국으로 구성된 협의체로 '비셰그라드 그룹'이라고 한다. 1991년 헝가리, 폴란드, 체코슬로바키아 3개국이 헝가리 비셰그라드에서 만나 외교·경제·안보 등을 협의하기 위해 결성했는데, 1993년 체코슬로바키아가 분리되면서 회원국이 4개국이 되었다.

와 '러시아 내륙' 사이 한복판에 자리한 지리적 이점을 최대한 살리겠다는 것이다. 동/서 어느 쪽에도 치우치지 않는 균형 외교를 펼쳐간다.

오르반의 시선은 유럽도 넘어서고 있다. 다뉴브강은 동쪽으로 더욱 흘러 흑해까지 가닿는다. 흑해를 에둘러 싸고 있는 주변 나라가 러시아, 이란, 터키 등이다. 공히 유라시아형 제국의 후예 국가들이다. 이들과 접속하면 인도양과 동유라시아도 한걸음이다. 인도와 아세안, 중국까지 이어진다. 유럽의 동과 서를 넘어 유라시아의 동서남북과 이어지는 것이다. 헝가리가 유럽 국가들 가운데 가장 먼저 중국의 일대일로에 호응한 나라였음이 우연만은 아니라고 하겠다. 아시아인프라투자은행(AIIB)에도 앞장서 가입했다. 유라시아를 종과 횡으로 엮어가는 고속철과 고속도로, 석유와 천연가스 수송관, 인터넷 연결망이 죄다 헝가리를 통과하게 된다. 부다와 페스트는 재차 합수와 합류의 도시가 되어간다.

돌연한 사태만도 아니다. 부다페스트의 동편 오르치 공원을 지나면 장마당이 나온다. 10유로짜리 운동화와 4유로짜리 티셔츠를 살 수 있다. 양말과 시계, 휴대전화, 샴푸, 장난감 등 저렴한 일용품들이 널려 있다. 1991년부터 중국 상인들이 진출하여 만들어낸 시장이다. 1979년 개혁개방으로 태평양의 화교 네트워크에 접속함으로써 초기자본을 축적한 이들이 공산 체제 붕괴 직후 소련의 공백을 메우며 유라시아 전역의 (암)시장으로 퍼져 나갔던 것이다. 왕년의 사회주의 국제주의 연결망을 십분 활용하여 '세계 경영'에 나선 셈이다. 그 글로벌 중화망을 따라서 러시아인과 터키인, 카자흐스탄인과 우즈베키스탄인 등도 곁가지로 상점을 차리고 식당을 운영하고 있었다. 차이나타운이라기보다는 '유라시아타운'이었다.

그 시장의 지근거리에 기차역도 자리한다. 헝가리 동쪽으로, 러시아로, 아시아로 나아가는 기차들이 출발하는 역이다. 도심을 빠져나가 한 시간쯤 흐르면 티서강을 지나 흑토가 눈에 든다. 까만 흙을 바탕으로 노랑과 초록, 연두 빛깔 평원이 아름드리 펼쳐진다. 헝가리에서는 푸스타 대평원이라고 부른다고 한다. 유라시아의 초원길, 아시아 스텝의 서쪽 끝에 해당하는 장소다. 바로 이곳을 통하여 유럽으로 서진했던 이들이 훈족이다. 훈Hun족의 나라라고 하여 '헝가리'Hungary라고 부르게 된 것이다. 서쪽의 훈족은 동편의 흉노匈奴족과 한 집안이다. 동유라시아의 흉노가 우랄산맥에서 기거하며 경작 생활을 하다가 흑해를 지나 헝가리를 통과하여 서유럽까지 이주했던 것이다. 동쪽에서 왔다는 훈족은 유독 말타기에 능하고 활쏘기에 빼어났다. 그들이 서진하고 남진함으로써 게르만족의 인구 이동을 촉발했고 기어이 '팍스 로마나', 유럽 질서에도 지각변동(Eastern Impact)을 일으켰다.

바로 그 흉노/훈족의 준마가 달렸던 초원길에 고속철이 깔리고 고속도로가 지어지고 있다. 활을 대신하여 금융자본의 실탄이 속속 지급되고 있다. 지나간 역사가, 오래전 세월이 다시금, 새로이 변주되고 있다. 멋진 신세계를 뒤로하고, 더 멋진 옛 세계가 부활한다. 지난 200년의 격류가 잦아들면서 복류하던 1,000년, 2,000년의 장구한 대서사가 재귀한다. 헝가리사도, 유럽사도 대반전하고 있다. 그 '동방의 충격'이 비단 헝가리에서 그칠 리 만무하다. 흔히 '서구'West의 기원이라고 (착각)하는 그리스에서도 여실했다. 동유럽의 모퉁이에, 발칸반도의 끝자락에, 유럽의 최남단에 그리스가 자리한다. 아테네로 남하한다.

푸스타 대평원.

아테네, 탈향과 귀향

발명된 전통,
그리스는 과연 '서구'인가?

검은 아테나: 희랍과 유럽 사이

18년 만이었다. 20대 들머리 때 갔다. 30대 끝자락에 다시 왔다. 그새 세기가 바뀌었다. 20세기 말, 서울에서 런던으로 향했다. 유라시아 동녘 끝에서 서쪽 끝으로 곧장 직행했다. 사이에는 눈길을 주지 않았다. 중국 도, 인도도, 이슬람도 하등의 관심이 없었다. 대영도서관에 둥지를 틀었다. 마르크스가 《자본론》을 집필했다는 탁자 주변을 배회했다. 후기마르크스주의 문화비평가 프레드릭 제임슨의 원서를 읽는답시고 끙끙 한 달을 보냈다. 바람 쐬러 떠난 곳이 아테네였다. 런던에서 아테네로 또 직항했다. 왜 아테네였던가, 기억이 선명하지 않다. 아마도 서구 문명의 기원을 보고 싶었던 모양이다. 발칸반도의 끝자락에 자리한다는 사실도 깊이 의식하지 못했다. 사론 없는 이론을 탐닉하고, 지리 없는 이념을 천착하던 시절이다. 시간과 공간에서 유리된 근대인, 패션좌과 모던 보 •345

이였다. 탈색에 탈색을 거듭한 머리칼마저 금발이었다.

21세기하고도 17년. 아테네에 이르는 경로가 달라졌다. 이슬람권에서 꼬박 200일을 지냈다. 이란에서 페르시아 문명의 진경을 목도했다. 터키에서 오스만제국의 영화를 환기했다. 이집트에서 고대 문명의 휘황함에 감탄했다. 페르시아어와 아랍어와 터키어로 기록된 희랍 고전을 맨눈으로 보고 난 후였다. 북아프리카의 지중해 도시 알렉산드리아에서 희랍 문명의 흔적도 간취한 차였다. 지난 세기 말 그리도 깊은 인상을 남겼던 파르테논 신전의 아크로폴리스 언덕이 이번에는 영 올망졸망 보인다. 이란의 페르세폴리스의 유적에 견주자면 아담하고, 나일강 따라 도열한 룩소르와 아스완의 신전에 비하자니 앙증맞다. 희랍 문명의 뿌리에 페르시아와 이집트가 있다는 주장을 개진한 책으로 마틴 버넬의 《검은 아테나》(1987)가 있다. 아시아와 아프리카, 오리엔트 문명으로부터 희랍 세계가 비롯했다는 것이다. 그 책이 촉발한 논쟁을 구구절절 따라가지는 않겠다. 시시비비를 가리지도 않겠다. 아직 4부작 전집이 완간되지도 않았다. 그러나 경험적으로, 직관적으로 수긍하게 된다. 페르시아와 이집트를 잇는 곳에, 아시아와 아프리카와 유럽이 만나는 곳에 그리스가 위치한다. 삼대륙으로 둘러싸인 내해의 일각, 지중해地中海 문명권이다.

아시아와 아프리카를 에둘러 유럽에 당도한 행적도 달라졌지만, 유럽 안에서 그리스까지 가닿는 경로 역시 달라졌다. 기차와 버스를 번갈아 이용하여 차근차근 남쪽으로 내려갔다. 그리스는 동유럽하고도 발칸반도에 자리한 나라다. 지중해로 뻗어 나가는 땅끝 국가다. 대서양을 면한 서유럽과는 거리부터 제법 멀다. 도리어 바다 건너 이슬람과 지척이다. 아라비아의 반대편으로 러시아와도 이웃한다. 아테네는 런던보다 모스크바가 더 가까운 도시다. 파리보다는 이스탄불이 더 가깝다. 베를린보다 다마스쿠스에 더 근접하다. 오늘날 그리스인 혈통의 다수는 슬라브계라고 한다. 약 천 년 전 우랄에서 발칸으로 남하했던 이들의 후손이다. 그 옛날 소크라테스도, 플라톤도, 아리스토텔레스도 현재의 그리스인들과는 생김새가 제법 달랐을 것 같다. 북아프리카부터 서아라비아까지, 베이루트에서, 알렉산드리아에서, 카사블랑카에서 보았던 이들과 더 닮지 않았을까? 하노라면 그리스는 과연 '서구'인가? 질문해보게 된다. 아테네를 재차 궁리해보게 된다. 유럽을, 유라비아를, 유라시아를 달리 사고하게 된다.

옛날 옛적 얘기만도 아니다. 그리스는 천 년간 비잔티움제국에 속했다. 서로마의 가톨릭과 일선을 긋는 동로마제국, 동방정교 세계의 일원이었다. 아니, 비잔티움제국을 '그리스제국'이라고 고쳐 말할 수도 있을만큼 희랍의 영향이 지대했다. 제국의 수도인 콘스탄티노플(현 이스탄불)이야말로 '그리스 도시'였다. 그리스 문자와 정교가 비잔티움을 지탱시킨 피이자 살이고 뼈였다. 그 다음 반천 년은 또 오스만제국에 속한다. '이슬람의 집' 아래서 오백 년이나 지냈다. 동방정교의 총본산이 자리했던 곳이 이스탄불이다. 지중해 무역을 관장하던 해양 그리스인들 또한 이스탄불에 거점을 차렸다. 그에 견주자면 아테네는 적막한 시골이고, 허허한 변두리였다. 훨씬 많은 그리스인들이 아테네가 아니라 이스탄불에서 복닥복닥 살아갔다.

그리스가 서구의 일원으로 간주되기 시작한 것은 역시나 19세기다. 서유럽의 신사조, 민족주의를 가장 먼저 수용한다. 1821년 오스만제국에 속하기를 거두고 '독립국가'를 추진한다. 이스탄불에 맞짱을 뜨는 독립전쟁에 서구의 지원이 다대했다. 특히 영국이 앞장선다. 지중해의 패자 오스만을 약화시키면서 러시아의 남하를 견제하는 양수겸장이 깔려있었다. 21세기까지 지속되고 있는 '체제 전환'의 논리, 분리독립을 빙

아테네대학교.

자한 '인도주의적 개입주의'의 원형이다. 독립국가 다음에는 국민국가를 추진했다. 오스만의 다문명 세계를 지우고, 획일적이고 균질적인 '민족문화'를 만들어간다. 아테네대학이 들어선 것이 1837년이다. 국문학과 국사학 등 국(가)학을 선도했다. 아랍 문자를 배타하고 그리스 문자만 전용하는 '국어순화운동'도 전개했다. 이스탄불과 거리를 두는 '그리스정교'도 출범하여 국교國敎가 되어간다. 비잔티움과 오스만은 공히 '중세'와 '봉건'으로 기각되었다. 반면으로 위대한 고대사를 두드러지게 강조했다. 중세사를 격절시키고, 고대사와 근대사를 직결시키는 역사 공정이 단행된 것이다. 그 '그리스사'를 통하여 고대의 희랍과 근대의 유럽이 직통하는 서구 문명사의 척추가 세워진다. 희랍 문명이야말로 새 유럽(상) 창조의 근간이 된 것이다. 오래 방치되었던 아테네도 새삼 주목을 받게 되었다. 새 그리스의 수도로 삼기로 한다. 대대적인 토목공사가 펼쳐졌다. 고대의 영광을 현대에 재현한다는 야심에 찬 목표 아래 신고전주의 건축물이 곳곳에 들어섰다. '발명된 전통', '상상의 공동체'의 시현장이 된 것이다. 그 신도시 프로젝트 가운데는 아크로폴리스를 허물고 그리스 의회를 새로 짓자는 방안도 있었다고 한다. 실행되지 않았다. 천만다행이다.

붉은 아테네: '서구화된 그리스'의 냉전학

독립국가와 국민국가를 완수한 다음에는 부국강병을 추구했다. 서유럽의 제국주의를 본받았다. 신생 국가 그리스의 영토는 오스만제국 아래서 가장 후미진 곳이었다. 교육수준이 낮고 생활수준도 변변치 못한 변방이었다. 고대 희랍의 영역이 죄다 그리스의 영토가 되어야 한다는 국수주의적 주장이 불거진다. 오스만제국을 그리스제국으로 대체하자는 제국주의적 주장도 솟아났다. 이슬람 제국을 정교 제국으로 되돌리자고 했다. 이스탄불을 콘스탄티노플로 되살리자고 했다. 시골 동네 아테네는 어디까지나 임시 수도로 간주되었다. 콘스탄티노플을 탈환하고 비잔티움을 부활시키는 것이 궁극의 목표였다. 그리하여 오스만제국 내 모든 기독교인을 잠재적인 '그리스 국민'으로 간주했다. 세르비아인부터 루마니아인, 아르메니아인까지 온통 '그리스인'이라고 불렀다. 흡사 내선일체, 만선滿鮮일체 같은 동문동족 '희랍인 일체론'이다. 그리스(인) 민족주의/제국주의는 발칸반도에 연쇄 파장을 일으킨다. '오스만인'을 그치는 한편으로 '그리스인'으로도 회수되지 않기 위하여 저마다 민족주의적 각성이 일어났다. 그 소산이 바로 1910년대 두 차례의 발칸전쟁이다. 발칸반도가 유럽의 화약고가 된 것이다. 곧바로 유럽 전쟁, 제1차 세계대전으로 확산되었다. 땅끝 마을 아테네가 아랍과 유럽을 뒤흔들었다. 꼬리가 몸통을, 그리스가 유라비아를 진동시켰다.

그 '근대 발칸'의 모순이 응축된 곳이 마케도니아다. 인구 200만의 마이크로 국가다. 백 년 전만 해도 오스만제국의 한 주였다. 다양한 종교와 언어와 민족이 공존하는 제국적 모자이크를 구현했다. 그러나 발칸에 불어닥친 독립국가와 국민국가의 연쇄 속에서 비극의 장소로 전락한다. 그리스도, 터키도, 불가리아도, 루마니아도, 세르비아도 마케도니아가 자국의 영토라고 주장했다. 그 경합하는 영유권 간 기이한 세력 균형으로 초소형 국가가 등장하게 된 것이다. 그런데 2017년 이 작디작은 나라꼴도 가관이다. 마케도니아 민족주의자들이 기승을 부린다. 그리스와 터키와 불가리아와 루마니아와 세르비아의 일부 영역들이 마케도니아의 영토라고 주장한다. 과격한 마케도니아인들은 그리스를 '병합'하자고 열성이었고, 속 좁은 그리스인들은 그리스 지역명인 마케도니아를 국명으로 쓰지 말라며 윽박지르고 있었다. 다시 일백 년 전, 이

곳 사람들은 마케도니아인, 불가리아인, 루마니아인 같은 정체성은 극히 희박했다. '당신은 누구십니까?'라고 물으면 열에 아홉은 '저는 기독교도입니다' 혹은 '정교 신자입니다'라고 답했을 것이다. 그 정통의 말씀이 사라지면서, 입말로 갈라지고 생긴 꼴로 분열하고 국기를 휘날리며 으르렁거리게 된 것이다. 한 카페의 종업원은 '터키식 커피'를 주문하는 동방의 여행객에게조차 사납게 대꾸했다. "이 나라에 터키식 커피는 없다!" 탁- 소리를 내며 탁자에 내려놓는 '마케도니안 커피'는 내가 200일 넘게 즐겼던 그 터키식 커피와 조금도 차이가 없었다.

콘스탄티노플부터 이스탄불에 이르기까지 1,500년이나 제도帝都를 구가했던 도시 또한 양 갈래로 찢어졌다. 아테네를 수도로 삼는 그리스의 건국에 이어 터키공화국 또한 앙카라를 새 수도로 만들었다. 1920년대 이 분단국가 사이에 대대적인 인구 교환이 단행된다. 오스만제국 전역을 무대로 살아가던 130만 정교 신도들이 그리스 영토로 이주했다. 130만은 당시 그리스 총인구의 2할에 해당하는 수치다. 졸지에 그리스가 되어버린 땅에서 살아가던 60만 무슬림 또한 '터키인'이 되어 생전 가보지 못한 아나톨리아로 떠나야 했다. 이민과 난민의 세기, 고향 상실의 시대였다.

인구 이동은 비단 사람의 교환으로 그치지 않는다. 사람 따라 문화도, 이념도 이동한다. 1920년대의 인구 교환이 1940년대 그리스 내전을 촉발한다. 원주민과 이주자, 난민 사이 생활세계의 다툼이 불거졌다. 그리고 곧 이데올로기 투쟁과 결합되었다. 먼저 온 사람들은 기존의 몫을 고수하는 의미에서 '우경화'되어갔고, 뒤늦게 온 사람들은 공정한 대접과 배분을 요구하는 차원에서 '좌경화'되어갔다. 앞선 사람과 늦은 사람 간의 의식 차이가 그리스형 진보와 보수를 규정지어간 것이다. 그리스에서 좌와 우는 지리적으로도 갈라졌다. 우파가 서구를 선망했다면,

좌파는 소련을 동경했다. 단지 이념적 동질성이라고만 잘라 말하기 힘들다. 민간에서 흐르고 있던 러시아에 대한 전통적인 우호감에 바탕한 것이기 때문이다. 키릴 문자는 그리스 문자에 뿌리를 둔 것이다. 비슷한 문자와 종교를 공유하는 공속감이 대단했다. 1918년 창당한 그리스 공산당이 파죽지세로 당력을 키울 수 있었던 배경이라고 하겠다. 공산당을 지지했던 농촌과 어촌, 산촌 사람들의 9할은 마르크스니 레닌이니 관심이 없었다. 키릴 문자와 정교를 통하여 러시아에 친근감을 느낀 것이다. 평등국가 소련의 이상을 예수님의 사랑이 만개한 것이라고 접수했을 법하다.

　냉전의 전초전이 일어난 곳도 그리스다. 1944년 12월 25일, 처칠이 아테네를 방문한다. 나치독일에 항전하면서 세를 키워가고 있는 그리스 공산당에 깊은 우려를 표했다. '붉은 아테네'를 저지해야 한다고 했다. 그리스공산당의 거점은 북부였다. 유고슬라비아와 국경을 접하고 있었다. 전투에서 밀리면 유고슬라비아로 피신하여 전열을 재정비한 후 그리스로 재진입했다. 그중 몇몇은 티토와 회동하여 '발칸 연방공화국'을 논의했다. 처칠로서는 기겁할 노릇이었다. 소비에트연방에 이어 발칸 연방마저 출범하면 서유라시아의 7할이 공산주의 치하에 들어가게 된다. 그것으로 그치지도 않을 것이다. 다시금 그리스의 위치가 관건적이다. 지중해 세계 전체가 위험해진다. 도미노 이론이다. 소련의 영향력이 그리스를 발판으로 서아시아(중동)와 북아프리카까지 미치게 된다. 그러하면 서유럽은 범소련권으로 둘러싸여 완전히 고립된다. 역전의 계기를 그리스에서부터 마련해야 했다. 그래서 입안된 것이 봉쇄 정책이다. 공식화된 것은 트루먼 독트린이다. 노쇠한 영국을 대신하여 싱싱한 미국이 반공 정책의 총대를 멘다. 그리스를 소련 및 유고슬라비아에서 떼어내고 서유럽과 연결시키는 특명이 내려졌다. 미국이 주도하여 '붉은 아테네'를 주저앉힌 것이다. 그리스가 발칸반도에서 유일하게 공산주의에서 벗어난 나라가 된 까닭이다. 1940년대 미국의 그리스 내전 개입은 1950년대 한국 내전과 1960년대 베트남 내전에 개입하는 원형이 되기도 했다. 냉전기 유라시아의 동과 서는 늘 공진화했다.

발칸에서 홀로 떨어져 나간 그리스를 미국이 책임졌다. 1950~60년대 원조가 집중된다. 마셜 플랜 가운데서도 특히 그리스에 돈을 쏟아부었다. 유고연방의 턱밑에 자리한, 소련의 지척에 위치한 그리스를 자본주의 국가로 만들었다. 소련의 위성국, 발칸 연방의 일원이 아니라 미국의 동맹국으로 운명이 뒤바뀐 것이다. 발칸 유일의 반공국가 그리스는 '에게해의 기적'을 일군다. 연 7퍼센트 경제성장을 견인한 주역은 응당 군사정부였다. 군부 주도의 발전 국가, '조국 근대화'의 원조다. 농민들은 도시로 이주했고, 도시 노동자들은 서유럽, 그중에서도 분단국가 서독의 공업도시로 이주했다. 이와 같은 '냉전형 그리스'의 하부구조에 걸맞은 상부구조도 입안되었다. '서구화된 그리스', '서구의 기원으로서의 그리스'가 학문적으로 정립된다. 그리스-로마-서유럽-미국으로 이어지는 대서사가 미국의 주요 대학에서 '냉전학'의 일환으로 확립되었다. 미국의 소프트파워에 힘입어 '그리스 민주주의'라고 하는 20세기의 신화가 널리널리 퍼져 나갔다.

산업화 다음은 민주화다. 그리스는 또 앞서 달린다. 1974년 민주주의로 이행했다. 1980년대 동아시아와 동유럽 민주화 물결의 선두주자였다. 더불어 '관리된 민주화'이기도 했다. 민주주의 이행의 결실을 좌파가 낚아채서는 곤란했다. 여전히 소련과 유고연방이 건재한 시점이었다. '이행' 초기 젊은이들 사이에서는 반미 정서가 상당했다. 68혁명의 영향 속에서 좌파 문헌들이 대학가에서 크게 유행했다. 마오쩌둥, 체 게바라, 호찌민은 물론이요 김일성의 주체사상까지 전파되었다. 아울러 1940년대 그리스 내전의 공산당 게릴라를 선망하는 풍조마저 퍼져 나갔다. 1974년은 베트남전쟁 패배로 인도차이나 전역의 공산화를 목전에 두고 있던 무렵이다. 사이공과는 달리 아테네에서만큼은 기필코 '반공 민주'를 사수해야 했다. 다시금 그리스를 저 멀리 서유럽과 연결시킨다. 1980년 유럽경제공동체(EEC)에 가입한다. 지리적으로 한참 떨어져 있고 경제적으로도 수준 차가 현저했건만, 무리해서라도 유럽 공동 시장에 편입시킨 것이다. 스페인이나 포르투갈보다도 빠른 진입이었다. 그 후 그리스는 경로 의존성에 따라 '이행'했다. 자연스럽게 EU의 일원이 되었고, 유로화를 사용하는 나라가 되었다. 역사 또한 그리스 편인 듯했다. 소련은 붕괴되었고, 유고연방도 해체되었다. 발칸과 동유럽의 신생 국가들은 뒤늦게사 그리스 노선을 추수하는 것처럼 보였다. 그리스는 '후발주자 가운데 선두주자'였던 것이다. 그 영광의 선물로 하달된 것이 2004년 아테네 올림픽이다. 150년 줄기찬 서구화가 달콤한 결실을 맺은 듯 보였다. '마지막 축제'가 되리라고는 누구도 예상하지 못했다.

그렉시트: 귀농, 귀향, 귀의

공든 탑이 무너졌다. 날개 없이 추락했다. 이루기에는 수십 년이 걸려도, 허물어지는 데는 5년이면 족했다. 와르르- 20세기의 '그리스 신화'가 붕괴했다. 세계 금융위기 이후 그리스는 나날이 비상시국이다. 밑 빠진 독에 물 붓기, 유럽중앙은행과 IMF의 구제금융에도 상황이 좀처럼 나아지지 않는다. 경기 후퇴보다는 공황이라는 말이 더 어울리겠다. 가계 수입은 3분의 1 수준으로 줄었다. 국가 경제 규모는 4분의 3으로 축소되었다. 평균 실업률은 30퍼센트를 오르내리고, 청년 실업률은 60퍼센트를 넘어섰다.

올림픽과 전혀 무관하지 않다. 빚잔치였다. 아니, 민주화 및 유럽화 이래 줄곧 부채국가 모델을 심화시켰다. 1980년대 이후 그리스에서는 중도좌파 정당이 장기 집권했다. 외부로는 유럽과의 통합이 심화되었다. EU 자금에 의존하는 국가 경영이 만성화된다. 민간의 활력보다는 국가에 의존하는 사회가 만들어졌다. 그 국가는 다시 EU에 의탁하는 구조가 형성되었다. 실제 실력 이상으로 신용을 보장받아 저금리로 유럽에서 돈을 빌려다 국내 복지를 해결했다. 자국민에 대한 조세를 강화하기보다는 EU에서 융자를 취하는 방법으로 땜질 처방을 해온 것이다. 총체적 개혁을 단행하면 정권을 상실할 수도 있다는 딜레마가 병을 더욱 키운 셈이다.

유로화 도입으로 그 악성 구조는 일종의 체제로 굳어졌다. 티끌 모아 태산, 만성적 재정 적자가 눈덩이처럼 불어났다. 30년 누적된 체제의 모순이 금융위기의 도래와 함께 일순에 폭발해버린 것이다. 하더라도 그리스 탓만 하는 것은 온당하지 못하겠다. EU의 모순 또한 동시에 드러난 것이기 때문이다. 통화주권과 재정주권 사이의 갈등이 적나라하게 펼쳐졌다. 자국 통화가 없는 그리스에서는 이미 중앙은행이 기능하지 않는다. 그리스 정부가 주도적으로 사태를 해결할 수 있는 수단 자체가 진즉에 사라져버렸다. 위기 순간에 더더욱 철저하게 브뤼셀(과 베를린과 워싱턴)에 종속되지 않을 수 없었다. 유럽중앙은행과 베를린의 금융자본에 그리스의 운명이 볼모로 잡힌 것이다. 대학가에서는 고색창연한 '종속경제론'이 난데없이 붐을 일으켰다. 20세기 나치독일의 군사적 점령에 이어 21세기에는 독일의 경제력에 점령되었다는 극우/극좌 정당들도 출현했다. 민주화 이래 견고하던 중도 좌/우파 양당제를 깨뜨리고 급진좌파연합 시리자ΣΥΡΙΖΑ가 정권을 접수할 수 있었던 까닭이기도 하다. 시리자 등장을 전후하여 그리스의 유럽/유로화 이탈, '그렉시트' 논의가 빗발쳤다. 하여 위기의 그리스는 비단 그리스만의 문제가 아니다. 유로화의 위기다. EU의 위기다. 서구가 위기이다. 근대가 위기이다. 일국의 예외적 상태가 아니라, 21세기의 뉴노멀이다. 서구적 근대의 황혼이다. 서세西勢의 말세이다.

그리하여 시리자 집권을 '좌파 정치의 부활'로 접수해서만은 곤란하다. 표면만 짚는 것이다. 겉만 훑는 것이다. 좌/우에 고착되어서는 치프라스 총리가 가장 자주 회동하는 인물이 러시아의 푸틴이라는 점을 쉬이 설명하기가 힘들어진다. 극좌와 극우의 회합이 아니다. 200년짜리 좌/우 이데올로기가 옅어지면서 1,000년이 넘도록 장구하는 문명이 재부상하고 있는 것이다. 껍데기가 벗겨지면서 진피가 돋아나고, 살과 뼈와 피가 드러나고 있는 것이다. 문자가 유사하고 신앙을 공유하는 동로마제국의 후예들이, 비잔티움과 동방정교의 후신들이 코드를 맞추고 있는 것이다. 비서구적 세계질서의 재건에 의기투합하고 있는 것이다.

'서에서 동으로'를 말하는 것이 아니다. '서'로의 일방에서 동/서 쌍방으로 균형을 회복해간다는 뜻이다. 지난 200년을 통으로 들어낼 수야 없는 법이다. 1821년 그리스 독립전쟁 이래 200년도 이미 그리스의 현대사로서 온축된 것이다. 다만 편향을 거두고 중용을 취해간다. 동과 서 사이에, 새것과 옛것 사이에 역동적 균형을 회복해간다. 하여 아테네 남서쪽의 항구 도시 피레우스에 한창 조성 중인 신항만 또한 21세기의 '뉴노멀'에 부합한다고 하겠다. 중국 자본으로 만들어진다고 하여 그리스가 친중 국가가 될 가능성은 터럭 하나 없다. 중국이 그리스를 속국마냥 만들 의도가 있는지도 의문일뿐더러, 그런 실력이 있기는 한 것인지조차 심히 의심스럽다. 즉 피레우스에서 중국의 서진을, 중국의 유럽 진출만 보는 것도 단견이다. 외눈박이, 사시 눈이다. 복안으로, 겹눈으로

피레우스 항구.

읽어야 한다. 목하 도드라지는 것은 희랍 세계의 귀환이다. 피레우스 항만을 통하여 재차 그리스가 아시아와 아라비아와 아프리카에 연결되고 있는 것이다. 이탈리아로 스페인으로 영국으로만 향하지 않고, 터키로 이집트로 시리아에도 가닿는다. 고대 희랍 세계는 근대적 영토국가가 아니었다. 지중해의 동서남북으로 도시와 도시를 잇는 해양 네트워크였다. 그 오래된 바닷길이 새로운 모습으로 부활하고 있는 것이다. 유럽과 아랍을 엮어 유라비아로, 유럽과 아시아를 이어 유라시아로, 유라시아와 아프리카를 잇는 구대륙/동반구의 허브로서 왕년의 아테네가 재림하고 있는 것이다. 즉 그리스를 유럽만이 독점했던 '유사 역사학'Fake History의 세계상이 해체되고 있다. 가짜 역사에서 벗어나 자유를 얻은 그리스는 다시금 아프리카와 오리엔트와 재회한다. 그리스 세계가 복수화되고 입체화되고 '민주화'된다. 그리스의 역사 또한 서구적 근대라는 단막극을 뒤로하고 지구적 근대로 이행하는 대서사에 부합하는 방향으로 고쳐 쓰일 것이다. 다른 역사와 다른 미래가 공진화한다. 다른 백 년과 지난 천 년이 상호 진화한다. 비정상의 정상화다. 재균형이고, 새 균형이다.

외부에서는 시리자 정권의 행보에만 관심이 쏠려 있지만, 현지에서 내 눈을 찌른 것은 귀농과 귀향 바람이었다. 2009년 이후 10년이 다 되어가도록 경제위기가 지속되면서 수만 명의 실직 청년들이 아테네를 떠나 고향으로, 농촌으로 돌아가고 있다. 시골의 가족과 재결합하고 어릴 적 친구들과 재회하며 땅을 일구고 살기로 작정한 것이다. 도시에서는 경기 순환의 사이클에 따라 직장이 사라진다. 화폐경제에서 이탈하면 살아갈 방도가 닫혀버린다. 하더라도 시골로 돌아가면 자연의 순환에 따라 먹고살 길이 열린다. 고용 없는 탈산업사회의 도래가 전前산업사회의 재귀를 촉진하고 있는 것이다. 2009년 이래 8년간 농업에 종사하는 인구가 11퍼센트 늘었다고 한다. 농촌에서 35세 이하의 비율이 15퍼센트까지 치솟았다. 20세기 산업화/민주화 시대와는 정반대 방향의 인구 이동이 일어나고 있는 것이다. 이 21세기의 '신청년'들이 꾸려가는 '청년농부연합'이라는 조직까지 탄생했다. 시리자의 집권에도 나라꼴이 크게 달라지지 않는 것을 보고 낙담한 이들이 대거 하방한 것이다. 이들이 의기투합하여 유기농 올리브오일을 생산하고, 천연 화장품과 비누, 샴푸를 만들고 있다. 당장은 유럽이 주된 시장이지만 머지않아 할랄 인증까지 받아서 아랍 시장까지 진출할 것이라며 의욕을 태운다. 마냥 장밋빛으로 포장하지는 않겠다. 시골살이, 녹록지 않다. 넉넉하기도 쉽지 않을 것이다. 하지만 표정 하나만은 참 밝았다. 다시는 사방이 벽으로 막힌 사무실로 돌아가 하루 종일 모니터만 보면서 살지는 않겠노라고 한다. 아테네의 그 우울한 공기와는 달리 그들의 얼굴에는 생기가 돌았다. 자력으로 자강하는 자생력이 반짝거린다.

　삶의 태도 또한 달라지는 것 같다. 아카데미에서 설파하는 인간중심주의, 휴머니즘을 감히 운운하지 않는다. 하늘과 땅 사이에 간신히 사람이 자리할 뿐이다. 시간과 공간 사이, 인간이 겨우 위치할 따름이다. 백년도 못 사는 인간의 자유를 한껏 드높이기보다는, 천년 만년 억년 가는 천지인이 자연스러운 조화를 이룰 수 있도록 일조하는 데 정과 성을 바쳐야 한다. 하늘 아래 겸허하고 대지 위에 경건해짐으로써, 인성과 신성을 합치시켜간다. 고대의 희랍인들은 '민주시민'으로 그친 것이 아니다. 수많은 신들과 더불어 살아가는 성과 속의 가교자였다.

　18년 만에 다시 찾은 그리스에서 내 눈에 유독 들었던 것 또한 정교 성당이었다. 검붉은 토지와 지중해의 새하얀 햇살 아래 푸르게 빛나고 있는 성당이 참 많았다. 지난 세기에는 좀처럼 눈에 띄지 않았다. 그리스가 정교 국가라는 점 또한 전혀 의식하지 못했다. 과연 아는 만큼 보

올리브나무 농장.

수출용 유기농 올리브오일.

정교 성당.

이는 법이다. 처처에 자리한 성당들이 이제야 시각을 뚫고 지각까지 침투해 들어온다. 그리스인들은 성경 또한 로마자가 아니라 키릴 문자로 읽는다. 그리스인의 영혼은 키릴어로 새겨져 있다. 구교와 신교가 기독교 문명의 전부가 아니었다. 어디까지나 서로마 세계, 반쪽짜리 유산이다. 또 다른 로마, 동로마는 정교 세계였다. 제2의 로마는 키릴 문자로 기록되어 있다. 동/서 로마와 동/서 교회를 겹눈으로 읽어야 한다. 그래야 유럽 또한 깊이 파악할 수 있다. 그 동/서 유럽이 만나고 갈라지는 경계선에 우크라이나가 자리한다. 비로소 우크라이나 사태 또한 제대로 보이기 시작했다. 키예프로 이동한다.

020

키예프,
서로마의 끝, 동/북 로마의 시작

우크라이나에서 또 다른 로마'들'을 보다

형제의 난: 혁명인가, 네오-나치 쿠데타인가

그리스보다 더 어지러운 나라도 있었다. 우크라이나다. 여전히 준準내
전 상태다. 거버넌스가 작동하지 않는다. 혁명의 미몽 끝에 혼돈만 남았
다. 한 국가 딴 살림, 나라꼴이 엉망이다. 콩가루 집안이다. 2014년 2월
에 대한 명명부터 첨예하게 갈린다. 서쪽에서는 '마이단('광장'이란 뜻) 혁
명'이라고 부른다. 동쪽에서는 '네오-나치의 쿠데타'라고 한다. 내부 갈
등으로만 그치지도 않는다. 3월 러시아가 크림반도를 전격 합병했다.
우크라이나 동남부 땅이 삽시간에 러시아의 영토로 귀속된 것이다. 미
국과 EU는 발끈했다. 곧장 G8에서 러시아를 축출한다. 1998년 러시아
를 수용했던 G8에서 2014년 G7으로 되돌아가버린 것이다. 푸틴은 눈
도 꿈쩍하지 않았다. G7이야말로 20세기의 구체제, 구질서의 상징이라
며 비아냥거렸다. 도리어 우크라이나 사태의 배후에 미국과 나토가 있

다며 비수를 겨눈다. 냉전의 산물인 나토를 더는 확장하지 않는다는 묵시적인 신사협정을 위반하고 있다는 것이다. 결국 탈냉전 이래 최악의 지정학적 갈등으로 치달았다. 일각에서는 신냉전을 운운한다.

의도치 않게 혜택을 입고 있다. 러시아 체류 넉 달째, 서방의 경제제재 탓에 루블화 가치가 크게 떨어졌다. 《유라시아 견문》 제1권에서 이미 우크라이나를 짚은 적이 있다. 당시만 해도 여전히 좌/우의 시각에서 살폈다. 현장을 밟노라니 눈에 들지 않던 면들이 보인다. 보/혁보다는 동/서가 관건이다. 백 년의 이념보다는 천 년의 문명이 갈림길이다. 동로마와 서로마의 유산이 지대한 영향을 미치고 있다. 슬라브 세계를 절반으로 나누었던 가톨릭과 정교의 길항이 우크라이나를 반토막내고 있다.

우크라이나Україна라는 단어부터 단서가 된다. 국명으로 사용되고 있지만, 슬라브어 공통의 보통명사다. '변경, 지방, 국경' 등으로 옮길 수 있다. 크라이край는 현재 러시아의 지방 행정 단위이기도 하다. 지금 이 글을 쓰고 있는 연해주는 러시아어로 포리모르스키 크라이Приморский край다. 문제는 이 '우크라이나'가 어느 곳과의 변경인가 하는 점이다. 대개 모스크바라고 오해하기 쉽다. 나도 그런 줄로만 알았다. 그런데 그러하지 않았다. 폴란드에서 바라본 변경을 일컫는다. 가톨릭 세계, 서로마 세계의 임계를 뜻한다. 이 의외성으로부터 우크라이나 사태의 복합성이 드러난다. 시점이 중요하다. 보는 위치, 시좌視座가 관건이다. 어디서 보느냐에 따라 사태의 모습이 전혀 달라진다. 역지사지易地思之가 긴요하다.

한글 공론장의 고질병은 서쪽의 시각만 일방으로 유통된다는 점이다. 가짜 뉴스까지는 아니더라도 반쪽 뉴스에 머문다. 나까지 반복하지는 않겠다. 대신에 동쪽에 자리한 러시아의 시각을 전한다. 우크라이나 •363

크림반도.

의 수도 키예프를 자신들의 뿌리라고 간주한다. 988년 키예프 루시[*]가 동방정교를 수용함으로써 오늘의 러시아가 있다고 생각한다. 정교가 희랍 세계(제2로마, 콘스탄티노플)에서 슬라브 세계(제3로마, 모스크바)로 확산되는 계기가 되었다. 튀르크족과 만남으로써 아랍의 이슬람이 세계종교가

---

[*]　9~13세기 러시아 최초의 국가. '키예프 공국(公國)'이라고도 한다. '루시' 라는 이름은 15세기 후반까지 쓰였는데, 모스크바 대공국 시대에 '러시 아'로 바뀌어 불리다가 1721년 표트르 대제가 '러시아'를 정식 이름으로 채택했다.

되어간 것처럼, 정교는 슬라브인과 조우함으로써 또 하나의 세계종교로 웅비한다. 고로 키예프는 러시아로서도 각별하다. 우크라이나의 수도인 동시에 러시아의 고향이다. 그래서 형제국 의식이 남다르다. 러시아라는 국명부터가 '위대한 루시'라는 뜻이다. 양국 사이에 자리한 벨라루스는 백러시아, '하얀 루시'라는 의미다. 러시아-우크라이나-벨라루스는 한 배에서 나고 자란 삼형제라고 할 수 있다. 하나의 제국 아래 대일통을 이룬 시기도 있고, 셋으로 분화된 삼국시대도 있었다. 누가 형이고 아우냐를 가지고 다투기도 한다. 키예프를 품고 있는 우크라이나는 자신들이 형이라고 주장한다. 러시아는 힘세고 덩치 큰 동생일 뿐이다. 러시아 사람들은 동의하지 않는다. 대국이 형님 나라이고, 소국이 아우 나라다. 우크라이나를 말 안 듣는 골치 아픈 동생처럼 대한다.

모스크바 공항에서부터 처우가 이미 달랐다. 출구가 셋으로 나뉘었다. 러시아/우크라이나/벨라루스가 한 묶음이요, 옛 소련 국가들이 다른 한 묶음이요, 나머지를 죄다 모아 외국인으로 분류했다. 하여 우크라이나 사태 또한 도무지 지정학적 갈등으로만 그치지 않는다. 러시아란 무엇인가, 우크라이나란 어떤 나라인가, 근본적인 물음을 함축하고 있다. 양국의 정체성과 정통성에 직결되는 사안이다. 형제국이라는 역사적 유기성과 국가 간 평등이라는 근대적 국제질서가 충돌하는 고/금 간 모순이라고도 하겠다. 고로 크림반도 병합 또한 '독재자 푸틴의 제국주의'라고 간단히 치부할 수 있는 사안이 아니다. 잘 모르니까 함부로 떠드는 것이다. 무지하니까 단정 짓는 것이다. 무식하니까 용감한 것이다.

러시아와 우크라이나가 한 몸으로 섞인 것은 1721년이다. 우크라이나 동부는 노보로시야, 곧 '새로운 러시아'라고도 불렸다. 잉글랜드가 스코틀랜드를 병합하여 대영제국으로 성장한 것이 1707년이다. 18세기 초 서쪽에서 해양제국이 비상하고 있을 때, 동녘에서도 육상제국 러시아제국이 부상했던 것이다. 이 양대 제국이 서유라시아 전역에서 힘겨루기를 펼친 것이 19세기다. 속칭 '그레이트 게임'이다. 그 러시아제국을 전복시킨 것이 1917년 러시아 혁명이다. 올해(2017)로 꼬박 일백 년이 되었다. 그 후신으로 소련이 솟아났다. 러시아제국보다 체격이 더욱 커진 제국이었다. 발트해와 발칸반도에서부터 옛 발해 땅까지 아우르는 20세기형 유라시아 제국이었다. 우크라이나와 벨라루스 또한 소련을 구성하는 공화국이 되었다. 그럼에도 여느 공화국과는 대접이 달랐다. 형제국으로서 융숭한 대우를 누린다. 1945년 유엔이 출범했을 때,

두 나라 또한 정식 회원국으로 가입했다. 51개 창설국의 하나로 유엔 헌장에 서명한 국가가 우크라이나였다. 냉전기 비상임이사국도 두 번이 나 역임했다. 소련을 구성하는 연방공화국이면서도 유엔에서 독립국 지 위를 누리는 주권국가였던 것이다. 소련 시절 우크라이나는 러시아 다 음가는 넘버 투였다.

아니, 상당 기간 우크라이나 출신들이 소련을 영도했다고도 할 수 있 다. 흐루쇼프도, 브레즈네프도 (동)우크라이나에서 왔다. 군산복합체의 거점이 (동)우크라이나에 자리했기 때문이다. 핵발전소로 유명한 체르 노빌도 (동)우크라이나에 있었다. 이곳 출신들이 군권에 이어 당권을, 모스크바를 장악했던 것이다. 고로 냉전기는 우크라이나의 봄날, 호시 절이라 할 만하다. 그래서 탈냉전 직후 우크라이나는 세계 4대 군사력 을 보유한 것으로 평가되었을 정도다. 인구 역시 4,500만에 이르렀으니, 러시아를 잇는 슬라브 대국이 될 잠재성이 매우 컸다. 그러나 우크라이 나도 동유럽의 1989년 체제, '이행'의 모순을 면치 못한다. 순식간에 권 력이 시장으로 넘어갔다. 부패한 올리가르히*가 주도하는 정실 자본주 의로 옮아갔다. 1991년 독립 당시 폴란드와 대등했던 평균소득은 현재 3분의 1 수준으로 떨어졌다. 막내 국가 벨라루스에 견주어도 절반 수준 에 그친다. 나아가 탈소련화/탈공산화에 박차를 가하면서 떳떳지 못한 역사마저 수면 위로 불거졌다. 우크라이나 민족주의에 깔려 있는 친親 나치 이력이다. 폴란드와 이웃했던 우크라이나의 최서단까지 소련에 병 합된 것은 1939년이다. 한순간도 러시아제국에 편입되지 않았던 땅까 지도 정교+공산주의 세력에 떨어진 것이다. 이질적인 외부자가 마뜩지

---

* 러시아어로 원래 '고대 그리스의 소수 과두지배'를 가리키는 말이다. 소 련 해체 이후 러시아 및 동유럽에 등장한 신흥 부유층을 일컫는다.

우크라이나 수도, 키예프의 중심가.

마이단 광장과 독립기념탑.

않던 이들이 기댈 수 있는 현실 세력은 나치독일뿐이었다. 1941년 독일이 소련을 침공하자 꽃다발을 들고 나치군을 환영한다. 허나 끝내 스탈린이 히틀러를 물리치자 부역자들은 대거 미국으로 망명을 갔다. 그리고 우크라이나 해방운동에 투신하는 '냉전의 전사'가 되어갔다. 그들이 1991년 독립을 기점으로 대거 귀국한 것이다. 2004년 오렌지 혁명의 주역이었고, 2014년 마이단 혁명의 주인공이었다.

이 왕년의 나치들이 주도하는 '민주화'에 불편한 심기를 거둘 수 없는 이들이 동쪽 주민들이다. 그들은 스탈린과 더불어 히틀러를 무찔렀음을 오래 자부해왔다. 우크라이나인의 희생으로 유럽을 해방시켰다는 자긍심으로 충만하다. 역사관이 전혀 다르다. 저 나치의 후예들이 동부 출신 대통령을 권좌에서 몰아내고 권력을 찬탈한 것에 분노를 금치 못한다. 애당초 종교와 언어까지 다른 종자들이었다. 합스부르크제국의 영향 아래 가톨릭이 드셌던 서편과 달리, 동쪽에는 정교도가 많고 러시아어를 모어로 쓴다. 말도 다르고, 믿음도 다르고, 역사 인식도 다르다. 따라서 정권 교체 또한 보수/진보 간 권력 이양만이 아니다. 저 멀리 동로마 파와 서로마 파 사이의 문명 교체에 더 근접하다. 과연 (동)우크라이나에서 분리독립을 추구하는 세력은 키릴 문자 성서를 들고 게릴라 투쟁에 임한다. 종교는 21세기하고도 17년, 변함없이 (특히 서유라시아에서) 문명의 기초이고 척추이다. 유라시아 견문 3년차, 일국의 내정부터 국제관계와 세계질서에 이르기까지 더 이상 종교를 변수로 고려하지 않는 이론은 사이비似而非라는 실감이 더해간다. 사회과학적 분석(Fake Theory)만으로는 좀체 충분치가 않다.

크림반도, 로마의 환생

우크라이나가 기어이 러시아와의 천 년 형제관계를 청산하고 나토의 꼬붕이 되고자 한다면, 양국 간의 암묵적 합의도 파기되지 않을 수 없었다. 우크라이나의 크림반도에는 탈냉전기에도 러시아의 흑해 함대가 주둔했다. 대신에 저렴한 가격으로 러시아의 에너지를 우크라이나에 제공해주었다. 안보와 에너지를 교환한 것이다. 2014년 마이단 혁명 혹은 쿠데타 발발 직후, 푸틴은 번개처럼 크림반도 병합을 단행했다. 완력으로 뺏은 것만도 아니다. 주민투표에서 92퍼센트의 압도적 다수가 러시아를 선택했다. 우크라이나 새 정부는 주민 결의가 국제법 위반이라고 주장했고, 러시아는 자결권 행사에 부응한 것이라고 응답했다. 유엔에서도 표심이 묘하게 갈렸다. 크림반도 주민투표를 무효라고 한 나라는 100개국이다. 반대한 나라는 11개국, 기권한 나라는 58개국이나 된다. 결석한 나라가 흥미롭다. 이스라엘이다. 거의 모든 사안에서 미국과 일치된 견해를 표했던 이스라엘이 이번만은 투표에 불참한 것이다. 홀로코스트 트라우마에 시달리는 이스라엘로서는 나치의 후예들이 선도하는 마이단 혁명에 호의적일 수가 없었던 것이다. 도리어 소련군과 발칸의 빨치산이야말로 나치로부터 유대인을 구해준 은인이었다. 한때는 현재의 팔레스타인이 아니라 크림반도에 유대인 국가를 세우는 방안까지 궁리되었을 정도다. 오묘한 것은 이스라엘 건국을 포함하여 전후질서의 초석을 놓은 얄타 회담 또한 이곳에서 열렸다는 점이다. 크림반도의 최남단에 얄타가 자리한다. 미국의 루스벨트와 영국의 처칠과 소련의 스탈린이 회합하여 냉전 질서를 주조한 곳이다. 바로 그곳을 러시아의 영토로 재편입시킴으로써 또 하나의 세계사적 획을 그었다.

흔히 러시아가 크림반도를 포기할 수 없는 이유로 흑해 함대를 거론한다. 맞는 말이다. 크림반도 남서쪽의 세바스토폴 기지는 대륙국가 러시아의 예외적인 부동항이다. 전략적으로 매우 중요한 장소다. 그런데 현지를 살피노라니 그것만으로 그치지 않는다. 군사기지 근방으로 헤르소네스라는 장소가 자리한다. 천 년 전에는 동로마제국, 비잔티움의 입김이 미쳤던 곳이다. 무엇보다 키예프 루시의 블라디미르 대공이 988년 세례 받은 것을 기념하는 블라디미르 대성당이 자리하고 있다. 즉 크림반도는 '루시의 기독교화'를 상징하는 성지이기도 했던 것이다. '러시아 문명', '러시아 세계'의 원천지라고 할 수 있다. 군사적 요충지이자 정교의 성지로서, 러시아의 성/속을 아우르는 상징적인 땅이다.

러시아를 대표하는 대문호 톨스토이가 크림반도를 찾은 적도 있다. 크림전쟁(1853~1856)에 종군했었다. 이제야 크림전쟁의 숨은 의미도 매직아이처럼 떠오른다. 으레 남쪽으로 팽창하는 러시아제국과 지중해를 사수하려는 오스만제국의 충돌로 간주된다. 틀린 말은 아니다. 그러나 겉핥기다. 크림반도에서 흑해를 바라보노라니 맞은편으로 가닿는 곳이 보스포루스 해협이다. 오스만제국의 이스탄불이 자리했던 곳이다. 이스탄불의 전신은 콘스탄티노플, 동로마제국의 수도였다. 동/서 로마의 분열로 서로마제국은 로마를 수도로 삼았고, 동로마제국은 콘스탄티노플을 도읍으로 두었다. 콘스탄티노플은 '제2의 로마'였다. 1453년 무슬림에 의해 동로마제국이 멸망하면서, 천 년 이상 존속했던 두 번째 로마가 붕괴한 것이다. 그러나 그것으로 로마가 영영 사라진 것이 아니었다. '로마인 이야기'는 계속된다. 장소를 바꾸어서 로마가 환생했다. 세번째 로마가 탄생한 것이다. 동로마제국 마지막 황제 콘스탄티노스 11세 팔레오로고스의 조카딸이, 신흥 세력으로 등장한 모스크바의 대공 이반 3세와 결혼했다. 비잔티움의 카이사르Caesar를 계승하는 러시아의 차르царь가 등극한 것이다. 이 상징권력을 획득함으로써 이반 4세는 전 루시를 대표하는 러시아제국을 세울 수 있었다. 고로 모스크바 또한 북

헤르소네스의 블라디미르 대성당.

세바스토폴 기지의 크림전쟁 기념비와 기념 조형물.

방 제국의 정치적 수도로만 그치지 않는다. 무릇 모스크바는 '성도'聖都의 위엄을 누린다. 제3의 로마이자, 북방의 예루살렘이었다.

러시아제국의 이 같은 속성을 제대로 알아야 크림전쟁 또한 명료하게 이해할 수 있다. 1783년 크림반도를 처음 수복한 예카테리나 대제부터 기독교의 세례를 입은 땅을 군사 거점으로 만들겠다는 의도가 다분했다. 그리고 그 궁극의 목적 또한 흑해 맞은편에 자리한 제2의 로마, 이스탄불을 기독교의 손으로 탈환하여 콘스탄티노플로 되돌리겠다는 것이었다. 정교도들을 무슬림의 지배 아래서 해방시키겠다는 뜻이다. 즉 19세기 오스만제국과 러시아제국 간 수차례의 크림전쟁은 제2로마와 제3로마의 종교전쟁, '동로마'와 '북로마'의 문명의 충돌이기도 했던 것이다. 오스만-러시아의 경쟁을 세력 균형의 관점에서 '동방 문제'만으로 접근했던 세속화 이후의 대영제국과는 시좌가 전혀 달랐던 것이다.

과연 2014년 푸틴의 연말 교시 연설이 흥미롭다. 러시아가 기독교에 입문한 성지, 블라디미르 대공이 세례를 받은 성소, 크림반도가 모스크바로 되돌아왔음을 축복해 마지않았다. 러시아의 정통성과 정체성의 척추를 이루는 정교적 역사를 복원한 것이라며 위풍이 당당했다. 군사기지 확보는 차라리 부차적이었다. 종교적 의의가 훨씬 심대했다. 푸틴의 옆자리에 나란히 선 이 또한 총리도, 국방부 장관도, 외교부 장관도 아니었다. 러시아정교의 총주교 키릴이었다. 키릴 총주교 역시 푸틴의 결단을 러시아를 위한 '문명적 선택'이었다며 찬사를 아끼지 않았다. '정교 대국' 러시아의 자화상이 확연하게 드러나는 순간이었다.

동/서와 성/속의 공진화

키릴이 러시아정교의 총주교에 오른 것은 2009년이다. 곧장 우크라이나를 방문했다. 우크라이나에서 러시아정교는 여전히 1,300만 신도를 거느린 최대 교회다. 이 자리에서 우크라이나-벨라루스-러시아로 이어지는 형제애의 발현, '역사적 루시'의 통합을 역설했다. 키예프야말로 '러시아의 콘스탄티노플'이라는 헌사도 보태었다. 환기한 인물은 소련 시절의 반체제 작가 솔제니친이다. 그 또한 소련 이후의 국가상으로 '정교국가연합'을 제시했던 바다. 즉 공산국가에 저항했다 하여 자유주의/자본주의를 지향한 것이 천만 아니다. 좌/우가 아니라 성/속 갈등이 '민주화'의 제1전선이었다. 러시아의 전통과 정통으로써 세속주의/공산주의 소련과 척을 졌던 것이다. 2013년 키릴 총주교는 재차 키예프를 방문한다. 988년 세례 이후 1,025주년을 기념하는 행사에 참여했다. 당시 동반한 이가 총리 노릇을 하던 푸틴이다. 총리 시절 싹을 틔운 '정교 외교'가 대통령에 복귀한 2012년부터 본격화되고 있다.

그 결실이 바로 2016년 바티칸의 교황 프란치스코와 러시아정교의 총주교 키릴의 쿠바 회동이었다. 푸틴의 로마 교황청 방문 직후 성사되었다. 푸틴의 행보가 독특한 것은, 각 나라의 수도를 순회하는 만큼이나 각 지역의 성지도 순례한다는 점이다. 쿠바 회동은 가히 역사적인 만남이었다. 무려 천 년에 달하는 서방 가톨릭과 동방정교의 대립과 갈등의 종언을 선언하는 현장이었기 때문이다. 동/서 냉전의 이면에 동/서 로마의 분열이 깊숙하게 작동하고 있었음을 복기한다면 '제2의 탈냉전 선언'이라고 해도 모자람이 없었다. 종교 지도자들이 주도하는 '제2의 탈냉전'으로써 세속 지도자들의 '신냉전'을 돌파하고 있는 것이다. 제1로마와 제3로마의 의기투합은 당장 세속 정치에도 깊이 영향을 미치고 있다. 첫 번째 로마와 세 번째 로마가 손을 맞잡고 제2로마의 사태 해결에 나서고 있는 것이다. 중동의 시리아 내전부터 동유럽의 우크라이나 내전까지, 교황과 총주교의 발언과 개입이 부쩍 잦아지고 있다. 서로마와 동로마, 북로마가 연합하여 서유라시아의 새판을 짜려 한다. 하여 더 이상 유엔이나 EU만 주목해서는 몹시 곤란하다. 국익을 다투는 국가 간 정상회담만 따라다녀서는 목하 세계사의 전환을 따라가지 못한다. '천주위공'天主為公을 표방하는 종교 지도자 간 회합을 주시해야 한다. 동/서 교회가 재회하고, 신/구 교회가 화합하고, 기독교/이슬람이 회동하고 있다. 나아가 '천주위공'(기독교 세계)과 '움마위공'(이슬람 세계), '천하위공'(중화 세계) 간 공진화도 착목해야 할 것이다. 세계 최대의 종교 지도자 프란치스코와 세계 최대의 세속 지도자 시진핑의 밀레니엄적 회동 또한 개봉박두에 들어갔다. 20세기와는 다른 21세기, 탈세속화 시대의 새 정치가 이미 가동하고 있는 것이다. 이 흐름을 주시하지 않는다면 장차 유라시아의 향배를 가늠하기 힘들어진다.

제1로마와 제3로마의 공진화, 교황과 총주교에 합을 맞추는 또 다른 세속국가도 있다. 독일이다. 우크라이나의 나토 가입에 가장 난색을 표하고 있는 나라가 독일이다. 나날이 우경화되고 있는 키예프에 우려를 표한다. 미국과 독일이 날카롭게 갈라지는 지점이다. 미국은 우크라이나 사태를 계기로 동/서 유럽을 재차 쪼개려고 든다. 독일은 전혀 수긍하지 않는다. 동/서독 통일에도 소련의 기여가 다대했다. 소련의 송유관이 서독까지 이어지는 에너지 연결망이 독일 통일과 유럽 통합에 밑천으로 작용했다. 미국과 일정한 거리를 둠으로써 서유라시아의 대동세계를 구현해야 한다는 점에서 메르켈의 복심은 일정하게 푸틴과 통하는 것이다. 고로 러시아를 대하는 태도 역시 미국과는 매우 다르다. 동유럽을 사이로 러시아와 몸을 섞고 호흡을 나누며 더불어 살아갈 수밖에 없는 숙명을 안고 있다. 우크라이나를 넘어서 베를린과 모스크바가 눈빛을 교환하고 있는 것이다. 미국의 정보기관이 거듭하여 메르켈을 도청하고 있는 근본 까닭이기도 하다. 나토의 사명이 무엇이었던가. 독일을 누르고 러시아를 멀리하는 것이었다. 그런데 독일은 이미 미국 없는 유럽, 나토를 대체하는 유럽연합군을 도광양회韜光養晦 식으로 준비해왔다. '리스본에서 블라디보스토크까지', 푸틴이 대유라시아 연합을 처음 제창한 곳 역시도 독일이었다. 독-러 연대는 대서양에서의 미국 패권 상실을, 서유라시아의 '다른 백 년'을 상징하게 될 것이다.

독일을 다닌 것은 지난 3월이다. 벌써 6개월이 흘렀다. 글을 쓰기까지 반년이나 묵혀둔 것도 러시아로 옮아가기 직전에 독일을 다루는 편이 더 나을 것 같았기 때문이다. 서유라시아의 행방은 20세기 독소전쟁만큼이나 독일과 러시아가 쥐고 있다. 때마침 독일 총선에서 메르켈의 4선 연임이 확정되었다. 2021년까지 집권한다. 내년 러시아에서도 푸틴이 재선에 성공해 2024년까지 임기를 이어갈 가능성이 9할이다.* 앞으로 4~5년 사이에 21세기 서유라시아의 초석이 다져질 것이다. 흥미롭게도 메르켈은 세계에서 가장 영향력 있는 여성이며, 푸틴은 세계에서 가장 영향력 있는 남성이다. 공교롭게도 두 사람은 1989년 11월 베를린 장벽이 무너질 때, 동독에 머물고 있기도 했다. 당시 메르켈은 35살 물리학자였고, 푸틴은 37살 국가보안위원회(KGB) 요원이었다. 동독 경험이 두 사람의 세계관에 지대한 영향을 미쳤음도 공통점이다. 나아가 메르켈은 러시아어에 능통하고, 푸틴은 독일어에 발군이다. 두 사람이 회합할 때면 영어를 거치지 않는다. 메르켈이 러시아어로 농담하면, 푸틴은 독일어로 조크한다. 포스트-앵글로색슨 세계의 쌍두마차다. 차례차례 살펴볼 때가 되었다. 레이디 퍼스트, 메르켈부터 짚는다. 베를린으로 이동한다.

---

* 2018년 3월, 푸틴은 76퍼센트대의 압도적인 지지율로 4선에 성공했다.

021

베를린의 목자, 메르켈

'독일의 예카테리나'를 꿈꾸다

인격적인 것이 정치적인 것이다

그녀는 페미니스트가 아니다. 한사코 손사래를 친다. 그러나 그 어떤 '페미'보다 여성의 역할 증진에 크게 공헌했다. 유럽의 최강대국 독일의 첫 번째 여성 총리가 되었다. 전후 최연소 총리이기도 했다. 4선 연임에 성공함으로써 최장수 총리까지 등극했다. 2016년 《타임》지는 '올해의 인물'로 그녀를 선정했다. 근 30년 만의 여성이었다고 한다. 세계에서 가장 영향력 있는 여성, 앙겔라 메르켈이다. 21세기 첫 사반세기, 가장 빛나는 여성임에 틀림없다.

정치 입문은 1990년이었다. 통일독일의 첫 여성/청년부 장관에 발탁되었다. 1954년생, 서른여섯이었다. 만사가 호락하지 않았다. 매사가 녹록지 않았다. 일만 열심히 하면 되는 줄 알았다. 그러나 서독으로의 흡수통일, 서구식 민주주의에 적응해야 했다. 정치판은 압도적으로 남성

천하였다. 게르만의 건장한 장골들이 즐비했다. 카리스마 넘치는 정치인들이 각광받았다. 정치 경험이 일천한 그녀가 자신들을 제치고 장관직에 오른 것에 입이 산만큼 튀어나왔다. 마흔도 안 된 여자가, 심지어 이혼녀 주제에, 아이도 키워보지 못했으면서 여성/청년부가 가당키나 하냐며 뒷담화가 작렬했다. 헬무트 콜 총리의 총애를 시샘하고 질투하는 '콜의 여자'라는 별명이 꼬리표처럼 따라다녔다. 얼핏 '콜걸'Kohl's Girl을 연상시키는 고약한 작법이다.

언론 또한 전혀 호의적이지 않았다. 여성 정치인은 유독 외모를 중시했다. 그러나 돌연 등장한 메르켈은 좀체 카메라를 의식하지 않았다. 패션에는 통 문외한이었다. 차림은 소박했고 품행은 소탈했다. 미용실이 아니라 이발소에서 싹둑 깎고 나온 듯한 헤어스타일에 수군거렸다. 화장기는 없고 립스틱도 바른 둥 만 둥, 벙벙한 바지에 뭉툭한 단화를 신고 다녔다. 말쑥하게 차려입은 옛 서독 정치인들은 이 괴팍한 동독 촌년의 출현에 혀를 끌끌 찼다. 카메라 기자들은 원숭이 보듯 신기하게 포커스를 맞추었다. 메르켈은 정치면보다는 가십거리로 더 널리 회자되었다. 어지간하긴 했던 모양이다. 콜 총리도 외국 정상들과의 회담만큼은 본인의 부인과 비서를 통하여 메르켈의 치장을 맡겼다고 한다. 메르켈이 자기 옷을 입고 나오지 못하도록 신신당부를 한 것이다. 외국 언론까지 회담 내용이 아니라 메르켈의 외양에 초점을 두게 만들 수는 없었던 노릇이다.

그러나 일만큼은 착실하게 배워갔다. 8년간 묵묵히 행정부에서 실력을 닦은 그녀는 1998년 기민당(기독민주당) 사무총장에 등극한다. 독일의 '강남좌파' 슈뢰더가 이끄는 사민당(사회민주당) 정권에 맞서 야당 지도자로 부상했다. 2000년 당수 자리를 거머쥐고, 2005년 총리 자리에 오른다. 허나 총리가 되어서도 뒷말이 많았다. 여성 총리를 사시 눈으로 꼬아보았다. 비전이 부족하네, 카리스마가 없네, 리더십이 모자라네 사사건건 시비를 걸었다. 다른 비전과 다른 카리스마와 다른 리더십을 '기레기'들이 따라가지 못한 것이다. 남성적인 여성, '철의 여인' 대처처럼 대차지 않았다. '슈퍼우먼' 힐러리처럼 허세로 화려하지도 않았다. 누구처럼 아몰랑, 치장에만 골몰한 것도 아니다. 제 자리에서, 제 시간에, 주어진 일을 제대로 수행해 나갔을 뿐이다. 자신을 도드라지게 하는 데 관심이 적었다. 여성임을 표 나게 앞세우지도 않았다. 적대적 정치로 각을 세우기보다는 포용적 정치로 원을 그렸다. 연달아 소연정과 대연정을 이룸으로써 그녀를 껌처럼 씹던 세력이 도리어 소수파로 궁지에 몰렸다.

메르켈의 리더십이 가장 돋보이는 지점은 동/서 여성의 화해를 일군 데 있다. 애당초 서독 여성들도 메르켈에 우호적이지 않았다. 68혁명의 세례를 받은 페미니스트들은 탈국가주의, 탈민족주의로 내달렸다. 기성의 정치를 전면 부정했다. 국가는 곧 가부장제의 총화였다. '개인적인 것이 정치적인 것이다.' 사적 영역을 정치의 최전선으로 삼았다. 국가도, 민족도, 가족도 여성의 적이라고 했다. 국가로부터 독립하고, 가족으로부터 자립하라고 했다. 그렇다고 국경을 초월한 자매애를 발휘한 것도 아니다. 동독 여성들을 따뜻하게 포용해주지 않았다. 도리어 냉담했다. 의붓자매처럼 대했다. 자꾸 가르치려 들었다. 의식이 떨어지고 수준이 모자라고 스타일이 촌스러운 '제3세계' 여성 대하듯 했다. '가부장적 국가'의 복지 정책에 의존하여 살아온 동독 여성들의 타성을 나무라고 훈계했다. 동독 여성들은 억울했다. 순식간에 통일이 됨으로써 국가로부터 제공되던 고용과 혜택이 한순간에 사라져버렸다. 사는 게 더욱 곤궁해졌다. 박탈감이 몹시 컸다. 나이도 젊고 교육수준이 높은 동독 여성도 서독에 가면 무시받기 일쑤였다. 단순 일용직을 전전하거나 서독의 농촌 노총각과 결혼하는 경우도 빈번했다. 무엇보다 서독 여성들과의 시각 차, 감수성 차이가 서러움을 배가했다. 모성에 대하여, 정체성의 정치에 대하여, 국가의 보조에 대하여 딴소리를 했다. 남성들보다 더 아득한 벽을 느꼈다. 베를린 장벽은 무너졌지만, 동/서독 여성들 사이에는 감정의 담벼락이 솟아났다.

메르켈은 "동독을 고향으로 느껴본 적이 없다"고 말한 적이 있다. 대개 딱 그 문장까지만 인용한다. 그러나 그 다음 진술도 중요하다. "그럼에도 동독이 부여해주는 혜택이 나의 삶에 긍정적인 역할을 미쳤다"고 평가한다. 동독을 일방으로 깐 것이 아니다. 그녀는 동독에서 촉망받는 물리학자였다. 서독보다 동독에서 여성 과학자의 비율이 훨씬 높았다. 동독 여성들은 매우 진취적이었다. 9할이나 직장을 다녔다. 서독과는 달리 전업주부가 매우 드물었다. 사회주의적 남녀평등 정책의 소산이다. 자연스레 고용 증대와 출산 증가를 위한 여성 친화적 정책이 발달했다. 동독 여성은 평균 19~23세 사이에 처음 출산했다. 30대가 되기 전에 둘째를 낳는 경우가 대부분이었다. 9할이 엄마가 되었다. 반면 서독은 68혁명 이래 결혼 비율이 6할 이하로 떨어졌다. 하더라도 만혼이 많아졌다. 응당 아이도 적게 낳았다. 여성과 모성 사이가 점점 멀어졌다. 모성에서 해방된 여성이 늘어났다.

메르켈은 서독화가 만능이 아니라고 여겼다. 동독화를 추진한다. 가정과 직장의 조화를 꾀했다. 직장에서도 성공하고 아내이자 엄마로서도 만족해야 여성의 삶도 행복하다. 개인적 성취와 가족의 화목이 물과 기름이 아닐 것이다. 육아와 탁아를 공진화시킨다. 아이를 가족에게만 맡겨두지 않는다. 마을과 사회와 기업과 국가가 함께 키운다. 상징적인 조치가 2013년 최초의 여성 국방부 장관 임명이었다. 폰 데어 라이엔은 의사 출신으로 7남매의 엄마였다. 그녀가 진두지휘하는 국방 개혁 아래 군대에도 보육원이 설치되었다. 군인으로서 나라를 지키는 숭고한 임무를 수행하면서도 육아를 병행하여 가정도 지키는 획기적인 방안을 강구한 것이다. 군부와 군대마저 가족 친화적인 조직으로 탈바꿈시켰다. 군인도 인간으로서 대우해주고 있는 것이다. 옛 동독 여성들에게는 왕년의 혜택을 되돌려준 셈이고, 옛 서독 여성들에게는 통일이 선사하는 수혜를 제공해준 것이다. 메르켈 집권 이래 다방면으로 여성의 사회 진출이 더욱 활발해졌다. 국가에 의존하는 것이 아니다. 국가가 여성의 행복한 삶을 보조해주는 것이다. 이런 실질적인 성과를 거둠으로써 동/서 여성 간 마음의 분단체제도 녹아나고 있다. 메르켈에 호의적이지 않았던 페미니스트들도 더 이상 빽빽거리고 땍땍거리지 않는다. 날카롭고 뾰족하기보다는 끌어안고 품어낸 것이다. 어머니 메르켈Mutti Merkel을 통하여 부드럽고 너그러워졌다. 남성에게도 육아휴직을 의무화하는 정책을 통하여, '가부장적 국가'를 수단으로 삼아 양성이 상생하는 사회개혁의 효과를 누리게 되었다.

외모로 지적질하던 기레기도 대폭 줄어들었다. 도리어 미덕으로 칭송되고 있다. 누구처럼 올림머리 하느라 허송세월하지 않는다. 머리 손질할 시간에 책을 읽고 정책 보고서를 훑는다. 겉모습은 소박하고 단출할지언정, 내면은 내실로 꽉 차 있다. 속 빈 강정이 아니다. 요란한 빈수레가 아니다. 인내와 헌신과 조율과 포용과 배려와 공감으로 인격을 더욱 높고 깊게 다져낸 것이다. 훌륭한 여성 총리로 인하여 독일 언론의 수준마저 덩달아 올라갔다. 여성 정치인도 이제는 품성으로 평가받는다. 남녀를 가리지 않고 정치인의 자질을 평가하는 잣대가 달라진 것이다. 유능하다고 싸가지가 없으면 곤란하다. 어질어야 한다. 품행이 방정하고 기품이 서려야 한다. 기어이 페미니즘의 문법마저 고쳐 쓰게 되었다. '개인적인 것이 정치적인 것'이 아니다. '인격적인 것이 정치적인 것'

이다. 지도자의 품격이란 이런 것이다. 가치관을 바꾸어낸다.

유라시아: 동방 정책 2.0

정치 초년병 시절의 메르켈의 옷차림을 히피에 빗대고는 했다. 히피가
여피가 되어간 서독과는 달리 여전히 히피 그대로 박제된 것처럼 간주
한 것이다. 그러나 애당초 68혁명의 경험부터 전혀 달랐다. 베를린 장
벽이 세워진 것이 1961년이다. 1968년이면 14살, 메르켈은 서방 세계
와 멀찍했다. 동구와 훨씬 가까웠다. 동구의 68혁명 '프라하의 봄'이 진
압되고 있을 때, 메르켈 가족은 체코에서 휴가 중이었다. 서독 또래들이
풀브라이트 장학금*을 받고 대서양을 건너 미국으로 향할 때, 그녀는
반대편으로 유라시아의 사회주의 형제국을 돌아다녔다. 비틀스 앨범을
처음 구입한 장소 또한 모스크바였다. 학창 시절 러시아어 대회에서 1
등을 해서 상품으로 소련을 여행할 수 있었던 것이다. 모스크바만 다녀
온 것도 아니다. 소련의 남부 지역, 오늘의 아르메니아, 조지아(그루지야),
아제르바이잔도 구경했다. 배낭여행으로 동유럽의 비잔티움 세계, 동로
마 세계와 이슬람 세계와 일찍이 조우했던 것이다.

　물리학만 러시아어로 공부한 것이 아니다. 러시아 문학 애호가다. 톨
스토이를 사랑하고 체호프를 사모한다. 러시아 역사에도 조예가 깊다.
그녀가 가장 존경하는 여성이 러시아제국의 최장수 여제 예카테리나

---

* 　1946년 미국의 정치가인 풀브라이트의 제안으로 조성된 장학금. 미국 정
　　부가 가진 잉여 농산물을 외국에 판매하여 얻은 수익을 그 나라와의 문
　　화·교육 교류에 사용하도록 한 것이다. 세계에서 가장 권위 있는 장학금
　　중 하나로, 세계 각국의 교수, 교사, 학생 등을 미국에 유학시키는 역할을
　　해왔다.

메르켈의 아버지가 목사로 있었던 템플린의 교회.

(1729~1796)다. 그녀의 집무실 탁자 위에도 자그마한 예카테리나 초상화를 두고 있다. 예카테리나는 프로이센 출신이었다. 열다섯에 정교 세례를 받고, 열여섯에 표트르 대제의 손자와 결혼한다. 독일어와 러시아어에 능통했던 여제는 오늘의 폴란드, 우크라이나, 크림반도까지 손에 넣어 러시아제국의 최전성기를 이끌었다. 서유럽의 농부와 탄부들, 상인들의 러시아 이주도 적극 꾀했다. '볼가 독일인'으로 불리는 사람들의 정착을 유도한 것이 예카테리나다. 서유럽 출신 이민자의 문화와 언어, 종교를 포용함으로써 명실상부 '제국'에 값하는 국가로 성장시킨 것이다. 그 예카테리나가 살던 마을이 슈체친이다. 흥미롭게도 메르켈이 살던 템플린에서 불과 80킬로미터 떨어진 이웃 도시다. 메르켈의 어머니 또한 독일과 러시아 사이, 폴란드 출신이었다. 자연스레 메르켈은 슬라브계 국가들의 복잡다단한 역사에 해밝은 편이다. 러시아와 우크라이나, 벨라루스, 폴란드 등에 친숙하다.

그 혜안을 유감없이 선보인 것이 2014년 우크라이나 사태와 러시아의 크림반도 합병 이후다. 그저 러시아를 제재한다고 해결될 수 있는 사안이 아님을 잘 알고 있었다. 미국과 러시아의 중재 역할을 맡는다. 러시아는 세계관이 전혀 다른 나라라며, 그들의 세계관을 이해해야 한다고 오바마를 설득한 이가 메르켈이다. 러시아는 서방의 규칙을 일방으로 따르는 나라가 아니다, 새로운 규범을 만드는 데 러시아를 끌어들여야 한다고 말한 것도 메르켈이다. 잠도 거르며 푸틴과 밤샘 토론, 끝장 토론을 펼친 끝에 민스크 합의*를 도출해낸 이 또한 메르켈이었다. 푸틴 또한 동독 경험이 있다. 드레스덴의 최정예 KGB 요원 출신이다. 독

---

* 2014년 9월, 우크라이나 사태 해결을 위해 독일, 프랑스, 러시아, 우크라이나 간 체결한 평화 이행 합의서.

• 385

일어가 유창하다. 메르켈은 러시아어로, 푸틴은 독일어로, 서로의 언어를 구사하면서 최악의 대결 국면으로 치닫지 않는 저지선을 만들어낸 것이다. 그리하여 메르켈은 미국이 주도하는 러시아 경제제재에 동참하면서도 2015년 러시아 승전일 70주년 행사에 참여했던 유일한 서방의 수장이기도 했다. 러시아의 승전일이란 곧 나치독일의 패배를 상징하는 날이기도 하다. 그날 메르켈은 모스크바에 있었다.

옛 소련 국가 조지아와 우크라이나의 나토 가입 반대에 앞장서고 있는 인물 또한 메르켈이다. 나토가 문제의 해결사가 아니라 유발자라는 데 푸틴과 메르켈은 인식을 같이한다. 오히려 러시아보다 미국에 더 역정을 내는 편이다. 오바마 시절에는 개인 휴대전화까지 도청당한 사건으로 붉으락푸르락했다. 감시국가 동독 출신인 그녀를 미국의 국가안보국(NSA)이 도청하고 있다는 사실에, 그 차분한 성품에도 격분을 감추지 못했다. 2017년 G20에서는 아예 트럼프 면전에 대고, 유럽은 더 이상 미국에 의존하지 않아야 된다고 공개적으로 선언했다. 미국과는 대서양을 격절하고 있지만, 러시아는 강물을 나누어 쓰는 이웃사촌이다. 전직 독일 총리들과는 달리 유럽의 중추가 독일과 프랑스라는 생각도 덜하다. 서유라시아의 쌍두마차로 독일과 러시아를 꼽는다. 다시금 그녀가 동독 출신임을 명심하자. 프랑스보다 소련이 훨씬 익숙했다. 슬금슬금 유럽의 축을 대서양 연합에서 유라시아 연합으로 이동시킨다.

돌아보면 옛 서독의 총리 빌리 브란트의 '동방 정책'Ostpolitik부터가 이미 동/서독을 넘는 발상이었다. 단순한 민족통일 정책이 아니다. 동/서구의 통합을 전망했다. 안보defence와 평화détente 간 균형을 취하는 유럽의 새 질서 재건의 요체는 당시에도 소련이었다. 모스크바와의 관계 개선이야말로 유럽 안보의 핵심이었다. 20세기 최악의 육박전 당사자가 바로 독일과 소련이었기 때문이다. 1971년 빌리 브란트가 크림반도의 얄타에서 함께 수영한 이가 소련공산당 총서기 브레즈네프다. 1989년 11월 9일, 베를린 장벽이 무너진 것 또한 소련의 암묵적인 인정이 있었기 때문이다. 당시 동독에는 세계 최대 규모의 소련군이 주둔하고 있었다. 1968년 '프라하의 봄'처럼, 1989년 6월 중국의 톈안먼 사태처럼, 탱크로 진압해버릴 수 있는 무력이 너끈했다. 그러나 고르바초프는 도리어 축복해주었다. 동/서독 통일이 고르바초프가 제안했던 '유럽 공동의 집' 건설에도 이로울 것이라 여겼다. 1990년 7월, 독일의 콜 총리와 고르바초프는 흑해를 거닐며 독일 통일과 유럽의 통합을 논의했다. 정장을 벗고 편안한 카디건 차림으로 사진도 찍었다.

즉 소련의 축하 속에 독일이 통일된 것이다. 소련군은 동독에서 명예로운 철군을 단행했고, 독일은 대규모 원조와 투자로 화답했다. 독일과 소련 사이 전장으로 참혹했던 폴란드, 헝가리, 체코슬로바키아, 유고슬라비아 등과도 협력하는 청사진도 제출되었다. 1991년 소련의 예기치 않은 붕괴가 아니었더라면, 우리는 유럽의 '다른 탈냉전'을 목도했을지 모른다. 동유럽의 일방적인 서유럽화, 즉 1989년 체제의 '이행'과는 다른 모습이 가능했을지 모른다. 동구와 서구가 공진화했을 수도 있다. 소련의 몰락과 미국 모델의 세계화(=역사의 종언)와는 일선을 긋는 독-소 합작의 유로피안 드림이 만개했을지 모른다. 2008년 세계 금융위기, 미국식 세계화의 종언에 따라 다시금 그때 그 시절, '가지 못한 길'의 기회가 되돌아오고 있는 것이다. 2005년 적시에 집권한 이가 바로 메르켈이다. 때가 맞았다. 동독 출신의 여성이 때를 꿰찼다. 천지인 삼재가 딱딱딱 들어맞았다.

애당초 유럽은 미국과 냉전 경험부터 다르다. 1950년대 반공의 매카시즘이 몰아쳤던 신대륙과 달리, 구대륙에는 마르크스주의가 상당했다. 프랑스와 이탈리아 등에서도 공산당이 적지 않은 지지를 얻었다. 지금도 파리에는 '스탈린그라드'라는 지하철 역명이 남아 있다. 무엇보다 냉전기에도 경제적으로 일정하게 연계가 되어 있었다. 동/서독 통일의 밑자락에도 소련과 서독 간의 가스가 깔려 있었다. 베를린 장벽이 들어선 1960년대에도 서독은 미국의 압력에도 불구하고 소련과의 송유관 건설에 협력했던 것이다. 그 송유관의 이름이 퍽이나 상징적이다. '드루쥐바'дружба, 러시아어로 '우정'을 의미한다.

2008년 미국발 세계 금융위기에 메르켈이 휴가지에서 읽은 책은 러시아의 경제학자 니콜라이 콘드라티예프의 저서였다. 50~60년 주기의 장기 경기순환을 일컫는 '콘드라티예프 주기'로 유명한 바로 그 학자다. 2014년 환갑잔치에는 역사학자 위르겐 오스터함멜을 초청하여 강연을 들었다. 주제는 19세기 유럽과 아시아의 상호 인식, 내 식대로 고쳐 말하면 '유라시아의 상호 인식'이었다. 왜 19세기였을까? 동/서 사이에, 유럽과 아시아 사이에 비대칭적 상호 인식이 형성된 시점이다. 이른바 대분기다. 그 200년의 세월이 저물어간다. 비로소 양자 간에 대등하게 서로를 만나는 대반전의 21세기가 펼쳐진다. 과연 독일은 동진東進하고 있다. 아시아와 부쩍 가까워지고 있다. 메르켈이 지난 세 번의 총리 임기 동안 가장 많이 방문한 국가가 중국이다. 독일의 4차 산업혁명 정책, '인더스트리 4.0'의 합작 파트너도 중국이다. 머지않아 베이징에서 출발한 고속철이 베를린까지 가닿는 시대가 열린다. 2017년 7월 함부르크에서 열린 G20 회의 또한 상징적이었다. 세계 무역의 양대 축으로 독일과 중국이 등극했다. 더 이상 미국이 아니다. 트럼프는 자신의 비전을 실현하고 있다. 아메리카 퍼스트, 미국 고립주의를 실천한다. G20에서 19 : 1, 홀로 고립되었다. 그 동진하는 독일과 서진하는 중국을 좌/우로 끼고 있는 나라가 러시아다. 유럽과 아시아 사이에 러시아가 있는 것이 아니다. 북방에서 내려다보면 러시아의 왼편에 아시아가, 오른편에

베를린 장벽.

독일 연방의회 의사당.

유럽이 자리한다. 러시아를 통하여 유라시아 대통합은 화룡점정을 찍는다. 2010년 푸틴이 '리스본에서 블라디보스토크까지' 대유라시아 연합 구상을 처음 밝힌 장소 또한 베를린이었다. 베를린과 모스크바와 베이징의 상호 진화, '동방 정책'은 계속되고 있다. 업그레이드되고 업데이트되고 있다.

유라비아: 제국 2.0

2017년 독일의 연방의회 선거에서 극우정당 '독일을 위한 대안'(AfD) Alternative für Deutschland이 약진했다. 기민당의 지지율은 꽤나 떨어졌다. 메르켈의 난민 정책이 한몫했다고 한다. 분명 그런 면이 있을 것이다. 그렇다고 비판의 화살을 잘못 겨누어서는 곤란하다. 유권자가 모자라고 덜떨어진 것이다. 유권자의 판단을 곧이곧대로 존중하는 게 민주주의가 아니다. 선거 결과가 곧 정의도 아니다. 제발 비굴하게 아부하고 얄팍하게 아첨하지 말자. 지도자는 지지자의 마름이고 몸종에 그쳐서는 안 된다. 지지자를 지도할 수 있어야 한다. 그렇지 않고서는 20세기의 나치즘 또한 비판하기 힘들어진다. 히틀러 또한 대중민주주의의 소산으로 등장했다. 나는 메르켈의 판단이 틀렸다고 보지 않는다. 옳았다. 훌륭했다. 근사했다. 섹시했다. 100만이 넘는 난민을 수용했던 도덕적인 결단을 쌍수 들고 지지한다. 시리아 난민을 보듬고 지중해의 보트피플에 구원의 손길을 내밀면서 독일은 여타 유럽 국가와 전혀 격이 다른 나라가 되었다. '책임대국'에 값한다. 8퍼센트 지지도 떨어진 것에 벌벌 떨 것도 없다. 향후 80년, 21세기의 기초를 닦고 기틀을 놓았다.

당시 그녀의 발언이 흥미롭다. 본인도 피난민 출신이라고 했다. 동구에서 서구로 건너온 이방인이었다. 유럽으로 밀려오는 아랍 난민을 보면서 1989년의 기억을 떠올린 것이다. 동독에서 서독으로, 동유럽에서 서유럽으로 이민 물결을 연상한 것이다. 1,500만의 동독인이 6,000만 서독인의 체제와 문화에 적응해가며 살아가는 경험 역시 간단치 않은 것이었다. 그녀는 이미 소수자로서의 체험을 안고 있던 것이다. 그래서 프레임을 전환시킨다. '난민 문제'나 '외국인 노동자 문제'가 아니다. '독일 문제'다. 독일이 얼마나 더 개방적이고 포용적인 나라가 될 수 있느냐의 문제다. 외부가 아니라 내부가 문제다. 남 탓이 아니라 제 탓을 하자고 한다. 정말로 관건인 것은, 독일을 '나라다운 나라'로 만드는 것이다. 남들도 가고 싶은 나라, 타자도 살고 싶은 나라, 외국인도 머물고 싶은 나라가 되는 것이다. 과연 메르켈 아래서 독일은 난민대국을 넘어 개방제국으로 변모하고 있다. 민족문화를 고집하던 20세기의 독일제국이 아니라, '환대의 문화'로써 다문명 세계를 포용하는 21세기형 제국이 되고 있다. 유럽/아랍, 기독교/이슬람의 대연정을 도모하는 유라비아형 제국이 되어간다.

지난 세기 이민국가는 주로 앵글로색슨 국가들이었다. 미국과 캐나다, 호주와 뉴질랜드를 꼽을 수 있다. 현재 독일은 이미 한 해 이민자 수가 미국 다음가는 나라로 변신했다. 인구의 2할이 나라 밖에서 왔다. 더 이상 게르만 민족만의 나라가 아니다. 다민족 국가다. 독일인이라 함은 더 이상 인종으로 규정되지 않는다. 제국의 문화인이다. 고로 이슬람 또한 독일의 세 번째 종교로서 넉넉하게 수긍해주고 있다. 이웃 나라 프랑스처럼 '세속주의 근본주의', 여성의 히잡을 벗겨내려고 국가의 공권력을 동원하지 않는다. 학교에서 무슬림이 히잡을 벗어야 한다는 법률을 폐기한 것도 2015년이다. 난민의 자녀도 거리낌 없이 공교육을 받음으로써 미래의 독일인으로 자라날 수 있도록 아량을 베풀어준 것이다. 무릇 힘없는 약자와 소수자부터 먼저 보살피는 것이 국가의 역할이다. 하여 베를린은 더 이상 독일의 수도, 유럽의 중심으로만 그치지 않는다. 서유라시아, 유라비아의 제도帝都에 값한다. 지난날 로마 같은, 제2로마 콘스탄티노플/이스탄불 같은 위대한 도시가 되어간다.

훗날 역사가들은 메르켈을 '독일의 예카테리나'로 비유할지 모르겠다. 상트페테르부르크의 예카테리나 또한 캅카스* 지역을 품어냈다. 흑해의 이슬람 세계를 끌어안음으로써 러시아를 명실상부 제국으로 비상시켰다. 1989년 베를린 장벽이 무너지고 동독 출신의 첫 총리가 탄생하기까지 16년이 걸렸다. 앞으로 16년 후 2033년, 모로코와 터키와 시리아에서 독일로 이주한 사람 가운데 총리가 나올지도 모르겠다. 과연 무슬림 총리가 등장하는 날을 목도할 수 있을 것인가? 상상만으로도 가슴이 뛴다. 진정 '다른 백 년'에 값하는 풍경일 것이다. 2017년 유럽 견문, 브렉시트 이후 영국은 이미 2등 국가였다. 프랑스도 더 이상 1류라고 하기 힘들다. 하건만 독일만은 여전하다. 21세기를 이끌고 간다. 유럽과 유라시아와 유라비아의 상호 진화, 새 천년의 시대정신Zeitgeist을 구현하고 있다.

재생: 에너지 전환

메르켈은 여성/청년부 다음으로는 환경부 장관을 역임했다. 당시에도 탈이 많았다. 동독의 물리학자 출신 장관과 68혁명 이래 서독의 생태주의자들 사이 옥신각신했다. 메르켈은 본인의 전공 분야이기도 한 핵발전소를 옹호하는 입장이었다. 서독의 68세대 특유의 반핵 정서가 덜했

---

* 흑해와 카스피해 사이에 있는 지역. 러시아, 조지아, 아제르바이잔, 아르메니아 등 여러 나라가 접해 있는 동서 교통의 요충지다. 영어식 명칭은 '코카서스'.

다. 핵발전소와 핵무기와 나토를 등치시켰던 서독의 사회운동에 대한 이해도가 떨어졌다. 과학과 환경의 조화를 학습하는 계기가 되었다. 정치적 반대파와 갈등을 중재하고 해결해가는 협상력도 키울 수 있었다. 결정적인 전환은 유라시아의 최동단 일본 열도에서 비롯했다. 2011년 3월 11일, 대지진과 쓰나미는 후쿠시마 핵발전소 사태를 초래했다. 물리학자 출신의 국가 수장으로서 만일萬一을, 만에 하나의 사태에 대비하지 않을 수 없었다. 과감하게 녹색당의 주장을 전격 수용한다. 원전 마피아의 기득권을 뚫고 핵발전소 전면 폐쇄를 결단했다. 역설적으로 3·11 사태에 가장 창조적으로 대응한 나라가 독일이 된 것이다.

그렇다고 생태 근본주의로 기운 것도 아니다. 친환경산업을 새로운 성장 동력으로 삼는다. 동/서 균형 발전론까지 겸장했다. 기후 친화적 녹색기술 발전의 근거지로 옛 동독 지역을 자리매김한 것이다. 재생에너지 산업의 허브로 동부를 발전시키고 있다. 옛 공해산업 공단을 청정산업기지로 탈바꿈시키고 있다. 덜 발전하고 덜 도시화된 지역이 도리어 각광을 받게 된 것이다. 신경제의 거점으로 '바이오콘 밸리'BioCon Valley를 조성한다. 생태적인 마을 만들기, 21세기의 새마을운동이다. 서독의 자본주의적 신도시, 동독의 사회주의적 혁명도시가 아니다. 옛 마을을 창조적으로 되살려내는 것이다. 하늘과 땅과 사람이 자연스럽게 어울려 산다. 천지인이 조화를 이룬다.

여기서도 과학자 출신이라는 점이 일조했다. 학습 능력이 탁월하다. 교정 능력이 빼어나다. 이데올로그가 아니다. 이념에 치우친 사고를 하지 않는다. 좌/우를 판단의 기준으로 삼지 않는다. 사회주의자도, 여성주의자도, 생태주의자도 아니다. 선명하기보다는 유연하다. 투쟁적이기보다는 포용적이다. 선명하고자 한다면 학자가 될 것이고, 투쟁적이고자 한다면 사회운동을 하면 그만이다. 정치는 정교하고 정밀하며 실용

적인 분야다. 혁명이 약속하는 장밋빛 희망을 발설하기보다는 철두철미
회색 현실을 직시한다. 정보와 자료에 바탕하여 차근차근 다른 시스템
을 구축해가야 한다. 일거에 세상이 달라지지 않는다. 세 살 버릇 여든
간다고 했다. 그런 사람들이 수백만, 수천만, 수억이 모여 사는 국가의
버릇(=체제)이 하루아침에 바뀌지 않는다. 급격한 변화는 더 큰 후유증
을 야기한다. 시행착오를 통한 실사구시가 유일한 해법이다. 느긋하게
지긋하게 꾸준하게, 안단테로 개혁을 추진한다. 무리하기보다는 순리를
따른다.

부활: 기독교 민주주의

'하느님, 저를 도와주세요.' 2005년 메르켈이 헌법에 선서하면서, 마지
막에 나지막이 보탠 말이다. 그녀는 동독에서 무척 드문 기독교도였다.
1989년 당시 동독 인구의 불과 3퍼센트에 그쳤다. 사회주의 경험 반세
기도 되지 않아 프로테스탄트의 거점이었던 동독 지역이 무신론 사회
로 바뀐 것이다. 가히 '혁명'에 준하는 변화였다. 물리학자가 정치가로
변신한 계기에도 정당이 아니라 성당이 있었다. 1989년 동독의 종교 활
동가들의 모임(Demokratischer Aufbruch)에 참여한다. 다시금 동유럽 민주
화의 근저가 좌/우 투쟁이 아니라 성/속의 길항이었음을 확인케 되는
대목이다. 그곳에서 신학자들과 독일의 장래에 대하여 토론했다. 헌법
개정과 생태 재생, 유럽 평화 등을 추구했다. 사회주의 국가의 해체를
원했던 것은 아니다. '인간의 얼굴을 한 사회주의'를 원했다. 더 정확히
표현하자면 '예수의 얼굴을 한 사회주의'를 소망했다. 11월 베를린 장벽
이 무너질 무렵에는 이미 만 명이 넘는 회원을 확보한다. 이러한 경로를
통하여 정치에 입문했기에 메르켈은 세속주의적 사회민주당이 아니라

기독교민주당과 결합해갔던 것이다.

사는 모습도 딱 개신교도다. 그리스도의 사도로서 살아간다. 프로테스탄트 윤리가 몸에 배었다. 검소한 생활과 정직한 직업윤리를 체현하고 있다. 근면하고 성실하다. '낙타처럼 일한다'는 표현마저 있다. 평소 다섯 시간을 채 자지 않는다고 한다. 사저에서의 생활은 철저하게 공개하지 않는다. 흡사 수도원의 수도사처럼 고요하게 휴식한다. 기도하고 명상한다. 방전하지 않고 발산하지 않고, 충전하고 수렴한다. 가정은 그녀가 공적 임무를 수행할 수 있는 에너지의 저수지다. 남편에게 빵을 구워주는 소소한 행복을 충분히 음미한다. 과학자로서의 이성과 종교인으로서의 영성이 절묘하게 균형을 이룬다. 감성지능과 영성지능이 빼어나다.

그래서 부국강병이 시대정신이었던 20세기의 선도자형 지도자가 아니다. 성경의 목자에 더 가깝다. 앞에서 이끌고 가는 것이 아니라, 뒤에서 지켜보며 따라간다. 낙오자가 없도록 보살피면서 전체적으로는 원하는 방향으로 몰고 가는 유능한 목자다. 동독의 목사의 딸이 독일의 목자가 된 것이다. 서독의 민주주의에 맞추어 자신을 바꾼 것이 아니다. 대중에 영합하지 않고 추수하지 않는다. 여론 편승이 만능이 아니다. 정치를 예능으로, 선거를 광고로 강등시키지도 않는다. 시끌벅적한 선거에 익숙한 이들은 독일 총선이 심심하다고 말한다. 그러나 정치는 의미를 추구하는 영역이지 재미를 좇는 분야가 아니다. 자신의 신조를 고수함으로써 기어이 정당을 바꾸고 나라까지 바꾸어낸 것이다. 사는 대로 생각한 것이 아니라, 생각한 바대로 살았기 때문이다. 그녀의 리더십 아래 기독교민주당은 진화에 진화를 거듭했다. 동구식 여성 정책을 도입함으로써 젠더 감수성을 크게 증진시켰다. 기후변화에 대처해 에너지 전환을 선도함으로써 녹색당의 의제를 끌어안았다. 난민/이민 및 시민권 등

베를린의 상징, 브란덴부르크 개선문.

전통적으로 사민당이 강했던 진보적인 이슈까지도 아우르게 되었다. 베를린의 목자, 메르켈로 말미암아 독일은 경제대국일 뿐 아니라 젠더 감수성도 빼어나고 다문명 세계를 포용하는 우아한 책임대국으로 성숙해 가고 있다. 독일의 부력富力은 이미 생활을 풍족히 할 만하다. 독일의 강력强力은 남의 침략을 막을 만큼 족하다. 여기에 한없이 높은 문화의 힘까지 갖추었다. 이제 누구도 20세기의 강박처럼 '독일인'임을 부끄러워하지 않는다. 독일인에 새겨졌던 주홍글씨를 지워내고 자괴감을 털어내었다. 재차 독일인임을 자부하고 자긍하게 되었다. 과거를 극복하고 치유해낸 것이다. 기꺼이 아낌없이 박수를 보낸다.

그 근저에 기독교 민주주의가 있다. 사회민주주의와 자유민주주의만 있던 것이 아니다. 오늘의 독일을 일군 정당, 유럽에서 가장 영향력 있는 정당은 기독교민주연합이다. 기민당은 그저 보수정당이 아니다. 20세기의 잣대, 좌/우로 단정 지을 수가 없다. 기독교와 민주주의의 결합, 고전 문명과 현대 정치의 융합이다. 의회와 교회가 공진화한다. 정당과 성당이 상호 진화한다. 고/금 합작과 성/속 합작의 모델이다. 이제야 기민당의 역사를 천착해볼 필요를 느꼈다. 베를린에 한 주 더 머물기로 한다.

022

오래된 정원, 예루살렘

기독교 민주주의,
복지국가와 복음국가

예루살렘 민주주의

민주주의의 기원을 그리스에서만 구하는 것도 적폐다. 고정관념이다.
20세기에 주조된 '발명된 전통'이다. 문화 냉전의 소산이다. 아테네 민
주주의는 '시민 전제'에 그쳤다. 얼추 인구의 10퍼센트, 참여하는 시민
들이 전횡하는 체제였다. 중산층 민주주의는 당대의 현자 소크라테스를
죽음으로 내몰았다. 충격에 휩싸인 수제자 플라톤은 지중해 세계를 배
회했다. 돌아와 세운 것이 학당(아카데미)이다. 입만 나불대는 시민들을
철저하게 가르치려 했다. 소인(소피스트)들을 군자로 만들려고 했다. 만
인을 철인哲人으로 만들고자 했다. 철인이 되고자 분발하는 성심이 없다
면 시민민주는 거듭 독배가 될 것이기 때문이다. 만인이 철인이 되려고
노력하는 폴리스라면 추첨을 해도 하등 문제될 것이 없었다.

　즉 선거냐 추첨이냐는 사후적 방편이다. 민주주의를 자꾸 껍데기 차

원에서 이해한다. 물론 제도 개혁은 백번 중요하다. 그러나 천배 만배 더 중요한 것은 민주주의를 추동하는 '타는 목마름'이다. 그 갈증과 갈애의 원천이다. 민주주의의 육체만큼이나 영혼에도 정성을 기울여야 한다. 혼이 담겨야 한다. 혼신을 다해야 한다. 정신이 나가면 육신은 즉각 작동을 멈춘다. 금방 썩는다. 그 민주의 영혼은 아테네에서 온 것이 아니다. 지중해 맞은편 예루살렘에서 비롯한 것이다. '다른 민주주의'가 기독교로부터 발원하였다. 하느님의 뜻이 하늘에서와 같이 땅에서도 이루어지소서! 정의가 강물처럼 흐르는 지상천국에 대한 염원이 민주의 진혼을 뒤흔든 것이다. 기독교는 서구의 민주주의 전통에 영구적이고 항구적인 흔적을 남겼다. 천주를 닮은 민주, 그 원형적 기독교 공동체야말로 민주주의의 발원지였다. 너나를 가르지 않고 상하를 나누지 않고 빈부에 개의치 않고 남녀를 불문하면서, 내외를 망라하여 만인과 만물이 하느님의 자녀로 우주의 뿌리를 공유하는 지상의 낙원이었다.

주님이 주권자이시다. 유권자는 그 주권자의 뜻을 받드는 사도들이다. 주(권자) 예수 그리스도는 사회계약을 말씀하신 바 없다. 하느님과 사람 간에, 신과 인간 사이에 성-속 계약을 맺으셨다. 오래된 계약 '구약'도, 새로운 약조 '신약'도 사피엔스가 독점하는 사회계약이 아니었다. 인물과 동물과 식물과 광물, 제물齊物을 아우른 우주계약이었다. 만인과 만물, 모든 피조물의 행복과 안녕을 꾀하는 영원한 약속이었다. 그 하늘의 섭리를 이 땅에 구현하는 것이 인간의 일이요, 사람의 길이었다. 하여 인간의, 인간을 위한, 인간에 의한 발상은 위험천만하다. 오만방자하다. 예수는 당시 인간 사회의 온갖 부정과 타락에 대하여 '신의 이름'(正名)으로 도전한 사람이다. 정명을 전파하는 메신저, 메시아였다. 선민의식에 빠져 민족의 이로움[利]만 따지는 이스라엘을 호통 치며 오로지 주님의 의로움[義]만이 있을 뿐이라고, '신의 지배'(天命)를 역설하신 것이다. 고로 이상적인 왕은 안으로는 하느님, 밖으로는 임금님이어야 했다(內聖外王). 안으로는 구도자이며 밖으로는 구세군이어야 했다. 구도求道와 구세救世가 합작해야 구원에 이를 수 있었다. 그래야 비로소 천리天理를 따르는 하느님의 아들, 천자天子를 자부할 수 있었다.

의로움과 이로움이 물과 기름이 아니다. 자리이타自利利他, 모두의 이로움이 바로 의로움이다. 옛 한자로 풀면 홍익인간弘益人間, 새 영어를 빌리면 윈윈Win-Win이다. 그 의로운 하느님을 본받고자 하는 공동체에게 수여되는 신의 선물을 '샬롬'שָׁלוֹם, '태평'太平이라 일컬었다. 따라서 예수가 전도하신 자유와 해방은 근대적 자유주의의 그 얄팍한 수준을 훌쩍 넘어선다. 신으로부터의 자유가 아니다. 신으로의 자유다. 소유와 자유를 혼동해서는 안 된다. 고로 자유 또한 고작 200년 자유주의의 소산이 아니다. 2천 년을 능히 넘는다. 뿌리가 깊다. 거대하다. 심대하다. 예수 이래 사도들도 줄곧 자유를 추구해왔다. (구)자유주의와 신자유주의와 일선을 긋는 태고의 자유주의다. 그 이론적 완성자로 아우구스티누스(354~430)를 꼽을 수 있다. '자유의지'라는 말을 가장 먼저 구사한 인물이다. 인성에 내재한 신성을 탐구하는 것이 바로 자유의지였다. 자유의지의 궁극적인 발현은 종심소욕불유구從心所慾不踰矩, 내 마음 가는 대로 해도 하늘의 이치, 신의 뜻과 어긋나지 않는 경지였다. 욕심을 부려도 양심에 부합하는 성화聖化에 이르는 것이다. 하늘을 우러러 한 점 부끄러움이 없는 거룩한 마음이 바로 '자유로워지는 것'이다. 시적인 마음이자 신적인 마음에 도달하는 것이다. 그런 마음을 갈고 닦지 않는 사람들의 민주주의는 이판사판 아수라장이 된다. 연옥이 펼쳐지고 지옥으로 떨어진다. 인간을 우주의 중심에 놓고 사람을 신의 자리에 올린 근대적 자유주의는 본말이 전도된 것이다. 원죄를 망각하고 염치를 몰각한다. 계몽에 취했다. 이성에 홀렸다. 진보에 빠졌다. 깨어나야 한다. 깨달아야 한다. 깨우쳐야 한다. 인간의 탐진치貪瞋癡, 삼독의 악령을 추방해야 한다. 사람다운 사람, 하느님의 형상을 딴 사람으로 진화해가는 것(天人合一)이 기독교적 '진보'다.

그 담대한 이상과 원대한 포부를 밝힘으로써 주(권자) 예수 그리스도는 십자가에 못 박히셨다. 그리스의 우매한 민주주의가 소크라테스에 독배를 내린 데 이어, 이스라엘의 아둔한 민주주의가 예수를 속죄의 죽음으로 내몬 것이다. 그럼으로써 그리스도는 부활과 재림이라는 영생을 얻는다. 순교자가 된 것이다. 민주열사가 된 것이다. 서구에서 '다른 민주주의'를 추동하는 예언자적 전통이 형성된 것이다. 이 메시아적 전통에 신비주의라고는 손톱만큼도 없다. 예언이 예언인 것은 보편적 진리의 설파이기 때문이다. 시간이 아무리 흘러도 합당한 말씀이기 때문이다. 태초의 말씀이자 최후의 진리인 것이다. 그래서 예언이다. 성부와 성자와 성령이 하나라고 하셨다. 삼위가 일체노라 하셨다. 내 안의 성령을 자각해야 한다. 내 안의 하늘님(人乃天)을 성성하게 모셔야 한다. 이 예언자적 비전이 시대를 거듭하며 다양한 혁명으로 분출한 것이다. 서구의 민주적 변혁을 추동했던 원동력이다. 가슴을 달구고 심장을 뛰게 하는 태고의 민주주의다. 오래된 전통이자 끝없는 전통이다. 영생의 전통이다. 서구판 상고尙古주의다. 20세기에도 변주되었다. (동)베를린은 2천 년 전의 베들레헴으로부터 변혁과 혁명의 영감을 얻었다. 예루살렘에서 구현되었던 야훼의 영광을 동독에서 다시금 구현하겠다는 자유의지가 '기독교 민주주의'를 촉발한 것이다. 금서였던 《성서》야말로 민주주의의 교본, 정본이었다.

(동)베를린, 성자들의 행진

서독이 동독을 흡수통일한 것이 아니다. 동독의 혁명이 독일을 하나 되게 하였다. 혁명의 보루는 교회였다. 의회보다는 교회가, 정당보다는 성당이 민주주의의 산파였다. 1989년 민주화운동에도 목사들이 전위에 섰다. 목자들이 지도자였다. 교회에서 예배부터 올리고 거리로 나섰다. 구도자가 구세군이 된 것이다. 역사의 반복이었다. 반세기 전 히틀러에 맞서 떨쳐 일어났던 '교회투쟁'의 연장선이었다. 나치독일이 패망한 1945년 동독 주민의 9할이 루터교 신자였다. 1948년 동/서독 루터파 교인들을 아우르는 '연합교회'(Vereinigte Evangelisch-Lutherische Kirche Deutschlands)가 설립되었다. 연방의회 이전에 연방 교회부터 먼저 생겨난 것이다. 동독의 공산당 지도부는 연합교회가 탐탁지 않았다. 동독을 부정하고 독일 통일을 추구하는 이적단체로 간주했다. 즉 분단체제 극복의 최일선에 선 단체 또한 연합교회였다. 1961년 베를린에서 연합교회 대회가 열린다. 동/서를 막론하고 베를린의 신도들을 하나로 결집시켰다. 동독에 대한 불만을 표출하는 기회가 되었다. 소련의 속국으로 전락하고 말았음에 분노했다. 무신론 공산주의자들로 인해 2천 년 기독교 전통과 반천 년 루터교 정통이 사라져감에 분통을 터뜨렸다. 동독 지도부는 더 이상 두고 볼 수가 없었다. 그로부터 몇 주 후에 들어선 것이 바로 베를린 장벽이다. 즉 베를린 장벽은 동/서 이념 분단만의 소산이 아니었다. 성/속의 분단체제, 고/금의 분단체제를 상징했다. 과학과 신학의 분단이었으며, 이성과 영성의 분단이었다.

동/서 유럽 분단의 최전선에 자리한 동독은 마르크스-레닌주의가 가장 철저하게 관철된 국가였다. 영성을 억누르고 전통을 말소하고자 했다. 이성과 과학으로 중무장한 유물론 왕국을 건설코자 했다. 민중의 아편에 불과한 종교 따위는 불과 한 세대 만에 박멸될 것이라고 자신이 만만했다. 예수가 죽어야 나라가 산다고 했다. 루터가 죽어야 국가가 선다고 했다. 그 결과 지배층과 민중 간 아득한 거리가 생겨났다. 국가와 국민 사이, 공산당과 노동자 간에 갈등이 불거졌다. 의회와 교회 사이에 적대적 긴장이 시종 흘렀다. 과연 분단 이후 최초로 불거진 1953년 노동자 대봉기 또한 계급투쟁이 아니었다. 종교 내전이었다. 성/속 갈등, 고/금 투쟁이었다. 소련군이 투입되어서야 간신히 진압되었다.

서독과 연계가 끊어진 동독의 8개 연합교회가 별도의 '교회연맹'(Bund der Evangelischen Kirchen in der DDR)을 결성한 것이 1969년이다. 서독에서 세속화의 극단으로 내달리는 68혁명이 전개되고 있을 때, 동독에서는 교회가 주도하는 '다른 68혁명'이 가동된 것이다. 바르샤바조약기구가 소련의 핵무기를 동독에 배치하는 결정을 내리자 반핵운동과 평화운동을 견인한 것 또한 교회연맹이었다. 동/서독을 공히 핵 기지로 만들고 있는 바르샤바조약기구(WTO)와 북대서양조약기구(NATO)를 모두 비판하며 평화를 소망하는 철야 기도회도 1987년 이래 계속되었다. 나치 시절을 연상시키는 재再군국화, 동독의 재무장화에 결연히 반대한 것이다. 동독 주둔 소련군의 철수와 동독-소련 군사동맹 철폐를 요구한 것 또한 교회연맹이었다. 사회주의 국가 안의 교회라는 고난의 행군, 수난의 세월 끝에 기어코 동독 혁명을 완수해낸 것이다. 1989년 11월, 베를린 장벽을 허물고 서독으로 향하는 동독인들의 모습은 흡사《성서》의 출出애굽을 연상시키는 성자들의 행렬이었다.

베를린 장벽 붕괴는 세속주의자들의 눈에는 동/서 대결에서 서방이 승리한 '역사의 종언'이었다. 그러나 혁명 주체들의 입장에서는 성/속과 고/금 대결에서 오래된 영성이 승리한 '역사의 귀환'이었다. 폭력에 대한 비폭력의 승리이자, 유물론에 대한 영성의 승리였으며, 과학에 대한 사랑의 승리였다. 즉 동독이 체제 경쟁에 패배해서, 살림살이가 고단해

베를린의 루터파 교회.

져서 무너진 것이 아니다. 그러한 인식이야말로 동구 사람들에 대한 모욕이다. 개돼지 취급하는 것이다. 먹고살 만해도 공산당 치하에서 가만히 있지 않았을 것이다. 민주주의를 갈망하는 '타는 목마름'은 굶주림과는 별개의 차원이다. 1990년 최초의 통일독일 총선에서 옛 동독 지역은 21명의 목사가 연방의회 의원으로 당선되었다. 교회다운 교회와 의회다운 의회, 나라다운 나라가 공진화했다.

동독의 경험이 서독도 갱신시켰다. 68혁명 이래 서독의 신사회운동은 세속적 NGO들이 주도했다. 교회는 보수적이었다. 기독교민주당 또한 보수당이었다. 기득권의 보루였다. 옛 동독에서 생명력 넘치는 싱싱한 기운이 전파됨으로써 기독교 민주주의는 부활의 계기를 맞이한다. 수난과 고난을 돌파해낸 동독 교인들과 조우함으로써 기독교민주연합은 회춘할 수 있게 되었다. 교회가 주도했던 동독판 68혁명의 주역 가운데 메르켈 총리의 아버지, 호르스트 카스너Horst Kasner도 있었다. 즉 메르켈은 공산국가에서 가학家學으로 '예루살렘 민주주의'를 계승했던 셈이다. 마르크스의《자본론》이나 마키아벨리의《군주론》만큼이나 아퀴나스의《신학대전》과 아우구스티누스의《신국》을 열독한 여학생이었다. 그 루터파 목사의 딸이 독일의 수장이 되어 종교개혁 500주년 기념식을 이끌었다. 기념사에서 유달리 추도한 20세기의 신학자가 한 명 있었다. 에른스트 트뢸치Ernst Troeltsch다.

거대한 파국: 뜻으로 본 역사

지난 세기 말 독일을 배낭여행하며 읽은 책은 베른슈타인의《사회주의의 전제와 사민당의 과제》(1899)였다. 좌파 모던 보이, 사민주의를 천착했다. 2017년 다시 찾은 독일 견문에서 손에서 놓지 않은 책이 바로 트

룔치의 저작들이었다. 고/금 합작파, 기민주의에 심취했다. 1865년에 나셔서 1923년에 돌아가셨다. '철의 재상' 비스마르크 시대를 오롯이 살아간 분이다. 부국강병, 약육강식의 전성기였다. 18세기 이래 세속국가가 대약진했다. 반면으로 기독교 문화는 점진적으로 해체되었다. 트뢸치는 교조적 계몽주의자들이 선도하는 세속화 근본주의를 근심했다. '신은 죽었다', 니체에 수긍하지 않았다. 신은 영원히 죽지 않

에른스트 트뢸치.

는다. 불사의 존재다. 인간이 신에서 멀어졌을 뿐이다. 이를 '거대한 파국'이라 갈파했다. 기독교의 쇠퇴에서 '서구의 몰락'을 간파했다. 중심의 상실, 실체의 소멸, 가치의 진공 상태, 언어의 의미 부재를 걱정했다. 혼이 없는 인간들, 넋이 나간 사람들, 얼빠진 근대인을 우려했다. 구도자의 자세로 근대 사회를 연구한 것이다. 일각에서는 신학자라고 했다. 다른 쪽에서는 사학자라고도 했다. 동시대 역사학자 레오폴트 폰 랑케와 자웅을 다투었지만, 정통 역사학자로서 인정받지는 못했다. 역사를 이성의 발전으로 해석하는 제도권 진보사학에 호의적이지 않았기 때문이다. 커녕 세속화=근대화로 말미암아 힘과 뜻이 분기하는 사태를 날카롭게 직시했다. 힘으로 쓴 역사보다는, 뜻으로 본 역사를 선호했다. '유사역사학자'로 치부되어 백 년이나 고독하신 것이다. 이제야 재발굴되고 재평가되고 있다. 부활하고 있다. 재림하고 있다. 기독교의 중흥과 유럽의 재생을 기획한 빛나는 선구자로서 족적을 기리고 있다.

종교개혁을 되새겼다. 종교개혁의 본뜻이 종교의 약화에 있지 않았

다. 세속화를 추진한 것이 아니건만, 종교에서 벗어난 정치·경제와 사회·문화로 치닫고 말았다. 종교의 혁신이 아니라 종교로부터 이탈하고 만 것이다. 그럼으로써 종교개혁 또한 미완으로 그치고, 사회개혁 또한 균형이 깨지고 말았다. 무릇 지나침은 모자람만 못한 법이다. 과도한 세속화가 현대 사회의 위기를 초래하고 있다고 했다. 성/속이 분화하고 힘/뜻이 갈라짐으로써 뜻 없는 힘이 횡행하게 된 것이다. 무신론이 만연하는 반면으로 물신주의가 팽배해진다. 개인과 국가와 상품을 물신화한다. 탈주술화가 주물呪物 숭배로 귀결된 것이다. 신이 부재한 시대, 개인주의, 국가주의, 자본주의가 기승을 부린다.

신성의 부정은 곧 인성의 오해도 유발했다. 인성을 갈고 닦아 신성에 이르는 오래된 과업을 방기시켰다. 인격 도야를 망각한 채 인권 보장만 추앙하게 되었다. 인간의 신격화가 인권만능주의다. 자기 억제와 절제, 수련과 수양의 미덕이 사라져버린 것이다. 더 이상 기도를 하지 않는다. 수도修道를 하지 않는다. 인간의 도리를 다하지도 않으면서 권리만 챙기려 든다. 민주주의가 만개했다는 바이마르공화국, 교회 없는 의회의 질주를 일찍이 경고하셨다. 복음 없는 복지도 근심하셨다. 복지국가와 복음국가가 더불어 가야 한다고 하셨다. 영적 서비스가 부재하면 물적 서비스를 탐닉한다. 양심 수련 없는 욕심 추구는 영원히 충족되지 않기 때문이다. 만성적 적자 끝에 국가 파산을 면치 못할 것이라고 예상하셨다. 독일의 임박한 파국도 예감했다. 기독교를 방기한 민주주의와 민족주의가 독일 정신의 타락을 가져올 것이라 예언하셨다. 트뢸치가 눈 감은 지 10년 후에 히틀러가 집권(1933)한다. 유럽과 세계의 천하대란, 천벌이 내렸다.

로베르 쉬망의 생가에 자리한 '유럽연합(EU) 창설의 아버지들' 동상.
왼쪽부터 알치데 데 가스페리, 로베르 쉬망, 장 모네, 콘라트 아데나워.

프랑스 메스의 성 쿠앵틴 성당에 안장된 쉬망의 묘와 EU 깃발.

유럽연합과 천주위공天主爲公

신학자만 갈파했던 것이 아니다. 실학자도 일갈하셨다. 유럽 통합의 아버지로 거론되는 로베르 쉬망(1886~1963)이다. 프랑스 총리와 외무장관, 주미 대사 등을 두루 역임했다. 무엇보다 EU의 초석을 다진 인물이다. 유럽석탄철강공동체를 이루어 EU의 항산恒産을 다졌다. 그러나 일국주의에 빠지기 십상인 민주주의만으로는 항심恒心이 충분치 않다고 보았다. 유럽 문명의 근간인 기독교 정신이 반드시 유럽 통합의 이념에 반영되어야 한다는 것이다. 그래야 물질 개벽에 정신 개벽도 수반되기 때문이다. 양자가 균형을 이루지 못하면 유럽 통합은 공든 탑마냥 무너질 것을 염려하셨다. 제1차 세계대전과 제2차 세계대전을 목도하며 묵상하고 숙고한 끝에 내린 결론이었다. 그래서 몸소 정당을 창설하여 새 정치를 실험해보았다. 당명이 인상적이다. '가톨릭인민공화당'이었다. 공화당과 사회당이 보수/진보로 나뉘어 승자가 독식하는 세속주의 양당제를 돌파하는 성/속 합작의 원조였던 것이다. 그래야 퍽퍽하고 뻑뻑한 무기질 연합체가 아니라 맨들맨들하고 보들보들한 윤기가 흐르는 유기적 공동체가 될 것이라고 했다. 기독교의 영성을 재주입함으로써 말랑말랑하고 살랑살랑한 유기적 문명의 재활성화를 꾀한 것이다.

그러나 탈냉전 이후에도 EU는 세속주의 일방으로 더욱 기울었다. 이익결사체에 머물 뿐 도덕 공동체에는 이르지 못했다. 그래서 한 해도 거르지 않고 각국 선거가 열릴 때마다 EU는 몸살을 앓는다. 결국 손해다 싶으면 탈퇴까지 감행한다. 내상이 깊다. 내부적으로 와해되고 있다. 여전히 사익과 국익을 최우선시하는 개인과 국민에 머물고 있는 것이다. 천주위공天主爲公을 집합적 사표로 삼는 대장부들을 배양하지 못한 것이다. 유사fake 대장부도 있다. 브뤼셀의 유로파 관료와 금융자본가들, 단일통화와 시장 통합으로 이익을 극대화한 10퍼센트 상층 세력들이다. 이들은 오로지 경제적 합리화를 위한 법과 제도의 개선 등 기술적 측면에만 역점을 둔다. '아테네 민주주의'만 숭상할 뿐, '예루살렘 민주주의'는 기각한다. 철학이 빈곤하다. 영성이 고갈되었다.

구원투수로 등장한 인물이 프란치스코 교황이다. 구세를 위해 친히 나섰다. 천명을 받들어 정명을 요청한다. 올해는 마침 로마 조약(1957) 체결 60주년이 되는 해였다. EU 정상들과의 회동에서 따끔한 훈시를 내렸다. 이로움(민족주의, 포퓰리즘)만 따지지 말고 의로움에 충성하라, 호통을 치셨다. 미래에 대한 새로운 비전이 없으면 EU는 죽고 말 것이라는 경고도 마다치 않았다. 오늘의 유럽은 가치의 공백에 시달리고 있다고 했다. 육체가 방향 감각을 잃고 앞을 볼 수 없으면 퇴행을 경험하고 사망에 이른다는 것이다. 틀리지 않은 말씀 같다. 지당하고 자명한 말씀이다. 어느새 성/속의 위상이 뒤바뀐 것도 같다. 2017년 유럽에서 가장 존경받는 지도자는 총리와 대통령이 아니라 교황이다. 유권자들이 직접 뽑은 국가의 수장보다 주권자 주님의 뜻을 전파하는 교황의 메시지를 더욱 경청한다. 고로 〈가디언〉과 〈르몽드〉, 〈슈피겔〉만 읽는 것으로는 더 이상 충분치 않다. 바티칸이 발행하는 《로마 논평》L'Osservatore Romano을 함께 읽으며 유럽을 다층적으로 살피는 편이 훨씬 이롭다. 좋은 기사와 논평이 참으로 많다. 삐딱하고 뾰족해지기 쉬운 이성을 부드럽고 포근한 영성으로 매만지고 매조지는 기분 또한 그럴싸하다.

탈주술화가 재주술화로 역전된다는 말이 아니다. 탈세속화가 곧 신정의 복귀를 뜻하지도 않는다. 성이 속을 지배했던 중세도, 속이 성을 억눌렀던 근대도 균형이 상실된 시대였다. 부디 '모 아니면 도'의 사고를 버리자. 중용의 지혜를 취하자. 이성과 영성이 공진화할 수 있다. 이성이 내 밖의 세계를 향하는 시선이라면, 영성은 내 안을 들여다보는 눈길이다. 더 정확히 말하여, 나의 안과 밖을 관통하는 총체적 시선이 영성이다. 지극한 이성이야말로 영성이라 할 것이다. 궁극의 합리가 곧 진리, 천리일 것이다. 브뤼셀과 바티칸이 성/속 합작에 의기투합하는 편이 구도와 구세를 위한 첩경일 것이다. 계몽과 계시가 대연정함으로써 기독교 민주주의, 그 오래된 약조를 되살려내는 것이다. 고로 프란치스코 교황과 메르켈 총리가 함께 있는 모습은 여러모로 상징적이다. 신교와 구교의 연합이자 성/속의 결합을 담지한다. 석 달 서유럽 견문, 줄곧 노트북의 바탕화면으로 삼았던 까닭이다.

기독교 민주주의의 시각에서도 20세기는 '극단의 시대', 난세였다. 이 세계는 오로지 하느님의 공동체일 뿐이라는 마음다짐과 몸가짐을 가져야 사익과 국익보다 공익을 우선한다. 천주위공의 태도를 배우고 익혀야 구원을 받고 은총을 입는다. 아테네만큼이나 예루살렘으로부터 민주주의의 영감을 구해야 한다. 원기를 회복하고 근기를 다져야 한다. 뿌리를 상실함으로써, 모체로부터 떨어져 나감으로써 EU는 표류하고 있는 것이다. 잃어버린 영성, 그 타는 목마름을 되찾아야 한다. '천주 없는 민주'가 '천민 민주'로 급락하고 있기 때문이다. 다시금 기독교 민주주의는 길 잃은 어린 양 유럽의 탈출로, 출애굽이 되어줄 수 있다. 불가피한 과제라고 본다. 불가결한 과업이다. 모름지기 천지인은 불가분이 아닐 수 없다. 지하자원을 지상으로 끌어다 쓰는 구제의 길만큼이나, 천상자원과 지상을 연결해주었던 구원의 길에도 정성을 쏟아야 할 것이다. 영구혁명, 영원한 혁명, 영생한 혁명, 유럽의 천명이다.

에덴의 동쪽

아담과 이브 전에 에덴동산이 있었다. 하늘 천, 땅 지. 집 우, 집 주. 사람보다 먼저 천지와 우주가 자리했다. 오래된 정원이다. 그 태곳적 동산

러시아정교의 성경.

을 이상향으로 삼았던 문명이 서로마 세계만도 아니다. 즉 기독교는 서
로마의 전유물이 아니다. 동로마에는 또 다른 기독교 전통이 면면했다.
아니, 그들이야말로 정통이라는 자부가 대단했다. 그래서 '정교'正敎라
고 일컬었다. 정통 기독교Orthodox Church를 자처한 것이다. 그리스의 적
통이자 그리스도의 후예를 자임한 것이다. 아테네와 예루살렘을 집약한
성/속 합작의 혁신 도시, 콘스탄티노플을 구축했다.

그 동방정교 세계를 체현했던 천년 제국 비잔티움을 계승한 것이 바
로 러시아다. 서로마와 동로마를 잇는 북로마라고도 하겠다. 공교롭게
도 러시아 혁명 100주년이 되는 해에 러시아를 견문하게 되었다. 여태
껏 우파적 교조로 공산혁명을 폄하는 독법이나, 좌파적 도그마로 러시
아 혁명을 떠받드는 해석 또한 누습이고 적폐다. 러시아 문명의 거대한
뿌리, 천 년의 동방정교에 바탕하지 않는 백 년의 혁명사는 가짜 역사
다. 모스크바는 비단 혁명도시로 그치지 않는다. 제2의 콘스탄티노플이

자 제3의 로마이며 북방의 예루살렘, 성도聖都이다. '예루살렘 민주주의'
의 맥락을 간과하면 20세기의 소련도 온전히 해명할 수가 없다. 이미
레닌 또한 더 이상 계급혁명을 완수한 공산주의 지도자로 기리지 않는
다. 예수의 정신을 20세기에 실천한 '프롤레타리아트의 신', 성인聖人으
로 섬긴다. 2017년 러시아 견문의 필독 가이드북 역시《무엇을 할 것인
가》Что делать 만큼이나《성경》Библия이었다. 기왕이면 키릴 문자로 새겨
진 러시아어 성서를 장만하는 편이 좋겠다. 에덴의 동쪽으로 간다. 모스
크바로 이동한다.

023

모스크바, 제3의 로마

소비에트는 '고의식파'
정교도의 민회였다

부활: 혁명 전후사의 재인식

1991년 소련이 붕괴한다. 12월 25일, 성탄절이었다. 구세주가 오신 날, 무신론 국가가 사라진 것이다. 예수님이 부활하셨다. 혁명가를 대신하여 찬송가가 울려 퍼졌다. "기쁘다 구주 오셨네. 만백성 맞으라. 온 교회여 다 일어나 다 찬양하여라. 구세주 탄생했으니 다 찬양하여라. 이 세상의 만물들아 다 화답하여라. 은혜와 진리 되신 주 다 주관하시니, 만국 백성 구주 앞에 다 경배하여라." 일국 사회주의가 무너진 자리, 만국과 만인과 만물을 주관하는 주님이 재림하셨다. 백성들은 찬양하고 화답하고 경배하였다.

1991년 이전 1988년이 있었다. 988년으로부터 천 년이 되는 해였다. 988년은 러시아가 출발한 때다. 러시아의 옛 이름, 루시가 세례를 받았다. 크림반도에서부터 기독교를 수용했다. 지중해 북쪽 슬라브 세계가

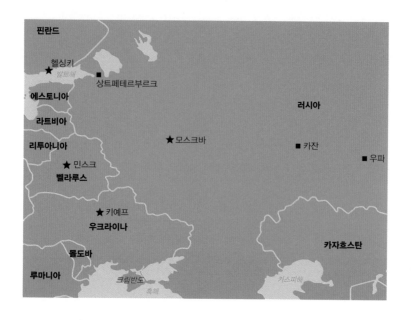

정교 문명에 입문한 것이다. 비잔티움제국의 콘스탄티노플에 온축되었던 그리스 고전과 성경이 키릴 문자로 전수되어 러시아 문명의 근간이 되었다. 고르바초프 서기장은 그 1,000주년을 기념하여 종교 해금을 단행했다. 신앙의 자유, 포교의 자유를 공인한 것이다. 페레스트로이카가 정점을 찍는 순간이었다. 즉 페레스트로이카의 요결은 시장화나 자유화가 아니다. 서구화는 더더욱 아니다. 이성의 독재에서 영성을 해방시킨 것이다. 근대의 독재에서 전통을 회복시킨 것이다. 타는 목마름, 탈세속화와 재영성화를 수긍한 것이다. 과학과 합리만으로 체제가 온전히 굴러가지 않음을 뼈아프게 후회한 것이다. 겸허하고 겸손한 인간을 재발견한 것이다. 고개를 빳빳하게 쳐드는 인간보다 기꺼이 무릎을 꿇을 수 있는 거룩한 용기를 승인한 것이다. 그 본질을 보지 못하고 겉만 살피는 '교조적 민주주의자'들이 자본주의가 공산주의에 승리했다며 '역사의

종언'을 선포했던 것이다. 그 진단을 비웃기라도 하는 양 21세기 러시아
는 나날이 정교 국가, 정통 국가, 전통 국가로 복귀하고 있다.

1988년 이전 1982년이 있었다. 11월 브레즈네프 서기장이 사망한
다. 국영 방송을 통하여 장례식이 소련 전역에 전파되었다. 놀라운 장면
이 카메라에 포착된다. 미망인이 남편을 보내며 십자가를 긋는 모습이
었다. 신의 가호와 가피를 빌어준 것이다. 천국행을 소망했을지도 모르
겠다. 흑해부터 극동까지, 북극부터 초원까지, 소비에트인들이 그 모습
을 지켜보았다. 이데올로기의 왕국은 더 이상 지속될 수가 없었다. 과연
1980년대에 태어난 내 또래 이름들이 흥미롭다. 재차 기독교 전통에서
따온 이름이 폭발적으로 늘어난다. 이름만 살펴도 세대 차이, 역사의 귀
환을 짐작할 수 있다. 소련 해체 이후 고르바초프를 비롯한 공산당 고
위간부들조차 비밀리에 세례를 받았다는 사실이 속속 밝혀졌다. 생애
를 걸쳐 무신론을 설파했던 공산당 기관지《프라우다》의 편집장마저도
1994년 사망하자 정교의 예법을 따라 장례식이 엄수되었다. 과학은 형
이하形而下만 다룬다. 영물靈物로서 인간은 형이상形而上을 갈구한다. '프
롤레타리아트의 아편' 이념만으로는 충족이 되지 않았다. 신학 없는 과
학 왕국은 100년도 못 가 주저앉았다.

그 성/속 대반전의 상징이 바로 구세주 그리스도 성당이다. 크렘린
의 서쪽에 자리한다. 1812년 나폴레옹에 맞선 조국전쟁 승리를 축하하
며 만들어졌다. 1931년 스탈린의 명령으로 파괴되었다. 기도할 시간에
노동을 하라고 했다. 시간을 허비하지 말고 부가가치를 올리라 했다. 유
물론을 신봉하고 물신을 섬기라고 했다. 그래야 과학적 인간, 합리적 인
간 프롤레타리아트가 될 수 있었다. 성당의 종과 탑을 녹여 총과 칼, 낫
과 삽을 만들었다. 생산력을 더욱 중시한 것이다. 복리와 복지를 따질
뿐 복음은 팽개친 것이다. 성당을 허문 자리에는 50미터 크기의 레닌

금동상과 소비에트 궁전을 세울 계획이었다. 천만다행으로, 불행 중 다행으로 실행되지 않았다. 히틀러 덕분이다. 제2차 세계대전, 독소전쟁에 급급했다. 그래서 구세주 그리스도 성당 또한 복원될 수 있었던 것이다. 소련 해체 직후인 1992년부터 성금을 모금하여 1994년부터 복구가 시작되었다. 2000년, 예수가 태어난 지 두 번째 천년에 맞추어 완성된다. 바로 그 밀레니엄에 집권한 이가 푸틴 대통령이다. 2009년, 새 구세주 성당에서 취임식을 올린 첫 총주교가 키릴이다. 현재 성/속 양면에서 러시아를 이끌고 있는 쌍두마차다.

2017년 외부에서는 러시아 혁명 100주년을 조망한다. 21세기하고도 17년이 흘렀건만 여전히 20세기 시각으로 러시아를 접근한다. 정작 러시아인들은 시큰둥하다. 공산혁명에 별다른 감흥을 느끼지 못한다. 그보다는 2018년을 훨씬 더 고대한다. 모스크바 (재)천도 100주년이 되는 해다. 상트페테르부르크에서 모스크바로 수도를 되돌렸던 그 뜻깊은 해를 맞이하여 세계인의 축제, 월드컵도 개최한다. 모스크바를 '제3의 로마'로 간주하는 러시아의 세계관을 깊이 이해해야 한다. 키예프에서 모스크바로 러시아의 중심이 옮아간 때가 16세기다. 몽골세계제국의 영향이 지대했다. 몽골 치하에서 중국의 중심이 남방에서 북방, 오늘의 베이징으로 이전된 것처럼, 러시아 또한 서쪽에서 동쪽으로 정치의 중심지가 전이한 것이다. 몽골의 대칸이 유라시아의 동서남북으로 구축했던 물류망의 상당 부분을 모스크바가 물려받았다. 언어에서부터 뚜렷한 흔적이 남아 있다. '길'은 '울리짜'улица요, '돈'은 '뎅기'деньги다. 전자는 국가를 의미하는 몽골어 '울루스'에서 왔고, 후자는 발음에서 따온 것이다. 화폐와 도로, 러시아의 하부구조는 명백하게 몽골의 유산이다.

몽골의 육체에 로마의 영혼을 얹은 곳이 모스크바다. (동)로마의 카이사르와 몽골의 칸이 합류하여 모스크바의 차르가 등극한 것이다. 모스크바가 정교의 성지聖地로서 자부심을 더욱 고취하게 된 계기에는 비잔티움의 몰락도 있었다. 오스만제국이 들어서면서 콘스탄티노플이 이스탄불로 대체된 것이다. 지중해가 이슬람의 바다가 되었다. 이제 모스크바가 기독교 문명을 수호해야 했다. 즉 모스크바는 정치적, 군사적 위상보다 종교적 권위가 훨씬 더 높다. 북방의 예루살렘을 자처한다. 명장 예이젠시테인 감독의 〈이반 대제〉를 보는 것도 도움이 된다. 이반 대제가 모스크바 귀족들을 앞에 두고, 두 개의 로마(로마와 콘스탄티노플)가 모두 몰락하고 '제3의 로마'가 섰음을 선포하는 모습이 인상적이다. 예이젠시테인을 〈전함 포템킨〉의 감독만으로 기억하는 것 또한 편향이다.

2017년 3월 16일, 성도 모스크바에서 또 한 번의 획기적 장면이 연출되었다. 푸틴 대통령이 러시아정교의 이단으로 간주되었던 고의식古儀式파의 모스크바 주교와 정식으로 회동한 것이다. 2020년에는 고의식파의 태두로 불리는 아바쿰 장사제의 탄생 400주년을 기념하여 그의 동상도 세우기로 했다. 외신에는 거의 보도되지 않았다. 고의식파를 낯설어하는 전문가도 적지 않다. 좌/우를 막론하고 고古가 부재함이 고질병이다. 허나 러시아 문명사를 조금이라도 공부했다면 충격적인 사태가 아닐 수 없다. 350년 만에 국가권력과 이단파 사이 갈등에 종지부를 찍은 것이기 때문이다. 실은 러시아정교도 신교와 구교가 갈리어 오래 반목해왔다. 러시아의 프로테스탄트가 고의식파라고도 할 수 있다. 그 러시아판 종교개혁과 신/구 갈등이 20세기 러시아 혁명과 소련 해체에도 지속적인 영향을 미쳤다. 마침내 그들의 존재가 수면 위로 부상하여 공식 서사로 편입되고 있는 것이다. 혁명 전후사의 재인식, 러시아 혁명사를 다시 써야 한다.

구세주 그리스도 성당.

종교화가 그려진 모스크바 지하철역.

죄와 벌: '고의식파'와 인민 교회

도스토옙스키의 명작, 《죄와 벌》이 있다. 출간된 해가 중요하다. 아무 때나 출판한 것이 아니다. 도스토옙스키 또한 정교 사상가였다. 1866년에 발표한다. 1666년으로부터 200년이 흐른 해였다. 1666년은 러시아 정교의 분열을 상징한다. 종교 논쟁이 일어난 해다. 당시 니콘 총주교는 '근대화'를 추진했다. (서)로마 교황과 동방정교 사이 동/서 합작을 추구했다. 지중해의 패자로 군림하는 강성한 오스만제국에 공동 대처하여 이스탄불로 전락한 콘스탄티노플을 되돌리기 위해서였다. '북방의 십자군', 성지 탈환을 위해 정교 개혁을 촉구한 것이다. 서로마적, 라틴적 의례를 도입함으로써 가톨릭 세력이 우세한 우크라이나 서쪽까지 합병하는 정치적 기초를 놓을 수 있었다. 러시아의 제국화에 이데올로기적 기반을 제공한 것이다. 여기에 동방정교의 정통성과 순수성을 옹호하며 저항한 세력(프로테스탄트)이 바로 '고의식古儀式파'다. 문자 그대로 옛 의례를 고수하는 세력이다. 선봉에 선 사람이 장사제 아바쿰이었다. 의미심장하게도 《죄와 벌》의 주인공 이름이 바로 '라스콜니코프'다. '라스콜' pаскóл은 '분열'이라는 뜻이다. 고의식파에 대한 속칭, 멸칭이었다. 보수파라고도 불리지 않았다. 분열파로 치부되었다. 신의식파가 러시아제국의 주류로 등극했기 때문이다.

일등공신이 표트르 대제다. 러시아의 제국화, 서구화, 근대화에 일로매진했다. 고의식파의 아성인 모스크바마저 버렸다. 새로운 제국의 수도 상트페테르부르크를 건설한다. 성도聖都에서 제도帝都로 천도를 단행한 것이다. 고의식파의 눈에는 불경한 짓이었다. 천박하고 위엄 없는 새파란 신도시를 '그리스도의 적'으로 성토했다. 표트르 대제 또한 정교의 적으로 간주했다. 동로마식 '차르'라는 명칭마저 서로마의 '황제'로 바꾸어버린 그를 '독사의 자식'으로 쏘아붙였다. 봉합되지 않는 갈등 끝에 표트르는 국가가 직접 종교를 관리키로 한다. 총주교직을 폐지하고 종무원을 설치하여 성당을 통제했다. 주목적은 고의식파를 관리하는 것이었다. 이에 고의식파는 상트페테르부르크는 물론이요 모스크바마저 등지기로 한다. 볼가강을 지나고 우랄산맥을 넘어 시베리아 일대까지 망명을 선택했다. 고독하고 고아하게 고립되어서 성스러운 러시아를 고수키로 한 것이다. 20세기 초, 러시아제국 인구의 얼추 3할, 3,500만이 고의식파였던 것으로 추정된다. 이들이 알음알음 살금살금 러시아판 '태평천국운동'을 도모한 것이다. 절치부심, 와신상담, 호시탐탐했다.

기회는 1905년에 열린다. 러일전쟁에서 러시아가 패배한다. 제국이 흔들거렸다. 휘청거렸다. 그러자 대항 국가, 대안 국가가 자태를 드러내었다. 종무원 관할 밖에 있는 고의식파는 무교회운동, 독자적인 민간 네트워크를 구축했다. 일종의 '인민 교회'를 세운 것이다. 제국의 탄압 속에서 고난과 수난을 겪으며 단련이 되었다. 주류 문화에 맞서는 저항 문화, 하위 문화도 형성했다. 엄격한 종파인 만큼 청교도처럼 근검절약과 근면성실과 성심성의를 덕목으로 쌓았다. 공권력 밖에서 자조하고 부조하며 경제기구, 협동기구, 금융기구도 만들어내었다. 독자적인 산업도 일구고 기업 활동도 전개한다. 고의식파 윤리를 갖춘 자본가들을 배출한 것이다. 국회에 맞서는 민회 또한 작동시켰다. 시민사회를 이룬 것이다. 러시아제국의 의회 두마дума의 맞은편에 섰던 그 민회의 이름이 바로 '소비에트'다. 고의식파 신도들이 영성 생활과 물질 생활을 공동으로 영위했던 민간 조직이 소비에트의 기원이다. 즉 소비에트는 마르크스주의자들의 주장처럼 파리 코뮌을 복제한 것이 아니다. 레닌의 《국가와 혁명》은 사후 합리화였을 따름이다. 소비에트는 철두철미 러시아적 현상이었다. 제국 아래 복류하던 거대한 뿌리, 정교 문명의 고층古層에서 비롯한 것이었다. 그래서 1917년 러시아제국이 붕괴하자 이듬해 곧

바로 수도를 옮긴다. 제3의 로마, 북방의 예루살렘, 모스크바로 되돌아간 것이다. 문자 그대로 되돌리기re-volution, 회심回心의 회향回向, 혁명革命이었다.

이바노보 소비에트: 혁명의 고층古層

'세계를 뒤흔든 열흘'은 어떻게 가능했는가? 1917년 러시아제국 인구 1억 가운데 노동계급은 고작 200만 남짓이었다. 도무지 프롤레타리아트 혁명이 될 수 없었다. 끼워 맞추기 억지 논리를 구사하면 더덕더덕 잔말과 군말이 붙는다. 볼셰비키 또한 소수파였다. 불과 5천 명에 그쳤다. 한 줌 모래였다. 그중에서도 레닌은 극소수파, 티끌이었다. 멘셰비키는 제국의 서남부가 근거지였다. 유럽 지향적인 세력이었다. 볼셰비키는 동부와 북부를 중심으로 포진했다. 볼가강과 우랄산맥 일대가 터전이었다. 고의식파가 오래 진을 치고 있던 장소다. 700만 농민병이 볼셰비키와 결합한다. 러시아판 의병들이었다. 결정적으로 고의식파도 합세한다. 무려 3,000만이 넘었다. 토착파가 외래파에 승리한 것이다. 마르크스주의 혁명이 아니라 '러시아적' 혁명이었다. 그리하여 레닌은 "모든 권력은 소비에트로!"라고 외쳤던 것이다. '공산당으로!'가 아니었다. 고의식파의 민간 네트워크가 국가를 접수한 것이다. 1918년 '제3로마' 모스크바 천도에 이어, 1919년에는 '제3인터내셔널'*이 출범한다. 선민사

---

* 레닌의 주도 아래 모스크바에서 창립된 공산당 국제조직. '코민테른'(공산주의 인터내셔널)이라고도 한다. 각국의 공산당에 지부를 두고 국제공산주의운동을 지도하다가 1943년에 해산되었다. 한편, '제1인터내셔널'(국제노동자협회)은 1864년 마르크스의 지도 아래 런던에서 결성된 세계 최초의 국제적인 노동자 조직이었으나 1876년 해산되었다. 그리고 1899년에

상이 전위사상으로 업그레이드되었다. 세계선교가 세계혁명으로 업데이트되었다. 1918년 총격 테러를 당한 이후 레닌이 은거하며 지낸 별장 또한 고의식파 마을에 자리했다. 1924년 레닌의 사망 이후 사체를 방부 처리키로 결정한 것 또한 마르크스주의와는 일말의 관련이 없었다. 트로츠키와 부하린 등 과학적 공산주의자들은 줄곧 반대했다. 왜 혁명 지도자를 '정교의 성인'처럼 기념한단 말인가? 반박하고 반발했다. 정곡을 찌른 것이다. 레닌은 고의식파의 전통에 따라서 성인으로 추앙된 것이다. '빈자貧者의 차르', '프롤레타리아트의 신'이 되었다. 레닌이 안치된 곳 근방에는 이반 대제 등의 유체들도 보존되어 있다. 모스크바 천도도, 소비에트연방 국명도, 레닌의 시신 처리도 종교의 입김이 지대했던 것이다. 일종의 '기독교 사회주의'에 방불했다고 하겠다.

소련의 탄생 밑바닥에 종교가 자리함을 가장 날카롭게 간파한 이가 스탈린이다. 제국의 남부 조지아 출신이었다. 조지아정교, 신학생이었다. 종교를 정치적으로 활용할 줄도 알았다. 철저한 무신론자 트로츠키를 누르고 후계자로 부상하는 데 결정적인 공헌을 한다. 스탈린 별장의 최측근 모임에서는 종종 성가도 울려 퍼졌다. 소련을 구하는 데도 종교를 이용한다. 1941년 독소전쟁, 나치의 탱크가 레닌그라드와 스탈린그라드까지 밀고 들어왔다. 스탈린은 러시아정교의 애국주의에 호소했다. 효과는 곧바로 나타났다. 우랄산맥 동편, 시베리아와 몽골과 만주와 극동에서 총동원된 병사들이 혁혁한 공을 세웠다. 응당 고의식파 신도

창설된 '제2인터내셔널'(사회주의 노동자 인터내셔널)은 세계 각국의 사회주의 정당 및 노동조합의 연합 조직으로, 개량주의적 우파와 혁명적 좌파의 대립이 격화되어 제1차 세계대전 발발과 함께 소멸되었다가 1920년에 우파 사회주의자들을 중심으로 재건되었다. 제2차 세계대전 이후 사실상 해체되었으나 유럽 각국 사회민주당의 중심 세력을 형성했다.

이바노보의 부활절 풍경.

가 다수였다. '제3의 로마'를 수호해야 한다는 성전聖戰을 수행한 것이
다. 그래서 1943년 스탈린은 러시아정교와의 화해를 선언했던 것이다.
구세주 그리스도 성당을 파괴한 것이 착오였음을 인정했다. 제2차 세
계대전의 명명 또한 '대大조국전쟁'이었다. 불과 20년에 불과한 신생 국
가 소련을 위해서 헌신했던 것이 아니다. 소비에트인이 아니라 정교 신
자로서, 러시아 문명을 호위하기 위하여 분투한 것이다. 오늘날 정교(의
보수파)가 유독 스탈린을 높이 평가하는 이유다. 스탈린 사후, 우크라이

나 군산복합체 출신의 흐루쇼프와 브레즈네프가 집권하면서 성당은 재차 트랙터 보관소로 전락해버린다. 이성이 영성을, 이념이 종교를, 과학이 신학을, 속이 성을 압도했다.

모스크바에서 북동쪽으로 약 200킬로미터, 이바노보 시市가 있다. '어머니의 강' 볼가 유역에 자리한 지방도시다. 한때는 '러시아의 맨체스터'라고 불렸던 신흥 공업도시였다. 19세기 중반 방직산업의 중심지였다. 지금은 '소비에트'가 가장 먼저 출현한 도시로 유명하다. 소비에트연방, 소련의 발원지다. 과연 20세기 초 이바노보 시민의 3분의 2가 고의식파였다. 러시아 상징주의의 카리스마적 존재, 시인 블로크가 혁명을 포착하여 써내려간 시 〈12〉(1918)가 상징적이다. 명백하게 예수의 열두 제자를 의미한다. 혁명병사가 곧 예수의 사도였다는 것이다. 복음서를 들고 혁명에 나섰지,《공산당 선언》을 읽은 것이 아니다. 마르크스와 엥겔스를 읽은 것은 런던과 파리 등 서유럽의 대도시에 유학 갔던 극소수 엘리트뿐이었다. 혁명을 설파했던《이스크라》또한 고의식파 자본가가 자금을 댄 잡지였다. 그러고 보니《이스크라》йскра도,《프라우다》прáвда도 종교적 메타포로 가득하다. '불꽃'과 '진리'다. 진리의 불꽃을 전도하는 신심 깊은 열두 제자의 후예들이 성상을 들고 구체제를 전복시킨 것이다. 세속화를 당연한 전제로 삼아 종교를 탈색시켜버린 기왕의 혁명사관이야말로 러시아 문명에 대한 커다란 무지에 기반한 교조적 해석이었던 셈이다.

2017년 이바노보를 둘러보면서 뜻밖의 사실도 접하게 되었다. 학창 시절 사랑했던 영화감독 타르콥스키의 고향이 바로 이바노보였다. 비디오로 소장까지 했던 〈희생〉과 〈노스탤지어〉, 〈솔라리스〉 모두 하나같이 원죄와 구원을 주제로 삼은 수작들이었다. 고의식파였음에 틀림이 없을 듯하다. 펜을 든 19세기의 도스토옙스키와 카메라를 멘 20세기 타르콥스키의 거리가 그리 멀지 않았던 것이다. 아니, 백 년을 넘어 천 년이 한 줄에 꿰어지는 듯했다. 콘스탄티노플에서 모스크바로, 동로마에서 북로마로. 1,500년 '다른 기독교'의 유산이 바로 이바노보에 착근되었던 것이다. 이반Ива́н은 요한John의 러시아어식 표기다. 즉 이바노보는 '사도 요한의 도시'다.

승천: 정교 국가, 레닌과 푸틴

본래 이름이 이바노보가 아니었다. 스탈린이 집권 초기 바꾸어버린 지명이다. 1932년 스탈린 체제에 저항하며 노동자들이 가두시위를 벌였다. 응당 성화를 들고 투쟁했다. 이바노보 이전에는 '이바노보-보즈네센스크'Ива́ново-Вознесе́нск였다. '요한의 승천'이라는 뜻이다. 사도 요한이 하늘로 오르는 곳이었다. 요한마저 지울 수는 없었던 모양이다. 천상 대신 지상에 묶어둔 셈이다. 2032년 다시 '이바노보-보즈네센스크'로 복귀할지도 모르겠다. 정교 문명대국을 표방하는 푸틴-키릴 체제 아래서 능히 가능한 일이다. 2009년 키릴 총주교의 취임 연설이 흥미롭다. '탈-세속 사회'라는 표현을 사용했다. 본디 정치와 종교의 심포니, 성과 속의 교향交響을 추구했던 동로마제국의 원리를 복권해야 한다는 뜻이다. 포스트-트루스Post-Truth, 교조적 계몽주의 시대와의 작별과도 정합적이다.

2014년 푸틴의 대통령 취임식도 인상적이다. 맨 앞줄에 총주교가 섰다. 사실상 2인자다. 이미 준準국교로서 위상을 누린다. 공교육에도 '정교 문화의 기초'라는 과목이 도입되었다. 모스크바국립대학을 비롯한 주요 대학에도 정교 사원을 가지고 있다. 군대에도 종군성직자 제도가 마련되었다. 사령관을 보좌한다. 외교부와도 밀접해지고 있다. 외교부

직속의 모스크바국제관계대학에도 정교 대외관계 지도자가 교육을 맡는다. 여론 또한 호의적이다. 현재 러시아에서 가장 신뢰받고 있는 제도는 대통령, 더 정확히 말해 푸틴 대통령이다. 두 번째가 정교다. 키릴을 국가 지도자로 여긴다. 세 번째가 군대다. 네 번째가 외교부다. 정당과 언론과 은행과 노조는 최하위에 속한다. 적폐로 취급된다. 이미 정교 국가의 틀에 상응하는 꼴을 상당 부분 갖춘 것이다. 고로 오늘날 러시아를 알고자 한다면 천 년 전 비잔티움에 비추어보는 편이 유익하다.

21세기 정교 국가의 수장 푸틴과 20세기 혁명국가의 지도자 레닌의 인연이 오묘하다. 레닌은 1918년부터 고의식파 마을에 은거했다. 1922년 발작 이후로는 언어기능을 상실하고 몸을 제대로 가누지도 못했다. 말년의 레닌을 수발하며 보살펴준 요리사가 한 명 있었다. 그의 이름이 바로 푸틴이다. 러시아에 푸틴Путин이라는 성, 흔치 않다. 지금도 대략 3천여 명, 희귀 성이다. 우랄 산자락에 위치한 집성촌에서 비롯했다고 한다. 1770년 언저리 볼가강을 따라 이주한 이들의 후손이다. 그 푸틴이라는 요리사가 바로 현직 대통령의 할아버지다. 즉 레닌과 푸틴은 혈연과 종교로 연결된다. 레닌 묘를 철거하지 않고 보존해야 한다며 논란을 종식시킨 사람 역시 푸틴이었다. 자연스레 푸틴을 탐구해볼 차례가 되었다. 2000년 이래 17년째 러시아를 통치하고 있다. 2020년대에도 변함없이 지배할 가능성이 높다. 21세기 전반기를 상징하는 지도자로 세계사에 기록될 것임에 틀림없다. 민주냐, 독재냐? 20세기형 적폐적 관점일랑 폐기처분한다. 그 모든 선입견을 청산하고 지구에서 가장 영향력 있는 인물, '70억 분의 1'의 사나이, 블라디미르 푸틴을 직시해보기로 한다.

모스크바의 붉은 광장.

024

유라시아의 대장부, 푸틴

리셋 러시아,
'탈구입아'脫毆入亞를 선언하다

수신제가치국

푸틴을 두 번이나 두 눈으로 보았다. 처음은 상트페테르부르크, 다음은 블라디보스토크에서였다. 2017년 6월 서쪽에서는 상트페테르부르크 국제경제포럼(SPIEF)이 열렸고, 9월 동쪽에서는 동방경제포럼(EEF)이 개최되었다. 먼저는 멀찍이서 지켜보았고, 나중에는 제법 가까이서 살펴보았다. 의외로 키가 작다. 170센티미터가 못 되는 단신이다. 장신이 즐비한 러시아에서는 매우 작은 축에 속한다. 170이 넘는 여자들도 수두룩하다. 말을 섞지는 못했다. 눈빛도 나누지 못했다. 두 차례 그는 몹시 분주했다. 나는 시종 한가했다. 행동거지를 지그시 굽어볼 수 있었다. 다부진 몸에 몸짓에는 절도가 배었다. 하체는 단단하고 상체는 탄탄하다. 목도 손목도 꽤나 굵직하다. 타고난 통뼈이지 싶다.

태어난 후에도 몸을 갈고 닦았다. 열한 살부터 유도를 배운 것으로 유명하다. 지금도 집 안에 도장을 만들어 수련을 한다. 고단자, 유도의 고수다. 전천후 스포츠 마니아, 올 그라운드 플레이어이기도 하다. 여름에는 수영과 사냥을 나가고, 겨울에는 아이스하키와 스키를 즐긴다. 곧잘 웃통도 벗어젖힌다. 외부에서는 힘자랑한다며 꼬아본다. 근육질 몸매로 '강한 러시아'를 과시한다는 것이다. 현지에서 반년 가까이 살아보니 꼭 그렇지만도 않은 것 같다. 아무 사내나 맨몸 잘 깐다. 가슴 처지고 배 나온 이들도 태연히 벗는다. 특히 햇볕이 좋은 날에는 남녀 불문 홀러덩 벗어던진다. 실오라기 브래지어에 T-팬티만 걸치고 공원이나 강변에 드러누워 있는 여성들도 심심찮게 목격할 수 있다. 일조량이 적은 국가의 생활 습성이라고 하는 편이 더 온당하지 싶다.

　수신修身만 하지도 않는다. 마음도 다진다. 수도修道를 한다. 새벽에 일어나 맑은 정신으로 기도를 올린다. 술은 거의 하지 않는 것으로 알려져 있다. 취할 정도로 마시지 않는다. 공식 만찬에서 입만 대고 목만 축이는 수준이다. 격물치지格物致知, 이성의 연마도 게을리하지 않는다. 문/무를 겸비했다. 사상가에 값하는 면모를 갖춘 정치가다. 동시대 국가 지도자들 가운데 가장 명석한 인물이지 않을까 싶다. 어벙하지 않다. 어버버거리지 않는다. 공식 행사에서도 원고 없이 연설한다. 탁월한 달변가다. 기자회견에서도 즉문에 즉답즉설한다. 술술술 막힘없이 풀어낸다. 허술함이라고는 없다. 민감한 사안에도 정연한 논리로 기자들에 논박한다. 정기적인 '국민과의 대화'에서도 너댓 시간이 넘도록 응수한다. 곤란한 질문에도 영리하고 능청스럽게 대응한다. 모든 사안을 장악하고 있을뿐더러 순발력까지 빼어나다. 애드리브의 달인이다. 보면 볼수록 매력적이다. 알면 알수록 매혹적이다. 유튜브 영상들을 보고 있노라면 시간 가는 줄 모르고 빠져든다. 나아가 학자들과 경연經筵을 펼치기도 한다. 매년 한 차례 발다이클럽 행사가 열린다. 흑해 연안 푸틴의 별장 등지로 세계 각국의 러시아 전문가 50~60명을 초빙하여 끝장토론을 여는 것이다. 두 차례 참석한 일본의 러시아 연구자를 만날 기회가 있었다. 푸틴이 경연에서도 조금도 밀리지 않는다는 후문이다. 학자 군주에 근접하다.

본래 총기 넘치는 청년이었다. 국가보안위원회(КГБ, KGB), 즉 러시아 발음으로 '까게베' 정보장교 출신이다. 그중에서도 최정예, 최전선인 동독에서 근무했다. 지식을 치밀하게 다루고, 정보를 치열하게 다투었던 사람이다. 세계를 주물렀던 경험이 밑천이 되고 관록으로 쌓였다. 1989년 11월, 베를린 장벽이 무너지던 그날 밤을 잊지 못한다. 공산주의 체제를 무너뜨린 동독인들이 드레스덴의 까게베 사무실을 에워쌌다. 푸틴은 모스크바에 긴급 구호를 요청하는 전화를 했다. 그러나 답이 없었다. 아무도 받지 않았다. 소련이 동독을 포기하는 순간이었다. 푸틴이 밤새도록 한 일은 기밀 서류를 파쇄하는 것이었다. 유럽과 세계를 망라한 최고급 정보들을 대거 불태워버렸다. 털털 빈손으로 귀국했다. 붕괴된 조국에서는 서방의 만트라(眞言), 민주화와 시장화와 자유화가 울려 퍼졌다. 그가 목도한 신생 러시아는 재앙이었다. 북유럽과 중앙아시아와 흑해에서 영토를 상실했다. 국회의원 자리를 쟁탈하기 위한 선거전은 추잡했다. 올리가르히의 부정부패는 하늘을 찔렀다. 실업과 물가 상승, 부채 증가, 빈부격차 확대, 혼란과 불안정의 수렁으로 빠져들었다. 결국 1998년 IMF 사태까지 치닫는다. '세계화의 덫'에 빠진 것이다. 경제 정책, 내정을 간섭당한다. 주권이 유린되었다. G2였던 소련은 졸지에 G8의 말석으로 수직 하강한다. GDP에서 미국의 20분의 1, 중국의 5분의 1 수준으로 폭락했다. 푸틴은 모욕과 수치를 느꼈다. 자괴감과 참담함으로 잠을 이룰 수 없었다. 러시아는 어디로 가야 하는가? 밤낮으로 공부하고 연구했다. 1999년 말, 직접 논문을 발표한다. 흔히 '밀레니엄 논

드레스덴의 KGB 사무실.

문'이라고 불린다. 여기서 표방한 것이 바로 '국가자본주의'와 '주권민
주주의'다. 이듬해 대통령으로 당선되었다. 논문의 주장이 고스란히 정
책으로 반영되었다. 사상가이자 정치가, 경세가이다. 호연지기가 차고
넘치는 북방의 대장부다.

　집권 초기, 적폐 청산에 주력했다. 올리가르히 타도에 총력을 기울
였다. 재차 러시아가 희랍 세계의 후계자임을 강조해둔다. '올리가르
히'Олигархи라는 말부터가 고대 그리스의 과두지배를 일컫는다. 소련
기 '교조적 국유화'가 탈소련기 '교조적 민영화'로 이행하고 말았다. 국
가 자산을 '자유화'함으로써 막대한 사적 이익을 취한 신흥 계급이 올
리가르히였다. 뻔뻔스럽게도 그들이 민주화를 이끄는 전위를 자임했다.
자유민주주의의 주역이자 주체였다. 여기에 맞서 푸틴이 주창한 것이
바로 '주권민주주의'였다. 부르주아들을 국가 경영에서 몰아낸 것이다.

정/경 분리, 공/사 분리를 단행한 것이다. 그러나 서방과 결탁한 올리가르히의 힘은 여전히 막강했다. 2000년 첫 당선 당시 푸틴의 지지도가 5할에 그쳤다. 여차하면 '밤의 대통령'의 의지대로 풋내기를 교체해버릴 수도 있었다. 그러나 정보요원으로 단련된 푸틴 또한 호락호락하지 않았다. 강골이다. 반골이다. 저항하는 자들에게는 자비를 베풀지 않았다. 해외로 추방하거나 감옥에 처넣어버렸다. 약탈적 자본주의로부터 '강한 국가'를 재건해낸 것이다. 푸틴이 아니었다면 러시아는 유고슬라비아의 운명처럼 산산이 조각났을지 모른다. 혹은 우크라이나처럼 너덜너덜한 거버넌스로 전락했을지 모른다. 또는 걸프만 국가들처럼 자국의 지하자원을 서방의 독점기업들에게 헐값에 내다 팔아버렸을 것이다. 그 글로벌 자본과 공생하는 기생 정권이 나라를 좌지우지했을 공산이 매우 높다. 적확한 진단이었다. 정확한 판단이었다. 정밀한 실천이었다. 전광석화 같은 되치기 기술이었다.

물론 과過가 없지 않다. 그러나 공功이 훨씬 더 크다. 상황에 즉하여 평하자면 공이 7이요, 과가 3이다. 푸틴식 주권민주가 옐친의 자유민주보다 더 공정하고 더욱 공평하며 더더욱 합당한 질서를 창출해내었다. 국민도 화답하고 있다. 여전히 지지율이 8할을 오르내린다. 푸틴이 없으면 러시아도 없다고 여긴다. '잃어버린 10년', 1990년대의 악몽을 종식시켜준 '40대 기수'였다. 예순이 넘도록 해결사 푸틴을 거듭 지지하고 있는 까닭이다. 10년 난국을 타파하고 20년 치국治國에 이른 것이다. 권불십년이라고는 하지만, 10년은 되어야 비로소 강산도 바뀐다. 두 번의 10년, 산하를 재조해내었다. 러시아를 리셋했다.

평천하(1): 정교 대국

1952년 10월 7일에 태어났다. 상트페테르부르크가 고향이다. 출생 당시에는 레닌그라드였다. 레닌그라드대학에서 법학을 공부했다. 까게베 KGB에 들어간 것은 1975년이다. 동독 근무를 비롯하여 15년을 일하고 1990년에 퇴직한다. 때마침 대학 시절 은사가 상트페테르부르크 시장이 되었다. 스승의 호출로 부시장을 역임한다. 주로 대외관계 업무를 맡았다. 까게베 이력을 십분 살린 것이다. 모스크바에서도 그를 필요로 했다. 까게베 후신으로 출범한 러시아 연방보안청 청장을 맡긴다. 총리에 오른 것은 1999년 8월이다. 무능했던 옐친의 유일한 업적이 푸틴을 후계자로 발탁한 것이다. 2000년 대통령에 당선된다. 40대 후반에 세계에서 가장 큰 나라의 지도자가 된 것이다. 대통령 직전 연방보안청 장관과 총리 시절에 다루었던 사안이 바로 코소보 사태였다. 나토의 유고 공습이 단행된 것이 1999년이다. 베를린 장벽 붕괴 10년, 미국은 여전히 냉전적 태도를 그치지 않았다. 나토는 해산은커녕 도리어 동유럽까지 확대되었다. 맞대응하지 않을 수 없었다. 세계화, 세계의 획일화, 지구의 미국화에 맞서 러시아를 사수했다.

4년씩 두 번의 대통령 임기를 마치고 2008년 5월부터 총리가 된다. 대통령 시절보다 공식 행사가 덜했다. 한결 여유가 생겼다. 다시 공부하고 연구한다. 특히 러시아의 철학서와 역사서를 탐독한 것으로 알려졌다. 신학자들과도 교분을 쌓으며 돈독해졌다. 그래서 다듬어진 것이 '정교 대국'이라는 발상이다. 본디 신자이기도 했다. 아버지는 공산당원이었다. 무신론이 당원의 의무였다. 그러나 아버지 눈을 피해 어머니를 통하여 세례를 받았다. 1993년 예수가 태어난 베들레헴과 예루살렘에도 순례를 간다. 동방정교의 총본산이라 할 수 있는 그리스의 아토스 수도원을 처음 방문한 것은 2005년이다. 9세기 이래 그리스정교의 성지로

푸틴이 매년 순례하는 성지, 그리스의 아토스 수도원.

간주되는 곳이다. 무슬림들이 메카를 순례하듯 정교 신자들이 순례하는 장소다. 그해부터 러시아-아토스 협회도 발족시켰다. 러시아를 그리스의 후예 국가로 간주한다. 동로마, 비잔티움제국이야말로 그리스 문명의 총화였다. 2012년 5월 대통령에 복귀한 직후에도 아토스섬을 방문했다. 2016년에는 키릴 총주교와 동반 순례했다. 러시아인이 최초로 아토스에 입산한 지 1,000주년을 기념하기 위해서였다. 내년에 다시 당선된다면 또 한 번 순례 갈 가능성이 매우 높다.

러시아 종교법이 흥미롭다. 크게 두 갈래로 나눈다. '전통적 종교'와 '비전통적 종교'다. 전통적 종교가 정교만도 아니다. 정교와 이슬람, 불교와 유대교를 아우른다. 네 개의 종교가 조화를 이루어 러시아의 역사적 기층이 형성되었다는 것이다. 다문명 세계를 아우르는 복합국가다. 이 네 종단 대표들의 회합 기구가 정부 내에 설치되었다. 푸틴은 정례적으로 이 종단 대표들과도 환담한다. 내치와 외교는 불가분이다. '종교외교'가 커다란 수확을 거둔 것이 바로 시리아 내전이다. 얼마 전 소치에서 평화회담이 열렸다. 러시아와 이란과 터키가 축이 되어 시리아의 안정을 되찾았다. 시리아의 인구 1할이 정교도다. 원시 기독교가 유래한 땅이 바로 시리아이기도 하다. 미국의 '천주 없는 민주', '천민 민주'가 시리아를 대혼란으로 몰아넣었다면, '천주와 민주의 공진화'를 추구하는 러시아-터키-이란이 평천하의 논리를 구축해낸 것이다. 정교도의 보호라는 명분과 기독교의 성지가 있는 땅이라는 점을 매개로 러시아는 중동의 새로운 수호자로 등극하고 있다. 이슬람 세계와 정교 세계의 공존체제를 도모하는 것이다. 나토의 본부가 자리한 브뤼셀은 러시아의 중동 진출에 연신 경고음을 울린다. 그러나 교황이 자리한 바티칸은 시리아 내전 종식에 환영 성명을 발표한다. 바티칸이 브뤼셀보다 모스크바에 더 호의적인 것 또한 전례가 없던 일이다. 키릴 총주교와 프란치스코 교황의 만남, 천 년 만의 동/서 교회 화합이 즉효를 내고 있는 것이다. 푸틴이 표방하는 '정교 대국 러시아'는 획기적일뿐더러 성공적이기까지 하다. 유라비아의 새판 짜기, 서유라시아의 신천하를 추동해간다.

평천하(2): 대大유라시아

서유라시아의 대반전이 성/속의 재균형에서 비롯했다면, 동유라시아에서는 동/서의 방향 전환을 꾀하고 있다. 20세기 후반기 내내 서쪽으로 치중하고 말았다. 흐루쇼프/브레즈네프 시대는 서구형 좌파가 주도했다. 고르바초프/옐친 시절에는 서구형 우파가 이끌었다. 동/서 이념 대결, 로마의 영혼에만 편향되었던 것이다. 21세기 러시아는 몽골의 육체를 중시한다. 아시아로 눈을 돌려 몸을 깊이 섞는다. 본디 동쪽의 유목민들과 어울려 물질 생활을 영위해왔던 나라다. 분류 방법에 따라서는 100을 넘어 200을 헤아릴 만큼 소수민족도 다양하다. 유라시아의 만인들을 망라했다고 해도 지나치지 않을 만큼 다양성을 자랑한다. 동/서로는 대서양과 태평양을 접하고, 남/북으로는 백해와 흑해를 잇는 규모다. 대서양에서 태평양으로, 유럽에서 아시아로 축을 옮긴다. 러시아의 비대칭성, 불균형성을 타개하는 방편이기도 하다. 인구의 8할은 서쪽에, 자원의 8할은 동쪽에 있다. 내부의 '지방 균형 발전'이자, 세계 권력의 재균형 정책이다. 이 안/밖의 공진화로 러시아는 스스로를 '해가 지지 않는 나라'로 재인식하고 있다. 상트페테르부르크에 어둠이 깔려도 블라디보스토크에서는 태양이 떠오른다. 하바롭스크에서 해가 져도 모스크바에서는 중천에 해가 떠 있다.

구미歐美에서 유라시아(歐亞)로 세계사의 축이 전환됨을 일찍이 꿰뚫어 본 이가 푸틴이다. 1999년 '밀레니엄 논문'에서부터 러시아를 '아시아 국가', '태평양 국가'로 전변시켜야 한다고 역설했다. 2000년 집권과 더불어 곧장 평양을 방문했다. 20세기 소련과 러시아의 최고 수뇌부 누구도 북조선을 찾지 않았다. 레닌도, 스탈린도, 고르바초프도, 옐친도 마다했다. 러시아 지도자로서 최초로 평양을 방문한 이가 푸틴이었다. 그만큼 한반도 및 (동)아시아를 중시한다. 바로 그해 최초의 남북정상회담과 6·15 공동선언이 발표된 것과 무연치 않을 것이다. 2001년에는 중국을 방문하여 당시 장쩌민 주석과 회동했다. 20세기 내내 풀리지 않았던 양 대국 간 4,300킬로미터 세계 최장의 국경선 획정 작업을 마무리 지은 것이 2004년이다. 반도의 남/북과 대륙의 남/북을 아울러 동유라시아 신천하의 밑그림을 다진 것이다. 아시아 국가로서의 러시아, '탈구입아'脫歐入亞 선언이라고도 하겠다.

2012년 대통령직에 복귀하면서 '아시아로의 축의 이동'에 더욱 박차를 가한다. 취임 일성으로 '장기적 국민경제 정책에 대하여'를 직접 발표하며 시베리아와 극동 개발을 본격화했다. 극동발전성이라는 별도의 부처까지 출범시켜 동시베리아에 국운을 건다. 미국의 서부 개척, 중국의 서부 대개발에 견줄 만한 러시아의 동시베리아 개척, 동부 대개발이다. 2016년에는 '대유라시아 파트너십'이라는 어휘까지 등장했다. 대서양에서 미국과 멀어지고 있는 유럽과 러시아가 재조再造하는 서유라시아, 태평양에서 아시아와 러시아가 주도하는 동유라시아를 합류시켜, 구대륙의 신질서를 구축해낸다는 것이다. 20세기 환대서양과 환태평양을 끊어내고 21세기 대유라시아 연합으로 반전시키는, 담대하고 원대하며 으리으리한 구상이다.

고로 푸틴의 '유라시아 이니셔티브'는 정책에 그치지 않는다. 국책이다. 아니, '국시'國是에 더 값한다. 21세기 푸틴은 18세기 표트르에 맞먹는 지도자로 기억될 것이다. 다만 방향이 전혀 다르다. 18세기형 서구화

종교 지도자들과 회동하는 푸틴.

정교 성탄절 미사에 참석한 푸틴.

소치에서 열린 시리아 평화회담. 왼쪽부터 로하니(이란
대통령), 푸틴, 에르도안(터키 대통령).

시베리아의 투바 자치공화국을 방문한 푸틴.

와 세속화, 적폐를 청산한다. 탈서구화와 탈세속화, 새 천년 새 천하에 조응하는 오래된 러시아, '유라시아 정교 대국'을 중흥시킨다. 현재의 러시아연방은 1992년 5월에 출범한 신생 국가다. 겨우 25년 지났을 뿐이다. 2000년 푸틴의 등장으로 비로소 제대로 된 건국에 들어섰다고도할 수 있다. 그렇다면 '차르'라는 진부한 수사보다는 '국부'國父라는 호칭이 더욱 어울린다.

업어치기

유도柔道는 레슬링이나 씨름과 달리 힘 싸움이 아니다. 주먹질과 발차기로 직접적인 타격을 가하지도 않는다. 내 힘이 모자랄지언정 이길 수 있는 방법을 연마하는 무술이다. 공격해오는 상대의 힘을 역이용하는 되치기, 낚아채기, 반전의 기술을 훈련한다. 그래서 단신이 장신을, 작은 사람이 큰 사람을, 무게가 덜한 사람이 더한 사람을 메어칠 수도 있다. 업어치기 한판승, 일순의 역전이 가능하다는 점이 유도의 묘미, 백미다. 효과, 유효, 절반 등 누적된 점수만으로 승부가 갈리지 않는다. 신사적인 무예이자, 역동적인 스포츠다.

유도 고단자 푸틴이 추구하는 바도 러시아를 왕년의 소련과 같은 초강대국으로 만드는 것이 아니다. 힘 대 힘, 맞대결을 추구하지 않는다. 강 대 강, 군비 경쟁에 함몰됨으로써 소련이 자멸해버린 실패의 과정을 철두철미 복기해두었다. 양극체제의 우두머리보다는 다극체제의 일각이 되는 쪽을 원한다. 응당 협력과 통합을 방편으로 삼고 있다. 유럽에서는 메르켈의 독일과 협력하고, 중동에서는 터키의 에르도안과 이란의 로하니와 협동한다. 중국과는 동맹에 버금가는 협조를 구하는 반면으로, 인도와 일본과도 보조를 맞추는 일을 게을리하지 않는다. 요는 임기

응변이나 주먹구구식이 아니라는 점이다. 초지일관, 대유라시아 연합을 통해 미국 일극 패권체제를 타파한다는 또렷하고 뚜렷한 목표를 세웠다. 2018년부터 다시 6년, 흔들림 없이 밀고 나갈 것이다. 2024년 임기 말이면 구대륙이 선도하는 천하 대세가 더욱 확연해져 있을 것이다. 22세기의 역사가들은 21세기의 첫 사반세기를 오롯이 '푸틴의 시대'로 기록할지 모른다.

그만큼 구상력이 빼어나다. 새로운 세계를 전망하고 새로운 세기를 기획하는 디자인 능력이 뛰어나다. 다른 역사와 다른 미래를 공진화시킨다. 동로마-북로마의 계승자로서 러시아를 정초 짓고, 미래를 재설계하며 지구를 리모델링하는 것이다. 무에서 유를 창조하는 것은 아닐 것이다. 공상에서 상상이 비롯되는 것도 아닐 터이다. 상상의 근저에는 사상이 자리한다. 상상력은 사상의 힘에 근거한다. 사상가를 만날 차례가 되었다. 21세기 신유라시아주의 운동의 기수이자 정수, 알렉산드르 두긴을 만났다. '푸틴의 브레인'으로도 곧잘 회자된다. 그와의 대화를 소개한다.

025

신유라시아주의:
페레스트로이카 2.0

푸틴의 책사, 알렉산드르 두긴과의 대화

칠고초려

"아시아는 러시아의 출구가 되어줄 것이다." 19세기 후반, 작가 도스토 옙스키의 예언이다. "러시아의 8할은 아시아이다. 러시아의 희망은 아 시아에 있다." 20세기 초반, 언어학자 트루베츠코이Никола́й Серге́евич Трубецко́й의 언명이다. "러시아가 구원을 받을 수 있다면, 그것은 오로지 유라시아 국가로서만, 유라시아주의를 통해서만 가능할 것이다." 20세 기 후반, 역사학자이자 지리학자 레프 구밀료프Лев Никола́евич Гумилёв 의 진단이다. 최후의 인터뷰에서 밝힌 견해였으니 유언이라고도 하겠 다. 러시아제국과 소비에트연방, 두 번의 제국이 무너진 폐허에서 공히 솟아난 담론이 유라시아주의였다. 그 유라시아주의를 21세기에 계승하 고 있는 이가 알렉산드르 두긴Алекса́ндр Ге́льевич Ду́гин이다.

만나기가 쉽지 않았다. 처음 세 번은 반응이 없었다. 메일 수신은 했 •443

건만 답장이 없었다. 다음 세 번은 거절하는 답장이었다. 그럼에도 미세한 변화는 있었다. 거절의 변이 점점 길어졌다. 파고들 여지가 있다고 여겼다. 질문지를 첨부한 7번째 편지를 보냈다. 마침내 승낙을 얻었다. 칠고초려 끝, 희소식이었다. 쾌재를 불렀다.

11번의 편지가 오가는 사이 110일이 지났다. 모스크바에 입성한 것은 5월이었다. 돌연 눈발이 흩날리는 북방의 봄날이었다. 넉 달 동안 동서남북을 쏘다녔다. 상트페테르부르크의 백야부터 시베리아의 툰드라까지 눈에 담았다. 바이칼호부터 북극해까지 시야에 넣었다. 이르쿠츠크 시市의 대형 서점에는 '유라시아주의' 특별 서가가 꾸며져 있었다. 시베리아 횡단열차에서는 구밀료프의 책을 읽고 있는 대학생을 만났다. 유라시아주의는 푸틴 정권의 국시國是일뿐더러 민간에서도 호응하는 '시대정신'이라는 확신이 들었다. 감질이 났다. 안달이 났다. 칠전팔기를 불사했던 까닭이다.

인터뷰가 성사된 곳은 9월의 블라디보스토크였다. 그가 동방경제포럼의 특별 연사로 초빙된 것이다. 장소가 아쉽기는 했다. 극동연방대학의 발해연구소에서 진행되었다. 모스크바에 있는 그의 연구실을 직접 보고 싶었다. 서재는 사상을 공간화해둔 곳이다. 작업실은 그 사람의 뇌 구조를 투영한다. 연구실 배치만 보아도 인터뷰 목적의 절반은 달성하는 셈이다. 다만 공간의 아쉬움을 덜어준 것은 절묘한 시점이었다. 러시아 혁명 100주년을 코앞에 두고 있었다. 블라디보스토크 박물관에서는 레닌 특별전이 시작되었다. 미술관에서는 더욱 흥미로운 전람회가 열렸다. 러시아 혁명을 피하여 만주/연해주로 피난 갔던 정교도 마을의 사진 전시회였다. 알렉산드르 두긴 또한 정교 사상가다. 그중에서도 비주류였던 고의식파 출신이다. 외양에서부터 범상치 않은 기운이 뿜어져 나왔다. 회색 턱수염을 길게 길렀다. 콧수염도 덥수룩하여 입술을 죄다

알렉산드르 두긴.

덮었다. 가려진 입술 사이로 묵직한 음성이 새어나왔다. 흡사 컴컴한 동굴에서 말씀이 웅웅 울려 퍼지는 듯하였다.

　성직자 같다 하여 수도원에 은신하는 것도 아니다. 사회 활동이 활달하다. 의회 의장고문에 취임하여 현실 정치에 깊이 개입한 것이 1998년이다. 2002년에는 직접 정당(유라시아당)을 창설하여 당수 노릇도 하였다. 당을 접고 유라시아주의 운동에 전념한 것이 2003년이다. 푸틴에 대한 '비판적 지지'를 표하며 시민사회에 투신한 것이다. 2008년에는 모스크바대학 사회학과 교수로 취임한다. 신학부터 지정학에 이르기까지 이론적, 학술적으로 신유라시아주의를 정립했다. 2012년 푸틴이 대통령으로 복귀하자 당대의 이데올로그, 푸틴의 책사로 간주된다. 러시아의 어제와 오늘, 내일을 파악하는 데 적임자라고 생각했다.

성찰: 혁명과 문명

이병한   러시아 혁명 100주년입니다. 새내기 시절 사회과학 동아리에서 레닌의《국가와 혁명》을 읽었던 기억이 새삼스럽습니다. 1917년 2월 혁명은 부르주아 혁명, 10월 혁명은 프롤레타리아트 혁명, 도식적으로 이해했어요. 피상적이고 교조적인 혁명사관을 학습했던 것입니다. '표트르부터 푸틴까지' 러시아 근현대사 300년의 장기적 관점으로 러시아 혁명을 접근하시죠?

두긴   로마노프 왕조, 러시아제국의 성립은 철저하게 표트르 대제의 기획이었습니다. 그 이전까지의 러시아 문명, 정교 전통을 전복시키는 혁명이었습니다. 근대화를 명분으로 서구화를 추진한 것이죠. 예카테리나는 표트르의 실험을 완성시킨 여제였고요. 교시로서 러시아는 '유럽 국가'라고 못 박았습니다. 예카테리나는 그 오랜 집권 기간 동안 모스크바를 행차한 적도 몇 차례 없어요. 표트르가 건설하고 예카테리나 때 절정을 구가한 상트페테르부르크는 러시아의 파리 같은 곳이었습니다. 상류층은 러시아어보다 프랑스어 쓰기를 더 좋아했죠. 의복부터 식습관, 학문과 예술까지 전반서구화全般西化가 만연했습니다. 전통적인 복장을 하고 수염을 기르고 다니면 경찰에 의해 제지받았을 정도죠. 이러한 서구화, 근대화에 저항했던 기층 운동을 주도했던 세력이 정교 신자들이었어요. 특히 고의식파 숫자가 전체 인구의 3분의 1까지 확산된 것이 20세기 초의 상황입니다. 이들이 1917년 러시아 혁명에 적극 가담하죠. 그래서 표트르가 폐지했던 총주교를 회복시킵니다. 수도도 모스크바로 되돌리고요.

이   저 또한 고의식파의 관점에서 본 러시아 혁명사가 몹시 흥미로웠습니다. 국가로 흡수되어버린 제도권 정교와 일선을 긋는 '민간 정교', '민주 정교'라고 할까요? 실천 정교, 생활 정교였습니다. 그 '인민 교회'(=소비에트)가 권력을 접수해가는 과정도 인상적이었죠. 조선 말기에도 동학운동이라는 것이 있었습니다. 국가 이데올로기로서의 유교와 다른 '민중 유교', '민주 유교'였죠. 그 조직으로 집강소가 있었고요. 서당과 성당과 정당이 결합한 '인민 서원'이었다고 저는 생각합니다. 1894년 동학혁명은 실패했지만, 1917년 정교혁명은 성공했습니다.

두 아닙니다. 성공하지 못했습니다. 혁명을 도둑맞았죠. 볼셰비키들이 혁명을 낚아챘습니다. 또 다른 서구화가 시작되었거든요. 사회주의도, 공산주의도 서유럽의 산물입니다. 유럽의 특수한 사회적, 경제적, 정치적 조건을 전제로 등장한 이념이에요. 결국 볼셰비키의 실험은 18세기 이래 추진해왔던 러시아의 유럽화를 더더욱 심화시키고 말았습니다. 매우 다른 환경과 조건에다가 유럽 기원의 제도를 이식하려다 보니 무리수를 연발한 것이죠. 따라서 볼셰비키의 세계 혁명이 완수되었다고 해도 그 결과는 유럽으로의 완벽한 동화에 그쳤을 것입니다. 즉 러시아 문명의 완전한 소멸, 좌파 버전의 '역사의 종언'이었겠죠.

소련 시기 달을 정복하고 우주왕복선을 만들고 핵무기를 개발하는 동안 러시아인들의 영혼은 피폐해졌습니다. 마을은 사라지고 성당은 폐쇄되고 인간은 기계적인 프롤레타리아트가 되어갔죠. 전통은 말소되고 장소의 고유함은 사라지고, 그 광대한 영토에서 살아가는 모든 이들이 똑같은 구호를 외치면서 살아가는 끔찍한 시절이었습니다. 최고의 과학기술과 최강의 군사력을 보유하고도 순식간에 소련이 몰락했던 까닭입니다. 영혼이 가난했습니다. 심성이 각박했습니다. 러시아의 기층과 전혀 상응하지 않는 외래 문명이 겉으로만 군림했기 때문입니다. 1991년 소련의 해체로 러시아의 전

정교 세계의 성지, 소피아에 위치한 성 알렉산드르 넵스키 성당.

통문명은 다시금 부활의 계기를 맞이합니다. 물론 초기에는 또 다른 표트르주의자들, 옐친과 같은 우파 서구화주의자들이 집권했죠. 그러나 최악의 혼란 끝에 푸틴이 집권하면서 안정을 되찾아갑니다. 푸틴은 표트르 이래 300년 러시아 역사의 물줄기를 되돌리고 있습니다.

이 볼셰비키 혁명에 반대하여 러시아를 떠난 망명 지식인들이 1920~30년대에 모색한 이념과 사상이 유라시아주의였습니다.

두 19세기로 더 거슬러 올라갈 수도 있습니다. 당시에는 슬라브주의라고 했죠. 물질문명을 최우선시하는 서구파의 대척점에 섰던 일련의 사상가들입니다. '인민 속으로'(브나로드B народ), 나로드니키의 출발이었고요. 도스토옙스키와 톨스토이 또한 그 계보에 세울 수 있습니다. '정교도 사회주의자'였습니다. 유라시아주의자들이 유별난 것만도 아니었어요. 1910년대 이미 '서구의 몰락'이 운운되었습니다. 제1차 세계대전을 통하여 문명의 위기를 자각하게 된 것입니다. 그러나 볼셰비키가 집권하면서 유물론과 무신론이 더욱 심화되고 말았습니다. 소비에트가 아니라 공산당이 권력을 독점한 것입니다. 인민 교회가 국가기구에 배반당한 것입니다. 톨스토이가 아니라 마르크스를 떠받들었습니다. 마치 표트르에 반대하여 우랄산맥 동쪽으로 피난 갔던 고의식파처럼, 프롤레타리아트 혁명에 반대하는 이들이 파리와 프라하, 베를린, 브뤼셀, 소피아(불가리아의 수도) 등지로 망명을 떠납니다. 그중에서도 특히 소피아가 중요하죠. 정교 세계의 성지 가운데 한 곳이었기 때문입니다.

이 소피아는 '아시아 하이웨이'의 종착역이기도 하더군요. 비잔티움 세계의 경계였고요.

두 트루베츠코이의 《유럽과 인류》Европа и человечество가 발간된 장소이기도 하지요. 소피아대학에 자리를 잡았던 1920년이었습니다. 몽골의 러시아 점령을 긍정적으로 평가하는 파격적인 역사 해석을 내놓았습니다. 러시아의 물질적 기반이 아시아를 통하여 형성되었다는 것이죠. 슬라브인, 중국인, 인도인, 아랍인, 아프리카인 등이 연합하는 진정한 인류애를 통하여 압제자 유럽에 대항하자는 대전략을 제시했습니다. 공산주의 일색의 세계혁명이 아니라, 각자의 문명을 통하여 서구 자본주의를 극복해보자는 취지였죠. 이 책자가 망명 지식인들 사이에 대논쟁을 촉발하여 유라시아주의자라고 하는 일군의 사상 집단이 형성된 것입니다. 그 논쟁을 집대성하여 1921년에 펴낸 선집이 《동방으로의 출구》Исход к Востоку이고요.

이 제목부터 도스토옙스키 느낌이 물씬합니다. '아시아로의 출구'라는

트루베츠코이.

도스토옙스키.

표현을 차용한 것이겠죠?

두 시인 솔로비요프의 작품 중에는 〈빛은 동방으로부터〉도 있습니다.

이 러시아 혁명에 반하여 그들이 추구했던 것이 무엇입니까?

두 러시아 문명입니다.

이 혁명의 반대편에 문명을 두는 지점이 흥미롭습니다. 에드먼드 버크 (1729~1797)의 《프랑스 혁명에 관한 성찰》(1790)을 연상시킵니다. 영국 하원의원이자 사상가로서 프랑스 혁명에 대한 시국론을 설파하죠. 올 한 해 유럽부터 러시아까지 견문하면서 삼독한 책이 《프랑스 혁명에 관한 성찰》입니다. 학부 시절 제 전공이 사회학이었는데요. 그때는 '보수주의의 아버지'라고 하여 버크를 제대로 다루지도 않았어요. 경제적 자유주의를 수용하는 한편으로 봉건적 계층질서도 옹호했다는 식으로, 중세에서 근대로 가는 이행기의 사상가 정도로 간주했죠. 그런데 올해 독서를 거듭하며 달리 보이더군요. 변하는 것과 변하지 않는 것을 동시에 숙고한 사상가, 유동성과 안정성의 균형을 추구한 정치가로 보였습니다. 자연스레 버크와 두긴 선생님을 겹쳐서 독서하게 되었고요. 선생님을 '러시아의 버크'라고 부를 수도 있지 않을까 생각했습니다.

두 20세기의 3대 이데올로기, 자유주의·공산주의·전체주의와는 다른 '제4의 정치이론'을 궁리할 때 제가 자주 참조했던 인물이 버크이기도 합니다. 하지만 그가 봉건질서를 옹호했다고 말하기는 힘들지요. 시장사회가 확립되면 봉건체제는 자연스레 해체되기 마련이니까요. 다만 상업사회에서도 봉건사회에서 추구했던 가치와 미덕이 여전히 중요하다고 인식한 것이 핵심입니다. 아니, 프랑스 혁명이 문명의 파괴가 아니라 문명의 진보가 되기 위해서라도 앙시앵레짐에서 유효했던 태도와 관습을 통째로 버리면 안 된다고 주장한 것입니다. 근대 사회가 온전하게 작동하기 위해서라도 반드시 전통 사회의 원리가 기저에서 튼튼하게 자리 잡고 있어야 한다는 것입니다. 대표적인 것이 상층 계급의 공적 미덕으로서 강조된 기사도 정신이죠. 신사 정신이라고도 할 수 있습니다. 기사도 정신은 서유럽에서 인간 경영과 사회 운영의 노하우가 집약된 가치거든요. 문명이 지속하는 방책을 담고 있었던 비결입니다. 이것을 처분해버리는 혁명은 결국 문명의 토대를 갉아먹는 결과를 초래할 것이라고 보았죠. 문명에 반하는 혁명은 지속 가능하지 않다는 것입니다. 그래서 혁명 이념이었던 자유와 평등도 제어하려고 했습니다. 자유는 절제되어야 한다, 평등은 조율되어야 한다, 그래야 문명이 지속된다고 역설했습니다. 자유를 극단으로 추구하고 평등을 일방으로 추진하는 혁명은 단명할 수밖에 없다고 했습니다. 얄팍하고 편협한 혁명파가 결국은 반동적인 전제정치와 폭력정치를 산출할 것이라고 정확하게 예견한 것이죠. 자코뱅의 테러와 나폴레옹의 독재를 예언했던 셈입니다.《프랑스 혁명에 관한 성찰》이 출간된 것이 1790년이죠? 1789년 프랑스 혁명 직후에 나온 것입니다. 위대한 저작입니다.

이 귀족계급을 타도하되 귀족이 추구하던 기사도 정신은 보존해야 한다는 역설적 논법이 흥미로웠습니다. '고귀한 복종', '존엄한 순종' 같은 특이한 표현도 많이 등장하고요.

투 신사 정신이라 함은 통치자와 지배계급이 사적 정념에 빠져들지 않게 만드는 고도의 문명적 장치였어요. 권력이란 제도화된 폭력입니다. 그 합법적 폭력을 행사하는 자들의 사적 욕심, 동물적 욕망을 자제하고 억제하는 고도의 기능을 수행했던 것입니다. 그것이 작동해야 사회의 질서가 유지되는 정묘한 문화 형식이 생겨납니다. 그런 도덕적 장치가 혁명이라는 이름으로 폐기되면 권력의 폭정화, 정부의 전제화가 일어나는 것이죠. 명예와 존경을 으뜸의 가치로 삼는 지배계급의 윤리의식이 반드시 수반되어야 시장사회도, 시민사회도, 자유사회도 원활하고 원만하게 작동할 수 있습니다.

이 혁명적인 자유Freedom와 문명적인 자유Liberty를 분별하는 점도 재미있습니다.

투 문명적 규범에 의해서 사적인 정념을 억제하는 것이야말로 진정한 자유입니다. 자발적으로 자기 규제를 하지 않으면, 강권적으로 폭정을 행사할 수밖에 없으니까요. 그러면 자유롭지 못한 사회로 전락하게 됩니다. 버크는 부르주아 혁명이 허여한 사적 정념의 무분별한 표출, 무차별적 추구가 봉건체제보다 더 극심한 반동 정권과 독재체제를 낳을 것이라고 예견한 것입니다. 자기부정을 통한 자기긍정, 자부와 자존이라는 가치를 '봉건 윤리'라는 이름으로 폐기해버렸기 때문입니다. 절제와 절도를 모르는 잡놈들이 자유롭게 권력을 행사하면 문명은 삽시간에 무너진다고 보았죠. 자아실현보다 자아극복이라는 위대한 자유, 문명적 자유를 배우고 익히지 않는 계층이 곧바로 권력을 행사하면 문명사회에 치명적인 위해를 가할 것이라고 본 것이죠.

이 동방식으로 말하면 소아小我에서 대아大我로의 전환, '극기복례'克己復禮가 기사도 정신이라고 하겠습니다. 그런데 신사도 또한 결국 지배층을 규율하는 윤리이지 않습니까? 시장사회, 근대 사회로 가면 필히 상층 계급만이 아니라 만인에게 그런 윤리를 학습시켜야 하는 것 아닌가요?

두 버크는 하층 계급에게 신사도를 요구하기는 힘들다고 보았어요. 기사도 정신은 물질적 자본을 갖춘 사람들의 정신적 성숙, 마음 훈련입니다. 더 많은 사람들에게 효과적인 것은 종교라고 보았죠. 종교적 훈육의 사회적 역할이 바로 사적 욕망의 억제에 있기 때문입니다. 비뚤어지고 어긋나기 십상인 심성을 겸허함과 겸손함으로 다스리고 다독이는 것이죠. 모든 종교의 근간이 에고를 극복하는 데 있습니다. 더 큰 세계, 우주와의 공속감을 배양하는 것이죠. 유럽에서는 기독교의 '신'이 그러한 역할을 담당했습니다. 그러나 프랑스 혁명으로 폭발한 인간중심주의는 영원불변한 신의 법을 인정하지 않아요. 마치 지상의 인간이 이 세계의 주인인 양 착각하면서 주권을 행사하기 시작합니다. 버크는 혁명 직후부터 세속화가 초래할 장기적 효과를 근심했던 것입니다. 돌아보면 중세의 귀족과 성직자에 대한 이미지 자체가 '만들어진 전통'일 수 있어요. 승자가 쓴 역사, 즉 부르주아가 서술한 역사에 의하여 귀족과 성직자가 문명을 존속시키기 위한 역사적 진화의 소산이었다는 점을 외면해버린 것이죠. 버크가 《프랑스 혁명에 관한 성찰》에서 거듭 귀족이라는 말 대신에 신사라는 개념을 썼다는 점에 유의할 필요가 있습니다. 신사는 신 • 453

분제적 위계로서의 귀족과는 다른 개념이죠. 품성과 자질을 갖춘 신진 지배층이 반드시 필요하다는 견해입니다. 생득적 신분이 아니라 후천적 학습을 통해서 말이죠. 고귀한 가치와 태도를 귀족이나 성직자 같은 특권층이 독점하는 것이 아니라 더 많은 사람들이 향유하는 '문명화'를 지향했던 것입니다. 따라서 버크가 표방했던 것은 복고적 중세 사회가 아닙니다. 더욱 고등한 문명사회라고 할 수 있어요.

이 《프랑스 혁명에 관한 성찰》의 통찰이 러시아 혁명에도 통용될 수 있을 것 같습니다. 중국 혁명에도 적용될 수 있겠죠. 혁명은 일시적이며 단속적이고, 문명은 장기적이며 항구적이라고 할 수 있습니다.

두 자코뱅과 볼셰비키, 홍위병들의 공통점이 있죠. 단순하고 무식합니다. 단정적이고 교조적입니다. 어떠한 사회도 혁명파의 언설처럼 지배계급과 피지배계급으로 무 자르듯 갈라지지 않습니다. 본래 사회구조는 다층적으로 형성되기 마련이에요. 분업화가 덜 된 농경사회라고 해서 다르지 않습니다. 계급투쟁으로 양극화, 양분화시키는 것은 정치적 결집을 위하여 유리할 수는 있습니다. 그러나 바로 그 혁명 과정을 통하여, 망라적이며 복합적이고 다원적인 실제 사회질서는 완전히 헝클어지고 엉클어지고 맙니다. 혁명 이후 대혼란이 일어나고, 그 대혼란을 평정하기 위해 더욱 극심한 독재체제가 도래하는 까닭입니다. 즉 문명사회는 혁명파의 시각처럼 지배와 피지배의 단순 구도로 이루어지지 않습니다. 공생관계 속의 차등으로 작동합니다. 그 차등이 얼마나 합당하고 합리적이냐의 여부를 따질 수 있을 뿐입니다. 그 생생한 현실을 부정하면 문명이 파괴됩니다. 그래서 순수한 민주주의가 순수한 폭정으로 귀결되는 것입니다. 위

아래와 높낮음이 사라지면 만인이 만인과 투쟁하는 야만 상태로 떨어집니다. 약육강식 논리가 횡행하는 것은 문명이 상실되었기 때문입니다. 강약과 대소가 없을 수 없습니다. 문명이란 그 대소와 강약과 상하를 조화시키는 세련되고 우아한 기술입니다. 대소와 강약과 상하가 없는 사회를 만들겠다는 혁명은 기만입니다. 우리는 문명을 사수해야지, 혁명에 현혹되어서는 안 됩니다.

이 최신 용어로 거버넌스Governance가 아닐까 싶습니다. 버크 또한 '좋은 거버넌스'를 숙고했던 실학자라고 평가하고 싶고요. 그런데 혁명이 아니라 문명을 추구해야 한다는 말씀이 자칫 반동파의 주장처럼 들릴 수도 있거든요? 서구에서는 러시아 보수주의의 상징으로 선생님을 거론하기도 합니다. 해명 또는 반론을 듣고 싶습니다.

보수주의: '유기적 민주주의'

두 없습니다. 전혀요! (웃음)

이 보수주의자십니까?

두 그렇습니다.

이 우파이신가요?

두 아닙니다. 좌파도, 우파도 다 진보주의자이죠.

이 어떤 의미에서 보수주의자이신지요?

두 우파도, 좌파도 변화를 섬깁니다. 저는 아무리 세상이 변하더라도 변하지 않는 근본적이고 근원적인 가치가 있다고 생각합니다. 영원하고 항구적인 가치가 있습니다. 매순간 진화하는 형이하학의 세계 너머로 3차원적 시공간을 초월하는 형이상학적 세계가 있다고 생각합니다. 그 세계를 무시하지 않겠다는 태도로서 저는 보수주의 •455

자를 자처합니다. 즉 과거를 보존하자는 것이 아닙니다. 전통을 고수하자는 것도 아닙니다. 시간에 대한 다른 이해를 뜻합니다. 그래서 과거를 더 우선시하거나 중시하는 것 또한 아닙니다. 과거와 현재, 미래를 분절적으로 사고하지 않는다는 것입니다. 특히나 과거보다 현재를, 현재보다 미래를 중시하는 불평등한 시간관을 단호하게 거부합니다. 과거와 현재, 미래를 관통하는 보편적 가치를 옹호하는 것이 보수주의입니다. 과거는 사라지는 것이 아닙니다. 영원히 현재합니다. 오늘날의 모든 것이, 그리고 미래의 모든 것이 과거로부터 비롯합니다. 현재와 미래의 모든 가능성이 과거에 담겨 있습니다. 고로 과거는 영원합니다. 보수주의야말로 영원한 미래파입니다. 그러한 시간관이 훨씬 더 자연스럽지 않습니까?

지금 우리 앞의 탁자 위에 화분이 하나 놓여 있습니다. 뿌리에서 줄기가 나고 꽃을 피우고 열매를 맺습니다. 뿌리에서 줄기가 자랐다고 하여 줄기가 뿌리보다 더 진보한 것입니까? 열매가 꽃보다 더 진보한 것입니까? 뿌리는 과거의 것이 아닙니다. 뿌리는 열매와 현재를 공유합니다. 꽃은 시들고 열매는 떨어지지만, 뿌리는 생명이 있는 한 지속합니다. 즉 근간이고 근본인 것이지, 선/후가 아닙니다. 과거/미래는 더더욱 아닙니다. 보수주의란 최종적인 열매만 편중하는 것이 아니라, 그 뿌리까지 동시에 숙고하는 전체적이고 유기적이며 항상적인 태도를 말합니다. 속성 재배는 오래가지 못합니다. 스탈린의 좌파 혁명도, 옐친의 우파 혁명도 금방 주저앉았습니다. 이유는 동일합니다. 뿌리가 튼실하지 못했기 때문입니다.

제가 푸틴을 지지하는 이유도 마찬가지입니다. 그는 러시아의 문명적 뿌리에 가닿은 정치를 하고 있습니다. 푸틴은 좌파나 우파로 분류할 수 있는 사람이 아닙니다. 러시아의 보수주의자입니다.

그래서 과거를 위해 투쟁하지도 않습니다. 공산주의자들은 소련 시대를 낭만적으로 회고하며 과거로 역사를 돌리려고 합니다. 자유주의자들은 1990년대를 장밋빛으로 회상하며 역사를 뒤집으려고 합니다. 그들이야말로 '보수파'입니다. 저와 같은 보수주의자, 유라시아주의자들은 '미래파'입니다. 인간과 사회와 국가와 문명의 근본과 근원을 따지기에 영원한 미래파입니다.

이 그런 태도는 선생님 독자적인 것인가요? 버크를 읽고 학습하신 것입니까? 혹은 러시아의 어떤 전통적 사유로부터 기인하는 것인지요?

두 도스토옙스키가 중요하죠. 18세기 버크가 프랑스 혁명을 실시간으로 관찰하며 우려했던 모습을 직접 두 눈으로 관찰한 인물이 바로 도스토옙스키였습니다. 19세기 중반 파리에 체류했거든요. 계몽주의에 신랄한 비판을 가합니다. 종교개혁 또한 기독교를 왜곡한 것이라고 성토했습니다. 루터가 바티칸의 부정부패를 비판한 것은 백 번이고 지당한 일이었습니다. 그러나 가톨릭 수도사들이 천오백 년간 온축해온 인생의 비결을 송두리째 상실하고 말았습니다. 얕디얕은 인문주의로 주 예수 그리스도를 일개 인간, 철학자 가운데 한 명으로 강등시키고 말았습니다. 구세주로서의 부활의 기적을 기각하고 만 것입니다. 예수 그리스도의 신=인간을 부정하고 나면 인간의 변화, 즉 '성화'聖化의 가능성이 차단되고 맙니다. 신의 왕국을 구현하겠다는 이상적 유토피아의 길 또한 봉쇄되고 맙니다. 기독교의 실천적 윤리학과 정치학이 누락되는 것입니다. 즉 개신교는 교황을 정점으로 하는 가톨릭의 위계를 타개했음에도 불구하고, 일체의 권위를 모두 부정하는 역설로 귀착되고 말았습니다. 성경을 혼자 읽기만 하면 성령이 강림합니까? 영성은 독서만으로 성취되는 것이 아닙니다. 기도하고 수도해야 합니다. 생활이 되어야 합니다. 일상을 성스럽게 만들어야 합니다. 종교개혁은 신학을 인문학의 하나로 전락시키고 만 것입니다. 그래서 신앙을 영성의 차원에서 이성의 영역으로 끌어내린 것입니다. 인간의 이성을 과신하는 악령의 길로 빠져들고 말았습니다. 도스토옙스키는 계몽도시 파리에서 기독교 낙원의 상실, 실낙원을 목도한 것입니다.

그에 반하여 러시아를 중심으로 한 정교 세계는 여전히 기독교 본래의 순연한 형태를 보존하고 있다고 보았습니다. 도스토옙스키 후기 작품은 모두 이러한 주제를 다루었다고 해도 과언이 아닙니다. 톨스토이가 무교회주의를 표방하면서 독자적인 《성경》을 다시 쓰게 된 것도 마찬가지 이유였지요. 서유럽에서 기독교가 타락하고 있음을 목도하며 러시아야말로 전 세계를 향하여 새로운 말씀을 전도해야 한다는 메시아적 사명감을 가지게 된 것이죠. 그 도덕적 각성과 영성적 분투가 '서구화'를 추구하던 러시아제국의 붕괴를 가져온 것입니다. 고난과 고행, 수난과 수련 속에서 러시아의 정신이 부활한 것입니다. 19세기 말부터 20세기 초반 러시아에서 위대한 문학작품이 봇물처럼 쏟아질 수 있었던 것도 마찬가지 이유에서입니다. 당시 서구에서 밀려오던 과학적 합리주의와 공리주의에 저항하면서 기독교 문명을 수호하는 최후의 천사가 되어야 했던 것입니다. 허나 그 찬란한 정신적 도약이 공산당 집권으로 다시 사그라들고 말았던 것이죠. 조악하고 천박하며 가벼운 소비에트 팝아트가 유행했습니다. 또 다른 진보주의자들의 전제에 맞서서 소련의 '민주화'를 촉발한 작가 솔제니친 역시도 정교 사상가였음은 결코 우연이 아닙니다.

이 흥미롭습니다. 서방 기독교와 동방정교의 차이를 좀 더 설명해주실

수 있을까요?

두 　도스토옙스키 후기 작품의 열쇠말로 '리치나스찌'лйчность라는 개념이 있습니다. 동방정교의 핵심을 담는 말이라고 하겠습니다. 동방정교에서는 서방의 스콜라 철학 같은 논리와 사변이 발달한 것이 아닙니다. 신을 직접 체험하는 수련과 수양이 발달합니다. 그래서 글보다는 이미지가, 아이콘Иконка이 발전했습니다.

이 　저도 그리스의 아토스산에 가보았습니다. 사흘 동안 정교식 수련도 해보았고요. 미셸 푸코가 말년에 고대 그리스인들의 세계를 재해석하면서 길어 올린 '자기 수양'이라는 개념도 정교 세계와 더 어울리는 것이었겠구나 하는 생각이 언뜻 들더군요. 그리스의 진정한 후예는 서유럽이나 미국이 아니라 러시아일지도 모르겠다는 생각도 일었고요.

두 　동방정교의 요체는 신의 존재에 대한 논리적 증명이 아닙니다. 신을 직접 경험하는 것입니다. 그 체험을 통하여 인간을 성화시키는 것입니다. 인간은 신의 모양을 본떠 만들어진 존재라고 했습니다. 고로 그 내재하는 신성을 갈고 닦으면 성화에 이를 수 있습니다. 즉 동방정교는 인간 한 명 한 명이 자기 내면으로 품고 있는 신의 모습을 잊지 말고 잃지 않으면서, 신과 영적으로 교감하여 신에 더 가까운 인간, 더더욱 인간다운 인간으로 고양되는 것을 중시합니다.

　《죄와 벌》이 바로 그런 작품입니다. 소냐는 수많은 죄를 지은 사람입니다. 그러나 그러한 죄 많은 이웃 또한 사랑할 수 있습니다. 사랑받을 수 있습니다. 왜? 소냐의 마음속에도 신의 모습이 담겨 있기 때문입니다. 빛을 주면, 은총을 받으면, 마음을 먹으면, 누구나 바로 그 순간부터 다른 삶을 살아갈 수가 있습니다. 일순이 영원의 변화를 가져옵니다. 즉 죽는 순간까지 인간은 무궁한 참회와 무한한 회개의 가능성을 안고 살아갑니다. 그래서 죄를 짓는 이웃도 사랑할 수 있고, 원수마저도 사랑할 수 있게 되는 것이죠. 그래서 고통을 나눌 수도 있고, 기꺼이 대신 벌을 받는 대속代贖도 가능해지는 것입니다. 동방정교의 세계관이 응축된 작품이《죄와 벌》이라고 하겠습니다.

반면《지하실의 수기》는 서구의 계몽주의, 이성중심주의에 대한 신랄한 냉소를 그린 작품이죠. 인간이 각자의 사리사욕을 이성적으로 추구하는 합리주의가 결국은 타자의 이익과 사회의 공익을 보장해줄 수 있을 것이라는 낙관적이고 낙천적인 세계관을 거침없이 조롱합니다. 인간의 이성을 과신하는 사회는 결코 이 세상의 불행과 불운을 해결할 수 없다며 맹렬하게 성토하죠. 신의 은총과 인간의 사랑에 의해 인격을 완성함으로써만이 공동체의 평화도 완수된다고 역설합니다.

이 다시금 동방식으로 옮기면 '경천애인'敬天愛人입니다. 성공회 신자였던 버크와 정교도인 도스토옙스키의 '자유' 개념이 흡사한 것도 같습니다.

두 도스토옙스키가 옹호한 자유 또한 자유주의보다 훨씬 차원이 높고 고상한 자유입니다. 자의식를 떨쳐내는 자유, 자기 이익을 포기하는 자유, 남을 사랑하고 희생할 수 있는 자유, 십자가를 지고 벌을 대신 받을 수 있는 자유의지를 옹호한 것입니다. 예수님처럼 하느님에 자발적으로 복종하는 궁극의 자유죠. 자유의 궁극은 자아로부터의 해방이기 때문입니다. 자기애로부터 보편애로 승화시키는 것입니다. 도스토옙스키 작품에서 그려지는 이상적인 인물상은 모두 자아극복을 연마하는 동방정교의 정수를 구현한 사람들이죠. 그것이 바로 '리치나스찌'입니다.

이 '리치나스쩨'를 사전 그대로 풀면 '인격' 정도 될 텐데요. 동방정교의 어감을 잘 살려서 옮긴다면 유교의 '대아'大我, 불교의 '진아'眞我에 가까운 것이 아닌가 싶습니다. 극기복례를 이룬 대아, 탐진치를 극복한 참나, 라고나 할까요. 각자 신성과 천성과 불성을 구현한 인격을 일컫습니다.

두 그래서 보수주의자는 공산주의의 프롤레타리아트나 자유주의의 부르주아를 기각하는 것입니다. 다들 제 계급적 이해에 충실한 소인들입니다. 보수주의자는 모든 인간이 위대한 인격으로 도약할 수 있음을 의심치 않습니다. 담대함과 대범함과 원대함을 옹호합니다. 대장부(Homo maximus)를 지향합니다. 마음먹기에 따라서, 살아가는 태도에 따라서 소시민으로 안주하지 않고 위대해질 수 있습니다. 위대해진다 함은 부와 권력과 같은 세속적 가치를 쥔다는 뜻이 아닙니다. 모두가 예수처럼 고귀하게 살아갈 수 있다는 의미죠. 하느님의 자녀가 되는 것은 종속도 굴종도 아닙니다. 신의 정언을 따르는 사람이 되어야만 우리는 세속의 권력에 비굴해지지 않는 진정한 자유를 획득할 수 있습니다. 인간의 주체성과 자율성과 독립성을 위해서라도 늘 신과 함께 깨어 있어야 합니다. 그러나 계몽주의 이후의 인간은 스스로 '자유로운 개인'을 선언함으로써 욕망의 노예로 전락해버리고 말았어요. 일생 동안 소유하고 소비하는 양은 늘었는지 모르겠습니다. 그러나 영혼의 질과 격은 현저하게 떨어졌습니다. 그 결과 탈인간화, 포스트-휴먼을 운운하게 되는 지경에 이른 것이죠. 이성적 인간이 결국은 비인간적인 인간으로 귀착된 것입니다. 고로 신의 죽음과 인간의 죽음은 직결되어 있습니다. 주체의 죽음, 저자의 죽음 등등 포스트모더니즘의 소란스러움을 지나 포스트-사피엔스로 진입하고 있는 것이지요. 인공지능 시대, 이성

•461

적 인간은 더 이상 설 자리가 없습니다.

이 '유기적 민주주의'와 '순수 민주주의'를 분별하십니다. '유기적 민주주의'란 무엇입니까?

두 사회의 수평화와 유동화를 극단적으로 추구하는 것이 민주주의가 아닙니다. 제 자리에 제 사람을 반듯하게 배치하는 것, 인물과 역할의 조합을 최적화하는 것이 문명입니다. 다종다양한 존재의 연쇄를 통하여 유기적인 통일체를 이루는 것이 문명이지, 만인이 자유롭고 만인이 평등한 사회가 만능이 아닙니다. 만능은커녕 애당초 가능하지가 않습니다. 온갖 감언이설로 그런 사회를 구현하려고 좌파와 우파가 시도했기에 억지스러운 평준화와 균질화가 빚어졌던 것입니다. 문명사회가 파괴되고 독재와 전제가 만연했던 것입니다. 따라서 개개인을 에고이스트적 욕구, 소유와 소비의 욕망에 종속시키는 자유민주주의도, 개개인의 개성을 박탈해 전체주의에 복속시키는 평등민주주의도 거절하는 것입니다. 무분별한 자유도, 인위적인 평등도 아닌 자연스러운 조화를 꾀합니다. 저는 이를 '유기적 민주주의'라고 표현합니다.

이 푸틴이 말하는 '주권민주주의'와 선생님의 '유기적 민주주의'는 같은 개념입니까?

두 아닙니다. '주권민주주의'는 1990년대 러시아의 정치적 상황에 터하여 나온 도구적 개념입니다. '유기적 민주주의'는 보수주의의 이념형을 구현했다고 할 수 있는 비잔티움제국의 정체로부터 빌려온 발상입니다.

비잔티움제국 2.0: 심포니와 하모니

이 저도 오늘의 러시아를 이해하는 데 비잔티움제국이 매우 중요하겠다는 생각을 하던 차였습니다. '다른 로마', 동로마제국에 대한 공부가 크게 부족했음을 실감했죠. 서로마가 쇠락한 이후에도 무려 천년이나 지속한 또 다른 로마제국이었음에도 불구하고 관심이 부족했던 것입니다. 비잔티움제국 재인식이 향후 세계사의 전망에도 필수적이라고 보입니다.

두 서로마제국이 멸하면서 서유럽은 교황청의 종교적 권위로 작동하는 중세로 진입합니다. 그러나 동로마제국은 달랐어요. 지중해 서쪽의 라틴어 세계와는 달리 동쪽의 그리스어 세계는 성이 속을 압도하지 못합니다. 세속의 권력과 종교의 권위가 상호 견제하고 침투하면서 공존합니다. 국가와 교회가 협치를 합니다. 황제와 총주교가 연정을 합니다. 즉 동방정교는 세속국가와의 관계를 중시하는 교리를 가지고 있습니다. 정교와 국가는 배척하고 배타하는 상극이 아니라, '교향'交響하는 상생 관계입니다. 응당 성과 속의 분리를 허용하지 않습니다. 아니, 애당초 불가합니다. 바람직하다고도 여기지 않습니다. 성과 속은 공진화해야 한다는 것이 그리스어 세계의 전통이고 정통입니다. 때문에 라틴어 세계처럼 훗날 교황의 전일적 권력으로부터 군주들이 독립해가는 세속화 투쟁 자체가 필요하지 않았습니다. 세속권력을 초월한 종교적 권력이 존재하지 않기 때문입니다. 정통을 표방하는 정교 세계에서는 보편을 주장하는 가톨릭처럼 바티칸 같은 유일한 종교권력의 원천이 부재했습니다. 중앙집권적이지 않고 연방제적 속성이 강한 것이지요. 그리스정교, 러시아정교, 조지아정교, 불가리아정교 등등 지방분권적이고 연방제적 성격이 농후했던 것입니다. 그만큼 교회의 권력이 분산적이었기 때문에 국가와 종교의 관계 또한 도리어 더욱 돈독할 수가 있었던 것이죠. 서로마-서유럽과는 전혀 다른 다중심적이고 다극적인 세계였어요. 그래서 총주교 또한 네 곳이나 자리했죠. 콘스탄티노플, 알렉산드리아(이집트), 안티오키아(시리아), 예루살렘에 권위와 권한이 분산되었습니다. 그 서로 다른 네 종교적 중심과 세속권력의 상호 관계 속에서 비잔티움제국은 운영되었던 것입니다. 그만큼 유연한 연합체이고 유기적인 조직체였습니다.

이 동방정교 세계가 연방제적 성격을 가졌다는 말씀은 몹시 인상적입니다. 러시아제국의 속성, 나아가 20세기의 소비에트연방, 21세기의 러시아연방공화국과도 무관치 않을 것 같습니다.

두 비잔티움제국의 소멸 이후 동로마제국의 전통과 정통을 계승한 국가가 러시아입니다. 그리스어 세계의 속성을 고스란히 물려받았습니다. 교회와 국가는 하나도 아니지만 둘도 아닙니다. 국가와 교회는 무관해야 한다는 서로마-서유럽의 역사적 경험을 러시아에 투영해서는 안 됩니다. 종교로부터 국가의 자율성을 획득하고 그 국가로부터 다시 시민사회가 자립해가는 라틴어 세계의 천 년사와, 국가와 종교와 민간이 공진화하는 그리스어 세계의 천 년사는 전혀 상이했으니까요. 국가와 사회와 종교는 유기적으로 결합되어야 한다는 것이 동방정교의 핵심 사상입니다. 성과 속을 조화롭게 운영하는 고도의 기제를 세련되게 단련해온 것입니다. 흔히 심포니와 하모니로 비유하죠. 다채로운 음색의 악기들이 어우러지는 교향과 조화를 추구합니다. 따라서 정교 세계는 결코 개개의 종파와 민족적 특성을 소거하지도 않아요. 기독교를 넘어서서 이슬람 세계와 불교 세계와의 유기적 융화가 가능했던 것도 이러한 '교향적 인격주의'에 바탕한다고 하겠습니다.

이 그 비잔티움제국의 성격과 '유기적 민주주의'는 어떤 관련이 있는 것입니까?

투 비잔티움제국은 공화국이었습니다. 서로마제국의 제국상을 가지고 동로마제국을 인식하면 안 됩니다. 공화국은 군주제와 귀족제와 민주제가 상호 견제와 균형으로 고도의 교향을 추구하는 체제입니다. 플라톤도, 아리스토텔레스도, 키케로도 모두 군주제와 귀족제와 민주제의 조화를 구했지, 어느 하나의 제도가 독점적으로 권력을 행사하는 상태를 우려했습니다. 즉 군주제가 압도해도, 귀족제가 돌출해도, 민주제가 독주해도 공히 전제정치로 귀결된다고 보았던 것입니다. 러시아에서는 중고등학교 시절부터 그리스 고전을 원전으로 공부합니다. 러시아 교양의 양대 축이 정교와 그리스 사상입니다. 고전의 가르침이 왜곡되지 않고 계승되고 있습니다. 그래서 러시아인들의 눈에 1990년대의 체제 이행은 명백하게 균형이 무너진 민주제 독점 시대였습니다. 아니, 사실상의 귀족제로의 타락이었습니다. 그래서 '올리가르히'라는 그리스어 기원의 개념을 떠올린 것이죠. '순수 민주주의'는 공화국을 위태롭게 만듭니다. 민주정과 귀족정과 군주정의 속성이 균형을 이루는 '유기적 민주주의'가 작동해야 공화국도 장기 지속할 수 있습니다. '비잔티움 공화국'이 인류 역사상 최장의 제국이었음은 그리스의 지혜에 기초해 있었기 때문입니다.

이 그리스-로마 문명의 적통으로 러시아를 자리매김하는 것인데요. 20세기 미국과 소련의 헤게모니 다툼 또한 현대적인 로마의 적자 대결이었을지 모르겠다는 생각도 얼핏 듭니다. 그러나 러시아는 그리스-로마로만 한정되지 않는 문명적 자산을 가지고 있지 않습니까? 유라시아주의자로서 아시아와의 관계는 어떻게 설정하십니까?

두 유라시아는 점진적으로 통합과 통일의 과정을 밟아왔습니다. 스키타이인, 튀르크인, 몽골인에 이어서 러시아인에 의해 대통합의 경험을 해보았죠. 문자와 종교에서는 그리스의 계승자로서, 지리적으로는 스키타이-튀르크-몽골을 잇는 후예로서 러시아를 자리매김합니다. 그래서 '아테네의 스키타이인'이라는 표현으로 러시아인을 표상하기도 하죠. 모스크바가 그 상징적인 장소입니다. 동방정교의 신앙을 동양의 풍수지리를 빌려서 구현한 도시가 모스크바니까요. 모스크바의 차르는 세례를 받은 칸이었습니다. 러시아는 태생으로나 기질로나 규모로나 다민족, 다문명, 다문자, 다종교를 아우르는 유라시아적 귀속의식을 가질 수밖에 없습니다. 서쪽의 가톨릭 문명, 남쪽의 이슬람 문명, 동쪽의 유교와 불교 문명과 대등한 독자적인 세계 문명 공동체로서 러시아-유라시아를 사유해야 합니다.

이 러시아 또한 중국이나 인도처럼 국민국가가 아닌 것이죠. 제국입니다.

두 그렇습니다. 러시아는 일개 국가가 아닙니다. 문명국가입니다. 보수주의와 유라시아주의에 기초한 국가세계a state-world입니다. 러시아를 하나의 국가로 간주하면 서구의 표준으로부터 이탈한 존재인 양 파악하게 됩니다. 러시아의 서구파들, 민주파들, 자유주의자들의 인식이 그러하죠. 러시아의 고유함을 비정상이라고 여깁니다. 그래서 러시아를 개조해야 한다고 생각합니다. 극단적으로 말해 러시아를 지우고 프랑스나 미국 같은 나라로 만들자고 하는 사람들입니다. 결국 러시아의 미래를 '유사 서구'Fake West에서 구하는 것이죠. 서구의 아류, 이등 국가, 이류 국가에 그칩니다. 왜 지는 싸움을 하겠습니까? 중국처럼, 이란처럼 이기는 싸움을 해야 합니다. 독자적인 문명국가의 노선을 확실히 해야 합니다. '유라시아 정교 대국'

이 바로 그런 모델이죠. 때문에 러시아는 민족주의나 국가주의 같은 배타성을 배격합니다. 영원하고 고귀한 것을 추구합니다. 보수주의는 현실 정치체로서 제국과 조응합니다. 제국은 천상과 지상을 매개하는 정치체이기 때문입니다. 차이를 차별로 삼지 않고 포용하고 통합합니다. 국민국가는 태생적으로 배타적입니다. 위계적입니다. 제국의 지구력을 담보할 수가 없습니다. 보수주의 없이는 제국이 형성되지 않습니다. 소련의 조기 몰락은 진보주의 때문입니다. 보수적 제국이야말로 인간이 형성할 수 있는 최상의 정치 공동체입니다. 고귀한 인간들의 집합체, 연합체. 종교를 비롯한 고등한 문명이 바탕이 되어야 제국이 형성되기 때문입니다. 러시아는 유라시아 제국입니다. 비교의 대상이 영국, 프랑스, 독일 등 국민국가가 아니라 EU, 힌두 문명, 이슬람 문명, 중화 문명 등 문명적 단위로 러시아를 접근해야 합니다.

이 중국이 동쪽에 치우쳤고, 인도가 남쪽에 자리한다면, 러시아는 북방 제국일까요?

두 러시아의 공간적 특징은 중앙성에 있습니다. 동과 서의 상호 접촉을 기반으로 진화해가는 유라시아 문명권의 주체입니다. 북방 제국보다는 '중앙 제국'이 더 적절하다고 생각합니다. 서구도 아니요 동방도 아닌, 양자를 아우르는 고유함과 독보적인 성격을 중앙성에서 찾을 수 있습니다. 가톨릭 세계와 이슬람 세계와 불교 세계와 유교 세계를 모두 접하고 있는 지구상의 단 하나의 문명이 러시아-유라시아라고 할 수 있습니다.

이 중앙과 중심은 다른 개념인가요?

두 중심성은 서유럽의 가톨릭 문명이나 동아시아의 중화제국에 더 어울리는 개념 아닐까요? 혹은 현재의 미국이 중심성이 강합니다. 하 •467

지만 러시아의 중앙성이란 중간 개념에 더 가깝습니다. 중심에서 선도하는 것이 아니라, 중앙에서 매개하는 역할을 더 강조합니다.

이 흔히 유라시아주의를 러시아판 제국주의, '팍스 루시카'로 비판하기도 하는데요?

투 러시아는 제국주의를 추구할 필요가 없습니다. 이미 제국이 선물로 주어져 있습니다. 은총처럼 천혜의 광활한 영토를 갖추고 있습니다. 러시아의 사명은 이 광대한 영역의 안과 밖으로 조화를 이루는 일입니다. 러시아인은 서유럽인과는 아시아에 대한 태도가 다릅니다. 위대한 종교와 문명의 요람으로서 고대의 동양 문화에 대한 선망이 있습니다. 정복의 대상이 아니라 경외심을 품고 아시아를 바라봅니다. 스키타이와 튀르크와 몽골의 피와 살과 뼈가 러시아를 이루고 있음을 잊지 않고 있습니다. 서구와 미국의 제국주의와는 질적으로 다르다고 하겠습니다.

이 제국성을 부정하지 않기에 푸틴을 차르에 빗대는 것 아닐까요?

투 제국과 황제는 불가분의 관계가 아닙니다. 역사적으로 황제 없는 제국의 사례는 많았습니다. 미국은 제국이 아닙니까? 선출된 귀족이 이끌어가는 제국입니다. 공화당과 민주당 외에는 선택지가 없지 않습니까? 중국도 마찬가지입니다. 공산당이 권력을 독점하는 제국입니다. 미국도, 중국도 황제 없는 제국으로 진화한 것입니다. 제국에서 더 중요한 것은 황제냐 차르냐 칼리프냐 대통령이냐 하는 제도적 측면이 아닙니다. 보편적 사상과 이념입니다. 비잔티움의 카이사르와 오스만의 칼리프는 종교적 사명을 가졌습니다. 서로마제국과 몽골제국은 시민적 사명이 있었습니다. 중화제국과 페르시아제국은 문명적 사명이 있었습니다. 미국과 소련은 이념적 사명이 있었습니다. 그 보편적 사명으로 다민족과 다인종을 통합해내었던 것입니다. 유라시아 제국으로서 러시아에 관건적인 것 또한 그러한 보편적 사명을 제시할 수 있느냐입니다.

이 정교 대국과 대유라시아 연합이 푸틴의 사명 같던데요?

두 제가 생각하는 러시아의 사명은 크게 둘입니다. 첫째로, 신학을 제 자리에 돌려두는 것입니다. 신학은 과학과 배타적이지 않습니다. 신학은 영혼의 과학입니다. 신학 없는 인문학은 사소해집니다. 포스트모더니즘의 그 시시한 사기극들을 복기해보십시오. 신학은 인문학이나 사회과학을 넘어서는 과학입니다. 과학 중의 과학이 신학입니다. 모든 학문이 신학으로 귀결됩니다. 물리학을 하면 할수록, 생물학을 하면 할수록 신학으로 이어집니다. 변화하는 것을 중심에 두고 정립된 현대적인 학문 체제를 영구적인 것, 영원한 것을 기초로 삼는 학문 체계로 전환해야 합니다. 근본과 근원을 바탕에 두고 표면의 변화도 연구해야 합니다. 본말이 전도되었습니다. 둘째로, 세계를 제 자리에 돌려두어야 합니다. 서구적 근대를 국지적이고 일시적인 현상으로 간주해야 합니다. 러시아는 "NO"라고 말할 수 있어야 합니다. 러시아 문명의 내재적인 발전 논리에 따라서 독자적인 종교와 역사적 사명을 가짐을 자각해야 합니다. 그럼으로써 러시아는 세계의 다극화와 민주화에 공헌해야 합니다. 이 민주적 세계화의 동반자로서 중국과 인도와 이란과 시리아와 터키와 브라질 등등과 함께 연대해가야 합니다.

푸틴의 현재 지지도가 80퍼센트 안팎입니다. 러시아를 문명국가, 정교 대국, 유라시아 국가로 생각하는 민초가 전체 인구의 7할을 넘습니다. 헤겔이 나폴레옹에게 수여했던 '시대정신'이라는 말을 저는 푸틴에게 헌사하고 싶습니다.

페레스트로이카 2.0: 러시아의 러시아화

이 보수주의, 유기적 민주주의, 유라시아주의가 합류하여 '페레스트로이카 2.0'을 이룹니다. '페레스트로이카 1.0'과의 차이가 무엇입니까?

두 '페레스트로이카 1.0'은 1980~90년대를 일컫습니다. 탈소련, 탈공산주의를 추진했습니다. 그러나 글로벌 서구Global West의 일원으로 러시아가 편입되는 것에 그쳤습니다. 문명국가로서 러시아의 입지를 제대로 세우지 못했습니다. 당시 권력을 쥔 자유주의자들은 러시아를 다시 유럽의 일국으로 간주했습니다. 모스크바대학에서 영어 강의가 늘어나고, 러시아 문학과 러시아 역사, 러시아 예술은 '낡은 전통'으로 치부되었습니다. 그들이 집권을 계속했더라면 모스크바의 정치적 주권은 브뤼셀로 양도되고, 경제적 주권은 뉴욕에 종속되었을지 모릅니다. 군사적 주권을 나토에 헌납했을지도 모르죠. '페레스트로이카 2.0'은 그 시행착오로부터의 탈각을 의미합니다. 지구적 근대성Global Modernity을 구성하는 하나의 축으로서 러시아를 재정립하는 것입니다. 러시아는 러시아의 가치관과 세계관을 수호할 것입니다. 그러하기에 러시아는 정당하고 온당합니다. 러시아는 러시아의 이익을 보호할 것입니다. 그래서 러시아는 더욱 강해질 것입니다. 러시아는 러시아 문명으로써 부활하고 재기할 것입니다. 중국의 중국화, 인도의 인도화, 이란의 이란화, 터키의 터키화와 궤를 같이합니다. 탈서구적 세계화, 민주적 세계화의 주축으로서 러시아는 '페레스트로이카 2.0'을 추진합니다.

이 지정학의 대가로도 불리시지요. '페레스트로이카 2.0'은 자연스레 대전략을 수반하지 않을 수 없습니다.

두 다극적 세계체제를 만들어야 합니다. 첫째, 가장 중요한 전략으로서 유럽과 미국을 분리시켜야 합니다. 유럽을 대서양 문명이 아니라 지중해 문명으로 되돌려야 합니다. 1991년 소련의 해체로 유럽과 미국의 분화는 이미 시작되었습니다. 소련이라는 단일한 적이 사라짐으로써 미국과 유럽은 이해관계를 달리하게 됩니다. 2001년 9·11 이후 일관된 현상이지요. 2003년 이라크전쟁부터 갈등이 표면화되었습니다. 독일도, 프랑스도 미국 주도의 이라크 침공을 반대했습니다. 미합중국(US)과 유럽연합(EU) 사이 대서양 동맹에 금이 가기 시작했습니다. 당시 독일과 프랑스와 입장을 같이한 국가는 러시아였습니다. 유럽과 러시아는 갈수록 정치·경제적 이해관계를 함께하게 될 것입니다. 지중해의 반대편 이슬람 세계의 혼란이 유럽에도, 러시아에도 직접적인 영향을 미치기 때문입니다. 세계관과 가치관도 더 유사해질 것입니다. 유럽도 보수주의의 기반이 역력합니다. 아방가르드 외에는 전통과 정통이 부재한 아메리카와는 질적으로 다릅니다. 지중해를 공유하는 유럽, 서아시아, 북아프리카 국가들이 독자적인 외교안보기구를 형성함으로써 미국이 주도하는 나토형 패권질서를 타파해야 합니다. 지중해 문명 공동체로써 대서양 동맹을 대체해가야 합니다. 둘째, 이슬람 문명과의 공존 체제를 이루어야 합니다. 정교 세계와 이슬람 세계의 평화 공존을 실현함으로써 서구와는 다른 기독교 문명의 전범을 러시아가 세워야 합니다. 터키와 이란, 파키스탄 세 나라가 핵심입니다. 러시아는 이슬람 대국들과의 협력기구를 발전시켜야 합니다. 셋째, 중국과의 협력을 더욱 심화시켜야 합니다. 포스트-아메리카 시대의 주축이 중국이 될 것임은 이론의 여지가 없습니다. 유라시아의 독자적인 문명국가라는 점에서도 러시아와 중국은 비슷한 정체성을 가지고 있습니다.

이 반미反美 유라시아 연합처럼 들립니다?

두 반미가 아닙니다. 미국이 추구하는 세계의 획일화에 대한 저항입니다. 미국이 먼로주의로 돌아가서 아메리카 대륙에 자족하면 저항할 이유도 없습니다. 다양한 가치 구조를 인정하고 다양한 문명이 공존하는 세계체제를 지향할 뿐입니다. 비잔티움제국이 구현했던 심포니와 하모니의 연방제적, 다중심적 세계상을 지구적 차원에서 실현하려는 것입니다. 먼로 독트린이 선포된 것이 1823년입니다. '유럽인의 아메리카'에서 '아메리카인의 아메리카'를 선언한 것이죠. 신대륙이 구대륙으로부터 독립한 것입니다. 2023년 '구대륙 독트린'이 필요합니다. '아메리카인의 유라시아'에서 '유라시아인의 유라시아'를 선포하는 것이죠. 신대륙으로부터 구대륙이 독립하는 것입니다. 저는 상하이협력기구(SCO)가 구대륙 독트린의 주체가 될 수 있다고 생각합니다. 그래야 비로소 신대륙과 구대륙 간의 심포니와 하모니의 관계를 정립할 수 있습니다.

이 저는 2040년 전후, 아편전쟁 이후 200년쯤 되어야 서구와 비서구 간의 '기울어진 운동장'이 비로소 균형을 찾을 것이라고 전망했었는데요. 2023년이면 불과 6년 후입니다. 푸틴의 다음 임기 중에 성과를 내겠다는 뜻일까요? 혹시 트럼프도 재선된다면 가능할지도 모르겠네요. (웃음) 무엇보다 서구와 비서구가 아니라 구대륙과 신대륙이라는 발상이 신선합니다. 프레임 전환, 패러다임 교체라고 할 수 있겠습니다.

두 유럽과의 제휴, 이슬람과의 공존, 아시아와의 연대를 통하여 다극화 세계를 형성하면 종언의 위기에 빠졌던 역사 또한 재출발하게 될 것입니다. 다극화 세계의 형성에 실패하면 포스트-역사의 국면으로 빠져들게 됩니다. 포스트-모던, 포스트-웨스트, 포스트-트루스, 포스트-휴먼의 시대가 열립니다. 천상과 지상을 매개하는 사피엔스의 역할이 더 이상 필요 없는 세계가 시작될 것입니다. 저는 진정한 휴머니스트, 신실한 신자로서 반드시 이 흐름을 막아야 한다고 생각합니다. 보수주의도, 유라시아주의도 그 근본 취지가 여기에 있습니다. 인간다운 인간을 되살리는 것입니다. 계몽주의로 빈사 직전에 처한 인간의 영혼을 구원하는 것입니다. 진보주의의 귀결은 단속적 시간의 유희와 탐닉으로 귀착되었습니다. 시간 죽이기가 만연합니다. 생을 낭비하기, 삶을 허비하기가 넘쳐납니다. 무의미한 인생이 널려 있습니다. 살아나야 합니다. 깨어나야 합니다. 문명을 되살려야 합니다. 종교와 영성을 회복해야 합니다. 영구적이고 영원하며 항상적인 인간의 가치를 추구해야 합니다. 보수주의적 인간관은 재귀할 수밖에 없습니다. 부활할 것입니다.

이 정치학자, 사회학자, 지정학자 등으로 불리지만 근간은 역시 신학자이신 것 같습니다. 오랜 말씀 감사드립니다.

범이슬람주의, 범튀르크주의, 범아시아주의

인터뷰를 마치고 트루베츠코이의 《유럽과 인류》를 구해 읽었다. 1920년에 발간된 책이다. 분량이 짧다. 팸플릿에 더 가깝다. 자본주의, 민주주의, 민족주의에 혹독한 비판을 가하고 있다. 흡사 슈펭글러의 《서구의 몰락》(1918)을 압축해둔 것 같다. 량치차오梁啓超의 《구유심영록》歐遊心影錄도 떠올랐다. 1919년에 출간된 서적이다. 중국 계몽의 기수 량치차오 또한 제1차 세계대전 이후의 유럽을 견문하고 중국의 서구화에 급제동을 걸었다. 1920년대 중국 사상계를 뜨겁게 달구었던 동서문화논쟁을 촉발한 책이다. 비슷한 시기에 키릴 문자 공론장에서는 유라시아주의자

1935년 코베 모스크 개장식. 뒷줄 왼쪽에서 두 번째가 무함메드-갑둘하이 쿠르반갈리예프,
오른쪽 끝이 시마노 사부로.

들이 등장하고 있었던 것이다. 견주어 살펴볼 만하다.

그 사이 바다를 건넜다. 북쪽 바다의 섬, 홋카이도北海道에 머물고 있
다. 지금 이 글을 쓰고 있는 장소는 삿포로다. 본래는 2주만 머물려고 했
다. 그러나 홋카이도대학의 도서관이 워낙 훌륭했다. 북해도와 연해주
沿海州는 물론 동시베리아 일대의 자료까지 광범위하게 수집해두었다.
왕년의 도호쿠東北제국대학, 북방 진출의 전초기지였던 것이다. 인터뷰
를 정리하다가 무심결에 트루베츠코이를 검색해보았다. 놀랍게도 실시
간으로 일본어로 번역되고 있었음을 확인할 수 있었다. 번역 주체는 더
욱 흥미롭다. 남만주철도주식회사, 이른바 '만철'이다. 특히 소련 전문가
로서 맹활약한 시마노 사부로嶋野三郎가 주도했다. 일본에서 가장 잘 만
든 러시아어-일본어 사전 편찬자로도 명성이 높은 지식인이다. 모스크
바대학에서 철학을, 상트페테르부르크대학에서 역사를 공부한 러시아

통이었다. 범아시아주의자이기도 했다. 민족주의와 사회주의를 아시아 단위에서 결합한 대아시아 구상을 주창했던 인물이다. 1926년《유럽과 인류》를《서구 문명과 인류의 장래》로 번역한 데 이어, 1932년에는《동방으로의 출구》중 일부를 발췌하여《일만공복주의》日滿共福主義라는 제목으로 출판했다. 1932년이면 만주국이 들어선 직후다. 1929년 대공황 이후이기도 하다. 유럽에 이어 미국까지 서구 문명의 몰락이 더욱 확연해 보이던 무렵이다. 동방의 유토피아, 만주국 건설을 위한 이데올로기 작업으로 유라시아주의를 전용한 것으로 보인다. 조금 더 살펴보니 만주국은 유라시아주의 문헌 번역을 전담하는 기구도 만들었다. 동유라시아의 신생 제국 일본의 사고와 사유의 사이즈가 어마어마했던 것이다. 짐작건대 일본어 번역을 통하여 유라시아주의는 중국과 조선, 대만 등 한문 공론장에도 유통되지 않았을까 싶다.

시마노는 한발 더 나아가서 소련을 등지고 일본으로 망명한 러시아의 무슬림 지식인 무함메드-갑둘하이 쿠르반갈리예프Мухаммед Габдулхай Курбангалиев와도 깊숙이 관계를 맺었다. 타타르 이맘의 아들로 태어나 공산혁명에 저항하며 일본에서 '도쿄 회교단'을 만들고, 시부야에 마드라사(이슬람학교)를 세운 튀르크계 지식인이다. 오스만제국의 황혼을 뒤로하고 대일본제국의 여명에 일생을 투신한 문제적 인물이다. 일본에 거점을 두고 조선과 만주 등에 거주하는 극동 무슬림을 규합하여 동유라시아로부터 서구의 자본주의와 소련의 공산주의를 넘어서는 이슬람 세계의 복원을 꿈꾼 혁명가이기도 하다. 즉 내륙의 무슬림이 동해 건너 황도皇都 도쿄에 모스크를 짓기까지 1920~30년대 유라시아는 동서남북으로 긴밀하게 공진화했던 것이다. 다시금 하늘 아래 새것이 없음을 확인한다. 20세기 초반에 이미 유라시아주의와 범이슬람주의와 범튀르크주의와 범아시아주의는 공명하고 회통하며 지구적 파노라마

를 연출하고 있었다. 포스트-국민국가, 포스트-민주주의, 포스트-자본
주의, 포스트-민족주의, 새 천하와 새 천년을 탐구하는 데 소중한 유산
이 되어줄 것임에 틀림이 없다. 그 궤적과 흔적들은 중앙아시아와 일본
견문에서 따로 살펴보기로 한다.

아직은 러시아 견문을 더 잇는다. 18세기 '서구로의 창'이었던 상트
페테르부르크도 변화의 조짐이 여실했다. 서유라시아의 지각변동을 확
인시켜준 행사가 6월에 열린 국제경제포럼이었다. 변심에서 회심의 장
소로 전변하고 있는 백야의 도시, 상트페테르부르크로 간다.

026

상트페테르부르크, 유럽과 유라시아

유라시아의 새판 짜기,
국제경제포럼을 가다

변심變心: 유럽으로의 창

바다로 가고 싶었다. 항구 도시를 갖고 싶었다. 해양국가가 되고 싶었다. 따뜻한 남해부터 향했다. 명분도 그럴싸했다. 이스탄불로 전락한 콘스탄티노플을 쟁탈하고자 했다. 1695년과 1696년, 흑해 원정을 단행한다. 그러나 대패했다. 흑해 건너 오스만제국은 서유라시아 최강의 제국이었다. 지중해의 패자였다. 시기상조였다. 도광양회鞱光養晦를 도모한다. 빛을 감추고 힘을 길러야 했다. 방향을 선회하여 북방으로 나아간다. 남해를 거두고 북해, 발트해로 진출한다. 건너편에는 스웨덴이 있었다. 오스만에 견주면 만만한 왕국이었다. 1703년 삭풍이 몰아치는 허허벌판에 요새를 짓는다. 네바강이 핀란드만으로 흘러 나가는 습지에 군사 도시를 건설한다. 이름을 상트페테르부르크라고 지었다. 북위 59도, 오늘날 인구 100만이 넘는 대도시 가운데 가장 북쪽에 자리한 도시가 •477

탄생한 사정이다.

1696년 패전 이후부터 치밀하게 준비했다. 1697년 250명 대규모 사절단을 꾸린다. 유럽 견문에 나선 것이다. 프로이센과 네덜란드, 영국 등 서유럽 국가들을 시찰했다. 애당초 목적은 유럽과 연합하여 오스만 제국에 맞서려는 것이었다. 기독교와 정교가 합세하여 이슬람을 무찌르려고 했다. 그러나 모두 손사래를 쳤다. 어느 나라도 감히 오스만에 도전하려 들지 않았다. 차선책으로 러시아의 유럽화를 꾀한다. 이스탄불에는 미치지 못할지언정 파리와 런던에는 버금가는 도시를 만들고자 했다. 귀국길에 1,000명에 달하는 기술자와 군인을 고용했다. 학자와 예술가들도 초빙했다. 러시아 전역에서는 석공들을 징집했다. 러시아의 모든 대리석을 끌어모았다. 어마어마한 토목공사가 진행된다. 하면 된다, 불도저 정신으로 밀어붙였다. 1712년 아예 본인의 거처마저 바꾼다. 현장을 진두지휘하기 위하여 궁전을 옮긴 것이다. 독단적으로 수도를 이전한 셈이다. 러시아의 중심으로부터 저 멀리 떨어진 외딴 곳에 새 수도가 들어선 까닭이다. 표트르 대제 이야기다.

변방의 혁신 도시는 개혁개방의 거점이 되었다. 1724년 과학 아카데미가 창립되었다. 1757년 예술 아카데미가 설립되었다. 1764년 에르미타주 미술관이 건립되었다. 1783년 마린스키 발레극장이 들어섰다. 속도전, 르네상스 이후 서유럽 300년의 변화를 반세기 만에 따라하고 따라잡았다. 게르만 혈통의 예카테리나 여제 집권기(1762~1796)에 절정을 구가한다. 유럽인들도 러시아의 문관과 무관으로 채용되었다. 프랑스 혁명을 피해 망명한 고급인력도 대거 흡수했다. 민족적으로, 문화적으로 다채로워졌다. 명실상부 제국에 값했다. 제도帝都 상트페테르부르크는 바로크와 로코코, 고전주의 양식의 건축들로 독특한 경관을 이루었다. 회화와 조각 등 서유럽 작품들도 족족 구입했다. 그리스, 로마, 이집트 등 서유라시아의 문명적 유산을 집대성했다. 역사가 부재한 인공 도시의 약점을 왕성한 수집벽으로 만회한 것이다. 만물을 분류하고 정리하고자 했다. 세계를 장악하고 지배하려 했다. 서구와 어깨를 나란히 하는 세계 모델을 구축하려고 했다. 항구 도시와 군사 도시는 과학 도시이자 문화 도시가 되었다. 합스부르크제국의 빈에 견주어도 모자람이 없는 동유럽 최고의 글로벌 도시가 되었다.

밤 10시가 되어도 온통 환하다. 하얗기보다는 푸르다. 북방의 푸른 밤을 즐기며 넵스키 대로를 따라 걷는다. 서쪽으로 쭉쭉 뻗어났다. 구불구불하지 않다. 시원시원 나아간다. 모스크바와는 판이한 장소다. 크렘린을 중심으로 성대한 구심력을 응축시킨 곳이 모스크바다. 상트페테르부르크는 세계로 확산되는 원심력의 공간이다. 시내를 가로지르는 운하[水道]를 포함하여 강의 면적이 10퍼센트를 차지하는 물의 도시[水都]이기도 하다. 도심의 아름다운 풍경이 강 표면에 아름드리 비친다. 지상이 수상에 반사된다. 보여주기 위한 도시다. 비추어보는 도시다. 거울 도시다. 나르시시즘과 콤플렉스가 교착하는 도시다. 변신變身과 변심變心, 유럽을 의식하고 유럽과 비교하며 자문자답하는 18세기 러시아를 함축한다. 즉 유럽으로의 창, 상트페테르부르크는 이중적이다. 안에서 밖을 내다보는 윈도window이자, 외부의 시선으로 내부를 응시하는 쇼윈도show-window이기도 하다. 이 안과 밖의 거울상이 러시아의 근현대사, 300년의 코스모스(문명)와 카오스(혁명)를 연출했다.

회심回心: 서유라시아의 허브

눈을 감은 밤 10시도 환했는데, 눈을 뜬 새벽 4시도 이미 밝았다. 검은 밤, 칠야漆夜는 서너 시간에 불과한 모양이다. 지난 밤 복닥복닥거렸던 사람

상트페테르부르크의 넵스키 대로.

들이 사라졌을 뿐이다. 동화 같은 도시를, 영화 같은 도심을 홀로 만끽할

수 있었다. 유유자적, 백야보다 백조白朝가 상트페테르부르크의 백미다.

　　망국과 건국을 번갈았던 파란의 20세기, 이름 또한 여러 차례 바뀌

었다. 제1차 세계대전 무렵 '페트로그라드'로 불리었다. 독일풍 도시명

을 지우고 슬라브풍으로 바꾼 것이다. 1917년 러시아 혁명 이후에는

200년 수도의 지위를 박탈당한다. 지명 또한 '레닌그라드'로 변경되었다. 1991년 소련이 붕괴하고 나서야 본명을 되찾았다. 100년의 혼란 끝에 상트페테르부르크로 되돌아간 것이다. 상트페테르부르크 국제경제포럼(SPIEF)이 출범한 것은 1997년이다. 특출난 부시장이 기획한 것이다. 푸틴이었다. 옐친 집권기의 어수선함 속에서도 상트페테르부르크만은 기틀을 잡았다. 그가 대통령이 된 것이 2000년이다. 2003년에 건도 300주년 행사를 성대하게 치른다. 2005년부터는 국제경제포럼을 직접 챙기기 시작한다. 도시 행사에서 국가 행사로 격상시킨 것이다.

외신만큼 '가짜 뉴스'가 범람하는 지면도 없다. 특히 정보를 생산하는 기능이 거의 없이 영어 기사 번역에 급급한 한글 공론장은 그 편향이 더욱 심하다. 푸틴이 미국 대선을 좌지우지한 것처럼 호도한다. 경제제재로 러시아가 고립된 양 왜곡한다. 커녕 2017년 상트페테르부르크 국제경제포럼은 화려했다. 카자흐스탄의 유라시아주의자 누르술탄 나자르바예프 대통령이 선봉에 섰다. 유라시아경제연합에 족하지 않았다. 유라시아경제연합(EEU)과 유럽연합(EU)의 합작을 주창했다. 맞장구를 친 것은 그리스의 치프라스 총리다. 그렉시트가 단행되지는 않았다. 그러나 그렉시트 이후의 대안이 비로소 짐작이 되었다. EU에서 이탈하여 유라시아경제연합으로 진입할 수 있다. 유럽이 세계의 중심이 아님을 직시해야 한다고 역설했다. 중심이 이미 이동하고 있다고 했다. 그리스-러시아는 나날이 긴밀해지고 있다. 준동맹이라는 말까지 나온다. 동로마제국, 비잔티움제국의 후예로서 갈수록 돈독하다. 추임새를 넣은 것은 터키의 에르도안 대통령이다. 사실상 나토에서 이탈했다. 나토와 아귀가 맞지 않는 러시아의 무기 시스템을 전격 도입했다. 군사 독립 노선을 천명한 것이다. 더욱 흥미진진한 것은 터키가 치고나가자 유럽마저 뒤따른다는 점이다. 브렉시트 직후 테이블에 올랐던 유럽연합군 창설 논의가 연말부터 본격화되었다. 나토에서 자율성을 갖는 독자적인 유럽군을 만들겠다는 것이다. 미합중국(US)과 유럽연합(EU)이 제 갈 길을 간다. EU와 나토의 구조조정, 21세기 서유라시아의 새판 짜기다.

과연 국제경제포럼에도 유럽의 주요 기업들이 대거 참여했다. 1,000개가 넘었다. 글로벌 에너지 기업들인 BP(영국)와 로열더치셸(영국-네덜란드)과 토털(프랑스)은 러시아의 국영 천연가스 회사 가즈프롬과 대규모 사업을 체결했다. 시베리아의 가스가 남쪽으로는 터키의 송유관을 따라 지중해의 그리스까지 흘러들어간다. 서쪽으로는 발트해를 지나 독일과 프랑스까지 유입된다. 유럽 국가들과 북방 제국이 공생하는 생명선을 더욱 늘려간다. 미국이 러시아를 제재하는 실제 이유도 여기에 있었다. 미국산 셰일가스의 주요 판매처로 유럽을 꼽았던 것이다. 러시아와 경쟁 관계다. 대서양은 멀지만 지중해는 가깝다. 러시아의 가스가 미국보다 더 저렴하다. 동/서 유럽 합작이 더욱 자연스럽다. 구대륙의 이해타산이 맞아떨어진다.

특히 공을 들인 것이 프랑스다. 프랑스가 독일과 연합하여 러시아와 합작하면 판은 전혀 달라진다. 5월 마크롱이 당선되었다. 첫 정상회담의 당사자가 바로 푸틴이었다. 베르사유 궁전에서 회합했다. 두 사람이 회고한 이가 바로 표트르 대제다. 2017년은 1717년으로부터 300주년이 되는 해였다. 1717년은 표트르가 베르사유 궁전을 방문한 해다. 상트페테르부르크의 곳곳이 파리에서 영감을 구한 것이다. 파리의 오르세 미술관과 상트페테르부르크의 에르미타주 미술관이 합동 전시회를 열었다. 아니나 다를까, 프랑스 기업들도 대거 국제경제포럼에 등장했다. 경제 합작은 정치 연합과 무연할 수가 없다. 연말 마크롱은 시리아에서 러시아의 손을 들어주었다. 러시아와 터키와 이란이 주도하는 시리아 재건이 합당함을 인정한 것이다. 푸틴이 중동의 불안정을 평정해가고 있음을 승인해준 것이다.

재차 다급해진 것은 미국이다. 평지돌출, 무리수를 던졌다. 예루살렘을 이스라엘의 수도라고 인정한 것이다. 러시아-이란-터키가 주도하는 중동 평화 구상에 말폭탄을 투하한 것이다. 재차 혼란과 대란을 꾀하는 승부수를 던졌다. 그러나 결국 패권 쇠퇴를 재촉하는 자충수로 그칠 것이다. 이스라엘을 제외한 모든 나라가 이구동성으로 반대하고 있다. 예루살렘은 기독교와 이슬람의 성지이기도 하다. 서방의 기독교 국가들과 동방의 정교 국가들과 남방의 이슬람 국가들이 대통합을 이루었다. 제1로마와 제2로마와 제3로마가 대연정을 형성했다. 유례가 없던 모습이다. 구대륙이 연합하여 신대륙을 성토한다. 브뤼셀에서는 EU 28개국이 미국을 비판했고, 이스탄불에서 열린 이슬람협력기구(OIC) 57개국이 미국을 비난했다. 같은 시기 푸틴은 전용기를 타고 카이로(이집트)와 다마스쿠스(시리아)와 앙카라(터키)를 순시했다. 오스만제국이 사라진 해가 1922년이었다. 그 후 백 년간 중동은 세계의 화약고였다. 2017년 현재 옛 오스만을 아우르는 지도자로 우뚝 선 인물이 푸틴이다. 다음 임기가 2024년까지다. 애당초 표트르의 목표가 남해를 얻는 것이었음을 상기해볼 필요가 있다. 어느새 러시아의 군사기지가 시리아와 리비아에 들어서고 있다. 흑해는 물론이요 홍해까지 영향력을 행사한다. 988년 키예프 루시의 정교 입문 이래 천 년사의 사건이다. 칼리프와 카이사르와 차르의 그림자가 겹겹으로 어른거린다.

2018년 5월, 푸틴은 재임할 것이다. 6월에는 국제경제포럼과 월드컵이 동시에 열릴 것이다. '푸틴그라드'로서 21세기 상트페테르부르크의 위상은 전혀 달라질 것이다. 더 이상 유럽으로 향하는 창이 아니다. 북해부터 홍해까지, 지중해 세계를 아우르는 서유라시아의 허브다.

항심恒心: 포스트-웨스트

멀리서 온 친구를 만났다. 3년 만의 재회였다. 첫 번째 러시아어 선생님
이다. 베트남 하노이에 머물 때였다. 프랑스 식민지 100년, 소련의 동맹
국 50년, 하노이는 서구와 동구의 흔적이 역력하다. 프랑스문화원과 러
시아문화원도 훌륭하다. 김에 어학 공부를 겸했다. 러시아문화원에서
특별히 소개해준 선생님이 그 친구였다. 처음에는 내심 실망이 컸다. 수
염이 덥수룩하고 무뚝뚝한 표정의 남성이었다. 하노이 인문사회대학교
에서 베트남학 석사 과정에 있다고 했다. 고등학교에서는 프랑스어와
독일어를, 대학교에서는 중국어와 베트남어를 공부했단다. 두 번째 수
업 만에 진가를 드러내었다. 러시아어에 남겨진 유럽과 아시아의 흔적
을 조곤조곤 설명해준다. 몽골어와 러시아어의 관련성도 알려주었다.
나는 20세기 소련이 '붉은 몽골제국'이었다고 본다고 보태었다. 중국,
몽골, 북조선의 동북아 사회주의 국가와 캄보디아, 라오스 등 동남아 사
회주의 국가를 매개하는 나라로서 베트남을 연구하고 있다고 커밍아웃
했다. 서로가 서로를 알아보았다. 그날부터 친구가 되었다. 하노이의 러
시아(와 중앙아시아) 식당을 돌아다니며 사이공 맥주를 마시면서 소비
에트연방과 인도차이나연방을 토론했다. 부작용도 없지는 않았다. 역사
와 시사 얘기에 흠뻑 빠져들어 정작 러시아어 수업은 게을렀다. 영어와
베트남어와 중국어가 뒤섞인 외계어로 나누는 잡담을 사랑했다. 그런
경험이 있었기에 귀국도 미루었던 것이다. '동아시아'라는 기존의 틀로
는 베트남조차 온전히 담아낼 수 없었다. 나는 아시아에서 유라시아로
서진했고, 그는 유럽에서 유라시아로 동진했다.

3년 1,000일, 나는 유라시아를 쏘다녔고, 그는 박사 과정에 진학했
다. 러시아판 페이스북이라고 할 수 있는 'VK.com'을 통하여 간간이 소
식을 주고받았다. 그가 국제경제포럼에 참여하는 베트남 대표단의 통역

을 맡아서 상트페테르부르크를 방문한 것이다. 상트페테르부르크는 그 녀석의 고향이기도 하다. 중국어와 베트남어를 배운 곳이 상트페테르부르크대학이었다. 그의 대학 시절 은사도 함께 뵈었다. 동양학부에 재직하신다. 영문학과 불문학보다 중문학의 위상이 높아졌다고 한다. 1991년 이후에 태어난 신입생들에게는 《코란》과 《논어》를 읽으라고 가르친다고 한다. 2050년 유라시아 인구의 절반이 무슬림이 된다는 것이다. 2050년 세계 박사 학위 소지자의 절반이 중국인이 된다는 것이다. 러시아의 장래가 그곳에 있다고 했다. 수도를 우랄산맥 너머 동쪽으로 옮겨야 할지도 모른다고 하신다. 그 스승에 그 제자였다. 죽이 맞았다. 말이 통했다. 찰떡궁합이었다. 상트페테르부르크의 베트남 식당에서 분짜(삼겹살과 야채로 만든 쌀국수)를 안주 삼아 보드카를 들이키며 하얀 밤을 지새웠다.

지난해(2016) 국제경제포럼의 주빈이 베트남이었다. 유라시아경제연합과 베트남은 이미 FTA를 체결했다. 베트남은 인구 1억, 동남아시아의 대국이다. 포스트-차이나의 선두주자이기도 하다. 세계에서 경제성장 속도가 가장 빠른 나라다. 머지않아 베트남이 아세안의 주축이 된다. 베트남이 앞서자 아세안도 따른다. 올해는 유라시아경제연합과 아세안 간 FTA가 논의되었다. 2020년 체결이 목표라고 한다. 냉전기 모스크바와 하노이의 특수관계를 매개로 탈냉전기 유라시아와 동남아시아를 연결하는 것이다.

올해(2017)의 초청국은 인도였다. 모디 총리가 몸소 방문했다. 푸틴과 모디가 회담하는 특별 섹션도 꾸려졌다. 귀를 쫑긋하고 경청했다. 브릭스가 탄생한 곳이 바로 상트페테르부르크였다고 한다. 러시아, 인도, 중국의 유라시아 삼국 연합으로 출발하여 아프리카와 아메리카까지 아우르는 대륙 간 회합으로 성장했다는 것이다. 유라시아경제연합과 인도의

FTA도 논의되었다. 응당 인도 일국만으로 그칠 리가 없다. 남아시아지역협력연합(SAARC)과의 지역 대 지역 FTA로 진화할 것이다. 이미 푸틴의 주선으로 남아시아의 앙숙 인도와 파키스탄이 모두 상하이협력기구에 가입했다. 다음 순번을 기다리고 있는 나라가 이란이다. 상하이가 유라시아 군사안보기구의 거점이라면, 상트페테르부르크는 상하이협력기구를 아우르는 경제무역기구의 허브가 되는 것이다. 러시아와 인도를 세로로 잇는 남북 회랑의 청사진도 마련되었다. 북극해부터 인도양까지를 종으로 엮는다. 이란의 차바하르 항구가 요충지다. 차바하르 항구는 동서를 잇는 일대일로의 거점 도시이기도 하다. 동서와 남북을 꿰는 교차로, 페르시아의 귀환이 도도하다.

역시나 2018년 국제경제포럼의 주빈이 이란이다. 인도도, 이란도, 터키도 유라시아경제연합에 합류해갈 것이다. 그 대국들의 동향을 따라 유라시아경제연합과 FTA 논의가 오고 가고 있는 나라의 숫자가 40개국을 헤아린다. 모디 또한 상트페테르부르크까지 와서 푸틴만 만나고 돌아갔을 리가 없다. 아세안 지도자들도 만났다. 뉴델리가 상트페테르부르크를 보고 배웠다. 인도-아세안 회담이 처음 열린 해가 바로 2017년이다. 중앙아시아와 서아시아와 남아시아와 동남아시아가 겹겹으로 엮여간다. 이 인구 30억의 거대 시장이 달러를 사용하지 않는 독자적인 경제권역을 모색한다.

유라시아가 대유라시아로 진화하기 위해서는 동아시아도 합류해야 한다. 선두는 중국이다. 중국 최대의 전자상거래 업체인 '알리바바'의 마윈도 등장했다. 지금이야말로 러시아에 투자할 적기라고 강조했다. 중원을 평정한 세계 최대의 온라인 유통망과 전자화폐 결제 시스템이 서역과 북방까지 진출한다. 올해 다보스의 세계경제포럼에서 회자된 말이 '포스트-웨스트'Post-West였다. 그 포스트-웨스트 세계의 모습이 궁금하다면 상트페테르부르크 국제경제포럼을 찾으면 된다. 러시아를 제재한다는 미국만 쏙 빠졌다. 유럽도 참여하고, 아시아의 동서남북이 모두 참여했다. 구대륙이 합세했다. 기왕의 세계사회포럼과도 다르다. 장소에 기반한 정치경제학을 모색한다. 문명에 기초한 세계체제 변혁을 궁리한다. 러시아, 이란, 터키, 인도, 중국의 면면이 상징적이다. 공히 유라시아 제국의 후예들이다. 혁명을 거두고 문명의 중흥을 꾀한다. 정교대국 러시아, 이슬람 공화국 이란, 신오스만주의 터키, 힌두 국가 인도, 중화 문명 중국. 지난 백 년과는 상이한 다른 백 년을, 지난 천 년과 유사한 다음 백 년을 다짐하고 있는 것이다.

상트페테르부르크와 교향交響하는 도시들도 눈여겨볼 필요가 있다. 인도와 파키스탄의 상하이협력기구 가입을 처음 논의했던 장소는 타슈켄트(우즈베키스탄)였다. 가입을 승인한 곳은 우파(러시아)였다. 이란과 터키의 가입을 논의한 곳은 아스타나(카자흐스탄)였다. 이 도시들의 위치가 곧장 떠오르지 않는다면 몹시 곤란하다. 지리 감각이 후지고 미래 감각이 후미진 것이다. 유라시아의 메가트렌드를 따라가지 못하는 것이다. 공히 이슬람 세계의 거점 도시들이다. 중국의 서쪽, 서중국이 이슬람 세계다. 인도의 북쪽, 북인도가 이슬람 세계다. 유럽의 동쪽, 동유럽도 이슬람 세계다. 러시아의 남쪽, 남러시아 또한 이슬람 세계다. 유라시아의 한복판에 이슬람 문명이 자리한다. 아니, 이슬람 세계의 동서남북으로 중국과 유럽과 인도와 러시아가 있다고도 할 수 있다. 이슬람 문명과 통해야 대유라시아 연합도 승한다. 과연 정교 세계와 이슬람 세계의 심포니와 하모니가 가능할 것인가? 21세기 신유라시아주의의 향배를 가늠해보는 실험장이자 시험대가 될 것이다. 카잔으로 이동하는 이유다.

카잔.

카잔, 러시아제국과 이슬람 문명

거룩한 혁명,
무슬림 공산주의자들의 해방구

타타르스탄의 '할랄 보드카'

도광양회韜光養晦는 백년대계다. 100년이 못 되어 흑해 원정에 성공한다.
1783년 크림반도를 얻었다. 1703년 상트페테르부르크 건설 이후 80년
만이다. 북해는 여전히 추웠다. 겨울이면 바다가 얼었다. 하염없이 오로
라만 바라보고 있을 수 없었다. 기어이 남해를 뚫었다. 얼지 않는 항구
를 얻었다. 서유라시아에서 지각변동이 일어나는 순간이었다. 오스만
제국이 크림반도를 점령한 1475년 이래 400년 만에 흑해의 세력 전이
가 벌어졌다. 오스만이 아프리카-아시아-유럽의 삼대륙에 걸쳐 구축한
'이슬람의 집'의 한 모퉁이가 처음으로 떨어져 나간 것이다. 즉 오스만
의 쇠락을 촉발한 것도 서유럽이 아니다. 흑해를 마주하고 있는 북방의
신흥 세력, 러시아였다.

신상태New Normal, 백년전쟁이 이어졌다. 19세기 내내 오스만과 러

• 490

시아는 쟁투했다. 공식적인 전쟁만 열 차례가 넘는다. 러시아가 공격수였고, 오스만은 수비수였다. 남진하는 러시아의 공세에 오스만은 방어에 급급했다. 18세기 크림반도에 이어 19세기에는 발칸반도의 판세도 뒤집는다. '이슬람의 집'에 속해 있던 정교도들이 속속 러시아제국으로 기울었다. 오스만제국에서 독립한 발칸 국가들, 그리스와 세르비아, 불가리아, 루마니아, 몬테네그로 등이 모두 정교 국가들이다. 즉 '동방 문제'로 일컬어졌던 19세기 러시아와 오스만의 결투는 비단 지정학적 경쟁으로 그치지 않는다. 일종의 종교전쟁, 문명의 충돌이었다.

흑해와 카스피해로 진출함으로써 러시아는 더더욱 제국의 성격을 보태었다. 하드파워만 세진 것이 아니다. 소프트파워가 신장했다. 새로이 복속된 러시아 남부는 이슬람 세계의 북변이었다. 러시아의 제국사보다 이슬람의 문명사가 더 유장하다. 이슬람이 온축한 문명의 유산이 캅카스 지역의 도시들에 축적되어 있었다. 모스크와 마드라사를 통하여 아랍어 공론장의 지식과 사상이 유통되었다. 이슬람의 빼어난 학술과 예술, 과학과 법학과 신학이 러시아어로 번역되었다. 즉 이슬람의 고급문화를 흡수함으로써 19세기 러시아는 최량의 지적 세계를 구축하게 된다. 지금도 러시아 학계는 무슬림 지식인의 비중이 높다. 즉 18세기의 상트페테르부르크처럼 서유럽으로 난 창만 있던 것이 아니다. 19세기에는 남대문도 크게 열렸다. 그 이슬람 연결망과 접맥함으로써 러시아는 인도양으로, 태평양으로 나아갈 수 있었다.

그리하여 20세기 소련은 발칸반도부터 동시베리아까지 광대한 이슬람 세계를 관장하게 된다. 소비에트인의 4분의 1이 무슬림이었다. 오늘날에도 러시아인 가운데 2,000만이 무슬림이다. 모스크바에는 무려 200만의 무슬림이 살고 있다. 유럽에서 가장 많은 무슬림이 거주하는 도시가 바로 모스크바다. 20세기에는 '민중의 아편' 종교를 지움으로써 정교

2015년 9월 모스크바에 새롭게 들어선 러시아 최대의 모스크.

세계와 이슬람 세계를 아우르려고 했다. 그러나 백 년도 못 가 고꾸라졌다. 천 년 문명이 백 년 혁명을 뒤엎었다. 2015년 9월, 모스크바에 러시아 최대의 모스크가 새롭게 들어선다. 만 명을 수용할 수 있다고 한다. 개장식에는 푸틴과 터키의 에르도안이 함께 자리했다. 팔레스타인 자치정부의 아바스 의장도 참가했다. 새 천년과 다른 백 년, 정교 문명과 이슬람 문명의 공존체제를 다짐한다.

그 신시대의 맹아가 싹튼 곳이 타타르스탄이다. 몽골계 무슬림, 타타르인의 고향이다. 모스크바에서 시베리아 횡단열차를 타고 이틀이 지나면 러시아연방 타타르스탄 자치공화국의 수도, 카잔에 이른다. 첫날 밤부터 진풍경을 목도했다. 꿀꺽꿀꺽 삐보(맥주)를 들이킨다. 꿀떡꿀떡 보드카도 삼킨다. 흰 모자를 두른 것을 보면 무슬림이 분명하건만 알코올을 마다하지 않는다. 작년 6개월, 이슬람 세계를 견문하며 금주를 했던 일이 억울할 지경이다. 술을 마셔도 되나요? 동그랗게 눈을 뜨고 물었더니, 돌아오는 답변이 걸작이다. '할랄 알코올'이란다. 술병을 아무리 훑어도 할랄 로고는 보이지 않는다. 껄껄껄, 파안대소한다. '스탈린의 축복'이라는 것이다. 소련 시절 강제적인 세속화가 단행되면서 '무슬림 문화'를 '프롤레타리아트 문화'로 바꾸어버린 것이다. 후진적인 종교 문화를 타파하고 선진적인 계급문화를 이식한 것이다. 금주에서 음주로, 공산주의적 근대화의 소산으로 술맛을 알게 된 것이다. 담배연기 자욱한 러시아식 선술집에는 소련 시대를 아련하게 추억하는 나이 지긋한 어르신들로 가득했다. 1991년 이후 태어난 신세대는 재차 술을 삼간다. 탈소련, 탈공산화가 재이슬람화로 귀결되고 있는 것이다.

모스크바와 이스탄불 사이

볼가강과 우랄산맥은 유라시아를 동/서로 나누는 천연 경계다. 이 자연의 가로막을 넘어서 서쪽으로 쭉쭉 뻗어 나간 이들이 몽골인이고, 그 길을 되밟아서 동쪽으로 팽창해간 이들이 러시아인이다. 볼가가 러시아의 '어머니의 강'이 된 것도, 우랄이 '러시아의 척추'가 된 것도 몽골의 유산인 셈이다. 서쪽에 뿌리를 내린 몽골계 타타르인은 남쪽에서 전도된 이슬람을 수용했다. 타타르인은 곧 튀르크인, 북방 초원을 가로지르던 돌궐의 후예다. 이들이 서쪽으로는 터키부터 동쪽으로는 신장위구르까지 널리 산포했다. 사이에는 우즈베키스탄, 카자흐스탄, 투르크메니스탄, 키르기스스탄, 아제르바이잔 등이 자리한다. 대부분이 튀르크계 언어를 사용하고 케밥과 양꼬치를 먹으며 알라를 믿고 살아간다.

그 튀르크-유라시아 세계의 한복판에 자리한 도시가 카잔이다. 유럽과 중동과 아시아를 잇는 교통의 십자로에 위치한다. 일찍이 볼가강을 통한 중계무역이 발달했다. 북방의 러시아 상인과 남방의 아랍-페르시아 상인들이 교류하는 최적의 입지조건을 누렸다. 특히 이스탄불과 모스크바를 매개했던 모피 무역이 유명하다. 경제적 번영은 문화적 활기로 이어진다. 이슬람 학문과 교육의 중심지였다. 곳곳에 도서관과 마드라사가 들어섰다. 16세기 중앙아시아의 이슬람 르네상스를 이끄는 거점 도시였다. 바로 이곳에서부터 이슬람이 초원 세계 전역으로 확산되어간 것이다. 알타이와 만주, 연해주, 시베리아까지 이슬람 교인과 무슬림 상인이 퍼져 나갔다. 즉 튀르크와 접속함으로써 이슬람은 아랍의 지역 문명에서 세계 문명으로 도약할 수 있었다. 카잔은 유라시아의 이슬람화와 튀르크화를 선도하는 전위였다. 그 카잔을 복속시킴으로써 러시아는 유라시아 제국으로 굴기할 수 있었다.

그러나 서툴렀다. 다문명 세계를 조화롭게 경영하지 못했다. 도리어 감시하고 통제했다. 19세기 후반 무슬림을 관리하는 기구를 우파에 세운다. 개종할 것인가, 토지를 헌납할 것인가 양자택일을 요구했다. 징역과 과세 또한 과도했다. 무슬림들은 차르에 마음을 주기가 힘들었다. 오히려 오스만제국의 칼리프에 기댄다. 부하라에서는 오스만 칼리프의 가계에서 군주를 영입했다. 몽골제국 이후 칭기즈칸 혈통의 군주만 인정하던 전통적 왕권 관념을 떨쳐내고 이슬람 권위에 기초한 통치이념으로 옮아간 것이다. 몽골의 혈연적 정통성에서 이슬람의 문명적 정통성으로의 이행이야말로 중앙아시아의 '근대화'였다. 이웃한 동투르키스탄에도 변혁이 일어난다. 대청제국의 카슈가르에도 무슬림 정권이 들어선 것이다(1865~1877). 오스만제국에서 무기와 군사고문단을 지원받은 야콥 벡은 금요예배마다 이스탄불에 계시는 칼리프의 이름을 외웠다. 서당을 짓고 한문 교육을 강제하는 '대청제국의 근대화'와, 성당을 세우고 정교 개종을 강요하는 '러시아제국의 근대화'에 맞서서 '오스만제국의 근대화'에 투신했던 것이다. 천자와 차르보다 칼리프가 믿음직스러웠다.

마침 오스만제국 또한 크림반도와 발칸반도에서의 영향력 상실을 중앙아시아와 동남아시아를 통하여 만회하려 들었다. 19세기 말부터 중앙아시아에서 이스탄불로 순례를 가는 행렬이 부쩍 늘어난다. 1908년 오스만제국은 카슈가르와 부하라와 사마르칸트 등 초원에서 메카로 이어지는 철도 개통 계획도 입안했다. 지중해를 누비던 오스만제국의 군함들이 벵골만까지 진출한 것도 20세기 초다. 유럽의 식민지로 전락한 인도와 동남아시아의 해양 무슬림들에게도 칼리프의 위용을 과시한 것이다. 즉 19세기를 서세동점으로만 파악하는 것 또한 일면적이고 일방적이다. 오스만제국도 가만히 당하고만 있지 않았다. 서유라시아를 호령하던 칼리프의 영향력을 동유라시아의 초원길과 바닷길로 확산하고자 분투한 시기이기도 하다.

　제1차 세계대전은 남러시아와 북오스만에 살아가는 무슬림들에게 곤혹스러운 사태였다. 차르와 칼리프 사이 선택을 강요당했다. 러시아 신민으로서 오스만 병사들과 맞닥뜨린 무슬림이 적지 않았다. 종교적으로는 이슬람이었고, 혈통적으로는 튀르크계였다. 특히 오스만은 제1차 세계대전을 성전(지하드)으로 선전하면서 전 세계 움마(무슬림 공동체)의 지원을 호소했다. 무려 100만의 무슬림이 러시아제국에서 오스만제국으로 이주한 것으로 추정된다. 그러나 피난 이후에도 파란이 그치지 않았다. 1917년 러시아에서는 혁명이 일어나고, 그 공산주의=세속주의 혁명의 파장 속에서 오스만은 패망하고 칼리프는 폐지된다. 신오스만주의도, 범이슬람주의도 폐기처분한 세속주의 터키공화국이 들어선 것이다. 실망과 낙망이 이만저만 아니었다. 하늘이 무너지는 충격이었다.

　솟아날 구멍을 찾아 나선 선구자들이 있었다. 이스마일 가스프린스키Исмаил Гаспринский가 첫손에 꼽힌다. 크림반도 출신의 타타르 귀족이었다. 모스크바에서 유년기를 보내고 파리에서 유학한 이슬람 사상가다. 오스만의 강역과 중앙아시아까지 두루 견문한 여행가이기도 했다. 이슬람 고전을 깊이 공부한 데다, 격동하는 국제정세에도 해밝았다. 1881년 러시아어로 출간한 《러시아의 이슬람》이 대표작이다. 러시아 내 무슬림의 공통어인 튀르크어를 보통교육의 수단으로 삼아야 한다고 주장했다. 1883년 신문 〈번역자〉를 창간한다. 일상적인 튀르크어에 기초한 새로운 문체를 선보여, 오늘날 터키어의 근간이 되었다. 1884년에는 '신방식 학교'를 창설하여 초등교육 개혁에 착수한다. 매체와 학당을 겸장하여 이슬람 문명의 근대화를 도모했다.

　가스프린스키가 거점으로 삼은 곳이 바로 카잔이다. 세속의 중심 상트페테르부르크와 영혼의 중심 메카를 잇는 성/속의 가교로서 카잔을

자리매김했다. 카잔이야말로 현대 문
명과 고전 문명, 유럽 문명과 이슬람
문명이 혼합되는 이슬람 계몽주의의
실험장이 될 수 있다고 했다. 그리하여
《코란》을 현대적으로 해석하는 한편으
로 러시아어 학습도 강조했다. 러시아
어를 통한 과학 수용이 이슬람 문명과
별개라고 여기지 않았다. 바쿠와 카잔
과 타슈켄트를 순회하며 무슬림 대회
를 개최한다. 러시아제국과 이슬람 세
계를 동시에 조망하는 독특한 관점으
로 튀르크-무슬림 공론장을 창출해낸
것이다.

اسماعيل بك غسپرينسكي
Измаилъ бекъ Гаспринекiй.

이스마일 가스프린스키.

　《안녕의 나라의 무슬림》이라는 소설도 발표한다. 1906년에 발간되
었으니, 러일전쟁 패배 직후에 출간된 셈이다. 1907년에는 이집트의 카
이로까지 방문하여 아랍 지식인들과도 접촉한다. 아프리카부터 아시아
까지 세계 무슬림 대회를 개최하자고 제창했다. 《안녕의 나라의 무슬
림》은 아랍의 이슬람 개혁을 이끌었던 잡지 《등대》에도 게재된다. 페르
시아어로 번역된 것은 1915년이다. 튀르크어와 아랍어와 페르시아어가
공진화하는 움마의 공론장으로 진화해간 것이다. 작품의 문학적 완성도
가 높지는 않다. 교육적 목적을 위한 계몽소설, 유토피아 소설이다. 무
대로 설정한 곳은 스페인 산자락의 도원향이다. 안달루시아를 지배하며
고도의 문명을 일구었던 이슬람의 황금시절을 상기한 것이다. 당장 견
주어볼 작품으로 캉유웨이康有爲의 《대동서》(1902)가 떠오른다.

이슬람 문명과 공산혁명 사이

청년 레닌이 교육받은 도시 또한 바로 카잔이다. 카잔연방대학교에는 레닌 동상이 여전하다. 그러나《레닌 전집》어디를 살펴도 카잔에 대한 언급이 나오지 않는다. 이슬람에 대해서도 무지했던 것 같다. 다른 문명에 대한 관심이 부족했던 것이다. 트로츠키가 유배된 곳 또한 카자흐스탄 알마티였다. 그러나 그의 자서전에도 일절 언급이 없다. 이슬람 공동체와 무슬림 유목민에 대한 상투적인 감상조차 부재하다. 현장에 무심했던 것이다. 그들이 유념한 곳은 오로지 유럽이었다. 산업 문명이 발달한 서유럽에서 프롤레타리아트 혁명이 일어나기만을 학수고대했다. 그들이 섬겼던 공산주의의 태두 마르크스부터 역력했다. 무굴제국을 식민지로 삼은 대영제국의 사명을 극찬했다. 식민지 근대화론을 옹호한 좌파 오리엔탈리스트였다.

일선을 그은 이가 스탈린이다. 제국의 변방 조지아 출신이었다. 흑해부터 시베리아까지 무슬림의 존재를 인지했다. 소련의 속성이 '붉은 몽골제국'이라는 점도 직시했다. 다민족, 다문명을 아우르는 체제를 건설해야 했다. 오매불망 유럽 혁명에 대한 기대를 접는다. 일국 사회주의를 표방한다. 소련을 통합하고 통솔할 민족 이론부터 입안한다. 이슬람의 움마를 해체하여 민족 단위로 분리시키는 자치공화국 건설이 핵심이었다. 문명적 정체성에서 계급적 정체성으로 가는 중간 단위로 민족적 정체성을 강조한 것이다. 중세적 정체성(움마)에서 현대적 정체성(프롤레타리아트)으로 이행하는 근대적 정체성(민족과 국민)을 고안한 것이다. 1930년대 악명 높은 강제 이주 정책과 무연치 않다. 소련식 분할통치를 실시한 것이다.

이 쟁쟁한 지도자들과 척을 진 인물이 한 명 있었다. '이슬람 공산주의자'를 자처한 술탄갈리예프Султан-Галиев다. 우랄의 산골짜기 마을에서 태어났다. 소년 시절 마드라사에서 이슬람 고전을 공부한다.《코란》을 암송하고 샤리아(이슬람 율법)도 습득했다. 아랍어(문명어)와 타타르어(민족어)에 러시아어(국제어)도 섭렵했다. 그가 유학한 장소 또한 카잔이다. 카잔의 신방식 학교였던 타타르사범학교에서 마르크스주의를 학습했다. 졸업 후에는 우파의 도서관에서 사서로 근무한다. 톨스토이와 도스토옙스키를 숙독하며 정교 사회주의를 공부했다. 자연스레 공산주의에 이르는 이슬람의 길을 숙고했다. 무엇을 할 것인가, '국가와 혁명'보다는 '문명과 혁명'을 궁리했다. 이슬람과 공산주의를 결합하는, 고전 문명과 현대 문명을 합작시키는 '거룩한 혁명'을 탐구했다. 새로운 문물과 회통시킴으로써 이슬람의 진리를 더욱 자명하게 익히는 과정이야말로 혁명이었다. 1917년 2월 혁명이 일어나자 카잔에서 무슬림 사회주의자 위원회를 창립한다. 카잔과 우파에서 발간되는 간행물에 러시아어와 타타르어로 정력적으로 투고한다. 10월 혁명이 일어나자 곧장 공산당에 투신한다. 그러나 입당 이후가 병통이다. 고난의 행군이었다. 논쟁의 연속이었다. 투쟁의 지속이었다. 스탈린의 일국 사회주의에 이의를 제기했다. 트로츠키의 영구혁명론에 반론을 제시했다. 이슬람 세계의 영구혁명을 도모했다.

러시아 혁명에 대한 이해부터가 달랐다. 혁명의 성공에는 종교인들의 기여가 다대했다. 정교의 고의식파만 가담한 것이 아니다. '민간 이슬람'이라고 할 수 있는 수피교단의 신자들도 대거 참여했다. 그러나 볼셰비키는 입을 닦고 손을 씻었다. 권력을 독점하고 과거사를 다시 썼다. 러시아 혁명을 프롤레타리아트 혁명이라고 선전했다. 술탄갈리예프는 '유사 역사학'을 비판했다. 애당초 도시 노동자는 혁명의 주체가 아니라고 했다. 노동계급에 대한 환상을 거두라고 했다. 그들은 식민지 노동자들과 국제주의를 실천하기는커녕 자국의 자본가들과 협력하여 경제적

카잔연방대학교와 레닌 동상.

이익을 취할 것이라고 했다. 사회민주주의에 타협하고 제국주의 국가에 충성할 소인들이라고 갈파했다.

　그보다는 세계체제의 주변부인 러시아, 그 러시아에서도 주변부인 이슬람 세계에 주목하라고 했다. '이중적 주변'으로서 무슬림이야말로 혁명적 주체가 될 수 있었다. 과학적 이성과 신학적 영성을 별개라고 여기지 않았다. 변혁적이되 중용을 취했다. 극단으로 기울지 않음으로써 가장 근본적일 수 있었다. 종교 탄압이 아니라 종교 개혁을 추구한다. 보수적 울라마들로부터 이슬람을 떨쳐냄으로써 이슬람을 혁신하려고 했다. 교단의 종교가 아니라 생활종교로 탈바꿈시키려고 했다. 이슬람의 법학과 마르크스의 사회과학을 접목하고자 했다. 인생을 과학적 수행으로 이끌고자 했다. 과학적 수련을 통하여 체제의 혁명과 마음의 혁명을 동시에 이루고자 했다. 움마는 민족으로도, 계급으로도 분해되지 않는다고도 했다. 계급투쟁 없는 소비에트 혁명을 추구했다. 이슬람은 초계급적이고 초민족적이며 초국가적이고 탈영토적인 종교이기 때문이다. 이슬람을 통하여 공산주의에 이르는 길, 복합혁명론을 제창했다.

볼셰비키는 비웃었다. 코웃음을 쳤다. '채식주의적 공산주의자'라고 비아냥거렸다. 1920년 타타르스탄 자치공화국을 일방으로 선포해버린다. 공화국의 요직은 타타르인의 몫이 될 수 없었다. 신新울라마에 불과한 이슬람 공산주의자들에게 권력을 나누어줄 수 없었다. 모스크바에서 훈련된 과학적 공산주의자들이 카잔을 접수했다. 토착 무슬림의 눈에는 '적색 제국주의'가 아닐 수 없었다. 배타적인 슬라브 민족주의자들이었다. 러시아인들이, 유럽인들이 타타르의 땅을 점령한 것이다. 그들이 북아프리카부터 동시베리아까지 연결된 튀르크-이슬람 연결망을 차단하려 들었다. 오로지 모스크바만 섬기라는 것이다. 그 봉쇄된 공화국 내부에서 계급투쟁 또한 격화시켰다. 민족과 계급으로 움마를 조각조각 분쇄한 것이다. 모스크는 폐쇄되고 마드라사는 폐교되었다. 불경하고 불손한 혁명이었다. 문명을 해체하는 폭력이었다.

피를 토하는 심정으로, 알라를 부르는 성심으로 술탄갈리예프가 저술한 책이 《사회혁명과 동방》이다. 1919년에 출간된다. 재차 혁명의 주체는 이익을 탐하는 계급이 아니라 이해관계를 넘어 사고하고 기도하는 무슬림이라고 했다. 코민테른(제3인터내셔널)과는 별개의 '무슬림 외교부' 창설도 요청했다. 무슬림 소비에트에 기초한 '식민지 인터내셔널'을 도모해야 소련이 전 세계에 영감을 줄 수 있다고 했다. 동방 혁명의 거점을 카잔으로 옮겨야 한다고도 했다. 카잔을 소련의 제2수도로 삼자는 것이다. 카잔의 자매도시로는 바쿠와 우파와 타슈켄트를 거론했다. 바쿠는 서아시아 무슬림 소비에트의 거점이 될 수 있었다. 우파는 중앙아시아 무슬림 소비에트의 근거지가 될 수 있었다. 타슈켄트는 남아시아와 동시베리아의 무슬림 소비에트로 확장될 수 있었다. 카슈가르, 카불, 델리, 부하라, 테헤란, 이스탄불, 카이로 등 이슬람 도시 네트워크를 통하여 자본주의 세계체제를 전복시키자는 것이다. 런던과 파리와 베를린과 뉴욕에서는 절대로 공산혁명이 일어나지 않음을 장담했다.

호언은 허언으로 그치지 않았다. 실천에 나선다. 1920년 바쿠에서 동방제민족대회를 유치한다. 1922년 카잔에서는 우랄-볼가 지역의 이슬람화 1,000주년을 기념하는 공식 행사도 열었다. 열렬하게 호응하는 무슬림 청년들이 많았다. 1923년 카잔대학교 학생 가운데 타타르스탄 출신은 3분의 1뿐이었다. 우즈베키스탄, 조지아, 카자흐스탄, 신장위구르, 아프가니스탄 등 유라시아 무슬림 공산주의자들의 해방구였다. 카잔에서 발간되는 신문과 잡지가 튀르크어, 타타르어, 아랍어, 페르시아어로 번역되어 북아프리카부터 동남아시아까지 유통되었다. 동유라시아에 옌안이 있었다면, 서유라시아에는 카잔이 있었던 것이다. 1924년 오스만의 칼리프 폐지 또한 호기로 삼았다. 이스탄불이 수행했던 이슬람 세계의 중심 역할을 카잔이 수행할 수 있을 것이라고 판단했다. 카잔이야말로 과학과 신학이 공진화하는 '거룩한 혁명'의 발원지가 될 수 있었다.

세계혁명의 유일한 총본산을 자임하는 모스크바로서는 기겁할 노릇이었다. 스탈린의 눈에도 트로츠키보다 더 위험한 경쟁자가 술탄갈리예프였다. 트로츠키를 따르는 이들은 도시 출신의 책상물림뿐이었다. 그러나 술탄갈리예프를 모시는 이들은 소련의 4분의 1이자 유라시아의 3분의 1에 달하는 규모였다. 실제로 옛 오스만제국의 육군참모총장이었던 엔베르 파샤가 술탄갈리예프와 접촉했다는 첩보를 입수한다. 이스탄

술탄갈리예프.

불에도 무슬림 소비에트 정권을 세움으로써 이슬람 공산주의를 확산시
키려 든 것이다. 카잔과 우파에서 훈련된 무슬림 코뮤니스트들이 이스
탄불로 속속 잠입했다. 카잔과 이스탄불에서 이란과 인도와 중국의 무
슬림들과도 광범위한 연대를 도모하고 있음도 발각되었다. '이슬람공산
당' 창당까지도 모의되었다. 스탈린은 격분했다. 무엇보다 두려웠다. 소
련을 전복시킬 수도 있다. 당 밖의 당을 인정할 수 없었다. 소비에트 외
부의 소비에트를 수긍할 수 없었다. 반당적이고 반동적이며 반혁명적인
인물로 낙인찍는다. 이단자이고 반역자라고 했다. 1923년 당적을 박탈
하고 제명한다. 1928년 체포하고 투옥한다. 1940년 형장의 이슬로 사
라졌다.

　1991년 소련 해체 당시 타타르스탄에는 모스크가 20개 남짓에 불과
했다. 1917년 혁명 당시에는 2,200개였다. 2017년 현재 다시 2,000여

아제르바이잔의 수도, 바쿠.

1920년 바쿠에서 열린 동방제민족대회.

개로 회복되었다. 정교가 부활한 것처럼, 무슬림 또한 귀의한 것이다. 혁명에서 문명으로, 21세기의 대반전이다.

예언자

카잔의 무슬림 공산주의자가 처형되던 1940년, 옌안의 마오쩌둥은 '신新민주주의론'을 발표한다. 사회주의에 이르는 중국의 길을 창도했다. 소련의 노선을 답습하는 당료들을 쳐내고 중국 특색의 사회주의에 시동을 걸었다. 1949년 중화인민공화국이 들어선 해, 세계 최대의 무슬림 국가 인도네시아에서도 이슬람의 원리를 헌법에 명시한 신생 공화국이 출범한다. 발칸반도를 재통합하고 유고슬라비아 사회주의연방공화국을 출범시킨 티토가 인도네시아를 찾은 것은 1955년 반둥 회의였다. 반둥 회의 직후 이집트의 나세르는 오스만제국의 해체 이래 중동을 재통합하는 아랍 사회주의연방공화국을 추진한다. 1962년 프랑스를 몰아내고 알제리 혁명을 이끌었던 아흐메드 벤 벨라أحمد بن가 열독했던 인물 또한 술탄갈리예프였다. 물질 개벽에 눈 먼 프롤레타리아트가 아니라 정신 개벽을 염원하는 무슬림을 혁명의 주체로 내세웠다. 응당 소련을 흠모하고 프랑스를 사모하는 알제리 공산주의자들은 배제되었다. 서구와 동구를 선망하는 알제리 공산주의자들의 뒤틀린 의식 세계를 정신분석학적으로 탐구한 이가 프란츠 파농이다. 그 파농의《대지의 저주받은 사람들》(1961)을 페르시아어로 번역한 이가 이란의 알리 샤리아티다. 호메이니가 파리에서 망명생활을 할 때 샤리아티의 번역을 통하여 파농을 읽는다. 그리고 1979년 테헤란으로 복귀하여 이슬람 혁명을 성공시킨다. 이란의 이슬람 혁명은 곧장 국경을 접한 소련에까지 충격파를 던졌다. 중앙아시아의 이슬람 공화국들이 동요했고, 그 파장을 차단하기 위하여 1979년 아프가니스탄에도 개입했던 것이다. 아프가니스탄은 결국 소련의 무덤이 되었다. 적색 제국주의에 맞서는 유라시아 무슬림들이 카불에 총집결하여 소련을 좌초시켰다. 소련군이 철수한 1990년, 이슬람 공산주의자 술탄갈리예프의 명예는 공식적으로 회복된다. 이듬해 소련은 역사 속으로 사라진다.

술탄갈리예프의 유산은 이슬람 공화국들의 분리독립으로 그치지 않는다. 2003년 터키에서 집권한 에르도안이 그의 후예를 자처한다. 20세기 터키의 세속주의, 적폐를 청산한다. 신오스만주의와 범이슬람주의와 범튀르크주의를 조합하여 유라시아의 튀르크-이슬람 세계에 매력 공세를 펼친다. 중앙아시아의 재이슬람화를 물심양면으로 지원하고 있는 나라가 터키다. 그리하여 모스크바의 대모스크 개관식에도 에르도안은 푸틴과 나란히 설 수 있었다. 러시아제국과 이슬람 세계를 동시에 사고하고 실천했던 '술탄갈리예프주의'가 귀환하고 있는 것이다. 모스크바와 이스탄불을 두루 아울렀던 선지자로서 칭송받는다. 21세기 신상태와 신시대를 예비한 예언자로서 추앙받는다. 고로 신유라시아주의는 러시아 일국의 국시가 아니다. 터키도 신유라시아주의로 합류하고 있다. 숙명의 앙숙이었던 러시아와 터키가 의기투합하고 있다. 양 제국 사이 곤혹스러웠던 중앙아시아 국가들도 동참한다. 그중 선두가 중앙아시아의 대국, 카자흐스탄이다. 카잔을 떠나 아스타나로 이동한다.

028

아스타나, 카자흐스탄의 봄

통하면 아프지 않고,
통하지 않으면 아프다

지하地下 : 기와 혈

해방은 도둑처럼 왔다. 소련이 해체되었다. 종주국 러시아부터 소비에트연방에서 탈퇴해버렸다. 1917년 혁명을 전파할 때는 무례하더니, 1991년 혁명에서 철수할 때는 무책임했다. 마지못해 독립국가가 되지 않을 수 없었다. 독립을 당한 꼴이다. 강제 병합에서 강제 독립으로 이행했다. 준비가 태부족했다. 태비가 부실했다. 알라를 버리고 알코올에 젖어 살던 무슬림들을 다독여야 했다. 고삐를 바짝 잡아야 했다. 기강을 곧추세워야 했다. 그 신생 카자흐스탄을 이끌었던 지도자가 누르술탄 나자르바예프 대통령이다. 26년째 집권하고 있다. 독재자라고 말할 수는 있다. 하지만 한가한 판단이다. 안이한 단정이다. 탈역사적 인식이다. 역사상 민주적인 건국 과정이 얼마나 있는지 모르겠다. 건국의 논리와 치국의 논리는 다르다. 망국의 논리 또한 다르다. 적시에 적합한 일 •507

카자흐스탄의 수도, 아스타나.

을 해내는 이를 적임자라고 부른다. 역사적으로 보자면 건국의 아버지에 값하는 역할을 수행해내었다. 망국에서 건국으로, 카자흐스탄을 재건해내었다. 공칠과삼을 넘는다. 공이 8이요, 과는 2다.

사반세기의 건국 끝에 엑스포를 유치할 수 있는 나라도 되었다. 2017년 6월부터 9월까지 카자흐스탄의 수도 아스타나는 유라시아의 허브가되었다. 주제는 '미래 에너지'였다. 연초에 파리기후협정에서 미국이 탈퇴해버렸다. 러시아의 소련 이탈만큼이나 기막힌 사건이었다. 기가 찬노릇이었다. 신대륙은 제쳐두고서라도 구대륙만은 재생 가능한 에너지로의 전환을 모색한다. 태양력과 풍력, 지력地力 등 청정에너지를 연구하는 기업들이 유라시아의 한복판에 집결하여 지혜를 모았다.

에너지 시장의 재편도 도모되었다. 1974년 미국과 사우디아라비아의 합작으로 에너지 시장을 장악했던 오일-달러 체제의 대안을 궁리한다. 오일-위안, 가스-루블 체제가 논의되었다. 중국과 러시아는 물론, 이란과 카타르도 호의적이다. 유로화 결제에도 긍정적이다. 유라시아의 지하자원을 사고 팔 때는 유라시아의 지역화폐를 사용하자고 한다. 아직 위안화와 루블화가 유로화만큼의 위상을 갖추지는 못했다. 그래서 상하이와 홍콩과 두바이에서 금으로 교환할 수 있는 보완장치를 만들기로 했다. 지하자원과 지역화폐와 금 사이의 태환 체제를 입안하는것이다. 아스타나에서 논의된 에너지 시장 재편은 중국 샤먼廈門에서 열린 브릭스 정상회담의 정식 의제로도 올랐다. 2016년 중국을 방문하고 2017년 러시아를 방문한 사우디아라비아마저도 솔깃한 눈치다. 신대륙과의 특수관계를 청산하고 구대륙과의 관계 개선에 합류한다. '사우디아라비아 2030'의 요결이다.

석유의 유로화 결제를 추진했던 이라크의 후세인은 제거되었다(2006). 금에 기반한 아프리카의 단일통화 '디나르'를 추구했던 리비아의 카다피도 축출되었다(2011). 신대륙의 구대륙 개입, 적폐를 청산하기 위해서는 대연정을 이루어야 한다. 카자흐스탄의 동서남북으로 자리한 유라시아 국가들이 새로운 에너지-금융 체제에 의기투합한다. 에너지는 기氣요, 금융은 혈血이다. 기는 통해야 하고, 혈은 뚫어야 한다. 통하면 아프지 않고, 통하지 않으면 아픈[通則不痛 不通則痛] 법이다. 20세기 유라시아는 온통 아팠다. 21세기는 통한다. 아스타나에는 생기가 흐르고 활기가 넘친다. 독립 스물여섯 돌, 카자흐스탄의 혈기는 왕성하다.

지상地上 : 중앙아시아의 허브

기혈이 잘 통하려면 뼈대를 바로 세워야 한다. 환골탈태해야 한다. 모스크바로 쏠려 있었던 하부구조를 재정비한다. 1998년 알마티에서 아스타나로 천도했다. 소련-알마티의 수직적 관계를 청산하고 유라시아-아스타나로 탈바꿈시킨 것이다. 20년째 신수도 건설이 분주하다. 200만 대도시를 목표로 인프라 건설이 한창이다. 풍부한 지하자원을 운송하는 지상의 연결망도 재편한다. 동서로는 서중국과 서유럽을 잇는 고속도로가 지어진다. 세계에서 가장 많은 자원을 사용하는 동아시아와 세계에서 가장 많은 자원을 보유한 중동을 카자흐스탄이 연결한다. 내륙 도시 우루무치와 연해 도시 상트페테르부르크를 잇는 8,500킬로미터 도로 가운데 3,000킬로미터가 카자흐스탄을 통과한다. 남북으로는 러시아와 이란/인도를 잇는다. 러시아의 북극해를 카스피해와 페르시아만과 인도양으로 연결해주는 사이에 카자흐스탄이 자리한다. 유라시아 연결망에 조응하여 내부 연결망도 진화한다. '누를리 졸Нұрлы жол(새로운 길) 프로젝트'가 입안된 것이 2014년이다. 카자흐스탄-투르크메니스탄-이란의 국제 철도망에 국내 철도를 결합한다. 카자흐스탄 대초원에서 자란 곡물이 이란 고원으로 수출된다. 알마티-캅샤가이, 알마티-코르가스, 아스타나-카라간드 철도는 업그레이드한다. 소련 시절의 구노선을 일대일로에 접목하는 고속철 노선으로 갈아 끼운다.

내부 연결망 전환은 체제 혁신과 불가분이다. 지상의 인프라에 부합하는 거버넌스를 재구축한다. 합작하고 있는 나라가 싱가포르다. 싱가포르대학교 리콴유공공정책대학이 카자흐스탄의 거버넌스 업데이트에 깊이 결부되어 있다. 유라시아 견문 첫해, 싱가포르 건국 50주년을 맞이하여 키쇼어 마부바니 선생을 인터뷰한 적이 있다. 마침 카자흐스탄 출장을 마치고 돌아오는 길이셨다. 나자르바예프대학에서 대학원생들을 가르친다고 하셨다. 나자르바예프 이후를 이끌어갈 차세대 지도자들을 양성하고 있는 것이다. '싱가포르 2050'을 연상시키는 '카자흐스탄 2050'도 마련되었다. 제도 혁신과 반反부패를 강조한다. 유능하고 청렴한 엘리트를 육성한다. 지방의 권한을 대폭 강화한 분권형 개헌안도 제출되었다.

인프라 정비와 거버넌스 혁신으로 2050년에 세계 30위 국가가 되는 것이 목표다. 동남아시아의 허브 도시 싱가포르를 모델로 삼아 아스타나를 '중앙아시아의 싱가포르'로 만들고자 한다. 유목 국가가 유통 국가, 교통 국가로 진화하는 것이다. 유럽과 중국 사이, 러시아와 인도/이란 사이, 뉴 실크로드의 허브가 된다. 21세기의 노마디즘, 탈영토화를 실천한다. 지프를 빌려 타고 카자흐스탄 대초원을 달렸다. 오가는 차들이 아직은 드물다. 간간이 양떼를 마주칠 뿐이다. 망망대해만 있는 것이 아니다. 망망대지도 있다. 대평원의 저 끝으로는 천산天山산맥이 우뚝 솟아났다. 바람을 가르며 자전거로 달리고 싶은 마음이 불끈불끈 치솟는다. 세계에서 아홉 번째로 영토가 넓은 나라, 카자흐스탄은 비행기로 가서는 제대로 음미할 수 없는 나라다. 지상으로 이동해야 한다. 알타이

카자흐스탄의 대초원, 천산산맥 트래킹.

알타이산의 호수.

산을 오르는 것만으로도 기와 혈이 뻥뻥 뚫린다. 신실크로드가 완비되는 2050년이면 천혜의 관광대국, 레저 국가가 될 것이다.

천상天上: 디지털 움마

몸이 바뀌면 마음도 변한다. 마음을 먹으면 몸도 달라진다. 영혼육靈魂肉은 불가분이다. 지상과 천상의 분단체제를 입안했던 소련 시대의 유물론을 청산한다. 비정상이었던 영과 혼을 정상화로 되돌린다. 알코올에서 알라로, 이슬람 국가로서 정체성을 다시 세운다. 부국강병, 세속적 목표만 추구하는 나라는 이제 후진국이다. 속된 부르주아를 섬기는 논리(자유주의)나 천한 프롤레타리아트를 모시는 논리(사회주의)나 죄다 20세기의 적폐다. 인격을 드높이고 인륜을 다하며 인권을 누리는 문명국가가 선진국이다. 천상의 나라를 지상에도 구현해보겠다는 발심을 일으키고 영성을 고양하는 나라가 선진국이다. 엑스포가 폐막되고 곧이어 열린 행사가 이슬람협력기구(OIC) 과학기술회의였다. 이슬람 국가들이 과학과 기술을 주제로 회담하는 첫 번째 장소로 아스타나가 낙점된 것이다. 57개 이슬람 국가가 회합했다. 아제르바이잔, 이란, 파키스탄, 터키, 우즈베키스탄은 국가정상급 지도자들이 참가했다. 16억 무슬림 공동체와 최첨단 과학기술의 접맥을 모색한다. 본디 수학과 화학, 천문학 등에서 발군의 성취를 이룬 문명이 이슬람이었다. 신학과 과학을 재결합하는 것이다. 기조연설을 맡은 나자르바예프 대통령은 이슬람 과학문명을 선도하는 15개국이 별도로 만나는 또 하나의 기구 창설을 주창했다. 온 인류에 G20이 있다면, 움마에게는 'OIC-15'도 가능하다는 것이다. '디지털 움마'의 창출이라고도 하겠다.

본디 구상력이 뛰어난 인물이었다. 푸틴에 앞서 신유라시아주의를 ·513

앞장서 제창한 사람이기도 하다. 1994년부터 유라시아 연합을 표방했다. 신이슬람주의와 신유라시아주의가 신카자흐스탄의 양대 소프트파워다. 아스타나에 이틀 머물려던 계획을 철회하고 이틀을 더 연장한 것 또한 '유라시아 영화제' 때문이었다. 유라시아주의라고 묶어낼 수 있는 작품들에 대한 특별 회고전이 열렸다. 2007년작 〈몽골〉Монгол부터 눈에 띈다. 세르게이 보드로프 감독의 작품이다. 보드로프는 레프 구밀료프에 심취한 러시아의 영화인이었다. '칭기즈칸 3부작'을 기획했다. 주인공은 일본의 대배우 아사노 다다노부가 맡았다. 무술감독으로는 한국의 정두홍이 발탁되었다. 카자흐스탄은 독일과 공동 제작국으로 참여했다. 명실상부, 유라시아 합작 영화였다.

테무친의 유년기와 청년기를 성장 드라마로 각색했다. 소련 시절 '봉건의 상징'으로, '문명의 파괴자'로 폄하되었던 칭기즈칸은 몽골에서만 부활하고 있는 것이 아니었다. 러시아에서도, 카자흐스탄에서도 매력적인 영웅으로 재인식된다. 동서 문명의 장벽을 넘고 남북 문명의 담벼락을 부수고 대륙과 대양을 통합하여 진정한 세계사를 출현시킨 유라시아의 태조로 추앙한다. 카자흐스탄이 몽골에 복속되었다고도 여기지 않는다. 도리어 몽골족과 연합하여 대원정을 나간 연합 정치의 조력자로서 자긍심을 가진다. 이 같은 몽골-러시아-카자흐스탄 합작의 사상적 토대를 놓은 이가 소련의 마지막 유라시아주의자, 레프 구밀료프였다. 일생을 통하여 유라시아 민족들의 자매애와 형제애를 인류학적으로, 역사학적으로, 지리학적으로 규명한 대학자다. 카자흐스탄에 구밀료프를 기념하는 유라시아민족대학이 설립된 것은 1996년이다. 유라시아 영화제에서는 구밀료프의 삶을 담은 다큐멘터리도 감상할 수 있었다.

13세기 칭기즈칸을 계승한 카자흐스탄의 문화 영웅으로는 18세기 카자흐스탄을 통합한 민족영웅 아블라이한Абылай хан이 꼽힌다. 테무친이 칸이 되어간 것처럼, 소년 아블만수르가 한汗으로 등극하는 과정을 담은 영화가 〈유목민〉Кочевник이다. 카자흐스탄이 자금을 대었고, 보드로프가 공동 연출을 맡았다. 19세기에서는 민족시인 아바이 쿠난바예프Абай Құнанбаев를 으뜸으로 꼽는다. 알마티의 오페라하우스 이름이 아바이극장이다. 아바이국립사범대학도 있다. 아스타나에도 아바이 거리가 있다. 탄생 150주년을 기린 영화 〈아바이〉는 원작이 1942년부터 1956년에 걸쳐 발표된 아우에조프의 4부작 대하소설《아바이의 길》Абай жолы이었다고 한다. 이듬해 러시아어로도 번역되어 호평을 받았다. 1959년 소련의 최고 문학상이었던 레닌상도 수상한다. 푸시킨을 튀르크어와 카자흐어로 번역한 인물이 바로 아바이다. '카자흐스탄의 푸시킨'이라고도 불린다. 영화 〈아바이〉 또한 유라시아주의 작품으로 분류되는 것이다. 대초원의 모스크에서 경건하게《코란》을 암송하는 모습이 롱테이크로 묘사된다. 카자흐스탄의 고유한 유목 문화 전통에 소련에서 전수받은 과학과 이성을 결합한 신문명을 민중교육으로 확산시킨 정신적 선구자로 기리는 것이다. 동서고금을 달통한 아바이 정신을 신생국 카자흐스탄이 추구해야 할 독자성과 개방성, 신유라시아주의의 원조로 삼는다.

천하天下: 일어사문一語四文

사상은 물화되어야 한다. 이념은 제도화되어야 한다. 언행은 일치해야 한다. '일어삼문'一語三文 체제가 흥미롭다. 카자흐어를 표기하는 수단으로 아랍 문자와 키릴 문자에 라틴 문자를 보태었다. 아랍 문자는 천 년 이슬람 문명을 담지한다. 키릴 문자는 백 년 소련의 유산이다. 라틴 문자는 터키어에서 차용하였다. 소련에서 벗어남으로써 튀르크 세계를 자각한 것이다. 아랍 문자만 배웠던 마드라사와 키릴 문자만 강요한 소련 시절을 지나 21세기 카자흐스탄의 공교육은 일어삼문 체제를 지향한다.

다문자의 습득은 아스타나의 세계적 위상 고양과도 직결된다. '아스타나 클럽'이라는 회담이 있다. 11월마다 열리는 연례행사다. 유럽부터 아시아까지, 유라시아 주요 국가들의 엘리트를 집결시킨다. 유라시아 견문 2년차, 인도 뉴델리에서 인터뷰를 했던 샤시 타루르 선생이 2017년 아스타나 클럽에 참가했다고 하신다. 회담 장소에는 거대한 유라시아 전도가 걸려 있다. 지구의 중원이 유라시아이고, 그 유라시아의 중원에 아스타나가 자리함을 각인시키고 있다. 아랍 문자와 키릴 문자와 라틴 문자를 사용하는 만국과 만인을 결합시킨다.

한문도 보태었다. 카자흐스탄의 고속도로를 달리며 도로의 표지판이 눈을 찔러왔다. 일어삼문에 보태어 한문까지, 사문四文으로 표기가 되었다. 일대일로와 직결될 것이다. 고속도로와 고속철 모두 중국 자본이 주도하여 건설한다. 2013년 시진핑이 일대일로를 최초로 선언한 장소가 바로 아스타나였다. 지난해 아스타나에서 열린 상하이협력기구 정상회담에서는 '상하이협력기구 자유무역지대' 창설도 논의가 되었다. 터키부터 중국까지, 인도부터 러시아까지, 유라시아의 8할을 하나의 시장으로 통합해내겠다는 야심찬 포부다. 중원과 북방과 서역이 아스타나에서 합류한다.

내전에서 벗어나고 있는 이라크와 시리아, 아프가니스탄도 상하이협력기구로 견인키로 했다. 시리아 평화협상이 열린 장소 또한 아스타나다. 나자르바예프가 주도하여 아스타나 합의를 이끌어내었다. 러시아와 이란과 터키와 시리아를 한 테이블에 앉힌 것이다. 20세기 말 소련이 침공하고, 21세기 초 미국이 침략했던 아프가니스탄 재건의 방안을 논

아스타나에서 개최된 2017년 유라시아 영화제.

세르게이 보드로프 감독과 영화 〈몽골〉 포스터.

레프 구밀료프 탄생 100주년을
기리는 카자흐스탄 기념우표.

19세기의 민족시인
아바이 쿠난바예프.

의하고 있는 장소 또한 아스타나다. '아시아에 의한, 아시아의 방법'으로 아프가니스탄의 영구 해결책을 탐색한다.

한반도 문제에 대한 발언도 부쩍 늘고 있다. 독립 당시 카자흐스탄은 세계에서 네 번째로 핵무기를 많이 보유하고 있는 나라였다. 소련의 핵실험의 거개가 카자흐 땅에서 벌어졌다. 지금은 하나도 없다. 비핵화의 원조다. '핵무기 없는 세계' 구상으로 노벨평화상을 받아야 할 사람은 오바마가 아니라 나자르바예프였다. 그가 이제는 북핵 문제에도 관여한다. 해결책으로 '6자회담+1', 아스타나를 활용할 것을 적극 권장한다. 지하 자원과 지상 연결과 지역 협력을 견인하는 카자흐스탄 모델을 북조선이 배우라는 것이다. 북조선의 출로와 활로와 혈로를 아메리카가 아니라 유라시아에서 구하라고 한다. 어느새 서아시아(시리아)와 남아시아(아프가니스탄)와 동아시아(북조선)를 통으로 아울러 중앙아시아를 사고하고 있는 것이다.

거시적으로 보자면 중동의 아랍 국가에서 중앙아시아의 튀르크 국가로 이슬람 세계의 축이 옮아가는 형세다. 장차 천하대세를 파악하고자 한다면 튀르크 세계의 동향을 주시해야 하는 까닭이다. 이스탄불에서 우루무치에 이르는 유라시아의 중앙부를 튀르크 세계가 차지하고 있다. 현재의 카자흐스탄 또한 카자흐만의 땅이 아니었다. 저 멀리로는 스키타이부터 흉노/훈족, 돌궐/튀르크족, 몽골과 러시아 등 유목 제국의 흥망성쇠가 유장하게 펼쳐진 무대였다. 한漢제국과 경쟁하던 흉노가 유럽으로 이동하여 로마제국을 뒤흔드는 훈족이 되었다. 북방을 지배하던 돌궐이 서쪽으로 이동하여 이슬람을 수용하고 튀르크가 되었다. 유라시아의 중앙부는 튀르크-이슬람 세계다. 중국의 서쪽(위구르)에, 인도의 북쪽(카슈미르)에, 유럽의 동쪽(터키)에, 러시아의 남쪽(타타르스탄)에 튀르크 세계가 자리한다. 범튀르크주의와 신유라시아주의는 불가분이다.

카자흐스탄을 떠나 우즈베키스탄으로 이동한다. 튀르크-유라시아 세계의 허브 도시, 타슈켄트, 사마르칸트, 부하라를 찾아간다.

타슈켄트

029

스톤 로드, 튀르크-유라시아 세계

우즈베키스탄에서
'튀르크 분단체제'의 종말을 보다

타슈켄트: 소비에트 도시

'동방의 풍정이 농염한 도시'라고 했다. '포도원 결의를 맺은 도시'라고
도 했다. 알록달록 포도송이가 보석들 같다며, 가나에서 수단까지, 조선
에서 인도네시아까지, 검고 누런 손 굳게 잡고 15억 인민의 기상을 노
래하던 도시다. 1958년 10월 '문학의 반둥 회의', 타슈켄트 회의가 열렸
다. 참가자들은 동아시아와 서아시아를 잇던 비단길을 회감했다. 이슬
람에서 역법이 전파되고 중국에서 《본초강목》이 전수된 장소임도 추억
했다. 천축의 불경을 한문으로 번안하고 노자의 도덕경을 산스크리트
어로 번역한 현장 법사가 지나간 도시라고 했다. 그곳에 중국의 루쉰로
가 들어서고, 북조선의 한설야 거리가 조성되고, 베트남의 흐쯔엉 길이
들어선다고 했다. 아시아-아프리카 양 대륙의 작가들이 유사 이래 처음
회합한 획기적인 회동이었다. 그 타슈켄트 회의 자료를 수집하고 정리

하며 박사 논문을 쓰던 해가 2012년이다. 몸은 신대륙에 있었지만, 마음은 온통 구대륙에 쏠렸다. 5년이 흘러 마침내 현장에 당도한 것이다.

동방의 풍정을 찾기는 힘들었다. 포도넝쿨보다는 사람 머리통 네다섯을 합친 크기의 참외와 수박이 더 눈에 들었다. 루쉰로도, 한설야 거리도, 흐쯔엉 길도 없었다. 1966년 7.5도의 대지진이 일어난다. 700여 회 크고 작은 여진이 연중 지축을 흔들었다. 실크로드의 흔적은 송두리째 사라진다. 중-소 논쟁과 베트남전쟁으로 동구 사회주의와 동방 사회주의도 멀어졌다. 1967년부터 재건된 타슈켄트는 철저한 소비에트 도시였다. 모스크바와 레닌그라드(상트페테르부르크)와 키예프를 잇는 소련의 4대 도시가 된다. 거주자 또한 러시아인과 우크라이나인, 독일계가 절반 이상을 차지했다. 동방의 역사문화 도시보다는 동구형 계획도시로 전변한 것이다. 초원 국가들 가운데 유일하게 지하철이 다니고 있다. 소련에서 가장 큰 레닌 동상이 세워진 곳이 타슈켄트였다.

1991년 정치적 대지진이 일어난다. 인공적인 우즈베키스탄공화국을 만들고 사마르칸트에서 타슈켄트로 수도를 옮겼던 소련 자체가 붕괴해 버렸다. 러시아인들은 모스크바로 돌아갔다. 우크라이나인들은 키예프로 떠나갔다. 독일인들도 통일 베를린으로 이주했다. 동구에서 중앙아시아로 이동했던 이들이 썰물처럼 빠져나갔다. 떠나갈 여력이 없는 자들만 남았다. 주민의 거개가 다시 무슬림의 후예가 되었다. 드물게 극동에서 강제 이주한 고려인들도 눌러앉았다. 동/서독은 하나 되었으되, 북조선/남한은 여전히 둘이었다. 남과 북, 돌아갈 나라가 마땅치 않았다. 무엇보다 공업보다 농업에 종사했다. 근 백 년 초원에 씨앗을 뿌리고 뿌리를 내렸다. 끈질기고 끈덕지게 모범 농장을 경영하는 우수한 소비에트인으로서 인정도 받았다. 기질상 유목민이 되지 못했다. 동물을 길들여 이동하는 유목 문명보다는 식물을 길들여 곡물로 만드는 정주 문명에 익숙했다. 천하대란, 세상이 하도 어지럽고 세월이 하 수상하여 유랑민이 되었을 뿐이다. 3대에 이르러서는 조선어나 한국어는 설었고 러시아어가 편했다. 정 고향이 그리운 자들은 반도가 아니라 연해주로 돌아갔다.

새 천년 타슈켄트의 풍정은 재차 동구에서 동방으로 반전한다. 레닌 동상이 있던 자리에는 지구본을 올렸다. 마르크스 동상을 치운 자리에는 티무르* 동상을 세웠다. 녹색(자연)과 흰색(평화)과 청색(생명)의 삼색기에는 이슬람을 상징하는 커다란 초승달도 박아 넣었다. 붉은 별이 지고 하얀 달이 뜬 것이다. 백 년 적색 국가를 청산하고 천 년 녹색 국가가 귀의한다.

부하라: 스톤 로드

유라시아에는 실크로드만 있던 것이 아니다. 중국과 유럽 사이 비단만 오고 가지 않았다. 유럽중심주의와 중국중심주의가 합작하여 실크로드만 유난히 강조한다. 일각에서는 향신료와 설탕, 커피가 이동했던 길을 연구한다. 하더라도 서구와 비서구의 폭력적 수탈 관계, 근대중심주의의 편향을 거두기 힘들다. 다시금 유라시아의 중앙부가, 유라시아의 절반이 이슬람 세계임을 강조해둔다. 이슬람-유라시아의 교통과 유통과 소통을 착목해야 한다. 정신문명만 공유했을 리가 없다. 물질문명도 환류했다.

25만 중소도시 부하라는 그 자체로 박물관이다. 바그다드와 장안이

------

* 티무르 왕조의 제1대 황제. 옛 몽골제국 영토의 대부분을 차지하는 대제국을 건설했으며, 학예를 장려하고 이슬람교를 포교하며 상업무역을 발전시키는 데 힘썼다. 재위 기간은 1369~1405년.

세계 양대 도시를 구가하던 무렵, 두 도시를 연결하며 세 번째로 번영하던 곳이다. 이슬람 세계와 중화 세계의 물자와 문화를 매개하는 오아시스 도시로 찬란했다. 동방의 사람들은 '안국'安國이라고 불렀다. 수많은 모스크와 마드라사도 세워졌다. 단박에 흙빛 건축물을 마감하는 영롱하고 청아한 청록 빛깔이 눈에 든다. 사막의 오아시스, 천상의 쪽빛과 지상의 물빛을 뒤섞은 오묘한 색감이다. 자고로 아름다움이란 어우러짐과 어울림에서 비롯한다. 천상과 지상을 잇는 종교 건물마다 파란 하늘과 푸른 초원을 담았다. 땅에 발을 딛고 하늘을 우러르는 사람들은 그곳에서 천지신명을 받들며 기도를 올리고 머리를 숙였다. 천지인이 합일하는 영험한 장소였다.

본디 중앙아시아에서 잘 나지 않는 자재다. 귀하고 드문 광석이다. 지각 아래서 마그마의 뜨거운 지열에 달구어져 알루미늄과 구리가 몸을 섞는다. 지진이라도 일어나면 지표면으로 솟아오르며 화학 변화와 물리 변화가 격화된다. 물과 산소와 접촉하면서 청록색을 머금는 광석으로 식어가며 굳는 것이다. 모래바람에 깎이고 또 깎여서 푸른빛을 반사하는 경우가 있었다. 사막과 고원을 지나가던 사람들의 눈에는 기적 같은 광물이 아닐 수 없었다. 검은 땅속에서 푸른 하늘 조각이 솟아난 모양새였기 때문이다. 수천 년, 아니 수만 년의 지질학적 연금술의 걸작에 탄복한 이들은 초원길을 오고 가던 무슬림이었다. 그 광물을 동물 등에 싣고 부지런히 나르고 옮겼다.

가장 유명한 산출지가 이란의 니샤푸르다. 사파비제국 시절 광산만 7개에 달했다. 광석을 채굴하여 세공업자에게 판다. 이들이 깎고 다듬어 카라반에게 되판다. 카라반은 발품을 팔아 오아시스 도시를 다니며 다시 팔았다. 하늘을 닮은, 하늘을 담은 광석의 유라시아적 교류망이 작동했던 것이다. 14세기부터 19세기까지 반천 년간 절정을 구가한다. 포스

부하라.

트-몽골제국의 유라시아를 이슬람 제국들이 석권했기 때문이다. 티무르제국, 오스만제국, 사파비제국, 무굴제국이 웅비했다. 샤와 술탄과 칼리프의 왕관에도 하늘색 광석이 장식품으로 들어갔다. 칼과 방패와 마구에도 치장품으로 삼았다. 위대한 종교 경전과 뛰어난 학술 서적의 표지를 장식하는 경우도 있었다. 이슬람 제국 간 독특한 조공무역 상품이기도 했다. 오스만제국과 무굴제국에서 새로운 술탄이 등극할 때마다 사파비제국의 샤가 선물로 헌사했던 것이 푸른 돌이다. 오스만제국의 술레이만이 앉던 의자에도, 무굴제국의 후마윤이 쓰던 모자에도 청석靑石이 박혔다. 무굴제국의 자항기르 황제는 이 돌을 너무나도 사랑하여 반지로 만들어 끼고 다녔을 정도다. 하늘을 내 손 안에 쥐었노라, 쓰다듬었다고 한다. 세속의 권력을 상징하는 장치에도, 영성을 고양하는 푸른 타일에도 널리널리 확산된 것이다. 물질을 교환하고 문화를 교류하고 지식을 순환시키며 이슬람-유라시아 세계, 움마로서의 공속감은 더욱 깊어갔다.

이 '스톤 로드'Stone Road에 참입하지 못했던 서구가 뒤늦게 푸른 보석에 눈을 뜬 것이 19세기다. 오리엔트의 신비를 담은 돌이라 하여 로마와 파리와 런던의 귀족들을 매혹시켰다. 이탈리아어로는 'pietre tur-chese', 프랑스어로는 'pierre turquoise'라고 했다. 오스만제국을 통하여 처음으로 접했기 때문이다. 영어로도 'turquoise', '터키석'이라 불린다. 보석의 유통과 더불어 아랍어와 페르시아어로 기록된, 광물과 금속에 대한 광범위한 서적들도 입수했다. 무굴제국에 축적되어 있던 페르시아어 자연과학 지식을 영어로 번역하여 런던에 세운 것이 그 유명한 자연사박물관이다.

무굴제국은 대영제국에 복속되었다. 사파비제국은 영국과 러시아의 경합 속에서 이란으로 축소되었다. 오스만제국은 아프리카와 유럽과 아라비아를 모두 잃고 터키로 쪼그라들었다. 중동은 영국과 프랑스가 조 각조각 인공 국가들로 쪼개었고, 중앙아시아는 소련이 듬성듬성 인공 국가들로 분절시켰다. 서구가 중동을 지배하고 동구가 중앙아시아를 점령하면서 이슬람-유라시아 네트워크가 해체되었던 것이다. 영판 사라지지는 않았다. 잠류하고 복류했다. 1991년 소련 붕괴와 함께 서서히 재건되고 있다. 새 천년에 들어서자 더욱 가파르게 복원된다. 저마다 이슬람 문명으로 귀의하면서 모스크와 마드라사 신축이 재차 늘고 있다. 이란에서 채굴되는 터키석에 대한 수요가 폭발적으로 증가한다. 이집트의 시나이반도에서도 터키석을 수출한다. 소비에트의 위세에 짓눌려 수줍기만 했던 오아시스 도시들에 이슬람-유라시아의 푸른빛 연결망이 재부상하고 있다.

사마르칸트: 모바일 월드

터키석을 운반하던 이들이 튀르크인이다. 초원과 고원을 누비고 다녔다. 바닷길의 일인자가 아랍인이었다면, 초원길의 으뜸은 튀르크인이었다. 로마인들이 중국에 갔던 것이 아니다. 중국인들도 유럽에 이르지 못했다. 로마와 페르시아와 중화를 북방의 튀르크가 이었다. 지금은 극서 암스테르담과 극동 블라디보스토크를 잇는다. 견문 3년차, 구글 어스로 위성사진을 감상하는 취미가 생겼다. 아프리카의 북서부터 중국의 서북까지, 광대한 건조지대가 펼쳐진다. 서남쪽으로 갈수록 덥고, 동북쪽으로 갈수록 춥다. 북아프리카의 사막과 동시베리아의 툰드라가 지형적으로 통하는 것이다. 그 외부에 자리한 극서유럽과 극동아시아는 정주 문명이 발달했다. 그 사이로 장쾌하게 펼쳐지는 모바일 세계, 이 월드와이드웹(www)의 주인공이 튀르크였던 것이다.

사마르칸트

비단과 차와 종이와 돌을 튀르크가 유통시켰다. 중국의 차를 '차이'라고 부른 사람들이 돌궐이었다. 이슬람을 수용한 돌궐/튀르크의 영향으로 인도에서도 '짜이'이고, 아프리카에서도 '차이'이고, 러시아에서도 '챠이'이다. 알바니아, 불가리아, 크로아티아, 그리스, 루마니아도 '차이'라고 부른다. 극서 변방 유럽인들만 발음이 서툴렀으니 '티'tea가 되었다.

아프리카와 아라비아의 커피를 유라시아에 전파한 이 또한 튀르크인이다. 아랍어로 '카흐와'قهوة라고 한다. 터키어로 '카베'kahve, 영어로 'coffee'이다. 양탄자가 깔린 이스탄불의 카페에서 풍기는 에티오피아 에스프레소 향기에 탄복한 이들이 베니스 상인들이다. 무굴제국과 사파비제국에서 여행 온 지식인들이 오스만제국의 문화예술인들과 토론하는 모습도 부럽게 쳐다보았다. 그 라이프스타일이 이탈리아를 거쳐 유럽으로 전파되면서 카페 문화가 이식된 것이다. 무슬림 공론장을 본받아 부르주아 공공 영역이 창출되었다. 터키어로 아침식사를 '카발티' kahvalti라고 한다. 'kahve+alti', '커피 전'이라는 뜻이다. 모닝커피를 마시기 전에 배를 채우는 것이 조식이다. 커피에 달달한 터키시 딜라이트를 곁들이던 튀르크의 습관은 아메리카노에 조각케이크를 주문하는 스타벅스의 흔한 풍경이 되었다. 우유와 요구르트, 버터와 치즈 또한 튀르크 유목망을 따라 유라시아 전역으로 확산되었다.

천 개의 고원을 주파하며 천 년을 유랑하던 튀르크-이슬람-유라시아 세계가 분절된 것이 20세기다. 19세기 오스만제국과 백 년의 일합을 겨루었던 러시아는 튀르크 세계를 가장 경계했다. 튀르크의 절반을 소련으로 품어내야 했기 때문이다. 서방의 튀르크 세계를 '터키적'Turkish이라 했고, 동방의 튀르크 세계를 '튀르크적'Turkic이라 분류했다. 리얼리스트 스탈린은 고육지책 분리지배를 창안한다. 중앙아시아에 5개의 인공 국가를 만들어 각자의 국어를 부여한 것이다. 과학적이고 진보적인 국사도 편찬시켰다. 돌연히 '우즈베크인'과 '카자흐인'으로 호명된 사람들은 직접적으로 소통할 수가 없었다. 오로지 모스크바를 통해서만 간접적으로 조우했다. 내부 여권을 만들어 튀르크 세계의 자유 이동도 차단시켰다. 개별 공화국 아래서 자원은 국유화되고 농장은 집단화되었다.

이동하고 유랑하는 유목민의 후예에게 농장과 공장은 노동수용소, 굴락ГУЛАГ에 다름 아니었다. 온종일, 일생을 토지에 묶여서 노동하다 죽어가는 정주민을 딱하게 여겼던 이들이다. 이 세상이 얼마나 넓은지, 얼마나 다채로운 풍광과 다양한 문화가 있는지 모르고 살아가는 사람들을 가엾게 보았다. 농업에 기초한 민족문화보다 상업에 기초한 세계문화를 즐겼다. 사람과 문화와 물자가 순환하며 융합하고 창조하고 회통하는 모바일 라이프를 사랑했다. 소련이 선사해준 국토와 국경과 국어와 국사는 어울리지 않는 옷이었다. 국가화와 국유화와 집단화는 어색한 살림살이였다. 답답하고 갑갑했다. 탈영토적, 탈중심적, 초국가적 옛 세계를 향수했다.

1991년 소련이 해체된다. 껍데기는 갔다. 껍질이 벗겨졌다. 빼앗긴 들에도 봄이 왔다. 좌파 독재국가로부터 벗어난 동튀르크 세계에 가장 환호했던 나라는 서튀르크, 터키였다. 소련 해체 직후인 1992년, 수도 앙카라에서 튀르크계 공화국 정상회의를 개최한다. 박차를 가한 것은 새 천년이다. 백 년 묵은 세속주의 공화국, 우파 독재로부터 이탈하여 신오스만주의를 표방하는 공정정의당이 집권한 해가 2002년이다. 유럽에 기독교 민주주의가 있다면 튀르크 세계에는 이슬람 민주주의가 있다며, 중앙아시아 신생 국가들에게 매력 공세를 펼친다. EU에 등을 돌린 서튀르크 세계와 SU(Soviet Union)에서 빠져나온 동튀르크 세계의 재결합(TU: Turk Union)을 본격화한 것이다. 동/서 이념으로 분리되었던 튀르크의 분단체제를 고전 문명으로 극복한다. 중앙아시아의 젊은 친구들은 이제 모스크바와 상트페테르부르크가 아니라 앙카라와 이스탄불로 유학 간다. 우즈베키스탄과 투르크메니스탄, 아제르바이잔은 터키어를 모방하여 키릴 문자를 버리고 라틴 문자로 표기한다. 소련 시절 파괴되었던 이슬람 유적지가 터키의 지원으로 복원되었다. 소비에트연방의 감옥에서 투란 연방*을 염원했던 무슬림 공산주의자, 술탄갈리예프의 꿈이 끝내 이루어지는 듯하다.

터키 또한 방향을 선회한다. 탈아입구, 더 이상 EU 가입에 안달하지 않는다. 동튀르크 세계와의 냉전을 조장했던 나토에서도 이탈하려 든다. 동튀르크가 모두 가담하고 있는 상하이협력기구에 입회하려 한다. 내륙아시아, 북아시아로부터 기원하여 아나톨리아로 이주한 후손임을 자각한다. 범이슬람주의와 신오스만주의, 범튀르크주의와 신유라시아주의가 공진화한다. 이슬람이라는 유장한 공속감, 튀르크라는 끈끈한 연대감이 대륙적 유라시아 연합으로 귀결된다. 터키부터 아프가니스탄을 아우르는 새 천년의 새 문명 지도를 그려가는 것이다. 고로 사마르칸트를 고대의 실크로드 도시라고만 간주해서는 모자라다. 새 천년 모바일 월드의 허브 도시, 미래 도시이자 첨단 도시다. 우즈베키스탄 또한 일국으로 접근하면 부족하다. 아나톨리아에서 시베리아까지, 튀르크-이슬람-유라시아 세계를 아우르는 중간 역으로 보아야 마땅하다.

---

* 투란은 튀르크계 고대 왕국의 이름으로, 술탄갈리예프는 터키에서 신장까지 이르는 범튀르크주의 연방국가인 투란 연방을 구상했다.

아프라시아브: 유라시아 이니셔티브

사마르칸트 동북쪽에 아프라시아브가 자리한다. 고대 도시의 궁전과 주택지를 발굴하던 1965년, 빛바랜 채색 벽화가 발견되었다. 정면에는 12명의 외국 사절단이 묘사되었다. 그 오른쪽 끝에는 새 깃털 장식의 모자를 쓰고 긴 칼을 허리에 찬 인물이 그려졌다. 두 손을 소매 깃에 넣어 공수拱手하는 자세가 익숙하다. 옛 소련의 고고학자는 이 인물이 고구려인이 아닐까 추론했다. 1976년 일본 학자들도 고구려 복식일 것으로 추정했다. 1990년 한-소 수교 이후 한국학자들도 주목했다. 지금은 고구려 멸망 이후 통일신라 사람일 것이라는 설이 더 유력하다.

그 고대 벽화가 2017년 11월 다시금 우즈베키스탄에서 널리 환기되었다. 신임 대통령 미르지요예프가 한국을 국빈으로 방문한 것이다. 두 시간이 넘는 공식 행사를 생중계로 방송했다. 재방송도 여러 차례 반복되었다. 20세기 소비에트 문화를 대신하여 21세기 대중문화를 선도한 것이 한류였다. 〈대장금〉과 〈겨울연가〉를 비롯하여 〈별에서 온 그대〉와

사마르칸트 동북쪽 아프라시아브에서 발견된 고대 궁전 벽화.

〈태양의 후예〉까지 우즈베키스탄의 일상에 깊이 침투했다. 전임 카리모프 대통령은 고 노무현 대통령의 장례식에 참석한 유일한 현직 정상이었다. 신임 대통령 또한 정성이 각별하다. 고려인 출신 관료들과 상/하원 의원들을 대거 대동했다. 아내와 아들은 물론 손자까지 동반하여, 대대손손 우의를 약조한다. 형님국가, 아우국가 하면서 우즈베키스탄의 시장화와 자유화에 한국이 적극 참여해줄 것을 당부한 것이다.

목하 초원에 불고 있는 신시대의 신세계화를 상징한다. 지상의 길을 닦고 있는 나라는 중국이다. 천상의 말씀을 전하고 있는 나라는 터키다. 러시아는 지하자원을 운송하고 집단안보를 제공한다. '그레이트 게임'을 펼쳤던 영국은 어느덧 가물하다. 유럽에서만 이탈한 것이 아니다. 유라시아 전체에서 희미하다. 21세기 다른 백 년, 서구화도 소련화도 미국화도 아니다. 유라시아의 한복판에 서서 동서남북으로 사통팔달한다. 튀르크의 기질과 천성에도 딱 들어맞는다. 태평양부터 대서양까지, 시베리아부터 인도양까지, 서유럽인부터 동아시아인까지 유전자도 두루 섞였다. 잡종적이고 혼종적인 DNA가 각인되었다. 연합적이며 연방적이고 연정적이다. 다문화적이고 다문명적이며 다문자적이다. 우즈베크어와 위구르어는 통한다. 카자흐어와 타타르어도 통한다. 우랄알타이어족, 터키어는 한국어와 일본어와 몽골어와도 통한다. 어순과 문법이 흡사하다. 키릴 문자로 표기하는 몽골어와, 라틴 문자로 쓰는 터키어 사이에 동일한 어휘가 25퍼센트에 달한다. 북방 초원을 달리던 말을 타고 말과 말이 꼬리에 꼬리를 물고 이어졌던 것이다.

유라시아 견문 950일차, 유라시아 4대 문자가 확연해진다. 서쪽에는 라틴 문자가 있다. 남쪽에는 아랍 문자가 있다. 북쪽은 키릴 문자다. 동쪽은 한문이다. 라틴 문자를 익히면 영어, 독어, 불어가 갈래를 친다. 아랍 문자를 익히면 아랍어와 페르시아어, 튀르크어까지 수월하다. 키릴 문자를 익히면 그리스어부터 몽골어까지 연결된다. 한문을 배우면 일본어부터 베트남어까지 용이하다. 현재의 인문/사회과학은 라틴 문자에 지나치게 편중되어 있다. 비정상의 정상화, 적폐 청산, 재균형을 이루어야 한다. 유라시아 4대 문자에 기초하여 학제를 개편하고 지식과 정보가 유통되는 말길과 글길을 활짝 터야 한다. 외길만 답습하면 외골수가 되고 외통수가 되기 십상이다. 정보의 편향과 지식의 편식은 세뇌의 첩경이다. 골고루 접하고 고루고루 취해야 한다. 그래야 실시간으로 전개되고 있는 신시대의 신세계화를 주체적으로 인식하고 창조적으로 참여할 수 있다. 한글 창제부터가 몽골제국의 유산*, 유라시아와의 전면적 교류의 소산이었음을 필히 유념해야 할 것이다. 북방과 서역과의 회통, '유라시아 이니셔티브' 덕이었다.

　일방적인 '발견'의 시대는 갔다. 편파적인 '탐험'의 시대도 지났다. 재발견하고 재발굴하고 재음미하는 회심의 시대다. 오래된 길을 다시 밟으며 옛 말씀을 곱씹고 묵은 영혼에 귀를 기울이는 되새김의 신시대다. 다시 러시아로 돌아간다. 정교 대국 러시아는 이슬람 세계만 품고 있는 것이 아니다. 불교 세계도 안고 있다. 태초와 태고, 태허와 태극의 만달라를 묵상하게 만드는 바이칼 호수로 이동한다.

━━━━━　*　조선은 몽골제국 이후 한반도에 들어선 왕조다. 즉 고려 말기부터 몽골제국을 통해 유라시아 문화 교류가 활달했다. 몽골, 거란, 여진, 서하, 티베트, 위구르 등 북방 유목민족의 문자를 폭넓게 섭렵하고 참조함으로써 중원의 한문과는 상이한 형태의 독자적인 문자 체계를 수립할 수 있었던 것이다. •535

바이칼호에서 가장 큰 섬, 알혼섬.

030

바이칼, 환생과 부활

귀로의 시작,
'신성한 바다'에 발을 담그다

이르쿠츠크: 동방의 상트페테르부르크

이르쿠츠크 역에 내렸다. 모스크바에서 5,500킬로미터를 달렸다. 태평양까지는 3,700킬로미터가 남았다. 서편보다는 동녘에 더 가까운 곳이다. '러시아의 파리'라고도 불린다. 그만큼 아름다운 도시라는 뜻이렷다. 부정하지는 않겠다. 하지만 탐탁지 못한 수사다. 파리에 빗대는 도시가 너무 많다. 지난 3년 내가 다녀간 '~의 파리'만 두 손으로 헤아린다. 비서구의 서구화, 적폐의 소산이다. 비정상의 정상화, 제 이름을 바로 불러주어야 하겠다. 러시아사에 입각하여 별명을 짓자면 우랄산맥 너머 시베리아로 가는 첫 관문, '동방의 상트페테르부르크'가 더욱 어울린다.

낯선 도시였지만, 낯익은 이가 있었다. 역전으로 마중까지 나왔다. 온라인으로 먼저 연을 맺었다. '아이토키'(www.italki.com)라는 사이트가 있다. 어학 공부하는 곳이다. 러시아는 원체 크고 넓은 나라다. 두루 살 •537

피려면 한 곳에 진을 치고 진득하게 공부하기 힘들었다. 타개책으로 삼은 것이 인터넷 학습이다. 뜻밖의 효과를 거두었다. 만인과 만국과 만어를 연결해주는 글로벌 허브였다. 러시아어 또한 세계어다. 동유럽부터 동시베리아까지 소통한다. 우크라이나부터 우즈베키스탄까지 유통된다. 요일마다 다른 나라, 다른 도시 선생님들과 모니터를 사이에 두고 마주앉았다. 키예프에서도, 타슈켄트에서도, 블라디보스토크에서도 '인강' 인연 덕을 톡톡히 입었다. 그 디지털-러시아어 연결망의 중간 고리에 이르쿠츠크도 자리했던 것이다.

선생님 이름이 요코이다. 일본계다. 1919년 할아버지가 시베리아로 출병하셨다. 러시아 혁명의 동방 전파를 진압하기 위해 투입된 일본군 장교였다. 백군과 합세하여 적군과 다투었다. 연해주에서 살아가던 조선인들을 괴롭혔을지도 모르겠다. 체포와 투옥 끝에 전향을 단행한다. 공산주의자로 거듭난 것이다. 대일본제국을 버리고 소비에트연방에 투신한다. 1939년 소련-몽골과 일본-만주국이 북아시아를 두고 겨루었던 할힌골 전투(노모한 전쟁)에도 참전했다. 일본의 북방 진출을 좌초시킨 전쟁에 일본인 장교가 소련 편에 서 있었던 것이다. 할힌골이 뚫렸더라면 일본은 대동아공영권이 아니라 대유라시아공영권을 주창했을지 모른다. 소련을 탈출한 러시아 지식인들의 '유라시아주의'를 실시간으로 번역하고 있었음을 확인한 마당에, 전혀 허황한 추론이 아닐 것이다. 할아버지는 끝내 소련이 일본에 승전하는 모습을 보지 못하고 1943년 돌아가신다. 아버지는 그 소련이 해체되는 모습을 보지 못하고 1989년 돌아가신다. 1971년생 요코는 1991년 소비에트인에서 러시아인이 되었다.

새 천년 러시아어와 일본어를 가르치며 전 세계 사람들과 대화하며 사는 것이 즐거움이라고 한다. 재택 근무와 모바일 근무, 수입도 쏠쏠하다. 그 수백의 학생들 가운데 이르쿠츠크로 직접 찾아온 이는 내가 처음이었다. 집으로 초대받아 칭기즈칸 보드카에 샤슬릭(러시아식 꼬치구이)과 스시를 곁들여 푸짐하게 먹고 마셨다. 남편 세르게이 또한 러시아군 장교였다. 내가 아랍과 유럽을 거쳐 러시아에 이르렀다는 말에, 이라크와 시리아, 리비아와 우크라이나에 대해 열변을 토한다. 3할도 알아듣지 못했으나 지레짐작할 수는 있었다. 소련의 해체야말로 20세기 최대의 지정학적 비극이었다는 푸틴의 견해를 고스란히 빼다 닮았다. 세르게이와 요코 모두 '우리 티니', 푸티느님을 사모했다. 1990년대 9년의 악몽이 푸틴에 대한 찬양과 고무를 가중시킨다.

러-일 합작 부부는 바이칼 호숫가에 다차(교외 별장)도 가지고 있었다. 러시아식 사우나, 바냐도 갖추었다. 여름마다 그곳에서 휴가를 보낸단다. 때는 마침 5월 말, 텅 비어 있었다. 빌려주겠다고 하니 마다할 이유가 없다. 도요타 SUV를 몰고 동남쪽으로 120킬로미터를 달려 바이칼에 이르렀다. 조지아 와인과 바이칼 삐보(맥주)에 훈제 오물(바이칼 생선)도 챙겨준다. TV도 없고 인터넷도 잡히지 않는다고 한다. 그렇게 나는 바이칼 앞에 덩그러니 홀로 남겨졌다. 21세기로부터 로그아웃, 탈속한 것이다.

바이칼: 신성한 바다

우르르 쾅. 우르르르 쾅.

천둥소리에 잠을 깼다. 새벽 세시도 못 되었다. 비가 쏟아지지도 않는다. 마른하늘에 날벼락도 아니었다. 이른 하늘은 온통 별밭이었다. 억겁의 시간을 건너온 억만의 별들이 영겁의 빛을 쏟아내고 있다. 천상을 빽빽하게 채운 틈 사이로 별똥별도 무시로 떨어진다. 별세계와 별천지, •539

은하수를 받아 안은 호수는 스파클링 워터처럼 반짝거렸다. 천둥소리의 정체도 밝혀졌다. 겨우내 꽝꽝 얼었던 호수가 녹아나고 있었다. 철썩철썩, 파도가 치고 파랑도 인다. 떠밀려온 최후의 얼음조각들이 바위에 부딪혀 산산이 부서졌다. 바이칼의 늦봄을 일깨우는 맹렬하고 요란한 입춘 의례였다.

둘레길이 640킬로미터다. 서울에서 부산보다 멀다. 폭이 가장 넓은 곳은 80킬로미터에 달한다. 가장 깊은 곳은 2킬로미터에 미친다. 맑디맑아 맨눈으로 수심 40미터까지 들여다보인다. 지난 3년 내가 보았던 대하大河들, 황하와 장강과 메콩강과 인더스강과 갠지스강과 나일강과 다뉴브강과 볼가강을 모두 합해도 바이칼을 채우지 못한다. 330개의 강줄기가 바이칼로 흘러들어 지구 담수의 5분의 1을 홀로 차지하고 있다. 세계에서 가장 크고, 가장 깊으며, 가장 깨끗하고, 가장 오래된 호수다. 2,500년 전이 아니다. 2,500만 년 전에 생겨났다. 러시아가 있기 전에, 아니 사피엔스가 있기 전에, 영장류가 등장하기도 전에 바이칼은 태어났다. 지축이 흔들리고 지각이 갈라지고 물이 쏟아져 들어와 태초의 호반이 된 것이다. 초역사적이고 초현실적이다. 지구적이고 우주적이다. 아름답다기보다는 경이로운 곳이다. 원초의 물맛도 음미해볼 수 있다. 담담하고 담백하고 담박하다. 후각과 미각을 조금도 자극하지 않는다. 오로지 촉각으로만 H_2O의 순수한 질감이 전해진다. 죽기 전에 이 '신성한 바다'를 방문하여 속죄하고 참회하는 것이 러시아인들의 소원이다. 종교적 순례를 연상시킨다. 도스토옙스키의 소설처럼, 푸시킨의 시처럼, 차이콥스키의 음악처럼 러시아의 영혼을 상징하는 곳이 되었다. 아무리 세속에 물든 현대인이라도 바이칼에 닿으면 별을 헤아리는 태고의 마음을 회복하게 되기 때문이다.

바이칼은 27개의 섬을 품었다. 그중 가장 큰 섬이 알혼섬이다. 제주

바이칼 호수.

도의 절반 크기에 사람은 겨우 2,000여 명이다. 마을 주민의 거개가 부랴트족이다. 러시아인들보다 더 오래전부터 호수에 치성을 드리며 살았던 사람들이다. 바위에 올라 정좌하여 천공을 응시하며 명상하는 사람이 눈에 들었다. 해가 중천에 뜬 점심에 발견했는데, 서천으로 떨어지는 저녁이 되어서도 자세를 흐트리지 않는다. 온종일 몰입한 모양이다. 라마라고 한다. 티베트 불교 승려란다. 우주적 에너지의 흐름에 자아를 방류하고 있단다. 소아小我에서 대아大我로, 몰아沒我에서 무아無我로. 여래장의 본성을 기르는 수련 중이라는 것이다. 단숨에 호기심이 솟았다. 견문 첫해, 남중국의 도교 사원에서 양생 수행을 맛보았다. 둘째 해, 이슬람 수피교단의 신묘 의례를 엿보았다. 셋째 해, 그리스 아토스산에서 정교 수도사의 일상도 곁눈질했다. 만인을 평준화시키는 대중교육과 보통교육이 저물면 서당과 법당과 회당과 성당에서 전수되었던 숙지熟知의 가르침이 되살아나리라 여긴다. 여래와 사도와 군자의 양성이야말로 100세 인생의 평생교육이 될 것이다. 참새 방앗간, 밀교의 세계 또한 지나칠 수가 없었다.

울란우데: 설화와 '샤먼 라마'

바이칼 동쪽에 자리한 울란우데가 북방 불교의 메카다. 인구 43만, 부랴트 자치공화국의 수도다. 곧장 몽골의 울란바토르가 연상되는 도시였다. 이동하는 다섯 시간 동안 몽골의 이동식 전통가옥인 게르도 눈에 띄었다. 다문명 제국 러시아가 품고 있는 정교 세계와 이슬람 세계를 지나 티베트-몽골 세계로 진입한 것이다. 당장 정감이 돋는다. 생긴 꼴부터 흡사하다. 솟아난 광대뼈에 눈은 가늘게 찢어졌다. 한국에서는 내가 이목구비가 뚜렷한 편에 속했다. 이국적이라는 소리도 종종 들었다. 동남아시아까지는 웬만큼 통한다. 헌데 히말라야를 넘어서면 아리안의 후예, 골격과 안곽이 확연히 다르다. 아랍과 유럽에서도 사진을 함께 찍노라면 영락없는 오징어다. 밋밋하고 넙데데한 몽골리안임을 실감한다. 영혼의 꼴, 설화와 전설까지 유사하다. '선녀와 나무꾼' 이야기는 '선녀와 사냥꾼' 이야기로 전래된다. 인당수에 몸을 던진 효녀 심청은 배경만 바이칼 호수로 달리한다. 울란우데에서 남쪽으로 기차를 갈아타면 울란바토르를 지나 베이징까지 닿는다. 몽골과 중국 사이 국경열차를 타고 고비사막을 지난 것이 2년 전이다. 귀국과 귀향, 귀로에 들어섰다.

울란우데의 불자들도 20세기는 고달팠다. 적색혁명의 파고가 닿은 1920년대부터 법당은 파괴되고 라마는 축출되었다. '울란'이라는 뜻부터가 붉은색을 의미한다. 1934년 소련이 부여한 도시명이다. 소련 해체 이후 불교 또한 환생했다. 정교가 부활한 것처럼, 이슬람이 귀의한 것처럼, 불교 또한 윤회했다. 혁명이 가고 문명이 중흥하자, 달라이 라마가 울란우데를 방문한 것만 다섯 차례. 나무아미타불 관세음보살, 탄트라*와 만달라에 의거하여 21세기의 현생을 살아간다. 과거로 복귀한 것만은 아니다. 불교의 현대화가 두드러진다. 도심의 한복판에 법당을 세웠다. 사찰보다는 문화센터처럼 보인다. 몸을 치료하고 마음을 치유하는 곳이다. 한쪽에서는 라마들이 마사지를 하고 있다. 기울어지고 비틀어진 몸의 균형을 바로잡는다. 다른 쪽에서는 상담에 열심이다. 남 욕심에 휘둘리고 제 욕심에 자빠지는 중생을 공감과 돌봄으로 보살핀다. 번민과 번뇌, 탐진치로 흐려지고 흐트러진 탁기를 맑게, 말갛게 정화시킨다.

* 힌두교, 불교, 자이나교 등에서 행해지는 밀교 수행법. 산스크리트어로 '지식의 보급' 또는 '지식의 확산'을 뜻한다.

부랴트 자치공화국의 수도, 울란우데의 한 불교 사원.

곳곳에서 보이는 몽골식 이동 전통가옥, 게르.

부랴트족 민가와 사람들.

내 또래 여성 라마와 대면했다. 내 눈에는 샤먼처럼 보였다. 솟대와 오방색 천, 무속인의 서낭당을 연상시킨다. 시베리아의 샤머니즘과 히말라야의 부디즘이 바이칼에서 합류하고 합심한 것이다. 만물에 정령이 깃들어 있다는 토착적 사유는 생과 사를 토막으로 가르지 않는다. 죽음은 신생이요 재생이고 영생이니, 불교의 환생과 윤회라는 관념과 결합한 것이다. 그래서 생을 추키고 사를 숨기는 생/사의 분단체제를 돌파한다. 업과 업의 네트워크, 전생과 금생과 후생의 인과응보를 탐구한다. 죽음과 공생하는 삶의 기술을 연마한다. '샤먼 라마'가 행하는 것 또한 죽음을 적대하고 박멸하는 현대적 의학이 아니다. 생/사의 균형을 조정하고 조율하는 기氣의 재배치, 삶의 기술이다. 과연 전생을 일러주겠노라, 돌연 굿판을 벌인다. 희번덕 눈은 돌아가고 목은 한없이 부풀어 올랐다. 정신줄을 놓은 듯 접신의 춤사위는 무섭다기보다는 아름다웠다. 넋을 놓고 한참을 감상한 끝에, 티베트어인지 몽골어인지 부랴트어인지 가늠할 수 없는 말로 전생을 풀어준다. 러시아어 통역을 통해 떠듬떠듬 접수한 내용은 1317년 이곳에 왔었다는 것이다. 700년 전에도 바이칼을 찾았단다. 반신반의, 긴가민가, 알 듯 말 듯 아리송한 미소가 새어나왔다.

말에는 주술적 힘이 붙는다. 한 귀로 듣고 한 귀로 흘러 나가지 않았다. 바이칼에서 보낸 사흘간 1317년에 붙들려 있었다. 700년 전이면 고려 후기, 몽골제국 시대다. 유라시아를 전전하며 '고려인'이라는 발상도 자라나고 있었는데, 전생과 금생의 환생 속에 다시금 바이칼에 왔다는 말이야? 곰곰이 골똘히 생각하다 문득, 20세기 이곳을 찾은 한국인이 궁금해졌다. 뜻밖의 인물을 발견했으니, 춘원 이광수다. 무려 7개월을 이곳에서 보냈다. 꼭 100년 전이다.

치타: 춘원과 톨스토이

1892년생이다. 평북 정주에서 태어났다. 1902년 부모를 여읜다. 고아가 의탁한 것은 동학의 후신, 천도교였다. 한문을 곧잘 읽고 글 짓는 재주가 빼어났다. 도쿄에 피신해 있는 손병희와 서울을 잇는 연락책 노릇을 한다. 일본에 유학할 수 있었던 것도 천도교 네트워크 덕이었다. 철부지 개화파마냥 일본의 부국강병에 눈이 멀어 도쿄를 향한 것이 아니다. 그렇게 입학한 중학교에서 홍명희와 정인보도 만난다.

　도쿄에서 빠져든 것 또한 일본이 아니라 러시아였다. 톨스토이에 심취했다. 예수와 석가에 버금가는 성인이자 위인으로 받들었다. 동방예의지국의 동학쟁이의 말단이었던 이광수가 예수의 가르침을 알게 된 것도 톨스토이를 통해서였다. 톨스토이의 《나의 신앙》(1884)을 먼저 읽고 《성경》을 나중에 읽었다. 그렇다면 서방 기독교보다는 동방정교를 배운 것이라 하겠다. 반도의 북쪽에는 정교에 입문한 조선인들이 적지 않았다. '예수 이후 첫 사람' 톨스토이를 따라 문학에도 뜻을 세운다. '조선의 톨스토이'가 되는 것이 인생의 지침이 되었다. 러시아어를 배웠고, 톨스토이의 희곡 《어둠의 힘》을 번역했으며, 술에 취하면 러시아어로 주정을 부렸다. 러시아 혼혈아라는 풍문까지 떠돌았다.

　톨스토이 또한 동방과 연이 깊은 인물이다. 카잔대학의 동양학부 아랍-터키어과에서 공부했다. 입학시험에서 아랍어와 터키어, 타타르어에 모두 만점을 받은 전설로 유명하다. 기독교는 물론이요, 이슬람 경전도 독파했던 인물이다. 같은 대학 출신의 레닌이 이슬람 문명에 무지하고 무심했던 것과는 전혀 다른 정신세계를 구현했다. 구도와 구세는 분리될 수 없는 과제였다. 《무엇을 할 것인가》 못지않게 《사람은 무엇으로 사는가》를 궁리했다. 《참회록》과 《부활》 등 말년에 갈수록 영성적인 색채를 더한다. 미혹과 유혹의 탈각, 개벽을 옹호했다. 물질 개벽에 눈

치타의 한 모스크.

먼 근대 세계를 향하여 정신 개벽을 호소한 것이다. 인간의 계몽의지를 초월하는 하느님의 계시와 은총, '사랑의 승전'을 역설했다. 청일전쟁과 러일전쟁 등 동아시아의 운명에도 주의를 기울였다. 조선에 대해서도 깊은 염려를 표시했다. 초대 통감 이토 히로부미를 타락하고 무도한 인간이라고 비판했다. 청년 이광수가 톨스토이를 '어진 사람', '의로운 사람'으로 모셨던 데는 나름의 이유가 있었던 셈이다.

1910년 고향 정주의 오산학교 교사로 부임한다. 11월 톨스토이가 죽자 학생들을 모아서 추모회도 열었다. 그러나 '하느님의 나라는 네 마음속에 있다'고 가르쳤던 톨스토이는 교회로부터 파문당한 이단자다. 오산학교가 기독교 색채가 진해지면서 이광수도 떠날 수밖에 없었다. 나라는 망하고, 직장은 잃었다. 첫 번째 결혼도 행복하지 못했다. 부인에게 정을 붙이지 못했고, 피붙이마저 일찍 죽는다. '헬조선'을 떠나 대륙을 방랑하고 유랑한다. 정주에서 기차를 타고 이른 곳이 압록강 건너 안

동安東이다. 오늘날의 단둥丹東이다. 봉천奉天, 오늘날의 선양瀋陽에 갔다가 베이징과 상하이를 지나 안남(베트남)과 인도, 페르시아와 이집트까지 가는 꿈을 꾸었다. 청나라부터 오스만까지, 쇠망하였거나 쇠락하고 있는 나라들을 돌아보려던 무전기행을 계획한 것이다. 이 나라들의 상황을 살펴보고 어떻게 독립을 도모하고 있는가를 알아볼 참이었다. 비장한 각오였고 비상한 기획이었다. 실현이 되었더라면 후쿠자와 유키치의 《서양사정》, 유길준의 《서유견문》, 량치차오의 《구유심영록》을 능가하는 세기의 기행문이 산출되었을 것이다.

그러나 돈이 궁했다. 여비가 여의치 않았다. 수심과 근심으로 압록강 언저리만 서성였다. 공상과 몽상과 망상만 무럭무럭 키우던 차, 우연인 듯 필연인 양 정인보를 만난다. 홍명희가 머물고 있는 상하이에 가보라고 기차 삯도 주었다. 홍명희와 한 침대에서 부대끼며 지내다가 나가사키를 거쳐 블라디보스토크로 향한다. 샌프란시스코에서 발행되는 〈신한민보〉의 주필 자리를 제안받은 것이다. 러시아를 지나 유럽에 이른 뒤 미국으로 갈 작정이었다. 시베리아 횡단열차를 타고 당시 지린성吉林省에 속했던 무링穆棱에 이른다. 안중근의 동생 안정근의 집에서 며칠을 기거한다. 다시 기차에 올라 헤이룽장성黑龍江省의 하얼빈哈爾濱에 닿는다. 안중근이 이토 히로부미를 격살했던 현장에 이른 것이다. 그곳에서 다시 기차를 타고 러시아의 치타에 달한다. 그러나 더 이상 서진할 수가 없었다. 제1차 세계대전이 발발한 것이다. 치타에 발이 묶여 7개월을 보낸다. 바이칼을 둘러본 것이 바로 그 시절이다. 1914년 2월부터 8월까지, 기나긴 겨울과 짧은 여름의 바이칼을 모두 볼 수 있었다.

이동하는 와중에 곳곳에 글을 남겼다. 블라디보스토크 극동연방대학의 도서관에는 〈권업신문〉이 남아 있다. 치타에서는 한인 정교회에서 발간하는 《대한인정교보》의 편집도 맡았다. 이광수가 가담하면서 《대한 인정교보》의 수준은 몰라보게 높아진다. '우리주장', '바른소리', '본국소문', '세계소문' 등 기획 코너를 만들어 집필도 전담했다. 조선의 독립을 염원하는 20대 청년의 시퍼런 문장들이 절절하다. 서쪽 길이 막힌 그는 조선으로 돌아오지 않을 수 없었다. 최남선과 김성수의 도움으로 와세다대학에 진학한다. 다시 찾은 도쿄에서 1919년 2월 8일, 3·1 운동의 기폭제가 되는 '조선청년독립선언서'를 기초하고 상하이로 탈출한다. 도산 안창호를 보좌하며 임시정부 수립의 산파 역할도 맡는다. 기관지 〈독립신문〉의 사장이자 주필에 취임한다. 1920년 2월에는 〈독립군가〉도 발표한다. 일제에 맞서 혈전을 선포하는 혈기로 충만한 노래다.

아다시피 애국가가 되지는 못했다. 1929년 대공황, 1931년 만주사변, 1937년 중일전쟁, 1941년 대동아전쟁, 중년의 이광수는 친일의 독배를 연거푸 들이키고 말았다. 1937년 수양동우회 사건* 이후 '가야마 미쓰로'香山光郞로 창씨개명하고 학생들을 전쟁터로 내모는 학도병 연설도 했다. 친일 문학작품만 일백 편을 헤아린다. 1945년, 도둑처럼 온 해방에 고개를 들고 살 수가 없었다. 경기도 양주에 농가를 짓고 두문불출 칩거한다. 1948년 8월과 9월, 남과 북에서는 분단국가가 수립된다. 1949년 반민족행위특별조사위원회(반민특위)에서 불기소 처분되어 풀려난 뒤, 12월에《나의 고백》을 출간한다. 항일에서 친일로 귀결된 자신의 일생을 회한으로 담았다. 비로소 창작에 전념하려던 차, 한국전쟁이 발발했다. 일제 시대에는 민족운동으로 투옥되고, 해방 시대에는 친일운

---

* 수양동우회(修養同友會)는 1926년 1월 흥사단의 조선지부격인 수양동맹회와 동우구락부가 통합되어 출범한 교육·계몽·사회운동 단체로, 안창호, 이광수, 주요한, 주요섭, 김동원 등에 의해 결성되었다. 그러나 1937년 6월부터 1938년 3월에 걸쳐 수양동우회 관련 180여 명의 지식인들이 일본 경찰에 체포, 구속되면서 해체되었다.

동으로 수감되더니, 전란 시대에는 이북으로 납치되어 북조선의 철창에 갇힌다. 평생지기 홍명희가 북의 부수상이었다. 그의 배려로 병원 치료를 받았지만 결국 숨을 거두고 만다. 1950년, 기구한 인생에 마침표를 찍은 것이다.

친일의 멍에를 피할 수 있는 결정적 기회가 있었다. 1934년 또 한 번 피붙이를 잃는다. 부모도 자식도 나라도 허락받지 못한 저주스러운 운명을 한탄했다. 〈조선일보〉 부사장직을 그만두고 금강산에 들어간다. 1914년에 이어 20년 만에 다시 한 번 출가와 탈속을 선택한 것이다. 일찍이 천도교와 정교를 통해 표출되었던 종교적 발심이 끝내는 불교로 귀착되었던 것이다. 머리를 밀고 속세와 연을 끊고 중이 되고자 했다. 그러나 버선발로 절까지 쫓아온 둘째 부인의 안달을 뿌리치지 못하고 환속하고 말았다. 끝내 속세의 온갖 오욕을 겪어내고 치욕을 견뎌낼 수밖에 없었던 것이다.

변명해주고 싶은 생각일랑 조금도 없다. 다만 크게 애달프고 깊이 애석하다. 단심丹心이 펄펄 들끓었던 백 년 전 푸른 문장을 읽었던지라 만감이 교차하는 가운데 유독 애감이 도드라진다. 돌팔매질, 단죄는 쉽다. 허나 개인 탓으로만 돌리면 남는 것이 모자라고 얻는 것이 부족하다. 여린 사람이었다. 심약한 인물이었다. 평생을 통해 사랑을 받지도, 주지도 못한 가여운 인간이었다. 생이 그리도 처량하게 귀결된 것은 아무래도 시대 탓이 7할이다. 왜 도마 안중근처럼, 단재 신채호처럼, 벽초 홍명희처럼 살지 못했냐고 모질게 나무라기 힘들다. 문文보다는 무武가 승한 시대였다. 뜻보다는 힘이 횡행했다. 성聖보다는 속俗이 창궐했다. 연옥이고 아수라였다. 꺾이고 꼬이고 말렸다. 천하대란의 카오스가 조선의 천재를 바닥으로 추락시킨 것이다. 총을 들 용기가 없었으니 비겁하고 비루한 삶이었다. 그래서 비극적이다. 잠시 분노하기보다는, 오래 슬

피할 일이다.

　치타 역에서 다시 횡단열차에 올랐다. PDF로 구한 《유정》을 손에 들었다. 1933년 발표한 작품이다. 바이칼과 시베리아를 무대로 삼은 이국적 정서가 농염하다. 식민지 조선의 지식인이라는 굴종을 감내하던 시기, 정신적 탈출구는 여전히 러시아이고 톨스토이였다. 더 이상은 갈 수 없는 땅이 되었다. 정교도, 이슬람도, 불교도 폐기처분한 소련이 되었기 때문이다. 작품 전반으로 톨스토이의 《부활》의 그림자가 물씬 어른거린다. 시베리아의 하얀 눈을 배경으로 정화와 구원의 여정을 펼쳐낸다. 본인이 가장 아끼는 소설이었다. 후세에 영향을 끼칠 작품으로, 외국어로 번역할 만한 작품으로 단연 《유정》을 꼽았다. 흥미롭게도 작중 인물이 편지를 쓰고 있는 장소가 바이칼의 호숫가, 부랴트족 민가다. 울란우데도 방문했던 모양이다. 라마와 샤먼을 조우했을지도 모르겠다. 금강산 입산을 시도한 것이 바로 이듬해였다. 딱 이 작품까지 남기고 여생을 났더라면 좋았을 것이다. 춘원에게도 환생을 허여해주고 싶다. 700년은 너무 길다. 딱 100년, 1992년생이면 좋겠다. 마침 러시아 또한 정교 문명대국으로 부활한 해이기도 하다. 베트남과 인도와 페르시아와 이집트를 마음껏 주유할 수 있는 태평천하를 허여해주고 싶다. 천지신명께 비옵건대, 세계는 통하고 문명은 흥하고 사람은 사랑하는 다른 백 년을 허락해주시기를.

　그 가련하고 가혹했던 20세기로부터 백 년을 더 달려온 횡단열차는 시베리아 동쪽으로 더더욱 깊이 나아갔다. 타이가와 툰드라의 절경이 눈에 들기 시작했다.

시베리아 횡단철도.

031

시베리아,
제국의 감각, 감각의 제국
시베리아가 없었다면 러시아도 없다

모피길: 대항하大航河 시대

시베리아가 없었다면 러시아 또한 없을 것이다. 러시아가 오늘의 러시아인 것은 오롯이 시베리아 덕분이다. 국토의 8할을 점한다. 77퍼센트가 시베리아다. 지구 지표면의 1할에 조금 못 미치는 크기다. 시베리아만 따로 떨어뜨려도 유라시아에서 가장 넓은 지역이 된다. 중국이나 인도보다 크다. 시베리아 안에 미국이나 유럽을 우겨넣을 수 있다. 미국본토의 동과 서로는 4개의 시간대가 지난다. 시베리아의 동과 서에는 8개의 시간대가 흐른다. 규모는 중요하다. 양적 변화가 질적 변화를 가져오기 때문이다. 시베리아를 품음으로써 러시아는 동유럽의 일국에서 유라시아의 대국이 될 수 있었다. 슬라브 국가에서 튀르크계, 퉁구스계, 몽골계 등을 아우르는 다민족, 다문명 국가가 되었다. 유럽과 아시아를 모두 거느리는 세계 최대의 영토국가가 된 것이다.

우랄산맥을 지나면 시야가 확 트인다. 촘촘한 도시들이 사라지고 드문드문 마을이 산재한다. 광활한 대평원을 가로지르는 것은 거대한 호수와 장대한 강줄기다. 바이칼 호수와 오비강, 예니세이강, 레나강, 아무르강(흑룡강)이 유장하게 펼쳐진다. 대호大湖와 대하大河 끝에 대양大洋에 도달한다. 태평양에 다다르는 것이다. 시베리아는 대륙과 대양을 관통하고 있다. 시베리아를 안음으로써 러시아는 바다와 육지를 관장하는 해륙海陸제국이 되었다.

욕심에서 출발했다. 욕망이 분출했다. 시베리아 진출의 첨병은 모피 사냥꾼이었다. 중국에 비단길이 있고 인도에 면화길이 있다면, 러시아는 단연 모피길이다. 중원과 남방과는 달리 북방은 몹시 춥다. 일 년의 절반이 혹한의 겨울이다. 비단과 면화를 겹겹으로 껴입은들 살을 에는 추위를 견뎌낼 재간이 없다. 털모자를 눌러쓰고 가죽장갑을 끼고 모피코트를 걸쳐야 한다. 동물 가죽은 따뜻하고 보드라우며 고급지기까지 했다. 실용품이자 사치품이었다. 담비와 여우와 족제비를 닥치는 대로 잡아들였다. 씨가 마르고 종이 멸하면 강줄기를 따라 더더욱 동진했다. 포르투갈과 스페인과 네덜란드가 인도양의 해양도시를 건설하고 있을 때, 러시아는 시베리아의 강변도시를 건조하며 내륙의 대항해 시대, '대항하大航河 시대'를 개창했던 것이다. 콜럼버스와는 지구 정반대 방향으로 돌아 신대륙도 '발견'한다. 베링 해협을 지나 알래스카와 캘리포니아까지 이른 것이다. 18세기 후반부터 '루스카야(러시아령) 아메리카'를 경영하며 구대륙과 신대륙을 겸장한다. 19세기 대영제국과의 그레이트 게임, 20세기 미국과의 냉전을 예비한 것이다.

러시아의 프런티어, 시베리아에서도 원주민 착취는 아메리카에 못지않았다. 세금으로 현물 납부, 모피를 요구했다. 싼값에 거두어들여 러시아와 유럽에는 비싼 값에 되팔았다. 막대한 이문을 남기며 원시자본

예니세이강(위)과 레나강.

을 축적한다. 17~18세기 러시아 재정의 3분의 1을 모피가 차지했을 정도다. '부드러운 금'이라고도 불렀다. 남아메리카의 금광과 은광을 채굴하듯이 모피를 죄다 거두어들인 것이다. 원주민들은 의식주를 해결하기 위한 생업에는 소홀하고 모피 사냥에 전념하지 않을 수 없었다. 전형적인 식민지 수탈, 종속경제로 전환된 것이다. 식생활은 곡물과 빵, 설탕과 차 등 러시아 상품에 의존했다. 고약한 상인들은 보드카로 지불했다. 몸을 감싸는 모피는 헌납하고 술기운에 의존하여 추위를 버틴 것이다. 몸과 마음의 건강을 해치는 경우가 많았다. 가장 파국적인 상황은 러시아인의 몸속에 숨겨둔 병원균에서 비롯했다. 천연두, 홍역, 매독 등 접하지 못했던 질병에 속수무책 쓰러졌다. 다른 문명에 대한 면역력 결핍, 시베리아판 '총, 균, 쇠'가 자행된 것이다. 사라지는 토착 문명을 대신하여 군인들은 요새를 짓고, 성직자들은 성당을 세웠다. 시베리아는 키릴문자로 새겨진 러시아의 신천지가 된다. 또 한 편의 '신세계 교향곡'이 북방에서 울려 퍼졌다.

시베리아 횡단철도: 붉은 열차

19세기와 20세기를 가르는 세기적 사건이 일어난다. 시베리아 횡단철도가 건설된다. 구슬이 서 말이어도 꿰어야 보배다. 수십의 강변도시를 철도로 이음으로써 유라시아의 시공간 혁명을 촉발한다. 물리적 거리는 단축되고, 심리적 거리도 축소시켰다. 농노 해방으로 자유를 얻은 농민들이 '와일드 와일드 이스트'Wild Wild East, 동부 개척에 나선다. 1897년 700만 명에 불과했던 시베리아 인구는 1910년 2,000만 명에 이른다. 같은 시기 유럽에서 아메리카로 이주한 사람보다 더 많은 이들이 아시아로 옮겨간 것이다. 톰스크는 인구가 10배로 폭발했다. 옴스크, 크라스

노야르스크, 치타, 이르쿠츠크, 하바롭스크, 우수리스크, 블라디보스토크 등 러시아풍 신도시들이 속속 발전했다. 1900년 파리 만국박람회에서도 시베리아 횡단열차는 단연 화제였다. 모스크바에서 베이징에 이르는 가상 기차여행이 선풍적인 인기를 끌었다. 관람객들은 실제 객차처럼 흔들리는 열차 칸에 올라탄다. 레스토랑에서 식사를 하는 동안 캔버스에 그린 1킬로미터의 이동 파노라마가 시베리아 풍경을 재현한다. 45분 여행을 마치고 베이징 역에 내리면 청나라 복장 사람들이 맞이한다. '지리상의 발견', 유럽과 아시아를 내륙으로 잇는 러시아제국의 위용을 과시한 것이다.

그 제국이 1917년 볼셰비키 혁명으로 고꾸라졌다. 적군과 백군의 최후의 결전이 벌어진 장소 또한 시베리아였다. 미국은 블라디보스토크를 통하여 물자를 제공했고, 일본은 군사를 출병하여 백군을 지원했다. 소련을 우랄 서쪽으로 봉쇄하고, 우랄 동쪽에는 울란우데 또는 치타를 수도로 삼는 '극동 공화국'을 세우려고 했다. 괴뢰국 친일정권 수립으로 시베리아를 분할함으로써 공산주의의 확산, 도미노를 차단하려 든 것이다. 1918년 시베리아에 진출하여 이르쿠츠크까지 장악했던 일본이 사할린까지 후퇴했다가 최종적으로 물러난 것이 1925년이다. 7년간 대륙에서의 실전 경험을 쌓은 이들은 1931년 만주사변을 일으키는 관동군의 주축이 되었다. 시베리아 출병이 1930년대 만추리아('만주'의 영어식 명칭)를 중국에서 떼어내는 만주국 실험의 예습 격이 된 것이다. 1910년대의 코리아, 1920년대의 시베리아, 1930년대의 만추리아의 운명은 긴밀하게 연동했다.

모스크바와 치타 사이의 적/백 내전에서 선봉에 선 사람이 트로츠키였다. 볼셰비키의 참모총장으로 그가 자리했던 곳 또한 시베리아 횡단열차였다. 복사기와 전신기와 라디오 방송국과 도서관과 목욕탕까지 갖춘 '이동하는 작전본부'였다. 모스크바의 레닌과 수시로 연락을 주고받으며, 도쿄부터 런던까지 전 세계 소식을 열차 칸에서 받아보았다. 트로츠키의 '혁명 열차'가 군사적으로 승리하면, '선전 열차'가 그 뒤를 이어 달렸다. 신문과 포스터 등 공산주의를 전파하는 설국 열차들이 시베리아를 붉게 물들였다. 1918년 모스크바부터 카잔을 달렸던 아홉 칸 '레닌 호'가 시발이다. 1920년대에는 18칸으로 확장하여 신문사까지 따로 운영했다. 시베리아 도시들에 도착할 때마다 현지 정보를 실시간으로 입력하고 편집하여 출력하고 보급했다.

소비에트 대중문화도 기차를 타고 전파되었다. 가장 유명했던 것이 영화 상영이다. 시베리아에는 여전히 키릴 문자를 읽을 수 있는 사람들이 많지 않았다. 아이콘과 이미지를 통하여 공산주의를 확산시키는 편이 효율적이었다. 역전驛前이 SNS의 허브가 된다. 선전 열차가 오는 날이 곧 마을의 잔칫날이 되었다. 삼삼오오 아이들 손을 잡고 기차역으로 향했다. 난생 처음 영화를 보는 사람들도 많았다. 극장국가를 통하여 최초로 조우하는 인물이 혁명의 아버지, 레닌이었다. '쇼통'에 성공함으로써 '하라쇼!'Хорошо(좋아요), 찬양하고 고무하는 '소비에트 키드'들이 무럭무럭 자라났다.

국내전 다음에는 국제전이다. 제2차 세계대전의 향배를 가른 것도 시베리아 횡단열차였다. 만추리아를 장악한 일본은 재차 시베리아로 진격했다. 벨라루스에 있던 주코프 장군이 열차를 타고 동진하여 일본을 막아낸다. 끝내 대륙 진출을 접은 일본은 방향을 틀어 해양으로 남진했다. 1941년 대동아전쟁이 발발하기 6개월 전, 독일은 소련을 침공했다. 이번에는 열차의 방향을 서쪽으로 돌려 독일을 분쇄했다. 소련군이 동분서주하며 일본과 독일을 차례차례 격퇴한 것이다. 독-소 간 육박전이 전개되는 동안 소련의 산업시설은 열차에 실려 동쪽으로 이전했다. 중

일전쟁이 충칭 등 내륙의 산업도시를 만들어낸 것처럼, 독소전쟁은 첼랴빈스크 등 시베리아의 공업도시를 탄생시킨 것이다. 모스크바에는 언제라도 즉시 출발할 수 있는 기차도 상시 대기 중이었다. 19세기의 나폴레옹처럼, 히틀러가 모스크바를 점령하면 스탈린은 즉각 시베리아로 탈출하여 '대장정'을 준비할 태세를 갖추었다. 시베리아 횡단철도가 없었더라면 서쪽에는 대독일제국이, 동쪽에는 대일본제국이 유라시아를 양분했을지도 모를 일이다.

시베리아의 힘: 가스 로드

1991년 소련이 해체되자 시베리아에서도 분리독립 움직임이 일었다. 1920년대의 리바이벌, 중앙의 통제력이 약화되었다. 외부에서는 미국이 은근하게 군불을 지폈다. 내부에서는 시베리아의 자원을 소유한 에

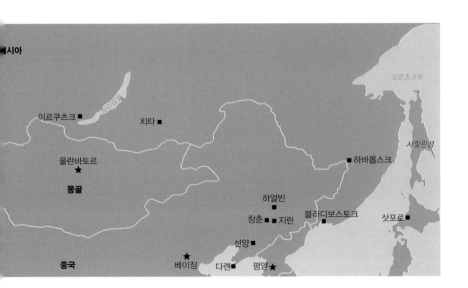

너지 기업들이 호시탐탐 기회를 엿보았다. 극동 공화국을 세워 중국에 자원을 내다파는 것이 더 이로울 것 같았다. 술에 취해 비틀거리는 옐친의 '민주화'와 '자유화'가 더 지속되었더라면 러시아는 유고슬라비아의 운명처럼 더더욱 잘게 쪼개졌을 것이다. 동유럽의 일국, EU의 말단, 나토의 속국이 되었을지 모른다. 그 흐름을 단박에 되받아치며 부상한 인물이 블라디미르 푸틴이다. 집권 초기부터 시베리아 장악을 확고히 한다. 에너지산업에 대한 국가의 통제력을 공고히 한다. 시베리아를 틀어쥐고 있었기에 IMF 구제금융 또한 조기에 벗어날 수 있었다.

2014년 세기의 빅딜이 성사되었다. '시베리아의 힘', 러시아와 중국 간 에너지 합작이다. 시베리아의 천연가스가 만추리아를 지나 중원으로 흘러든다. 30년 사업, 2050년을 내다보는 21세기의 대계다. 러시아의 축이 확연하게 유럽에서 아시아로 이동한 것이다. 서방의 경제제재에 아랑곳하지 않는다. 이미 동북아가 서구와 북미를 제치고 가장 큰 에너지 시장이 되었기 때문이다. 가스 로드를 통하여 동시베리아를 동아시아와 연결해 동유라시아로 진화시킨다. 2017년에는 야말반도에서 생산되는 천연가스를 전 세계로 수출하는 야말 프로젝트까지 본궤도에 올랐다. 세계 최대의 액화천연가스(LNG) 공장이 가동됨으로써 북극 항로를 통하여 중국, 인도, 일본으로 에너지가 흘러간다. 푸틴의 브레인 중 일부는 블라디보스토크로 천도해야 한다는 주장까지 언론에 흘린다. 베이징과 서울과 도쿄와 델리와 가까운 곳으로 수도를 옮겨야 한다는 것이다. 표트르 대제가 '유럽으로의 창' 상트페테르부르크를 건설했던 것처럼, 푸틴 대통령은 블라디보스토크를 '아시아로의 창'으로 키워야 한다는 것이다. '제3의 로마' 모스크바의 위상을 넘보기는 쉽지 않을 것이다. 그러나 2050년 제2의 수도, 경제수도가 될 가능성은 없지 않다.

흔히 30년 빅딜의 액수를 '4,000억 달러'라고 표기한다. 그러나 장차 표기 단위 또한 달라질 공산이 크다. 오일-달러와 일선을 긋는 가스-위안화 체제에 합의했기 때문이다. 유라시아의 지하자원을 사고 팔 때는 유라시아의 화폐를 사용키로 했다. 상트페테르부르크 거래소에서는 유로화와 루블화를 사용한다. 블라디보스토크 거래소에서는 루블화와 위안화를 사용한다. 달러에 결박되지 않는 에너지 시장을 자립시킨다. 유라시아의 동과 서에서 아메리카의 화폐 지배를 잠식해가는 것이다. 가스 로드를 재건하는 동시에 머니 로드도 바꾸어내는 것이다. 중앙아시아와 중동도 의기투합한다. 카자흐스탄부터 이란과 터키, 카타르까지 동참한다. 지난 연말 독일마저 합류했다. 도이체방크 또한 외환에서 달러의 비중을 줄이고 루블화와 위안화 비중을 높이기로 결정했다.

송유관, 지하의 길에 이어 지상에서도 또 하나의 빅딜이 예고되어 있다. 시베리아 횡단열차를 고속철도로 업그레이드하는 것이다. 이미 유라시아의 고속철은 중국을 중심으로 재편되고 있다. 동남아부터 동유럽까지 시속 300킬로미터의 '조화호'와 시속 400킬로미터의 '부흥호'가 달린다. 부흥과 조화의 공진화, 머지않은 장래에 부흥호가 시베리아를 질주할 가능성이 가장 높다. 유라시아 익스프레스, 블라디보스토크에서 모스크바까지 하룻밤이면 도착한다. 부산부터 런던까지 이틀이면 충분하다.

감각의 제국

시비~리!

낙조를 바라보던 그의 입술에서 나지막한 탄성이 새어나왔다. 러시아어로 시베리아를 '시비리'Сибирь라고 한다. 거의 30년을 라틴 문자에 익숙한 채 살아온 나는 '시비~리!'가 마치 의성어처럼 느껴졌다. 오한으로 파르르 떠는 'shiver'가 연상되기도 했다. 차디차고 춥디추운 시베리아의 이미지가 원체 강하기 때문이다. 하지만 내가 시베리아의 동서남북을 주파한 것은 5월부터 8월이다. 특히 7월은 한 달 내내 기차에서 살다시피 했다. 그를 따라서 '시비~리!' 감탄사를 연발했던 나날이다. 넋을 놓고 창밖의 풍경을 보고 또 바라보았다. 어차피 인적이 드물어 기지국도 부족한 땅이다. 기차역이 아니면 와이파이가 터지지 않는다. 현지 시각도 확인이 힘들다. 8개의 시간대가 흘러가는 곳, 기차 안에는 오로지 모스크바 시각만 표기되어 있고, 와이파이 없는 스마트폰 시계는 먹통이 되었다. 그저 해가 뜨고 지는 자연의 리듬에 맞추어 하루와 하루를 이어갈 뿐이다. 실시간 정보로 일희일비하는 온라인 세계와 단절된 채 오프라인 세계에 집중할 수 있었다. 가상계에서 빠져나와 현실계에 전념할 수 있었다. 연연하지 않고 초연하게 되었다. 시베리아의 절정은 단연 찰나의 여름이다. 200일 동토를 뚫고 솟아나는 뭇 생명의 펄떡펄떡

시베리아의 힘, 송유관.

한 기운이 우렁차다. 단색 설경이 아닌 총천연색 절경을 선사한다. 찬란한 야생이다. 환희의 야성이다.

아래 위 침대를 나누어 썼던 그는 카잔에서 옴스크까지 가는 길이었다. 타타르인이다. 본디 '시비리'가 튀르크어 기원이다. '시'는 물을 뜻하고, '비리'는 황야를 말한다. '바이칼' 또한 튀르크어에서 파생되었다. '바이'는 크다는 뜻이며, '쿨'은 호수다. 돌궐이 보기에도 시베리아는 대호와 대하와 대지의 장소였다. 그 넓디넓은 대륙에서 다종다양한 사람들이 살아간다. 기차를 타고 내리는 사람들 살펴보는 재미가 쏠쏠하다. 6박 7일, 모스크바에서 블라디보스토크를 한달음에 잇는 '로시야 2호'를 타면 유라시아의 만인을 대면할 수 있다. 흉노와 말갈과 선비와 여진과 몽골과 슬라브와 타타르와 고려와 한족의 혼종과 융합이 파노라마처럼 펼쳐진다. 4명이 함께 자는 2등석 침대칸에서는 매일 밤 각양각색의 연합과 연정이 이루어진다. 그들이 유독 사랑하는 팔도 도시락 컵라면과 오리온 초코파이를 나누어 먹는다. 차이(차)와 코페(커피)와 삐보(맥주)를 따르며 정을 통한다. 국사는 흔들리고, 국경은 흐려지고, 국민은 까무룩해진다. 20세기형 세계감각이 흐물흐물 녹아난다. 유라시아인으로, 세계시민으로 거듭나는 감각의 쇄신과 혁신, 21세기로의 시간여행이다.

백 년이나 지각한 감각이다. 19세기 후반 함경도 사람들은 두만강을 건너면 곧장 만추리아와 시베리아와 몽골리아와 접속했다. 모피 사냥에 능하고, 키릴 문자를 배우고, 정교에 입문하고, 적색혁명에 가담한 이들도 적지 않았다. 키예프에서 출발하여 크림반도를 품은 러시아가 천 년을 진화하여 유라시아의 동쪽 끝 한반도의 이웃 국가가 된 것이다. 동로마제국, 비잔티움의 후예이자 그리스의 적통을 자부하는 나라와 살을 부대끼며 살게 되었다. 기어이 1948년 반도의 북쪽에 들어선 나라에는 러시아어로 스탈린에게 손편지를 쓸 수 있는 김일성이 지도자로 등극했다. '마지막 황제' 장백 혈통의 만주족 국가는 사라졌지만, 백두 혈통의 북조선은 지금껏 여전하다. 과연 코리아와 만추리아와 몽골리아와 시베리아의 경계는 희미하고 흐릿하며 여릿하다. 북방의 시공간과 천지인 감각은 반도의 이남과 판이하다.

서구로의 개항이 전부가 아니었다. 라틴 문자 세계, 서로마 세계만 접촉한 것도 아니었다. 북방으로의 개항, 대륙으로의 개항도 있었다. 만주와 연해주로 조선인들이 쏟아져 들어갔다. 동로마 세계와 키릴 문자 세계와도 조우했다. 북쪽 바다 건너 첫 번째 도시가 함경도 사투리로 '우라지오', 블라디보스토크였다. 미지의 신세계가 펼쳐지고 미래의 신세기가 열리는 또 하나의 개항장이었다. 유라시아와 태평양이 접속하는 개척 도시, 블라디보스토크로 이동한다.

032

블라디보스토크, 동아시아와 동유라시아

개척 도시, '동방을 지배하라'

러시아와 아시아

흑토가 적토를 지나 황토로 바뀌었다. 곧게 뻗은 자작나무 사이로 굽이 굽이 소나무가 늠름하다. 가지 끝에는 사뿐히 까치 한 쌍이 앉았다. 모스크바로부터 9,288킬로미터를 달렸다. 166시간이 흘렀다. 망망대해가 눈에 든다. 대양은 대호와 대하와 또 다르다. 시베리아에는 세계 10대 하천 가운데 4개가 흐른다. 가장 작은 강이 아무르강(흑룡강)이라는데, '러시아의 어머니 강' 볼가강에 견주면 1.5배나 크다. 그럼에도 대륙이 끝나는 곳에서부터 펼쳐지는 바다의 쾌감에는 비할 바가 못 된다. 더구나 저 바다가 바로 동해렷다! 애틋한 감흥마저 솟는다. 깎아지른 해안 절벽도 내가 나고 자란 나라의 동해안을 닮았다. 6박 7일, 블라디보스토크Владивосток에 이른 것이다. 7월의 첫날, 어슴푸레 새벽이었다.

 러시아에서 가장 먼저 해가 뜨는 언덕 위의 도시다. 구릉 사이로 태 •567

블라디보스토크.

양이 떠오른다. 곳곳에 계단을 만들어두었다. 오르막 내리막 산책만으로도 힐업과 힙업이 된다. 케이블카를 타고 독수리 전망대에 올라 시내를 조감하면 천혜의 항구임이 단박에 확인된다. 무라비요프-아무르스키반도의 돌출된 해안선을 따라 군항과 상항과 도심이 촘촘히 형성되었다. '러시아의 샌프란시스코'라고들 한다. 루스키섬을 잇는 교각을 보면 언뜻 샌프란시스코가 연상되기도 한다. 하지만 다시금 러시아사에

입각하여 빗대자면 이스탄불에 흡사하다. 해협의 생긴 꼴부터가 이스탄불의 금각만金角灣, Golden Horn을 닮았다. '동방의 보스포루스'가 더 적당하다. 러시아인이 동경하는 동방정교의 성소, 콘스탄티노플을 떠올렸을 것이다. 보스포루스 해협은 유럽과 아시아를 잇는다. 블라디보스토크는 러시아와 아시아를 엮는다. 해양 공원에는 태국부터 인도네시아까지 아시아 국가 이름을 새겼다. 부산부터 오사카, 상하이까지 이웃 도시의 이름을 딴 조형물도 만들었다.

에어비앤비Airbnb로 숙소를 구했다. 역대급, 가장 흡족한 집이었다. 바다가 내려다보이는 언덕에 자리했다. 거실과 발코니 사이 통유리를 설치했다. 동해를 홍해로 물들이는 황혼이 황홀하다. 주인 안드레이부터 이력이 독특했다. 블라디보스토크 토박이 엔지니어였다. 1970~80년대에 북조선부터 베트남과 캄보디아까지 기술을 전수하러 다녔단다. 원산과 냐짱과 시아누크빌에서 살았던 적도 있다. 부인은 아제르바이잔의 바쿠 출신이다. 소련 시절 극동연방대학에서 공부하다 남편을 만나 정착했다. 당시에는 한 나라였으나 1991년 두 나라가 되었다. 고등학생인 딸은 중국어 학원에 다니기 시작했다. 단골 카페 카페마에서 한자 '그리기'에 여념이 없다. 왓츠앱whatsapp으로 메시지를 주고받을 때면 종종 중국어로 인사를 건네왔다.

아이토키로 연을 맺은 유진과는 카톡으로 대화했다. 역시 블라디보스토크 토박이, 해양생물학자였다. 모스크바에서도 잠시 근무했지만 바다가 그리워 돌아왔단다. 이웃 나라 말을 배우는 것이 취미다. 공자학원에서 2년간 중국어 학습을 마치고, 막 한국어를 배우기 시작했다. 경주부터 전주까지 옛 도시들을 탐방하겠단다. 일주일에 한 번씩 차이나타운에서 서로의 언어를 배우고 가르쳤다. 시베리아 유목 생활을 거두고 정착 생활에 진입했던 8월과 9월에는 정규 어학 수업도 들으려고 했다. 방학 기간이라 1:1 수업을 신청해야 한다. 시내에 있는 푸시킨센터를 찾았더니 담당자 이름이 올가 응우옌이다. 아버지가 하노이 출신이란다. 1980년대 블라디보스토크에 유학 왔다가 대학에 자리를 얻은 것이다. 페레스트로이카와 도이모이의 공진화, 극동연방대학의 베트남학과 교수가 되었다.

지역 신문에서 흥미로운 소식을 접했다. 러시아 국영 방송의 블라디보스토크 지국에서 동북 3성 1억 2천만을 대상으로 중국어 방송을 시작했다는 것이다. 인터뷰 겸 방송국 담당자를 만났다. 아나운서 이름이 또 독특하다. 키릴 문자로 표기되었는데, 발음이 영 어렵다. 중국어를 러시아어로 음차한 것이란다. 중-러 혼혈이었다. 아버지가 중국인이고 어머니가 러시아인이다. 아버지는 하얼빈과 블라디보스토크를 오가며 무역업을 하신다. 개혁개방과 페레스트로이카의 합작이 맺어준 백년가약이다.

러시아 견문 6개월을 마무리 지어가던 10월 초, 피트니스 클럽에 못 보던 부부가 등장했다. 사이클링 클래스마다 옆자리에서 나란히 달린다. 사이가 무척 좋아 보였다. 눈인사만 나누다 말을 텄더니 막 한국에서 왔단다. 서울에서 6년을 근무했다는 것이다. 내가 한국을 떠난 2011년부터 서울을 지켜주었다. 마침 집이 광화문, 주말마다 촛불항쟁도 구경했단다. '엄지 척' 선거용 제스처도 보여주었다. 계동 사옥과 똑같은 꼴로 만든 현대호텔의 한식당 '해금강'에서 저녁을 대접받았다. 남편 안톤은 15년차 현대상선의 중견 직원이었다.

동구의 충격

본디 '해삼위'海參崴라 불리던 곳이다. 대청제국 시절 작은 어촌이었다. 1860년 러시아제국과 대청제국 간 베이징 조약을 체결한다. 불평등조약이었다. 연해주가 러시아의 땅이 된다. 아편전쟁 이후 난징 조약(1842)과도 달랐다. 난징 조약은 상하이 등 5개 연안도시를 개항하고 홍콩을 할양하는 정도에 그쳤다. 서구의 제국(영국)이 점點을 얻었다면, 동구의 제국(러시아)은 면을 차지하고 선을 다시 그린 것이다. 아무르강-우수리강-투먼강으로 이어지는 새 국경이 설정되었다. 크기보다 더 중요한 것은 위치다. 중국은 만주 동쪽 바다로 나아가는 출구를 잃었다. 졸지에 조선은 두만강을 경계로 두 개의 제국과 접하게 되었다. 전례가 없던 사태였다. 동방정교를 믿고 키릴 문자를 쓰는 동로마제국의 후신이 동북아의 일원이 된 것이다. 중국에서도, 조선에서도, 그리고 일본에서도 '동구의 충격'이라 함직했다. 1868년 메이지유신, 일본이 서둘러 아이누인들이 거주하던 에조치蝦夷地를 '홋카이도'로 편입한 까닭이다. '한반도 주변 4강'이라는 표현이 정립되는 순간이었다. 동아시아 근현대사에서 특필해야 할 사건이 아닐 수 없다. 그럼에도 여전히 '서구의 충격'만 도드라지는 역사 인식의 적폐가 만연하다.

1860년 베이징 조약은 1689년 네르친스크 조약을 뒤집은 것이다. 북에는 표트르 대제가 등장하고, 남에는 강희제가 군림하던 때다. 여전히 대청제국이 러시아제국을 능가했던 시절이다. 1727년 캬흐타 조약으로 국경무역을 허여해주었다. 러시아의 모피와 중국의 차를 교환한다. 바이칼과 볼가강을 지나 모스크바와 상트페테르부르크로 '찻길'Tea Road이 흘렀다. 특히 홍차를 사랑했다. 설탕을 듬뿍 넣어 추위를 달랬다. 캬흐타에는 중국어 통역학교도 세워진다. 200여 년 만에 그 남북 간 위상이 역전된 것이다. 중원에서는 내란(태평천국운동)이 일어나고, 남방에서는 영국과 프랑스 등이 침입했지만, 북방의 러시아처럼 압도적이지는 못했다. 20세기 말 홍콩과 마카오는 중국으로 반환되었다. 상하이는 아편전쟁 이전의 세계로 반전하는 21세기 신시대의 상징이 되었다. 오로지 연해주만이 19세기와 변함없이 러시아의 강역이다.

7월 2일이 '블라디보스토크의 날'이다. 도시 이름부터 의미심장하다. '동방을 지배하라'는 뜻이다. 북위 43도, 키릴 문자로 새겨진 지구본을 서쪽으로 굴리면 캅카스산맥의 블라디캅카스Владикавка́з에 가닿는다. 캅카스를 지배하라, 흑해의 군사와 통상의 거점이 되는 도시다. 블라디보스토크와 블라디캅카스, 공히 러시아제국의 최남단에 위치하는 도시

21세기 아시아 연구의 허브, 극동연방대학.

들이다. 흑해와 동해가 공진화하기 시작한 것이다. 유럽사와 아시아사가 러시아를 통하여 연동하기 시작했다. 발칸반도와 크림반도의 운명이 랴오둥(요동)반도와 한반도와 직결되었다. 동아시아가 동유라시아로 진화하는 밀레니엄적 분수령이었다.

블라디보스토크는 일약 세계도시로 도약한다. 자유항구로 구미의 선박들이 몰려들었다. 1879년 입항 통계를 보면 러시아 선박 5척, 독일 13척, 영국 12척, 미국 9척, 덴마크 2척, 스웨덴 2척 등이다. 전신선도 조기에 깔린다. 1867년에 이미 시베리아를 관통하여 상트페테르부르크부터 블라디보스토크를 잇는 통신 체계를 구축했다. 블라디보스토크에서는 다시 나가사키와 상하이, 홍콩을 잇는 해저 전선이 이어졌다. 유라시아와 태평양을 연결하는 두 개의 전신망을 확보한 것이다. 인도양에도 닿았다. 지중해와 홍해를 지나 인도양을 통과한 러시아 선박들이 남중국해와 동중국해를 거쳐 동해를 타고 올랐다. 흑해에서 청해까지, 러시아의 바닷길을 개척한 것이다. 1869년 수에즈 운하 개통부터 1917년 러시아 혁명까지 근 반세기 동안, 러시아사에 유례없던 '남해 항로'의 전성기가 열린 것이다.

바닷길이 안정적이지는 못했다. 해상 교통을 장악한 것은 대영제국이었다. 그레이트 게임, 영국과의 패권 경쟁에서 대륙제국 러시아가 유리한 쪽은 육로였다. 그래서 시베리아 횡단철도 위원회를 발족한다. 육로와 해로의 겸장, 러시아판 '일대일로'였다. 그 19세기의 일대와 일로가 만나는 곳이 블라디보스토크였다. 청일전쟁(1894)은 또 한 번의 분기점이 된다. 조선이 중국으로부터 '독립'하자, 러시아의 지리적 발상 또한 더욱 확장되었다. 연해주 다음으로 랴오둥반도와 한반도 진출을 적극 모색한다. 다롄大連 항을 개발하고 조선을 품어 안았다(아관파천). 특히 한반도의 동해안과 남해안을 주시했다. 시베리아 횡단철도를 한반도 종단철도로 연결시키려고 했다. 원산을 지나 부산으로, 거제도까지 이으려고 했다. 거제도를 '러시아의 홍콩'으로 만든다는 계획도 입안한다.

응당 일본과 충돌했다. 러일전쟁이 발발한다(1904). 여기서 러시아가 패함으로써 조선은 일본의 식민지가 되었다. 러시아의 동아시아 구상은 수포가 되는 듯했다. 그러나 러시아 혁명 이후 다시 기회가 열린다. 적군과 백군의 시베리아 내전은 소련과 일본 사이 '제2차 러일전쟁'으로 변질되었다. 1922년 블라디보스토크를 '해방'시킨 소련은 두만강을 넘어 원산까지 내려갈 참이었다. 당시 못 다 이룬 작전을 완수한 것이 1945년이다. 평양을 '해방'시키고 한반도의 북쪽에 소련의 위성국을 세운 것이다. 반세기의 숙원을 끝내 달성했다. 1860년 '동구의 충격'으로부터 한 세기가 못 되는 시점이었다. 북조선 엘리트들은 러시아어를 제1외국어로 배웠다. 동로마 세계의 후예와 서로마 세계의 후신이 38선을 사이로 길항했다.

아는 것이 힘이다. 1899년 10월 21일 블라디보스토크에서는 동양학원 개교식이 성대하게 거행된다. 동시베리아에 들어선 최초의 고등교육기관으로, 청일전쟁 직후에 개설되었음이 눈에 띈다. 1896년 블라디보스토크 최초의 중국어 어학원이 생겨났지만, 지역 신문에는 사설학원으로 충분치 못하다는 사설과 논설이 연달아 실렸다. 한층 본격적인 동양어 교육기관이 필요하다는 것이다. 유럽인과 아시아인이 반반씩 살아가는 도시였다. 1878년 인구 통계를 보면 러시아인을 포함한 유럽인이 4,952명, 아시아인이 3,441명이었다. 말 그대로 유라시아 국제도시였다. 한창 시베리아 횡단열차가 건설되는 와중이기도 했다. 당시 노선은 현재와 달리 만주를 통과하는 직선으로 달렸다. 신속한 건설과 원활한 경영을 위해서라도 동양어에 능통한 인재가 절실했다.

동양학원은 4년제 대학이었다. 신입생으로 1년을 나면 2학년부터 전공을 나누었다. 중국어·일본어, 중국어·조선어, 중국어·만주어, 중국어·몽골어 네 학과를 설치했다. 중국어는 4년 내내 필수과목이었고, 일본어와 조선어 등은 2년차부터 선택과목이었다. 공통 교양과목으로는 동아시아의 지리와 민족, 현대(19세기)사 등이 개설되었다. 러시아인 교수가 이론 수업을 맡고, 외국인 강사들은 실용 수업을 담당했다. 첫해 입학한 31명 신입생 가운데 2년차에 진급한 이는 18명이었다. 중국어·일본어가 6명, 중국어·조선어가 5명, 중국어·만주어가 4명, 중국어·몽골어가 3명이었다. 어학연수도 보냈다. 일본은 홋카이도의 하코다테, 조선은 함경도 원산, 중국은 산둥성의 칭다오였다. 공히 항구 도시, 바닷길로 블라디보스토크와 긴밀했던 곳들이다.

러시아 동양학의 중심도 이동했다. 본디 이슬람 문명과 접한 카잔대학이 으뜸이었다. 1854년 이후에는 제국의 수도에 있는 상트페테르부르크대학이 더 유명해진다. 19세기 후반에 이미 산스크리트어, 아랍어,

페르시아어, 튀르크어, 타타르어, 중국어, 만주어, 몽골어, 헤브라이어, 아르메니아어, 그루지아어 강좌들이 개설되었다. 1860년 연해주를 얻고 블라디보스토크를 건설함으로써 아시아학의 또 다른 거점을 확보한 것이다. 그 동양학원의 후신이 오늘날 극동연방대학이다. 세계 최초로 한국학 단과대학도 들어섰다. 21세기 러시아의 중국학, 한국학, 일본학, 베트남학 등을 선도하는 아시아 연구의 허브다. 이곳에서 근무해도 좋겠다는 생각을 잠시 했더랬다.

연해주와 발해길

조선인의 연해주 이주가 시작된 것도 1860년대다. 러시아와 조선이 수교를 맺은 1884년보다 훨씬 이른 시점이다. 가뭄과 가난으로부터 탈주했다. 변방의 함경도 사람들이 많았다. 본디 여진족의 후예가 살던 곳, 함경도-연해주의 모피길, 해삼길이 작동했다. '신한촌'은 대한제국 이후에 들어선 마을이다. 그 전에는 '개척리'에 옹기종기 모여 살았다. 지금은 흔적을 찾기 힘들다. 내가 운동하러 다니던 피트니스 클럽 언저리였을 것으로 추정된다. 그곳에 해조신문사와 대동공보사 등이 자리했다. 〈시일야방성대곡〉의 장지연부터 의병장 유인석까지 개척리를 근거지로 삼았다. 헬조선에서 빠져나온 유민流民들이 먼저 길을 트고, 망국을 애달파하는 의사義士들이 그 뒤를 이은 것이다.

글만 써서는 아니 되는 시절이었다. 한 손에는 붓, 다른 손에는 총을 들었다. 유민들과 의사들이 합작하여 의병義兵들이 섰다. 블라디보스토크로부터 250킬로미터, 이틀을 자전거로 달리면 의병들의 거점 크라스키노에 이른다. 조선인들은 '연추'煙秋라고 불렀다. 두만강을 사이로 조선을 접하고 있는 하산이 지척이다. 하산 역에서는 북조선으로 가는 기

차표도 구할 수 있다. 중국의 훈춘琿春과도 불과 2~3킬로미터 떨어져
있다. 이 삼국의 국경 도시 골든트라이앵글에서 손가락을 자른 이가 안
중근이다. 단지斷指동맹으로써 굽히지 않은 절개를 몸에다 새겼다. 국내
진격에 실패한 안중근은 블라디보스토크로 돌아와 사격 연습에 전념한
다. 이토 히로부미를 처단하기 위하여 권총을 품고 하얼빈을 향하는 열
차에 오른 곳도 블라디보스토크였다.

신문을 발행하고 의병을 양성하는 것 모두 비용이 필요하다. 자금
이 없으면 무장 투쟁도, 문화 투쟁도 불가능한 일이다. 거부 최재형
(1858~1920)이 희사喜捨했다. 함경도 노비 출신이었다. 러시아인의 양자
가 되어 정교에 입문하고 고등교육도 받았다. 무엇보다 원양어선을 타
고 러시아의 '남해 항로'를 통하여 전 세계를 구경한다. 보는 것도 힘이
다. 무역왕이 되어 막대한 부를 축적한다. 이미 러시아인이었으되, 조선
의 항일독립운동을 지원했다. 신채호와 이광수가 글을 썼던 〈권업신문〉
의 발행인이 최재형이었다. 안중근이 사격 연습을 했던 장소도 최재형
이 마련해준 것이다. 연해주가 항일독립운동의 근거지가 될 수 있었던
것도 의로운 사업가 최재형의 공이 결정적이었다. 막후이고 배후였다.

소련이 들어서면서 블라디보스토크는 닫힌 도시가 되었다. 남겨진
조선인들은 귀화하여 '고려인'이 되었다. 1930년대 중반 연해주의 고려
인 인구는 20만에 이른다. 2천만 겨레의 100분의 1에 달하는 규모였다.
만주국까지 들어선 마당에 예외적인 숨통이었다. 그러나 난세의 비극을
비껴가지 못했다. 소련과 일본 간 긴장이 고조된다. 1937년 중일전쟁
발발이 결정적이다. 만추리아와 몽골리아와 시베리아가 온통 전장이 되
었다. 연해주의 중국인과 고려인들은 잠재적 스파이가 될 수 있었다. 대
숙청이 단행되고, 고려인들을 중앙아시아로 강제 이주시켰다. 연해주만
해도 한반도와 닮았다. 버드나무가 자라고 진달래가 핀다. 아무르 호랑

이가 남쪽으로 내려가 백두산 호랑이가 된다. 땅도 물도 낯선 이역만리로 추방된 것이다. 특히나 동해를 끼고 살았던 함경도 사람들에게 내륙은 갑갑했을 것이다. 불똥은 동양학원까지 튀었다. 동양학자들마저 싸잡아 '인민의 적'으로 몰았다. 할힌골 전투/노모한 전쟁이 일어난 1939년 여름, 학교도 폐쇄된다. 블라디보스토크는 오로지 슬라브인들만의 도시가 되었다. 냉전기 태평양 함대가 진주하는 군사기지로 삼엄했다. 외국인은 물론이요, 소련 내 외부인마저 출입을 엄격히 통제했다.

조선인이 '고려인'으로 전환되어가는 중간 기착지 크라스키노에는 천 년 전 발해의 성터가 남아 있다. 혁명광장 근방에 자리한 프리모리에 박물관에도 석불을 비롯한 발해의 유물이 다수 전시되어 있다. 돌궐 문자도 눈에 띈다. 발해 시절 이미 튀르크 문화가 유입된 것이다. 극동연방대학에는 발해연구소까지 만들었다. 발해부터 요와 금, 원과 청까지 북방 제국사를 중점적으로 연구한다. 시베리아의 샤머니즘과 히말라야의 부디즘과 아라비아-페르시아의 이슬람이 융합하고 혼종되던 북방의 연결망을 주목한다. 발해의 남부에는 고구려의 후예와 말갈이 어울렸다. 서부에는 몽골과 거란, 위구르와 튀르크가 자리했다. 북동부에는 사할린과 홋카이도에 이르는 아이누가 왕래했다. 오늘날 중국의 동북 3성과 몽골과 러시아의 연해주와 북조선과 일본의 홋카이도를 아우르는 초원길과 바닷길이 작동했다. 그 천 년의 '발해길'Balhae Road을 따라서 유민과 의병과 고려인의 파란만장한 백 년이 흘렀던 것이다. 체코에서 건너온 흑맥주 코젤다크를 홀짝이며, 백 년 전 의병장 유인석의 격문을 회감했다.

"천하의 도의를 다시 일으켜 하늘의 태양이 다시 밝도록 하여야 합니다. 한 나라만이 아니라 천하 만세에 전할 수 있는 공이요, 업적이 될 것입니다."

사통팔달, 마지막 '지리상의 발견'

2017년 가을, 새 천년 새 천하를 모의하는 동방경제포럼이 열렸다. 9월의 행사다. 긴 겨울과 짧은 여름 사이, 북방의 가을은 특별하다. 그래서 유독 9월에 행사가 많다. '태평양 영화제'와 '아무르 호랑이 축제'와 '극동 음악 페스티벌'이 동시에 열린다. 으뜸은 역시나 동방경제포럼이다. 극동 개발에 전심전력하는 푸틴의 회심의 기획이다. 도쿄에서는 2시간이 걸린다. 베이징에서도 2시간이 걸린다. 서울에서는 2시간도 채 걸리지 않는다. 모스크바에서는 8시간이나 걸린다. 문재인 대통령보다, 아베 신조 총리보다 푸틴이 더 먼 길을 날아왔다. 포럼 장소가 극동연방대학이다. 2012년 아시아태평양경제협력체(APEC) 회담 장소로 만든 곳을 대학 캠퍼스로 활용한다. 도서관이 바다로 이어지는 대학 캠퍼스는 이곳이 유일하지 않을까 싶다. 기숙사도 훌륭하다. 각국 정상들이 묵는 고급 호텔을 학생들이 사용한다.

그 극동연방대학을 10개 캠퍼스로 늘리기로 했다. 하바롭스크 등 연해주 주요 도시마다 연방대학을 세운다는 계획이다. 언뜻 캘리포니아주립대학 시스템을 연상시킨다. 극동 인구 증대를 위한 특단의 정책이다. 10개 연방대학 캠퍼스를 만듦으로써 청년들의 인구 이동을 촉진한다는 것이다. 우주기지 또한 건설되고 있다. 변방을 학술과 과학의 중심으로 탈바꿈시킨다. 땅도 무상으로 분배하고 있다. 극동으로 이주하는 이들에게는 5년간 토지를 임대한다. 집을 짓고, 땅을 개간하고, 공장을 세우고, 회사를 만들고, 도시를 형성하는 데 일조하면 5년 후 소유권을 부여한다. 현재 극동 인구는 600만을 조금 넘는다. 블라디보스토크 인구는 60만이다. 2040년까지 블라디보스토크는 인구 100만 도시, 극동은 1,200만에 이르는 것이 목표다. 러시아 인구의 1할에 육박한다. 장차 블라디보스토크를 동쪽의 수도로 삼겠다는 말이 빈 소리가 아닌 것이다.

2017년 블라디보스토크에서 개최된 동방경제포럼.

아무르 호랑이 축제.

블라디보스토크 마라톤대회.

러시아 내부의 인구 이동으로 그치지 않는다. 대외 개방에서도 가장 적극적인 도시다. 100년 전 자유항구의 위상을 되찾았다. 1992년 이후 지명부터 대거 바뀌어, 중앙대로의 이름은 레닌스카야에서 스베틀란스카야로 바뀌었다. 35번가에는 1885년 세워진 굼 백화점 건물이 중후하다. 47번가의 태평양 함대 본부는 극동국가문서관으로 바뀌었다. 무비자로 입국할 수 있는 나라의 숫자가 가장 많은 도시다. 도착비자로 절차를 간소화한 나라 역시 가장 많다. 외국인에 대한 세금 우대 혜택이 가장 좋은 도시이기도 하다. 모스크바와 상트페테르부르크에 진출한 기업에 비하면 4분의 1 수준의 절세 효과를 제공한다. 특히 중국, 일본, 한국, 몽골, 베트남 등 동아시아 국가들에게 호의적이다. 동방경제포럼의 공식 언어 또한 러시아어, 영어, 중국어, 일본어, 한국어, 베트남어로 설정되었다. 국경을 접한 북조선 또한 외면하지 않는다. 나진과 원산에서 출항한 만경봉호가 블라디보스토크를 수시로 드나든다. 동방경제포럼에도 엄연한 일국이자 일원으로 참여하였다. 기실 극동연방대학 캠퍼스 건설 노동자의 5할 이상이 북조선 사람들이기도 했다. 150년 전 탈조선의 물꼬를 텄던 함경도-연해주 연결망이 북조선의 개혁개방을 선도하는 활로와 출로가 되고 있는 것이다. 이미 블라디보스토크는 남한인, 북조선인, 고려인, 조선족 등 1민족 4국민이 어울려 살아가는 미래형 도시가 되었다.

블라디보스토크 국제 마라톤대회도 있다. 북쪽의 바다를 바라보며 달리는 아름다운 코스를 자랑한다. 내륙에서 살아가는 동시베리아 주민과 중국의 동북 3성 사람들이 많이 참여한다. 한국에서는 서울과 강릉, 부산의 마라톤 클럽이 참가했다. 일본에서는 삿포로와 하코다테 등 홋카이도의 마라톤 클럽들이 참여했다. 동-러시아인과 동-아시아인이 절반씩 섞여서 달린 셈이다. 나도 뛰었다. 러시아를 떠나기 전 피날레 격이었다. 유라시아 견문 3년차, 세 번째 마라톤이다. 베트남의 다낭과 이집트의 알렉산드리아에 이어 블라디보스토크에서도 뛰어본 것이다. 그러나 언덕과 구릉이 많은 도시, 난코스다. 하프만 뛰었는데도 평지를 완주하는 것과는 난이도가 다르다. 골인 지점을 2킬로미터 앞에 두고 다리가 풀려버렸다. 후들거리는 다리를 끌다시피 하여 겨우 매듭을 지었다. 그렇게 러시아 생활 6개월을 마쳤다. 그렇게 30대의 마지막 해가 저물었다.

6월의 상트페테르부르크 국제경제포럼과 9월의 블라디보스토크 동방경제포럼을 모두 구경했다. 양 날개를 활짝 펼치고 있는 러시아/유라시아의 형세가 확연히 들어온다. 21세기의 국시國是, 신유라시아주의가 허언이 아니라 실체임을 확인한다. 동과 서로 참가한 이들의 생긴 꼴은 다르다. 서유라시아에서는 서러시아인과 유럽인이 어울린다. 동유라시아에서는 동러시아인과 아시아인이 회합한다. 그럼에도 공통의 화두가 하나 있었다. 북극 항로 개척이다. 지구 위 마지막 '지리상의 발견'이 될 북극 항로에 유럽인과 러시아인과 아시아인의 관심이 집중되었다. 유럽과 아시아가, 서유라시아와 동유라시아가 북극해를 통해 만나게 된다. 19세기 인도양을 경유하던 남해 항로와는 전혀 다른 바닷길이 열리고 있다. 장차 블라디보스토크는 대륙을 동/서로 잇는 철도는 물론이요, 남/북의 바다를 잇는 사통팔달四通八達의 허브가 될 것이다. 그 북해로 가는 길목에 북해도가 자리한다. 연해주沿海州에서 북해도北海道로 건너간다. 러시아에서 일본으로, 동해 너머 홋카이도로 이동한다.

연해주와 면한 바다, 동해.

033

삿포로, 제국의 저력

메이지유신 150년,
반일反日은 쉽다

단기필마, 19세기의 유라시아 견문

유라시아를 횡단한 동방의 사내가 있었다. 원대한 꿈을 꾸었다. 치밀한 계획을 세웠다. 19세기 말이다. 고속철도도, 고속도로도 없던 시절이다. 단기필마, 홀로 말을 타고 달렸다. 베를린에서 출발했다. 폴란드를 지나 러시아에 들어섰다. 볼가강을 따라 우랄산맥을 넘고 시베리아를 통한다. 이르쿠츠크에 닿아 바이칼을 가슴에 담았다. 옴스크에서 남하하여 우루무치에 닿았다. 고비사막을 지나 몽골에서 만주로 질주한다. 아무르/흑룡강을 거쳐 지린吉林과 훈춘에 이르렀다. 마침내 해삼위, 블라디보스토크에 당도했다. '동해!'라고 탄성을 지르지 않았을 것이다. '니혼카이!'(일본해)라고 찬탄했을 법하다. 원산과 부산을 거쳐 나가사키로 귀국했다. 고베와 오사카, 교토, 나고야를 지나 요코하마, 도쿄에 입성한다. 1만 4천 킬로미터, 끝끝내 열도列島국가의 수도에 다다른 것이다. 1892년 2월 11일에 출발하여 1893년 8월 12일에 도착한다. 17개월, 500일 유라시아 견문이다. 맹렬한 눈보라에 말에서 떨어져 큰 부상을 입고도, 극한불모의 시베리아에서 콜레라를 앓으면서도 여정을 멈추지 않았다. 그 불굴의 걸출한 인물이 후쿠시마 야스마사福島安正다. 메이지 일본의 특출 난 정보장교였다.

너덜너덜 넝마가 된 먼지투성이 군복 차림으로 천황을 알현했다. 한창 시베리아 횡단철도를 건설하던 러시아의 남하 정책을 소상히 보고했다. 거리에서는 대중에게 일장 연설했다. 히말라야가 내다보이는 파미르고원을 낭만적으로 환기했다. 유라시아를 횡단했던 네 마리 말 가운데 두 마리의 이름을 '우랄'과 '알타이'라고 지었다. 우랄로, 알타이로, 파미르로 달려가서 카스피해의 물을 마시자고 2030 청춘들을 독려했다. 러시아와 중국과 몽골의 경계인 알타이 설산을 넘는 모습이 그의 상징이 되었다. 흡사 알프스산을 넘어가는 나폴레옹에 근사한 아우라를 뿜어냈다. 그 장면을 상상으로 묘사한 회화와 판화가 날개 돋친 듯 팔려 나갔다. '19세기의 칭기즈칸'에 방불한 국민적 영웅이 되었다.

1852년에 태어났다. 막부 말기 마쓰모토 번藩의 사무라이 집안 자제였다. 칼 대신 총을 찼다. 서구식 병법을 열심으로 공부했다. 서양어 학습도 성심으로 진력했다. 문/무를 겸장한 것이다. 1874년 영어 통역장교로 발탁되어 발군의 실력을 선보인다. 능력을 인정받아 베이징부터 베를린까지 근무한다. 중국과 조선, 몽골 등을 답사한 것이 1879년이다. 그해부터 중국어 공부도 시작했다. 1883년 청나라 공사관의 정보장교로 발령난다. 1886년 6개월간 버마와 인도도 시찰하고 견문기《인도기행》을 남긴다. 독일 공사관으로 전근한 것은 1887년이다. 베를린에만 머물지 않았다. 5년간 유럽 전역을 탐방한다. 1889년과 1890년 발칸반도를 찾았음이 눈에 든다. 서유라시아 새판 짜기의 핵심 현장을 살핀 것이니, 과연 눈썰미가 빼어나다. 이미 유라시아의 동서남북을 사통팔달 조감하는 안목을 기르고 식견을 키웠다. 베를린 근무를 마칠 무렵 영어, 중어에 독어와 노어까지 갖추었다. 한자와 로마 문자, 키릴 문자에 모두 능통했다.

동료들처럼 배를 타고 귀국하지 않았다. 말을 타고 유라시아를 횡단하겠다는 의사를 밝힌다. 1891년 1월 1일 군부 상부에 계획서를 제출한다. 세계의 대세가 변하고 있다고 했다. 서세동점, 서구 열강의 갈등이 동아시아로 이전될 것이라고 했다. 일본의 향로에도 직접적인 영향을 미칠 것이다. 철도와 증기선과 전선으로 유럽과 아시아가 하나가 되고 있었다. 필히 알아야 했다. 필시 보아야 했다. 모름지기 지피지기, 아는 것이 힘이요 백문이 불여일견이다. 견문의 으뜸 목적 또한 정보 수집을 꼽았다. 그중에도 대영제국과 러시아제국의 길항, '그레이트 게임'을 육안으로 관찰하겠노라 했다. 그럴싸하게 포장하면 호연지기라고 할 수 있다. 혈기가 차오르고 결기가 넘쳐흘렀다. 비딱하게 꼬면 객기와 치기라고도 할 수 있다. 칭기즈칸보다는 돈키호테에 빗댈 수도 있다. 미친놈 소리 듣기 딱 좋았다. 그런데 메이지 정부 또한 만만치가 않았다. 실행해보거라, 허가를 내린다.

일부 노선만 수정했다. 본래 계획은 이집트로 가서 오스만제국과 페르시아를 지나 아프가니스탄으로 이동하여 중앙아시아와 신장, 동시베리아에 다다르는 여정이었다. 군부는 동유럽을 통하여 러시아에 직접 들어가라 했다. 단기필마 횡단이 시작된 1892년 2월 11일부터 의미심장하다. 일본의 건국기념일에 맞춤한 것이다. 독일의 카이사르는 베를린을 떠나는 후쿠시마의 무사 여행을 기원하는 축하연을 열어주었다. 발트해를 지나 상트페테르부르크에 입성하자 러시아의 차르도 호의로 화기애애한 만찬을 베풀었다. 아직 일본을 경쟁국으로 여기지 않았던

19세기 말, 단기필마로 유라시아를 횡단한 후쿠시마 야스마사를 묘사한 그림.

모양이다. 메이지 천황이 러시아 차르를 누르는 사태를 상상할 수 없었다. 서쪽에서는 대영제국과 경쟁하고, 동쪽에서는 대청제국을 경계하던 무렵이다. 중간에서는 오스만제국과 일합을 겨루었다. 극동의 대일본제국은 등한시했으니 치명적 오판이었다. 러일전쟁, 러시아제국의 해체를 촉발한 나라는 영국도 오스만도 중국도 아닌 떠오르는 태양, 일본이었다.

대륙을 통하여 유라시아를 횡단한 후쿠시마는 열도에 안주하지 않았다. 못 다 이룬 본래 계획을 재차 감행한다. 1895년 10월부터 1897년 3월까지 대양을 통하여 유럽으로 이동한다. 배를 타고 동남아시아로 건너가 인도를 살피고, 오스만제국과 페르시아와 캅카스 지역까지 견문했다. 이번에는 오스만의 술탄과 페르시아의 샤도 접견한다. 당시에 보고들은 바를 《중앙아시아부터 아라비아로》로 썼다. 바그다드도 방문하여 메소포타미아를 '튀르크의 아라비아'로 표현한 점이 흥미롭다. 오늘날의 파키스탄을 비롯하여 투르크메니스탄, 우즈베키스탄, 카자흐스탄도

두루 살폈다. 부하라, 사마르칸트, 타슈
켄트 등 실크로드의 거점 도시까지 살
살이 조사했다. 정부에 올린 공식 보고
서만 32편에 이른다. 사적으로 기록한
일기는 10권에 달한다. 둘 다 20세기
일본 대외 정책의 초석이 된 문헌이다.
'다른 백 년'을 여는 귀하고도 굉장한
글을 남겼다.

유라시아를 망라한 정보를 수집하
고 지식을 섭렵함으로써 일본의 제국
화에도 기여한다. 주요 전쟁마다 후쿠

후쿠시마 야스마사.

시마의 공헌이 빛났다. 청일전쟁에 가담하고 의화단운동을 진압했다.
각종 조약과 회담에도 직접 나섰다. 1902년 영-일 동맹 체결의 일등 공
신 또한 후쿠시마였다. 런던으로 몸소 달려가, 돌아올 때는 영국령 인도
의 총독과도 회담한다. 아시아의 변방 일본을 세계적인 열강으로 각인
시킨 러일전쟁에서도 혁혁한 공을 세운다. 무주공산이 된 만주 전장에
서는 마적들을 규합하여 백인종 러시아 군대에 맞서 진두지휘했다. 오
스만제국의 정보망을 총동원하여 이스탄불에 기착해 있는 러시아 함대
동향도 실시간으로 수집했다. 러시아가 쓰시마 해전에서 승리하기 위해
서는 발트해 함대만으로는 부족했다. 흑해 함대가 황해로 파견되는 시
점과 노선을 정확하게 파악해야 했다. 후쿠시마의 머릿속에서 발트해와
발해만은 하나로 이어졌다. 대한 해협과 보스포루스 해협을 동시에 관
찰했다. 랴오둥(요동)반도와 한반도를 크림반도와 발칸반도와 연동시켜
사고했다.

청나라와 러시아를 연달아 격파하고 조선을 식민지로 삼으면서는

남만주의 관동군을 직접 관할한다. 코리아와 만추리아와 몽골리아와 시베리아를 통으로 사유하라고 후배와 후학을 다그쳤다. 델리와 이스탄불과 테헤란과 베를린도 늘 주시하라고 타일렀다. 어느 지평에서 조망하느냐에 따라 똑같은 사건도 분석과 통찰이 달라진다. 시공간 감각을 혁신하고 쇄신할 것을 주문한 것이다. 후쿠시마로 말미암아 일본은 20세기 벽두부터 동아시아를 이미 훌쩍 넘어섰다.

만추리아와 몽골리아

'동구의 충격'에 가장 기민하게 대응한 나라 역시 일본이었다. 대청제국의 동쪽 끝 연해주를 러시아가 차지하자(1860), 곧장 북방 개척사를 파견하여 홋카이도를 메이지일본의 영토로 복속시켰다(1868). 올해로 150주년을 맞는 메이지유신과 동시적 사건이었다. 1910년 조선을 병합하고도 내선일체에 그치지 않았다. 만선滿鮮일체, 만주와 조선을 연동시킨다. 대청제국을 대신하여 러시아제국에 맞서 아시아를 수호하겠노라 했다. 러시아 혁명이 일어나자 앞장서 시베리아 출병을 감행한 까닭이다. 동시베리아에 친일적인 극동 공화국을 세우고자 했다. 끝내 실패하고 거대한 소련이 들어서자 만추리아에 더더욱 공을 들였다. 1920년대 극동국은 좌초되었지만, 1932년 만주국은 기어이 출범시켰다. 대륙 깊숙이 진입함으로써 '탈아입구'脫亞入毆는 형해화되었다. 이념과 체제와 사상의 대반전이 일어난다. 유럽형 국가에서 벗어나 유라시아형 제국으로 진화한다. '왕도낙토'王道樂土와 '오족협화'五族協和를 내세운다. 동양적 왕도를 실현하는 이상향을 지향하고, 일본인과 조선인, 만주인과 몽골인, 한인들이 공존공영하는 제국을 표방했다. 동방의 유토피아 만주국의 수도는 신경新京(현재의 창춘長春)이라고 이름 지었다. 동경과 북경과 남경은 옛 도시다. 20세기 신상태New Normal와 신시대New Period를 상징하는 신경의 한복판에는 '대동大同광장'을 만들었다. 지리적으로 만주의 한복판에 자리한 신경은 대륙 교통의 허브가 되었다. 내륙의 하얼빈과 내해의 다롄을 잇는 '아세아호'가 쾌속으로 질주했다.

만주국이 대척에 둔 나라는 역시나 소련이다. 러시아에 이어 세계 두 번째로 공산국가가 들어선 곳이 (외)몽골이었다. 만선滿鮮과 만몽滿蒙, 만주는 조선만큼이나 몽골과도 이웃지간이다. 만주 벌판에는 반도의 초가집과 초원의 게르가 공존한다. 조선의 황소와 몽골의 산양이 나란히 풀을 뜯는다. 만주국은 외몽골의 과학적 무신론 국가와는 다른 모델을 추구했다. 근대화=세속화를 윽박지르며 종교를 타파하기보다는 전통문화의 수호자로서 매력 공세를 펼친다. 모스크바에 충성하는 볼셰비키의 꼬붕들은 토착 불교를 탄압했다. 칭기즈칸을 봉건의 화신으로 억압하는 '붉은 몽골'은 영 어색했다. 사적 유물론과 샤먼적 영물론은 영판 어울리지 않았다. 계급론과 연기緣起론 역시 전혀 부합하지 않았다. 마르크스의 투쟁과 싯다르타의 자비는 물과 기름이었다. '적색 제국주의'를 저격하는 반공주의의 최전선에 만주국을 자리매김한 것이다. 만추리아의 왼편은 몽골리아의 남쪽, 내몽골이 위치한다. 만주국과 협력하는 내몽골을 전초기지로 삼아 외몽골까지 연합하는 통일몽골국을 만들자고 했다. 바이칼호부터 고비사막을 아우르는 대몽골연합을 이루자는 것이다.

영국에 동인도회사가 있었다면, 일본에는 남만주철도주식회사가 있었다. 공히 제국의 싱크탱크다. '만철'에서 만몽 연합을 피력하며 몽골로 파견된 이들은 라마 복장을 했다. 본디 라마와 샤먼은 마음을 치유하고 몸을 치료하는 사람들이었다. 대일본제국의 최신 의학을 전수함으로써 몽골인의 환심을 샀다. 새로운 제도 이식만으로는 충분치가 않다. 마음을 얻어야 제국을 건설하고 유지할 수 있다. 관동군조차도 내부에 종

옛 만주국의 수도였던 신경(창춘)의 대동광장. 지금은 인민광장이라고 부른다.

교 조직을 만든다. 얼이 빠지고 넋이 나간, 혼이 비정상인 소비에트인들과의 투쟁에 종교를 적극 활용한 것이다. 티베트 불자에게는 불교의 수호자요, 신장의 회교도에게는 이슬람의 보호자요, 중원의 한족에게는 유교 문명의 구현자임을 과시했던 대청제국의 소프트파워/스마트파워에 점점 더 유사해져갔던 것이다. 대청제국의 마지막 황제 푸이도 만주국의 상징으로 거두어들였다. 중화제국의 업그레이드와 업데이트를 만천하에 과시한 것이다.

동북의 만주 평원을 넘어 몽골의 초원에 닿으면 서북의 고원과도 직통한다. 시짱西藏(티베트)과 신장新疆이 지척이다. 통일몽골국은 만주국에 대한 시짱의 우호를 증대시킬 것으로 기대되었다. 신장에도 친일적인 이슬람 위성국을 세우고자 했다. 몽골과 시짱과 신장으로 진출하면서 칭기즈칸도 더욱 적극적으로 환기했다. 일찍이 유럽을 정복한 아시아의 영웅으로 칭기즈칸을 호명한다. 몽골세계제국을 대일본제국의 청사진

'마지막 황제' 푸이가 머물렀던 위만황궁박물관.

으로 삼아 범아시아주의와 대아시아주의를 선전하고 선동했다. 러시아
의 정교와 중국의 유교에 순치되면서 왕년의 기상을 잃었다며, 북방 유
목민의 후예들을 격발하고 촉발한 것이다.

　이 북방 연합을 통하여 중원에서 근근이 버티고 있던 중화민국도 압
박했다. 만주족-몽골족 연합으로 명나라를 치고 청나라를 세운 17세기
의 대전략Grand Strategy과 판박이었다. 중화민국 내부에서도 호응하는
'제5열'이 필요했다. 충칭의 장제스와 경쟁하던 상하이의 왕징웨이汪精
衛를 수장으로 삼는 괴뢰 중화민국도 기획한다. 열도와 반도, 북방과 중
원까지 모조리 일본의 영도 아래 대연합을 이룸으로써 소비에트연방에
맞서 동유라시아의 패권을 쥐고자 한 것이다. 으리으리한 야심이었다.
어마어마한 야망이었다.

페르시아와 아라비아

동북에 이르면 서북이 지척이고, 서북에 닿으면 중앙아시아가 근방, 금방이다. 북방의 슬라브인과 중원의 한족과는 다른 튀르크인들이 살아가는 땅이었다. 유교와 정교 사이, 무슬림이 다수다. 소련을 제압하기 위해서도, 중화민국을 견제하기 위해서도 요긴한 지역이었다. 실크로드에 대한 관심이 폭발적으로 늘어난다. 일본판 '서유기'가 유장하게 펼쳐진다. 인류학과 고고학과 민속학과 언어학을 총동원하여 우랄-알타이와 일본의 근친성을 탐구한다. 2억 무슬림의 정신적 지주인 칼리프와 만세일계 천황의 합작도 궁리한다. 동지중해부터 동시베리아까지 무슬림 네트워크를 일본의 정보망으로 삼는 방안도 탐색한다. 흔히 러시아의 남하를 저지하기 위한 영-일 동맹만 일방으로 강조하는 편향이 심하다. 그러나 일본은 오스만과의 동맹도 추진하고 있었다. 오스만제국이야말로 대영에 앞서 러시아와 경합했던 백 년의 앙숙이었기 때문이다.

적극 호응한 이가 러시아의 무슬림, 이브라히모프Габдрәшит Ибраһимов다. 1857년 옴스크 근방에서 태어난 부하라인의 후손으로 카잔에서 공부했다. 메카와 메디나에서 유학하고 이스탄불을 거점으로 반러운동을 펼치며 남러시아의 이슬람 세계를 대일본제국과 연결하려고 했다. 1909년 2월부터 6월까지 러일전쟁에서 승리한 일본에 체류하며, 후쿠시마 야스마사 등 아시아주의자들의 환대를 받으며 돈독한 친분을 쌓는다. 카잔에서 발간되는 타타르 신문 〈배야넬하크〉Бәянелхак(참된 보도)와 이스탄불에서 발행되는 오스만 신문 〈스라트 뮈스타킴〉Sırat-ı Müstakim(곧은 길)에 일본을 다룬 기사와 논설을 집중적으로 발표한다. 일본 언론에는 러시아 치하 카잔의 현실을 폭로하였다. 러시아의 지배 아래 신음하고 있는 타타르를 통하여 유럽에 의한 아시아의 고통을 상기시켰다. '지하드'라는 제목의 논설에서는 타타르의 분리독립과 무슬림 해방을 위한 일본의 지지와 지원도 요청했다. 이들이 1909년 6월 7일 창립한 단체가 '아시아의회'亞細亞義会다. 이브라히모프의 여행기《이슬람 세계》Âlem-i İslâm에도 이 단체를 소개하고 있다. 일본과 이슬람 세계를 연결하는 허브가 되었다. 대일본제국과 오스만제국의 동/서 연합, 범아시아주의와 범이슬람주의를 결합시키는 대아시아, '대동'大東을 표방한다.

후쿠시마의 심복 가운데 오하라 다케요시大原武慶가 있었다. 하얼빈에 파견되어 러시아의 무슬림에게 자금을 지원하고 정보를 획득하는 역할을 수행한다. 오하라와 함께 근무했던 야마오카 미쓰타로山岡光太郎는 더욱 흥미롭다. 일본인 최초로 이슬람 성지인 메카와 메디나를 순례한 사람이다. 본디 러시아 전공자로 후쿠시마의 지시 아래 하얼빈에서 근무했다. 1909년 이브라히모프는 '후쿠시마의 길'을 따라 조선과 중국, 시베리아 및 만주와 몽골을 둘러보고, 싱가포르와 말레이반도 및 네덜란드령 인도네시아를 거쳐 영국령 인도에 이르렀다. 하얼빈에서 출발한 야마오카가 이브라히모프와 접선한 장소가 봄베이(뭄바이)다. 여기서 야마오카는 무슬림으로 개종하고 '오마르'라는 이슬람식 이름을 얻는다. 제2대 칼리프의 이름을 따 '오마르 야마오카'가 되었다. 북방에서 라마인 듯 불교 세계에 진입했던 것처럼, 남방의 이슬람 세계에는 울라마인 양 진출한 것이다. 이브라히모프와 더불어 이슬람 세계를 견문함으로써 아랍계와 튀르크계 무슬림 활동가들과 두루 조우할 수 있었다. 인도와 페르시아와 아라비아에서 영국과 러시아에 맞서 투쟁하는 무슬림 혁명가들과 회합했다. 다마스쿠스와 예루살렘, 카이로를 지나 이스탄불에 당도해서는 범아시아주의를 역설하는 연설도 한다. 이슬람의 구원자로서, 아시아의 해방자로서 일본을 표상했다. 그 일본어 연설을 아랍어로 동시통역한 이가 이브라히모프다. 당시의 경험을 기록으로 남긴 책으로는《아라비아 종단기》アラビア縱斷記(1912)가 있다. 내처 모로코, 알제리,

'오마르 야마오카'.

'도쿄의 무슬림'
이브라히모프와
그의 자녀들.

도쿄의 대모스크

튀니지, 알렉산드리아 등도 탐방한다.

1932년 만주국이 들어서면서 하얼빈의 무슬림 정보망도 신경으로 이전했다. 1934년 선린협회善隣協會를 세운다. 본부는 동경에 두었지만, 실질적인 중심 역할은 신경에서 맡았다. 1935년 월간지 《회교권》回教圈도 발행한다. 1944년 8월까지 총 146호를 발간했다. 신경과 카불과 바그다드와 이스탄불과 카이로를 꿰는 무슬림 정보망이 가동되었음을 확인할 수 있다. 만주와 몽골, 시짱과 신장, 중앙아시아와 북아프리카에 이르기까지 친일적 이슬람 세력을 양성하기 위한 회심의 프로젝트였다.

이브라히모프가 재차 도쿄를 방문한 해는 1933년이다. 이슬람으로 개종한 또 한 명의 일본인, 와카바야시 한若林牛과 조우한다. 1937년에 출간한 《회교 세계와 일본》回教世界と日本으로 유명한 지식인이다. 1938년 찍은 5쇄본에는 이브라히모프의 아랍 문자 손글씨가 표지로 들어갔다. 일본과 이슬람 세계의 밀월이 절정에 이른 해는 1938년이다. 대일본제국의 황도 도쿄에 거대한 모스크가 들어선 것이다. 이브라히모프가 초대 이맘이 되었다. 대일본제국과 3억 움마의 연대를 표방하는 대일본회교회도 만들어진다. 아시아인과 무슬림이 합심하여 대동아공영권, 대유라시아공영권을 만들자고 의기투합한 것이다.

이브라히모프가 숨을 거둔 것은 1944년이다. 유언으로 "나는 무슬림이다"를 세 번 말한 것으로 전해진다. 일본은 그의 삶을 기리는 〈도쿄의 무슬림〉이라는 영화를 제작했다. 동남아시아와 남아시아, 북아시아의 무슬림들에게 이 영화를 보여주었다. 극장국가를 통하여 대유라시아공영권을 설파한 것이다. 서구에 복속된 남유라시아에서도, 동구에 직속된 북유라시아에서도 대동아공영권에 합류할 것을 유혹했다. 영미식 자본주의를 극복하고 소련식 공산주의를 척결하는 고전 문명의 현대화, 중흥과 갱생을 고무했다.

친일, 반일, 항일

'대유라시아공영권'은 과장이 아니다. 대일본제국의 네트워크는 이슬람 세계는 물론이요, 러시아 혁명을 피해 유럽으로 망명한 유라시아주의자들에게도 닿아 있었다. 그 자료들을 죄다 모아 소장하고 있는 곳이 홋카이도대학 중앙도서관이다. 본디 삿포로에는 한 주만 머물고자 했다. 남하하는 러시아와 북진하는 일본 사이, 홋카이도의 선주민 아이누의 곡절을 추모하는 글을 쓰고자 했다. 그런데 시베리아에 관한 자료도 연해주의 극동연방대학보다 더 훌륭하게 구비했다. 만추리아와 몽골리아와 페르시아와 아라비아와 유라시아를 엮은 문헌도 꼬리에 꼬리를 물고 쏟아졌다. 말을 타고 유라시아를 횡단한 후쿠시마부터 '도쿄의 무슬림' 이브라히모프까지 '다른 20세기', '다른 일본사'와 '다른 세계사'가 매직아이처럼 떠올랐다. 도저히 떠날 수가 없었다. 모아 읽지 않고서는 배겨낼 재간이 없었다. 한 달을 더 머물기로 작정했다. 유난히 눈이 잦았던 2017년 12월을 꼬박 설국에서 보낸 것이다. 하염없이 쏟아지는 눈을 맞으며 미궁의 보물을 발굴하듯, 미지의 세계를 탐사하듯 도서관을 오고 갔던 하얀 나날들이다.

홋카이도北海道대학은 한때 도호쿠東北제국대학이라고 불리었다. 북방 개척의 전초기지였다. 북양北洋은행, 북해北海은행, 북성北星은행 등 '북'北의 기호학이 삿포로 도처에서 펼쳐진다. 대학 정문에는 "큰 뜻을 품어라"大志を抱いて 교훈을 새긴 비석이 섰다. 창립자 클라크 박사의 언명으로 알려졌다. "Boys, Be Ambitious!", '소년이여, 야망을 가져라' 직역보다 훨씬 더 고상하고 품격 있게 옮겼다. 슬라브-유라시아 연구소부터 북극연구소까지 참관할 기관 또한 여럿이다. 그러던 차, 하루는 자괴감과 열패감이 몰려왔다. 1880년과 1881년 메이지일본이 오스만제국과 페르시아제국에 사절단을 파견했음을 확인한 것이다. 그 당시에 이

미 술탄 압둘하미드 2세와 나세룻딘 샤를 접견했다. 1871년부터 1873년까지 구미를 탐방했던 이와쿠라 사절단은 익히 알고 있었다. 그런데 채 10년도 되지 않아 서유라시아의 양대 이슬람 제국에도 사절단을 보내 시찰한 것이다. 요시다 마사하루吉田正春가 이끌었기에 '요시다 사절단'이라고 불린다. 탄식이 새어나왔다. 일본의 저력을 새삼 인정하지 않을 수 없었다. 쇄국에서 개국으로, 구미 세계로의 개항과 개화만 있던 것이 아니었다. 이슬람 세계로도 활짝 열리고 있었다. 서구 편향의 일방이 아니었다. 이슬람 세계로, 슬라브 세계로, 전방위적이고 전면적이었다. 후쿠자와 유키치의《학문의 권장》을 흉내 내어 '이슬람학의 권장'을 썼던 것이 2017년 2월이다. 머쓱하고 쑥스러워졌다. 내가 가보지도 못한 카불과 메카와 바그다드의, 백 년도 더 이전 풍경을 묘사한 글들을 읽으며 질투와 부아마저 슬며시 일어났다.

지난 1,000일, 일본어 학술서의 혜택을 크게 입었다. 히말라야를 넘어간 두 번째 해부터는 한글 문헌보다는 일어 자료가 훨씬 더 유용했음을 실토하지 않을 수 없다. 선린善隣보다는 악우惡友에 더 가까운 일본의 행보는 여전히 미덥지 못하다. 일본에서 처음 공부했던 전후 60주년(2005) 때보다 더 퇴보한 것도 같다. 그럼에도 일본이 축적해둔 한없이 높은 문화의 힘은 더없이 부러운 지점이다. 인도학도, 페르시아학도, 터키학도, 슬라브학도 몹시 빼어나다. 영미권에 견주어도 턱없이 밀리지 않는다. 메이지유신 150년, 제국의 저력은 여전한 것이다. 한창 문부성이 주도하는 21세기 프로젝트로 중국과 인도와 이슬람도 집중 연구하고 있다. 한때 '유라시아 이니셔티브'를 운운했던 한국은 얼마나 착실하게 준비를 하고 있나 모르겠다. 반도인의 자잘한 사고의 사이즈가 어느 만큼이나 뻥뻥 뚫렸을까 모르겠다.

정녕 반일反日은 쉽다. 남 탓에 그친다. 자기 극복이 부재한 안일한

북방 개척의 전초기지였던 홋카이도대학.
정문 앞에는 "큰 뜻을 품어라" 교훈을
새긴 비석이 있다.

태도다. 나는 식민지 지배가 초래한 가장 큰 적폐가, 만연한 남 탓이라고 여긴다. 그렇다고 친일親日 또한 안이하기는 매한가지다. 나를 버리고 남에 굴종하는 노예의 길이다. 동방을 버리고 서방을 맹종하는 백 년의 누습과도 직결된다. 나의 타성을 타파하고 남의 관성도 혁파하는 상호 진화가 요결이다. 나도 바꾸고 남도 바꾸는 항일抗日이 요체다. 친일 제국주의와 반일 민족주의를 모두 돌파하여 항일 세계주의로 도약하는 패러다임 전환이 요점이다. 반일과 친일과 항일이 난마처럼 교착하는 갈림길에 20세기의 만주가 있었다. 일본과 러시아와 중국, 신/구와 동/서의 제국이 길항하는 복마전이 백 년 전 만주에서 펼쳐졌다.

일본의 동북 홋카이도에서 중국의 동북 3성으로 가는 길, 신新치토세 공항에는 일어와 영어, 한글과 중어 외에도 러시아어 안내판이 눈을 찔렀다. 도쿄와 오사카에서는 미처 보지 못한 모습이다. 확연하게 사할린 섬과 캄차카반도와 시베리아의 이웃임을 실감한다. 아이누족이 신성하게 섬겼던 요테이 설산 또한 캄차카의 화산들과 빼다 박은 닮은꼴이었다. 21세기의 일본을 미리 본 듯하였다. 중심과 주변이 역전된다. 본토와 변방이 반전한다. 동북 3성 벌판에도 키릴 문자가 두드러진 도시가 하나 있다. 시베리아와 만추리아가 포개지는 장소, 동아시아가 동유라시아로 도약하는 발판, 영하 40도의 하얼빈으로 이동한다.

034

하얼빈,
동유라시아 평화론
아무르/흑룡강 세계의 귀환

아무르강과 흑룡강

이름이 많은 강이다. 러시아에서는 아무르강река Амур이라고 한다. 중국에서는 헤이룽장黑龍江, 조선인들은 흑룡강이라고 불렀다. 몽골인들은 하르 므릉Хар мөрөн이라고 한다. '검은 강'이라는 뜻이다. 만주어도 보여주고 싶은데 특유의 세로쓰기 글꼴이 먹히지 않는다. '아무르'라는 지명은 시베리아 원주민의 말에서 따온 것이다. 한국어의 '물'과 흡사한 발음이다. 일본어의 '미즈'[水]와도 유사하다.

맑고 얕은 물에서는 피라미만 산다. 깊고 탁한 곳이라야 큰 물고기가 자랄 수 있다. 중국인들은 용이라도 살 것 같다 하여 '黑龍江'이라 했다. 세계에서 9번째다. 러시아의 볼가강, 중국의 황하, 동남아시아의 메콩강, 아프리카의 콩고강보다 크다. 시베리아 4대 강 가운데 유일하게 오호츠크해로 흘러 나간다. 나머지는 모두 북극해로 빠져나간다. 아무르강만이 장백산에서 발원하여 중국의 둥베이東北 지역을 관통하고 러시아의 극동Дальний Восток(달리니보스토크)을 지나 일본의 도호쿠東北에 가 닿는다. 사막과 스텝과 툰드라와 타이가를 에둘러 태평양으로 합류하는 것이다. 그 강물과 바닷물이 합수하는 타타르 해협에 사할린이 자리한다. '사할린' 또한 만주어로 '검다'는 의미의 단어와 발음이 비슷하다. 즉 만주족은 검은 강과 검은 섬, 아무르강과 사할린섬을 오고 가며 살았다. 겨울이면 강도 바다도 꽁꽁 얼기 때문이다. 대륙과 섬이 아이스 로드Ice Road로 연결된다. 반대 방향으로 왕래했던 이들이 아이누다. 아이누 또한 아무르와 긴밀했다. 홋카이도의 원주민에 그치지 않고, 아무르/흑룡강을 따라 중국의 동북과 러시아의 극동에 흔적을 남겼다.

가혹한 기후 탓에 본래 사람이 많지는 않았다. 제국의 중심에서 멀리 떨어진 변방이기도 했다. 장강의 중원 문명과는 만리장성으로 담을 쌓았다. 동방정교의 성소, 모스크바에서도 아득하게 먼 곳이다. 일본의 교토나 도쿄와도 멀찍하다. 이들로부터 모두 자유로운 북방 소수민족이 활달하게 유랑하던 터전이다. 아무르/흑룡강을 젖줄로 삼은 북방 문명들이 숱하게 명멸했다. 멀리 고구려가 있었으며, 발해가 그 뒤를 이었다. 요와 금, 원과 청까지 여러 제국이 천 년토록 뜨고 졌다. 황하에 기초한 화북 문명과 장강에 토대한 화남 문명을 통합한 중화 문명과는 일선을 긋는 독자적인 역사-세계였던 것이다. 우수리강과 쑹화강(송화강松花江)과 압록강과 두만강 사이로 사하동포四河同胞, 또 하나의 문명권이 작동했다.

1860년 베이징 조약이 변화의 기폭제다. '동구의 충격'으로 러시아와 청, 양대 유라시아 제국이 길항한다. 아무르의 물길River에 시비르(시베리아)의 철길Rail을 보탬으로써 변화의 속도는 더욱 빨라졌다. 우수리 강변에는 하바롭스크가 들어섰고, 쑹화강 유역에는 하얼빈이 세워졌다.

한겨울 만추리아의 흑룡강.

한여름 시베리아의 아무르강.

도시가 서고 철도가 놓이면서 사람들도 몰려들었다. 중원에서는 한족이 장성을 넘었다. 우랄에서는 슬라브족이 산맥을 넘었다. 반도에서는 조선인이 압록강과 두만강을 건넜다. 열도에서는 일본인이 바다를 건넜다. 외래인들이 퉁구스와 아이누를 비롯한 선주민들과 뒤섞여갔다. 본시 인간의 발자취보다 자연 및 기후의 영향이 드셌던 곳이다. 군사적 충돌과 정치적 경쟁보다 홍수와 추위가 역사를 규정해갔다. '동구의 충격'이 정녕 충격인 것은 만년의 추동력이 달라졌기 때문이다. 지하의 석탄과 석유에 지상의 철도를 결합한 사피엔스의 활동이 가장 중요한 요인이 되었다. 요즘말로 이른바 '인류세'Anthropocene에 들어선 것이다. 파란과 격랑의 '장기 20세기'가 펼쳐진다.

천하대란: 혁명과 혁명, 전쟁과 전쟁

제국과 제국이 경쟁했다. 대청제국의 아성에 러시아제국과 대일본제국이 도전했다. 혁명과 혁명이 잇따랐다. 메이지유신과 동학혁명과 신해혁명과 러시아 혁명과 중국 혁명과 문화대혁명과 페레스트로이카가 꼬리에 꼬리를 물고 격발되었다. 전쟁과 전쟁도 연발했다. 청일전쟁과 러일전쟁과 중일전쟁과 중소(국경)전쟁이 쉼 없이 발발했다.

20세기를 여는 의화단운동(1899~1901)은 제국과 제국 사이, 혁명과 전쟁의 복합적 성격을 가졌다. 흔히 8개국 연합군으로 진압했다고 한다. 그 구체적 실상을 살피면 중국과 러시아 간 유사-전쟁에 가까웠다. 산둥성에서 발기한 의화단은 파죽지세로 랴오둥(요동)반도와 동북 3성으로 진출했다. 황하 이북에서는 외세 중에서도 연해주를 통으로 차지한 데다 만주까지 노리는 러시아에 대한 반감이 가장 심했기 때문이다. 주요 목표물이 된 것도 하얼빈 역이었다. 러시아가 건설한 동청東淸철도의 허브였다. 동/서로는 치타와 블라디보스토크를 잇는 시베리아 횡단 열차가 통과했고, 남/북으로는 다롄과 하얼빈을 엮는 만추리아 종단열 차가 지나갔다. 의화단은 하얼빈 역을 점거하고 주요 노선을 파괴함으로써 러시아의 남하를 저지코자 했다. 그러나 남진을 더욱 재촉하는 자충수가 되고 말았으니, 보국안민輔國安民에 실패한 대청제국은 신해혁명 (1911)으로 무너진다. 동북으로부터 명나라가 망해간 것처럼, 청나라 또한 동북에서부터 멸해갔다.

러시아의 파상공세에 영국은 일본을 키운다. 1902년 극서 영국과 극동 일본의 동맹은 1904~1905년 러일전쟁의 전조가 되었다. 이 전쟁에 패함으로써 러시아제국 또한 대청제국의 운명을 뒤따른다. 1917년 러시아 혁명이 발발하여 소비에트연방이 들어선 것이다. 1920년대 하얼빈은 적색혁명을 피해 망명한 백계 러시아 난민의 거점이 되었다. 러시아 학교가 들어서고, 정교 성당이 세워지고, 세계 최대의 러시아인 거리가 조성되었다. 오늘날 중앙대로中央大路의 양편으로 동로마제국, 비잔티움 양식의 중후한 건축물이 즐비했다. 작가와 예술가와 학자와 성직자가 집결했다. 교향악단과 극장과 댄스홀과 호텔과 레스토랑으로 화려했다. 모스크바보다 더 모스크바다운, '제3의 로마'를 계승하는 '오리엔탈 모스크바'라고 불리었다. 러시아인만 있던 것도 아니다. 우크라이나인, 폴란드인, 유대인, 아르메니아인, 그루지야인, 타타르인도 살았다. 조선인과 일본인 등도 합세했으니, 1923년 하얼빈 시민의 국적은 53개나 되었다고 한다.

하얼빈의 봄날이 오래가지는 못했다. 일본이 조선에 이어 만주까지 획득한 것이 1932년이다. 외몽골(소련의 위성국)과 내몽골(중화민국의 일부)의 세력 균형이 만주에서 무너졌다. 외만주(북만주)와 내만주(남만주) 모두 대일본제국의 강역이 되었다. 만주국 건국으로 일본이 만추리아의 패자가 된 것이다. 왕도낙토의 '오족협화'에도 소비에트인은 쏙 빼버렸다. 만주국에서 슬라브를 비롯한 유럽계를 숙청하자, 연해주에서는 일본인과 중국인, 고려인 등 아시아계를 대숙청했다.

1945년 소련이 재역전한다. 일본을 밀어내고 만추리아에 재진출한다. 적색 제국이 만주를 장악하고 반도의 북부에는 위성국을 세웠다. 만추리아와 시베리아와 몽골리아와 코리아의 북쪽이 적화되면서 중원의 국공내전에서 공산당이 승리할 수 있는 발판이 되었다. 그러나 1949년 건국한 중화인민공화국도 소비에트연방과 화목하지 못했다. 문화대혁명의 파장 속에 하얼빈의 정교 성당들은 대거 파괴된다. 1969년 양대 공산주의 대국 간 국경전쟁까지 발발한다. 20세기 전반 만주국의 억압과 20세기 후반 신중국의 탄압으로 1988년 하얼빈에서는 러시아인을 찾아보기 힘들어졌다. 1898년 이래 하얼빈 건설 90주년을 적적하게 보내야 했다. 혁명과 열전과 냉전으로 점철된 어지러운 시대가 백 년토록 지속된 것이다.

천하와 천주: '모던 선비' 안중근

탕! 탕! 탕! 세 발의 총성이 울렸다. 10월 26일, '10·26'이었다. 1909년이다. 하얼빈 역이었다. 이토 히로부미가 쓰러졌다. 러시아의 재무장관을 만나러 가는 길이었다. 코리아와 만추리아와 몽골리아를 두고 러시아의 조차지에서 담판을 벌이려 했다. 조선은 일본이, (외)몽골은 러시아가, 만주는 남/북으로 분할키로 합의할 공산이 높았다. 러시아 당국은 현장에서 범인을 체포했다. 이름이 'Инчин Ангай'라고 했다. 한문으로 옮기면 '安應七'이고, 한글로 풀면 '안응칠'이다. 안중근의 아명이었다.

연해주와 만주 처처에서 그의 흔적을 만났다. 이토 격살을 위해 사

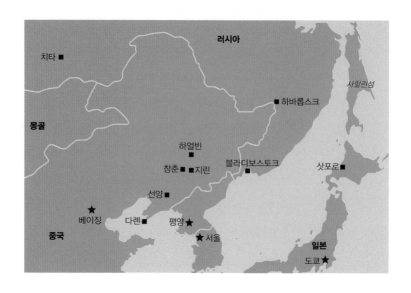

격 연습을 했던 블라디보스토크의 훈련장을 둘러보았다. 후견인이었던 최재형의 우수리스크 대저택도 살펴보았다. 10·26 하얼빈 의거 현장도 방문해보았다. 쑹화강의 하얼빈에서 시속 300킬로미터 '조화호'를 타고 달리면 3시간 만에 보하이만(발해만渤海灣)의 다롄에 이른다. 안중근이 처형된 뤼순 감옥까지는 다롄에서 차로 한 시간 거리다. 1910년 2월 14일 사형 선고부터 3월 26일 집행까지 마지막 40여 일도 더듬어보았다. 최후의 장소와 최초의 장소가 그리 멀지 않다. 태어난 고향은 황해도 해주다. 연해주와 만주와 반도의 북부가 하나의 생활 권역이었음을 다시금 확인한다. 서해와 동해는 사하동포와 사해동포가 합류하는 동북아의 지중해였다. 그 지중해 세계를 동분서주하며 32년 짧은 생을 마감한 것이다.

철창의 안중근은 이토 사망 확인 직후 무릎을 꿇고 하느님께 기도를 올렸다고 한다. 천주교 신자였다. 황해도는 서해 건너 서학이 가장 먼저

안중근 박물관과
옥중 서예.

단지동맹 직후의
안중근.

안중근에게 세례를 주었던
빌렘 신부.

전래된 땅이다. 세례명이 토마스Thomas, 도마多默였다. 졸지에 조선의
선교를 담당하던 뮈텔 주교는 곤혹스러운 처지에 빠졌다. 일본의 추궁
에 시달릴 수 있었다. 프랑스 혁명 이래 세속화를 방편으로 삼는다. 정/
교 분리, 성/속 분리 원칙을 취했다. 조선과 일본의 관계는 일절 관여치
않는다 했다. 외면할 수 없었던 이는 니콜라 빌렘Nicolas Wilhelm 신부다.
안중근에게 세례를 준 신부였다. 사제로서 사명감과 책임감을 저버릴
수 없었다. 주교의 방침을 어기고 뤼순 감옥으로 향한다. 3월 8일부터
11일까지 나흘간 토마스를 면회한다. 고해성사와 성체성사도 집행한다.
토마스는 신도로서도, 신하로서도 부끄러움이 없다고 하였다. 끝내 눈
물로써 소망한 일은 오로지 대한제국의 독립이다. 사람을 죽인 행위는
참회하였으되, 천당에 이를 것임을 믿어 의심치 않았다. 빌렘 신부에게
도, 가족에 남긴 유언에서도 천당에서 재회하자며 힘주어 약속했다.

면회를 마치면 옥중에서 집필에 전념했다. 자서전《안응칠 역사》를
남겼고,《동양평화론》을 저술했다. 전자는 개인사의 회고이고, 후자는
미래사의 기획이다. 흥미롭게도 그가 저격한 이는 일본의 후작이었으
되, 가장 큰 위협으로 꼽은 나라는 러시아였다. 과연 동북아는 동남아와
달리 서구보다 동구가 더 큰 힘을 떨쳤던 것이다. '동구의 충격'으로 코
리아와 만추리아와 몽골리아가 온통 러시아 치하가 될 것을 우려했다.
천주교 신자로서 정교 제국의 남진을 꺼려했던 것인지도 모른다. 바티
칸의 교황과도 연대를 도모했다. 중국, 일본, 조선 동양 3국이 합심하여
서세동점의 위기를 타개하고자 했다. 공동 은행을 설립하고, 공동 화폐
를 발행하고, 공동 군대를 만들어 이웃 나라 말을 가르치자고 했다. 안
타깝게도《동양평화론》은 그 전모를 알 길이 없다. 본론을 쓸 시간을 허
락받지 못한 채 처형되었기 때문이다. 고향에서 보내온 하얀 명주옷을
입고, 담담하고 당당하게 죽음을 받아들였다. 그 거룩하고 숭고한 태도

에 일본 순사까지 감화되었다고 한다. 십자가에 못 박힌 골고다의 예수를 연상시켰을 정도다.

뤼순 감옥에는 안중근의 유묵이 수십 점 남아 있다. 최후의 한 달, 한시를 짓고 붓글씨를 쓰며 심사를 달래고 심지를 다졌다. 필체가 우렁차다. 장수의 기개가 뿜어져 나온다. 인품을 고스란히 닮았다. 본디 무인 기질이 강했던 사람이다. 활쏘기에 능하고 말타기에 빼어났다. 강호의 고수, 협객 같은 자였다. 자서전에서도 공부가 부족했다며 겸양한다. 하지만 최초의 안중근 전기를 쓴 박은식에 따르면 경사經史와 서예에 통달했었다고 한다. '하루라도 책을 읽지 않으면 입 안에 가시가 돋는다'[一日不讀書 口中生莉棘]고 했던 격언과도 상통하는 진술이다. 6세에 천자문을 배우고, 사서오경도 읽었다. 천주교에 입문하는 10대 후반까지 근 10년은 한학의 세례를 입은 것이다. 처음 10년 '천하교'를 공부하고, 다음 10년은 천주교를 배운 셈이다. 최후에는 '거대한 뿌리', 유교 경전이 더 자주 등장한다. 《논어》와 《맹자》와 《중용》에서 따온 구절들이 유난히 많다. 유독 내 눈에 든 것은 '志士仁人 殺身成仁'(지사인인 살신성인)이다. 《논어》〈위령공〉편에서 따왔다. '높은 뜻을 지닌 선비와 어진 사람은 옳은 일을 위해 목숨을 버린다'는 뜻이다. 토마스의 삶을 압축적으로 함축한 농밀한 문장이다. 약지 없는 손바닥을 장인으로 찍은 낙관落款마저 서늘하다.

대저 인의仁義와 충의忠義와 신독愼獨 같은 어휘들을 즐겨 구사했다. 아무래도 밥상머리 교육, 가풍과 가학의 소산일 것이다. 모친인 조 마리아 여사女士부터가 워낙 유명하다. 마적에 벌벌 떠는 마름들을 대신하여 직접 마차를 끌고 만주 벌판을 내달렸던 여장부다. 죽음을 앞둔 아들에게도 "의를 행한 것이니, 항소를 하여 일본인들에게 구차하게 목숨을 구걸하지 말라"며 빈틈을 보이지 않았다. 그 어미에 그 아들, 모자母子 모두 선비였다. 맹자 왈, 선비는 인의仁義에 투신하는 사람이다. 태평성대에는 자연과 하나 되어 호연지기를 기르고, 천하가 혼란할 때에는 목숨을 바쳐 정의를 구현한다. 충忠은 문자 그대로 마음[心]의 중심[中]에 충성하는 것이니, 양심을 따르라는 말이다. 주군에 대한 심복의 복종, 봉건정신과는 질적으로 판이하다. 흑심이 난무하고 욕심이 만개하는 20세기 물질 개벽의 꼭두새벽, 안중근은 양심의 구현자로서 오로지 올곧이 인의에 헌신했다.

고로 안중근은 복합적 인물이다. 동양의 도의를 체현한 인물이자, 서양의 순교를 구현한 인물이다. 문/무를 겸비하고 이성(실학)과 영성(심학)을 겸장했으며 천주와 천하를 회통시켰다. 기도하고 수련하고 독서하며 자기 수양을 게을리하지 않으면서도, 사회적 실천을 감행하는 '정치적 영성'이 빼어났다. '천당위공'을 내세워 태평천하를 염원했으니 친일로 치달았던 설레발 개화파도 아니었으며, 반일로써 전통을 맹신했던 완고한 척사파도 아니었다. 식민지 사학으로 폄하된 유교와는 전혀 다른 '천하교'의 진수와 정수를 선보였으니, '모던 선비'였다 하겠다. 천주교와 천하교의 공진화를 실천한 선구자였다. 참신앙인으로 천주교의 토착화에 기여했을뿐더러, 시대의 변화에 접목하여 현대적 유교를 개창하였다. 순국자이자 순교자였으니, 하느님의 뜻이 이 땅에도 임하는 지상천국은 대동세계와도 크게 다르지 않았을 것이다. 동/서와 고/금이 그의 사상 속에서 천하일가天下一家로 합류했으니, '천주대장부'요 '천하대장부'였다.

하기에 고루한 민족주의에 가두어서는 안 된다. 뤼순 감옥에는 저우언라이의 친필 제사題詞가 전시되어 있다. 하얼빈 역에는 시진핑 집권이후 2014년에 안중근 박물관이 들어섰다. 일제에 맞선 한-중 연대의 원조로서 안중근을 기리는 것이다. 정치적인 의도가 다분하다. 반도를 열도와 떨어뜨리고 대륙에 바짝 붙이고자 한다. 그만큼 모자라고 충분치 못한 시각이다. 안중근은 일본을 배척한 것이 아니었다. 일본의 회심을 성심으로 희구했다. 다만 단지斷指로써 메이지일본이 체현한 20세기의 시대정신, 부국강병에 죽비를 내리치고 일침을 가했을 따름이다.

하여 안중근 기념사업 또한 천주교에만 일임해서는 부족하다. 천하교와 천당교가 공히 기려야 한다. 동방의 유교와 서방의 천주교가 합장해야 한다. 북조선과 남한이 더불어 추념해야 한다. 일본과 중국과 러시아가, 동유라시아가 다 함께 묵념해야 한다. 사익(개인주의)과 국익(민족주의)에 맹성하는 자잘한 근대인들과는 품격을 달리했다. 지난 백 년, 박은식은 안중근을 '신/구 교환 시대'를 상징하는 인물이라 일컬었다. 나는 다른 백 년, '고/금 회통 시대'의 전범이라고 보태고 싶다. 맹자의 땀과 예수의 피가 도마의 피땀으로 흘러내렸다. 하얼빈에서는 서양식으로 경건하게 기도를 올렸다. 뤼순에서는 동양식으로 공손하게 절을 드렸다.

만저우리, 미래 도시의 미니어처

새 천년과 다른 백 년, 하얼빈도 변전한다. 2018년, 건도 120주년 행사를 성대하게 치를 예정이다. 하얼빈의 대명사가 된 빙등제도 역대급으로 준비한다. 국경 전장은 이미 국제 시장이 되었다. 우수리스크와 하바롭스크에서 하얼빈까지 매일같이 국경 버스가 오고 간다. 국제버스터미널에는 한문과 키릴 문자로 새겨진 행선지들로 빼곡하다. 버스마다 극동과 동북을 잇는 보따리상으로 만석이다. 2013년부터 이름을 고친 '러시아-중국 엑스포' 또한 갈수록 성황이다. 아무르/흑룡강에도 장거리 대교가 세워지고 있다. 고속철도를 통하여 동북 3성과 동시베리아를 연결하기 위해서다. 2019년 10월 완공 예정이다. 하얼빈과 블라디보스토크를 시속 400킬로미터의 '부흥호'가 달릴 날이 머지않았다. 영상 50도 폭염을 견디고 영하 50도 혹한을 버틸 수 있는 최첨단 기술의 집약체다. 만추리아에 동청철도를 놓았던 20세기로부터, 시베리아를 일대일로一帶一路에 접목시키는 21세기로 반전하고 있는 것이다.

동시베리아만 연결하지 않는다. 하얼빈에서 301번 고속도로를 타고 서북쪽으로 내달리면 만주 평원과 몽골 초원이 만난다. 서만추리아와 남시베리아와 동몽골리아가 접맥하는 곳에 만저우리가 자리한다. 역시나 이름이 여럿이다. 중국어로 만저우리滿洲里이고, 러시아어로는 만추라야Маньчжу́рия이며, 몽골어로는 만조르 허트Манжуур хот이다. 다시금 만주어로는 표기가 힘들다. 만저우리에서 재차 기차를 타면 러시아의 치타와 이르쿠츠크와 울란우데부터 몽골의 울란바토르와 초이발산까지도 한걸음이다. 북유라시아 내륙 교통의 허브 도시인 것이다.

오래전 흉노와 돌궐과 선비족이 살았던 장소다. 지난 천 년 거란과 여진과 몽골족이 살았던 처소다. 1991년 소련이 해체되자 러시아와 중국 간 국경무역이 발원한 도시다. 동남부 연안의 개혁개방과는 성격을 달리하는 내륙의 첫 번째 혁신 도시가 되었다. 지금도 러시아와 동유럽을 연결하는 수출입 화물의 60퍼센트를 만저우리가 소화한다. 소비에트연방과 중화인민공화국, 20세기형 유라시아 제국들의 경합이 끝나자마자 그 이전에 작동했던 장구한 생활세계가 순식간에 복원된 것이다. 부랴트족도, 슬라브족도 만저우리 시장까지 차를 타고 나와서 장을 보고 집으로 돌아간다. 시장 진입로에는 중국을 상징하는 판다곰과 러시아를 대표하는 북극곰이 나란히 서서 악수를 나눈다. 거리의 간판들도 별세계이고 별천지이다. 중국어와 러시아어와 몽골어에 아랍어와 한글까지 눈에 든다. 조선족일지 고려인일지 장담할 수가 없다. 혹은 고려인/조선족 합작일 수도 있다. 각 나라의 수도와 멀리 떨어진 곳이다. 도쿄와 베이징과 서울과 평양과 모스크바와 멀찍하다. 그만큼 중심부의 구심력이 미약하다. 변경의 활력이, 주변의 원심력이 왕성하다. 만추리아와 몽골리아와 시베리아와 코리아와 페르시아와 아라비아가 장마당 market에서 융합된다. 국제國際와 일선을 긋는 민제民際와 시제市際의 실험장이다. 만저우리는 유라시아의 용광로다. 미래형 도시의 미니어처이자, 동유라시아 평화론의 모델하우스다. 중화 문명으로 흡수되지도 않고 정교 문명에도 흡입되지 않는, 북방의 독자적인 아무르/흑룡강 세계가 귀환한다.

동북에서 면면하게 전개되었던 역사-세계를 일찌감치 주시한 사람이 있었다. 17세기 동유라시아의 지각변동을 앞서 주목한 사람이기도 했다. 비운의 왕세자, 소현이다. 그가 머물렀던 선양瀋陽으로 이동한다.

하얼빈의 대표적인 축제, 빙등제.

만저우리.

만저우리의 국경 시장.

035

심양, 소현의 꿈
중국의 서진, 러시아의 동진,
조선의 자폐

한양과 심양

시작은 미미했다. 끝은 창대했다. 1583년 일개 부족에서 출발했다. 장백산 기슭이었다. '장백 혈통'의 태두, 누르하치(재위 1616~1626) 일대기를 기록한 《만주실록》도 장백산에서 시작한다. 높이 200리에 둘레 1,000리, 산꼭대기에는 둘레 80리 호수가 있었다. 하늘을 닮은, 하늘을 담은 천지天池다. 천지에서 발원하여 만주를 흐르는 강이 얄루(압록강)와 투먼(두만강)과 숭가리(송화강)다. 지리적 이점을 최대한 이용했다. 몽골리아의 유목과 코리아의 농경이 공존하는 천혜의 장소였다. 반도에서는 고려인삼이 나고, 장백산에서는 목이버섯이 자란다. 시베리아에서는 모피가 유명하다. 특히 인삼과 모피 교역이 짭짤한 이문을 남겼다. 두 상품의 무역을 독점함으로써 막대한 부를 쌓는다. 돈이 모이면 힘이 붙는다. 사람도 따른다. 1616년 여진을 계승한 후금後金의 성립을 선포했다.

2대 홍타이지(재위 1626~1643)는 족명과 국명을 바꾼다. 만주족의 청으로 개명했다. 만리장성 이남의 명과 대등한 청으로 족하지 않았다. 대명大明을 대체하는 대청大淸을 표방한다. 하늘 아래 태양은 하나다. 천하의 천자도 유일하다. 만주 벌판을 발판으로 후금 칸국에서 대청제국으로 굴기한다. 중원을 치기 위해서는 후방부터 튼튼히 해야 했다. 다시금 요충지는 몽골리아와 코리아다. 몽골과는 통혼을 통하여 혈연관계를 맺는다. 홍타이지가 가장 사랑한 해란주海蘭珠도 몽골 여인, 칭기즈칸의 후손이었다. 만주 평원과 몽골 초원은 망망대지로 통한다. 북방 불교와 샤머니즘, 정신세계도 공유한다. 만주 문자는 몽골 문자를 차용한 것이다. 개문발차開門發車, 만몽滿蒙 연합부터 이룬 것이다.

코리아와는 신성한 산을 공유했다. 조선인들은 '백두산'이라고 부른다. 형제관계를 도모했다. 환기한 것이 몽골세계제국이다. 홍타이지 집권 초기, 요와 금은 물론 송과 원의 정사正史들을 모두 만주어로 번역했다. 고려 고종의 태자가 원에 입조하여 쿠빌라이를 접견하고 원종이 되었음을 잘 알고 있었다. 명과 조선의 부자父子관계를 끊고, 몽골과 고려에 더 가까운 형제지간이 되자고 했다. 만주와 몽골과 조선을 중원 문명과는 또 다른 동북일가東北一家로 여긴 것이다. 저 멀리 고구려와 발해를 잇는 요하의 적통임을 과시했다. 아무래도 함경도 출신 태조부터가 여진과 무관치 않음을 알고 있었던 것 같다. 이성계를 딱 잘라 여진족이라 말할 수는 없다. 하더라도 그 기골과 기질을 미루어 보건대 백두 혈통의 피가 흐르고 있었을 개연성은 충분하다. 그 후예들이 명과의 의리를 끊어내지 못하고 청과의 실리를 취하지 못하는 완고함이 답답할 노릇이었다. 끝내 태종 홍타이지가 친히 군사를 몰아 압록강과 대동강을 넘어 한강까지 내려왔다(1636).

인조는 무릎을 꿇고 이마를 땅에 찧었다. 아버지의 굴욕은 대를 이

어 아들 소현에도 미쳤다. 청의 볼모
가 되어 요동으로 이주한다. 홍타이지
의 길을 따라 한양에서 심양(선양)으로
끌려간다. 철군하는 태종의 동생 도르
곤의 군대를 따라 북진했다. 고양과 파
주, 개성과 봉산, 덕연과 평산, 가산과
정주를 지나 의주에 다다랐다. 압록강
을 건너 오늘날의 단동(단둥)에 이른다.
1388년 위화도 회군 이래 250년 만에
요동에 닿은 것이다. 한양에는 한강이
흐르고, 심양에는 혼하渾河(훈허강)가 흘
렀다. 혼하를 건너자 용골대 등 대청의
장수들이 소현을 맞이했다. 세자는 삼
배구고두三拜九叩頭로 신고식을 한다.

홍타이지.

두 달 남짓 여정 끝에 성경盛京*에 도착한 것이다.

시간이 누적되어 공간을 이룬다. 공간은 시간을 소환한다. 장소가 기
억을 떠올린다. 심양은 심하沈河(=혼하)의 북쪽**이라는 뜻이다. 1296년
몽골제국 때 처음 심양이라 불리었다. 당시 고려는 유라시아를 석권한
몽골세계제국에 깊숙이 편입되어 있었다. 응당 심양으로 이주한 고려인
또한 적지 않았다. 고려 마을, '코리아타운'의 원조가 자리했다. 이곳에
서 고려 유민들을 다스리며 '심양왕'瀋陽王으로 책봉된 이가 충선왕이다.
심양에서 개성으로 남하하여 반도를 다스린 것이다. 내친김에 고구려까

---

*   심양의 당시 명칭.

**   풍수지리에서는 '양'(陽)이 북쪽을 의미한다. 그래서 한양도 한강의 북쪽
       도시라는 뜻이다.

지 시간을 더 거슬러 올라갈 수도 있다. 소현이 소요하며 낚시를 즐겼던 혼하가 바로 주몽의 건국신화가 깃든 강이다.

주몽 이후 천 년, 심양으로 천도를 단행한 이가 누르하치였다. 교통의 요충지, 사통팔달의 허브였다. 태조 누르하치가 건조를 시작한 칸궁을 황궁으로 완성한 이는 태종 홍타이지다. 양식이 독특하다. 몽골 초원의 게르를 연상시키는 대정전大政殿과 십왕정十王亭이 백미다. 가장 먼저 지어진 데다 가장 독창적인 건축물이다. 반도의 흔적도 엿보인다. 침실 등 사적 공간에는 온돌이 깔렸다. 궁宮과 전殿이 별도의 공간으로 분리되어 있음은 만주의 전통이다. 궁과 성城이 유기적 관련을 맺고 있는 모습 또한 중국이나 조선과는 차별적이다. 폐쇄적이지가 않다. 수렵민의 습속을 옮겨 개방적인 도성을 축조했다.

후금에서 대청으로 진화하면서 미묘한 변화가 일어난다. 개수와 증축으로 중국식 도성 건축 방식이 적극 도입된다. 다분히 북경을 의식한 것이다. 북경을 능가하는 성경의 위엄을 갖추고자 했다. 만리장성 이북의 오두막에 장성 이남의 궁궐 양식을 접목한 것이다. 동북의 전통을 업그레이드하고 중원의 문명을 업데이트하였다. 만한전석滿漢全席으로 만찬을 즐기며 남/북을 아우르는 유일천자가 될 태비였다. 심양 고궁은 동북과 중원을 합작시키는 혼종과 융합의 실험장이었다. 그럼에도 정문 대청문大淸門은 여전히 심플하고 모던하다. 구질구질 잔장식이 없다. 군더더기 없이 간소하고 정갈하다. 자존과 자부로 충만했기에 화려한 치장으로 꾸며낼 것이 없었다. 실용적이고 실질적이며 실무적이다. 실학이 실하다. 견실하고 신실한 기풍이다. 대청제국의 거대한 뿌리, 근원이며 근간이다.

소현은 그 심양 고궁을 들락거리며 일상을 공유했다. 경복궁과는 전혀 다른 생활이었다. 문약文弱이라고는 없었다. 조선의 숭문崇文과는 판이한 상무尙武정신으로 충만했다. 전투가 없는 날이면 사냥이라도 나갔다. 말 타고 활 쏘는 일이 다반사였다. 초원 특유의 '유목 민주주의'도 가동되었다. 먹을거리를 직접 구하는 것이 당연하다 여겼다. 사냥의 포획물은 모두가 나누는 것이다. 상/하가 따로 있을 수가 없다. 황제도 마부를 거느리지 않고 직접 고삐를 잡는다. 칸이라고 뒷짐만 지다 고기만 뜯는 갑질 따위는 허용되지 않았다. 도리어 지배자들이 지도자로서 솔선수범했다. 정주 문명과 농경문화 특유의 사농공상士農工商 위계가 없던 것이다. 남/녀마저 내/외로 유별하지 않았다. 만주와 몽골 여인들도 능숙하게 말을 탔다. 과부의 재가도 터부시되지 않았다. 인구 증가 방편으로 도리어 장려되었다. 일부다처제도 빈번했으니, 열녀 관념 또한 극히 희박했다.

문약에다 병약까지 했던 소현은 애초 마지못했을 것이다. 북방의 삭풍에 골골거려 병을 달고 살았다. 말도 잘 못 타고 활도 서툴렀다. 그러나 얼추 8년이면 강산도 변하는 세월이다. 시간이 지날수록 익숙해졌다. 멧돼지와 노루, 양과 꿩을 사냥해서 구워먹고 삶아먹는 재미를 알아갔다. 홍타이지와 도르곤도 소현의 총명함을 각별히 아꼈다. 몽골 문자 학습서를 처음 건넨 이가 태종이다. 만주어 회화도 익숙해졌을 것이다. 한문 이외의 다른 문명 세계와 조우한 것이다. 말과 글만 달랐던 것이 아니다. 유교 일색의 조선과는 풍습 자체가 크게 달랐다. 동북의 불교와 극동의 무교巫敎(시베리아 샤머니즘)가 혼종되었다. 조상만 모시는 것이 아니라 하늘을 섬기는 북방 특유의 제천행사가 열렸다. 잃어버린 시간을 찾아서, 고조선과 고구려의 옛 하늘을 보았던 것이다. 다시 열리는 동쪽 하늘, 개벽開闢을 보았다.

성경과 북경

심양 고궁은 북경 고궁의 10분의 1에 그친다. 그러나 승패를 가르는 것은 대/소가 아니라 기세다. 동북의 기가 승하고 세가 올랐다. 파죽지세 산해관을 넘어 중원으로 진격한다. 만주와 몽골이 협공한 것이니 '탈환'이라는 감각이 승했을 법하다. 애당초 북경부터가 몽골세계제국의 소산이다. 유목민의 입장에서 북경北京이야말로 북방과 중원의 한복판에 자리했다. 만주족은 명을 치는 작전을 '서행'西行이라고 불렀다. 훗날 시짱西藏과 신장新疆까지 포섭하는 '중국의 서진'China Marches West이 동북에서 비롯한 것이다. 그 대장정의 초엽에 조선의 차기주자도 대동시켰다. 명/청 교체, 천명이 바뀌는 순간을 현장에서 목도한 것이다. 성경의 신 상태가 무르익어 북경의 신시대가 개창하는 천지개벽을 육안으로 관찰했다.

　1644년 대청제국이 선다. 왕성한 잡식성 소화력을 자랑했다. 천주교와 서학에도 관용을 베풀었다. 천하 문명에 천주 문명을 포섭한다. 중화 문명의 적통이 아니었기에 더더욱 서학에 유연했다.《1581년부터 1669년까지 예수회 선교사에 의한 동방관계 보고와 중화제국에서의 천주교 발전》이라는 책이 당시를 증언한다. 1672년 독일 레겐스부르크에서 출판되었다. 독일의 예수회 선교사 아담 샬의 회고록《예수회 중국 선교 전개 사략─북경 지역을 중심으로》와,《중용》의 라틴어 번역자로 유명한 프로스페로 인토르체타가 지은《중국 선교 약사─1581년부터 1669년까지》를 합친 책이다. 책은 청나라 복장을 하고 있는 아담의 초상화로 시작한다. 명에 마테오 리치가 있었다면, 청에는 아담 샬이 있었다. 3대 황제 순치제와 긴밀했다. 아담 샬이 천문학에 기반한 역법《시헌력》時憲曆을 지어 바침으로써 마음을 얻었다. 그 대가로 마테오 리치가 지은 성당을 중건할 수 있는 땅을 하사받는다. 오늘날까지 남아

심양 고궁.

있는, 북경 최초의 성당 남당南堂이 바로 그곳이다. 교황과 황제 사이, 천문학과 천주당 사이 빅딜이 성사된 것이다.

1689년 여름, 러시아 네르친스크의 풍경 또한 상징적이다. 서진하는 중국과 동진하는 러시아가 최초로 만났다. 서쪽에는 동방정교와 서방 천주교를 합작시키려는 표트르 대제가 있었다. 동쪽에는 유교와 불교와 회교와 서교까지 아우르고자 했던 강희제가 자리했다. 유라시아의 양대 제국이 국경 조약(네르친스크 조약)을 맺은 것이다. 대청제국에서 파견된 만 명의 사절단 가운데는 티베트 라마와 예수회 선교사도 있었다. 러시아 쪽 회담장에는 페르시아 카펫이 깔리고 터키(오스만)식 커피로 향긋했다. 아라비아와 페르시아와 몽골리아와 만추리아가 네르친스크에서 합류한 것이다. 조약 문서는 한문과 키릴 문자에 라틴 문자로도 만들어졌다. 동반했던 예수회 선교사(Jean-Francois Gerbillon, Thomas Pereyra)들이 작성한 것이다. 다문명, 다문자 세계가 공존했던 17~18세기 유라시아형 세계체제를 짐작케 한다.

동방의 천자 강희제는 라틴어를 배우고 서학을 학습했다. 반대 방향으로 유교 또한 유럽에 영향을 미친다. 아담 샬의 후계자로 벨기에의 예수회 선교사 쿠플레가 저명하다. 《중국의 철학자, 공자》(1687)를 출간한 바로 그 인물이다. 공맹 철학이 한글로도 유통되고 있지 않을 무렵, 라틴어로 번역되어 서구에 전파된 것이다. 그 소산으로 1789년 프랑스 혁명, 유럽 최초의 역성혁명이 일어났음은 진즉에 살펴본 바다. 대청제국 아래 전면화되었던 한문과 라틴 문자 간의 상호 번역이 '중국의 충격'을 가한 것이다. 유럽과 아시아의 상호 진화, 유라시아의 천하와 천주는 이미 깊이 연동하고 있었다. 북경은 남/북이 융합되고 동/서가 회통하는 글로벌 코즈모폴리턴 도시였다.

그 아담 샬이 만난 사람 가운데 'Corea Rex'도 있었다. Rex는 왕이라는 뜻이다. 고려의 왕일 리 없다. 조선의 왕도 아닐 것이다. 소현을 만난 것이다. 소현이 아담에게 보냈다는 편지를《중국포교사》라는 책에서도 라틴어로 수록하고 있다. 진위 여부는 불투명하다. 번역의 정확도를 따지기도 힘들다. 소현이 한문으로 썼을 친필 서신이 존재하지 않기 때문이다. 다만 사이가 무척 좋았음은 사실인 것으로 보인다. 남당의 신부였던 황비묵黃棐默도《정교봉포》正敎奉褒에서 두 사람을 증언하고 있다. 소현 또한 아담을 통하여 서학에 입문했다. 세례까지 받았던 것 같지는 않다. 다만 중국 밖 딴 세상의 종교와 학문에 깊은 호기심을 느꼈다. 1644년 조선으로 환국하면서 유럽의 문물을 두루 챙겨왔던 것으로 전해진다.

더 중요한 사실은 북경에 심복을 남겨두었다는 점이다. 총기 넘치는 환관 한 명을 아담의 제자로 맡기고 떠났다. 아담에게서도 총애를 받았다. 죽음이 임박하여 자신의 생애를 정리할 때 그 조선인 환관을 불러서 기억을 되살려냈다고 한다. 아담이 사망한 해는 1669년이다. 소현이 귀국한 해는 1644년이다. 그 조선인 환관이 25년 이상을 북경에 더 머물렀다는 뜻이다. 1645년 소현이 황망하게 세상을 뜨면서 조선과 끈이 떨어진 사람이었다. 나는 이 인물이 무척이나 궁금하다. 서방의 학문을 널리 배우고 청나라 사정에도 정통했을 것이다. 누구이며, 어떤 삶을 살았을까? 또 어떤 기록을 남겨두지는 않았을까? 심양과 북경으로 파견되었던 환관들에 대한 철저한 조사와 연구가 필요한 대목이다. 조선인 최초의 세례자일지도 모른다. 무엇보다 18세기 '북학의 맹아'일 것도 같다. 혹 연행을 갔던 북학파들과 접선하지는 않았을까? 다만 실명을 밝힐 수는 없었을 것이다. 소중화를 자처하는 반도에서는 북벌론이 국시國是로 살벌했다.

북벌과 북학

명은 1368년 굴기하여 1644년 패망했다. 276년 존속한 것이다. 조선은 1392년 개국하여 254년째를 지나고 있었다. 임진왜란과 병자호란, 국운이 크게 기울었다. 적폐를 청산해야 했다. 소현은 구시대의 막내가 될 수가 없었다. 신시대의 맏형이 되어야 했다. 신천하에 부응하여 산하를 재조해야 했다. 신천지를 앞서 보고, 천주까지 먼저 익힌 바였다. 8년, 3천 일 견문을 마치고 환국한다. 서른넷, 팔팔한 나이였다. 포부가 남달랐을 것이다. 비장한 청사진을 품었을 것이다.

리셋 코리아Reset Korea의 반석은 '리틀Little 코리아'였다. 코리아타운 심양관은 신하부터 노비까지 상주 인원이 500을 헤아렸다. 청과 상시적으로 접견하면서 정보를 구하고 동향을 파악하는 주심양 조선 대사관이자 국가정보원 구실을 했다. 심양-단동-의주-한양 사이 정보 네트워크가 가동되었다. 조선인들 가운데 신흥 제국에 대한 가장 정확한 지식을 가진 사람들이었다. 청의 핵심 요인들과 친분이 두터워지면서 소현의 재량권도 점차 커져갔다. 대명 의리, 명분이 아니라 정보에 기초한 실사구시 정책을 수립했다. 사실상의 분조分朝였다는 평가마저 나온다. 망명정부 혹은 임시정부에 못지않은 역할을 수행한 것이다.

리셋 코리아의 반려 또한 든든했다. 소현의 짝 강빈 역시 청과 운명적인 사이였다. 두 사람이 가례를 올린 해가 1627년이다. 정묘호란을 수습하고 나서야 백년가약을 맺을 수 있었다. 강빈은 강골에 강단이었다. 천성이 여장부였다. 땅을 얻어 야판전野坂田을 가꾼다. 가축을 키우고 농산물을 길렀다. 식솔의 살림을 해결하고 코리아타운의 지역경제를 살렸다. 그래도 남는 물자는 장마당에 내다 팔았다. 마치 누르하치가 그러했던 것처럼, 만추리아와 코리아와 몽골리아와 중원 사이 국제무역에 깊이 참여한 것이다. 성격도 활달하여 만주와 몽골의 황실 여인들과도 친밀하게 사귀었다. 휴민트Humint가 풍부하고 관시關係가 튼튼했다. 요동 벌판에서 생고생만 하다 귀국한 것이 아니었다. 커넝 비단과 금화 등 재물을 쌓아 돌아왔다. 금의환향한 것이다.

그러나 아들만 못한 아비가 복병이었다. 인조는 도량이 모자라고 함량이 미달했다. 한마디로 잔사람이었다. 마음이 자잘했다. 세자와 강빈의 환국도 마냥 달가워하지 않았다. 의심의 눈초리로 꼬아보았다. 불평하고 불만했으며, 크게 불안했다. 내외가 공히 청의 핵심 인사들과 친근했다. 노심초사, 아들을 통한 청의 왕권 교체Regime Change를 근심했다. 세자는 환국 두 달 만에 숨을 거두고 만다. 온몸에서 피가 쏟아졌다고 한다. 석연치 못한 점은 강빈마저 역모로 몰려 죽음에 이른다는 것이다. 음모론, 공작의 관점에서 추정해볼 여지가 없지 않다. 구체제와 구세력의 반란, 반정反正의 기운이 어른거린다. 신시대의 기운을 먼저 들이키고 온 새싹들을 싹둑 제거해버린 것이다.

조선 반도에는 반동적 풍조가 만연했다. 시대착오적 북벌론이 기승을 부린다. "Make MING(明) Great Again", 명을 위하여 청을 정벌하자는 허장성세가 판을 친다. 공허하고 공소한 공언이었다. 내부 여론에 편승하는 속 좁은 정치가 횡행했다. 우물 안 개구리들의 집단적 정신 승리였다. 삼전도의 치욕을 치열하게 극복해내기는커녕 패배의 트라우마에서 헤어 나오지 못한 것이다. 남한산성의 비정함보다 더 퇴행적인 것이 후기 조선의 자폐증이었다. 사상 해방에 실패하고 혁신과 경장을 이루지 못한다. 반도가 안으로 더욱 쪼그라드는 동안 중원은 더더욱 활력이 넘쳤다. '두 개의 백 년', 대청 건국 100주년과 북경 천도 100주년을 거치며 최전성기를 구가한다. 강희제와 옹정제와 건륭제에 이르는 18세기 절정을 누린다.

보고만 있을 수 없었던 일군의 지식인들이 출현한다. 북학파다. 잔

티베트 라싸를 모방한 대청제국의 여름 별궁 열하.

사람들에게 나라를 맡겨둘 수가 없었다. 깬 사람들이 떨쳐 일어서야 했다. 이념에 찌든 북벌론를 버리고, 경험에 터한 북학론으로 반전시키고자 했다. 소중화에 안주하는 후기 조선에 대륙의 대중화를 접목하고자 했다. 책상맡에서 붓 대롱만 놀리지 않았다. 고전 문헌에만 파묻히지 않았다. 현지를 답사한다. 필드워크를 결합한다. 연행이라는 공식 시찰 기회를 적극 활용했다. 구석구석 관찰하고 기록했다. 석학부터 민초까지 직접 만나 인터뷰를 땄다. 형식 파괴, 새로운 문체도 실험한다. 실사구시와 이용후생, 실학을 탐구했다. 척화론의 대명사 김상헌의 후손 김창업마저 수긍하지 않을 수 없었다. 직접 청나라를 보노라니 짱꼴라라 무시할 수가 없었다. 혁신과 첨단의 요람이었다. 오랑캐일지언정 배울 것은 배우자고 했다. 1778년 박제가는 《북학의》를 쓴다. 1780년 박지원은 《열하일기》를 쓴다. 1784년 유득공은 《발해고》를 쓴다. 북방으로,

대륙으로, 고려로. 발해를 꿈꾸며, 반도의 숨통을 틔우고 기혈을 뚫고자 했다.

열하熱河에만 이르러도 중원 밖 별세계가 펼쳐진다. 몽골과 티베트와 위구르에 서구와 동구까지 아우른다. 중화 세계의 외부, 동아시아 너머 유라시아에 접속한다. 대청제국의 대성공에는 다민족과 다문명을 아우르는 융화 정책이 있었다. 만주족과 몽골족, 한족과 회족에 장족까지 포용했다. 유목 문화와 유교 문화, 불교 문화에 이슬람과 기독교까지 공존했다. 오족융화, 다문명 융합을 달성한 것이다. 유연했기에 단단하고 탄탄할 수 있었다. 부드럽지 못하면 딱딱해진다. 뻣뻣해지고, 뻑뻑해진다. 후기 조선이 딱 그 꼴이었다. 부러질 듯 경직되었다. 이웃 나라라고 하기에 청과 조선은 너무나 달랐다. 청은 유라시아형 제국이었고, 조선은 유럽형 국민국가에 가까웠다. 북학에서 서구형 근대의 맹아를 찾는 지난 세기의 발상은 크게 헛짚은 것이다. 실상은 유라시아의 초기 근대에 참입하고자 했던 사상적, 정치적 운동이었다. 그러나 결국 국학으로까지 승격되지 못한다. 문체반정으로 철퇴를 맞는다. 반정에 반정을 거듭하는 반동의 세월이었다.

개화와 개벽, 신시대와 신천하

동북 3성, 유라시아 견문을 마감하는 거점이 선양(심양)이었다. 어느새 인구 천만, 메가시티다. 하얼빈과 창춘과 더불어 동북의 중추를 이룬다. 각자 개성이 뚜렷하다. 하얼빈은 러시아풍으로 화려하다. 옛 만주국 수도였던 창춘은 일본풍으로 웅장하다. 선양은 만주풍으로 고즈넉하다. 전통의 아취가 풍기는 옛 도시의 품격을 갖추었다. 그 정취의 고갱이가 선양 고궁일 것이다. 고궁에서 멀지 않은 중제中街에 임시 거처를 구했다. 아침저녁으로 고궁 일대를 산책하며 생각을 궁글렸다. 대동문의 이름은 무근문撫近門이요, 대서문의 명칭은 회원문懷遠門이라. 가까운 것은 어루만지고, 먼 것은 품는다는 뜻이렷다. 대청제국 초기의 건강한 기풍이 묻어난다.

소현으로부터 400년이 흘렀다. 19세기 다산 정약용이 구현했던, 20세기 도마 안중근이 착근했던, 천하일가 동서 회통의 들머리에 17세기 소현이 자리했다. 북방과 중원과 서역이, 서구와 동구와 아시아가 전면적으로 소통하는 유라시아 초기 근대의 여명을 가장 앞서 보았다. 조국을 향한 애끓는 애국심과 만국을 향한 들끓는 호기심이 어울릴 수 있었다. 조국과 만국의 상호 진화, 천하위공의 세계화를 표방할 수 있었다. 동유라시아를 터전으로 삼는 진취적인 시공간 감각을 고양할 수 있었다. 토착적 세계주의의 원조가 될 수도 있었다.

물론 부질없는 공상이다. 역사에 가정일랑 없다. 소현이 국왕이 되고 북학이 국학이 되었더라면 20세기의 풍경 또한 달랐을 것인가. 식민지로 떨어지지 않고, 분단국으로 전락하지 않았을 것인가. 역사야말로 천지인天地人 복합계의 소산인 고로 쉬이 단정하기 힘들다. 냉엄하게 20세기 대청제국의 몰락을 복기하노라면, 대한제국의 운명 또한 크게 다르지 않았을 것 같다. 그만큼 서세동점의 파고가 거칠고 험했다. 천하대란을 면치는 못했을 것이다.

그러나 그럼에도 불구하고, 기질과 기풍만은 달랐을 것 같다. 제도는 수입할 수 있다. 체제도 빌려올 수 있다. 그러나 북벌론 이래 그 교조적인 사고관과 옹졸한 세계관과 편협한 태도는 변함이 없는 듯하다. 유연하지 못하고 딱딱하다. 탄력적이지 못하고 포용력이 떨어진다. 적폐 중의 적폐다. 극단적이기는 19세기 개화파도, 척사파도 매한가지였다. 대화와 타협과 연합과 통합과 연정이 안 되는 제 잘난 사람들이었다. 꼿꼿

선양 역.

하고 뻣뻣하다 꺾여버리기 일쑤였다. 너 죽고 나 살자, 자승자박 제로섬에 능했다. 너도 살고 나도 사는, 윈-윈에 능숙하지 못했다. 시대를 근본적으로 탐구하는 깬 사람들보다는 시류에 편승하는 잔사람들이 많았다. 북학의 점진적 적응 과정이 망실됨으로써 결국 서학 맹신주의로 휩쓸리고 말았다. 근본 없는 개화파와 줏대 없는 소인 천하로 빨리빨리 일백 년을 질주해온 것이다. 근본으로부터의 변혁, 뿌리로부터의 혁신, 천명을 받드는 혁명이 부재했던 것이다. 따라하기와 따라가기에만 능란했으니, 스스로 일어나는 자력과 저력이 모자라다. 저 대륙마냥 회심의 '신시대'를 선포하는 배짱과 배포가 턱없이 부족하다.

아주 없지는 않았다고 생각한다. 북학파의 좌초와 서학파의 득세 사이, 다른 근대, 다른 20세기를 모색한 한 줄기 동학東學이 솟아났다. 무분별한 개화파와 무책임한 척사파 사이, 개벽의 길을 열고자 했다. 1,000일을 돌고 돌아 귀의하고 있는 것 또한 동학의 첫마디, '다시 개벽'이다. 천하대란의 꼭두새벽, 유학과 서학을 융통하는 아래로부터의 변혁, 다른 하늘이 다시 열렸다. 1998년 풋내기 새내기 개화파로 출발했다. 2018년 꼬박 마흔, 개벽파로 귀의한다.

선양에서 서울로 가는 대한항공 비행기에 올랐다. 고작 1시간 10분 거리, 이웃 도시다. 단둥에서 의주, 평양과 개성으로 직통하지 못하고 서해로 빙 에둘러 인천으로 들어간다. 2011년 도미渡美 이후 7년 만에 고향에서 설을 쇠었다. 북조선이 참여한 평창 동계 올림픽이 한창이었다. 경기장 밖에서는 재차 북벌과 북학이 충돌했다. 개벽 없는 개헌 논의도 무성하다. 혁명은 온데간데없이 세력 교체, 반정反正만 남루히 남았다. 개화파의 막내, 민주화 세대 명망가들의 민낯이 까발려지는 #미투운동도 타오르고 있다. 정녕 사람다운 사람 없이, 나라다운 나라 없다. 물질이 개벽하니 정신을 개벽하자, 했던 일백 년 전 선각자의 성성한 외침을 거듭 되새긴다. 그 울림이 메아리치는 익산에 새 보금자리를 마련했다. 정월대보름, 미륵산을 오르내리며 마지막 문장을 궁리하고 있다.

036

에필로그

재조산하再造山河, 개조천하改造天下

신극서New Far West

적폐가 돌아왔다. 선거 결과를 뒤집었다. 유별난 새 인물도 기득권 양당제를 돌파하지 못했다. 구적폐에 신적폐가 덧쌓인 꼴이다. 미국 이야기다. 2017년 8월 사라예보 영화제에 초빙된 올리버 스톤 감독의 시국 인식이다. 트럼프 대통령이 문제가 아니라고 했다. 그에게 초점을 맞추고 있는 보도를 '가짜 뉴스'라고 꼬집는다. 정작 적폐의 정수는 미국의 정치체제(Deep State) 그 자체다. 누가 대통령이 되어도 네오콘-네오리버럴 합작의 미국식 세계화를 멈추지 못한다. 스톤 감독은 본인이 직접 인터뷰를 진행한 신작 다큐멘터리 〈푸틴 인터뷰〉를 상기시켰다. 2000년 이래 푸틴은 클린턴과 부시, 오바마에 이어 트럼프를 차례로 상대했다. 대상이 매번 바뀌지만 미국은 근본적으로 바뀌지 않는다. 얼굴 마담을 바꾸어가면서 금융자본과 군산복합체가 지배하는 체제를 지속할 뿐이다.

이번에는 유독 주류 언론들도 합세했다. '러시아 스캔들'이라고 하는 희대의 사기극을 연출하고 공연했다. 마치 트럼프의 당선이 푸틴의 선거 개입 때문인 양 왜곡하는 것이다. '기레기'들이 선전선동으로 내부 적폐를 외부 탓으로 돌린 것이다. 공화당과 민주당의 과점지배에 넌덜머리를 냈던 미국 (백인) 민중의 '민주적 목소리'를 철저하게 기망해버린 것이다. 조지 오웰의 미래소설《1984》에 딱 어울리는 국가가 오늘의 미국이라는 것이 올리버 스톤의 결론이다. 나는 결코 과장된 진술이라고 여기지 않는다. 포스트-트루스Post-Truth, 벌거벗은 임금님, '대안적 진실'에 더 가깝다.

러시아와의 신냉전 국면을 타개하려던 트럼프의 세계 구상은 적폐들의 총공세로 초장에 무산되었다. 한반도에서 군사적 해결책은 없음을 거듭 피력하던 최측근 책사 스티븐 배넌도 축출되었다. 세계에 대한 미국의 개입을 최소화하겠다는 고립주의 노선이 조기에 좌초된 것이다. 사실상의 선거 불복 기획이 성공한 셈이다. 재차 적폐들이 미국의 운전대를 잡았다. 난폭한 대리 운전기사를 막후에서 몰아가며 더 많은 군사 개입을 획책하고 실행한다. 따라서 스캔들의 이름 또한 바로 불러주어야 하겠다. '러시아 스캔들'이 아니다. '미국 스캔들'이다. 냉전기 소련 공포증과 혐오감을 총동원한 '워싱턴 스캔들'이다. 과연 미국의 민주주의, 선거는 요식 행위다. 워싱턴에 똬리를 틀고 있는 10퍼센트 지배계급 연합이 대중을 기만하며 영구히 지배한다. 20세기 한때 '현실 사회주의'라는 말이 있었다. 21세기 이제는 '현실 민주주의'라는 개념을 궁리할 때가 되었다. 말과 실이 부합하지 않는다. 껍데기만 남았다.

"미국이 빠지면, 이제 중국이 이끈다." 독일 총리 메르켈의 발언이다. 시칠리아에서 열린 G7 회담과 함부르크에서 개최된 G20 회담, 두 번의 국제회의에서 거듭 밝힌 견해다. 미국은 이미 파리기후협정에서 이탈했다. 환태평양(TPP)에서도 빠져나갔고, 환대서양에도 시큰둥하다. 유네스코에서도 탈퇴했다. 대서양은 갈수록 멀어져간다. 유럽과 미국의 틈이 점점 더 벌어진다. 유럽의 거의 모든 나라에서 난민/이민 문제가 시급한 화두였다. 나토의 개입이 자충수가 된 것이다. 미국을 따라 아랍을 '민주화'시킨답시고 군사 개입을 하고 나면 아랍에서 유럽으로 난민/이민이 몰려드는 형세가 십수 년째 반복되고 있다. '구미'The West를 고수함으로써 '유라비아'가 온통 혼란인 것이다. 끝끝내 1945년 이후 확립된 대미종속적 유럽에서 벗어나고자 한다. '전후체제로부터의 탈각'이다. 미국 고립주의를 따라서 유럽 고립주의로 퇴행한다는 말이 아니다. 출로를 바꾸어 활로를 되찾는다는 것이다. 대서양에서 유라시아로 방향을 선회한다. 유럽의 땅 아래로 에너지의 3할이 러시아에서 흘러들고 있다. 미국이 주도하는 러시아 경제봉쇄가 유럽에도 폐를 끼치고 해를 입히고 있다. 선봉에 선 나라가 유럽의 심장 독일이다. 독일과 러시아가 합작하는 '다른 유럽' 만들기가 가동된다. 대서양부터 태평양까지, 리스본에서 블라디보스토크를 잇는 구대륙 연합이 도모된다. 땅 위로는 중국 자본이 건설한 철도와 도로와 항공로와 인터넷 연결망이 깔린다. 유럽연합(EU)과 유라시아경제연합(EEU)과 일대일로의 합작을 통하여, 유럽 최대의 제조업 강국 독일의 제품이 유라시아 전역으로 수출된다. 베를린-모스크바-베이징의 아귀가 딱-딱-딱 들어맞는다. 윈-윈-윈 전략이다.

　미국이 중국에 무역전쟁을 발동시킨다는 말도 뒷북이다. 태평양을 바라보며 개혁/개방하던 20세기 후반이 아니다. 이미 중국의 수출과 투자는 2016년을 기점으로 미국에서 유럽으로, 신대륙에서 구대륙으로 바뀌었다. 내륙형/대륙형 개혁개방으로 전회하였다. 미국은 더 이상 '자유의 나라'가 아니다. 온/오프라인 장벽을 높게 쌓는다. 외국인이 투자하기에도 유럽이 미국보다 훨씬 더 자유롭다. 자유무역의 거점이 대서양/태평양에서 유라시아로 이동하는 것이다. 중국 기업들이 확보하고 있는 현금 다발이 무게로 따지면 수천 톤에 이른다. 유럽 기업과 중국 기업 간 동/서 합병이 갈수록 늘어난다.

서유럽만도 아니다. 유럽의 화약고, 발칸반도에도 새 길을 내고 있다. 알바니아 공항을 중국 자본이 만든다. 마케도니아와 몬테네그로 간 국경 고속도로도 건설한다. 베오그라드의 다뉴브강에 새로 세워진 교각의 이름도 '중국-세르비아 우정의 다리'이다. 그리스 아테네와 헝가리 부다페스트를 잇는 고속철도 만들고 있다. 탈냉전 이래 유고연방이 산산이 부서지면서 1989년 체제의 모순이 응축된 바로 그 장소에 '발칸로드'가 겹겹으로 들어서고 있는 것이다. 2017년 세르비아 대선을 베오그라드 현장에서 지켜보았다. 유럽과 러시아 사이, 서로마와 북로마 사이 균형을 되찾는다. 걸프만 국가들의 투자를 유치하여 유럽과 아랍 사이 중용을 취한다. 세르비아는 중국과 동유럽 국가들 사이 '16＋1' 연례 회의도 출범시켰다. SU(Soviet Union)에도, EU(European Union)에도 족하지 못했던 발칸이 주도하는 '유라시아 이니셔티브'라고도 하겠다.

하여 '구미'歐美라는 용어 또한 슬슬 녹이 슨다. 아련한 추억의 옛 단어가 되어간다. 유럽과 아메리카, 유메리카는 200년 앙시앵레짐, 적폐의 온상이다. '구아'歐亞, 유라시아가 미래형 신조어다. 오래된 미래가 구대륙에서 새롭게 펼쳐진다. 신상태가 무르익어 신시대가 되었다. 고로 '중동'이라는 말도 재고할 필요가 크다. 근동Near East과 극동Far East 사이에 중동Middle East이 자리했다. 유라시아/유라비아의 극서에 자리한 영국식 지정학이 투영된 용법이다. 그 영국이 유럽에서마저 이탈한 브렉시트는 21세기의 대반전을 상징한다. 아시아로 축이 이동하면서 지리 감각 자체가 달라지는 것이다. 유럽이 극서Far West가 되고, 아랍은 •637

중서Middle West가 된다.

신중서New Middle West

2017년 트럼프의 첫 유엔 연설은 '천민 민주주의'의 민낯을 적나라하게 드러내었다. 천박하다. 얕고 옅다. 좁고 낮다. 그 대척점에서 가장 격조 높고 기품 서린 연설을 선보인 인물이 이란의 로하니 대통령이었다. 이슬람의 정통 학자 울라마 출신다웠다. 교양이 넘치고 사려가 깊으며 우아하고 단정한 문장으로, 트럼프의 졸렬한 연설 내용을 조목조목 반박해갔다. 미천한 상놈과 위엄을 갖춘 지도자 간 극명한 대조를 이루며 '이슬람 공화국' 이란의 국격을 한껏 과시한 것이다. 대통령의 글쓰기와 말하기, 전범을 제시했다.

소귀에 경 읽기, 기어이 미국은 이란과의 핵합의를 파기할 태세다. 반신반의, 혹시나 했으나 역시나였다. 신뢰할 수 있는 나라가 아니다. 무뢰배, 불량국가다. 양국 간 합의도 아니었다. 다자 협의였다. 러시아와 중국은 당장 재협상은 불가하다는 의사를 밝혔다. 영국과 프랑스, 독일도 기존 합의가 유효하다는 뜻을 표했다. 5+1 합의가 5 : 1의 대결 구도로 굳어진 것이다. 형세를 보자. 신대륙 국가 하나만 빠진 꼴이다. 미국만 고립된 것이다. 포스트-아메리카Post-America라는 신상태, 리-유라시아Re-Eurasia라는 신시대를 상징한다. 유엔에서 로하니가 이란 핵합의를 다른 지역에서도 적용될 수 있는 국제관계의 새 모델로 추켜올리자, 맞장구를 쳐주며 추임새를 넣은 인물 또한 메르켈이다. 메르세데스 벤츠를 비롯하여 독일의 여러 기업들이 이미 이란과 합작 사업을 체결했다. 유럽 기업과 이란 기업 사이에 여러 경제협력이 논의되고 있다. 중국과 인도 또한 이란의 천연자원 수입을 그치지 않을 것이다. 이란은 1979년

이슬람 혁명 이래 항상적인 미국의 경제제재를 경험해왔다. 미국과의 무역이나 투자에 의존하고 있는 나라가 아니다. 내성이 생겼다. 내구력이 상당하다. 고로 미국 혼자서는 아무런 타격을 가하지 못한다. 미국을 따라 동참하는 똘마니 국가들이 있어야 한다. 그러나 그런 졸개들이 더는 없을 것이다. 유럽과 아시아, 유라시아와 협력하여 이란 경제를 너끈하게 재건할 수 있다. 과연 2017년 5월 테헤란에서는 이란에서 열리는 첫 번째 일대일로 포럼이 개최되었다. 이란을 종단하고 횡단하는 고속철도 두 개 노선을 신설키로 했다. 우루무치에서 테헤란을 지나 이스탄불에 가닿는 이슬람 세계의 동/서 네트워크도 2020년까지 완공하기로 했다. 나아가 이란-유럽 간에는 유로화로, 이란-중국 간에는 위안화로 결제한다고도 한다. '오일-달러'라고 하는 지난 백 년의 지하자원-기축통화 공식이 허물어지는 것이다.

희비의 쌍곡선이 극명하게 갈리는 곳은 시리아다. 미국은 시리아의 알-아사드 정권의 교체, '민주화'에 전력했다. 그러나 실패했다. 맞은편에서 정권 사수를 지지한 나라가 이란이었다. 시리아 정부군에 현금을 조달해주며 군인 월급을 지불한 국가가 이란이었다. 시리아의 석유를 수입하여 재정을 보전해주고 의료부대와 보급부대를 투입해준 것도 이란이었다. 이란의 최정예 군대, 혁명수비대가 직접 참전하여 혁혁한 공을 세우기도 했다. 혁명수비대는 일반적인 국군이 아니다. 나라를 지키는 군대가 아니라, 이슬람 혁명을 수호하는 성군聖軍이다. 새 천년이 되어서도 이슬람 문명 고유의 정치체제를 부정하고 '민주화'를 이식시키려는 미국의 전략에 종지부를 찍은 것이다. 더 이상 시리아는 이라크나 리비아처럼 미국의 기획대로 전복되지 않을 것이다. 4+1, 러시아와 이란, 터키와 이라크가 연합하여 시리아의 새판을 만들어간다.

내전 이후 시리아의 재건 지원에 총대를 멘 나라는 중국이다. 항산恒 •639

産의 제공으로 항심恒心을 지원한다. 한동안 중지되었던 다마스쿠스 박
람회가 2017년 다시 문을 열었다. 참가국들의 면모가 획기적이다. 오스
만제국을 분할하여 '시리아'와 '이라크'라는 인공 국가를 주조하며 서아
시아 대분열체제를 만들어낸 영국과 프랑스는 없었다. 그들을 계승하여
중동을 세계의 화약고로 만들었던 미국도 없었다. 반면으로 브릭스의
모든 국가가 참여했다. 특히 현금이 가장 풍부한 중국이 시리아의 교통
망과 통신망 재건을 주도한다. 달리 말해, 시리아 연결망이 일대일로와
직결된다는 뜻이다. 중국에서도 다마스쿠스에 조응하는 '시리아의 날'
행사가 열렸다. 시리아 재건을 표방하는 첫 번째 국제행사였다. 다시금
장소가 의미심장하다. 동부의 베이징이나 상하이가 아니었다. 서부, 왕
년의 서역이었다. 닝샤寧夏의 회족 자치구, 인촨銀川에서 개최되었다. 아
랍-중국 연맹Arab-China Exchange Association이 공동으로 주최하고, 아시
아인프라투자은행(AIIB)이 주빈으로 초대되었다. 즉 시리아만 참여한
것이 아니다. 아랍 국가와 비아랍 국가 30여 개국이 참여했다. 중화 세
계와 이슬람 세계의 공진화, 유라시아 합작이다.

　'지속의 제국' 중국은 늘 역사적으로 사고한다. 중원 사람들과 서역
사람들의 가교가 시리아 상인들이었다. 그들이 유럽과 아프리카와 아시
아를 오가며 아라비아반도의 세계화에 공헌했다. 사막을 지나고 고원을
오르고 바다를 헤치며 활약했던 유라시아-시리아 상인의 거점이 바로
알레포였다. 하여 알레포 탈환의 상징성도 다대했던 것이다. 내전 중에
도 알레포 상인들은 고향을 떠나 딴 곳에서 새 살림을 차리고 더욱 촘
촘한 시장을 형성해왔던 것이다. 서중국에서 남유럽까지, 국경 도시와
국경 시장을 잇는 뉴 실크로드, 샛길과 새 길을 만들어내었다. '거대한
뿌리'가 더욱 깊어지고 넓어진 것이다.

　'난세의 제국' 미국이 가만히 두고 볼 리가 없다. 아랍의 약한 고리,

카타르를 쳤다. 2017년 5월 트럼프가 사우디아라비아를 방문하고 떠나자마자 걸프협력기구(GCC) 국가들이 카타르와의 단교를 선언했다. 걸프협력기구란 무엇인가. 미국의 꼬붕 사우디아라비아와 그 아랍의 졸개들을 끌어모은 왕정국가 연합체다. 1981년 출범 당시부터 이란을 겨냥한 조직이었다. 1979년 이란 혁명으로 '이슬람 공화국'이라고 하는 현대적/진보적 이슬람 국가가 등장하자, 보수적 왕정국가들이 혁명 봉쇄를 위해 연합한 것이다. 그런데 유독 카타르가 이란과 부쩍 가까워졌다. '계몽 군주' 아래 '이슬람 계몽주의' 소프트파워를 축적해갔다. 대표적인 상품이 바로 수도 도하에 거점을 두고 있는 〈알-자지라〉다. 구미가 주도하는 정보/지식 독점 상황을 타개하는 한편으로 '이슬람의 근대화'를 견인하는 언론으로 독보적이었다. 이란은 시아파 국가이고, 카타르는 수니파 국가다. 그러나 종파로 갈라지지 않는다. 종파가 다를지언정 '이슬람의 근대화'라는 대의에 협동한다. 아랍의 보수적 수니파 왕정국가들로서는 카타르의 행보가 눈엣가시이지 않을 수 없었다. 미국이 이란을 제재하겠다는 몹쓸 꼴을 따르기라도 하는 양, 카타르를 징벌하겠다며 못난 짓을 벌인 것이다.

그러나 카타르 또한 의연하다. 수니파 이슬람 개혁의 선봉 국가로서 자부심이 투철하다. 나도 여러 차례 도하 공항을 오고 갔다. 지중해를 사이에 두고 유럽과 아랍, 유라비아 연결망의 허브 도시이기 때문이다. 반면에 사우디아라비아는 좀체 거쳐 간 적이 없다. 사우디아라비아가 석유로 번 돈을 미국산 무기 구매로 재지불한다면, 카타르는 언론과 미디어를 키우고 스포츠와 문화산업에 투자했다. 아라비아반도에서 가장 훌륭한 현대미술관이 자리한 도시가 바로 도하다. 2022년 월드컵 주최국이 되었을 만큼 국제 축구계에서도 위상이 높다. 카타르 항공을 이용할 때마다 FC 바르셀로나의 슈퍼스타들이 영어와 아랍어로 안내하는 기내 안전 방송을 시청했다. 그중의 한 명이 바로 네이마르였다. 하필이면 카타르 단교 사태가 한창이던 무렵에 파리 생제르맹 FC로의 이적소식이 발표되었다. 카타르 정부가 이 역대 최대 규모의 이적에 관여했다는 설이 유력하다. FC 바르셀로나는 카타르 국영 항공사의 후원구단이며, 파리 생제르맹 FC는 카타르가 소유하고 있는 구단이다. 경제봉쇄도 아랑곳없이 세계 최대의 스포츠 시장에서 여전한 영향력을 과시했다는 것이다. 즉 카타르 단교로 카타르 또한 고립된 것이 아니다. 세계 최대의 LNG 수출국 카타르의 연결망이 방증한다. 최대 교역국은 이미미국이 아니라 중국이다. 2010년 이래 중국이 아랍의 지하자원을 가장많이 수입하는 나라로 등극했다. 오히려 흔들리고 있는 쪽은 아랍의 적폐, 걸프협력기구다. '카타렉시트'(카타르+엑시트)로 말미암아 다시 한 번이란은 승자로 등극했다. 이슬람 세계의 주도권이 확연하게 사우디아라비아(왕정)에서 이란(공화정)으로 넘어간다.

사우디아라비아, 이란과 더불어 이슬람 세계 3강을 겨루는 터키 또한 이란과 부쩍 돈독하다. 시리아 내전 종식에 양국이 의기투합했으며, 이라크를 더욱 잘게 분할하려는 쿠르드 독립의 움직임도 양국이 협력하여 대처한다. 에르도안 대통령이 몸소 테헤란을 방문하기도 했다. 터키 대통령의 이란 방문은 무척 이례적인 일이었다. 각기 오스만제국과페르시아제국의 후예, 경쟁의식이 남달랐다. (세속의 수장) 로하니 대통령은 물론 (영성의 수장) 최고 지도자 하메네이와도 회담했다. 2016년 이스탄불 현장에서 목격한 군사쿠데타의 좌초 이후, 터키의 방향 선회는 가속일로다. 유럽의 일부가 되고자 했던 지난 백 년과 급진적으로결별한다. 더 이상 EU 가입에 안달하지 않는다. 나토에서도 명목상으로만 남아 있을 뿐이다. 코소보를 '독립'시키겠다며 공습을 마다치 않았던 EU/나토가 2017년 스페인의 카탈루냐 사태*에는 꿀 먹은 벙어리가 된 위선적 모양새를 냉소하며 비아냥거린다. 행동 또한 잽싸다. 이미 러시아산 지대공地對空 미사일 S-400을 구매했다. 미국과 나토의 공개적인 반대 의사에도 보란 듯 감행한 것이다. 더 이상 20세기의 미국이 아니다. 나토 또한 냉전기의 유산일 뿐이다. 터키판 적폐 청산이다. 돌궐의 후예, 터키의 축 또한 명백하게 유라시아로 이동한다. 조만간 상하이협력기구 가입도 가시화될 전망이다. 나토에서 상하이협력기구로의 이동, 세기적인 이정표로 기록될 것이다.

통계 지표가 객관적 토대를 말해준다. 터키와 미국 간 교역은 갈수록 줄고 있다. 미국의 원조로 성장하던 20세기의 터키가 아니다. G20 참석차 함부르크를 방문한 에르도안의 〈차이트〉Die Zeit 인터뷰가 몹시 흥미롭다. 미국과 러시아 사이, 터키는 어느 쪽인가? 노골적인 질문에 우회적으로 답변했다. "워싱턴까지는 10시간이 걸린다. 모스크바는 2시간 반이 걸린다. 우리는 러시아와 흑해를 끼고 해양 국경을 맞대고 있다. 터키 여행객 가운데 첫손이 독일이고, 다음이 러시아다. 추세상 2020년대에는 러시아 관광객이 첫 번째가 될 것이다." 이미 양국 간에는 흑해를 가로지르는 송유관이 건설되고 있다. 터키의 핵발전소 또한 러시아가 짓고 있다. 2023년까지 송유관과 발전소 건설을 마무리 짓기로 했다. 항산과 항심은 공진화한다. 제2로마(이스탄불)와 제3로마(모스크바)가 합작하여 운명 공동체가 되어간다.

2017년 에르도안의 세르비아 방문 또한 몹시 인상적이었다. 터키가 표방하는 '신오스만주의' 행보와 포개진다. 오스만제국에서 떨어져 나

---

* 바르셀로나가 속해 있는 카탈루냐주가 스페인 중앙정부로부터 독립을 추진하며 주민투표를 강행하면서 벌어진 일련의 사건들.

가면서 발칸반도는 '유럽의 화약고'로 전락했다. 이제 분열에서 통합으로, 발칸의 소국들과 터키 사이에 FTA 체결이 논의되고 있다. 왕년의 연결망을 복구하겠다는 뜻이다. 발칸의 남부 이슬람 소국들에서는 터키의 소프트파워에도 다시 솔깃하다. 오스만제국의 절정을 이끌었던 술레이만 술탄 시대를 회고하는 드라마 〈찬란한 세기〉가 발칸의 무슬림 시청자들에게 큰 인기를 끌었다. 에르도안은 세르비아와 몬테네그로 사이에 있는 무슬림 국경 도시 노비파자르도 방문했다. 거리는 온통 에르도안 사진으로 가득했다. 터키어로 '환영'Hosgeldiniz을 새긴 플래카드도 나부꼈다. 이런 뉴스는 영미권 매체에 좀처럼 등장하지 않는다. 나도 아랍 문자 공론장을 통하여 간접적으로 알게 되었다. 현지 언론을 통하여 접하는 에르도안의 모습은 전혀 딴판이다. 남유럽부터 동아프리카, 중앙아시아와 동남아시아까지 움마 세계를 아우르는 '이슬람 지도자'로서 매력 공세를 펼친다. 신상태와 신시대, 로마 문자 공론장만 읽어서는 진실의 절반도 접근할 수가 없다. 키릴 문자와 한문, 아랍 문자 공론장을 보태어 '관점의 균형'을 취해야 한다. 그래야 '세력의 균형'에 휩쓸리지 않을 수 있다. '힘의 정치'와 '뜻의 정치'를 겸장해야 한다.

(구)중동이 (신)중서로 바뀌어가는 대반전의 마침표를 찍은 것은 역설적으로 사우디아라비아였다. 살만 국왕이 친히 모스크바를 방문했다. 이례적이다. 획기적이다. 역사적이다. 나에게 선택권을 준다면 2017년 최대의 외교 이벤트였다고 꼽겠다. 예견한 사람이 있었다. 2016년 말 도하에서 인터뷰했던 〈알-자지라〉 전 편집국장이 2017년을 '러시아의 해'가 되리라고 전망했던 것이다. 실로 (구)중동의 미국 동맹국들이 줄줄이 러시아로 전향하고 있다. 이란부터 시리아와 이라크를 지나 터키와 파키스탄에 이르기까지, 러시아의 영향력이 부쩍 확장되고 있다. 러시아군의 개입으로 시리아 내전의 전황이 바뀌면서 존재감을 한껏 높

인 것이다. 사우디아라비아 국왕이 모스크바에서 푸틴 대통령을 알현한 것 또한 중동의 판세가 이란-터키-러시아-중국 중심으로 재편되고 있음을 체감하고 있기 때문이다. 20세기의 인공 국가들을 대신하여 오래된 제국의 후예들이 판갈이를 주도하는 것이다. 더 이상 미국에만 의탁해서는 장래를 장담하기 힘들어진다. 실은 미국으로 말미암아 사우디아라비아 역시 곤경에 처해 있다. 러시아를 굴복시킨다며 저유가 정책을 고수함으로써 동맹국 사우디아라비아의 재정을 어렵게 만든 것이다. 러시아는 '북방의 사우디아라비아'라는 별칭까지 가지고 있는 자원대국이다. 유라시아의 남과 북에서 공히 최대의 자원 수출국으로 이해관계를 공유한다. 특기할 사항은 에너지 합작에서 나아가 군사 합작에도 첫 걸음을 내디뎠다는 것이다. 사우디아라비아 역시도 S-400 구매를 결정했다. 소총부터 미사일까지 온통 미국산이었던 사우디아라비아의 국방이 다변화되고 있다. 나는 이번 방문이 일시적인 변화라고 보지 않는다. 왕정국가다. 차세대로 왕위를 물려주어야 한다. 원만한 정권 계승을 위해서도 러시아의 보증이 필요했던 것이다. 2016년 살만 국왕은 무려 한 달에 걸쳐 중국을 필두로 한 아시아 순방에 나섰다. 2017년에는 사상 처음으로 러시아를 방문했다. 아시아와 러시아 순회, 장기적 국가 비전 '사우디아라비아 2030' 또한 유라시아의 대통합에 조응해갈 것이다. 아라비아와 유라비아와 유라시아의 공진화, 2030년이면 '중동'中東이 아니라 '중서'中西가 보편적인 용어가 될지도 모르겠다.

신근서New Near West

이라크와 리비아, 시리아에 앞서 아프가니스탄이 있었다. 트럼프 대통령을 앞세운 적폐들이 재차 미군을 투입할 것이라고 한다. 새 천년 미국의 '침공' 아래 16년째 전쟁이 그치지 않고 있는 땅이다. 아프가니스탄 경제는 초토화되었다. '민주주의'를 전도하는 미국의 '해방군'이 세워둔 정부는 부정부패로 찌들어간다. 수도 카불만 근근이 지켜내고 있을 뿐이다. 지방은 군벌 치하다. 중앙정부는 작동하지 않고, 지방은 무장 세력이 장악했다. 그 사이에서 아프가니스탄 민중을 보호하고 있는 유일한 집단이 바로 탈레반이다.

러시아가 아프가니스탄에서도 실력을 발휘키로 했다. 시리아 모델을 아프가니스탄에도 적용시키고자 한다. 탈레반을 적대하지 않는다. 아프가니스탄 사람들의 지지를 받고 있는 그들과 협상해야 한다. 탈레반과 다른 세력 간 협상을 이끌어서 연합정부를 만들어내려는 것이다. 현재의 불안정은 미국의 괴뢰 정권이 들어섰기 때문이다. 물론 러시아 홀로 아프가니스탄의 안정을 도모할 수는 없다. 푸틴의 빼어난 정치력에 든든한 경제력으로 지원하는 나라가 중국이다. 벌써 인프라를 깔고 있다. 도로를 만들고 다리를 놓고 철도를 깐다. 아프가니스탄의 북쪽이 러시아이고, 서쪽이 이란이며, 동쪽에 파키스탄이 자리한다. 중국-파키스탄 경제회랑이 아프가니스탄까지 연결된다. 러시아-이란-아프가니스탄-파키스탄으로 종단하는 남북 교통회랑도 만들고 있다. 자금은 응당 아시아인프라투자은행에서 출자받는다. 러시아-중국-이란과의 합작 속에서 아프가니스탄과 파키스탄은 유라시아의 지퍼Zipper 국가로 전변한다. 서유라시아와 동유라시아를 잇는 한가운데 자리하고 있다. 유라시아의 동과 서를 튼튼하게 엮고, 남유라시아와 북유라시아를 단단하게 조이는 역할을 수행하게 된다. 두 이슬람 국가를 통하여 유라시아경제연합(EEU)과 일대일로와 남아시아지역협력(SAARC) 또한 포개지게 될 것이다. 유라시아의 세기, 인도양의 세기에 조응하여 아프가니스탄과 파키스탄의 운명이 달라지는 것이다. 20세기 대영제국이 남기고 떠난 적폐, 남아시아 대분할체제를 극복해가는 과업이기도 하다. 남아시아 또한 장차 극서와 중서보다 더 가까운 서쪽, '근서'近西라고 불러도 좋겠다.

딴판이 열리고 새판을 짜는 사업이 마냥 순조롭지만은 않다. 히말라야에서 이행기의 충돌이 불거졌다. 중국군과 인도군이 장기간 대치하는 상황이 벌어졌다. 다시금 한글 공론장의 보도는 로마자 공론장에 치우쳤다. 한문 공론장은 말할 것도 없고 키릴 문자와 아랍 문자 공론장에서도 인도를 지지한 경우는 거의 없었다. 부탄의 영토에서 일어난 일이다. 중국과 부탄 사이 갈등에 돌연 인도군이 등장했던 것이다. 왜 인도가 부탄을 대신하여 영토 분쟁에 참견하고 개입하는가, 인도는 부탄의 독립과 주권을 침해하지 말라며 중국이 일침을 가했다. 사실상 인도의 속국을 오래 지속했던 부탄의 위상을 국제사회에 노출시킨 꼴이다. 중국이 의도한 바였던가, 지금으로서는 확인할 수 없다. 외교문서가 공개되는 30년 후에나 밝혀질 것이다. 나는 그런 개연성이 매우 높다고 보는 편이다. 냉전기 중국과 주변국 사이 영토 분쟁을 추적해본 적이 있다. 다분히 정치적 의도가 자락에 깔려 있었다. 1962년 중국-인도 국경 분쟁은 제3세계를 둘러싼 양국 간 경쟁의 소산이었다. 1969년 중국-소련 국경 분쟁은 사회주의 노선을 둘러싼 양대국의 경쟁이었다. 1979년 중국-베트남 국경 분쟁 또한 베트남의 인도차이나 지배, 즉 베트남이 캄보디아를 점령한 것에 대한 개입이었다. 2017년의 히말라야 분쟁 또한 유라시아의 새판 짜기 주도권을 두고 미래의 G2 간 위상을 미리 보여준 것에 더 가까웠다.

사태를 한층 입체적으로 조망하기 위해서는 남아시아의 현저한 비대칭적 국제관계를 참조해야 한다. 히말라야 너머에서는 인도가 압도적인 대국이다. 부탄과 네팔, 스리랑카, 몰디브를 훨씬 능가한다. 그중에서도 부탄이 유독 취약했다. 인도군이 부탄군을 훈련시킨다. 전시작전권이 없다. 부탄의 내정에는 간섭하지 않되 외교는 인도가 대신해주었다. 사실상의 보호국이었던 것이다. 명실상부 '독립'한 것은 2007년에 이르러서다. 비로소 외교주권을 확보하게 되었다. 마지막까지 남아 있던 군사적 종속 상태를 2017년에 드러내게 된 것이다. 중국-부탄 사이 도로 건설에 인도군이 출동함으로써 그 실상이 공개된 것이다. 이로써 2018년 부탄 총선의 구도가 만들어졌다. 친親인도 세력과 반反인도 세력이 경쟁하고 있다. 역시나 프레임이 중요하다. 친인도와 반인도 간 정쟁이 격화될수록 부탄과 인도는 거리감이 생겨날 것이다. 부탄에서 적폐는 친인도 진영이기 때문이다. 중국의 노회한 노림수였다고 파악하는 까닭이다.

네팔과 스리랑카는 부탄의 미래다. 네팔의 좌파 정부는 중국과 적극 협력하며 인도와의 비대칭적 관계에서 '세력의 균형'과 '관점의 균형'을 추구한다. 공항과 도로와 철도 건설은 물론 태양광 에너지 사업도 중국과 협력한다. 스리랑카에도 좌/우 정권 교체와 무관하게 중국과의 바닷길 만들기 사업이 이어지고 있다. 동인도양(벵골만)과 남중국해와 서인도양(아라비아해)을 잇는 허브 국가로 스리랑카는 탈바꿈하고 있다. 오래전 정화의 대원정선이 정박했고 아랍의 신드바드가 황금보물을 발견했던 '실론'의 현대적 귀환이라고 하겠다. 중국-인도 간 대립이라는 '가짜 뉴스'가 홍수를 이루고 있을 때, 뉴델리에 머무르고 있던 부탄 대사는 주인도 중국 대사관을 방문했다. 중국인민해방군 창설 90주년 행사를 참관했던 것이다. 중국과 부탄 사이 아직도 공식적인 외교관계가 없다. 인도가 허여해주지 않았기 때문이다. 그럼에도 국가 행사, 그것도 군부 행사에 처음으로 참여한 것이다. 재차 하부구조와 상부구조는 무관할 수가 없다. 항산의 토대가 바뀌면 항심의 방향도 바뀐다. 중국산 공산품이 부탄 시장을 장악하고 있고, 부탄의 약초가 티베트를 지나 동중국 시장까지 팔려나가고 있다. 부탄이 외교권을 획득한 2007년 중국 여행객은 17명에 불과했다. 2017년 올해는 이미 일만 명을 돌파했다. 히말라야의 행복국가 부탄을 여행하는 사람들의 2할이 유커다. 장차 그 비율은 더욱 높아질 것이다. 인구 백만이 되지 않는 이 작은 왕국의 살림살이를 지탱해주는 주요한 수입원이 된 것이다. 역시나 2017년 현재, 인도와 영국을 합한 것보다 더 많은 유학생이 중국에서 공부하고 있었다.

남아시아와 동남아시아 사이에 미얀마가 자리한다. 대영제국이 남기고 간 적폐의 모순이 뒤늦게 불거졌다. 로힝야족의 난민 행렬이 줄을 이었다. 불교 문명에 바탕한 만달라 국가와 이슬람 문명에 바탕한 움마 국가가 사라지고 근대적인 국민국가가 들어선 것이 병통의 근원이다. 불교도가 다수인 국가에 무슬림이 이주하여 살게 된 것 또한 인도와 방글라데시와 미얀마를 인위적으로 다스렸던 대영제국의 소산이다. 시점과 장소가 공교롭다. 출범 반세기를 맞이한 아세안은 올해 노벨평화상 수상을 노렸다. 하지만 로힝야족 사태로 아세안은 이슬람 국가와 비이슬람 국가로 나뉘고 말았다. 잔칫날에 찬물을 끼얹은 셈이다. 로힝야족이 많이 살고 있는 아라칸주州가 일대일로의 거점이라는 점도 눈여겨볼 만하다. 중국의 투자가 대규모로 진행되고 있다. 중국 윈난성의 쿤밍과 연결되는 송유관이 깔려 있는 곳이기도 하다. 아라칸을 통하여 중원이 극서와 중서와 근서를 만나는 허브였던 것이다. 이곳이 불안정해지면 유라시아의 에너지 연결망과 교통 연결망에도 장애를 미치게 된다. 음모론까지 제기하지는 않겠다. 다만 흔들려고 하는 자와 세우고자 하는 자 사이에, 난세와 치세 사이에 힘과 뜻이 교착하고 있음은 분명하다. 힘의 교착만 주목해서는 전체 판을 읽지 못한다. 힘의 대결과 뜻의 대결을 함께 숙고해야 진상이 드러난다. 미국에서 그토록 떠받들던 아웅산 수치에 융단폭격을 가하는 꼴이 마냥 석연치만은 않은 것이다. 성동격서聲東擊西일 가능성이 적지 않다. 겉으로는 인권을 명분으로 미얀마를 때리지만, 실제 목표로 두는 것은 중국의 인도양 진출, 일대일로의 차단일 공산이 높다. BCIM(방글라데시-중국-인도-미얀마) 경제회랑을 교란시키는 것이다. 히말라야는 시끄럽고, 벵골만은 어지럽다.

신중원新中原

2017년은 홍콩의 중국 반환 20주년이기도 했다. 시진핑 주석이 처음으로 홍콩을 방문했다. 그러나 중국/홍콩의 일국양제一國兩制에만 초점을 두는 것 또한 단견이다. 중국학만 해서는 더 이상 중국을 온전히 파악할 수가 없는 신시대가 되었다. 그의 동선이 더 중요했다. 시진핑이 그렸던 선을 추적해가야 한다. 홍콩만 간 것이 아니다. 홍콩을 찍고 모스크바로 향했다. 모스크바에서는 함부르크로 이동했다. 한문과 키릴 문자와 로마 문자의 공론장을 겹겹으로 추적해야 그 전체상에 더 가까이 다가간다. 베이징은 더 이상 대륙/홍콩만으로 사고하지 않기 때문이다. 지구본을 빙글빙글 돌린다. 세계지도를 겹겹으로 펼친다. 그 위에서 전개된 수천 년의 역사를 포갠다. 역지사지하고, 지피지기해야 한다. 더 이상 국(가)학은 없다. 유라시아학, 세계학을 해야 한다. 그래야 30년 후, 일국양제에 마침표를 찍는 2047년의 홍콩 또한 전망해볼 수 있다.

곧 홍콩과 대륙 간에도 대교가 개통된다. 남중국과 홍콩을 가로지르는 55킬로미터 세계 최대의 교량이다. 지금까지는 4시간 30분이 걸렸다고 한다. 향후 1시간에도 못 미치는 이웃 도시가 된다. 광둥, 선전, 주하이 등 광둥성의 주요 도시와 홍콩과 마카오를 잇는 11개 도시 네트워크가 형성되는 것이다. 이 11개 도시 인구를 합하면 7천만에 이른다. 프랑스와 영국 규모의 독자적인 경제권이 만들어지는 것이다. 중국의 일부로 홍콩이 편입되고 있는 것만도 아니다. 중화 세계와 앵글로색슨 세계를 잇는 슈퍼-허브가 된다. 뉴 실크로드의 슈퍼-커넥터가 된다. 신세계화, 다른 세계화를 추동하는 지식과 정보, 금융과 행정의 중추가 된다. 상징적인 행사로 2017년 7월에 홍콩 도서전이 열렸다. 도서전의 주제는 '귀환 20주년'이었다. 양안삼지兩岸三地의 주요 작가와 지식인들이 참가하여 다채로운 강연을 펼쳤다. 40여 개국, 700여 출판사가 집결했고, 100만 인파가 몰렸다. 글로벌 화교/화인의 소프트파워를 만천하에 과시한 것이다. 홍콩에 축적된 인문 역량을 양껏 뽐낸 것이다. 홍콩은 더 이상 금융도시, 쇼핑의 천국으로만 그치지 않는다. 인문도시로 전변한다. 민간중화民間中華, Civil China의 허브로서 홍콩을 자리매김한다. 한문 공론장과 로마자 공론장이 홍콩에서 접속한다. 중국어가 영어를 밀어내는 것이 아니다. 영어와 중국어가 공진화한다. 일지양문一地兩文 체제가 정립된다. 다문자 세계, 다문명 세계다. 동과 서가 역전되는 것이 아니다. 동/서가 회통하고 융합한다.

홍콩이 중국어 세계와 영어 세계를 잇는다면, 마카오는 포르투갈어 세계를 연결한다. 마카오가 중국에 복귀한 것은 1999년이었다. 현재 마카오는 중국에서, 아니 아시아에서 1인당 GDP가 가장 높은 도시가 되었다. 중국화와 세계화가 공진화하는 장소다. 포르투갈어를 사용하는 권역이 현재 2억 인구에 이른다. 브라질, 포르투갈, 기니 등 8개 국가와 중국의 경제 합작 포럼이 마카오에서 매년 열린다. 포르투갈은 인구 일천만의 국가다. 그러나 포르투갈을 거치면 27개 EU 국가와 연결된다. 브라질도 일국으로 그치지 않는다. 5억의 라틴아메리카 시장과 이어진다. 마카오의 포르투갈 식민지 500년사를 '다른 백 년'의 밑천으로 재활용하고 있는 것이다. 고로 유럽과 아메리카/아프리카 사이의 폭력적인 제국주의/식민주의 시절은 잊어도 좋겠다. 대륙 간, 문명 간 새로운 관계망을 구축해간다. 대륙과 마카오의 새로운 연결망만큼이나 마카오와 유럽, 아프리카, 아메리카의 다른 미래를 열어가는 것이다. '화해를 위해서', 탈식민주의-탈제국주의는 이렇게 실천하는 것이다.

홍콩과 마카오에만 외주outsourcing를 주는 것도 아니다. 바다 건너 자리한 도시가 샤먼廈門이다. 2017년 샤먼에서는 브릭스 정상회담이 열렸다. 브라질, 러시아, 인도, 중국, 남아공만 회합한 것도 아니다. '브릭스+'도 닻을 올렸다. 아메리카에서는 멕시코가, 아프리카에서는 이집트와 기니가, 동남아시아에서는 태국이, 중앙아시아에서는 타지키스탄이 초대되었다. 시리아의 재건을 약속한 장소가 카자흐스탄의 수도 아스타나였다면, 아프가니스탄의 재건을 다짐한 장소는 샤먼이었다. '샤먼 선언'을 통하여, 외부자(미국과 나토)가 아니라 아프가니스탄을 둘러싼 유라시아 국가들이 주도하여 아프가니스탄을 되살리기로 했다. '브릭스+'가 아프가니스탄을 재건하면 상하이협력기구의 일원으로 가입할 것으로 보인다. 샤먼 선언에서 더 중요한 지점은 지하자원-위안화-금으로 맺어지는 삼두체제로 세계 무역의 새판을 짜겠다는 의지의 표명이다. 달러가 사용되지 않는 별도의 국제 결제 시스템을 만들어간다. 달러 독점 체제를 다극화시키고 '민주화'시킨다. 이란의 천연가스를 위안화로 지불하고, 홍콩이나 상하이에서 금으로 교환할 수 있게 된다. 중국은 이미 디지털 경제의 첨단을 달리고 있다. 현금 경제에서 벗어나는 속도가 타의 추종을 불허한다. 공산혁명, 마오쩌둥의 얼굴이 새겨진 지폐를 갈수록 보기 힘들어진다. 유라시아의 동서남북에서 알리페이Ali-Pay가 마법의 주문처럼 널리 퍼지고 있다. 디지털 유라시아 또한 촘촘하게 형성된다.

그러함에도 지난 200년의 세계화와는 퍽이나 다르다. 자국의 발전 모델을 윽박지르며 이식하지 않는다. 문명화, 근대화, 민주화시키지도 않는다. 나에게 좋다고 남에게 강권하지 않는다. 중국 내부의 개혁개 방, 흑묘백묘론을 전 지구로 확대하는 것이다. 검은 고양이인지 흰 고양 이인지는 중요하지 않다. 이념과 체제는 수단일 뿐이다. 목적은 평화와 조화다. 무역을 통해서 서로의 살림살이를 겹치게 만드는 것이다. 상부 상조 운명 공동체로 만들어가는 것이다. 장사하고 돈 벌면서 먹고살자 는 것이다. 'Make America Great Again', 미국은 20세기를 향수한다. 'America First', 미국산 제품이 세계를 석권했던 1955년으로 퇴행한다. 전쟁으로 서유럽과 동아시아가 초토화된 1945년 이후, 미국이 세계 경 제의 절반을 차지했다. 지금은 4분의 1도 안 된다. 근근이 20퍼센트를 유지하고 있다. 점점 더 비중이 떨어질 것이다. 중국이 실질구매력에서 미국을 앞선 것이 2014년이다. 2023년이면 1.5배로 격차가 벌어진다. 2030년이면 GDP도 역전된다. 2045년이면 중국이 미국의 3배가 된다. 벌써 중국의 최고 지도자들이 1955년 미국의 대통령처럼 말하기 시작 했다. 자유무역을 옹호하고 기후변화를 선도적으로 대처하며 글로벌 공 공재를 제공하려 든다. 열린 마음으로 외부 세계를 껴안으려고 한다. 미 국은 일국주의로 쪼그라들고 있고, 중국은 제국으로 개방되고 있다. 동 반구와 서반구가 반전한다. 신대륙과 구대륙이 반전한다. 신세계와 구 세계가 반전한다. 중국은 더 이상 20세기형 국민국가가 아니다. 21세기 의 새판, 유라시아의 중원이다. 동서남북으로 길을 뚫는다. 세계의 모든 길이 중원으로 통한다. 그 새 길을 따라서 오래된 합창곡, '구세계 교향 곡'이 울려 퍼진다.

Make Eurasia-Korea Great Again

극서와 중서와 근서와 중원을 널리 살피고 있는 극동의 젊은 지배자가 있다. 북조선의 김정은이다. 그를 우습게 보아서는 곤란하다. 그가 유학했다는 스위스를 며칠 둘러보았다. 백두 혈통 하나로 막중한 책무감을 상속받은 녀석이다. 어릴 적부터 극서 국가들 가운데서도 가장 국제적인 도시에서 보고 배운 바가 없지 않을 것이다. 세계적인 시야를 훈련받았다. 아랍의 운명 또한 주시해왔을 것이다. '악의 축'으로 지목되었던 이라크 후세인의 말년을 잘 안다. 리비아 카다피의 운명도 알고 있다. 이란의 현재도 면밀하게 천착하고 있을 것이다. 시리아부터 아프가니스탄까지 형성되고 있는 새판 짜기 또한 직시하고 있을 것이다. 게다가 호흡이 길 수밖에 없다. 건강관리만 잘하면 10년, 20년, 반세기도 지배할 수 있는 친구다. 널리 살피고 길게 볼 것이다. 남쪽의 5년짜리 대통령과는 확연히 시선이 다르다. 일단 저 북녘의 왕조체제에 대한 호불호는 괄호 속에 묶어두고, 따지지 말기로 하자. 나의 잣대로 남을 재단하는 것도 지난 백 년의 몹쓸 습관, 적폐다. 하나의 민족이되 두 나라, 두 국민임을 사실 그대로 인정하자. 통일統一의 강박을 떨쳐내고 불일불이不一不二를 연마해야 한다. 하나이자 둘이며, 하나도 아니고 둘도 아니다. 북조선을 같은 피를 나누어 가진 동족이자 국경을 맞대고 있는 유일한 '외국'外國으로서 있는 그대로 감당해야 한다. 그 북조선의 유일권력으로서 김정은 또한 현실로 감수해내야 한다. 존재 자체를 부정하면 관계가 자라날 까닭이 없다. 그를 제거해야 한다는 발상이야말로 사태를 더욱 악화시킨다. 차라리 그를 쉰이 되고 예순이 되고 일흔이 되어 '계몽 군주'가 되도록 견인하는 편이 남한에게도 이로울 것이다. 불가능을 꿈꾸되, 리얼리스트가 되어야 한다.

진작부터 이런 관점에서 북핵 해결책을 제시한 나라 또한 러시아와 중국이었다. 지속적으로 '쌍중단'을 요구했다. 북조선은 핵실험과 미사일 발사를 중지하고, 미국과 남한 또한 대규모 군사훈련을 그만두어야 한다고 했다. 다시금 역지사지해야 한다. 북조선만 도발하고 있는 것이 아니다. 미국과 한국도 도발을 그치지 않고 있다. 지구 최강의 군대와 끊임없이 연합훈련을 하고 있는 남한이 북조선의 시각에서 어찌 보일지 공감할 수 있어야 한다. 그 미군이 새 천년 이래 지난 17년간 유라시아 곳곳에서 어떤 일을 벌여왔는지도 참고할 수 있어야 한다. 그러하다면 한미연합훈련이 방어용이라는 말이 얼마나 가당치 않은 소리인가를 자인하지 않을 수 없을 것이다. 양쪽 모두 중단해야 한다. 아무런 선행조건 없이 대화에 임해야 한다.

이란 핵합의를 새로운 국제관계의 모델로 삼자는 로하니 대통령을 복기해보자. 시리아 내전을 해결한 아스타나 합의도 참고해보자. 아프가니스탄 재건에 나선 샤먼 선언도 참조가 된다. 북조선을 유라시아의 일원으로 연결해내는 것이 관건이다. 러시아 또한 중국 이상으로 북조선의 정권 교체에 하등의 관심이 없다. 목표는 북조선(및 한반도)의 안정화다. 마치 시리아 정권을 안정시키고 유라시아 연결망 속에 시리아를 편입시킨 것처럼, 태평양 건너 미국만 해바라기하는 북조선을 유라시아의 새 마당으로 끌어내는 것이다. 북조선과 남한을 동북 3성과 연해주와 동시베리아와 북해도(홋카이도)와 소통시키는 것이다. 6자회담이 작동하던 시절에 견주면 중국은 너무나도 커져버렸다. 다시 중국이 주도하는 6자회담은 어느 쪽도 썩 내켜하지 않을 것이다. 러시아를 잘 활용해야 한다. 모스크바까지 갈 것도 없다. 도쿄에서, 서울에서, 베이징에서, 평양에서 2시간 안팎이면 극동 도시 블라디보스토크에서 회합할 수 있다. 워싱턴도 베이징도 아닌, '블라디보스토크 합의' 같은 것을 궁리해봄 직하다.

백두산 천지.

혹은 '하노이 합의' 발상도 궁굴려볼 만하다. 북조선/남한, 중국/대만만큼이나 남/북 베트남 또한 동아시아 대분단체제의 한 고리로서 작동했다. 냉전기 북조선과 형제국으로 돈독했던 국가이자, 탈냉전기 포스트-차이나의 일환으로 한국과도 친밀한 나라가 바로 베트남이다. 남한과 북조선 및 주변 4강국과 모두 특별한 관계를 맺고 있는 국가가 바로 베트남이다. 냉전기 평양에서 일했던 외교관들의 아들과 딸이 직을 계승하여 탈냉전기 서울에서 일하는 경우도 많이 보았다. 인구 1억, 앞으로 아세안의 주도국이 될 나라이기도 하다. 동북아와 동남아를 잇는 절묘한 위치에 자리한 나라이기도 하다. 중화 세계의 유산은 물론 서로마(프랑스)와 북로마(소련)의 흔적도 간취할 수 있는 도시가 하노이河內, Hà Nội이기도 하다. 곧 아시아태평양경제협력체(APEC) 정상회담이 하노이에서 열릴 만큼 성장 속도가 가장 빠른 국가이기도 하다. 마치 동방정교 세계와 이슬람 세계가 연결되는 아스타나에서 시리아 합의를 만들어낸 것처럼, 하노이를 발판으로 동북아 6개국과 주최국 베트남이 협력하는 '6+1' 구상을 시도해봄 직하다.

앞으로 5년이다. 중국에서는 시진핑 정권이 5년 더 이어진다. 러시아에서는 푸틴 정권이 6년 더 지속될 것이다. 양국 모두 포스트-아메리카 시대, 리(셋)-유라시아 시대의 다문명 세계, 다극화 체제에 우호적이다. 천금 같은 5년이다. 천시에 촛불정권이 들어섰다. 향후 5년간 20세기와는 다른 21세기, '다른 백 년'의 초석을 놓아야 한다. 유라시아경제연합과 일대일로와 남북 합작이 상호 진화해가야 한다. 그게 촛불정권의 '운명'이다. 그 역사적 과업을 수행하라고 8할의 국민이 촛불을 밝혀주었던 것이다. 적폐 청산이 단지 지난 10년의 특정 세력을 겨냥한 정치 보복에 그쳐서는 곤란하다. 안에서도 품지 못하는데 밖을 어떻게 껴안는단 말인가. 저 멀리 동학 횃불의 좌초 이래 뒤틀리고 꼬여버린 120년,

천하대란이야말로 적폐의 근원이다. 천하대란을 천하태평으로 반전시키는 천지개벽이야말로 촛불혁명의 완성일 것이다. 제발 혁명(시대 교체)과 반정反正(정권 교체)을 분별해야 할 것이다.

하늘과 땅이 개벽하고 있다. 북방 천지에서 신대륙이 발견되고 있다. 신해양이 열린다. 북극의 얼음이 녹아 북해가 열리고 있다. 북유럽과 북러시아와 동시베리아, 북해도의 여러 항구 도시를 두루 살펴보았다. 북쪽의 바닷길, '아이스 실크로드'가 개창한다. 북해의 바닷길마저 그 자태를 드러내면서 유라시아는 비로소 '사해동포'四海同胞에 부합하는 내륙이 되어간다. 태평양은 이제 동해다. '대동해'大東海다. 대서양은 이제 서해다. '대서해'大西海다. 인도양은 곧 남해다. '대남해'大南海다. 북극을 꼭짓점으로 '대북해'大北海까지 등장한다. 동서남북 사해로 둘러싸인 유라시아는 만인이 동포다. 민족애와 이웃애가 사해동포애와 공진화한다. 19세기형 구미歐美와 20세기형 아태亞太를 대신하는 21세기의 구아歐亞, 유라시아-코리아 구상을 본격화해야 한다. 서쪽에 시리아 상인이 있었다면, 동쪽에는 개성 상인이 있었다. 개성은 고려의 수도이자, 20세기 북조선과 남한의 적폐를 해소할 수 있는 개성공단이 자리한 곳이다. 영어로 나는 고려인Korean이었다. 아랍어로도 고려인이었다. 러시아어로도 고려인이다. 2015년 한국인으로 출발한 견문이 2018년 고려인의 자각을 안고 마무리된다. 개성과 고려와 유라시아의 공진화를 꾀하게 된다. 개성으로부터 '재조산하'(고려)와 '개조천하'(유라시아)를 재개해야 할 것이다. 'Make Eurasia-Korea Great Again', 부디 촛불혁명을 통하여 등장한 신시대의 새 정권이 재조산하再造山河와 개조천하改造天下를 국시로 삼는 '나라다운 나라', '아름다운 나라'가 되었으면 좋겠다. 1,000일 유라시아 견문을 회감하는 21세기 고려인의 소회다.

개벽 천하:
유학 국가에서 동학 국가로

천지 개벽

설국 열차는 느릿했다. 두 칸짜리 완행열차다. 뜨문뜨문 간이역마다 한참이나 뜸을 들인다. 삿포로에서 꼬박 다섯 시간을 걸려 이른 곳이 왓카나이稚內, 일본의 땅끝 마을이다. 북쪽 섬 홋카이도北海道하고도 최북단, 작은 마을에서 큰 바다가 펼쳐진다. 고즈넉하기보다는 적막한 시골이었다. 하룻밤 새 통 눈이 그치질 않는다. 북쪽 섬과 북쪽 바다의 경계가 흐릿하다. 굳이 변경까지 찾은 것은 블라디보스토크에서 열린 동방경제포럼 때문이었다. 러시아와 일본 간 회심의 빅딜이 성사되었다. 사할린과 홋카이도를 다리로 잇겠단다. 그 국경 다리가 닿는 첫 마을이 왓카나이였다. 2030년, 이 땅끝 마을이 국경 도시로 변신한다.

사할린 북쪽으로는 오호츠크해가 열린다. 더 북쪽으로는 캄차카반도가 자리한다. 캄차카도, 홋카이도도 화산 폭발이 만들어낸 섬이다. 실은 일본 본토까지 그러하다. 자연지리로는 하나로되, 인문지리로써 딴 나라가 되었다. 나라를 막론하고 온천에 제격이다. 캄차카의 간헐천에서는 혹한의 겨울에도 뜨거운 물이 솟아난다. 내가 이른 때는 7월 한여름이었다. 바닷바람이 유독 산뜻하다. 끈적거림이라곤 하나도 없다. 특유의 비린내도 나지 않는다. 공기는 상쾌하고 풍경은 장쾌하다. 기나긴 겨울을 버텨낸 뭇 생명이 폭발적으로 솟구친다. 야생화가 흐드러지게 피어난 들판 너머로는 만년설을 인 화산의 자태가 눈이 시리다. 그 깨끗한 눈물이 녹아 더욱 투명해진 강물이 철철철 넘쳐흐른다. 강가에는 불곰들이 어슬렁거린다. 싱싱하고 신선한 킹연어를 맨손으로 잡아 잡순다. 도구를 쓰는 사피엔스 무리도 보인다. 킹연어와 킹크랩을 사다 나르는 일본과 한국과 중국의 수산업 무역회사들이 이미 즐비하다. 동시베리아와 동아시아가 합류하여 동유라시아가 되어간다.

방향을 틀어 삿포로에서 남하하면 하코다테函館에 이른다. 홋카이도의 남쪽 끝이다. 메이지유신 150주년, 홋카이도 개척의 첫 삽을 뜬 곳이다. 혼슈를 마주하는 해양 도시로 화려하다. 본토와 연결되는 신칸센 역도 자리한다. 2030년이면 삿포로까지 노선이 확장된다. 도쿄부터 삿포로까지, 태평양의 절경을 감상하며 고속열차 여행을 할 수 있다. 삿포로는 왓카나이와 하코다테를 남북으로 관통하는 허브 도시가 될 것이다. 고로 홋카이도는 더 이상 섬이 아니게 된다. 일본 또한 섬나라가 아니다. 사할린-홋카이도와 동시에 연해주-사할린 다리도 건설되기 때문이다. 북해도와 연해주가 직통한다. 시베리아 횡단열차가 사할린을 통하여 일본 열도를 내달린다. 모스크바는 극서 런던과 극동 도쿄를 잇는 중간역이 된다. 1945년 패망 이래 일본은 태평양 국가로 맹성했다. 2045년 일본은 유라시아의 일원으로 반전하게 될 것이다. 대양과 대륙을 잇는 해륙국가로 변모한다. 유라시아와 아메리카를 연결하는 가교가 될 것이다. 20세기 초반 유럽과 아시아 사이, 20세기 후반 아시아와 아메리카 사이, 더는 좌고우면할 것 없다. 21세기 신대륙과 구대륙을 아우르는 일본의 신시대다.

캄차카반도의 북쪽으로는 알류샨 열도가 길게 펼쳐진다. 끝내 끝에 달한 곳이 베링 해협이다. 동유라시아, 동시베리아하고도 최동단이다. 지구 꼭대기 북극이 지척이다. 전례 없던 바닷길이 열리고 있다. 북극 항로 개척이 활발하다. 베링 해협에서 좌회전하면 바렌츠해의 무르만스크까지 한걸음에 닿는다. '북극의 수도' 딕손은 이미 분주하다. 야말 LNG 프로젝트가 한창인 사베트 항구도 활기가 넘친다. 북러시아의 항만 도시들로 한정되지도 않는다. 러시아의 서쪽, 발트해 국가들도 요동친다. 노르웨이에서는 시르케네스 항구가 앞서간다. 핀란드에서는 로바니레미 항만이 으뜸이다. 라트비아에서는 리가 항이 첫손에 꼽힌다. 가장 주목할 나라는 핀란드다. 현재 북극위원회 의장국이다. 2017년 시진핑 주석이 몸소 방문했다. 북유럽 항구를 유럽의 중원과 연결시키는 북극 회랑 고속철도를 건설키로 했다. 핀란드의 코우볼라 철도 포럼을 이어받은 곳은 랴오둥반도의 다롄이다. 한겨울에 서유라시아에서 다보스 포럼이 열린다면, 한여름 동유라시아에서는 다롄 포럼이 열린다. 발트해부터 발해만까지, 스칸디나비아 반도부터 홋카이도까지 북유라시아 도시들 간 연결망 사업에 의기투합했다.

북극 회랑 고속철도는 남진하여 남/북 유럽을 더욱 촘촘히 묶는다. 북해와 지중해를 뒤섞는다. 남유럽은 지중해를 사이로 북아프리카를 마주본다. 가장 가까운 곳이 스페인과 모로코 사이 지브롤터 해협이다. 볕이 좋은 날이면 서로의 국경이 바라보일 만큼 도탑다. 유럽과 아프리카 사이 해저 터널을 놓기로 했다. 서유라시아와 북아프리카가 고속도로로 연결된다. 북아프리카의 서쪽 끝이 모로코라면, 동쪽 끝에는 이집트가 자리한다. 동아프리카와 서아라비아에도 다리가 생긴다. 홍해를 가로지르는 이집트-사우디아라비아 대교다. 아랍의 패권을 다투었던 백 년의 앙숙이 이웃지간이 된다. 아라비아해를 지나 벵골만에 이르면 남인도와 스리랑카 사이에도 해양 다리 건설이 논의 중이다. 인도양의 동/서로도 신시대를 예고하고 있다. 아프리카와 유라시아의 지중해, 유장했던 인도양 세계가 유려하게 부활한다.

구세계의 귀환, 앞서가는 곳은 역시 '지속의 제국' 중국이다. 이미 홍콩과 마카오를 광둥성과 잇는 다리를 완성시켰다. 푸젠성과 대만을 엮는 남중국해 다리 또한 시간문제다. 신시대의 물결은 황해까지도 이른다. 랴오둥반도의 다롄에서부터 산둥반도의 옌타이를 잇는 해저 터널을 건설한다. 더 나아가 산둥반도를 한반도와 연결시키는 방안도 모색되고 있다. 유력한 후보지로는 인천과 군산, 평택이 꼽힌다. 황해는 산둥반도, 랴오둥반도, 한반도를 잇는 동북아의 지중해가 될 것이다. 서해만도 아니다. 남해도 출렁인다. 규슈의 후쿠오카와 부산, 거제를 잇는 해저 터널도 재차 거론되고 있다. 동해와 서해와 남해, 한반도의 삼면이 모두 꿈틀거린다.

유라시아와 아프리카, 구대륙만 직통하는 것도 아니다. 베링 해협에서 우회전하면 알래스카가 곧장이다. 빙하기, 시베리아 원주민과 아메리카 원주민은 생활 공동체였다. 아이스 로드, 얼음길을 따라서 사람들이 오고 갔다. 동시베리아와 서알래스카 사이에도 바닷길을 닦는다. 절반은 해저 터널로, 절반은 해양 다리로 만드는 방안이 논의 중이다. 유라시아와 아메리카, 구대륙과 신대륙을 잇는 글로벌 신시대가 코앞이다. 캐나다와 미국의 서부를 질주하는 캘리포니아 종단 고속열차가 달릴 것이다. 멕시코를 지나 칠레와 아르헨티나, 브라질까지 가닿는다. 20세기에는 대륙을 횡단하는 열차가 시베리아와 아메리카에 각기 생겼다. 21세기에는 동반구와 서반구를 주파하는 지구 횡단열차 시대가 열린다. 5대양 6대주라는 말도 과거지사가 된다. 지구를 육로로 일주하는 신세기가 도래한다. 지구는 둥글다. 앞으로 앞으로 자꾸 걸어 나가면 온 세상 친구를 다 만나고 돌아온다. 멀지 않은 미래다. 2050년, 불과 한 세대 이후다.

천하의 지붕, 북극의 빙하는 계속 녹아내린다. 북극곰은 눈물을 흘린다. 사피엔스는 눈빛을 반짝거린다. 얼음물 사이로 파랑이 일렁인다. 환호성을 내지르며 서핑을 즐기는 사람들마저 있다. 신대륙 개척하듯 북극 항로 건설에 사활이다. 그 새로이 열리는 바다를 바라보노라니 판단이 명료하게 서지 않는다. 천재지변이 될지, 천재일우일지 가늠하기 힘들다. 멈추기는 어려울 것이다. 돌이키기 힘들다. 앞으로 20년 아무리 애쓴다 한들, 지난 200년 화석연료 남용의 후과를 막아내기는 어려울 것이다. 운명이라 하겠다. 업보라고도 하겠다. 인간의 활동이 지질학적으로, 지구적으로 영향을 끼치는 인류세로 진입한 것이다. 천지인天地人 가운데서도 말석을 차지했던 인간이 천지 개벽의 주체로 등극한 것이다. 인간의 활동으로 말미암아 지리를 재창조하고, 지구를 재구성한다. 해안선을 다시 그리고, 지표면의 고저를 변동시킨다. 하늘의 진노보다, 땅의 분노보다 사람의 마음가짐이 더욱 중요한 지구사의 신시대가 개막한다.

물질 개벽

21세기, 더 이상 독립국가는 없다. 의존하지 않는 홀로서기, 독립In-dependent은 적폐다. 20세기형 민족해방운동도 앙시앵레짐이다. 땅따먹기를 일삼는 제국주의 시대의 방편이었을 뿐이다. 경쟁의 논리가 바뀐다. 연결력 경쟁을 한다. 영토의 정복conquer이 아니라, 나라와 나라, 도시와 도시, 마을과 마을, 사람과 사람, 인물과 사물을 연결connect시키는 경합이 성/쇠를 가른다. 담을 치고 성을 쌓는 자는 고립된다. 길을 내는 자가 주도한다. 더 많은 길을 닦고 더 많은 길을 여는 나라가 지도국이 된다. 길 내기와 길들이기는 불가분이다. 길을 깔면 깔수록 길을 들일 수가 있다. 영토를 더욱 많이 소유하는 것이 아니라, 더 많은 장소를 연결하고 활용하는 능력이 한층 중요해진다. 자연스러움(자유무역)과 억지스러움(보호무역)이 충돌한다. 가릴 것 없고 꺼리지 않는 원활한 흐름과, 덜컥거리는 마찰이 경쟁한다. 한쪽은 국경을 봉쇄하고 규제를 강화하고 제재를 가한다. 다른 쪽은 자원과 상품과 자본과 기술과 사상과 데이터의 교환과 거래를 촉진한다. 뚫리면 강해질 것이요, 막히면 약해질 것이다. 세계 최대의 연결망을 보유한 국가가 21세기를 선도하게 된다.

국민국가Nation-State 또한 유들유들해진다. 전 지구적 네트워크의 연결자 Node-State가 된다. 노마디즘Nomadism이 내셔널리즘을 잠식한다. 그 연결Inter-dependent 국가들의 집합도를 19세기형 세계지도, 만국전도로는 재현할 수가 없다. 국가간체제로 쪼개져 있는 현재의 세계지도가 미래의 청사진, 천하도를 왜

곡시킨다. 글로벌 허브 도시들 간의 횡단적 네트워크connectivity atlas를 그려야
한다. 고속도로와 고속철도와 송유관과 인터넷과 케이블 연결망을 입체적으로
구현해야 한다. 흡사 인체도人體圖에 방불할 것이다. 지구를 몸통으로 삼아 사람
과 자본과 정보와 에너지가 피처럼 흐르고, 기처럼 통하고, 숨처럼 드나든다. 터
닝 포인트, 물류와 문류와 인류의 양적 변화는 질적 변화를 초래한다. 티핑 포
인트, 더더욱 많은 연결망이 누적되어 전혀 격이 다른 세계로 도약한다. 나라님
에 충성하는 난세가 저물고, 하느님/하늘님/한울님을 모시고 섬기고 받드는 치
세의 논리가 재귀한다. 포스트-웨스트Post-West, 만인이 만국에 가로막히지 않
았던 천하가 환생하고 움마가 재생한다.

하여 유라시아는 더 이상 '거대한 체스판'도 아니다. 인因과 연緣의 인드라, 그
물망이다. 접속하고 접촉하고 접대한다. 외계에서 관찰한 지구별의 상징 또한
만리장성이 아니게 된다. 억 리와 조 리에 달하는 고속도로와 고속철도가 될 것
이다. 지상의 길이 달라지면 땅의 논리, 지리 또한 전변한다. 19세기 주조된 '유
럽'이라는 개념도 물렁해진다. 타자로 강요되었던 '아시아'라는 발상 또한 물컹
해진다. 유럽과 아시아를 따로 분리하기가 힘들어진다. 고로 유라시아는 하나
다. 또 유라시아는 여럿이다. 내 안에 네가 있고, 네 안에 나도 있다. 나와 남이
다르지 않은 자타불이의 지평으로 올라선다. 남과 나를 가르지 않는 자리이타
의 경지에 도달한다. 내 마음이 네 마음이요, 온 마음이 한 마음이다.

앞으로 30년, 지난 300년보다 더 많은 연결망이 만들어진다. 2050년이면 유
라시아 전체가 일심동체로 엮이고 묶이게 된다. 남으로는 인도양, 북으로는 북
극해, 서로는 대서양, 동으로는 태평양. 네 개의 대양을 아우르는 하나의 대륙이
다. 사해동포 감각이 실감으로 승한다. 유라시아를 중원으로, 구대륙 아프리카
와 신대륙 아메리카를 좌/우로 겸장하게 될 것이다. 고로 유라시아는 다시 지
구의 중원이다. 고인류의 시원인 아프리카와 신인류의 고향인 아메리카를 잇는
개신改新 인류의 요람이 된다. 구대륙의 쇠락과 신대륙의 득세를 조정하고 조율

하는 글로벌 균형자가 되어야 할 것이다.

언 30년 전, 1989년 베를린 장벽이 무너졌다. 이념과 체제 대결이 저물었다. 한쪽의 승리, 역사의 종언이 아니었다. 일방의 굴욕을 강요하는 서구적 근대의 마침표였다. 서세동점의 끝물이었다. 바로 그해 'World Wide Web'이 탄생했음을 명심해야 할 것이다. 지상의 길과는 또 다른 천상의 길이 열린 것이다. 오프라인과는 또 다른 온라인 신천지의 개막, 디지털 창세기였다. 축의 시대, 천주일가와 천하일가는 소원했다. 천주와 천하와 움마가 공진화하여 지구일가Global First를 이루지 못했다. 이제 축의 시대에 망의 시대가 접속한다. 망과 망으로써 축과 축을 소통시키고 융통시킨다. 축과 축을 잇고 뚫는 망과 망이 겹겹으로 포개진다. 축과 망이 상호 진화한다. 오프라인과 온라인이 공진화한다. 상전벽해, 물질이 개벽한다.

정신 개벽

더는 개인In-dividual 또한 존재하지 않는다. 사문화될 개념이다. 디지털 신세계가 각별한 것은 만인과 만국만 연결하는 것에 그치지 않기 때문이다. 사물인터넷 시대가 열린다. 인공지능 시대가 개창한다. 자가용도, 냉장고도 유사-의식을 탑재한다. 스스로 도로를 주행하고, 알아서 식품을 주문한다. 자동에 자각을 보태어 자율에 도달한다. 생산 활동의 도구에서 생명 운동의 주체로 진화하는 것이다. 인물과 동물과 식물은 물론이요, 광물까지 접속한다. 만인과 만물이 활물活物로서 소통한다. 만물의 영물靈物화, 물질 개벽의 특이점을 돌파한다.

장차 생물과 미생물과 무생물의 경계마저 희미해질 것이다. 주체와 객체의 분단체제가 허물어진다. 존재론과 인식론의 기반이 통으로 허물어진다. 만민 평등만으로는 턱없이 모자라다. 만물 평등, 제물 평등만이 오롯하다. 나의 마음 됨됨이와 남의 마음 씀씀이가 일파만파, 실시간으로 전 지구적으로 영향을 미치게 된다. 죄와 벌의 시간차가 초 단위로 축소된다. 인과응보의 순환 또한 전생과 후생으로 갈리지 않게 된다. 신속하고도 광범위한 업보의 네트워크가 여여하게 펼쳐진다. 양심과 욕심이 전천후로, 전방위로 나비효과를 일으킨다. 고로 천상에도 천하에도 유아독존할 수가 없다. 근대적 주체의 죽음, 포스트-휴먼이고 트랜스-휴먼이다. 에고를 다스려 슈퍼에고로 거듭나야 한다. 헛나에 휘둘리지 말고 참나를 갈고 닦아야 한다. 소아에서 대아로 거듭나야 한다. 몰아를 연마하고 무아를 단련하여 진아에 도달해야 한다. 자아와 자유와 자연을 합일시켜야 한다. 일천 년 전 가라사대, 천인합일이라 하셨다. 일백 년 전 가로되, '물질이 개벽하니 정신을 개벽하자' 하였다.

더 이상 이성만으로는 인간성을 담보하지 못한다. 인공이 인간을 월등하게 앞지른다. 인간지능은 인공지능에 백전백패, 단 일승도 거두기 힘들어진다. 격차는 나날이 벌어질 것이다. 족탈불급, 비교불가하다. 이성과 이성의 네트워크, 집합지성 또한 크게 다르지 않다. 이성적 인간은 백세 인생의 잉여로 전락할 것이다. 서둘러 사람의 근간을 재정립해야 한다. 논리와 합리보다 성리와 도리가 더 중요해진다. 무릇 천리를 배우고 익혀서 성리를 밝히고 도리를 다하는 것이 사람의 길이었다. 사람은 나면서 이미 사람으로 존재하되, 돌아가는 순간까지 영원히 사람이 되어가야 할 숙명을 안고 있기 때문이다. 사람다운 사람 되기가 인류의 숙제가 된다. 노동자와 소비자를 넘어서는 존재, 참사람 되기가 영구혁명=천명이 된다.

새로운, 색다른 견해도 아니다. 150년 전 이르되 '인내천'人乃天, 사람 안의 하늘을 발굴하고 한울을 발현하는 것이 평생의 학습이라 했다. 공자는 일흔이 되어서야 천성을 닮은 인성, 성인의 경지에 이르렀다. 이제는 범인들에게도 30년이나 더 긴 세월이 덤으로 주어진다. 미숙한 사람에서 완숙한 사람으로, 설익은 인간에서 무르익은 인간으로, 홍익인간에 육박해가야 한다. 인권을 앞세우기보다 인류를 다해야 한다. 누리기보다는 모시고 섬겨야 한다. 하늘 아래, 땅 위에,

공손하고 겸허해야 한다. 장차 지구의 운명은 오롯이 사람의 마음가짐에 달려 있기 때문이다. 내 탓이요 내 탓이요, 세상만사 사람 책임이다. 그러한 정신 개벽, 의식의 빅뱅이 수반되지 못하면 사피엔스는 정보사회의 숙주로 전락한다. 인포메이션과 데이터로 강등된다. 산업화 시대에는 노동의 소외를 고민했다. 정보화 시대는 인간의 존재 자체가 소외되는 백척간두에 처하게 된다. 노동의 해방보다 노동으로부터의 해방, 탈노동 속도가 더욱 빠르다. 깨어나야 한다. 깨우쳐야 한다. 깨달아야 한다. 생생하게 생각하고, 생생으로 생활해야 한다. 선업은 더하고 악업은 덜어내는 생업에 종사해야 한다.

공부부터 바뀌어야 한다. 골방에서 골만 쓰는 과학은 거두어야 한다. 지나치게 뇌에 집중한다. 이성 중심주의의 폐단이 뇌과학 일방으로 치달았다. 부디 몸을 써야 한다. 온몸을 통째로 다 써야 한다. 혼신을 다해야 한다. 심신을 변혁시켜야 한다. 유적 존재로서 인간의 근간은 노동에 있음이 아니다. 기도와 수도야말로 사람됨의 기본이었다. 명상하고 수련하고 수양함이 사피엔스의 남다름이다. 태초의 빅뱅, 우주가 발생했다. 지구가 발생하고, 생명이 생겨났다. 그 우주적 진화 과정을 자각적으로 의식하는 생각도 발생했다. 생명에서 생각으로의 도약에 사람이 등장했던 것이다. 노동은 부차적이다. 생명을 묵상하는 생각이야말로 근본적이고 근원적이다. 생명을 생각하는 되먹임과 되새김이야말로 인간의 생활이자 생업인 것이다. 물질세계는 더더욱 복잡해질 것이다. 복합계가 더욱 깊어지고 넓어진다. 의식은 더더욱 집중도가 높아져야 한다. 얼의 완성도를 고취시켜야 한다.

앎의 대상 또한 외부에서 내면으로 반전시켜야 한다. 최첨단 과학은 사람과학이다. 인문학과 사회과학을 뜻하지 않는다. 수심정기守心正氣, 수련학을 말한다. 문헌학과 서재학에서 수양학과 수도학으로 진화한다. 노예와 주인의 변증법, 만인이 주인 되는 초기 민주화 시대를 지나서 지상과 천상의 변증법, 만민이 주님 되는 후기 민주화 시대로 진화한다. 만인이 주인이자 주님으로서 주권자가 된다 함은 공소한 레토릭이 아니다. 만인이 만물과 접속함으로써 모두가 왕년의 황제와 천자의 권능만큼 파급력을 미치게 된다. 구슬이 서 말이라도 꿰어야 보배라고 함도 옛말이다. 글로벌 네트워크, 이제는 독배가 될 수도 있다. 일인이 욕심을 내고 흑심을 부리면 일사천리 지구적 영향을 미친다. 윗물이 맑아야 아랫물도 맑다는 발상 또한 철 지난 격언이다. 아랫물과 윗물을 나눌 수가 없다. 모두가 맑아지고 전부가 밝아져야 한다. 고로 선천 시대, 지배층을 도덕적으로 훈육시켰던 원리 또한 만인에게 전면적으로 개방되어야 한다. 만인이 성인聖人이 되고, 만민이 천민天民이 되어야 한다. 만인이 갈고 닦지 않으면 후기 민주, 후천 개벽의 때가 오더라도 만개하지 못한다. 후천 세계의 촛불을 밝히고 기운만 지피다 스르르 사라져버린다. 후기 민주 시대가 오고 있음에도, 혹은 이미 왔음에도, 초기 민주에 길들여지고 선천 세계에 젖어 있는 사람들이 후천 개벽의 사명을 받들 수가 없기 때문이다.

정치의 문법도 달라져야 하겠다. 지리가 동/서로 나뉘지 않듯이, 천리 또한 성/속으로 가름할 수 없게 된다. 세속화에서 탈세속화로, 재영성화로, 성과 속이 하나로 융합된다. 이성과 영성이 합류한다. 혼/백과 영/육이 공진화한다. 원시반본 천지회복原始反本 天地回復, 천상의 신학과 지상의 법학을 회통시키는 천지의 동학東學도 되살아난다. 지난 백 년, 법가의 득세가 저물어간다. 사람과 사람 사이를 규율하고 나라와 나라 사이를 규정했던 법학은 사후적 대처다. 만인과 만물이 전면적이고 즉각적으로 소통하는 신시대에는 사후 약방문, 뒷북이 되기 십상이다. 영토에 고정되고 국가에 귀속되는 법학으로부터, 하늘과 땅과 사람을 모시고 살리는 동학으로 반전시켜야 한다. 정과 성으로 남을 모시고, 님을 섬겨야 한다. 제물 평등과 경천애인, '정치적 영성'을 일깨워야 한다. 깨뜨림과 깨우침과 깨달음의 공진화, 정신의 개벽이다.

다시 개벽파

개벽파가 일어나야 한다. 개벽파를 일으켜 세워야 한다. 개화파만 있던 것이 아니다. 맞은편에 척사파만 있던 것도 아니다. 개화 대 척사, 프레임을 바꾸어야 한다. 지난 백 년의 적폐다. 승자가 쓴 역사다. 승리한 개화파가 힘으로 쓴 역사다. 척사파를 나무람으로써 정당성을 구하고 정체성을 취했다. 뜻으로 본 역사를 써야 한다. 개벽파야말로 역사의 주체였다. 줄기차게 옹골차게 변화와 변혁을 추동했다. 1860년 동학의 창도야말로 새 시대의 개막, 개벽의 태동이었다. 낡고 묵은 조선의 적폐를 청산하고 '나라다운 새 나라'를 표방했다. 유학 국가에서 동학 국가로의 환골탈태, 신시대의 신문명 '개벽 천하'開闢天下를 창안한 것이다.

고로 1876년 강화도조약이 근대의 출발점이 아니었다. 개항기니 개화기니 하는 시대 인식 또한 진부한 개념이다. 서구적 근대를 표준으로 삼아 외부의 충격을 도드라지게 강조하는 편향되고 편벽된 사관이다. '개벽기'야말로 19세기의 올바른 이름, 정명正名일 것이다. 유학 국가를 고집하는 척사파도, 서학 국가를 맹종하는 개화파도, 지배계층의 보/혁 갈등에 그쳤을 따름이다. 동학 국가를 표방하는 개벽파야말로 민중적이고 민족적인 민주주의의 첫 깃발을 휘날린 것이다. 동방적 민주화의 원형이자, 영성적 근대화의 원조였다. '새 정치'의 마르지 않는 샘, 원천이었다. 1987년 민주화 전후로 '해방 전후사의 인식'을 고민했다면, 2017년 촛불혁명 이후로는 '개벽 전후사의 인식'을 궁리해야 하겠다. 지난 150년의 역사를 '개벽사'開闢史로서 고쳐 써야 할 것이다. 다시 개벽의 환생을 재촉하고 촉발하는 마중물이 될 것이다.

학술로만 그칠 일도 아니다. 사회운동가로서 개벽파의 불씨를 되살리고 재점화하는 실천 활동에 매진해야겠다는 의지를 다지고 있다. 서구적 근대를 반복하고 변주하는 양대 세력, 개화 좌파(진보)와 개화 우파(보수)가 '더불어한국당'으로서 지루하게 경합하는 구시대와 구체제에 안녕을 고하는 것이다. 토착적 근대의 회생과 창생을 꾀하는 신시대와 신문명의 새 물결, 개벽의 파도를 일으키고 싶다. 그것이 내 나름의 '적폐 청산' 과업이다.

개벽과 재건의 적기는 2019년 3월 1일로 보인다. 동학의 후예 천도교가 이끌고 서학의 후신 기독교가 보조를 맞추어 3·1 운동이 일어났다. 서학은 가까스로 토착화되었고 동학은 마침내 세계화됨으로써 3·1 운동으로 합류할 수 있었다. 동학과 서학의 연합이자, 개벽파와 개화파의 협동이었던 것이다. 그래서 일국의 독립만 요구한 것이 아니라 태평천하, 지상천국을 소망했다. 천국(서학)과 천하(유학)와 천도(동학)의 공진화, 지구일가地球一家, Global First를 염원한 것이다.

20세기 전반기 탈식민운동은 동학/개벽파가 전위에 섰다. 천도교, 원불교, 증산교, 대종교 등이 독립운동의 중추가 되었다. 1948년 분단정부 수립과 1950년 한국전쟁은 개벽파에 찬물을 끼얹는다. 미/소가 주도하는 냉전체제에 깊숙이 말려듦으로써 남/북 분단, 좌/우 갈등이 전면에 도드라졌다. 고로 20세기 후반 탈분단, 탈냉전 운동에는 개화파가 맹위를 떨쳤다. 개화 우파(자유주의)와 개화 좌파(사회주의)가 민주화를 주도하는 사이, 개벽파는 수줍게 후방 지원에 머물렀다. 2019년, 3·1 운동 100주년을 기점으로 다시 한 번 개화와 개벽의 대합장/대합창을 도모할 만하다.

조급할 것도 없다. 100년 전과는 시세가 달라졌다. 개벽파를 좌초시켰던 지난 120년의 서세동점 또한 끝물이다. 최후의 서세, 미국도 황혼기에 접어들었다. 동/서가 재균형을 찾아간다. 구대륙과 신대륙도 균형을 맞추어간다. 앞으로 30년, 한 세대를 내다보면서 착실하게 진지전을 구사해야 할 것이다. 개벽파의 메시지를 지속적으로 전파하는 매체부터 필요하다. 그 다음은 학당을 세워야 한다. 대안적 학술과 교육으로 새 학파를 일구어야 한다. 그래야 새 사상에 기초한 새 정파, 새 정당도 출범시킬 수 있다. 2045년, 해방 100주년 언저리에는 개벽파가 여당이 되고 주류가 되는 후천 세계의 원을 크게 그려보는 것이다. 통일헌법 또한 응당 동서고금을 회통한 신新동학에 기초하게 될 것이다. 마침내 서구파와 동구파에 주눅 들지 않는 토착파의 기개로써 나라다운 나라를 이룩하는 것이다.

일국적 성/속 합작에 그칠 것도 아니다. 2045년은 UN 창설 100주년이기도 하다. 개화의 총본산인 UN에 버금가는 개벽의 총아로서 UR(United Religions)을 출범시킬 적기이기도 하다. UR을 통하여 개화와 개벽의 대합장/대합창을 지구적 수준에서 전개하는 것이다. 그래야 지구적 근대에 걸맞은 후천 개벽의 대해大海를 이룰 수 있을 것이다. 그렇다면 더더욱 신동학을 '동'東에만 가두지 말아야 한다. 동아시아 또한 이미 좁다. 동유라시아, 동반구를 넘어, 전 세계로 방류하고 환류시켜야 한다. '동학의 세계화', '개벽의 지구화'다. 그 사업을 감당하라고 익산에 온 것 같다. 오심즉여심吾心卽汝心, 만인이 은인이고 모두가 은혜이다.

2018년 2월 28일

개벽의 성소, 미륵 마을 익산에서